TÄGLICHE GEISTIGE NAHRUNG

1. Quartal
Januar-April

ELIZABETH DAS

Deutsch/German

Copyright© 2025 *ELIZABETH DAS*.

Alle Rechte vorbehalten für Audio, eBook (digital) und gedrucktes Buch. Kein Teil dieses Buches darf ohne schriftliche Genehmigung des Autors auf irgendeine Art und Weise verwendet oder vervielfältigt werden, weder grafisch, elektronisch noch mechanisch, einschließlich Fotokopieren, Aufzeichnen, Aufnehmen oder durch ein Informationsspeichersystem, es sei denn, es handelt sich um kurze Zitate in kritischen Artikeln und Rezensionen. Aufgrund der dynamischen Natur des Internets können sich die in diesem Buch enthaltenen Links zu Webadressen seit der Veröffentlichung geändert haben und sind möglicherweise nicht mehr gültig. Bei den Personen, die auf den von Thinkstock zur Verfügung gestellten Bildern abgebildet sind, handelt es sich um Modelle, und solche Bilder werden nur zu Illustrationszwecken verwendet. Bestimmte Stockbilder © Thinkstock. Excerpt From: Elizabeth Das: "TÄGLICHE SPIRITUELLE ERNÄHRUNG

TÄGLICHE GEISTIGE NAHRUNG ISBN:

978-1-961625-80-8 TaschenbucH
978-1-961625-81-5 Digital online

KONTAKT: nimmidas@gmail.com; nimmidas1952@gmail.com

YOUTUBE KANAL "TÄGLICHE SPIRITUELLE DIÄT" VON ELIZABETH DAS

VORWORT

Es war der 1. Januar 2018. Ich war allein zu Hause und ruhte auf dem Sofa. Die Stimme meines Herrn befahl mir zu schreiben. Im Geiste habe ich erkannt, dass er es jeden Tag gemeint hat. Und der HERR sagte, ich werde dir geben, was du zum Schreiben brauchst. Gemäß Seinem Plan neigte ich mein Ohr, um SEINE Stimme zu hören, als Er eine Botschaft für den Tag teilte. Ich schrieb, nahm auf und stellte es auf YouTube.. Ich habe es 365 Tage lang getan, indem ich Notizen vom Herrn gemacht habe. Jetzt habe ich eine Botschaft für euch alle, die sie annehmen werden. Unter der Anleitung des Heiligen Geistes habe ich gelernt, dass Religion, Organisationen, Konfessionen und Nicht-Konfessionen von Satan organisiert sind. Es hat ein machtloses System, das dich davon abhält, Jesus zu folgen, und dich in ein andersnamiges Gebäude bringt, wo du lernst, von Jesus zu wissen, aber IHN nicht in seiner Macht und Kraft kennenlernst. Vor langer Zeit habe ich einen Artikel gelesen, der von einer satanischen PROPHETIN verfasst wurde, in dem stand, dass wir, wenn wir das Reich Satans wollen, die Menschen zur Mehrheit, das heißt zu Christen, bekehren müssen. Und wie kann man das Reich Jesu zerstören? Mit der gleichen alten Taktik. Nehmt die Verbotenen ins Visier. Wenn der Herr Jesus den Tisch umstößt, eine Höhle baut und dort Diebe einsperrt. Der größte Vorteil, ein Gebäude als Kirche zu bezeichnen, ist, dass sie nie erfahren werden, dass ihr Körper die Kirche Jehovas Gottes ist. Auch die Armen, Hungrigen, Drogenabhängigen, Alkoholiker, Besessenen und Unterdrückten werden niemals Erlösung finden. Lassen Sie nicht zu, dass Heilige vom Heiligen Geist ausgebildet und gelehrt werden, sondern gründen Sie eine theologische Hochschule für alle unsere unterschiedlichen, widersprüchlichen Lehren und schulen die Menschen darin lehren und predigen.

Was für ein Plan! Nicht nur wunderbar, sondern auch erfolgreich. Sprechen Sie weiterhin Frauen an, denn sie kann unser Sprachrohr sein. Sie liebt immer noch Schaufensterbummel, gute Schnäppchen und einen glamourösen Lebensstil. Sie haben eine Form der Frömmigkeit, verleugnen aber die Macht. Diese Art von Lehren befriedigen die Gier, die Lust der Augen, die Lust des Fleisches und den Stolz des Lebens. Ich habe noch etwas gelernt: Wenn man in den Grenzen religiöser Gebiete lebt, kann man Gott nicht suchen, anklopfen und bitten! Die religiöse Autorität verfügt über Literatur und Bücher, die von falschen Lehrern und Propheten geschrieben wurden. Sie verhindert auch, dass die Hausversammlungen unsere Familie, Nachbarn und Freunde erreichen. Das nennt man totale Kontrolle. Das Beste von allem ist, dass die religiösen Logen zwar das WORT sprechen, es aber nicht praktizieren. Sie sorgen dafür, dass man nicht das tut, was Jesus verlangt, sondern das, was sie sagen. Das WORT funktioniert, wenn man danach handelt, ohne etwas hinzuzufügen oder abzuziehen. Wir folgen allem anderen, nur nicht Jesus. Ich fordere Sie von heute an auf, denjenigen zu studieren, dem Sie folgen müssen, denn Jesus sagte: "Folge mir nach. Der Herr sagte, ich bin der Weg, die Wahrheit und das Leben. Der Weg zum ewigen Leben führt über die Nachfolge Jesu. Es war eine jahrelange Suche nach der Wahrheit, um aus der Falle des Teufels zu entkommen. Wir haben wunderbare Anweisungen vom HERRN, nach Seinen Jüngern zu suchen, damit wir nicht mit Satans gefälschtem, verwirrendem Plan verwechselt werden. Sein Jünger wird die Welt auf den Kopf stellen, indem er Wunder, Heilungen und übernatürliche Werke in der Stadt vollbringt. Sind das nicht Früchte, die wir dort draußen suchen sollten und nicht in den Käfigen der Religion? Nach dem Neuen Testament kommt der Herr in uns zum Leben, wenn wir Buße tun und auf den NAMEN Jesu getauft werden, um unsere Sünden abzuwaschen. Wir wieder zu Bewohnern des Heiligen Geistes werden, oder man kann sagen, zum Haus des Herrn Jesus. Unser Leib ist jetzt die Kirche. Die Gemeinschaft von Haus zu Haus und von Stadt zu Stadt mit Ihren Geschwistern ist notwendig, aber die Errichtung eines Gebäudes ist es nicht. Ihr seid zur Arbeit berufen. Die Verkündigung des Evangeliums, das eine gute Nachricht ist, indem es blinde Augen öffnet, alle Arten von Krankheiten heilt, gebrochene Herzen heilt und alle Arten von Dämonen austreibt, ist Ihre und meine Aufgabe. Der Heilige Geist gibt die Kraft, übernatürliche Dinge zu tun. Der Geist in uns bewirkt alle Heilungen, Wunder und Befreiungen. Wir müssen nur hinausgehen und arbeiten, wie Jesus es tat. Um die Wege des Herrn zu lernen, muss man sich seinem Geist hingeben und ihm nachgeben. Wenn wir das tun, werden wir die unterdrückte, besessene, kranke, gebrochene, lahme, blinde und deprimierte Schöpfung Gottes nicht finden. Der Herr selbst wird alles tun, und ihr werdet jubelnd nach Hause zurückkehren. Was für ein ausgezeichneter Plan Gottes! Nicht nur das, es gibt viele Vorteile, wenn man seine Jünger ist. Versorgung, Schutz, Frieden und alle Privilegien der Arbeit sind Extras. Sie erhalten auch den Titel eines wunderschönen Hauses an einem ewigen Ort, der Himmel genannt wird. Es ist sicher, dass die Reise des Lebens bald zu Ende sein wird. Möge dieses Buch Ihnen helfen, den definitiven Plan Gottes zu verstehen. Ich habe die Bibel durch Handeln gelernt, und auch Sie können lernen, indem Sie herumgehen und tun, was darin steht. Möge der Herr Ihnen wahre Propheten, Evangelisten, Pastoren, Lehrer und Apostel schicken, um Sie für die Arbeit in Gottes Armee zu schulen. Folgt Jesus!

Amen!

Elisabeth Das

INHALTSVERZEICHNIS

JANUAR 1

1 JANUAR 2

DAS WORT GOTTES 2

2 JANUAR 5

SIE HABEN DIE WAHL! 5

3 JANUAR 8

RUF GOTT AN! 8

4 JANUAR 11

HERZ! 11

5 JANUAR 14

WANDELT IM GEISTE! 14

6 JANUAR 17

WAS IST GLAUBE? 17

7 JANUAR 20

MACHT DES WORTSPIELS! 20

8 JANUAR 23

GOTT MACHT ETWAS NEUES FÜR DICH! 23

9 JANUAR 26

DER GLAUBE AN GOTT IST GEZIELT! 26

10 JANUAR 29

GEISTIGE VERSCHMUTZUNG! 29

11 JANUAR 31

REALITÄTSTEST! 31

12 JANUAR 34

TRÄUMEN SIE! 34

13 JANUAR 37

EINFACHE WEGE GOTTES! 37

14 JANUAR 40

DER LOHN DER SÜNDEN IST DER TOD! 40

15 JANUAR 43

SIE SIND UNBEGRENZT! 43

16 JANUAR 46

GOTTES WEG DER KOMMUNIKATION! 46

17 JANUAR	49
IHR GEIST!	49
18 JANUAR	52
EIN SEGENSJÄGER!	52
19 JANUAR	55
BUCHHALTUNG IM KÖNIGREICH!	55
20 JANUAR	59
WAS MACHT DEN UNTERSCHIED?	59
21 JANUAR	62
LASST UNS FÜR JESUS EINTRETEN!	62
22 JANUAR	65
DEINE SÜNDE WIRD DICH HEIMSUCHEN!	65
23 JANUAR	68
JESUS GIBT DIE KÖNIGREICHSSCHLÜSSEL, DER EINE OFFENBARUNG VON IHM ENTHÄLT.	68
24 JANUAR	72
WAY TO ESCAPE!	72
25 JANUAR	75
HABEN SIE NOCH PLATZ FÜR MICH?	75
26 JANUAR	78
IHRE AUFGABE IM REICH GOTTES!	78
27 JANUAR	81
KRAFT DER DANKBARKEIT!	81
28 JANUAR	84
ICH KNÜPFE DIE BELOHNUNG AN IHR HANDELN!	84
29 JANUAR	87
DRECK!	87
30 JANUAR	90
LASS GOTT NICHT IM STICH!	90
31 JANUAR	93
DIE BIBEL IST DER SPIEGEL DEINES GEISTES!	93
FEBRUAR	**96**
1 FEBRUAR	97
HERR, LASS DEN GEFANGENEN FREI!	97

2 FEBRUAR	100
BEISPIEL!	100
3 FEBRUAR	103
SCHÄTZE IN IRDENEN GEFÄSSEN!	103
4 FEBRUAR	106
SIE KANNTEN IHN NICHT!	106
5 FEBRUAR	109
SIND SIE AUFGELADEN?	109
6 FEBRUAR	112
GOTT IST UNERSETZLICH!	112
7 FEBRUAR	116
DER KÖRPER IST DER TRÄGER DES GEISTES!	116
8 FEBRUAR	119
FRAGEN SIE SICH, WAS MIT DEN MENSCHEN PASSIERT IST?	119
9 FEBRUAR	123
KONSISTENZ IST ALLMÄCHTIG!	123
10 FEBRUAR	126
DIE MISSION DES HERRN FORTSETZEN!	126
11 FEBRUAR	129
DIE MISSION SATANS IN DER KIRCHE.	129
12 FEBRUAR	132
SPRICHT SEGENSWÜNSCHE ÜBER SICH SELBST	132
13 FEBRUAR	135
WIR BRAUCHEN BESCHEIDENE FÜHRER	135
14 FEBRUAR	138
WIR SIND PILGER UND FREMDE	138
15 FEBRUAR	142
LASSEN SIE SICH NICHT TÄUSCHEN	142
16 FEBRUAR	145
SUCHEN SIE GOTT ?	145
17 FEBRUAR	148
DIE GOTTESFÜRCHTIGE NATION GEBÄREN	148
18 FEBRUAR	151
VOM HEILIGEN GEIST LERNEN	151
19 FEBRUAR	155
IHRE WORTE SIND SO MÄCHTIG!	155

20 FEBRUAR 158
DAS REICH GOTTES IST VERBORGEN 158
21 FEBRUAR 161
GOTT OPERIERT 161
22 FEBRUAR 164
MEIN VOLK HAT MICH TÄGLICH VERGESSEN 164
23 FEBRUAR 168
JESUS IST DIE HOFFNUNG AUF ERLÖSUNG. 168
24 FEBRUAR 171
DIE LEBENSSPENDENDE KRAFT DES BLUTES. 171
25 FEBRUAR 174
DIE WAFFE HAT DIE BIBEL ERSETZT. 174
26 FEBRUAR 177
GOTT, ERHÖHE MEINE KAPAZITÄT. 177
27 FEBRUAR 180
SETZEN SIE IHRE PRIORITÄTEN IN EINE REIHENFOLGE. 180
28 FEBRUAR 183
AKTION HAT EINEN ANHANG. 183
29 FEBRUAR 186
WENIGE SIND AUSERWÄHLT! 186
MÄRZ **189**
1 MÄRZ 190
SIND SIE VERWIRRT? 190
2 MÄRZ 193
MIT MÜHE ODER MIT LEICHTIGKEIT? 193
3 MÄRZ 196
GIB MIR DIE WAHRHEIT! 196
4 MÄRZ 199
MACHT DES LOBES! 199
5 MÄRZ 202
LERNE, GOTT ZU SUCHEN! 202
6 MÄRZ 205
GOTT VERSCHÖNERT DIE SANFTMÜTIGEN MIT DER RETTUNG! 205
7 MÄRZ 208
JESUS LIEBT MICH! 208

8 MÄRZ	211
ICH BETE, DASS DEIN GLAUBE NICHT VERSAGT!	211
9 MÄRZ	214
EIN WENIG HILFE KANN WIEDERBELEBEN UND WIEDERHERSTELLEN!	214
10 MÄRZ	217
FIX LERNEN SIE ZU SCHREIEN!	217
11 MÄRZ	220
LASS DICH VON GOTT BERATEN!	220
12 MÄRZ	223
DIE DOKTRIN GOTTES VS. DIE LEHRE DES MENSCHEN!	223
13 MÄRZ	226
LASS DIE VERLORENEN DEN WEG NACH DRAUSSEN FINDEN!	226
14 MÄRZ	229
WARTEN IST DER SCHLÜSSEL ZUM ERHALT DER VERHEISSUNGEN!	229
15 MÄRZ	232
FÜNF DUMMKÖPFE, FÜNF KLUGE!	232
16 MÄRZ	235
DER GERECHTE WIRD NICHT BEWEGT WERDEN!	235
17 MÄRZ	238
WISSEN SIE, WAS VERFÜGBAR IST?	238
18 MÄRZ	241
VERBINDEN SIE SICH WIEDER MIT GOTT!	241
19 MÄRZ	244
GUTES SAATGUT VS. TARA!	244
20 MÄRZ	247
WIR ARBEITEN IN DER NOT!	247
21 MÄRZ	250
WERDEN SIE GEWALTTÄTIG. NIMM ES MIT GEWALT!	250
22 MÄRZ	253
RUINIEREN SIE NICHT MEINEN RUF!	253
23 MÄRZ	256
OHNE SALBUNG KANNST DU NICHTS TUN!	256
24 MÄRZ	259
SIE KÖNNEN GOTT BEWEGEN!	259
25 MÄRZ	262
LASS GOTT SEIN WERK TUN!	262

26 MÄRZ	265
VON JESUS CHRISTUS EINGESETZTE AUTORITÄT!	265
27 MÄRZ	269
JAGD AUF DEN HÖCHSTEN SEGEN!	269
28 MÄRZ	272
GABEN DES GEISTES SIND VORHANDEN!	272
29 MÄRZ	275
LEBEN SIE NICHT UNTER DEN PRIVILEGIEN!	275
30 MÄRZ	278
EINTRÄCHTIG UND EINMÜTIG!	278
31 MÄRZ	281
NIMM ES VON SATAN ZURÜCK!	281
APRIL	**285**
1 APRIL	286
KÖNNEN SIE WIEDER AUFERSTEHEN!	286
2 APRIL	289
AKTIVIEREN SIE IHREN GLAUBEN!	289
3 APRIL	292
EIN AKTIVER CHRIST ERFÜLLT DEN PLAN GOTTES!	292
4 APRIL	296
VERSTEHEN SIE DIE GEISTIGE OPERATION!	296
5 APRIL	300
VISION MIT OFFENBARUNG!	300
6 APRIL	303
WIE MAN EINE FALLEN LÄSST!	303
7 APRIL	306
WIE FUNKTIONIERT DAS REICH GOTTES?	306
8 APRIL	309
SENDEN SIE DAS WORT!	309
9 APRIL	312
NEIGT EUCH ZU GOTT!	312
10 APRIL	315
WEISE DEN STOPPER UND BLOCKIERER ZURECHT!	315
11 APRIL	318
DER SEGEN GOTTES FÜGT IHM KEINEN KUMMER ZU!	318

12 APRIL	321
GOTT WÄHLT DIE NIEDRIGEN!	321
13 APRIL	324
REUE IST EIN FUNDAMENT!	324
14 APRIL	327
SATANS VERSION BIBEL!	327
15 APRIL	330
ÄNDERN SIE IHRE LEBENSGESCHICHTE!	330
16 APRIL	333
SYSTEM DES KÖNIGREICHS!	333
17 APRIL	336
WAHR ODER FALSCH!	336
18 APRIL	339
NIMM DIE LAMPE UND ZÜNDE SIE AN!	339
19 APRIL	342
RELIGION IST VERWIRREND!	342
20 APRIL	345
DAS FENSTER DES HIMMELS!	345
21 APRIL	348
SÜNDIGE NICHT MEHR!	348
22 APRIL	351
DER DIENST IST DA DRAUSSEN!	351
23 APRIL	354
SEELENHANDEL!	354
24 APRIL	358
NICHT DER ÄUSSERE, SONDERN DER INNERE ANGRIFF WIRD ZERSTÖREN!	358
25 APRIL	361
SUCHE NACH DEM GRÖSSEREN!	361
26 APRIL	364
WIE KANN MAN WIEDER BETROGEN WERDEN?	364
27 APRIL	367
WAS IST MEINE AUFGABE?	367
28 APRIL	370
GOTTES WERKE UND PLÄNE SIND IN ORDNUNG!	370
29 APRIL	373
WIR MÜSSEN WISSEN, WAS ES GIBT.	373

30 APRIL 376
ÄNDERN, UM DAS GELOBTE LAND ZU BETRETEN! 376
ÜBER DEN AUTOR 379

JANUAR

1 JANUAR

DAS WORT GOTTES

Hein frohes neues Jahr! Lasst uns dieses Jahr damit beginnen, uns dem Studium des Wortes Gottes zu widmen. Lasst uns erfahren, wie mächtig die WORTE Gottes sind sind. WAS MACHT ES MIT UNS, als Gottes SCHÖPFUNG? Die Bibel ist das Lebenshandbuch des Schöpfers für seine Schöpfung. Ich fordere Sie auf, dieses Jahr damit zu beginnen, das WORT zu lesen und es auf Ihr Leben anzuwenden. Beginnen Sie damit, das Alte und Neue Testament zu lesen. Studieren und meditieren Sie darüber und leben Sie nach dem Wort Gottes. Die heutige Kultur strebt nach Erfolg, aber was ist der wahre Weg, um Erfolg zu erlangen? Biblische Beweise zusammen mit historischen Aufzeichnungen sagen uns, dass ein erfolgreicher Mensch eine Verbindung zu einer übernatürlichen Macht namens Gott hat. David hatte seinen Erfolg, weil er sich an Gottes Wort hielt. Das Lernen der Heiligen Schrift gibt uns Hoffnung auf Erfolg.

In Römer 15:4 heißt es: "Denn alles, was vorzeiten geschrieben worden ist, ist zu unserer Erbauung geschrieben worden, damit wir durch die Geduld und den Trost der Schrift Hoffnung haben."

Wie können Sie Erfolg haben? Erfolg kann man erreichen, indem man das Wort Gottes liest und ihm gehorcht. Das Wort Gottes gilt für immer.

Jesaja, 40:8, sagt uns: "Das Gras verdorrt, die Blume aber das Wort unseres Gottes bleibt ewiglich estehen."

Wer das Wort tut, wird ein weiser Mann genannt.

In Matthäus 7:24 heißt es: "Wer nun diese meine Worte hört und sie tut, den will ich mit einem klugen Mann vergleichen, der sein Haus auf einen Felsen baute..."

Was ist das Wort Gottes?

Hebräer 4:12 sagt uns:"Denn das Wort Gottes ist schnell und kräftig und schärfer als jedes zweischneidige Schwert und dringt durch, bis es scheidet Seele und Geist, auch Mark und Bein, und ist ein Richter der Gedanken und Gesinnungen des Herzens."

Das Wort Gottes ist die Landkarte zum Erfolg. Das Wort Gottes kommt zuerst in den Verstand, dann gelangt es in das Herz des Menschen (den Geist), und schließlich kommt es aus deinem innersten Wesen heraus, wenn eine Notwendigkeit besteht, indem du das Wort in deine Situation sprichst. Versuch es und schau, was passiert. Niemand wird perfekt geboren, aber wenn wir uns an das Wort Gottes halten, werden wir perfekt.

1 JANUAR

Setzen Sie Ihr Vertrauen in das Wort Gottes. Sprüche 30:5 sagt uns: "Jedes Wort Gottes ist rein; er ist ein Schild für alle, die auf ihn vertrauen." Das Wort Gottes ist eine Lampe und ein Licht. Durch das Wort Gottes sehen wir, welche Veränderung wir seit der Das Wort ist Licht. Auch werden die Menschen das Licht durch dich hindurchscheinen sehen. Wenn du dem Wort gehorchst, wirst du auf dem Pfad mit Licht sein.

Psalm 119:105 sagt: "Dein Wort ist eine Leuchte für meinen Fuß und ein Licht für meinen Pfad."

Die Worte Gottes wurden siebenmal geprüft worden. Es ist das reine, unverfälschte Wort.

In Psalm 12:6 heißt es: "Die Worte des HERRN sind reine Worte, wie Silber, das in einem Ofen der Erde geläutert ist, siebenmal gereinigt."

Streben Sie nach Wohlstand und Erfolg?

Lies, was Josua 1:8 uns sagt: "Dieses Buch des Gesetzes soll nicht von deinem Munde weichen, sondern du sollst Tag und Nacht darüber nachdenken, damit du darauf achtest, alles zu tun, was darin geschrieben steht; denn dann wird dein Weg erfolgreich sein, und du wirst Erfolg haben."

Lesen Sie die Bibel, um sie zu beobachten. Das Wort Gottes ist höher als alle Namen Gottes. Deshalb benutzte Jesus das Wort Gottes, als Satan kam, um zu versuchen.

In Psalm 138:2b sagt: "... denn du hast dein Wort größer gemacht als alle deine Namen."

Wie Sie wissen, ist die Welt Ihr Schlachtfeld, und wir kämpfen gegen einen unsichtbaren Feind namens Satan und andere gefallene Engel, die als unreine Engel und Dämonen bezeichnet werden. Die einzige Waffe, um diese unsichtbaren Feinde zu besiegen, ist das Wort Gottes. Du nimmst keine Waffe, um gegen deinen unsichtbaren Feind zu kämpfen, sondern nimm das Schwert des Geistes, nämlich das Wort Gottes. Niemand steht über dem Wort Gottes. Die Nachfolger Jesu taten, was im Wort Gottes geschrieben steht. Ein demütiger Mensch verlässt sich auf die Kraft Gottes, indem er das tut, was im Das Wort Gottes. Wenn du auf dem Wort Gottes stehst, stehst du auf festem Boden und dein Leben wird unerschütterlich sein. Das Leben hat viele unsichere Erschütterungen, Wendungen und Wege, aber wenn du dich vom Wort Gottes leiten lässt, wirst du vorwärts gehen, siegreich und unschlagbar. Nichts kann dich aufhalten, und dein Aufstieg wird von Gott selbst kommen. Lesen Sie das Wort Gottes, denn es ist das wichtigste Buch, dem Sie folgen müssen. Wenn du dem Wort Gottes folgst, wirst du ein Nachfolger von Jesus Christus. Jesus lernte, indem ers dem Wort Gottes gehorchte, und Sie können das auch.

Epheser 6:17 sagt uns: "Und nehmt den Helm des Heils und das Schwert des Geistes, welches ist das Wort Gottes.

Denken Sie daran, dass die Bibel das Wort Gottes ist, das wir studieren und dem wir gehorchen müssen. Lasst uns dieses Jahr mit dem Studium des Wortes Gottes beginnen. Nehmen Sie es in Anspruch, wenn Sie für irgendeine Situation beten. Verwenden Sie das Wort Gottes als Samen im täglichen Leben. Möge der Herr Sie segnen und Ihnen ein göttliches Verständnis seines Wortes schenken! Möge der Heilige Geist Sie lehren und Sie durch das Wort Gottes führen!

Alle, die in der Vergangenheit Erfolg hatten, indem sie sich an das Wort Gottes hielten, das ihnen zu Lebzeiten gegeben wurde. Wir haben das gleiche Wort für diese Zeit in unserem Leben. Sucht in der Schrift, um den Schutz von Schild und Schildkröte zu erhalten. Gottes Gebote sind immer groß, aber das Blut Jesu hat die Rituale der alten Zeit ersetzt.Wenn Sie das Wort Gottes lesen und studieren, achten Sie darauf, dass Sie es nicht zum Debattieren oder Argumentieren benutzen. Denken Sie daran, dass es Gottes Wort ist und nicht Ihres. Es ist nicht für persönliche Interpretationen bestimmt! Es besteht auch keine Notwendigkeit, einer Kirche beizutreten (Kirchenmitgliedschaft), insbesondere jede Kirche, die das Wort Gottes ändern würde, um es ihrem Glauben oder weltlichen Lebensstil anzupassen. Das Wort Gottes kann Sie von allen Arten von Ketten, Jochen, Fesseln, Verwirrung und der Welt befreien.

Versuchen Sie, die Bibel zu studieren und sie täglich auf Ihr Leben anzuwenden. Wenn du das Wort tust, werden Nöte vorbei sein, Verwirrung und Mühsal werden vorbei sein, Depressionen werden verschwinden, Entmutigung wird verschwinden, Armut wird sich in Wohlstand verwandeln und Engel werden über dich und deine Familie wachen. Die undurchdringliche Hecke des Schutzes wird alles beschützen, was du hast. Amen! Gott segne Sie!

LASST UNS BETEN

Herr, wie gesegnet sind wir, dass du uns das Wort Gottes in unseren Sprachen gegeben hast. Wir erkennen, dass nur dein Wort genaue Informationen für jede Situation, Problem und Schwierigkeiten. Es gibt uns perfekte Hilfe, und wir sind dankbar dafür. Herr, gib uns wahre Lehrer, die das Wort Gottes verstehen, befolgen und bewahren. Wir haben gelernt, dass viele das Wort Gottes nicht haben, aber wir suchen dich, weil wir wissen, dass du das Alpha und Omega der Bibel bist. Du bist das Wort der Bibel. Nichts kann uns schaden, wenn wir es bewahren. Unser langes Leben und unser Streben nach Erfolg liegen in diesem Buch, das sich Bibel nennt. Es ist ein Licht, eine Lampe und eine Wahrheit zur Freiheit. Sie ist ein Schwert, um Satan den Kopf abzuschlagen und vieles mehr. Der Herr hat uns befohlen, sie weiterzugeben, aber der beste Weg ist, nach dem Wort Gottes zu leben und zu bleiben. Hilf uns, Jesus, dies zu tun, in Jesu Namen! Gott segne Sie! Amen!

2 JANUAR

SIE HABEN DIE WAHL!

Die Schönheit liegt darin, dass Gott uns nicht als Roboter geschaffen hat. Wir haben freien Willen, um unsere Entscheidungen zu treffen. Das Wort Gottes informiert uns darüber, dass es Konsequenzen für die Entscheidungen gibt, die wir treffen. Die Bibel ist unsere Lebensanleitung von Gott, der uns geschaffen hat, um auf der Erde zu leben. Die Erde gehört dem Herrn, aber er hat uns Privilegien gegeben, um bestimmten Bedingungen zu folgen. Unser Leben kann das Beste vom Besten sein, wenn wir auf den Vermieter Jehovah Gott hören und ihm gehorchen. Wir können Eva, Adam oder jemand anderem die Schuld an den Problemen geben, die wir auf der Erde haben. Aber wir müssen zuerst in den Spiegel schauen, um uns selbst zu prüfen. Das entschuldigt uns nicht, denn wir sind hundertprozentig selbst verantwortlich, und wir werden für unsere Handlungen und Entscheidungen im Leben zur Rechenschaft gezogen. Jehova Gott, der sein Wort in der Heiligen Bibel niedergeschrieben hat, hat uns angewiesen, sicher und gesegnet zu leben. Hervorragende Ergebnisse, wenn wir seinem Wort gehorchen, und schlimme Folgen, wenn wir es missachten. Wer könnte ein weiserer Ratgeber sein als Gott? Gott, Jehova, ist der einzige weise Gott, also befolge seine Anweisungen.

Wenn Sie sich entscheiden, den Armen, Witwen, Waisen und Arbeitern, in denen Ihr Segen verborgen ist, nicht zu helfen, dann werden Sie Segen verlieren. In dieser Dispensation der Gnade haben wir von Gott gegebene Arbeiter, die Apostel, Evangelisten, Propheten, Lehrer und Pastoren heißen. Gottes Segen ist nicht in einem Gebäude namens Kirche versteckt. Man wird Gottes verheißenen Segen verlieren, wenn man den Propheten oder den Arbeitern Gottes nicht ein Glas Wasser gibt. Das Leben wird gesegnet sein, wenn wir der Stimme Gottes gehorchen und nicht den falschen Propheten und Lehrern. Das Annehmen von Titeln macht uns nicht zu Pastoren, Evangelisten, Propheten usw. Gott muss uns einen Titel geben. Der Prophet Elia wählte den Weg Gottes und überlebte in Zeiten der Hungersnot. Die Witwe von Zarephath gehorchte der Stimme des Propheten und überlebte die Hungersnot mit ihrem einzigen Sohn. Sie fragen sich vielleicht: "Warum erlebe ich den Herrn nicht auf diese Weise in meinem Leben?" Prüfen Sie sich selbst und fragen Sie: "Gehe ich zu Gott, bevor ich mich entscheide?" Wähle ich die schmale Straße, die man den Weg Gottes nennt? Entscheide ich mich dafür, mein Kreuz zu tragen und Jesus zu folgen? Versuchen Sie, die von Gott gegebenen Anweisungen zu befolgen, üben Sie, und sehen Sie, was passiert. Der Priester Eli stellte seine bösen Söhne über Gott. Gott berief und salbte ihn für das Amt des Priesters. Da er falsche Entscheidungen traf, entfernte Gott Eli aus dem Amt des Priesters und belegte seine Generation mit vielen Flüchen. Auch wir dürfen nicht dem Beispiel des Versagens folgen und Entscheidungen des Ungehorsams wiederholen. Erinnern Sie sich daran, was Jesus sagte in

Johannes 5:14 "Danach fand ihn Jesus im Tempel und sprach zu ihm: Siehe, du bist gesund geworden; sündige hinfort nicht mehr, damit dir nicht noch Schlimmeres widerfahre."

ELIZABETH DAS

Die Botschaft von Jesus hat sich nicht geändert.

Er sagte in Johannes 8:11 "Und Jesus sprach zu ihr: Ich verdamme dich auch nicht; gehe hin und sündige von nun an nicht mehr."

Hallo Eltern und Großeltern, entscheiden Sie sich dafür, nach Gottes Geboten zu leben. Bitte lehrt eure Kinder, wie wichtig es ist, in ihrem Leben die richtigen Entscheidungen zu treffen. Wenn ihr das tut, dann werdet ihr Ruhe für eure Seele finden. Eines Tages werden Sie nicht mehr in einer Gefängnisschlange anstehen müssen, um sie zu besuchen. Sie werden sich keine Sorgen darüber machen müssen, wo sie sind oder was sie tun, denn Sie werden Vertrauen in ihre Entscheidungen haben. Sie werden ruhig schlafen können, weil die Kinder die richtigen Entscheidungen treffen werden. Meine kleinen Kinder, möge der Herr euch fromme Eltern geben, die euch Gottes Wege lehren. Das Leben wird sinnvoll sein, wenn ihr euch die Zeit nehmt, Gott zu gehorchen.

Eltern, möge der Herr Sie als eine weise Frau oder einen weisen Mann kennzeichnen, weil Sie Ihren Kindern göttliche Weisheit lehren. Der Herr begünstigt evorzugt die Frau oder den Mann, die sich für Weisheit entscheiden. Der Segen kommt, wenn du dich entscheidest, dem Herrn zu gehorchen, statt dich vor dem Tod zu fürchten (z. B. Steinigung, Tod durch Löwen, Tod durch Feuer oder jegliche Verfolgung). Die Entscheidung liegt bei Ihnen. Menschen folgen anderen, wenn sie sie fürchten. Haben Sie keine Angst. Unser Gott wird Ihnen begegnen, wenn Sie ihn brauchen. Nichts wird ihn aufhalten, denn er ist unaufhaltsam und wird tun, was er in seinem Wort versprochen hat. Glauben Sie das, oder Sie werden dem nachgeben, was sich für Ihr Fleisch, Ihre Augen und Ihren Stolz im Leben gut anfühlt.

Halten Sie sich die Bibel vor Augen und sagen Sie zu sich selbst: "Das ist es, was ich befolgen will und was ich meinen Kindern und Jugendlichen beibringen werde. auch ihre Kinder." Wenn du Segen erfährst, indem du dich für das Richtige entscheidest, dann nimm dich in Acht. Seien Sie aufrichtig und fleißig, um weiterhin gesegnet zu sein. Satan lockt immer Fleisch an, aber triff die richtige Entscheidung, und der Teufel wird fliehen!

Lesen Sie das Wort Gottes, um zu lernen. Studieren Sie erfolglose biblische Charaktere im Vergleich zu denen, die erfolgreich waren, indem sie gehorchten. Studieren Sie die Beispiele für das Versagen in ihren Berufungen, wie König Saul, Eva, Adam, Eli der Priester, Jehu der König und viele andere. Im Gegensatz dazu studieren Sie auch biblische Figuren wie Daniel, König David, König Asa, Mose und Josua. Diese Männer waren herausragende Beispiele für uns heute. Wir lernen aus ihrer Beziehung zu Gott durch Gehorsam. Sie brachten Segen für sich selbst, andere und zukünftige Generationen. Treffen Sie Ihre Entscheidungen im Plan Gottes, um Ihr Schicksal zu bestimmen.

Lesen Sie heute Deuteronomium, Kapitel 11. In Deuteronomium 11:12 heißt es: "Ein Land, das der Herr, dein Gott, behütet; die Augen des Herrn, deines Gottes, sind immer darauf gerichtet, vom Anfang des Jahres bis zum Ende des Jahres. 13 Und wenn ihr auf meine Gebote hört, die ich euch heute gebiete, den Herrn, euren Gott, zu lieben und ihm zu dienen von ganzem Herzen und von ganzer Seele, 14 so will ich euch den Regen in eurem Lande geben zu seiner Zeit, den ersten und den letzten Regen, dass ihr Getreide, Wein und Öl einbringt. 15 Und ich will Gras auf deine Äcker lassen für dein Vieh, daß du ißt und satt wirst. 16 Hütet euch, daß euer Herz nicht verführt werde und ihr euch abwendet und andern Göttern dient und sie anbetet, 17 so wird der Zorn des Herrn über euch ergrimmen und er wird den Himmel zu verschließen, daß kein Regen falle und das Land nicht seine Frucht bringe und ihr nicht bald umkommt von dem guten Land, das der Herr euch gibt. 26 Siehe, ich lege euch heute einen Segen und einen Fluch vor: 27 einen Segen, wenn ihr den Geboten des HERRN, eures Gottes, gehorcht, die ich euch heute gebiete; 28 aber einen Fluch, wenn ihr den Geboten des HERRN, eures Gottes, nicht gehorcht, sondern von dem Weg abweicht, den ich euch heute gebiete, um anderen Göttern nachzugehen, die ihr nicht kennt."

Freunde, ich fordere euch heute auf, das Buch des Lebens, die Heilige Bibel, zu lesen und zu befolgen. Gott hat die Bibel gegeben, damit ihr nach ihr lebt, also studiert und verdaut das Wort. Wenn ihr das tut, werden die Verheißungen Gottes euch segnen. Lesen Sie nicht und legen Sie es weg, sondern lesen Sie es mit Fleiß und verbergen Sie das Wort in Ihrem Herzen.

"Dein Wort habe ich in meinem Herzen verborgen, damit ich nicht gegen dich sündige." (Psalm 119:11)

Denken Sie daran, dass die Entscheidung bei Ihnen liegt und bei niemandem sonst. Treffen Sie nur richtige Entscheidungen. Lassen Sie sich nicht von religiösen Autoritäten oder Ihren Familienmitgliedern davon abbringen, die richtigen Entscheidungen zu treffen. Du wirst die Wahrheit erkennen, wenn du die Bibel liest, denn in ihr findest du das Leben.

In Deuteronomium 30:19 heißt es: "Ich rufe Himmel und Erde an, dass ich heute gegen dich zu Protokoll gebe, dass ich Leben und Tod, Segen und Fluch vor dich gestellt habe; darum wähle das Leben, damit du und deine Nachkommen leben..."

Erinnern Sie sich: Daniel wählte die Löwengrube. Schadrach, Meschach und Abednego wählten den feurigen Ofen und gaben Gott die Ehre. Sie enthaupteten den Apostel Paulus und Johannes den Täufer, weil sie wussten, dass ihre Entscheidung den Plan Gottes begründen würde. Sich nicht mit Ihrer Kirche, Organisation, Familie oder dem liberalen Land, in dem Sie leben, herausreden. Sie werden für Ihre Entscheidungen verantwortlich sein. Nur Sie müssen die Verantwortung für Ihr Handeln übernehmen, wenn das Buch des Lebens am Tag des Gerichts geöffnet wird. Werden sie deinen Namen finden? Du hast eine Wahl zu treffen, und deine Entscheidung wird dich entweder als Ziege oder als Schaf kennzeichnen. Entscheiden Sie sich heute für eine Seite: links oder rechts. Amen! Gott segne Sie!

LASST UNS BETEN

Möge der Herr dir ein weises Herz schenken. Sein Heiliger Geist lehrt und leitet dich während deiner Mission auf dieser Erde. Herr, unser himmlischer Vater, wir treten vor dich, weil wir wissen, dass du der einzige Gott bist, der uns liebt und sich um uns kümmert. Möge unser Weg rechtschaffen sein und uns dorthin führen, wo es Sonnenschein, Hoffnung, ewigen Segnungen und göttlichen Schutz gibt! Herr, danke, dass du uns erwählt hast, dir zu dienen, hilf uns, unser Bestes zu tun. In Jesu Namen! Amen! Gott segne Sie!

3 JANUAR
RUF GOTT AN!

"Ruf mich an, so will ich dir antworten und dir große und mächtige Dinge zeigen, die du nicht weißt." (Jeremia 33:3)

An einem Abend erhielt ich einen Anruf von einer Dame, deren Sohn Ärger mit dem Gesetz hatte. Sie sorgte sich um ihren Sohn; wenn er schuldig befunden würde, würde er abgeschoben werden. Am nächsten Morgen war die Gerichtsverhandlung, und sie wusste nicht, was ihrem Sohn bevorstand. Eine Prostituierte hatte Anzeige gegen ihren Sohn erstattet. Sie hatte ihm eine Falle gestellt, als ob sie Hilfe bräuchte. Als er ihr helfen wollte, fing sie an zu schreien und rief die Polizei. Da sie eine Frau war, nutzte sie diesen unschuldigen Jungen aus. Sie erstattete Anzeige gegen den jungen Mann, der nur versucht hatte, ihr zu helfen. Obwohl dieser junge Mann unschuldig war, machte er sich Sorgen über den Ausgang seines Gerichtsverfahrens. Wir müssen die Fallen des Feindes erkennen.

Gott sei Dank kann unser Gott uns aus der Falle des Netzes befreien.

"7 Denn ohne Grund haben sie mir ihr Netz gestellt, ohne Grund mir eine Grube gegraben. 8 Unversehens soll ihn Unheil überfallen; sein Netz, das er gestellt hat, fange ihn selber, zum eigenen Unheil stürze er hinein." (Psalm 35:7-8).

"Er hat mich aus einer furchtbaren Grube, aus dem Schlamm, herausgeführt und meine Füße auf einen Felsen gestellt und meinen Gang gegründet." (Psalm 40:2.).

Die Mutter hatte in der Nacht zuvor im Krankenhaus gearbeitet. Der Gedanke, dass der Sohn am nächsten Tag von seiner Familie getrennt sein würde, überwältigte sie. Sie rief mich schluchzend an, und ich begann im Heiligen Geist zu beten, als der Geist Gottes die Oberhand gewann. Die Wolke der Depression verschwand augenblicklich. Es befreite sie von all den Lügen des Feindes.

Gott ist ein guter Gott! Rufen Sie ihn an! Gehen Sie zu jemandem, der über Ihre Situation beten kann. Rufen Sie jemanden an, der weiß, wie man mit Gott in Kontakt treten kann. Unser Gott hat viel getan wunderbare Dinge und wird auch weiterhin die Gebete seines Volkes erhören. "Ebenso hilft der Geist unseren Schwächen; denn wir wissen nicht, worum wir beten sollen.

sondern der Geist selbst legt Fürsprache für uns ein mit unaussprechlichem Seufzen." (Römer 8:26)

Sie fragte mich, ob sie mich am Morgen des Verhandlungstages anrufen könne. Ich sagte: "Ja." Sie rief am nächsten Morgen an, denn es war der Gerichtstermin für ihren Sohn. Wir haben gebetet, und ich habe ihr gesagt, dass du eine große Überraschung erleben wirst. Du wirst eine mächtige Befreiung aus der Situation erleben. Der Heilige Geist spricht durch den Mund, als ob jemand mit dem allmächtigen Gott verbunden wäre. Nach einer Stunde rief sie mich zurück und sagte: "Du würdest nicht glauben, was passiert ist.

Die Mutter dieses jungen Mannes sagte, das Gericht habe im Computer keine Beweise gegen meinen Sohn finden können. Sie sagte, sogar ihr Anwalt habe die schriftlichen Unterlagen gezeigt, die gegen ihn eingereicht. Gott wies die Klage ab. Als wir den Herrn anriefen, befahl er seinen Engeln, die Situation zu übernehmen, und die Engel löschten alle Informationen aus dem Gerichtscomputer. Sie war voller Freude und sagte immer wieder: "Ich kann es nicht glauben. Was für ein mächtiger Gott! Ich weiß, dass wir alle in unserem Leben Schwierigkeiten haben.

Denken Sie daran, den Herrn anzurufen. Rufen Sie Jesus an und sehen Sie das große, mächtige und wunderbare Werk, das Sie nicht gesehen haben. Bringen Sie Ihre Situation vor den Altar Gottes. Suchen Sie sich einen Schrank, in dem Sie sich ausweinen können, oder einen Berg, um mit Gott in Kontakt zu kommen. Finden Sie einen Ort, an dem Sie Gott begegnen und Ihre Bitten zu ihm bringen können. Rufen Sie Ihn an. Die jüdische Gemeinde in Babylon befand sich in großer Bedrängnis. Der Teufel hatte den Plan, die Blutlinie des Messias auszulöschen. Königin Esther verkündete Fasten und Gebet und wendete das Urteil ab. Die Waffen des Sündenbekenntnisses, des Fastens und des Gebets können den Fall gegen den Feind wenden und ihn vernichten.

In Psalm 50:15 heißt es: "Und rufe mich an am Tag der Not: Ich will dich erretten, und du sollst mich preisen."

Mose setzte sich für sein versklavtes Volk ein. Daniels Leben mit all den Magiern, Wahrsagern und Astrologen war in Gefahr. Daniel ging zum Gebet. Leute, Gott wartet auf euch, damit er sich mächtig zeigen kann. Gehen Sie zu Gott für Ihre Armut, Ihre Sucht, Ihre Kinder, Ihre Arbeit, Ihre Arbeitssituation, Ihr körperliches Problem, Ihr finanzielles Problem, Ihre Gesundheit oder jede andere Situation, in der Sie sich befinden. Rufen Sie Jesus an, und Sie werden große und mächtige Dinge sehen, die Sie noch nie gesehen und gehört haben. Sie werden sehen, wie sich Türen öffnen, wie sich Armut in Wohlstand verwandelt, wie sich Krankheit in Heilung und Befreiung, Krieg in Sieg und Knechtschaft in Freiheit verwandelt. Aber die Rettung Ihrer Seele ist das Größte. Beten Sie zu dem einen wahren Gott Jesus, und er wird Ihnen Zugang zu der übernatürlichen, unsichtbaren Welt verschaffen und übernatürliche Dinge tun, die der natürliche Mensch nicht tun kann. Denken Sie daran: Sie haben den Schlüssel. Rufen Sie Ihn an!

In Psalm 40:3 heißt es: "Und er hat mir ein neues Lied in den Mund gelegt, das unseren Gott preist; viele werden es sehen, und und sich auf den Herrn verlassen. 4 Wohl dem Menschen, der auf den Herrn vertraut und die Stolzen nicht achtet und sich nicht der Lüge hingibt."

LASST UNS BETEN

Herr, wir kommen vor deinen Altar, den Herrn Isaaks, der ihm das Lamm gab und ihn rettete. Herr Jakobs, der ihn aus vielen Prüfungen befreit hat und Mühen. Gott Davids, der ihn aus der Hölle gerettet hat Feind seines Lebens. Der Herr Israels, Abrahams und Isaaks hört dich, wenn du zu IHM schreist! Möge der Herr in der Zeit eurer Not helfen! Euer Herr erfülle jedes Gebet, das ihr für eure Kinder und Enkelkinder betet!

Der Herr sei dein Führer bis ans Ende der Welt? Der Herr sei dein Führer. Du rufst ihn an, und er wird dir antworten, wenn du in Not bist. Unser Gott hat Ohren zum Hören und Augen zum Sehen. Er hat die Macht, dich zu retten, dich zu befreien und dich zu befreien. Unser Gott ist barmherzig. Rufen Sie ihn an und sehen Sie, wie gut er ist. Jeder fleißige Sucher findet ihn. Gott achtet niemanden. Gott hat seine Kinder im Blick. Er schaut in ihr Herz, um herauszufinden, wessen Herz sich auf ihn stützt. Er kann nicht allen helfen, denn nicht alle rufen ihn an. Rufen Sie Ihn an und sehen Sie, was Er für Sie tut. Amen! In Jesus' Namen! Gott segne Sie.

4 JANUAR

HERZ!

Tie Bibel liefert die wesentlichen Fakten über das Herz. Gott hat jedes Detail in unserem Körper geschaffen. Er kennt die wichtigen Aufgaben, die jedes Organ erfüllt.

Gott sagt in Jeremia 17:9 "Das Herz ist trügerisch über alle Maßen und verzweifelt böse; wer kann es erkennen? 10 Ich, der Herr, erforsche das Herz, ich prüfe die Zügel, um einem jeden zu geben nach seinem Tun und nach der Frucht seines Tuns.

Nachdem du studiert hast, was die Bibel über das Herz sagt, wirst du dein eigenes Herz untersuchen. Ganz gleich, was wir über das Herz eines Menschen denken, es ist immer noch trügerisch und bösartig. Sie müssen darauf achten, wie Sie sich selbst sehen. Ihre "Handlungen" spiegeln wider, wer Sie als Person sind, nicht was Sie "denken".

In Sprüche 4:23 heißt es: "Bewahre dein Herz mit aller Sorgfalt; denn aus ihm kommen die Dinge des Lebens."

Die Lebensquelle verbirgt sich in deinem Herzen. Gott spricht in der Bibel über die Wahrheit des Herzens. Du darfst nicht behaupten, dass du andere kennst oder weißt, wer du bist, denn Gott sagt in Jeremia, dass das Herz des Menschen trügerisch und böse ist. König David, der von seinem eigenen Herzen getäuscht wurde, beging Ehebruch und tötete den Ehemann von Bathseba. Gott beobachtete ihn und konfrontierte ihn mit seinen Taten. Als David den Zustand seines Herzens erkannte bereute er und schrieb dieses wunderschöne Gebet.

Psalmen 51:10 Schaffe in mir ein reines Herz, Gott, und erneuere in mir einen rechten Geist. 11 Verwirf mich nicht von deinem Angesicht, und nimm deinen heiligen Geist nicht von mir.12 Gib mir die Freude deines Heils wieder, und erhalte mich mit deinem freien Geist.

Matthäus 15:18 "Was aber aus dem Munde geht, das kommt aus dem Herzen und macht den Menschen unrein. 19 Denn aus dem Herzen kommen böse Gedanken, Mord, Ehebruch, Unzucht, Diebstahl, falsches Zeugnis, Lästerung:

Wir müssen unsere Herzen durch die Gesetze und Gebote lenken, die von Gott festgelegt wurden.

ELIZABETH DAS

Sprüche 23:19 gibt uns einen Leitsatz an die Hand: "Höre, mein Sohn, und sei weise, und lenke dein Herz auf den rechten Weg."

Wir müssen unser Herz mit Sorgfalt hüten.

In 2. Chronik 16:9 sagt uns: "Denn des HERRN Augen schauen alle Lande, dass er stärke die, welchen das Herz fromm ist gegen ihn."

Er ist stark für die, deren Herz ihm gegenüber vollkommen ist."

1 Mein Sohn, vergiss mein Gesetz nicht, sondern lass dein Herz meine Gebote halten: 2 Denn sie werden dir Länge der Tage, langes Leben und Frieden geben.

Josua 22:5 ermahnt uns: "Doch achtet genau darauf, das Gebot und das Gesetz zu befolgen, das euch Mose, der Knecht des HERRN, gegeben hat: Den HERRN, euren Gott zu lieben, auf allen seinen Wegen zu gehen, seine Gebote zu halten, ihm treu zu sein und ihm von Herzen und von ganzer Seele zu dienen."

Gott sieht in dein Herz, nicht in dein Äußeres. Wir müssen dem Herzen besondere Aufmerksamkeit schenken, damit es gereinigt und sauber bleibt. Sprüche 3: erinnert uns daran: "Lass nicht ab von Gnade und Wahrheit; binde sie um deinen Hals, schreibe sie auf die Tafel deines Herzens. So wirst du Gunst und Verständnis erlangen in den Augen Gottes und der Menschen. Vertraue auf den Herrn von ganzem Herzen und verlass dich nicht auf deinen eigenen Verstand. Erkenne ihn auf all deinen Wegen, und er wird deine Pfade leiten." Es ist wichtig zu wissen, dass Gott unsere Herzen verändern kann.

In 1. Samuel 10:1 bei der Salbung des Königs Saul, "nahm Samuel ein Ölfläschchen und goss es auf sein Haupt und küsste ihn und sprach: Ist's nicht darum, dass dich der HERR gesalbt hat zum Fürsten über sein Erbteil? 9 Und es geschah, als er sich umwandte, um zu gehen Und Gott gab ihm ein anderes Herz, und alle diese Zeichen geschahen an jenem Tag."Gott hat uns geschaffen und ist mehr als fähig, unsere Herzen zu e rneuern. Sucht danach, bittet darum - der Herr wird dafür sorgen.

Hesekiel 36: sagt: 26 Ich will euch ein neues Herz geben und einen neuen Geist in euch geben; und ich will das steinerne Herz aus eurem Fleisch wegnehmen und euch ein fleischernes Herz geben. 27 Und ich will meinen Geist in euch geben und will euch veranlassen, in meinen Geboten zu wandeln, und ihr sollt meine Rechte halten und sie tun.

Ich bin Zeuge des Herrn, wie Er die Herzen der Menschen verändert, wenn sie sich Gott zuwenden. Er kümmert sich um sie und tilgt alle Spuren des Bösen, das einst ihre Herzen geplagt hat. Das Herz ist die Wurzel unseres guten oder schlechten Lebens - die Probleme unseres Lebens entspringen dem Herzen. Wenn du Gott erlaubst, sich um dein Herz zu kümmern, werden die Probleme des Herzens verschwinden. Oft liegt unser Problem darin, dass wir den Zustand unseres Herzens nicht erkennen. Wir lieben es, Lob zu hören und nicht mit den Tatsachen konfrontiert zu werden. Doch wenn die Zeit kommt, sich zu beweisen, erzählt unser Herz eine ganz andere Geschichte. Wir vergessen, dass wir die wahre Natur unseres Herzens nicht kennen. Das Lesen und Bewahren des Wortes Gottes in unseren Herzen ist notwendig. Das ist der Schlüssel zu einem guten Herzen.

In Psalm 119:11 heißt es: "Dein Wort habe ich in meinem Herzen verborgen, damit ich nicht gegen dich sündige."

Erfülle dein Herz mit dem Wort Gottes, und es wird dich vor falschen Handlungen bewahren. Amen! Gott segne dich!

LASST UNS BETEN

Himmlischer Vater, Schöpfer unseres Herzens, wo unser Leben beginnt. Du hast die ganze Macht, unser Herz zu kontrollieren. Du hast den Hauptschalter des Herzens in der Hand.

Wir beten zu dem Herrn, der uns ein neues Herz schenkt, der in uns ein reines Herz schafft und einen rechten Geist in uns erneuert. Erfülle unsere Herzen mit Liebe, Freude und Frieden. Unser Antlitz spiegelt unser Herz wider. Herr, bewahre unsere Herzen! Leite unsere Herzen in Deinen Wegen und Geboten. Lass unseren Mund das Wort sprechen, als wäre es ein Schwert. Heile unsere Seelen. Das Wort Gottes stärkt unsere Herzen, das Richtige zu tun. Wir danken dir für deine Macht, ein reines Herz in uns zu schaffen. Schaffe in uns ein reines Herz, o Herr, in Jesu Namen. Amen! Gott segne Sie!

5 JANUAR

WANDELT IM GEISTE!

Ter Geist braucht Bewegung, also wandle im Geist. Wir leben in einer Zeit, in der unser physischer Körper wichtiger zu sein scheint als unser Geist. Unser Geist-Mensch ist nicht mehr Form und ungesund, wenn wir die geistige Nahrung nicht zu uns nehmen. Wir sind fast gefühllos und ignorant gegenüber unserem Geistmenschen geworden. Wir erkennen den Zustand unserer geistigen Gesundheit nicht; sie liegt im Sterben.

Die Bibel hat die richtigen Anweisungen für profitable Übungen für unseren Geist: Es wird dich retten und diejenigen, die dich hören.

Paulus schreibt in 1. Timotheus 4:8 Denn die leibliche Übung nützt wenig; die Frömmigkeit aber nützt zu allem, da sie eine Verheißung des gegenwärtigen und des zukünftigen Lebens hat.9 Das ist ein treues Wort und aller Annahme wert.10 Denn wir mühen uns und leiden Schmach, weil wir auf den lebendigen Gott vertrauen, der der Retter aller Menschen ist, besonders derer, die glauben.11 Dies gebietet und lehrt.

Die Art der Übung, die in den folgenden Versen beschrieben wird, ist für unseren Geist.

I Timotheus 4:12 Niemand verachte deine Jugend, sondern sei ein Vorbild der Gläubigen im Wort, im Wandel, in der Liebe, im Geist, im Glauben, in der Reinheit.13 Bis ich komme, achte auf die Lektüre, auf die Ermahnung, auf die Lehre.14 Vernachlässige nicht die Gabe, die in dir ist, die dir gegeben wurde durch eine prophetische Weissagung mit der Handauflegung der Ältesten. Bedenke diese Dinge; widme dich ihnen voll und ganz, damit dein Fortschritt allen offenbar wird. Achte auf dich selbst und auf die Lehre, bleibe bei ihnen, denn indem du dies tust, wirst du sowohl dich selbst als auch die hören, retten.

Die Bibel sagt, wir sollen im Geist wandeln. Die Welt diskutiert über körperliche Gesundheit, Bewegung, Fitness und Form. Es gibt so viele Möglichkeiten und Geräte, die für eine perfekte körperliche Gesundheit eingeführt werden. Aber auch wenn wir die perfekte Form haben, leiden wir immer noch an vielen emotionalen, geistigen und körperlichen Krankheiten. Warum? Weil wir keine geistlichen Übungen machen, um unseren geistlichen Menschen in Form zu bringen. Die Bibel spricht von unserer geistlichen Gesundheit. Auch wenn man äußerlich perfekt geformt ist, kann man noch voll des Bösen sein, das dem eigenen Geist und Fleisch schadet. Ich hatte eine Nachbarin, die einen Mann heiratete, der einige Jungen hatte. Sie hatte auch einige Jungen aus einer früheren Ehe. Ich habe sie immer krank gesehen. Sie hatte Operation um Operation. Ihre Jungen und die Jungen ihres Mannes werden unterschiedlich behandelt. Der kleine Sohn ihres Mannes konnte das Pedal nicht erreichen, aber in der Frühmorgens ging er los, um Zeitungen auszutragen. Er war mit anderen Brüdern frühmorgens in einem kalten Winter und im Regen unterwegs. Ich dachte: Was sind das für Menschen? Sie lächelte nie, und die Kinder ihres Mannes versteckten sich immer und hatten Angst, etwas zu tun oder zu sagen oder zu spielen, wenn sie in der Nähe war. Irgendwann später ließen sie sich scheiden. Aber ich habe sie immer krank gesehen. Ihre Krankheit war nicht körperlich, sondern geistig. Liebe ist wichtiger als schönes Aussehen. Sie war eine hinreißende Frau, aber sie hatte viele geistige Krankheiten. Als ich sah, wie sich die Kinder in ihrer Gegenwart verhielten, dachte ich, dass diese Frau Freundlichkeit und Liebe für die kleinen Kinder brauchte. Körperliche Krankheit wird oft durch die Krankheit des Geistes verursacht.

Galater 5: sagt uns,17 Denn das Fleisch begehrt auf gegen den Geist und der Geist gegen das Fleisch; und diese sind einander entgegengesetzt, so dass ihr nicht tun könnt, was ihr wollt.18 Wenn ihr aber vom Geist geleitet werdet, seid ihr nicht unter dem Gesetz.

Beginnen Sie Ihre geistliche Übung, indem Sie die folgenden Verse aus Galater 5 lesen und befolgen:22 Die Frucht des Geistes aber ist Liebe, Freude, Friede, Langmut, Sanftmut, Güte, Glaube, 23 Sanftmut, Mäßigung; gegen sie gibt es kein Gesetz. 24 Die aber Christus angehören, haben das Fleisch mit den Neigungen und Begierden gekreuzigt. 25 Wenn wir im Geist leben, so lasst uns auch im Geist wandeln.

Gehen ist eine ausgezeichnete Übung für deine körperliche Gesundheit. Im Geist zu gehen wird deinem Geist Gesundheit geben. Die geistliche Übung der Liebe, der Freude, des Friedens, der Langmut, der Sanftmut, der Güte, des Glaubens, der Sanftmut und der Mäßigung wird Sie von innen heraus schön und gesund machen. Fangen Sie an, auf Ihren Geistmenschen zu achten und nicht nur auf Ihre äußere Gestalt (den physischen Menschen). Verbringen Sie Zeit mit Gebet und Fasten; Ihr geistlicher Mensch wird stark und Ihr Fleisch wird schwach.

In Galater 5:19 heißt es: "Die Werke des Fleisches aber sind offenbar: Ehebruch, Unzucht, Unreinheit, Lüsternheit, 20 Götzendienst, Hexerei, Hass, Zwietracht, Hader, Zorn, Hader, Aufruhr, Häresie, 21 Neid, Mord, Trunkenheit, Schwelgerei und dergleichen: davon sage ich euch zuvor, wie ich euch auch vorzeiten gesagt habe, daß, wer solches tut, das Reich Gottes nicht erben wird."

Man kann schön aussehen, aber nur äußerlich, während man innerlich und äußerlich krank ist. Man kann das Innere nicht korrigieren, indem man sich außen anbetet und bemalt. Du wirst dich nur selbst betrügen. Wir haben die Gesundheit unseres Geistes vernachlässigt. Fangen Sie also an, für die Gesundheit Ihres Geistes zu trainieren. Gehen Sie zu Gott, unserem geistlichen Vater, und er hat Worte der Übung für Ihren Geist. Beginnen Sie damit, die Bibel aufzuschlagen und die Schriftstelle für Ihre geistliche Übung zu lernen. Sehen Sie, wie schön und gesund Sie werden, wenn Sie diese geistliche Übung lernen. Für Ihre beste geistliche Gesundheit, wandeln Sie im Geist; Gehen ist eine schöne Übung. Möge der Heilige Geist ein großer geistlicher Lehrer werden! Ich bete, dass der Herr Ihnen einen gesunden Geist schenkt, in Jesu Namen. Amen!

LASST UNS BETEN

Herr, unser himmlischer Vater, wir sind dankbar dafür, dass du uns die Notwendigkeit unserer geistlichen Gesundheit gelehrt hast. Lehre uns den Weg Gottes und lass uns in der göttlichen Anleitung des Heiligen Geistes wandeln. Heiliger Geist, wir bitten dich, uns den Weg des Geistes zu weisen und zu lehren. Wir töten unser Fleisch und seine Begierden. Herr, gib uns seine Güte, Wahrheit und Gerechtigkeit. Danke, dass du uns einen mächtigen Heiligen Geist gegeben hast, der jede Situation bewältigen kann. Er ist der beste Lehrer, um uns vor der Abkehr von der Wahrheit zu bewahren. Wir wünschen uns, im Wort Gottes zu wandeln. Es verleiht unserer Seele vollkommene Gesundheit. Wie wunderbar ist es, deine Gaben des Geistes zu haben? Himmlischer Vater, bitte gib uns das Wort für jede Lebenssituation. Im Namen Jesu! Amen!

6 JANUAR

WAS IST GLAUBE?

Der Glaube ist eine himmlische Währung. Wir benötigen eine Kreditkarte, um ein Produkt aus dem Internet zu bestellen. Der Glaube ist Ihre Kreditkarte, um aus der Bibel zu bestellen. Gehen Sie auf die königliche Direktleitung, um sich mit Gott zu verbinden, und Sie können gemäß Ihrem Glaubenssaldo aufladen.

Hebräer 11:1 sagt uns: "Der Glaube aber ist eine feste Zuversicht auf das, was man hofft, eine Überzeugung von Tatsachen, die man nicht sieht."

Reich oder arm, aber wenn Sie Glauben haben, sind Sie reich. Sie können Millionen von Dollar haben, aber ohne Glauben können Sie dennoch elend und arm sein. Reich oder arm, aber wenn du den Glauben hast, bist du reich. Du kannst Millionen von Dollars haben, aber ohne Glauben bist du trotzdem arm und unglücklich. Wo setzen Sie Ihren Glauben ein? Sie werden scheitern, wenn Sie an etwas Vergängliches glauben, wie Ihr Bankkonto, Ihre Ausbildung, Ihren Abschluss, Ihren Job oder Ihre Gesundheit. Wenn du aber an Gott und die Verheißungen seines Wortes glaubst, dann wirst du alle Verheißungen erben.

In Matthäus 8:8 sagte ein Soldat zu Jesus: "Der Hauptmann antwortete und sprach: Herr, ich bin nicht würdig, dass du unter mein Dach kommst; sondern sprich nur ein Wort, so wird mein Knecht gesund werden."

Dieser Hauptmann vertraute auf den Herrn. Er glaubte und glaubte, dass der Herr tun kann, was er wünscht, wenn er glaubt. Glaube ist gut, aber es ist ebenso wichtig, wo Sie Ihre Glaubenswährung investieren. Wenn Sie Krankheit, Krieg, Probleme oder schlechte Situationen sehen, setzen Sie Ihre Glaubenswährung ein, um Heilung, Sieg und vieles mehr zu erhalten. Sie werden es erhalten, wenn es im Herrn ist. Das Wort Gottes ist ein Buch, das von dem Einen (Jesus) spricht und Zeugnis ablegt, auf den Sie Ihren Glauben setzen sollten. Seine Daten werden siebenmal im Feuer verarbeitet und bleiben dennoch bestehen. Das Wort Gottes ist nicht verderblich. Manchmal beklagen sich die Menschen: "Ich glaube, aber ich sehe noch immer keine Ergebnisse". Wissen Sie, wo der Kurzschluss liegt? Er liegt in Ihnen, nicht in den Verheißungen Gottes. Sie brauchen mehr Glauben, um das richtige Ergebnis zu erzielen. Zweifel, Sorgen, Ängste, Unglaube und viele andere Dinge sind hinderliche und begrenzende Quellen, die die Entwicklung verhindern. Um positive Ergebnisse zu erzielen, bewahre den Glauben und übersehe die Hindernisse. Es wird mit Sicherheit geschehen! Sie müssen wissen, dass die Superquelle der Megakraft Gott ist. Deshalb liegt die Quelle der Superkraft in einem Buch namens Bibel. Lies die Bibel kontinuierlich, glaube, gehorche und praktiziere.

In Römer 10:17 heißt es: "So kommt also der Glaube aus dem Hören und das Hören durch das Wort Gottes".

Die Bibel ist ein Buch voller Zeugnisse von Gläubigen, die nicht an Gott geglaubt haben. Wenn Sie glauben, was verlieren Sie? Satan setzt Zweifel, Angst und Sorgen ein, um gegen den Glauben zu kämpfen. Ihr Glaube wird auf die Probe gestellt werden.

Jesus sagte in Lukas 1:37 "Denn bei Gott ist nichts unmöglich."

Glauben Sie einfach dem Wort, dass für Gott nichts unmöglich ist, dann bringen Sie Ihre Situation vor Gott und sehen Sie, was er für Sie tun kann. Ich habe in meinem Leben volles Vertrauen in Gott. Er wird mich nicht belügen, betrügen oder im Stich lassen. Ich habe meinen Glauben auf den Herrn Jesus gesetzt. Als Gott mir meinen Job wegnahm, in dem ich 21 Jahre lang gearbeitet hatte, sagte er mir, ich solle statt e i n e r Invaliditätsrente einen kleinen Scheck annehmen. Es schien unmöglich, zu überleben, aber Gott versicherte mir, dass er für mich sorgen würde. Es gab keine andere Quelle, auf die ich mich stützen konnte. Nachdem ich die Anweisung des Herrn erhalten hatte, schlief ich friedlich. Es gibt nichts Besseres, als zu lernen, indem man der Anweisung des Herrn gehorcht und ihr vertraut. Ich war so froh, als ich Rückenprobleme und Krebs hatte. Ich hörte die verschiedenen Verheißungen Gottes, die für jede Situation gegeben wurden. Gott gab mir während dieser Zeit, als ich im Rollstuhl saß, Zusicherungen.

Sprüche 4:12 "Wenn du gehst, werden deine Schritte nicht behindert, und wenn du läufst, wirst du nicht stolpern."

Versuchen Sie nicht, Ihre Situation zu ergründen oder zu lösen. Lassen Sie Ihn einfach rechnen und alle Tests und Prüfungen lösen. Gehorche einfach seiner Stimme, wenn er dich auf dieser neuen Reise führt. Mein Gott ist ein Wegbereiter und ein Verheißungsbewahrer. Ich sitze nicht mehr im Rollstuhl, sondern kann gehen und bin heute krebsfrei! Gelobt sei der Herr! So einfach ist das. Auch wenn Sie die Situation nicht kennen und verstehen, wird er sie trotzdem diagnostizieren und heilen ohne Geld zu bezahlen. Sie brauchen nur eine Währung namens Glaube.

Hebräer 11:2 "Denn durch ihn (den Glauben) haben die Ältesten einen guten Bericht erhalten."

Freunde, ihr seid dem Teufel durch sein kostbares Blut völlig losgekauft. Warum setzen Sie sich selbst unter die Fesseln von Krankheit, Schulden, Sucht, Armut und vielen Jochen? Schlagen Sie die Bibel auf, vertiefen Sie sich in das Wort Gottes, und holen Sie sich alles, was Sie wollen. Es ist zugänglich; bringen Sie einfach die himmlische Währung namens Glaube mit. Seien Sie reich mit viel Glauben, denn das Wort Gottes sagt, dass es nach Ihrem Glauben gehen soll.

Matthäus 9:29,30a "Da rührte er ihre Augen an und sprach: Wie ihr glaubt, so soll es euch ergehen. Und ihre Augen wurden geöffnet." Verstehen Sie? Alles, was Sie auf dieser Erde brauchen, ist Gott und sein erlösendes Buch, die Bibel. Wenn Sie das Wort in Ihrem Herzen und Ihrem Verstand haben, sind Sie reich, denn Ihrem himmlischen Vater gehört alles.

Psalm 50:10 "Denn alle Tiere des Waldes sind mein und das Vieh auf tausend Hügeln." Amen!

LASST UNS BETEN

Herr, wir kommen demütig zu deinem Altar, einem Altar der Barmherzigkeit. Schenke uns den Glauben, so wie du uns großzügig beschenkst. Wir möchten, dass der Glaube in allen Situationen funktioniert. Wir müssen

Dich in Deiner Macht und Kraft erkennen, um unsere Der Glaube an Dich. Hilf uns, o Herr, dein Wort zu studieren und anzuwenden. Wir wissen, dass das Ergebnis über uns hinausgehen wird. Es wird übernatürlich sein. Unser Gott hält sein Wort, wenn wir darauf stehen und es beanspruchen. Herr, nimm alle Zweifel, Ängste und Sorgen. Du bist mehr als genug für uns. Du bist alles, was wir brauchen. Lass unsere Augen sich zu Dir wenden, denn wir wissen, dass unsere Hilfe vom Herrn kommt, dem Schöpfer des Himmels und der Erde. Schöpfer und Erhalter der lebendigen und atmenden Seele! Niemand außer Dir hat die Macht, Tote aufzuerwecken, allen Leben zu geben und uns vor Schaden und Gefahr zu bewahren. Hilf uns zu glauben und zu vertrauen, dass du der einzige Retter Jehovas bist, Jesus Christus, Gott im Fleisch, in Jesu Namen! Amen! Gott segne Sie!

7 JANUAR

MACHT DES WORTSPIELS!

Proverb 18:21 sagt uns, dass "Tod und Leben in der Macht der Zunge sind; und wer sie liebt, wird ihre Frucht essen."

Sowohl positives als auch negatives Sprechen führen zu zwei gegensätzlichen Ergebnissen. Durch positives Sprechen kannst du erschaffen, während du durch negatives Sprechen zerstören kannst. Kurz gesagt, wenn du auf eine Situation mit einer positiven Einstellung reagierst, hast du dein Anliegen dem Herrn überlassen, der sagte, dass alles möglich ist. Wenn deine Reaktion negativ ist, fällst du in die Falle des Teufels, dessen Hauptziel es ist, zu töten, zu stehlen und zu zerstören. Lerne, das Wort Gottes über jede Situation zu sprechen, der du begegnest. Gib dem Teufel nicht Raum, indem du schlecht über die Angelegenheit sprichst. Vor ein paar Tagen durfte ich eine Kochshow moderieren. Im Gegenzug boten mir die Produzenten eine kostenlose Salatschneidemaschine als Geschenk für die Moderation an. Sie gaben mir jedoch nicht, wie versprochen, einen Salatschneider. Stattdessen bekam ich Ich war verärgert, aber ich blieb positiv und sagte mir: "Gott wird mir etwas Besseres geben." Ein paar Tage später erhielt ich einen Anruf von einem Freund, der mir mitteilte, dass Veggie Bullet im Angebot sei für 50 % Rabatt und dass sie sie für mich kaufen würde. Siehst du, Gott hat mir etwas Besseres als eine Salatmeister-Maschine gegeben. Der Veggie Bullet ist elektrisch und zerkleinert alles in nur wenigen Sekunden, während die Salatmeistermaschine manuell ist und mühsame Arbeit erfordert. Ein anderes Mal brauchte ich einen Bademantel, und ich bat Gott, mir einen bestimmten Bademantel zu geben. Ich vertraute einfach darauf, dass er mir einen Bademantel geben würde. Ein paar Jahre zuvor hatte mir jemand an Weihnachten einen wunderschönen Bademantel geschenkt. Er war sehr weich und schön. Später brauchte ich einen weiteren. Ich bat im frühen Morgengebet darum, und ein paar Stunden später rief mich eine Freundin an und sagte: "Kannst du zu Sam's Club gehen? Ich muss etwas zurückgeben." Ich sagte: "Natürlich." Nachdem sie ihre Sachen zurückgegeben hatte, wollte sie noch ein wenig einkaufen. Wir gingen spazieren, und sie sah den Bademantel und blieb stehen. Sie begann den Bademantel zu berühren und zu fühlen. Sie sagte: "Schau, wie weich und schön dieser Bademantel ist." Ich sagte: "Ja, sehr schön." Sie sagte: "Hol dir den Bademantel; er wird dein Weihnachtsgeschenk sein." Ich war natürlich zögerlich. Ich sagte: "Weihnachten ist noch nicht da", aber sie bestand darauf, ihn für mich zu kaufen. Ich war glücklich. Früher an diesem Morgen hatte ich Gott gebeten, mir einen Bademantel zu geben. Siehst du die Bedeutung deiner Worte? Sprich die Worte, und dein himmlischer Vater wird hören. Ich sagte: "Gib mir." Ich sagte nicht, zeig mir den Laden oder gib mir das Geld, um ihn zu kaufen. Ich sagte einfach: "Gib mir", im Wissen, dass Jesus mein Versorger ist. Jesus sagte: Bittet, so wird euch gegeben.

In Genesis 22:7 heißt es: "Und Isaak redete zu Abraham, seinem Vater, und sprach: Mein Vater! und er sprach: Hier bin ich, mein Sohn. Und er sprach: Siehe, das Feuer und das Holz; wo ist aber das Lamm zum Brandopfer? 8 Abraham aber sprach: Mein Sohn, Gott wird selbst ein Lamm zum Brandopfer geben; da gingen sie beide zusammen.

Dann wissen Sie, was passiert ist.

In Vers 13 heißt es: "Und Abraham hob seine Augen auf und sah, und siehe, hinter ihm war ein Widder im Ðestrüpp gefangen. Und Abraham ging hin und nahm den Widder und opferte ihn zum Brandopfer anstelle Ðeines Sohnes."" Wenn Sie krank sind, sagen Sie: "Jesus ist meine Gesundheit; durch seine Striemen bin ich geheilt. Nimm die Vollmacht und sprich: "Ich weise dies zurück Krankheit, verlasse meinen Körper. Ich befehle der Krankheit, in Jesu Namen zu gehen."

In Matthäus 12:37 steht: "Denn durch deine Worte sollst du sein gerechtfertigt werden, und durch deine Worte wirst du verurteilt werden.

Gott hat Worte benutzt, um zu erschaffen.

In Psalm 33:6 heißt es: "Durch das Wort des HERRN wurden die Himmel gemacht und ihr ganzes Heer durch den Hauch seines Mundes."

In Sprichwort 21:23 heißt es: "Wer seinen Mund und seine Zunge hütet, bewahrt seine Seele vor Ungemach."

Sprechen Sie positive Worte wie: "Meine Kinder werden mächtige Männer und Frauen Gottes sein. Meine Gesundheit ist und wird gut sein. Ich werde haben, was ich will, in Jesu Namen. Gott wird mich führen an einem stillen Wasser. Er wird wiederherstellen, was ich verloren habe. Er wird geben mir Wissen, Weisheit, Reichtum, Verständnis, Gesundheit, Wohlstand und alles, was ich brauche".

In Offenbarung 5:12 heißt es: "Würdig ist das Lamm, das geschlachtet wurde, Macht und Reichtum und Weisheit und Stärke und Ehre und Herrlichkeit und Segen zu empfangen."

Alles, was in den obigen Versen steht, können wir erben, wenn wir es in Anspruch nehmen. Unser Wissen über den Erlöser ist wesentlich. Angenommen, wir wissen, wie und was wir tun müssen; wir können Gottes Verheißungen einlösen. Keiner wird pleite, hungrig, nackt, durstig, krank oder mit gebrochenem Herzen gehen. Unser Gott kann alles geben, aber es zu wissen und einzufordern ist der einzige Weg. Nur Gott kann alle Dinge tun, also vertraue ihm. Sie sagte, ich würde sein Gewand berühren und ganz gemacht werden, nicht geheilt, aber authentisch gemacht; das heißt, Geist, Seele, Körper und Seele werden gesund und heil sein. Bitte ihn um sein Wort. Er wird sich um alles kümmern, was ich mir wünsche.

In Psalm 52:8-9 heißt es: "Ich aber bin wie ein grüner Ölbaum im Hause Gottes; ich vertraue auf die Barmherzigkeit Gottes immer und ewig. Ich will dich loben ewiglich, denn du hast getan Und ich will auf deinen Namen warten; denn er ist gut vor deinen Heiligen."

Denken Sie daran: Das Leben ist ein Wortspiel. Sage zu dir selbst: "Ich bin sehr begünstigt, ich bin der Erste, ich bin hochbegünstigt, ich bin das Haupt. Keine Waffe, die gegen mich gerichtet ist, kann Erfolg haben. Ich habe die die Kraft eines Adlers. Ich werde aufsteigen wie ein Adler. Ich will laufen und nicht müde werden." Sprich mit Glauben, indem du in deinem Herzen daran glaubst, und genieße alles, was du von unserem großzügigen Gott empfängst.

Finden Sie alle positiven Worte und sprechen Sie sie über sich und andere. Sehen Sie, was es für Sie und andere bewirkt. Das Gleiche gilt, wenn Sie negative Worte sprechen. Es wird ein Alptraum sein. Niemand wird in Ihrer Nähe sein wollen, wenn Sie negative Worte sprechen. Sie schaffen unweigerlich eine Atmosphäre, in der der Teufel gedeiht, wenn Sie negative Worte sprechen. Lesen Sie weiter die Bibel, das Wort des lebendigen Gottes. Sieh, wie die unsichtbare Welt ins Leben tritt. Amen! Gott segne Sie!

LASST UNS BETEN

Himmlischer Vater, es ist gut zu wissen, dass du uns die Macht gegeben hast, deine Kinder genannt zu werden. Danke für das Wort Gottes, und danke, dass du unser Leben lenkst. Wir beanspruchen, dass wir durch dich Leben und mehr Fülle haben. Wir beanspruchen deinen göttlichen Schutz über uns. Wir danken dir, dass du uns die Macht zeigst, Worte ins Leben zu rufen. Niemand außer dem Herrn kann erschaffen. Nur der Herr hat Macht und hat ihren Nutzen seinen Kindern gegeben. Möge der Herr uns durch seinen Geist lehren, alles in Anspruch zu nehmen, was zu uns gehört. Wir kennen unseren Gott als den mächtigen, allmächtigen, allwissenden und allgegenwärtigen Helfer in Zeiten der Not. Im Namen über allen Namen, Jesus, sind wir gesegnet. Danke, Herr, für dein lebendiges Wort; wir segnen deinen heiligen Namen im Namen Jesu! Gott segne dich. Amen!

8 JANUAR

GOTT MACHT ETWAS NEUES FÜR DICH!

Dieses Jahr bringt signifikante Veränderungen mit sich, sowohl weltweit als auch individuell. Die Bibel spricht von neuen Wegen, frischen Orten und neuen Dingen. Lassen Sie uns sehen, was Gott unter neuen Dingen versteht.

In Jesaja 43:18 heißt es: "Gedenkt nicht an das Frühere und denkt nicht an das Alte."

Freunde, dieses Jahr ist das Jahr der großen und kleinen Veränderungen. Vielleicht wechseln Sie die Kirche, den Arbeitsplatz oder den Ort. Denken Sie daran, dass Gott neue Dinge für Sie schafft. Also, entspannen Sie sich, atmen Sie tief durch und lassen Sie uns auf unserer Reise mit Jesus. Schauen Sie nicht zurück, denn es liegt ein neuer Weg und ein neues Leben vor Ihnen. Entdecke neue Dinge. Genießen Sie eine einzigartige Fahrt des Lebens und holen Sie das Beste aus dem heraus, was vor Ihnen liegt. Du magst dich fragen, was da passiert. Es ist alles Gott, der eine Veränderung in Sie und Ihr Leben. Ich bete, dass Gott Ihr Leben mit neuer Vorstellungskraft und neuem Denken erhebt und Ihnen eine geistige Sehkraft gibt, um die Dinge anders zu betrachten.

In Offenbarung 21:5 heißt es: "Und der auf dem Thron saß, sprach: Siehe, ich mache alles neu. Und er sprach zu mir: Schreibe; denn diese Worte sind wahrhaftig und treu."

Kann Gott lügen? Nein, nehmen Sie es als einen Gutschein und lösen Sie ihn heute ein. Er sagt dir alles über deine neuen Dinge. Ich bete: "Herr, mach meinen Tag neu und besser, wenn ich aufwache. Lass mich alles haben, was du für mich im Sinn hast." Ich bedecke meinen Tag mit Blut, damit der Teufel nicht töten oder zerstören kann die Dinge um mich herum. Bitten Sie Gott, Ihnen neues Wissen und bessere Ideen zu geben, damit Sie das Beste sein können, was Sie sein können. In 2. Korinther 5,17 heißt es: "Wenn nun jemand in Christus ist, so ist er eine neue Kreatur; das Alte ist vergangen, siehe, es ist alles neu geworden." Ich erinnerte mich an den Tag, an dem ich nach meiner Taufe im Namen Jesu aus dem Wasser auftauchte. Meine erste Erfahrung war lebensverändernd. Diese Erfahrung hatte ich noch nie gemacht. Als sie mich im Namen Jesu untertauchten, kam ich als ganz neuer Mensch aus dem Wasser. Ich kann die gewaltige Veränderung, die in meinem Leben stattgefunden hat, nicht erklären. Leben. Die Vergebung der Sünden ist eine mächtige Erfahrung. Ich fühlte mich wie leicht wie eine Feder, als könnte ich auf dem Wasser gehen. An diesem Tag wurde ich ein neues Geschöpf! Ein wiedergeborener Mensch.

Römer 6:3 sagt uns: "Wisst ihr nicht, dass wir, die wir auf Jesus Christus getauft sind, auf seinen Tod getauft sind? 4 So sind wir nun mit ihm begraben worden durch die Taufe in den Tod, damit, wie Christus durch die Herrlichkeit des Vaters von den Toten auferweckt wurde, auch wir in einem neuen Leben wandeln sollen."

Die Wirkung die durch den Glauben an die Befolgung des Wortes Gottes, wie es in der Bibel geschrieben steht, erzielt wird, ist der Schlüssel zur Erneuerung aller Dinge. Du wirst die Wirksamkeit des Wortes Gottes niemals erleben, es sei denn, du tust, was es sagt. Gott sagt in Jesaja 43:19: "Siehe, ich will etwas Neues tun; es soll hervorquellen, und ihr werdet es nicht erkennen. Ich will einen Weg in der Wüste machen und Ströme in der Wüste." Sie wissen es vielleicht nicht, aber Gott füllt Orte mit Wasser, an denen es kein Wasser gab, und er hat aus dem trockenen Land in Israel einen Fluss gemacht. Schauen Sie sich an, was in den Wüstenländern der arabischen Nationen geschieht. Schauen Sie sich die Vereinigten Arabischen Emirate, Katar und andere Länder an und vergleichen Sie, wie es dort vor 20 oder 30 Jahren aussah.

In Epheser 2:15 heißt es: "Er hat in seinem Fleisch die Feindschaft aufgehoben, nämlich das Gesetz der Gebote, die in den Ordnungen enthalten sind, um in sich selbst aus zwei Personen eine neue zu machen der Mensch, so dass er Frieden schließt."

Das Blut Jesu, das am Kreuz vergossen wurde, hat uns von Gesetzen befreit, die unsere Sünden nicht wegnehmen konnten. Denken Sie also daran, dass das Kreuz und das Blut Ihr gegenwärtiges Leben beeinflussen. Eine verändernde Erfahrung ist in dieser Dispensation möglich. Der Herr wird eine große Neuheit in dir und um dich herum geben.

In Epheser 4:24 heißt es: "Und dass ihr den neuen Menschen anzieht, der nach Gott geschaffen ist in Gerechtigkeit und wahrer Heiligkeit."

Folgen Sie Gottes Gerechtigkeit und Heiligkeit, wie es die Bibel vorschreibt. Du hast dieses Jahr einen Job; dann wirst du sein, was Er schuf im Garten Eden einen Menschen nach seinem Bild. Lassen Sie die Herrlichkeit Gottes durch Sie in einem neuen Leben in Christus erstrahlen. Nimm einen neuen Weg und eine neue Straße des Glaubens für deinen glorreichen Sieg.

In Hebräer 8:13 heißt es: "Indem er sagt: Ein neuer Bund, hat er den ersten alt gemacht. Was aber verwest und alt wird, ist bereit zu vergehen." Gott schließt sogar einen neuen Bund, nicht nur Arbeitsplätze, Straßen, Orte und Umgebung. Treten Sie in diesem Jahr in den neuen Bund ein, der das Neue Testament genannt wird. Lesen Sie und erfahren Sie durch Gehorsam, wo Sie Ihre Beziehung aufbauen und an diesem neuen Bund teilhaben müssen.

In Jesaja 65:17 heißt es: "Denn siehe, ich schaffe einen neuen Himmel und eine neue Erde, und der vorigen wird man nicht mehr gedenken noch sie in Erinnerung behalten.

Freuen Sie sich auf Ihre neue Umgebung und halten Sie Ausschau nach dem neuen Himmel und der neuen Erde. Gott ist dabei, etwas zu schaffen. Gehen Sie weiter auf einem neuen Weg, bis Sie Jesus treffen. Genießen Sie Ihre Ewigkeit mit dem Schöpfer, der alles neu macht. Ich wünsche Ihnen eine sichere Fahrt auf dem Highway, der sich Himmel nennt. Genießen Sie Ihren neuen Standort im Himmel, wo die Straßen aus Gold und nicht aus Zement sind. Es ist eine lebensverändernde tägliche Erfahrung, neu zu werden. Sie müssen viel darüber lernen, was Sie tun und was Sie nicht tun sollten, um dem Herrn zu gefallen. Viele Prüfungen werden kommen, aber es wird auch herrliche Siege geben. Hören Sie auf den Herrn und gehorchen Sie; das ist das lebenswerte Leben auf der Erde. Deine Erfahrungen werden ein Zeugnis für andere zu genießen. Ihre Geschichte wird anderen helfen um Hoffnung und Erlösung zu finden.

Jetzt haben Sie einen anderen Schwerpunkt.

8 JANUAR

In Philipper 4:6-9 heißt es: "Sorgt euch um nichts, sondern in allem lasst eure Bitten durch Gebet und Flehen mit Danksagung vor Gott kundwerden.7 Und der Der Friede Gottes, der alle Vernunft übersteigt, wird eure Herzen und Sinne durch Christus Jesus bewahren.8 Schließlich, Brüder, alles, was wahrhaftig ist, alles, was ehrlich ist, alles, was gerecht ist, alles, was rein ist, alles, was lieblich ist, alles, was von gutem Ruf ist, wenn es irgendeine Tugend gibt, und wenn es irgendeinen Lobpreis gibt, denkt an diese Dinge.9 Was ihr gelernt und empfangen und gehört und gesehen habt in mir, das tut, und der Gott des Friedens wird mit euch sein."

LASST UNS BETEN

Herr, wir danken dir, dass an dem Tag, an dem wir Buße tun und auf deinen kostbaren Namen getauft werden, eine neue Erfahrung beginnt. Es ist unser Vorrecht, anderen zu helfen, diese außergewöhnliche Erfahrung der Vergebung der Sünden zu machen. Gib uns Kühnheit, Kraft, Mut und Liebe für die Seele. Herr, salbe uns mit mächtiger Salbung. Wir sind dankbar für all die schönen Dinge, die du in unserem Leben tust. Wie groß sind die Verheißungen unseres Herrn? Danke, dass du uns einen neuen Tag schenkst, indem du uns den Sonnenschein zeigst und uns sicher und gesund nach Hause bringst. Danke für das Essen und all die täglichen Dinge. Unser Herz ist dankbar für dich. Wir sind so dankbar, dass wir all die Vorräte, die du hast, mit dir teilen können. uns gegeben. Wenn wir reisen, ist die Erde voller Überraschungen, Reichtümer und Erstaunen. Dennoch wird es die unglaublichste Geschichte sein, wenn wir den Himmel sehen. Der Himmel ist unvorstellbar, also wissen wir es nicht, aber wir danken dir für alles, was du hast und tun wirst tun. Alles ist neu und herrlich, so danke, Herr, in Jesu Namen Name! Amen! Gott segne Sie!

9 JANUAR

DER GLAUBE AN GOTT IST GEZIELT!

Epheser 6:16 Vor allem aber nehmt den Schild des Glaubens, mit dem ihr alle feurigen Pfeile des Bösen auszulöschen vermögt.

Denken Sie daran, dass der Teufel umherstreift und die Gedanken und Wünsche Ihres Geistes kennt. Er weiß, wofür Sie stehen. Seine Aufgabe ist es, einen Weg zu finden, Ihren Glauben zu erschüttern und Ihre Treue zu unserem Herrn Jesus Christus zu testen.

Hiob 1:8 Da sprach der Herr zum Satan: Hast du meinen Knecht Hiob bedacht, dass es auf Erden keinen gibt, der ihm gleicht, einen vollkommenen und aufrechten Mann, der Gott fürchtet und das Böse meidet?

Der Herr weiß alles über uns. Ich wusste, dass Hiob vollkommen und aufrichtig war. Der Herr segnete ihn mit Überfluss, Wohlstand und einem nahezu vollkommen gottesfürchtigen Leben. Das Befolgen der Gebote Gottes führt in den meisten Fällen auch zu materiellen Segnunge Dann griff der Teufel Hiobs Gesundheit an und versuchte, seinen Willen zu zerstören. Hiobs Glaube an den Herrn war sein Schutzschild, und der Glaube ist von Natur aus stark, so dass der Teufel besiegt wurde.. Wenn Sie irgendeine Art von Prüfung durchmachen, sei es in Bezug auf Ihr Vermögen, Ihre Kinder, Ihre Gesundheit oder finanzielle Probleme, dann müssen Sie eine Schriftstelle finden, die Ihren Glauben schützt. Das Einzige, was Sie brauchen, ist Glaube. Ihr Glaube sollte auf dem Wort Gottes beruhen. Ihr Glaube sollte sich nicht auf etwas anderes stützen.

Was ist Glaube?

In Hebräer 11:1 heißt es: "Der Glaube ist die Substanz dessen, was man hofft, und der Beweis dessen, was man nicht sieht".

Nachdem Hiob alles verloren hatte, sagt er in

Hiob 1:21 "Nackt bin ich aus meiner Mutter Leibe gekommen, und nackt werde ich dorthin zurückkehren; der Herr hat gegeben, und der Herr hat genommen; gepriesen sei der Name des Herrn."

Wow! Haben Sie das Verständnis von Hiob wahrgenommen? Hiob lernte, dass alle materiellen Dinge, die Gott ihm zur Verfügung stellte, nicht von vorrangiger Bedeutung waren. Sein Glaube leitete seinen Weg und machte den Herrn zu seinem Hirten und zur Grundlage seines Willens.

2 Korinther 4:18 Wir schauen aber nicht auf das, was man sieht, sondern auf das, was man nicht sieht; denn das, was man sieht, ist zeitlich, das, was man nicht sieht, ist ewig.

Wurde Hiob auf Reichtum oder Gesundheit geprüft? Nein, Hiobs Glaube wurde auf die Probe gestellt. Seine Aufrichtigkeit, seine Gottesfurcht und sein vollkommener Wandel mit Gott wurden geprüft. Der Teufel jagt deinen Weg mit Gott. Ist dein Glaube bedingt? Dienst du Gott, weil es dir gut geht, oder weil du nicht verlierst, was du bereits hast? Nein, deine Beziehung zu Gott hat nichts mit den zeitlichen Dingen zu tun, die du besitzt. Gott erlaubte alle Prüfungen im Leben Hiobs und kann doppelt erstatten, was verloren ging. Du musst an Gott glauben und ihm vertrauen, ohne egoistische Motive für das Dienen und den Glauben an Gott. Deine Liebe zu Gott muss bedingungslos sein, ohne Sorge oder Angst vor Verlust oder Gewinn. Gott schenkt Dinge auf der Erde. Schau dir das Gespräch des Teufels mit Gott an:

Hiob 1:9 Da antwortete der Satan dem Herrn und sprach: Fürchtet Hiob Gott umsonst? 10 Hast du nicht eine Hecke um ihn, um sein Haus und um alles, was er hat, gemacht? Du hast das Werk seiner Hände gesegnet, und sein Vermögen hat sich im Lande vermehrt.

Als Christen wissen wir, dass wir eine Schutzhecke um unseren Reichtum, unser Haus, unsere Kinder und unsere Gesundheit haben. Kurz gesagt, Gott beschützt uns, wenn wir gottesfürchtig, rechtschaffen und heilig leben. Wir müssen den Herrn mit ganzem Herzen, Verstand, Seele und Kraft lieben.

In Hiob 42:12 heißt es: "So segnete der HERR das Ende Hiobs mehr als seinen Anfang; denn er hatte vierzehn tausend Schafe und sechstausend Kamele und tausend Joch Rinder und tausend Eselinnen".

Hiob hatte eine enge Beziehung zu einem verständnisvollen Gott.

Hiob 42:1 Da antwortete Hiob dem Herrn und sprach: 2 Ich weiß, daß du alles vermagst und daß dir kein Gedanke vorenthalten werden kann. 3 Wer ist der, der sich verbirgt? Ratschläge ohne Wissen? Darum habe ich geredet, was ich nicht verstanden habe; ich habe Dinge gesagt, die mir zu wunderbar waren und die ich nicht kannte. 4 Höre, ich beschwöre dich, und ich will reden: Ich will dich fragen, und du sollst es mir sagen. 5 Ich habe mit dem Ohr von dir gehört; nun aber sieht dich mein Auge. 6 Darum verabscheue ich mich und bereue in Staub und Asche.

Wow, was wir hier sehen, ist pure Reue. Außerdem vergab Hiob seinen Freunden, die ihm Böses sagten und ihn falsch beurteilten.

Hiob 42:10 Und der HERR wendete das Geschick Hiobs, als er für seine Freunde betete. Und der HERR gab Hiob doppelt so viel, wie er vorher gehabt hatte. 11 Da kamen alle seine Brüder und Schwestern und alle seine früheren Bekannten zu ihm und aßen Brot in seinem Haus. Sie bekundeten ihm ihr Mitgefühl und trösteten ihn über all das Unglück, das der HERR über ihn gebracht hatte. Und jeder von ihnen gab ihm ein Geldstück und ein goldenes Ohrgehänge. 12 So segnete der HERR das Ende Hiobs mehr als seinen Anfang. Er hatte vierzehntausend Schafe, sechstausend Kamele, tausend Joch Rinder und tausend Eselinnen. 13 Er hatte auch sieben Söhne und drei Töchter.

Viele der Prüfungen eures Glaubens werden doppelten Segen bringen. Ich bete, dass der Herr dir den Glauben schenkt, um dein Leben mit dem Heiligen Geist und dem Blut Jesu zu schützen, damit du eines Tages doppelte Segnungen erlebst. Mögen die Pläne des Teufels zerstört werden. Möge Gott stärke Sie, damit Sie stehen bleiben und sich nicht bewegen. Halten Sie Ihren Glauben an den Herrn!

LASST UNS BETEN

Wir sind dir dankbar, Herr, dass du uns ein Maß an Glauben gegeben hast, das durch das Hören deines Wortes wachsen kann. Herr, wir brauchen den Glauben an das Wort Gottes, um den Glauben jeden Tag zu stärken, indem wir die Schrift hören und ihr gehorchen. Es ist ein Segen, wenn sie uns helfen, im Glauben an den Herrn zu bleiben. Wir wissen, dass ihnen die Krone der Gerechtigkeit gegeben werden wird. Es ist eine echte Krone, die nicht weggenommen werden kann. Wir wissen, dass unser Glaube auf die Probe gestellt wird; bitte gib dem Glauben die Gabe der Stärke und Treue. Lass unseren Glauben nicht versagen. Unser Glaube an den Herrn wird keine Schande bringen. Gott belohnt diejenigen, die fleißig nach ihm suchen. Durch den Glauben erreichen wir, was uns versprochen wurde. Durch den Glauben empfangen wir Heilung und Befreiung. Wir danken dir für die Rüstung Gottes, die du uns mit dem Schwert deines Wortes gegeben hast. Es ist der Glaube, der uns nach oben bringt. Herr, gib deinem Volk den Glauben, die Kraft, alle unsere Prüfungen zu bestehen, indem wir am Glauben festhalten. in dir, in Jesu Namen! Amen! Gott segne Sie!

10 JANUAR

GEISTIGE VERSCHMUTZUNG!

Wir leben in einer giftigen geistigen Verschmutzung. Warum? Die wirkliche Welt, der wir unsere Aufmerksamkeit schenken sollten, ist die spirituelle Welt, aber wir schenken ihr keine Aufmerksamkeit. Der Herr wies Mose an, wie er leben sollte, um einem heiligen Gott zu dienen. Gott gab göttliche Gesetze, Gebote und Anweisungen, um mit göttlicher Führung zu leben. Er legte fest, dass alle in einer sauberen, himmlischen, umweltfreundlichen Umgebung leben sollten. Wie schön! Die göttliche Weisung, Tora genannt, war für die auserwählten Nachkommen Abrahams bestimmt. Nachdem Jesus sein Blut vergossen hat, können wir alle an dieser göttlichen Berufung teilhaben. Wir müssen darauf achten, was "So spricht der Herr" sagt! Wir müssen nach den wahren Propheten und Lehrern des Herrn Ausschau halten, um von ihm zu hören.

Es liegt in meiner und Ihrer Verantwortung, nach dem wahren, vom Herrn ernannten Propheten zu suchen, nicht nach den Kirchen, Organisationen und Konfessionen. Unser Gott hat die Regierung, um uns auf dem ganzen Weg zu beschützen. Aber kümmern wir uns darum, unseren Weg in seiner göttlichen Richtung zu halten, oder sind wir wie Mutter Eva? Wir weichen von der göttlichen Unterweisung ab, beeinflusst von der Lust der Augen, des Fleisches und des Stolzes des Lebens. Die Menschen, die sich dafür interessierten, verschmutzten die Welt.

Matthäus 24:37 Wie aber die Tage Noahs waren, so wird auch die Ankunft des Menschensohns sein. 38 Denn wie sie in den Tagen vor der Sintflut aßen und tranken, heirateten und sich vermählten bis zu dem Tag, an dem Noah in die Arche ging, 39 und es nicht wussten, bis die Sintflut kam und sie alle wegraffte, so wird auch die Ankunft des Menschensohns sein.

Unsere gottlosen Taten können unsere Welt leicht verunreinigen. Die Menschen werden zur versuchten Generation, die es zu ertragen gilt, wenn sie nicht den gerechten Wegen des Herrn folgen. Unsere Generation hat diese Verunreinigung heute erreicht.

2 Petrus 2:5 und verschonte nicht die alte Welt, sondern rettete Noah, den achten Menschen, einen Prediger der Gerechtigkeit, der die Flut über die Welt der Gottlosen brachte;

Gott hat die Erde geschaffen, damit seine Schöpfung gedeihen kann. Es gäbe keine geistige Verschmutzung auf der Erde, wenn seine Schöpfung Gottes göttliche Wege, Gebote und Gesetze beherzigen würde. Der gerechte Gott kann uns immer noch retten, denn seine Idee, die Erde zu erschaffen, ist es, sie zu vermehren.

ELIZABETH DAS

Hebräer 11:7 Durch den Glauben wurde Noah von Gott gewarnt vor Dingen, die er noch nicht gesehen hatte, und wurde von Furcht ergriffen und bereitete eine Arche, um sein Haus zu retten; dadurch verurteilte er die Welt und wurde Erbe der Gerechtigkeit, die aus dem Glauben kommt.

Die geistige Verschmutzung ist verheerend und erschwert die den richtigen Weg zu finden. Warum ist das so? Seit unsere geistige Welt religiös geworden ist. Das Gebäude ist ohne Gott durchquert worden. Gott hat dieselbe Richtung, Agenda und Führung für uns. Religiöse Konfessionen und Organisationen haben die wahren Propheten und Lehrer hinausgeworfen, wie es König Ahab tat.

2 Chronik 11:13 Und die Priester und Leviten, die in ganz Israel waren, zogen zu ihm aus allen ihren Gebieten. 14 Denn die Leviten verließen ihre Vorstädte und ihren Besitz und kamen nach Juda und Jerusalem; denn Jerobeam und seine Söhne hatten sie vom Priesteramt für den Herrn verstoßen:

Das Nordreich Israel wurde zu Götzendienern, sobald dieser böse König kam. Diese korrupten, fehlgeleiteten Führer verunreinigten das Land. Das Land ging in Gefangenschaft, schließlich nicht mehr in die Jahr 722. ENDE DES NORDREICHS -Israel. Sie wurden von Shalmaneser nach Assyrien gebracht. Warum wiederholt sich die Geschichte? Es liegt in der Natur des Menschen, sich vom Fleisch leiten zu lassen. Es ist eine Nachlässigkeit unsererseits, wie bei Esau, König Salomo, König Saul, Eva und Adam. Wir sehen unser Leben nicht als glücklich und fruchtbar an, wenn wir uns an Gottes Wege halten. Wir sehen den Teufel nicht, der real ist und jede Gelegenheit nutzt, um uns zu zerstören. Wir sind es; unser Fleisch und unser Stolz führen uns in die Irre. Wir verursachen Selbstbeschädigung und Ärger. Unser Hauptproblem ist, dass wir die vom Herrn gegebenen Anweisungen ignorieren. Bitte achten Sie auf die Anweisungen, die gut für Sie sind.

LASST UNS BETEN

Himmlischer Vater, wir kommen zu deinem Altar und bitten um ein Ohr zum Hören und Augen zum Sehen. Wir wissen, dass, wenn wir das Richtige tun, alles gut werden wird. Wenn wir falsch, dann ist es unsere falsche Entscheidung. Wir brauchen den Geist der Wahrnehmung und der Unterscheidung, um das Richtige zu tun. Wir brauchen Hunger und Durst nach dem Wort und Liebe zu dir. Herr, durch unsere Unaufmerksamkeit haben wir Gericht, Fluch und Chaos verursacht. Heute wenden wir uns an dich; vergib uns. Wasche uns mit deinem Blut und mache uns neu in Jesu Namen. Amen! Gott segne Sie!

11 JANUAR
REALITÄTSTEST!

Hie kann man die Realität überprüfen? Gott hat mächtige Weisheit. Durch seine Weisheit können wir prüfen, was richtig und falsch ist, was Lüge und was Wahrheit ist. Nicht alles, was glänzt, ist Gold. Der Glaube an verschiedene Götter oder Göttinnen macht sie nicht zu Gott. Wir brauchen Gottes Weisheit, um die Wahrheit zu erkennen. König Salomo bat Gott, ihm die Weisheit zu geben, sich um das Volk Gottes zu kümmern. Gott gewährte ihm, worum er bat. Einmal hatte er einen schwierigen Fall. Zwei Huren lebten im selben Haus, und beide brachten Babys zur Welt. Die eine überzog ihr Kind im Schlaf und tötete es. Sie war eingebildet und tauschte ihr totes Baby gegen das Leben aus. Wie konnte man diesen Fall in jenen Tagen beweisen? Ein weiser König führt einen praktischen Test durch, um die wahre Mutter zu finden. Der König bittet um ein Schwert, um das Baby zu schneiden. Schauen wir uns an, wie echte und falsche Mütter reagierten.

1 Kön 3:26 Da sprach die Frau, die das lebende Kind hatte, zum König, denn ihr Herz sehnte sich nach ihrem Sohn, und sie sagte: Mein Herr, gib ihr das lebende Kind und töte es auf keinen Fall. Die andere aber sprach: Lass es weder mein noch dein sein, sondern teile es. 27 Da antwortete der König und sprach: Gib ihr das lebendige Kind und töte es nicht, denn sie ist seine Mutter.

Der Test für biologische Eltern ist, dass sie leiden, wenn du leidest. Echte Eltern werden dich vor Schaden bewahren. Sie werden für deine Bedürfnisse sorgen und dich beschützen. Der Teufel hat einen trügerischen Plan. Holen Sie sich Weisheit von Gott und erkennen Sie den wahren. Jetzt musst du lernen, zu prüfen, wer der wahre Gott ist und wer der falsche. Ihr könnt nicht allen Geistern glauben, denn es gibt nur einen Gott, der die Menschheit geschaffen hat. Nicht alle sind Götter oder Göttinnen, wenn sie behaupten, einer zu sein. Die Behauptung, Gott zu sein, macht sie nicht zu Gott. Der wahre Gott wird Sie segnen und nicht verfluchen.

UNICEF schätzte 1998, dass in Indien 11 Millionen Kinder auf der Straße lebten. Als Christen sind wir genau wie unser wahrer Vater Jesus. Wir fühlen, wie sie sich fühlen; wir haben versucht zu helfen, aber es ist eine irreführende Propaganda gegen Christen, dass es sich um religiöse Bekehrung handelt. Gott bekehrt das Herz, nicht der Mensch. Sobald sie ihren wahren Vatergott gefunden haben, kümmert er sich um sie. Der wahre Gott möchte nicht, dass seine Schöpfung hungert, arm, verletzt oder zerstört wird. So würde die wahre Mutter nicht wollen, dass ihr Sohn zerstört wird. Menschen, Nationen oder Länder, die dem wahren Gott Jesus dienen, sind anders. Das Volk betet arme Götzen an, bettelt um Brot, ist krank, verarmt und unglaublich verwirrt über Sprachen, Bräuche und Kastensysteme. Als ich von 11 Millionen Kindern in Indien erfuhr, die auf der Straße leben, wusste ich warum. Die Armut ist unglaublich in einem Land, das Götzen verehrt.

Die Bibel spricht zu uns: *Matthäus 25:34 Dann wird der König zu denen zu seiner Rechten sagen: Kommt, ihr Gesegneten meiner Vater, erhalte das Reich, das dir bereitet ist von Grundlegung der Welt an. 35 Denn ich war hungrig, und ihr habt mir zu essen gegeben; ich war durstig, und ihr habt mir zu trinken gegeben: Ich war ein Fremder, und ihr habt mich aufgenommen: 36 nackt, und ihr habt mich bekleidet: Ich war krank, und ihr habt mich besucht: Ich war im Gefängnis, und ihr seid zu mir gekommen. 37 Da werden ihm die Gerechten antworten und sagen: Herr, wann haben wir dich hungrig gesehen und haben dir zu essen gegeben? Oder durstig, und haben dir zu trinken gegeben? 38 Wann haben wir dich als Fremden gesehen und haben dich aufgenommen? oder nackt und haben dich bekleidet? 39 oder wann haben wir dich krank oder im Gefängnis gesehen und sind zu dir gekommen? 40 Und der König wird antworten und zu ihnen sagen: Wahrlich, ich sage euch: Was ihr einem dieser meiner geringsten Brüder getan habt, das habt ihr mir getan.*

Der Test des wahren Hirten: Nehmen wir uns ein Beispiel an e i n e m echten Hirten und an uns, den Schafen auf seinen Weiden. Was er für uns denkt und tut.

Johannes 10:11 Ich bin der gute Hirte; der gute Hirte gibt sein Leben hin für die Schafe. 12 Wer aber ein Mietling ist und nicht der Hirte, dem die Schafe nicht gehören, der sieht den Wolf kommen und verläßt die Schafe und flieht; und der Wolf reißt sie und zerstreut die Schafe. 13 Der Mietling flieht, weil er ein Mietling ist und sich nicht um die Schafe kümmert. 14 Ich bin der gute Hirte und kenne meine Schafe und werde von den Meinen erkannt. 15 Wie mich der Vater kennt, so kenne auch ich den Vater: Ich gebe mein Leben hin für die Schafe.

Es liegt in Ihrer Verantwortung, einen wahren Schöpfer zu finden, Ihren Vatergott. Er wird für dich sorgen, wenn du eines seiner Schafe auf seiner Weide wirst. Gott hat sein Wort gegeben; lasst uns sehen, was er in

Exodus 20:4 Du sollst dir kein Bildnis noch irgend ein Gleichnis machen von irgendetwas, das oben im Himmel oder unten auf der Erde oder im Wasser unter der Erde ist. 5 Denn ich, der Herr, dein Gott, bin ein eifernder Gott, der die Missetat der Väter heimsucht an den Kindern bis ins dritte und vierte Glied derer, die mich hassen, 6 und Barmherzigkeit übt an Tausenden, die mich lieben und meine Gebote halten.

Einen echten Gott zu finden und ihm zu dienen ist ein Segen; sein Name ist Jesus. Jesus ist unser Schöpfer. Jesus bedeutet "Jehovas Retter". Das Wort Retter stammt vom griechischen Wort Sozo ab, das Heiler, Erlöser und Retter bedeutet. Er wird Sie von der Lüge aller falschen Lehrer, Propheten, so genannten Götter und Göttinnen befreien, die keine Macht haben, zu heilen, zu befreien, zu retten und Ihre Situation zu verändern. Wir wollen sehen, wie viele für den einen wahren Gott, Jesus, Zeugnis ablegen. Ich saß im Rollstuhl; er hat mich zum Laufen gebracht, mich vom Krebs befreit und meine Mandeln geheilt. Ich habe nie Medikamente genommen. Wie Jesus sagte, habe ich für eure Sünden bezahlt, indem ich 39 Striemen genommen und Blut vergossen habe, das Leben hat. Jesus hat das Leben, das in unserem Blut ist, für uns gegeben. Ich habe auch das Buch "I Did It His Way" von Elizabeth Das geschrieben. In dem Buch werden die Fakten dargelegt, die sich ergeben, wenn wir den Anweisungen Gottes folgen; wir erhalten alles, was der Herr versprochen hat.

Christen sind genau wie ihr Vater Jesus. Wir lieben die Menschen. Wir gehen nicht umher und schlagen oder töten, um sie zur Anbetung menschengemachter Götzen zu bekehren. Wir geben den Hungrigen zu essen und werden nicht reich, indem wir ihre Kraft und ihr Leben aussaugen. Wir lieben, weil unser Gott Liebe ist. Wir helfen, wir schikanieren nicht. Freunde, das wahre Vater Gott hat nicht gelehrt, zu bomben, zu steinigen oder Menschen mit dem Schwert zu töten. Öffnen Sie Ihre Augen: Würden Sie das Ihren Kindern antun? Würden

Sie das tun? Der wahre Gott würde nicht schaden. Es ist immer noch Zeit, die Wahrheit zu suchen, nach Jesus zu suchen, und Sie werden ihn finden. Wir verneigen uns nicht vor allen, die der Mensch von Hand gemacht hat. Sie können nicht sehen, hören, gehen oder sprechen. Ich bete denjenigen an, der mein Ohr, meine Augen, meine Beine, meine Hand, meinen Geist und meinen Körper geschaffen hat. Fragen Sie heute Gott: Wer sind Sie? Möchtest du den wahren Gott, Schöpfer und Vater kennen lernen? Sehen Sie, was passiert!

LASST UNS BETEN

Herr Jesus, deine Geschöpfe sind verloren, in der Dunkelheit, in Armut, in Knechtschaft, hungrig und gebrochen. Herr, lass sie zu dir finden. Ziehe sie zu dir. Damit sie den Frieden, die Liebe und die Freude des Herrn erfahren. Oh Herr, lass sie ihrem Schöpfer begegnen und sehen, welchen Unterschied Jesus in ihrem Leben macht, in Jesu Namen! Gott segne dich! Amen!

12 JANUAR
TRÄUMEN SIE!

Gott spricht zu uns durch seinen Geist, sein Wort, die Bibel, und auch durch den Mund der Propheten. Gott spricht auch zu uns durch einen Traum.

In Joel 2:28 heißt es: "Und danach werde ich meinen Geist über alles Fleisch ausgießen, und eure Söhne und Töchter werden weissagen, eure Alten werden Träume haben, und eure Jungen werden Gesichte sehen:

Mose 15:1 Danach geschah das Wort des Herrn zu Abram in einem Gesicht und sprach: Fürchte dich nicht, Abram; ich bin dein Schild und dein großer Lohn.

Mose 46:2 Und Gott redete zu Israel in den Gesichtern der Nacht und sprach: Jakob, Jakob! Und er sprach: "Hier bin ich.

Gepriesen sei Gott! Unser Gott hat eine Art und Weise, seinen Plan zu offenbaren. Gott beschränkt Träume nicht auf ein bestimmtes Alter oder Gottes Volk oder nur auf Christen. Pharao und Nebukadnezar hatten einen Traum, auch wenn sie keine israelischen Könige waren. Träume sind zugänglich für eine Nation, ein Volk oder ein Zeitalter. einem Volk oder einem Zeitalter offen. Eines Nachts träumte ich, dass zwei Schlangen aus einem Zaun kamen und versuchten, zwei Familienmitglieder und mich zu beißen. In der folgenden Nacht hatte ich einen Autounfall, und zwei betrunkene Fahrer fuhren in unser Auto. Ich war gerade erst nach Amerika gekommen und verstand wenig von meinen Träumen. Nachdem sie das Auto angefahren hatten, versuchten sie, uns zu verfolgen, was schrecklich war. Aber Gott sei Dank, in dem Traum, den ich sah, versuchten sie es, aber es gelang ihnen nicht. Wenn du einen Traum oder eine Vision hast, achte darauf. Und wenn du es nicht verstehst, dann bete und bitte Gott um Verständnis. Teile deinen Traum mit denen, die ihn für dich interpretieren können. Durch einen Traum warnt dich Gott oder gibt dir Informationen.

Der König von Ägypten, Pharao, hatte einen Traum.

Mose 41:2 Und siehe, sieben wohlgenährte und fette Kühe stiegen aus dem Strom herauf und weideten auf einer Wiese.3 Und siehe, sieben andere Kühe stiegen hinter ihnen aus dem Strom herauf, schlechtgenährte und magere; und sie stellten sich neben die anderen Kühe am Ufer des Stroms.4 Und die schlechtgenährten und mageren Kühe fraßen die sieben gutgenährten und fetten Kühe auf. Da wachte der Pharao auf.5 Und er schlief und träumte zum zweiten Mal: Und siehe, sieben Ähren gingen an einem Halm auf, schön und gut.6 Und siehe, sieben dünne Ähren, vom Ostwind geblasen, gingen hinter ihnen auf.7 Und die Sieben dürre Ähren, vom Ostwind versengt, wuchsen nach ihnen. 7 Und die sieben dürren Ähren verschlangen die sieben vollen und schönen Ähren. Und der Pharao erwachte, und siehe, es war ein Traum.

Warum zweimal derselbe Traum?

Mose 41:32 Und weil der Traum dem Pharao doppelt erschien, weil die Sache durch Gott, und Gott wird es in Kürze verwirklichen.

Wenn Gott etwas geplant hat, wird er zweimal in einem Traum sprechen. Es wäre am besten, wenn du weise für die Zukunft handeln würdest, die dir im Traum offenbart wird.

Die Bibel sagt: Sprüche 24:3 Durch Weisheit wird ein Haus gebaut, und durch Verstand wird es gegründet:

Wir müssen Gott bitten, dass er uns nicht nur einen Traum schenkt, sondern auch die Weisheit, nach den von ihm offenbarten Informationen zu handeln. Wenn Menschen einen schrecklichen Traum haben und mich um Gebet bitten, weise ich den Plan des Feindes zurück. Ich decke die Situation mit dem Blut Jesu zu und bitte die Engel, mich zu beschützen. In Jesu Namen haben wir die Macht und Autorität, ihren Plan zu binden, zu blenden, zu verwirren und zu zerstören. Denken Sie daran, dass die reale Welt die geistige Welt ist. Der Geist Gottes wird die Pläne der bösen Geisterwelt aufdecken. Vor ein paar Tagen sah ich eine dunklere Nacht und Wasser auf beiden Seiten des Weges. Auf einer Seite sah ich viele Chamäleons in schönen Farben. Auf der anderen Seite kämpft ein riesiger Skorpion mit Menschen. Später an diesem Tag sah ich ein Video, das zeigte, dass viele gegen christliche Schulen in Indien sind. In dem Video sagten sie Jai Esuram. Jesus heißt in der indischen Sprache Esu, aber er ist nicht Esuram. Ich verstand, dass Satan einen Plan schmiedete, um gegen das Volk Gottes vorzugehen. In meinem Traum waren die farbwechselnden Chamäleons die Götzenanbeter Indiens. Ein Skorpion soll unschuldigen Christen schaden, die die Wahrheit lehren.

Es ist gut, jeden Traum zu verstehen. Unser Gott zeigt uns den trügerischen Plan Satans, damit wir dagegen beten können. Unser Unsere Aufgabe ist es, die Menschen wissen zu lassen, dass Jesus der einzig wahre Gott ist. Wenn sie die Wahrheit nicht akzeptieren wollen, können sie gerne aus den christlichen Schulen austreten. Keiner außer dem Herrn weiß alles. Gottes Hand ist mächtig. Gottes offenbarte Warnung braucht weise Menschen, die beten und fasten, um den betrügerischen Plan Satans zu zerstören. Satans Plan sollte im christlichen Leben niemals Erfolg haben. Ein Traum von Gott wird eine bemerkenswerte Wirkung auf den Geist haben. Achten Sie besonders auf den Traum von Gott. Er wird dir einen Ausweg aus dem zerstörerischen Plan Satans bieten. Danke, Herr, dass du dich entschieden hast, durch einen Traum zu uns zu sprechen.

LASST UNS BETEN

Der Herr macht uns wachsam, weise und immer auf der Hut. Mache uns zum mächtigen Kümmerer, der gegen diese Dämonen kämpft wie Chamäleons, Skorpione, Eidechsen und Schlangen. Danke, dass du uns Macht über die Plage in jeglicher Form und Gestalt gibst, die gegen die Wahrheit kämpft. Lass Gott uns den Sieg geben. Gott sendet seine mächtigen Engel, um sein Volk vor Schaden und Gefahr zu bewahren. Herr Jesus, öffne ihre Augen, damit sie sehen. Gib ihnen eine Änderung ihres Herzens. Bitte lege die Liebe zu Jesus in ihre Herzen. Wir beten nicht nur für die Christen in Indien, sondern für alle verletzten Menschen in dieser Welt. Satan versucht das Christentum mit verschiedenen Taktiken. Herr Jesus, bereite uns darauf vor, dir zu begegnen. Der Herr ist auf dem Weg, um sein Volk zu empfangen. Kann jemand Jesus besiegen? Nein, er ist mächtig im Kampf. Macht euch bereit in Jesu Namen. Amen! Gott segne Sie!

13 JANUAR

EINFACHE WEGE GOTTES!

Gott hat einfache Anweisungen, um unsere Probleme zu lösen und zu bewältigen. Suche keine Hilfe an anderen Orten. Wie seine Propheten gesagt haben, müssen wir gehorchen, nicht analysieren oder Gottes Anweisungen hinterfragen. Es geht über unser Verständnis hinaus. Es würde für unseren fleischlichen Verstand keinen Sinn ergeben. Seinen Wegen nicht zu folgen, führt zu Chaos in unserem Leben. Unser fleischlicher Verstand ist unser Feind.

Röm 8:7 Denn der fleischliche Verstand ist ein Feind Gottes; denn er ist dem Gesetz Gottes nicht unterworfen und kann es auch nicht sein.

Unterwerft euch also Gott und tut, was er verlangt. Naaman, ein Hauptmann der syrischen Armee, war aussätzig. Er hörte, dass ein Prophet in Israel ihn vom Aussatz heilen konnte. Da er Jehova Gott nicht kannte, lehnte er die Anweisungen des Propheten ab. Als mächtiger Mann und Hauptmann wusste er nicht, wie er den Befehl Gottes ausführen sollte. Als er an den Propheten Elisa verwiesen wurde,

2 Kön 5:10 Da sandte Elisa einen Boten zu ihm und ließ ihm sagen: Geh hin und wasche dich siebenmal im Jordan, dann wird dein Fleisch wieder zu dir kommen und du wirst rein sein. Eine einfache Anweisung des Propheten, aber sein Denken war verkorkst. Hören Sie sich also an, was er sagte. 11 Aber Naaman wurde zornig und ging weg und sprach: Siehe, ich dachte: Er wird zu mir herauskommen und stehen und den Namen des HERRN, seines Gottes, anrufen und seine Hand über die Stätte schlagen und den Aussätzigen gesund machen.

Können Sie das glauben? Er hat sich bereits ausgerechnet, wie es abgelaufen wäre. Was? Er wollte nicht tun, was der Prophet ihm sagte. Nicht nur das, er war auch noch verärgert und ging zurück. Man muss der Stimme Gottes gehorchen und darf sie nicht in Frage stellen. Naaman musste eine Lektion lernen: Dass er ein Hauptmann war, bedeutet nicht, dass er Gott lenken kann.

Jesaja 55:8 Denn meine Gedanken sind nicht eure Gedanken, und eure Wege sind nicht meine Wege, spricht der Herr. 9 Denn wie der Himmel höher ist als die Erde, so sind auch meine Wege höher als eure Wege und meine Gedanken als eure Gedanken.

Gott sei Dank gibt es weise Menschen, die es wagen, uns zu beraten, wenn wir verloren sind.

2 Kön 5:13 Da traten seine Knechte heran, redeten mit ihm und sagten: Mein Vater, wenn der Prophet dir etwas Großes geboten hätte, hättest du es nicht getan? Wie viel mehr, wenn er zu dir sagt: Wasche dich und werde rein! 14 Da ging er hinab und tauchte sich siebenmal ein Mal im Jordan, wie der Mann Gottes gesagt hatte; und sein Fleisch wurde wieder wie das Fleisch e i n e s kleinen Kindes, und er wurde rein.

Streiten Sie nicht mit Gottes Anweisungen, sondern gehorchen Sie. Einmal wurde ich von einem bösen Geist heimgesucht und kämpfte tagelang. Ein Dämon quälte mich. Ich rief einen Propheten an; seine Prophezeiung war zutreffend. Ich erklärte ihm, wie dieser Teufel mich gequält hatte. Er hat einen umherwandernden Geist in deine Gegend geschickt und quält dich. Er bat mich, ein neues Taschentuch (oder einen Kleidungsstoff) zu nehmen und es mit heiligem Öl zu salben. Beten Sie darüber, machen Sie 2 "x2" Stücke und gehen Sie in vier Ecken Ihres Hauses und vergraben Sie es, hängen Sie es beim Kommen und Gehen ins Freie und hängen Sie es an Ihre Schlafzimmerfenster. Ich habe immer an den Propheten geglaubt. Ich kann mir nicht vorstellen, dass das Leben ohne den Propheten gedeiht. Er soll Informationen von oben geben. Gott hat bestimmte Stellen berufen und ernannt, um sein Werk auf Erden zu verrichten.

Als ich dem Propheten gehorchte, wurden alle Angriffe zerstört. Sobald das gesalbte Tuch den bösen Geist berührte, zerstörte es die Macht des Dämons. Das Wort "zerstört" bedeutet, dass er nicht wieder zusammengesetzt werden kann. Ich glaube, Sie haben es gut verstanden. Wenn Sie von Generation zu Generation das Gleiche durchmachen, dann salben Sie Ihr Haus. Legen Sie Gebetstuchstücke in den Boden, an Türen und Fenster. Erleben Sie die Kraft der Zerstörung durch die Salbung.

Epheser 4:11 Und er hat einige zu Aposteln gemacht und einige zu Propheten und einige zu Evangelisten und einige zu Hirten und Lehrern;12 zur Vervollkommnung der Heiligen, zum Werk des Dienstes, zur Erbauung des Leibes des Christus:

Wenn i c h also Erfolg haben will, brauche ich den von Gott eingesetzten Propheten.

2 Chronik 20:20b Joschafat stand auf und sprach: Hört mich an, Juda und ihr Einwohner Jerusalems: Glaubt an den Herrn, euren Gott, so werdet ihr bestehen; glaubt seinen Propheten, so werdet ihr Erfolg haben.

Alle feindlichen Angriffe müssen durch einen einfachen Akt des Gehorsams zerstört werden. Ich gehe hinaus und salbe Schulen und lege Gebetstücher auf den Boden. Jeden Monat lege ich neu gesalbte Gebetstücher in meinen Garten. Ich nehme das Öl und salbe das Innere und Äußere meines Hauses. Wir befinden uns in einem ständigen geistlichen Kampf. Es reicht nicht aus, nur das Wort zu lesen und darüber zu meditieren. Ihr Handeln ist gefragt. Tun Sie es, um die Ergebnisse zu sehen. Ihre Vorstellung wird mit der von Gott in Konflikt geraten. Finde einen unsichtbaren Feind, indem du Gott gehorchst, der alles weiß. Die gute Nachricht ist, dass Sie Satan und seine Gefolgsleute nicht sehen; tun Sie einfach, was ich getan habe. Sie und Ihre Familie werden Freiheit, Befreiung und Heilung erfahren. Finden Sie die Verheißungen im Wort Gottes und fangen Sie an zu gehorchen, um das Ergebnis zu sehen. Die Bibel ist ein Buch zum Lesen und Praktizieren. Glaube ohne Arbeit ist tot.

Wenn du dem Wort gehorchst, wirst du die Veränderung in deinem Leben sehen. Innere Veränderung bringt äußere Veränderung. Viele haben Heilung, Wunder, Befreiung und übernatürliche Manifestationen durch einen einfachen Akt des Gehorsams erlebt. Arbeiten Sie an Ihrem Gehorsam, anstatt in die Kirche zu gehen. Niemand kann Ihre Situation ändern außer dem Herrn. Die Bibel hat einen Ausweg für alle Prüfungen und

Schwierigkeiten, die Sie durchmachen. Finden Sie den vom Herrn gesandten Propheten. Die Bibel spricht von falschen Propheten, seien Sie also vorsichtig; Amen! Gott segne Sie!

LASST UNS BETEN

Herr, bitte gib uns ein gehorsames Herz. Deine Wege werden große Befreiung, Heilung, Sieg und vieles mehr bringen. Herr Jesus, du lernst durch Gehorsam. Hilf uns zu gehorchen, damit auch wir es wissen. Das können wir auch, wenn wir auf ihn hören und tun, was er sagt. Unser Gott will uns nicht schaden, sondern helfen. So lass unsere Herzen deiner Weisung vertrauen und glauben. Wir geben dir Ruhm, Ehre und Lob, indem wir tun, was du uns aufgetragen hast, im Namen Jesu, Amen! Gott segne Sie!

14 JANUAR

DER LOHN DER SÜNDEN IST DER TOD!

Die Bibel ist das Wort Gottes, siebenmal geläutert, und steht für die Ewigkeit. Wenn du dich an das Wort hältst, wirst du ein reiches, überfließendes, freudiges Leben haben, ein friedliches und siegreiches Leben auf der Erde und danach.

Die Bibel sagt in Römer 6:23, dass der Lohn der Sünde der Tod ist. Aber wenn du dich an die Gesetze Jesu hältst, dann wirst du für immer im Himmel leben.

Ihre vorsätzliche Sünde Eva brachte der Familie den ewigen Tod und zerstörte die Menschheit. Kain tötete Abel. Wer war für den Tod Abels verantwortlich? Seine Mutter, Eva. Die Sünde Isebels brachte ihr und ihrer Familie den Tod. Lebe für Gott, damit deine Kinder gesegnet werden.

Offenbarung 2:20 Dennoch habe ich etwas gegen dich: Du duldest, dass diese Frau Isebel, die sich eine Prophetin nennt, meine Knechte lehrt und verführt, Unzucht zu treiben und Götzenopfer zu essen. und opferte den Götzen. 21 Und ich habe ihr Raum gegeben, ihre Unzucht zu bereuen, und sie hat es nicht bereut. 23 Und ich will ihre Kinder mit dem Tod töten, und alle Gemeinden sollen erfahren, daß ich es bin, der die Zügel und die Herzen erforscht; und ich will einem jeglichen von euch geben nach seinen Werken.

Gott kann keine Sünde dulden. In ihm gibt es keine Sünde. Deshalb gab er sein Blut, um Sie vom ewigen Tod im ewigen Feuer zu erlösen. Gott folgt nicht den Sitten und Ritualen des Landes, aber das Land muss Gottes Geboten folgen. Wenn Gott spricht, glaubt und gehorcht, wie es ist. Religiöse Kirchen, Menschen und Organisationen entfernen Gottes Gesetze und Gebote, um es dem Fleisch bequem zu machen. Religionen sind eine Einführung in falsche Glaubensvorstellungen. Religion macht blind und taub für die Ohren der Anhänger. Religion ist eine Form des heutigen Schlangentreffens, um das Wort zu verdrehen. Wenn du den Geist Isebels in der Autorität siehst, dann beobachte und warte auf das Gericht. Gott tötet die Kinder von religiösen, rebellischen Frauen. Im Haus setzt sich die Frau über den Mann hinweg. Isebel setzt sich über Gottes Gesetze und Gebote in der Kirche oder im Land hinweg, und dann werden wir Chaos erleben. Nehmt euch vor dem Geist in Acht! Sie ist eine Mörderin, und sie wird das Reich, die Kirche oder das Haus durch Verrat schwächen. Denken Sie daran, dass das Gebäude nicht die Kirche ist; Ihr Körper ist die Kirche. Athalja, die Tochter Isebels, heiratete den König von Juda. Athalja tötete den königlichen Samen. Freunde sündigen nicht. Sünden von Mutter oder Vater bringen Herzschmerz, Chaos und ewigen Tod in der Hölle.

Wir hören schlechte Nachrichten: Kinder werden entführt, getötet, belästigt und missbraucht. Und warum?

14 JANUAR

Weil die Mutter eine dumme, leichtsinnige Sünderin ist. Sie will einen unmoralischen, ungerechten und gottlosen Lebensstil führen, der die Familie verwirrt. Das Gleiche gilt für den Vater, der nicht verantwortlich ist. Die Nachrichten sind nicht mehr gut. Der Lohn der Sünden besteht nicht nur darin, dass man in Gefängnissen eingesperrt wird, sondern in der ewigen Strafe im Feuersee. Glaubst du, niemand hat dich gesehen, als du Böses getan hast? Schauen Sie sich in den Nachrichten an, wie eine böse Frau einen Mann verführt, und der Mann zahlt den Lohn hinter der Theke und tut trotzdem nicht Buße, sondern landet in der Hölle. Wir brauchen ein göttliches Gesetz, das funktioniert. Haben Sie kein Mitleid mit dieser Art von Menschen, sondern beten Sie für sie. Spielen Sie nicht mit dem Feuer. Du sündigst mitten in der Nacht im Dunkeln und denkst, niemand weiß es, Die Bibel sagt: Psalm 139:12 Ja, die Finsternis verbirgt sich nicht vor dir, sondern die Nacht leuchtet wie der Tag; die Finsternis und das Licht sind dir gleich. Nicht nur das, ihr werdet mit allen Krankheiten und Gebrechen leben, und eure Tage werden elend sein. Tut Buße, bittet um Vergebung und glaubt nicht, dass ihr heilig seid. Psalmen 103:3 Er vergibt dir alle deine Sünden, er heilt alle deine Krankheiten. Sobald Ihre Sünden vergeben sind, ist Ihre Krankheit aus der Tür. Eine Frau, die mit einem verheirateten Mann ausgeht, ist eine Sünde. Beide sind gleichermaßen sündhaft. Betrug, Ehebruch und vieles mehr gehört zur Sünde dazu. Geben Sie nicht anderen die Schuld, wenn Ihre Kinder getötet werden oder du getötet wirst. Diese Sünde wird am Tag des Gerichts den Tod bringen, den Tod für deine Seele. Ändere dein Handeln, indem du dich vor Gott demütigst. Es tut mir leid, wenn ein Land die Freiheit gibt, Ehebruch zu begehen. Glaubst du, du stehst über dem Gesetz Gottes? Nein, Sie müssen verstehen, dass Gott seine Gesetze gemacht hat, um sie zu befolgen. Seine Gesetze sind dazu da, dich zu segnen. Es steht über allen Autoritäten. Rebellionen ignorieren das Wort Gottes. Die Sünde des Stolzes bringt den Fall und lässt ihn wieder zu Staub werden. Stolz bringt Leere, Depression und Stürze.

Bitten Sie also Gott um Demut.

1 Chronik 10:13 So starb Saul für seine Übertretung, die er gegen den Herrn begangen hatte, gegen das Wort des Herrn, das er nicht gehalten hatte, und auch dafür, daß er sich von einem vertrauten Geist beraten ließ, um ihn zu befragen;

Manche gehen stolz in die Kirche. Macht Hingabe sie perfekt? Nein, seid demütig; sucht Gott in eurer Krankheit. Gott wird dir zeigen, welche Sünde die Ursache für deine Krankheit ist. Geh ins Wasser und wasche alle deine Sünden in Jesu Namen ab. Das Blut des Lammes ist unter dem Namen Jesu verborgen, das die Sünden abwaschen wird. Stelle keine Fragen, sondern füge dich.

Chronik 16:7 Zu jener Zeit kam Hanani, der Seher, zu Asa, dem König von Juda, und sagte zu ihm: Weil du dich auf den König von Syrien verlassen hast und nicht auf den Herrn, deinen Gott, so ist das Heer des Königs von Syrien aus deiner Hand entkommen.12 Und Asa wurde im neununddreißigsten Jahr seiner Regierung an den Füßen krank, bis seine Krankheit sehr groß war; aber in seiner Krankheit suchte er nicht den Herrn, sondern die Ärzte.

Die Sünde täuscht und macht blind. Sie ist ein Vergnügen für eine Moment, seien Sie nicht übermütig. Lernen Sie einen demütigen und großen Mann Gottes kennen, und sehen Sie, wie sie sich in der Gegenwart Gottes fühlen.

Hiob 42:5 Mit dem Ohr habe ich von dir gehört, / nun aber sieht dich mein Auge. 6 Darum verabscheue ich mich und bereue in Staub und Asche.

Jakobus 4:10 Demütigt euch vor dem Herrn, und er wird euch erhöhen.

1 Petrus 5:6 So demütigt euch nun unter die mächtige Hand Gottes, damit er euch zur rechten Zeit erhöhe:

Römer 3:23 Denn alle haben gesündigt und sind der Herrlichkeit Gottes nicht würdig;

Du und ich sind Sünder. Gibt es eine große oder kleine Sünde? Alle Sünden werden bestraft, wenn du nicht umkehrst und dich im Blut wäschst.

Römer 6:23 Denn der Lohn der Sünde ist der Tod; die Gabe Gottes aber ist das ewige Leben durch Jesus Christus, unseren Herrn.

Sei demütig und sage: Herr, wasche mich in deinem Blut. Ich bin Ich bin aus Fleisch, und in meinem Fleisch ist nichts Gutes.

Röm 7:18 Denn ich weiß, dass in mir (d.h. in meinem Fleisch) nichts Gutes wohnt; denn das Wollen ist bei mir vorhanden; aber wie ich das Gute vollbringen soll, das finde ich nicht.

Beten Sie also bitte, dass das Blut des Lammes unsere Sünden wegnimmt. Die Bibel sagt, dass wir in Jesu Namen ins Wasser gehen sollen, um unsere Sünden abzuwaschen. Wir haben ein Geschenk des ewigen Lebens in seinem Namen. Die Religion macht uns blind und taub, aber der Herr gibt uns die Wahrheit und befreit uns von der Lüge und der Täuschung der Sünde.

LASST UNS BETEN

Lord gibt uns einen Geist der Reue, damit wir erkennen, dass wir gesündigt haben. Möge der Herr uns durch sein Wort Weisheit und Verständnis geben, um die Folgen der Sünde! Möge der Herr dich berühren, um dich zu heilen und zu befreien. Mögest du immer in göttlicher Führung, Schutz und Leitung wandeln. Möge sein heilender und wundersamer Geist all Ihre Krankheiten berühren und heilen! Möge der Herr uns segnen und von der Macht der Sünde und der Krankheiten befreien, in Jesu Namen. Amen! Gott segne Sie!

15 JANUAR

SIE SIND UNBEGRENZT!

Es gibt keine Grenzen für Ihren Segen, die einzige Grenze ist Ihr Verstand. In Gott können Sie alles tun, erhalten, was Sie glauben, und alle Dinge sind möglich. Setzen Sie das Wort Gottes in deinem Geist und deinem Herzen. Sprich es durch deinen Mund für die Situationen, vertrauend und glaubend.

Im Jahr 2015 öffnete Gott durch einen Engel eine riesige Tür und sagte, dass niemand diese Tür schließen könne. Selbst ich kann sie nicht schließen.

So wie Gott durch den Mund des Propheten sprach, ging ich nach Indien, um das Evangelium zu predigen und zu lehren. Ich reiste drei Monate lang nach Indien und Dubai. Während dieses Besuchs besuchte ich einige Kirchen in Süd-Gujarat. Ich besuchte eine Kirche in Gujarat, die überfüllt war und in der es keinen Platz zum Sitzen gab. Am Sonntagnachmittag besuchte ich das Haus des Pastors. Ich hatte das Privileg, seine Familie kennenzulernen. Während ich mit dem Pastor betete, stellte ich fest, dass Satan ihn mit Angst, Zweifel und Sorgen gefesselt und verstrickt hatte. Denken Sie daran: Satans Pfeil richtet sich gegen den Hirten. Viele wandten sich dem einen wahren Gott zu und verließen falsche Götter und Göttinnen. Jesus besucht die Armen und tut Zeichen und Wunder aufgrund ihres Glaubens, ihrer Demut und ihrer Liebe zur Wahrheit. Sie waren verzweifelt auf Hilfe angewiesen. Die Menschen sind mit Ketten der Finsternis gefesselt. Als sie in die Gegenwart Gottes kamen, machte Jesus hat sie befreit. Wie kann man an diesen wunderbaren Gott nicht glauben wollen?

Als ich eine so große Menschenmenge sah, bat ich den Pastor, einen größeren Ort für Anbetung, Lehre und Ausbildung zu bauen. Er sagte, wir hätten kein Geld. Habe ich Geld gesagt? Ich habe in den letzten 23 Jahren nicht gearbeitet, und Gott hat für mich gesorgt, wie er es mir versprochen hat. Gott hat mich gebeten, in seinem Bereich zu arbeiten, und mir versprochen, dass er für mich sorgen würde. Als ich über dem Pastor betete, sprach Gott durch meinen Mund, um einen prominenten Platz zu bauen, und sagte, ich werde für ihn sorgen. Der Pastor war der Prophezeiung gehorsam. Er hörte Gott aus meinem Mund und begann mit dem Bau eines Projekts. Ich erkannte, dass der Teufel seinen Verstand blockiert hatte, indem er ihn mit Zweifeln, Angst und Sorgen angriff. Als ich die Hand auflegte, brach die Salbung den bösen Geist im Namen Jesu; er war frei. Sein Geist war frei von allen Zweifeln und Ängsten. Einige Zeit später rief der Pastor an und sagte, wir hätten den Ort für Anbetung, Lehre und Gebet gebaut. Das Gebets- und Anbetungszentrum wird in zwei Monaten fertig und schuldenfrei sein. Der Pastor sagte, die Blockade der Sorgen und Ängste sei verschwunden, als Sie mir die Hände auflegten. Er sagte, wir haben das Gebets- und Lobpreiszentrum gebaut, und es ist schuldenfrei.

Dein Verstand blockiert deinen Fortschritt. Gott hat gesagt, dass nichts unmöglich ist.

Philipper 4:13 Ich vermag alles durch Christus, der mich stärkt.

Durch Jesus können Sie alles tun.

Johannes 14:12 Wahrlich, wahrlich, ich sage euch: Wer an mich glaubt, der wird die Werke, die ich tue, auch tun, und noch größere als diese; denn ich gehe zu meinem Vater.13 Und alles, was ihr bitten werdet in meinem Namen, das werde ich tun, damit der Vater verherrlicht werde im Sohn.14 Wenn ihr irgendetwas bitten werdet in meinem Namen, so werde ich es tun.

Du kannst alles in Christus werden, wenn du glaubst. Er wartet darauf, dass du glaubst und verkündest. Du kannst nur sprechen, um zu empfangen, wenn du nicht zweifelst. Konzentrieren Sie sich nicht auf die Umstände oder die Umgebung. Wenn Sie glauben, werden Sie Gottes Macht in Aktion sehen. Der Berg muss sich bewegen, die Krankheit muss verschwinden, die Armut muss fliehen. Kein Problem ist groß, kein Tal ist tief für unseren Gott. Kein Ozean und niemand kann ihn aufhalten, außer deinem Geist. Füllen Sie Ihren Geist mit allen lebendigen Worten Gottes, mit allen herrlichen positiven Zeugnissen. Machen Sie sich keine Sorgen: Wie sollen sie Berge besteigen? Wie gehen sie durch den Ozean und die Flüsse? Was hat sie gesund gemacht, und wie haben sie ihr Reich errichtet? Ihr Geist war klar und voll von Christus. Freunde, kümmert euch um euren Geist. Setzt den Helm des Heils auf. Was ist Erlösung? Die biblische Definition lautet: retten, helfen in in Not geraten, retten, befreien und freisetzen.

Befreien Sie Ihren Geist noch heute, indem Sie nachprüfbare Informationen herunterladen. Wenn Sie unerwünschte Dinge in Ihrem Geist zulassen, wie z.B. das Sehen, Lesen und Hören von unangenehmen Dingen, die Sie Sollten Sie das nicht tun, wird es gegen Sie arbeiten. Wenn Sie alle Arten von weltlichem Material lesen oder über schreckliche Dinge meditieren, wird Satan sie gegen Sie verwenden. Satan wird es dir ins Gedächtnis rufen, wenn du durch die Prüfungen gehst, besonders wenn du krank bist oder Probleme hast. Der Teufel bringt alle schlimmen Dinge in dein Gedächtnis und kämpft mit deinem Glauben. Der Geist, der mit dem Wort Gottes erfüllt ist, ist wie Christus. Dein Gehirn ist das Wichtigste. Tragen Sie einen Helm zum Schutz.

Epheser 6:17 Und nehmt den Helm des Heils und das Schwert des Geistes, das ist das Wort Gottes.

Jesaja 59:17 Er zog die Gerechtigkeit an wie einen Brustpanzer und einen Helm des Heils auf sein Haupt, und er zog ein Gewand der Rache an als Kleidung und hüllte sich in Eifer wie einen Mantel.

1 Thessalonicher 5:8 Wir aber, die wir des Tages teilhaftig sind, sollen nüchtern sein und den Panzer des Glaubens und der Liebe anziehen, und als Helm die Hoffnung auf Rettung.

Positive Gedanken zu haben bedeutet, eine Hoffnung auf Erlösung zu haben.

Röm 5:5 Und die Hoffnung macht nicht zuschanden; denn die Liebe Gottes ist in unsere Herzen ausgegossen durch den Heiligen Geist, der uns gegeben ist.

Empfangen Sie den Heiligen Geist. Er ist der Lehrer, Tröster, Führer, Kraftspender und Gott in dir.

Programmieren Sie Ihren Gedankencomputer mit Gottes Wort. Es wird Ihren Geist unbegrenzt machen. Es wird Ihr Leben so segnen, dass es darüber hinausgeht und überfließt. Gott wird Sie über alle Maßen segnen.

LASST UNS BETEN

Herr, bitte schütze unseren Geist mit der richtigen Rüstung. Lass uns niemals ohne die besondere Waffenrüstung Gottes sein. Gib uns wahre Lehrer, die wissen, wie wir gegen den unsichtbaren Satan, den Fürsten der Lüfte, kämpfen können. Satan bekämpft unseren Verstand mit negativen Gedanken, Sorgen und Verwirrung. Jesus, bitte segne unseren Verstand und bewahre ihn in vollkommener Gesundheit. Bitte, Herr Jesus, ziehe den Helm des Heils an, um meinen Verstand zu schützen; in Jesu Namen, Amen! Gott segne Sie!

16 JANUAR

GOTTES WEG DER KOMMUNIKATION!

Communikation ist die Lebensader jeder Beziehung. Deshalb müssen wir mit Gott kommunizieren, und er wird das auch tun. Es gibt viele Wege Gott spricht mit uns. Eines Morgens wachte ich in einem Traum auf. In meinem Traum befand ich mich in einem muslimischen Land. Die Tür des Zimmers war geschlossen. Meine Mutter und ich schliefen in getrennten Betten, aber im selben Zimmer. Plötzlich änderte sich alles; ich sah einen muslimischen Mann neben meiner Mutter und mir schlafen. In meinem Traum dachte ich, ich sei erledigt. Ich war verängstigt. Aber in meinem Traum predigte ich Jesus zu dem Mann, der neben mir schlief. Ich hatte auch ein Gefühl der Sicherheit und Geborgenheit.

Der erste Teil des Traums war vorbei, und ein anderer begann. Ich war am selben Ort und dachte, dass gestern zwei Männer gekommen waren, damit sie heute nicht kommen und mich belästigen. Am Abend wollte ich die Tür schließen, aber es war ein wenig zu spät. Als ich sie schließen wollte, sah ich, wie ein junger Mann kam und gegen die Tür stieß, und sie öffnete sich. Ich sah mich selbst, wie ich einer Frau predigte. eine Gruppe junger Leute. Ich merkte, dass sie hungrig waren, etwas über Jesus zu erfahren.

In Wirklichkeit griffen radikale Muslime zu dieser Zeit überall Christen an. Ich dachte, ich hätte einen Traum, weil ich gegen das Töten und Abschneiden von Christen gebetet habe. In dieser Zeit zerstörten und bombardierten radikale Muslime Kirchen, Städte und Häuser. Ich habe immer meine Hand auf die muslimischen Länder auf der Landkarte gelegt und für sie gebetet, und das tue ich immer noch. Ich bete zum Herrn Jesus, dass er die muslimischen Länder rettet und ihnen Visionen und Träume schenkt. Gott möge ihnen begegnen, wie er Paulus auf der Straße von Damaskus begegnete. Ich habe behauptet, dass alle Straßen zur Straße von Damaskus werden. Nun, die Angst hatte mein Herz im Griff, als ich Muslime im Traum sah. Im Morgengebet begann ich, den Teufel zurechtzuweisen. Gib mir nicht diese Art von beängstigendem Traum. Es gefiel mir nicht, in einem muslimischen Land zu sein, aber für sie zu beten ist in Ordnung. Der Traum war am Sonntagmorgen. Ich ging in die Kirche, und während des Gottesdienstes sah mich der Pastor an und sagte: "Schwester Elizabeth, Gott wird dich in muslimische Länder bringen, und du wirst dort mächtige Erweckung bringen. Er sagte, du würdest nach Indonesien gehen.

Ich war überrascht und dachte, es sei ein schlechter Traum, aber das war es nicht. Es war Gott, der zu mir sprach; ich preise Gott, dass ich den wahren Propheten in meinem Leben habe; der Prophet sagt die Zukunft voraus. Ich weiß, wie es in Indonesien ist, denn ich bete schon seit Jahren. Ich bete mit Wissen. Ich studiere das Land Indonesien, in dem die Scharia gilt, und sie wollen ein Blasphemiegesetz einführen. Die verschiedenen muslimischen Länder haben andere Gesetze, um Blasphemie zu bestrafen. Ich war froh, dass sie nicht gekommen waren, um mich in der Traum, aber sie wollten etwas über Jesus wissen. In dem ersten

16 JANUAR

Traum schliefen muslimische Männer neben meiner Mutter und mir im selben Bett. Sie berührten uns nicht und taten uns nichts. Gott ließ mich wissen: Keine Sorge, ich habe sie. Alle Informationen über indonesische Muslime in den Medien besagen, dass sie offen vergewaltigen und Pastoren in Kirchen verprügeln. Gott gab mir in dieser Zeit die Last, für diese Menschen zu beten. Ich habe dafür gebetet, weil es eine große Last war. Herr benutze diese wunderbare Schöpfung. Sie sollen zu Jesus finden, wenn sie die Wahrheit finden und wissen, dass Gott Liebe ist und dass Gott daran glaubt, Leben zu geben und nicht zu töten. Ich glaube, sie werden die besten Christen sein.

Denken Sie daran, dass Sie für eine Antwort oder Information nicht zu einem Hellseher, Hexendoktor oder einem anderen falschen Geistmedium gehen müssen. Gehen Sie zu Gott oder seinem Propheten. Wir wollen sehen, wie Gott mit seinem Volk durch Propheten kommuniziert.

2. Chronik 20:20b. Hört mich an, Juda und ihr Einwohner Jerusalems: Glaubt an den Herrn, euren Gott, so werdet ihr bestehen; glaubt seinen Propheten, so werdet ihr Erfolg haben.

2 Chronik 7:14 Wenn mein Volk, das nach meinem Namen gerufen ist, sich demütigt und betet und mein Angesicht sucht und sich von seinen bösen Wegen abwendet, dann will ich vom Himmel her hören und ihre Sünde vergeben und ihr Land heilen. Ich bin froh, dass ich zur betenden Kirche gehe und einen wahren Propheten habe. Das Gebäude zu bauen ist keine große Sache, aber zu bauen eine betende Kirche ist. Heilige Gottes, die Buße tun, auf den Namen Jesu getauft sind und den Geist haben, sind im Neuen Testament der Wohnsitz Gottes. Das Gebäude ist es nicht, aber Sie sind die Kirche.

Wenn ihr alle Heiligen beten seht und die Mission Jesu in den Mittelpunkt stellt, dann sind sie Channeling mit Gott. Das Gebäude muss das Haus des Gebets genannt werden; wo du eintrittst, spürst du seine Gegenwart. Denken Sie daran, dass die Gegenwart Gottes Heilung, Befreiung und Freiheit von der Sucht bringt, und Sie werden Frieden und Freude finden. Denken Sie daran, dass Sie die Kirche sind, nicht das Gebäude. Ihr Körper ist Sein Haus.

Jesaja 56:7 Auch sie will ich auf meinen heiligen Berg bringen und sie in meinem Bethaus erfreuen; ihre Brandopfer und Schlachtopfer sollen auf meinem Altar angenommen werden; denn mein Haus soll ein Bethaus für alle Völker sein.

Wenn du das Gebet in dem Gebäude nicht siehst, ist es das Haus des Räubers. Möge der Herr den Tisch des Geldwechsels und die Verkaufstische umstürzen. Ihr habt nicht die Kirche betreten, sondern das Haus der Räuber.

Markus 11:17 Und er lehrte und sprach zu ihnen: Steht nicht geschrieben: "Mein Haus soll vor allen Völkern das Haus des Gebets genannt werden?

Jeremia 7:11 Ist dieses Haus, das nach meinem Namen benannt ist, in euren Augen eine Räuberhöhle geworden? Siehe, auch ich habe es gesehen, spricht der Herr.

Matthäus 21:13 und sprach zu ihnen: Es steht geschrieben: Mein Haus soll ein Bethaus heißen; ihr aber habt es zu einer Räuberhöhle gemacht.

Träume, Gebet, Propheten und das Wort Gottes sind die Mittel, durch die Gott zu uns spricht. Sie brauchen einen klaren Kanal zu Gott. Lassen Sie sich nicht von Religion, falschen Propheten und falschen Lehrern täuschen. In Wirklichkeit will Gott mit uns kommunizieren, aber unter seinen Bedingungen, nicht unter Ihren. Kommen Sie zu ihm und geben Sie Ihr Leben hin; übergeben Sie sich ihm, und er wird Sie als Arbeiter in seinem Weinberg anstellen. Seien Sie gläubig wie ein Kind, suchen Sie Ihn schnell, gehorchen Sie dem Wort Gottes und nicht den von Menschen gemachten Lehren. Suchen Sie Gott durch sein Wort und lassen Sie sich von seinem Geist leiten. Machen Sie den Heiligen Geist zu Ihrem Führer und Lehrer. Sehen Sie, was passiert. Wenn es einen Menschen gibt, zu dem man beten kann, gibt es auch einen Gott, der antwortet.

LASST UNS BETEN

Oh, Herr, Gott Abrahams, Isaaks und Israels, sprich zu uns, wenn wir beten. Segne uns mit vielen großen Segnungen. Gott Isaaks, Gott der Gebetserhörung den Isaak um eine unfruchtbare Frau betete und Zwillinge bekam. O Gott Israels, früher bedeutete Jakob Betrüger, also hast du nicht nur den Namen Jakobs geändert, sondern ihn von innen heraus verändert. Ich bete zu Gott, dass er jeden und jede, die zuhören, verändert. Herr, sprich zu jedem durch Träume, Propheten, das Wort Gottes und gib uns persönlichen Segen. Gott hat uns durch das Wort Verheißungen gegeben, also stehen wir auf dem unbeweglichen Boden der Verheißungen. Herr, lass ihre Träume wahr werden. Möge der Herr alle uns betreffenden Verheißungen in Jesu Namen beschleunigen. Amen! Gott segne Sie!

17 JANUAR

IHR GEIST!

Wer ist dein Feind, dein Verstand oder der Teufel? Dein Verstand ist dein Feind, wenn er fleischlich ist. Heute werden wir lernen, wie der Verstand zum Feind wird und wie wir unser Leben verändern können, indem wir das Wort Gottes in unser Denken aufnehmen. Die Bibel ist das Wort Gottes. Gott hat uns ein Lehrbuch für SEINE Schöpfung gegeben, um uns zu zeigen, wie wir ein erfolgreiches Leben führen können. Wir müssen in unserem Verstand und in unserem Herzen tippen, um mit Gott befreundet zu sein. Ich fordere Sie nicht auf, die Bibel zu lesen, sondern mit dem Handbuch des Lebens zu leben. Wenn Sie dieses Buch in Ihrem Kopf haben, werden Sie über Prüfungen und Probleme triumphieren. Vor Jahren lernte meine Familie einen koreanischen Bruder kennen, der heilende und befreiende Kräfte besitzt. Mein Bruder bat mich, einen koreanischen Bruder aufzusuchen, um für meine Krankheit zu beten. Zu dieser Zeit hatte ich eine Rückenverletzung auf dem Postamt. Er zeigte mir mein Bein und sagte: "Schau dir dein Bein an. Ein Bein war kürzer als das andere. Dann untersuchte er meine Wirbelsäule, die aus der Mitte verschoben war. Ich hatte kein MRT der mittleren Wirbelsäule, also wusste ich nicht, warum ich schwache Beine hatte.

Die Ursache der Beinschwäche und der fehlenden Kommunikation mit dem oberen und unteren Teil des Körpers war mir unbekannt. Der koreanische Bruder sagte mir, dass die Ursache meiner Schwäche darin lag, dass die Wirbelsäule aus der Mitte verschoben war. Er betete, und die Wirbelsäule kehrte an ihren Platz zurück. Er betete, dass ein kurzes Bein und eine Hand wachsen sollten. Nach diesem Wunder hatte ich beim Gehen ein Gleichgewicht. Trotzdem waren meine Beine schwach. Als ich geheilt war, begann ich zu laufen, und meine Muskeln bauten sich auf. Der Dienst von Bruder James nahm zu, als ich Zeuge des Wunders wurde. Ich war nicht mehr auf einen Rollstuhl angewiesen.

Viele Menschen verstehen nicht, was die Ursache für die Probleme in ihrem Leben ist. Die Ursache für die Probleme ist der Teufel in ihrem Geist. Der koreanische Bruder spricht mit dem Dämon im Körper und erhält alle Informationen. Das war so neu und verblüffend für mich. Ich strebe immer danach, höher zu gehen, um noch außergewöhnlichere Dinge zu tun als das, was Jesus getan hat.

Johannes 14:12 Wahrlich, wahrlich, ich sage euch: Wer an mich glaubt, der wird die Werke, die ich tue, auch tun; und noch größere als diese wird er tun; denn ich gehe zu meinem Vater.

Jesus ist das fleischgewordene Wort. Er hat all das getan, was er in der Bibel sagt. Er war der Schöpfer, Versorger, Heiler, Erlöser und Retter. Eines Tages fragte ich meinen koreanischen Bruder, was ich tun sollte, um diese Ebene zu erreichen. Er bezeugte mir, dass ich ein Atheist war und nicht an Götter glaubte. Eines

Tages empfing ich den Heiligen Geist und wusste, dass das Christentum echt war. Er sagte, ich habe Gott gebeten, mir alle Gaben des Geistes zu geben, damit ich andere wissen lasse, dass es wahr ist. Er sagte, ich wolle herumgehen und von Dämonen besessene Menschen heilen und befreien. um Gott die Ehre zu geben. Der Bruder sagte, ich hätte angefangen, von morgens bis abends in der Bibel zu lesen. Er sagte, ich hätte fast mein Geschäft verloren, ich hätte mein Haus verloren, und meine Kreditkarten waren überzogen. Ein koreanischer Bruder sagte, er sei so hungrig nach Gott gewesen, dass er die Bibel nicht mehr weglegen konnte. Er sagte, während dieser Zeit seien unzählige Wunder geschehen. Der Bruder sagte, er habe den Heiligen Geist, der ihn lehre.

1 Johannes 2:20 Ihr aber habt eine Salbung von dem Heiligen, und ihr wisst alle Dinge. 27 Die Salbung aber, die ihr von ihm empfangen habt, bleibt in euch, und ihr habt es nicht nötig, daß euch jemand lehre; sondern wie die Salbung euch alles lehrt und Wahrheit ist und keine Lüge, und wie sie euch gelehrt hat, so bleibt ihr in ihm.

Ich erinnere mich, dass ich, als ich nach Dallas zog und nicht viele Leute kannte, von morgens bis abends in der Bibel las, und ich merkte, dass ich eine andere Salbung hatte. Mein Geist war voll von der Bibel. Die Bibel sagt, dass das Wort dich richten wird. Johannes 12:48 Wer mich verwirft und meine Worte nicht annimmt, der hat einen, der ihn richtet; das Wort, das ich geredet habe, das wird ihn richten am letzten Tag. Während Sie lernen, wird dieses Buch Sie prüfen. Wenn Sie lernen, Auto zu fahren, studieren Sie das Buch, in dem die Verkehrsregeln stehen. Wenn Sie ohne Wissen fahren, gefährden Sie Ihr Leben und das Leben anderer. Wenn du dein Leben lang fährst, ohne die Regeln zu kennen, kann dich das auch ins Gefängnis bringen. Die Bibel sagt, dass der fleischliche Verstand dein Feind ist.

Röm 8:7 Denn der fleischliche Geist ist Feindschaft gegen Gott; denn er ist dem Gesetz Gottes nicht unterworfen und kann es auch nicht sein.

Ein natürlicher Mensch ist fleischlich.

Epheser 2:3 unter denen auch wir alle vorzeiten in den Lüsten unseres Fleisches geredet haben, indem wir die Begierden des Fleisches und des Verstandes erfüllten und von Natur aus Kinder des Zorns waren, gleichwie die anderen.

Der fleischliche Geist denkt, handelt und reagiert sexuell, lüstern, lasziv, libidinös, lüstern, zügellos; körperlich, körperlich, fleischlich, Die natürliche menschliche Rasse ist voll davon. Wer fleischlich gesinnt ist, hat das Wort Gottes nicht auf Lager. Lernen Sie, wie Sie Ihren Verstand zähmen können, sonst wird Ihr Verstand Sie in Schwierigkeiten bringen. Du bist dafür verantwortlich, das Wort Gottes auf den Computer deines Verstandes zu legen. Ich habe in Dallas eine ältere Dame getroffen, die sagte, sie habe die Bibel in zwei Monaten durchgelesen. Ich weiß, dass man Zeit braucht, um die ganze Bibel zu lesen. Sie sagte, wir hätten einen Wettbewerb im Bibellesen. Sie sagte, ich habe jeden Augenblick genutzt und bin in zwei Monaten fertig geworden. Einmal habe ich gehört, dass Leute vierundzwanzig Stunden lang in der Bibel gelesen haben, bis sie fertig waren.

Römer 7:25a. Ich danke Gott durch Jesus Christus, unseren Herrn. So diene ich also mit meinem Geist dem Gesetz Gottes.

17 JANUAR

Als das Wort leibhaftig auf der Erde wandelte, tat es alle Wunder, denn Er hatte alles Wort in IHM. Wenn dieser Verstand dein Feind ist, dann brauchst du das Wort Gottes, um diesen Feind, der in deinem Verstand sitzt, zu zerstören. Wenn du jede Minute deines Lebens das Wort Gottes liest, dann wird dein fleischliches Verlangen nach Dingen innerhalb einer Woche verschwinden. Es ist kein Platz mehr dafür. Ich höre so viel über Sucht und Pornografie. Warum sollte man seinem Geist tödliches Gift zuführen? Es tötet unsere Gesellschaft. Am Tag des Gerichts werden alle Bücher der Bibel geöffnet sein, um über Sie zu urteilen. Was wird Ihre Ausrede sein? Denken Sie daran, dass alle Ausreden Lügen sind. Alle geistigen Probleme, die von Satan als ADS, ADHS, Schizophrenie, bipolare Störungen, PTBS usw. bezeichnet werden, sind das Gift, das dem Geist zugeführt wird. Alle Vergewaltiger, Lügner, Mörder, Diebe, Lügner, Ehebrecher und Unzüchtigen haben sich das Böse in den Kopf gesetzt. Öffnen Sie dem Teufel keine Tür, indem Sie alles ablegen, was Ihrem Geist schaden kann. Der Besuch der Kirche ist nicht so wichtig wie das Lesen Seines Wortes und der Gehorsam ihm gegenüber. Wenn du das Buch, das sich Bibel nennt, nicht kennst, dann weißt du nicht, was du brauchst, welche Privilegien du hast und was du nicht darfst. Wenn Sie nach dem Wort Gottes leben, werden Sie ohne Probleme leben. Das Wort Gottes ist die einzige Waffe, um einen Feind des Geistes zu besiegen. Es wird Ihre Meinung ändern, und Sie werden anders handeln, denken, leben, reden und sehen.

Johannes 15:7 Wenn ihr in mir bleibt und meine Worte in euch bleiben, so werdet ihr bitten, was ihr wollt, und es wird euch widerfahren. 8 Darin wird mein Vater verherrlicht, dass ihr viel Frucht bringt; so werdet ihr meine Jünger sein.

LASST UNS BETEN

Lord, wir binden alle bösen Gedanken und Vorstellungen in dem mächtigen Namen Jesu und werfen sie in die Hölle. Der Herr hat uns einen mächtigen Hunger und Durst nach dem Wort des Gott! Möge der Herr dir Verständnis und Weisheit durch sein Wort geben. Herr, führe und leite dich durch sein Wort. Lass das Wort Gottes zu deinem Licht und deiner Lampe werden, damit du nicht strauchelst. Möge der Herr dich gesund machen, indem du sein Wort in einer geistlichen Diät zu dir nimmst. Möge der Herr dir geistliche Gesundheit schenken, indem du sein Wort als Nahrung zu dir nimmst; in Jesu Namen, Amen! Gott segne Sie!

18 JANUAR

EIN SEGENSJÄGER!

Strive for Blessings! Die Menschen in dieser Welt jagen nach etwas, um sich selbst zu befriedigen. Wenn sie nur wüssten, dass die Sehnsucht nur in Jesus gestillt werden kann. Jakob und Esau waren Zwillinge mit sehr unterschiedlichen Ansichten über das, was sie schätzten. Ihr Gewinn und ihr Verlust richteten sich nach dem, was sie liebten. Der eine erhielt sein Erstgeburtsrecht durch die Gnade Gottes, der andere verlor es um eine Minute, eine Sekunde oder vielleicht eine Stunde. Jakob schätzte die Art und Weise, wie Gottes Segen den Erstgeborenen zuteil wurde. Esau war es egal, wie er den Segen als Erstgeborener in der Welt erhielt. Esau suchte Befriedigung für sein Fleisch und verachtete die Wege Gottes.

Wenn Gott uns beruft, seinem Reich zu dienen, dann bedeutet das eine Berufung, das Leben zu leben, das er uns gezeigt hat. Es ist die Berufung zu einem Weg des Gehens und Redens! Der Erstgeborene zu sein bedeutet nichts, wenn du dich nicht um das kümmerst, was von dir erwartet wird. Wenn dir etwas von großem Wert gegeben wird, dann kümmere dich darum. Du musst hüten und sein Seien Sie wachsam, vor allem in Bezug auf die Berufung Gottes über Sie. Verlieren Sie nicht die ererbten Segnungen Gottes! Wir finden heute alle Arten von menschlichen Eigenschaften. Wir können entweder mit Aufrichtigkeit aufpassen oder nachlässig und unachtsam sein.

Esau wusste, dass er nach dem Gesetz des Judentums, das den Erstgeborenen zusteht, den "doppelten Anteil" geerbt hatte. Er wusste um die Bedeutung, dass er für Gott heilig ist und dass man das Heilige Gottes nicht anrühren darf. Gott sieht die Erstgeborenen als sein Eigentum an. Sie sind dazu berufen, alle heiligen Rituale zu vollziehen und werden von Gott und der Familie akzeptiert. Gott ist unnachgiebig gegenüber seinen Gesetzen und zeigt keine Bevorzugung oder Parteilichkeit.

Deuteronomium 21:17 Den Sohn des verhassten Mannes aber soll er als Erstgeborenen anerkennen, indem er ihm von allem, was er hat, den doppelten Anteil gibt; denn er ist der Anfang seiner Kraft; das Recht des Erstgeborenen ist sein.

Esau ging unachtsam mit dem Segen seines Erstgeburtsrechts um, weil er es nicht zu schätzen wusste; er verkaufte es an Jakob für eine Schüssel Eintopf. In diesem Moment wollte Esau nur seinen Bauch füttern, die Lust des Fleisches. Jakob sah, dass sein Bruder schwach in seinem Fleisch war, und nutzte den Vorteil, ihm den Eintopf für das Erstgeburtsrecht zu verkaufen, und Esau stimmte zu. Esau kümmerte sich mehr um sein Fleisch als um die Segnungen. Hier ist der Reality Check. Wir sehen die Charaktere, Persönlichkeiten und Werte der beiden Brüder. Es ist ein gegensätzlicher Charakter! Seien Sie nicht eifersüchtig, wenn Sie einen Narren spielen und am Ende den Segen in Ihrem Leben verlieren. Die Segnungen Gottes stehen denen offen, die die Anforderungen seines Wortes erfüllen. Wir haben Anspruch auf sie als Söhne und Töchter Gottes. Töchter Gottes. Jakob begehrte den Segen des Erstgeborenen und nahm ihn von seinem Bruder, weil er mehr Wert darauf legte, was der Segen bedeutete!

Mose 25:29 Und Jakob verkaufte Suppe, und Esau kam vom Feld und war müde. 30 Und Esau sprach zu Jakob: Gib mir doch bitte von der roten Suppe zu essen, denn ich bin müde; darum heißt er Edom. 31 Und Jakob sprach: Verkaufe mir heute dein Erstgeburtsrecht! 32 Esau aber sprach: Siehe, ich bin im Begriff zu sterben, und was soll mir dieses Erstgeburtsrecht nützen? 33 Jakob sprach: Schwöre mir heute, und er schwor ihm, und er verkaufte sein Erstgeburtsrecht an Jakob.

Auch Jakobs Sohn Ruben spielte den Narren. Eine weitere rücksichtslose, nachlässige Persönlichkeit!

1 Chronik 5:1 Die Söhne Rubens, des Erstgeborenen Israels, waren zwar die Erstgeborenen, aber weil er das Bett seines Vaters verunreinigt hatte, wurde sein Erstgeburtsrecht den Söhnen Josefs, des Sohnes Israels, gegeben; und die Abstammung wird nicht nach dem Erstgeburtsrecht berechnet.

Wenn Sie ein Champion sein und den Preis gewinnen wollen, trainieren Sie und üben Sie für Ihr Ziel. Seien Sie bitte wachsam mit Ihrem Lebensstil und bleiben Sie auf der Hut! Weihe dich und halte dich an Gott! Konzentriere dich auf ihn und weiche nicht vom Willen Gottes ab! Sei fleißig und achte auf deine Berufung! Verlieren Sie nicht Ihren Segen! Das sagt der HERR:

Exodus 4:22 Und du sollst zum Pharao sagen: So Spricht der Herr: Israel ist mein Sohn, mein Erstgeborener. 23 Und ich spreche zu dir: Lass meinen Sohn gehen, dass er mir diene; weigerst du dich aber, ihn gehen zu lassen, so will ich deinen Sohn, deinen Erstgeborenen, erwürgen.

Mein erstgeborener Sohn - drückt die Liebe Gottes zu Israel aus. Der Erstgeborene ist dem Herrn heilig, er hat sich dem Dienst Gottes geweiht." Aber der erstgeborene Sohn ist im Alten Testament nicht nur der Erbe, sondern Gott hat ihn geheiligt. Das bedeutet, dass er als Gottes Eigentum abgesondert ist. Er muss dem Herrn übergeben werden.

Exodus 22:29 Du sollst nicht zögern, das Erste von deinen reifen Früchten und von deinem Schnaps zu opfern; die Erstgeburt deiner Söhne sollst du mir geben.

Weil er das Eigentum des Herrn ist, muss er erlöst werden. *Mose 13:12 Du sollst alles, was sich auftut, und alles Erstgeborene vom Vieh, das du hast, dem Herrn weihen; die männlichen Tiere sollen dem Herrn gehören.13 Und alles Erstgeborene vom Esel sollst du mit einem Lamm erlösen; und wenn du es nicht erlösen willst, so sollst du ihm den Hals brechen; und alles Erstgeborene vom Menschen unter deinen Kindern sollst du erlösen.14 Und wenn dein Sohn dich einmal fragt: Was ist das? so sollst du ihm sagen: Der Herr hat uns mit starker Hand aus Ägypten, aus dem Hause der Knechtschaft, herausgeführt.15 Und es geschah, als der Pharao uns kaum ziehen lassen wollte, da tötete der Herr alle Erstgeborenen in Ägyptenland, sowohl die Erstgeborenen der Menschen als auch die Erstgeborenen des Viehs; darum opfere ich dem Herrn alles, was ich habe. die die Matrix öffnen, da sie männlich sind; aber alle Erstgeborenen der meine Kinder erlöse ich.*

Der Erstgeborene trägt auch Verantwortung, denn er ist dem Vater gegenüber für seine Geschwister rechenschaftspflichtig. Ruben zerriss seine Kleider, als er Joseph, seinen Bruder, Jakobs Sohn, nicht finden konnte. Die Erstgeborenen haben das Königreich erhalten:

Chronik 21:1 Joschafat entschlief mit seinen Vätern und wurde mit seinen Vätern in der Stadt Davids begraben. Sein Sohn Joram wurde an seiner Stelle König.

Und ihr Vater gab ihnen große Geschenke an Silber, Gold und Kostbarkeiten und befestigte Städte in Juda; aber das Königreich gab er Joram, denn er war der Erstgeborene. Gott will dir so viel geben; jage danach. Gib dich nicht mit dem Wenigen zufrieden, sondern suche all die schönen Gaben. Sie können sagen, ich bin Christ und ich erbe, was Gott versprochen hat. Gott hat alles versprochen, aber mit Bedingungen. Die Erde ist dein Versuchsfeld, auf dem du zeigen und beweisen wirst, was du erreichen wirst, verlieren oder gewinnen, verfluchen oder segnen. Manche Menschen bezeichnen sich als Christen, vergessen aber, dass sie ihr Heil, ihre Heilung und ihren Segen verlieren können, wenn sie sie nicht beachten. Seien Sie fleißig und aufrichtig. Jagt nach den Segnungen, die im Wort Gottes gegeben sind, indem ihr seine Gebote und Gesetze haltet. Achten Sie darauf, sie von ganzem Herzen zu halten.

LASST UNS BETEN

Lieber Gott, hilf uns, deinem Wort mit aufrichtigem Herzen gehorsam zu sein. Gott, hilf mir, mich dir ganz hinzugeben. Mich für Jesus zu verausgaben und zu erhalten die Verheißungen und Segnungen der Heiligen Bibel. Möge der Herr Sie als aufrichtigen, echten Liebhaber Gottes erkennen und Ihnen allen Segen zuteil werden lassen! In Jesu Namen, Amen! Gott segne Sie!

19 JANUAR

BUCHHALTUNG IM KÖNIGREICH!

Lassen Sie uns sehen, wie das Buchhaltungssystem im Reich Gottes funktioniert. Wer gibt uns? Natürlich, Gott!

2 Petrus 1:3a wie seine göttliche Kraft uns alles gegeben hat, was zum Leben und zur Gottseligkeit gehört Wir kommen nackt, aber Gott kleidet uns; wir stehen hungrig auf, aber Gott lässt uns nicht verhungert schlafen gehen.

Hiob 1:21 und sagte: Nackt bin ich aus dem Leib meiner Mutter gekommen, und nackt werde ich dorthin zurückkehren; der Herr hat gegeben und der Herr hat genommen; gepriesen sei der Name des Herrn.

der HERR. Wer zahlte den ersten Zehnten? Abraham, und siehe seine Segnungen.

Hebräer 7:2a. Dem gab auch Abraham den zehnten Teil von allem.

Mose 14:19 Und er segnete ihn und sprach: Gesegnet sei Abram von dem höchsten Gott, dem Besitzer des Himmels und der Erde:20 Und gepriesen sei der höchste Gott, der deine Feinde in deine Hand gegeben hat. Und er gab ihm den Zehnten von allem.

Mose 13:2 Und Abram war sehr reich an Vieh, Silber und Gold.

Anweisung von Jehova Gott, den Zehnten zu zahlen.

Der Zehnte ist heilig.

Leviticus 27:30 Und der ganze Zehnte des Landes, ob von der Saat des Landes oder von der Frucht des Baumes, ist der des Herrn; es ist dem Herrn heilig.32 Und was die den Zehnten von der Herde oder vom Vieh, auch von allem, was der unter der Rute durchgeht, der Zehnte soll dem Herrn heilig sein.

Maleachi 3:8 Will ein Mensch Gott berauben? Ihr aber habt mich beraubt. Ihr aber sprecht: Womit haben wir dich beraubt? Mit dem Zehnten und den Opfergaben.9 Ihr seid mit einem Fluch belegt, denn ihr habt mich beraubt, das ganze Volk.10 Bringt alle Zehnten in das Vorratshaus, damit in meinem Haus Speise ist, und prüft mich hiermit, spricht der Herr der Heerscharen, ob ich euch nicht die Fenster des Himmels öffne und euch einen Segen ausschütte, daß nicht genug Platz da ist, ihn aufzunehmen.

Wenn Sie die ersten Früchte aller Einkünfte für Seinen Dienst geben, dann werden Sie überrascht sein, die Zunahme und den Schutz Gottes zu sehen. Ein Vorteil der Zahlung des Zehnten ist, dass man göttlichen Schutz, Schild, Zuflucht und Absicherung erhält.

Maleachi 3:11 Und ich will den Fresser um euretwillen züchtigen, und er soll die Früchte eures Bodens nicht verderben, und euer Weinstock soll seine Frucht nicht vor der Zeit auf dem Feld abwerfen, spricht der Herr der Heerscharen.

Ich habe einmal einen Pastor getroffen, der sagte, dass ich dachte, ich sei davon befreit, den Zehnten und das Opfer an Gott zu zahlen, weil ich ein Pastor bin. Diese Der Pastor gab nicht das ab, was dem Herrn gehörte. Er gab Geld für die Arztrechnungen aus und brauchte mehr, um seine Rechnungen bezahlen. Als er entdeckte, dass er nicht entschuldigt war, begann er, den Zehnten zu zahlen. Er bemerkte, dass die Kinder nicht mehr krank waren. Lernen Sie, wo und wie Sie den Zehnten als Opfergabe geben können. Geben Sie den Arbeitern, die auf dem Feld Gottes arbeiten, den Armen, den Witwen, den Waisen, den Hungernden. Ich erinnere mich, dass ich immer arbeiten wollte, um den Zehnten zahlen zu können. Ich fand eine Arbeit und begann, für die Armen, die Leprakranken, die Witwen und die Waisen zu spenden. Das war die gesegnetste Zeit, in der ich Gott einfach etwas geben konnte. Ich blickte zurück und erkannte, wie sehr Gott mich gesegnet hatte. Wie kann man es sich leisten, nicht zu zahlen, was dem Herrn gehört?

Im Neuen Testament haben wir nicht nur Pastoren, sondern auch Arbeiter. Sie gehen hinaus und arbeiten auf dem Feld Gottes. Als wir in Indien waren, gaben meine Mutter und mein Bruder immer Geld an diejenigen, die zu uns kamen und für uns beteten. Wir unterstützten die Diener Gottes, die auf dem Feld arbeiten. Sie gehen an heißen, kalten oder regnerischen Tagen dorthin, um zu beten, andere zu besuchen und zu trösten.

Jesus sagte:

Lukas 10:7 Und bleibt in demselben Haus und esst und trinkt, was sie geben; denn der Arbeiter ist seines Lohnes wert.

Geht nicht von Haus zu Haus

1 Timotheus 5:18 Der Arbeiter ist seines Lohnes würdig.

Als Gott mich in den Dienst berief, sagte er mir, dass ich mich um dich kümmern werde. Er versprach, Jünger zu machen; wer arbeitet, ist seines Lohnes wert. Wenn ich sehe, wie wenig ich bekomme, habe ich trotzdem nie finanzielle Probleme. Gott ist treu. Vor vielen Jahren betete ich mit einem Bruder, der viele Gaben des Geistes hatte. Er betete für mich, und ich wurde geheilt und konnte gehen. Da ich den Zehnten gab, Opfergaben und Missionen für die Kirche, dachte ich, ich hätte nicht Sie müssen ihm ein Opfer bringen. Mein Bruder sagte, dass du nie ohne Opfergabe in die Gegenwart Gottes gehen. Mein Bruder gab mir einige Bibelstellen und überzeugte mich, dass der koreanische Bruder ein Arbeiter Gottes und würdig ist der Einstellung. Gottes Segen wird freigesetzt, wenn Sie für die Arbeiter Gottes. Sehen Sie, das Gebäude ist nicht die Kirche. Sie sind die Kirche. Geben Sie den Arbeitern, nicht einer Konfession, einer Organisation oder einer konfessionslosen Kirche. Sie werden den Unterschied sehen.

1 Samuel 9:7 Da sagte Saul zu seinem Knecht: "Wenn wir aber hingehen, was sollen wir dem Mann mitbringen? Denn das Brot ist in unseren Gefäßen verbraucht, und wir haben nichts, was wir dem Mann

Gottes bringen könnten. Was haben wir? 8 Der Knecht antwortete Saul wieder und sprach: Siehe, ich habe hier den vierten Teil eines silbernen Schekels; den will ich dem Mann Gottes geben, daß er unsern Weg sage.

Ich sehe, dass die Leute sich nicht scheuen, Geld für Nägel, Haare, Restaurantbesuche, Kleidung, Drogen, Alkohol, Zigaretten und Medikamente auszugeben, aber für den Arbeiter Gottes wollen sie nichts bezahlen. Nicht nur das, sondern sie erwarten auch, dass man ihr Mittagessen bezahlt und dann geht. Infolgedessen haben sie ihre Segnungen von Gott verloren. Ein Arbeiter ist würdig: Es gab eine Zeit, in der es mir schwer fiel, etwas von Menschen anzunehmen, obwohl ich für Gott arbeitete. Eine Freundin erklärte mir, dass ich meinen Segen verliere, wenn ich keine Opfergabe für den Dienst annehme, den Sie leisten. Sie erklärte: Du bist aus Erde gemacht, und wenn ich eine Opfergabe in deinen Boden pflanze, kann ich dreißig-, sechzig- oder hundertfachen Segen erhalten. Da verstand ich diese Schriftstelle sehr gut. Ich verhinderte ihren Segen, indem ich nicht annahm, was sie geben wollten. Denken Sie daran, dass es in dieser Dispensation Arbeiter oder Arbeiterinnen gibt. Sie werden Pastoren, Apostel, Lehrer, Propheten und Evangelisten genannt. Jesus stand als Pastor oder Lehrer oder Prophet nicht auf der Kanzel. Er hat es uns gezeigt; er hat den Tisch umgestürzt und sie entfernt. In dieser Dispensation sind also alle, die von Gott gegebene Titel haben, Arbeiter, und ihr werdet sie auf dem Feld arbeiten sehen, Dämonen austreiben, Kranke heilen, das Evangelium predigen, und taufen auf dem Weg, wo sie Wasser finden. Seid nicht mit dem Gebäude verwechselt werden. In dieser Dispensation, nicht mehr Gebäude; geh und arbeite.

Matthäus 13:8 Andere aber fielen auf guten Boden und brachten Frucht, manche hundertfach, manche sechzigfach, manche dreißigfach.

Was und wie viel wollen Sie?

Lukas 6:38 Gebt, und es wird euch gegeben werden; gut Maß, niedergedrückt, zusammengeschüttelt und überfließend, werden die Menschen in euren Schoß geben. Denn mit demselben Maß, mit dem ihr messt, wird euch wieder zugemessen werden.

Wir sind auf unterschiedliche Weise gesegnet. Wir sind reich an den Segnungen Gottes. Normalerweise segne ich weltweit per Telefon, bei Besuchen im Krankenhaus oder zu Hause. Eine der Damen beschloss, meinen Dienst zu segnen, und das tat sie auch. Einmal war ich auf einer Missionsreise. Mein Pastor, der ein Prophet ist, prophezeite: Gott sagte, dass deine Reise bezahlt ist. Diese Dame kam mich besuchen und steckte etwas Geld in den Umschlag. Ich steckte es weg und vergaß es. Am dritten Tag sagte der Herr: "Schau, wie viel sie dir gegeben hat. Zum dritten Mal erinnerte mich der Herr daran, das Geld zu prüfen, also tat ich es. Zuerst nahm ich einen Umschlag und kniete nieder, um darüber zu beten. Nach meinem Wissen habe ich sie vierfach zu segnen. Der Herr sagte nein, also betete ich, sie hundertfach zu segnen. Der Herr sagte nein; ich sagte, das ist alles, was ich weiß. Ich sagte: Herr, kannst du mir sagen, wie ich sie segnen kann? Der Herr sagte: Segne ihre Unbegrenztheit. Das hatte ich noch nie gehört. Und wissen Sie was? Gott hat sie unbegrenzt gesegnet, und sie muss nicht arbeiten. Ich kenne diese Frau; sie hat immer an mein Gebet geglaubt und einen großen Segen erhalten. Nicht nur sie, sondern alle, die sie kennen, haben mich zum Gebet gerufen.

Der Segen kommt zu dem, der gibt. Denn wenn Gott dich als Arbeiter angestellt hat, wird er auch für dich sorgen. Der Herr wird wissen, wie er eine Krähe oder eine Witwe einsetzen kann, um den Bedarf zu decken. Aber um den Segen zu erhalten, achte ich darauf, wo ich meinen Zehnten, mein Opfer und meine Missionen einsetze. Ich arbeite für den Herrn, aber ich gebe auch viele Stellen an Arbeiter.

1 Timotheus 6:10 Denn wir wissen, dass die Liebe zum Geld die Wurzel allen Übels ist:

Wenn Sie einmal für das Reich Gottes geben, wird jede Liebe zum Geld entwurzelt sein.

LASST UNS BETEN

Möge der Herr Sie segnen und Sie mit seinem Segen reich machen. Möge der Herr dir die Offenbarung des Gebens geben, denn alle Schriften brauchen Offenbarungen. Der Herr macht uns zu fröhlichen Gebern. Unser Herr liebt einen fröhlichen Geber. Genießen Sie also, was Sie in der Hand haben, und sehen Sie die Macht Gottes beim Geben. Gebt, und es wird euch gegeben werden. Lehrt den Herrn zu geben, indem ihr überfließt. Wir danken dir, dass du Segnungen gibst, wo kein Platz ist, um sie unterzubringen. Möge Gott Ihnen einen finanziellen Investor für die Königreichs. Herr, wir wollen, dass unser Land gesegnet wird in Jesus' Name. Amen! Gott segne Sie!

20 JANUAR

WAS MACHT DEN UNTERSCHIED?

Was bewirkt eine Veränderung in einem Land, einer Stadt, einer Kirche oder einem Haus? Es ist die aufrichtige, ehrliche, gottesfürchtige Führung, die etwas bewirkt. Ihr Die (politischen und geistlichen) Führer, deine Mutter, dein Vater und deine Lehrer spielen eine wichtige Rolle für deinen Charakter. Natürlich macht der Gehorsam gegenüber der Bibel einen erheblichen Unterschied, ebenso wie das Gebet und der Name Jesus. Wenn Ihre Führer all das ausschalten, wären Ihre Gesellschaft, Ihr Land, Ihr Selbst und Ihre Familie zerstört. Die Gesellschaft wird zusammenbrechen. Schauen wir uns an, was in einem wohlhabenden, begünstigten, weisen Monarchen vor sich ging. König Salomo wurde befördert und war voller Weisheit von Gott oben. König Salomo geriet auf Abwege, vernachlässigte Gott, ließ sein Reich im Stich und starb verloren. Ja, er starb verloren. Einmal gerettet, immer gerettet? Nein, wenn Sie die Wahrheit des Wortes Gottes finden, seien Sie bitte fleißig und aufrichtig und achten Sie auf alle Ihre Handlungen. Es muss auf der Wahrheit des Wortes Gottes beruhen.

In 1. Könige 11:4 heißt es: "Denn es begab sich, als Salomo alt war, dass seine Frauen sein Herz zu anderen Göttern abwandten, und sein Herz war nicht vollkommen mit dem Herrn, seinem Gott, wie das Herz seines Vaters David."

Nehemia sagte in Nehemia 13:27 "Sollen wir denn auf euch hören, dass ihr all dieses große Übel tut, dass ihr gegen unseren Gott verstoßt, indem ihr fremde Frauen heiratet?"

Nehemia sagte im vorigen Vers: "Hat nicht Salomo, der König Israels, durch diese Dinge gesündigt? Und doch gab es unter vielen Völkern keinen König wie ihn, der von seinem Gott geliebt wurde, und Gott machte ihn zum König über ganz Israel; dennoch haben auch ihn die fremdartigen Frauen zur Sünde verführt." (Nehemia 13:26)

Das Buch der Richter handelt vom Sinken und Steigen eines Schiffes ohne Matrosen und eines Volkes ohne rechtschaffene Führer.

In Richter 2:7 heißt es: "Und das Volk diente dem HERRN, solange Josua lebte und solange die Ältesten lebten, die alle großen Taten des HERRN gesehen hatten, die er an Israel getan hatte."

Die Bibel berichtet, dass die Völker dem Herrn unter der Führung von Mose und Josua dienten. Diese einflussreichen Führer brachten das Volk Israel in das verheißene Land, das Gott zur Befreiung aus der

Sklaverei benutzte. Diese Führer hatten bedingungslose Liebe zu Gott. Gott ist immer noch auf der Suche nach hingebungsvollen Menschen. Menschen mit Integrität, die zu Gott stehen und ihm vertrauen. Gott sagt in seinem Wort: "Meine Augen gehen hin und her und suchen in den Herzen, die alles tun können, was ich sage."

Wenn man zu Hause einen Fernseher, Filme, Videospiele und andere Medienunterhaltung hat, ist man so beschäftigt, dass man Gott leicht vergisst. Man vergisst sein Wort, das Gebet und das Bibellesen, bis man von Gott geschieden ist. Als Ehegatten und Kinder brauchen wir Aufmerksamkeit, damit die Familie nicht auseinanderdriftet. Gott liebt deine Gemeinschaft, damit du dich nicht von ihm entfernst. Wenn Sie Gott, wie er gesagt hat, von ganzem Herzen, mit ganzem Verstand, mit ganzer Seele und mit ganzer Kraft lieben, dann haben Sie eine hundertprozentige Garantie, dass Ihre Kinder und deren Kinder über alle Maßen gesegnet sind. Wenn Sie Gott so lieben, wie Sie es sollten, werden Sie Ihr Geld nicht für Drogen und Alkohol, Zigaretten oder gottlose Dinge ausgeben. Eine gottgefällige Führung ist unerlässlich! Ein religiöser Führer spielt eine wichtige Rolle in deinem Leben und wird einen Unterschied machen.

*In Richter 2:13 heißt es: "Und sie verließen den HERRN und dienten dem Baal und der Aschtaroth. **14** Und der Zorn des Herrn erhitzte sich über Israel, und er gab sie in die Hände von Räubern, die sie ausplünderten, und er verkaufte sie in die Hände ihrer Feinde ringsum, so dass sie vor ihren Feinden nicht mehr bestehen konnten."*

Und in Vers 18 desselben Kapitels heißt es: "Und als der HERR ihnen Richter aufstellte, da war der HERR mit dem Richter und errettete sie aus der Hand ihrer Feinde alle Tage des Richters; denn es reute den HERRN ihr Seufzen wegen derer, die sie bedrängten und quälten."

Gott hat Amerika gegründet und es zu seiner Größe als Nation gebracht, weil die Menschen diese Nation aufgebaut haben. auf das Wort Gottes, das Gebet und den Namen Jesu. In den 1960er Jahren begann Amerika, sich durch das Verbot des Gebets in den Schulen und der Abtreibung (bis heute wurden über 60 Millionen Babys aus dem Mutterleib gerissen) zerstören zu lassen, und nun ist der Name Jesu (und das Evangelium selbst) in Gefahr. Jetzt haben wir als Nation mit Armut und psychischen Problemen zu kämpfen, unsere Gefängnisse sind überfüllt, und es herrscht Chaos in allen Richtungen und überall. Amerika ist ein modernes Israel mit korrupten Führern, Kirchen und Politikern. Wir müssen dem Wort Gottes glauben, nicht korrupten Führern von korrupten Kirchen. Erfüllen Sie sich mit dem Heiligen Geist, schlagen Sie Ihre Bibel auf und lassen Sie sich vom Herrn durch sein Wort leiten. Sehen Sie, was passiert. Wenden Sie sich an Gott und lassen Sie ihn Ihr Führer sein. Amerika ist fremden und falschen Göttern nachgelaufen. Die gottesfürchtigen Führer (sowohl politisch als auch geistlich), die diese Nation gegründet haben, gibt es nicht mehr. Aber die heutigen Führer verfallen der Korruption, der Hexerei und jedem bösen Werk. Wir müssen für gute Führer beten. Beten Sie, dass die Bibel und das Gebet in unsere Schulen, Häuser und unser Leben zurückkehren. Beten Sie für geistliche Führer, die dem Volk dienen. Beten Sie gegen die so genannten irreführenden Führer, die für ihre Agenda und ihre Liebe zu Macht und Geld verantwortlich sind. Lassen Sie den Herrn Jesus wieder zum Gott dieser Nation werden. Wenn wir uns alle dazu entschließen, uns Gott zuzuwenden, unsere Sünden zu bereuen und uns in der Wassertaufe im Namen Jesu von unseren Sünden reinwaschen zu lassen, werden wir den versprochenen Heiligen Geist empfangen. Dieser Geist wird uns in alle Wahrheit führen und leiten. Er wird den Unterschied in unserem Leben machen, den wir so dringend brauchen.

Es ist an der Zeit, dass wir unser Leben, unsere Familie und unser Land von all der Unreinheit befreien, die durch die Jagd nach falschen Göttern verursacht wurde.

In Nehemia 13:28-30 heißt es: "Und einer von den Söhnen Jojadas, des Sohnes Eljasibs, des Hohenpriesters, war der Schwiegersohn Saneballats, des Horoniters; darum jagte ich ihn von mir. 29) Gedenke an sie, mein Gott, weil sie das Priestertum und den Bund des Priestertums und die Leviten verunreinigt haben. 30) So habe ich sie von allen Fremden gereinigt und die Priester und Leviten zu Vorstehern bestellt, einen jeden in seinem Amt..."

LASST UNS BETEN

Lord, schenke uns gottesfürchtige und vom Geist geleitete geistliche Führer für unser Land und uns. Stelle unser Leben wieder her, damit unsere Straßen wieder sicher sind. Möge der Herr dir geben große gottesfürchtige Führer in Jesu Namen. Amen! Gott segne Sie.

21 JANUAR

LASST UNS FÜR JESUS EINTRETEN!

Ienn wir nicht für etwas einstehen, fallen wir auf alles herein. Zitat Peter Marshall: "Gelobt sei Gott! Wir brauchen die Entschlossenheit eines Bulldogs und einen entschlossenen Geist, um zu stehen. Wir müssen das Rückgrat und eine gesunde Wirbelsäule haben, um zu bestehen." Viele sind vom ursprünglichen Weg der Rechtschaffenheit abgekommen. Sie beschäftigten sich mit den Angelegenheiten der Welt und wurden überbeschäftigt. Sie haben vergessen, die nächsten Generationen den Weg Gottes, Jesus Christus, zu lehren. Deshalb sind diese beiden Generationen nicht in der Lage, ihre Kinder auf dem rechten Weg zu erziehen. Diese Generation ist drogen- und alkoholabhängig, begeht Selbstmord und ist unverantwortlich. Eltern und Großeltern glauben nicht an die Lehre des Wortes Gottes und dessen Bedeutung. Ihr verursacht den Fall eurer Kinder. Auch wenn ihr in dieser Welt alles erreicht, werdet ihr die Schlacht zu Hause verlieren.

Manche machen einen Umweg und finden ihren Weg durch verbotene Dinge. Ihr wisst, dass ihr eure Kinder im Stich gelassen habt, also müsst ihr eure Enkelkinder erziehen. Da ihr nicht für Gottes festes und unbewegliches Wort eingetreten seid, habt ihr das Chaos in die Familie. Unser Programm und unsere Wege haben viele Großeltern und Eltern getäuscht. Achten Sie darauf und seien Sie aufrichtig gegenüber Gottes ursprünglichen, unveränderlichen Wegen.

Ich habe festgestellt, dass die Gesellschaft bei der Korrektur von Kindern versagt hat. Sie haben die Macht und Autorität verloren, ihre Kinder zu korrigieren. Viele halten sich nicht an das, "was der Herr sagt". Hätten wir das Richtige getan, gäbe es keine Gesellschaft, die Rechte einfordert, weil sie im Unrecht ist. Heutzutage ist die Mentalität der Menschen: "Sag mir nicht, dass ich falsch liege. Akzeptiere mich so, wie ich bin. Ich bin geistig blind und taub, aber korrigiere mich nicht." Diese Mentalität mag keine Belehrungen. "Wenn du das tust, dann richtest du mich." Wirklich? Lassen Sie mich Ihnen etwas sagen: Sie sind nicht so. Sie sind nur verloren und gefallen wie Satan. Wie kommt es, dass der Sünder, nachdem er seine Sünden bekannt hat, rein wird und Sie nicht? Weil sie glauben, dass sie im Unrecht sind und dagegen ankämpfen. Kurz gesagt, ich bin rebellisch, verachte die Regierung Gottes und bin ungehorsam. Trotzdem verdiene ich alle Anerkennung. Akzeptiert mich so, wie ich bin. Wer hat das Land, die Familie und das Volk im Stich gelassen? Wir waren es. Wir haben nicht wie Daniel, David, Mose und Josua gestanden. Es geht um deinen Kopf oder dein Leben am Kreuz. Sie haben einige erstochen, weil sie für das Richtige eingetreten sind. Eine unmoralische homosexuelle Gesellschaft in Rom enthauptete Paulus und hängte Petrus kopfüber auf. Und warum? Sie sprachen die Wahrheit und definierten Christus und seine Mission klar. Sie hatten vollkommenes Wissen und Verständnis für ihre Überzeugungen. Niemand kann sich ändern, nicht einmal der strenge Kaiser.

Von 15 römischen Kaisern lebten 14 einen homosexuellen Lebensstil. Freunde, mit dieser Denkweise habt ihr keine Chance. Dies ist die letzte Sünde, bei der es kein Zurück mehr gibt. Das Lesen des Römerbriefs ist wie das Lesen von Die Nachrichten von heute.

Röm 1:28 Und da sie Gott nicht in ihrer Erkenntnis behalten wollten, hat Gott sie einem verwerflichen Geist übergeben, damit sie das tun, was nicht gut ist. Ihr müsst die Wahrheit lehren, damit ihr nicht auf falsche Lehren hereinfallt. Was ist Doktrin? Unter Lehre versteht man eine etablierte oder respektierte Lehre (die als zuverlässig und altehrwürdig angesehen wird) oder Unterweisung. (Von Bible Hub)

Epheser 4:11 Den einen aber hat er Apostel gegeben, den anderen Propheten, den dritten Evangelisten, den dritten Hirten und Lehrer, 12 zur Vervollkommnung der Heiligen, zum Werk des Dienstes, zur Erbauung des Leibes des Christus: 13 bis wir alle hingelangen zur Einheit des Glaubens und der Erkenntnis des Sohnes Gottes, zu einem vollkommenen Menschen, zum Maß der Vollkommenheit des Christus: 14 auf daß wir hinfort nicht mehr Kinder sind, hin und her geworfen und umhergetrieben von allerlei Wind der Lehre, durch der Menschen List und Schalkheit, womit sie auflauern, zu verführen

Wodurch wird die Gesellschaft zu Fall gebracht? Wenn Lehrer, Propheten und religiöse Führer korrumpiert werden. Geistliche und religiöse Autoritäten haben mit dem Wort Gottes Ehebruch begangen. Das Wort Gottes muss so überliefert werden, wie es ist. Es sollte niemals eine persönliche Interpretation geben. Wenn man darin nachlässt, sehen wir eine verwirrte, verwunderte, kranke, unheilige und von Gott abfallende Gesellschaft. Deshalb hat Johannes gewarnt:

1 Johannes 4:1 Ihr Lieben, glaubt nicht jedem Geist, sondern prüft die Geister, ob sie von Gott sind; denn es gibt viele falsche Geister.

Propheten sind in die Welt hinausgegangen. Halten Sie sich an die Lehren des Herrn Jesus. Streben Sie nach der reinen, heiligen Stimme Gottes durch das Wort Gottes. Praktiziere Reinheit, Rechtschaffenheit und Heiligkeit. Genießen Sie ein gesundes, heilsames Leben. Gottes Augen gehen hin und her, um zu sehen, wessen Herz ihm gegenüber vollkommen ist. Das Herz ist der Ort, an dem das Leben beginnt (Sprüche 4,23). Mischen Sie sich also nicht mit einer Nation. Die Umwelt gibt der Sünde freien Lauf. Keiner kümmert sich darum, sie zu korrigieren. Wie lebten Joseph, Daniel und Esther? Sie lebten in einer anderen Kultur, aber sie lebten richtig. Wir sollten genau so leben, wie es der Herr gesagt hat. Das Buch Gottes wird sich nicht ändern. Wir sollten zur Wahrheit stehen, sonst fallen wir auf alles herein, was um uns herum weht. Um uns herum gibt es falsche Lügen. Ein Böses, das in eine schöne Verpackung gehüllt ist. Eine verführerische Falle. Der Müll in den Geschenktüten. Fliehe davor.

Wo sind Sie heute? Im Gefängnis, auf der Straße, hinter Gittern, arbeitslos, verwirrt, besorgt? Frisst dich dein Zuhause auf? Dein Haus ist schön und groß, aber es gibt keinen Frieden. Du hast einen großen Fernseher und Alkohol. Du gehst regelmäßig in die Kirche und findest trotzdem keinen Frieden. Drogen und Scheidungen haben verheerende Auswirkungen auf Ihr Leben und das Ihrer Kinder. Ihr seid falschen Lehrern und Propheten nachgelaufen, denn sie sagen nichts, was euch bei eurem eitlen Lebensstil helfen könnte. Ist euer Fleisch wichtiger als Gott? Wo verbringst du deine Zeit, dein Geld und dein Leben? Ist das Leben kummervoll? Die Macht liegt in der Wahrheit. Stehe in der Wahrheit, die das Wort Gottes ist.

2 Timotheus 3:5 Sie haben eine gottesfürchtige Gestalt, verleugnen aber ihre Kraft; von solchen wendet euch ab.

Ihr tragt Titel und nehmt eine Position ein, die nichts bedeutet, wenn ihr nicht für die Wahrheit eintretet. Lasst uns das sein, wozu wir berufen sind. Die Menschen wenden sich Gott zu, tun Buße und leben für Jesus!

1 Petrus 2:9 Ihr aber seid ein auserwähltes Geschlecht, eine königliche Priesterschaft, eine heilige Nation, ein besonderes Volk, damit ihr den lobt, der euch aus der Finsternis in sein wunderbares Licht berufen hat; 10 die ihr früher kein Volk wart, jetzt aber das Volk Gottes seid; die ihr keine Barmherzigkeit erlangt habt, jetzt aber Barmherzigkeit erlangt habt.

LASST UNS BETEN

Do Herr des Himmels, schenke uns den Geist der Reue und zeige uns die größte Barmherzigkeit. Gib uns wahre Lehrer und Propheten. Gib uns das Herz zu deine Gesetze, Satzungen und Gebote befolgen. Lass den Heiligen Geist unser Führer und Lehrer sein. Der Heilige Geist hilft uns, das Richtige zu tun, und befähigt uns, für die Wahrheit einzustehen. Gott, bitte gib uns die Kühnheit und den Mut von Daniel. Hilf uns, dich zu lieben wie David, die Demut des Mose zu haben und Licht zu sein für die, die verloren und in der Finsternis sind. Möge der Herr uns das Verständnis seines Wortes schenken und uns ein gehorsames Herz schenken, um dir zu folgen! Sei gesegnet, und deine Kinder stehen auf und segnen dich. Möge der Herr über dir leuchten und dir Frieden geben in Jesu Namen. Amen! Gott segne Sie!

22 JANUAR

DEINE SÜNDE WIRD DICH HEIMSUCHEN!

Skann einen in Angst und Schrecken versetzen, wenn man sie nicht loswird. Römer 6:23 Denn der Lohn der Sünde ist der Tod. Die Sünde hat einen Stachel des Todes an sich. Wenn Sie also ein Sünder sind, wird ein Stachel Sie aus der Erde ziehen. Aber die Reue ist ein Geschenk Gottes und ermöglicht es Ihnen zu erkennen, was Sie sind. Andernfalls werden Sie denken, dass es Ihnen gut geht. Die gute Nachricht ist, dass wir alle Sünder sind, bis wir Vergebung von Gott erhalten. Nur Gott kann die Schnur abschneiden, die uns in die Hölle zieht. Gott ist barmherzig und hat die Wahrheit, um seiner Schöpfung zu helfen. Lasst uns demütig sein und sagen: "Hilf mir, Herr, ich bin ein Sünder! Blut hat Leben, und er gab Leben, indem er Fleisch annahm.

Levitikus 17:14c denn das Leben allen Fleisches ist das Blut davon:

Hebräer 9:22b und ohne Blutvergießen gibt es keine Vergebung.

Blut ist in der Taufe verfügbar. Die Taufe ist nur dann ein Begräbnis eines Sünders, wenn man auf den Namen Jesus tauft.

Apg 22:16 Was zögerst du nun noch? Steh auf, laß dich taufen und wasche deine Sünden ab, indem du den Namen des Herrn anrufst.

Die Sünde kann nur durch Blut beseitigt werden, da der Tod mit der Sünde verbunden ist. Blut hat Leben.

Levitikus 17:11a Denn das Leben des Fleisches ist in dem Blut des Lammes, das unter dem Namen Jesu verborgen ist. Deshalb wurden alle Juden und neu bekehrten Nichtjuden nach der Apostelgeschichte zu Beginn der drei Jahrhunderte in die Kirche aufgenommen. Sie wurden alle auf den Namen Jesus getauft, um ihre Sünden zu vergeben.

Als Kain seinen Bruder Abel tötete, ist sein Blut nicht gestorben. Es weinte.

Mose 4:10 Und er sprach: Was hast du getan? Die Stimme des Blutes deines Bruders schreit zu mir vom Erdboden.

Wer wird über Ihren letzten Tag entscheiden? Wer wird entscheiden, ob Sie in den Himmel kommen oder zur Hölle fahren? Jesus, er wird auf dem Thron sitzen. Der Herr Jesus weiß, wie man befreit, wenn man seinen Weg annimmt. Gott fragte Kain, der wusste, wo Abel war. Kain sagte: "Bin ich der Hüter meines Bruders? Gott überführte Kain, indem er ihn wissen ließ, dass ich wusste, wo Abel war. Kain kannte Gott nicht, da er kein annehmbares Opfer brachte. Kain kannte Gott nicht, sonst würde sich seine Geschichte um seine Sünden zu bekennen. Er verpasste die Gelegenheit zu bekennen, was er getan hatte. Der Schritt der Beichte ist sehr wichtig.

1 Johannes 1:9 Wenn wir unsere Sünden bekennen, so ist er treu und gerecht, dass er uns vergibt und reinigt uns von aller Ungerechtigkeit.

Sobald Sie Ihr Fehlverhalten bekennen, wird Gott Sie reinigen und Ihnen vergeben. Eine Frau hatte einen lügnerischen Geist und konnte nicht aufhören zu lügen. Sie hatte es satt und gestand. Von da an hat sie nie wieder gelogen. Freunde, wenn ihr lügt, stiehlt, eifersüchtig seid oder welche Sünde auch immer damit verbunden ist, beichtet einfach. Und Gott wird euch von Ungerechtigkeit reinigen und den Fleck der Sünde entfernen. Wenn nicht, dann wird Ihr Leben elend und verflucht sein. Bitte bekennen Sie nur dem Herrn Jesus. Kain verpasste die Gelegenheit, zu beichten,

Mose 4:11a, 11 Und nun bist du verflucht von der Erde 12 Wenn du den Ackerboden bearbeitest, soll er dir nicht mehr seine Kraft geben; ein Flüchtiger und Vagabund sollst du auf der Erde sein.

Numeri 32:23 Wollt ihr das aber nicht tun, so habt ihr gegen den Herrn gesündigt, und eure Sünde wird euch gewiss auffallen.

Die Sünde richtet sich gegen niemanden außer gegen Gott. Eine Frau wollte sündigen, wenn ihr Mann nicht in der Nähe war. Josef kannte seinen Gott. Gottes Gesetz war in seinem Herzen. Menschen, die Sünde praktizieren, kennen Gott nicht. Sie denken, dass niemand niemand hat sie sündigen sehen. Diese Menschen sind geistig blind. Joseph war ein gottesfürchtiger Mann. Er nutzte seine Macht und Stellung nicht aus. Es war ihm egal, was die Frau ihm bot. Er wusste, dass die Sünde nicht gegen den Herrn oder die Frau, sondern gegen Gott gerichtet war. Gott sieht dich die ganze Zeit. Wovor flüchtete Joseph vor der Frau oder der Unmoral? In der Tat, vor der Sünde!

Mose 39:9 In diesem Haus gibt es keinen Größeren als mich, und er hat mir nichts vorenthalten außer dir, weil du seine Frau bist. Wie kann ich dann diese große Bosheit begehen und mich gegen Gott versündigen?

Die Sünde wird dich verfolgen. Sie hat einen Stachel und wird dich heimsuchen. Eines Tages rief mich eine Freundin an, weil ihr Sohn in der Vergangenheit gesündigt hatte. Diese Sünde hat ihn aufgefressen. Also sprach er mit mir darüber. Ich wusste, dass Gott ihm die Ernsthaftigkeit der Sünde vor Augen führte. Ich erklärte ihm, wie er beichtete und sich nicht versteckte. Durch das Bekenntnis der Sünden hat Gott dem Atheisten vergeben. Und er war rein von Sünden. Ich betete für ihn, und es kehrte Frieden ein. Bitte akzeptieren Sie Gottes Wege. Die Sünde hat eine universelle Wirkung; egal, wer man ist, sie ist für alle gleich. Gehen Sie in Ihr Zimmer, bekennen Sie vor Gott und sagen Sie: Herr, ich habe dies getan, und das ist falsch, und ich verzichte darauf. Machen Sie eine Liste und legen Sie sie Gott mit reuigem Herzen vor. Nutzen Sie seinen Plan der Reinigung und Vergebung für Ihre Sünden, in Jesu Namen.

LASST UNS BETEN

möge der Herr dir die Augen schenken, um die Schwere der Sünde zu erkennen. Mögest du dich in Jesu Namen taufen lassen und deine Sünden abwaschen. Möge der Herr am Tag des Gerichts sagen, dass ihr unschuldig seid. Lass sein Blut all deine Sünden abwaschen und dich reinwaschen. Der Herr gebe dir den

Mut, alle Sünden zu bekennen und Vergebung, Frieden, Segen und Freude am Herrn zu finden, in Jesu Namen. Amen! Gott segne Sie!

23 JANUAR

JESUS GIBT DIE KÖNIGREICHSSCHLÜSSEL, DER EINE OFFENBARUNG VON IHM ENTHÄLT.

Hi, wie können Sie Ihre Haus-, Auto- oder Büroschlüssel abgeben es sei denn, Sie kennen sie? Gott wird zu Fremden sagen: Ich kenne dich nicht. Er gab Petrus keinen Schlüssel, um die Kirche zu bauen, bis er wusste, wer Jesus war. Er ist nicht Jesus Joseph, sondern ein Messias. Petrus erkannte, dass er der lang erwartete Jehova war, der laut der Bibel kommt, um Rache zu nehmen.

Jes. 35:3-7 sagt, dass er Lahme heilt, blinde Augen öffnet, Kranke heilt und gebrochene Herzen heilt. Dies ist der Gott, der gemäß der Prophezeiung in Jes 9,6 als männliches Kind kam. Dies ist der verheißene Erlöser für die Juden, denn sie wussten, dass das Blut von Tieren ihre Sünden nicht wegnehmen kann. Sie brauchten das sündlose Blut des Schöpfers; er kam als Lamm. Sie wussten, dass Jehova menschliche Gestalt annehmen musste, um das Blut beschatten. Gott ist ein Geist, und das Blut zu beschatten, Er muss Fleisch anziehen. Paulus kannte sich in allen Thora aus und war ein Beobachter des Gesetzes Gottes. Er hielt sich an das erste Gebot: Ein Gott UND nur einer.

Deuteronomium 6:4 Höre, Israel! Der Herr, unser Gott, ist ein einziger Herr. 5 Und du sollst den Herrn, deinen Gott, lieben von ganzem Herzen, von ganzer Seele und mit all deiner Kraft.

Kein anderer Gott als Jehova. Jesus ist nicht Gott, warum predigen die Juden dann Jesus? Was glauben Sie nun, wird Gott ihn sein Wissen nutzen lassen, um für SEIN KÖNIGREICH zu arbeiten? Nein, wie kann man für den König arbeiten, ohne zu wissen, wer der König ist? Paulus sagte später,

1 Korinther 2:8 was keiner der Fürsten dieser Welt wusste; hätten sie es gewusst, so hätten sie den Herrn der Herrlichkeit nicht gekreuzigt.

Psalmen 24:10 Wer ist dieser König der Herrlichkeit? Der Herr der Heerscharen, er ist der König der Herrlichkeit. Selah.

Paulus hatte also auch auf der Damaskusstraße Besuch von diesem König der Herrlichkeit, den er verfolgte. Auf der Damaskusstraße sprach Jehova auf Hebräisch, um Paulus wissen zu lassen, dass ich der Retter Jehovas bin, also Jesus. Wenn Sie Jesus predigen wollen, müssen Sie eine Offenbarung von Jesus haben; andernfalls können Sie nicht den einen Gott, Jehova, mit dem höchsten rettenden Namen, Jesus aus dem Neuen Testament, predigen. Testament. Viele predigen von Jesus, ohne seine Identität zu kennen, und bringen viel Verwirrung in die Welt. Jesus hat sie nicht gerufen, aber sie haben sich selbst gerufen. Viele Schlangen haben die Hölle gepredigt und Verwirrung unter den verschiedenen Markenorganisationen, Konfessionen und Nicht-Konfessionen gestiftet. Die Wahrheit ist, dass Jesus nicht durch sie wirkt. Es ist fantastisch, wenn eine Person die Bibel lernt, indem sie sich ein Beispiel an Jesus nimmt und seinen Fußstapfen folgt.

Apg 19:11 Und Gott wirkte besondere Wunder durch die Hände des Paulus:

Apg 15:12 Da schwieg die ganze Menge und hörte Barnabas und Paulus zu, die erzählten, welche Wunder Gott durch sie unter den Heiden gewirkt hatte.

Der Herr arbeitet mit denen, die die Offenbarung Jesu haben. Die Offenbarung seiner Macht, Kraft, Erkenntnis und Autorität im Namen Jesu. Wie kann man arbeiten, ohne die Autoritäten zu kennen? Denken Sie daran, dass die Arbeit im Reich Gottes die Anerkennung des Königs braucht. König Jesus kam als Diener, aber nicht als Diener seines Reiches. Seine Rolle war zeitlich begrenzt, und im Buch der Propheten werden viele Prophezeiungen gegeben. Achten Sie bitte darauf, warum und worauf Sie sich in dieser Dispensation konzentrieren müssen. Erstens: Liebe ihn als einen wahren Gott, der im Fleisch wandelt, um den Schlüssel zum Öffnen des Schatzes zu erhalten. Ich wünsche mir neun Gaben des Geistes, um dem Namen Jesu als Gott im Fleisch weiterhin Ruhm zu geben. Alles, was Sie brauchen, ist Offenbarung und Engagement. Verzichten Sie auf das Verlangen nach Macht, um Geschäfte und Geld zu erhalten. Es ist nicht zum persönlichen Vorteil sondern der Dienst für die Schöpfung des Schöpfers. Der Herr gab sich selbst Liebe für seine Schöpfung. Eine entscheidende Tugend, wir sollten Liebe haben wie er.

Johannes 14:21 Wer meine Gebote hat und sie hält, der ist es, der mich liebt; und wer mich liebt, der wird von meinem Vater geliebt werden, und ich werde ihn lieben und mich ihm offenbaren.

Im Neuen Testament ist die Offenbarung Jesu als einer Der leibhaftige Jehova Gott ist ein Muss.

Johannes 14:15 Wenn ihr mich liebt, dann haltet meine Gebote. Die Quintessenz: Er hat einen Schatz für diejenigen, die ihn lieben Er. Er hat Villen, er hat ewiges Leben, Leben in Fülle auf Erden und im Himmel.

Die Offenbarung kommt, wenn man weitergeht, sucht, bittet, anklopft und im Wort Gottes verharrt. Ich bin sicher, dass es für diejenigen, deren Augen auf Gott und sein Werk gerichtet sind, leicht ist. Ich suche Gott immer wieder für alle Situationen und Probleme. Der Herr liebt es, seine Schlüssel zu geben, um den Reichtum an Wissen, Weisheit, Verständnis, Segen, Reichtum und Macht zu öffnen. Das kommt von Gott allein. Viele suchen Gott für den falschen Zweck. In dieser Dispensation, sagte der Herr, werden meine Anhänger, die mich kennen, Übernatürliches tun, da ich durch sie wirke.

Markus 16:20 Und sie zogen aus und predigten überall, und der Herr wirkte mit ihnen und bestätigte das Wort durch nachfolgende Zeichen. Amen.17 Und diese Zeichen werden denen folgen, die glauben; in meinem Namen werden sie 18 Sie werden Schlangen aufheben, und wenn sie etwas Tödliches trinken, wird es ihnen nicht schaden; sie werden den Kranken die Hände auflegen, und sie werden gesund werden. 19 Nachdem nun der Herr zu ihnen geredet hatte, wurde er in den Himmel aufgenommen und setzte sich zur Rechten Gottes.

Beobachten Sie das Werk des Herrn, geben Sie Zeichen und wundern Sie sich, um sie als seine Jünger zu erkennen. Dies geschieht, wenn Sie den Herrn Jesus kennen. Dies geschieht, wenn Sie die Offenbarung Jesu haben und nur, wenn Sie engagiert und berufen sind. Der Schlüssel liegt darin, die einzelnen Bibelstellen zu kennen und zu wissen, wie man die Anforderungen erfüllt, um das erwartete Ergebnis zu erzielen. Brauchen Sie Vergebung der Sünden? Der Schlüssel ist, in Jesu Namen zu taufen und das komplette Paket der neuen Schöpfung zu erleben, wie am Tag des Gartens Eden. Der Herr wird im Taufwasser ein neues, reines Gewissen schaffen. Wie schön, die Wahrheit zu haben! Sie ist der Schlüssel zur Freiheit von der Lüge des Teufels, zur Krankheit, zum gebrochenen Herzen und zur Befreiung in Jesu Namen. Gott will, dass wir gehorsam und unterwürfig sind und tun, was er sagt.

Matthäus 7:22 Viele werden an jenem Tag zu mir sagen: Herr, Herr, haben wir nicht in deinem Namen geweissagt und in deinem Namen die Teufel ausgetrieben? und in deinem Namen viele wunderbare Werke getan? 23 Und dann werde ich zu ihnen sagen: Ich habe euch nie gekannt; weicht von mir, ihr Übeltäter! 24 Wer nun diese meine Reden hört und tut sie, den will ich einem klugen Manne vergleichen, der sein Haus auf einen Felsen baute:

Diese Schriftstelle zeigt uns, dass es mehr bedeutet, Jesus zu kennen wichtiger als Wunder, Heilung und andere Zeichen und Wunder zu tun. Letztendlich wird die Anwendung von Autorität ohne die Offenbarung Jesu zum Verlust des Heils führen.

Lukas 12:32 Fürchte dich nicht, du kleine Herde; denn deines Vaters ist's das Vergnügen, dir das Königreich zu übergeben.

Petrus bekam den Schlüssel, weil er die Identität Jesu verriet.

Matthäus 16:15 Er sprach zu ihnen: Wer sagt denn ihr, daß ich sei? 16 Simon Petrus aber antwortete und sprach: Du bist der Christus, der Sohn des lebendigen Gottes. 17 Und Jesus antwortete und sprach zu ihm: Selig bist du, Simon Barjona; denn Fleisch und Blut hat dir das nicht offenbart, sondern mein Vater im Himmel. 18 Und ich sage dir auch, daß du Petrus bist, und auf diesen Felsen will ich meine Gemeinde bauen, und die Pforten der Hölle sollen sie nicht überwältigen. 19 Und ich will dir die Schlüssel des Himmelreichs geben; und alles, was du auf Erden binden wirst, soll auch im Himmel gebunden sein, und alles, was du auf Erden lösen wirst, soll auch im Himmel gelöst sein.

Wir müssen der Lehre seiner Jünger, Propheten und Apostel gehorchen, um die Offenbarung zu erhalten. In dieser Dispensation sagte der Herr, dass wir in der Lehre der Jünger bleiben sollen.

Apg 2:42 Sie blieben aber beständig in der Lehre der Apostel und in der Gemeinschaft, im Brechen des Brotes und in den Gebeten.

Epheser 2:20 und sind auf das Fundament der Apostel und Propheten gebaut, wobei Jesus Christus der wichtigste Eckstein ist.

Achten Sie auf die Heilige Schrift. Jesus kam, um ein Beispiel zu geben und Blut zu vergießen. Blut hat Leben, also gab er uns das Leben.

LASST UNS BETEN

Lord, wir sind dankbar für die Liebe, die du auf Golgatha gezeigt hast. Wir wollen auf dem von dir aufgezeigten Weg gehen, um die Wahrheit zu finden und das ewige Leben zu haben. Dein Wort braucht Offenbarung. Jedes Wort kann uns offenbaren, wenn wir deiner Stimme gehorchen. Viele falsche Lehrer und Propheten haben Konfessionen und Nicht-Konfessionen gegründet, um persönliche Vorteile zu erlangen. Herr, lass uns an deinem Wort und an der Lehre der Apostel und Propheten festhalten. Wir brauchen eine Offenbarung durch den Geist Gottes, wie du es bei Paulus und Petrus getan hast, in Jesu Namen. Amen! Gott segne Sie.

24 JANUAR

WAY TO ESCAPE!

Wir wissen, welche Maßnahmen wir ergreifen müssen, wenn wir Erdbeben, Brände oder Notfälle. Wenn Gott einen Notfall ankündigt, muss es einen Ausweg geben. Nur Gott kennt den Ausweg.

Mose 6:5 Und Gott sah, dass die Bosheit des Menschen auf der Erde groß war und dass alle Gedanken seines Herzens immer nur böse waren. 6 Und es reute den Herrn, daß er den Menschen auf Erden gemacht hatte, und es bekümmerte ihn in seinem Herzen. 7 Und der Herr sprach: Ich will den Menschen, den ich geschaffen habe, vertilgen vom Erdboden, den Menschen und das Vieh und das Gewürm und die Vögel unter dem Himmel; denn es reut mich, daß ich sie gemacht habe.

Er plante, gottlose, unmoralische Sünder vom Angesicht der Erde zu tilgen. Und er rettete Noah und seine Familie, indem er ihnen den Plan gab, die Arche zu bauen. Erstaunlich, nicht wahr?

Mose 6:8 Noah aber fand Gnade in den Augen des Herrn.

Noah baute die Arche. Das dauerte fast 100 Jahre. Während dieser Zeit predigte er der Welt, sich von ihren bösen Wegen abzuwenden. Zur Zeit Noahs gingen die Menschen auf Abwege und waren gottlos.

Matthäus 24:38 Denn wie in den Tagen vor der Sintflut haben sie gegessen und getrunken, geheiratet und sich verheiratet bis zu dem Tag, an dem Noe in die Arche ging,

Noah war in den Augen Gottes ein gerechter und vollkommener Mensch. Noah wandelte mit Gott. Gott rettete Noah und seine Familie.

Mose 7:4 Noch sieben Tage, und ich werde es vierzig Tage und vierzig Nächte auf die Erde regnen lassen; und alles Lebendige, das ich gemacht habe, werde ich vom Erdboden vertilgen

2 Petrus 2:5 und verschonte nicht die alte Welt, sondern rettete Noah, den achten Menschen, einen Prediger der Gerechtigkeit, der die Flut über die Welt der Gottlosen brachte;

Gott sieht die Sauerkeit der Sünde, bevor er sie auslöscht. Gott gibt uns die Warnung zur Umkehr. Er sieht, welche Arten von Sünden es gibt und wie schwerwiegend sie sind und welche Folgen sie haben. Dann vollstreckt er sein Urteil.

24 JANUAR

Mose 7:11 Im sechshundertsten Lebensjahr Noahs, im zweiten Monat, am siebzehnten Tag des Monats, an demselben Tag brachen alle Quellen der großen Tiefe auf, und die Fenster des Himmels öffneten sich. 12 Und es regnete vierzig Tage und vierzig Nächte auf der Erde. 13 An demselben Tag gingen hinein Noah und Sem und Ham und Jafet, die Söhne Noahs, und Noahs Frau und die drei Frauen seiner Söhne mit ihnen in die Arche;

Ein weiteres Beispiel für Gottes Urteil über die Sünde. Bevor er das Gericht über Sodom und Gomorra verhängt, spricht er mit Abram. Ist Gott das wichtig? Ja, das tut er. Deshalb hat er zu Abraham gesprochen. Gott spricht mit den Gerechten, nicht mit den Sündern.

Mose 19:29 Und es geschah, als Gott die Städte der Ebene zerstörte, da gedachte Gott an Abraham und sandte Lot aus der Mitte des Umsturzes, als er die Städte zerstörte, in denen Lot wohnte.

Gott ist rechtschaffen. Wenn er die Erde oder einen Menschen richtet, muss er sich an seine Gesetze halten, die er für die Beurteilung seiner Schöpfung aufgestellt hat. Er ist ein gerechter, fairer und wahrer Gott. Der Herr offenbarte Abraham den Plan, bevor er die Sünder des Landes vernichtete. Abraham plädiert für sie.

Mose 18:23 Da trat Abraham heran und sprach: Willst du auch den Gerechten mit dem Gottlosen umbringen? 25 Das sei ferne von dir, so zu tun, daß du den Gerechten mit dem Gottlosen tötest; und daß der Gerechte sei wie der Gottlose, das sei ferne von dir: Sollte der Richter der ganzen Erde nicht recht tun?

Er führte den gerechten Lot heraus und stürzte dann die Sünder mit der Stadt. Gott spricht ein gerechtes Urteil, das nicht für sie bestimmt ist. Der Herr befreite den gerechten König David von dem bösen, rebellischen König Saul. Er befreite David von vielen Prüfungen und Schwierigkeiten. Er befreite Daniel aufrecht, indem er den Mund des Löwen verschloss und seine Engel schickte. Gott hält sich an seine Gebote und Gesetze. Gott hat einen Superplan, um zu handeln und alle Naturgesetze der Erde zu brechen. Gott sei Dank hat er Macht über alle natürlichen zerstörerischen Pläne, um gerecht zu erlösen. Er kann dich aus dem Feuer retten. Gott rettete Schadrach, Meschack und Abednego aus dem Feuer.

Daniel 3:19 Da wurde Nebukadnezar zornig, und sein Gesicht veränderte sich gegen Schadrach, Meschach und Abednego. Er sprach und befahl, den Ofen siebenmal stärker zu erhitzen, als er zu erhitzen pflegte.

Er kann auf dem Wasser gehen, den Ozean spalten und im Meer trockenes Land schaffen. Gott hat Mittel und Wege, die Gerechten zu retten und sie vor allem Unheil und Gefahren zu bewahren. Es verwirrte mich, die Endzeitprophezeiung in Matthäus 24, Lukas 17,21 und Markus 13 zu lesen. Ich fragte Gott: Herr, du hast immer Menschen aus Sklaverei, Krankheit, Krieg und Not befreit. Wie sieht der Plan zur Rettung in der Endzeit aus? Es muss einen geben. Bitte zeige mir, wie ich aus einer unerträglichen Endzeit herauskommen kann. Ich kann mir die Katastrophe, das Unglück und das Elend nicht vorstellen, wenn er mir nicht offenbart, was er Noah, Abraham und anderen rechtschaffenen Männern und Frauen Gottes gezeigt hat. In den Schriften der Endzeit wird eine Liste von Katastrophen aufgeführt - Erdbeben an verschiedenen Orten. Menschen suchen Vergnügen und Waffenstillstandsbrecher. Wir sehen ein sündiges Leben, das an die Zeit von Noah, Sodom und Gomorra erinnert. Die Sünde hat auf der Erde überhand genommen. Die Rechtschaffenheit ist verschwunden. Studieren Sie diese Kapitel, analysieren Sie, suchen Sie, überlegen Sie und sehen Sie, was und wie die Menschen in diesen Zeiten und Tagen lebten. Daniel hat über die Endzeit gesprochen.

Daniel 12:4 Du aber, Daniel, verschließe die Worte und versiegle das Buch bis zur Zeit des Endes; viele werden hin und her laufen, und die Erkenntnis wird zunehmen.

Ich fragte Gott, wie ich der kommenden unerträglichen Zeit entkommen könnte.

1 Petrus 3:20 die einst ungehorsam waren, als die Langmut Gottes wartete in den Tagen Noahs, während die Arche vorbereitet wurde, in der wenige, nämlich acht Seelen durch das Wasser gerettet wurden. 21 Nach demselben Bild errettet uns auch jetzt die Taufe (nicht die Abwaschung des Fleisches, sondern die Bekehrung des guten Gewissens vor Gott) durch die Auferstehung Jesu Christi:

Die Wassertaufe ist der Bogen für diese Zeit zu entkommen. Die Taufe, in Jesu Namen, wird deine Sünden wegwischen.

Apg 2:38 Da sprach Petrus zu ihnen: Tut Buße und jeder von euch lasse sich taufen auf den Namen Jesu Christi zur Vergebung der Sünden, so werdet ihr die Gabe des Heiligen Geistes empfangen.

Studieren Sie die Apostelgeschichte; sie ist der neue Blutbund zur Vergebung unserer Sünden. Eine weitere mächtige Waffe ist das Gebet.

Matthäus 26:41 Wacht und betet, dass ihr nicht in die Versuchung: Der Geist ist zwar willig, aber das Fleisch ist schwach.

Lukas 21:35 Denn wie ein Fallstrick wird es über alle kommen, die auf der ganzen Erde wohnen. 36 So wachet nun und betet allezeit, damit ihr würdig seid, all dem zu entgehen, was geschehen wird, und vor des Menschen Sohn zu stehen.

LASST UNS BETEN

Lord, hilf uns, bereit zu sein. Erlöse uns aus den Fallen dieser Welt. Erlöse uns von dem Weltsystem. Der Herr gibt uns den Geist des Gebets. Ich bete, dass du hineingehst das Wasser im Namen Jesu und erlebe eine mächtige Operation am Gewissen. Lass die Macht der Sünde von unserer Seele, unserem Geist und unserem Körper abfallen. Der Herr segne Sie in Jesu Namen. Amen! Gott segne Sie!

25 JANUAR

HABEN SIE NOCH PLATZ FÜR MICH?

Gie ist ein Geist, der einen Raum sucht, um in deinem Körper zu wohnen.

Johannes 4:24 Gott ist ein Geist

1 Korinther 6:19 Was? Wißt ihr nicht, daß euer Leib ein Tempel des Heiligen Geistes ist, der in euch ist, den ihr von Gott habt, und daß ihr nicht euer eigen seid?

Der Geist Jehovas nahm Fleisch an und kam mit dem höchsten Namen, Jesus, auf die Erde. Das Jesuskind konnte keinen Ort für seine Geburt finden. Wenn der Herr Jesus an die Tür deines Herzens klopft, öffne sie bitte. Lassen Sie ihn herein, damit er durch Sie mächtig wirken kann. Werden Sie Ihm erlauben, einzutreten?

Offenbarung 3:20 Siehe, ich stehe vor der Tür und klopfe an; so jemand meine Stimme hört und die Tür auftut, zu dem will ich hineingehen und will mit ihm essen und er mit mir.

In dieser Dispensation ist unser Körper der Tempel für die Geist Gottes, nicht das künstliche Gebäude, das wir "Kirche" nennen. Es gab eine Zeit, in der der Geist Gottes im Tempel von Jerusalem wohnte. Als der Tempeldienst verdorben wurde und die Menschen den rechten Weg verloren, kam der Geist Gottes heraus. Er möchte Ihren Körper als Tempel benutzen, wenn Sie Buße getan und sich durch die Taufe auf den Namen Jesu gereinigt haben. Verunreinigen Sie nicht den Tempel, in dem der Geist Gottes wohnt. Machen Sie bitte Platz für ihn.

1 Korinther 3:16 Wisst ihr nicht, dass ihr der Tempel Gottes seid und dass der Geist Gottes in euch wohnt?

Gott, Ihr Schöpfer, ist sanft. Er braucht Ihre Erlaubnis, Ihre Zustimmung. Er hat seine Schöpfung nicht zu Robotern gemacht. Er gab ihnen einen freien Willen. Als Jesus auf der Erde wandelte, wohnte er unter den Jüngern. Jesus beendete seine Aufgabe, sich zu opfern und Blut zu vergießen, und kam als Heiliger Geist wieder. Sein Geist kann in dir leben, wenn du die Sünden in seinem Blut abgewaschen hast.

Johannes 14:16 Und ich will den Vater bitten, daß er euch einen andern Tröster gebe, daß er bei euch bleibe in Ewigkeit, 17 den Geist der Wahrheit, den die Welt nicht empfangen kann, weil sie ihn nicht sieht und nicht kennt; ihr aber kennt ihn, denn er ist bei euch und bleibt in euch. 23 Jesus antwortete und sprach zu ihm: Wenn jemand mich liebt, so wird er meine Worte halten; und mein Vater wird ihn lieben, und wir werden zu ihm kommen und Wohnung bei ihm machen.

Das wiederum sagt ein Geist Gottes, der Heilige Geist in euch. Nach der Auferstehung wurde Jesus wieder ein Geist. Gott möchte immer mit seiner Schöpfung zusammen sein. Er hat den Menschen geschaffen, um eine Beziehung zu uns zu haben. So wie ein Vater eine Beziehung zu seinen Kindern haben möchte. Väter und Mütter sehnen sich danach, für immer mit ihren Kindern zu leben. Sehen wir das nicht auch in der Bibel? Jakob, Abraham und Isaak blieben bei ihren Söhnen. Sicher, wir leben in einer verwirrten, verrückten Welt. Kinder haben nichts mehr mit ihren Eltern zu tun. Die verlorene Generation hat auch nichts mit ihrem himmlischen Vater zu tun. Gott kann auf übernatürliche Weise wirken, wenn du ihm erlaubst, zu dir zu kommen und in dir zu bleiben. Die Bibel sagt in der Amplified Bible,

1 Korinther 12:4 Es gibt aber [verschiedene] Arten von Geistesgaben [besondere Fähigkeiten, die durch die Gnade und die außerordentliche Kraft des Heiligen Geistes gegeben werden, der in den Gläubigen wirkt], aber es ist derselbe Geist [der sie verleiht und die Gläubigen befähigt]. 5 Und es gibt [verschiedene] Arten von Ämtern und Diensten, aber es ist derselbe Herr [dem man dient]. 6 Und es gibt [verschiedene] Arten des Wirkens [um Dinge zu vollbringen], aber es ist derselbe Gott, der alles in allen Gläubigen bewirkt [sie inspiriert, energetisiert und befähigt].

Derselbe Geist, derselbe Herr und derselbe Gott, da ein Gott alles tut. Gottes Geist spielte bei der Rettung seiner Schöpfung in den verschiedenen Dispensationen eine andere Rolle. Seine neue Position hatte auch einen neuen Titel, der zu dieser Rolle passte. In dieser Endzeit wirkt sein Geist, indem er in unseren Körper eindringt. Der Herr Jesus wird mächtige Werke durch dich tun, wenn du ihn hereinlässt.

Sacharja 4:6 Da antwortete er und sprach zu mir: Das ist das Wort des Herrn an Serubbabel: Nicht durch Macht und Kraft, sondern durch meinen Geist, spricht der Herr der Heere.

Ich werde den Kampf durch den Geist Gottes gewinnen, wenn ich ihm nachgebe. Wie auch immer, die reale Welt ist die unsichtbare Geisterwelt. Es gibt viele Arten von Geistern, seien Sie also vorsichtig, dass Sie sich nicht für böse Geister öffnen. Der Geist der Wahrheit ist der Geist Gottes. Denken Sie daran: Lassen Sie den Herrn eintreten, wenn er anklopft. Du musst begehren, damit der Geist mächtige Dinge durch dich tun kann.

1 Korinther 12:31a Die besten Gaben aber begehret ernstlich:

Nach 1. Korinther 12:8-10 sollst du Gott bitten und begehren zu kommen, um sein Amt in sich zu haben.

Lassen Sie die geistlichen Gaben - Erkenntnis, Weisheit, Wunder, Glaube, Heilung, verschiedene Zungen, Auslegung der Zungen, Unterscheidung der Geister und Prophetie - durch Sie wirken. Diese Gaben sind von Seinem Geist. Es ist derselbe Herr, Gott und Geist, aber er wirkt auf einzigartige Weise durch Sie. Sie werden das Amt des Geistes Gottes. Er wird den Rest verwalten. Wenn Sie die geistlichen Gaben nicht in Aktion sehen, bedeutet das, dass derselbe Herr, derselbe Geist, derselbe Gott abwesend ist. Der Geist ist nicht da, um all diese Arbeit zu verrichten.

Ich besuchte (fünf Jahre lang) ein Heiligtum, in dem Wunder normal sind. Der Pastor ruft die Leute heraus und gibt ihnen alle Informationen wie MRTs, Röntgenbilder oder andere Diagnosegeräte. Ich habe viele geistbegabte Heilige kennengelernt. und haben Beine und Arme wachsen sehen. Dämonen werden Informationen geben und viele Wunder sehen. Ich besuche eine Gemeinde namens Eagle's Nest Church. Der Pastor arbeitet mit allen neun Gaben. Der Pastor hat Jesus erlaubt, zu kommen und zu essen. Der Heilige Geist wird alle Informationen geben, wie den Namen der Enkelkinder, die Telefonnummer, die Hausnummer und andere Details. Zuerst konnte ich das nicht verstehen, aber jetzt weiß ich, dass der Geist Gottes in ihm ist und alles getan hat. Ich verstehe, dass Gott dies tun will, um seine einzige Gemeinde zu erbauen. Indem er neun Gaben des Geistes gibt, befähigt er Sie zu übernatürlicher Arbeit. Sie werden sein Wohnsitz, und er wird den Rest tun. Paulus war nur ein Mensch, aber der lebendige Gott in ihm führte besondere Aktionen durch. Gott ließ die Menschen wissen, dass er sie liebt und sich um sie kümmert. Gott gibt nicht nur Informationen, sondern weiß auch, wie er Ihr Problem lösen kann. Er liebt Sie, und wenn Sie es ihm erlauben, kann er große und mächtige Dinge tun. Gott möchte gebrochene Herzen, Krankheiten und Gebrechen heilen und Dämonen austreiben. Gott gibt göttliche Führung und Orientierung für die Zukunft. Gott schenkt göttlichen Wohlstand. Jesus will nicht, dass sein Volk von Pharmazeuten verhext wird, die seine Schöpfung mit Drogen behandeln. Jesus fragt Sie, ob er in Ihnen leben kann. Bitte mach Platz...

Der Herr Jesus sagt: "Dein Körper ist mein Tempel, mein Haus. Ich will nicht, dass der Satan in deinen Körper kommt und dein ganzes Geld, deine Gesundheit oder deinen Reichtum ausgibt. Ich bin für dich da. Lass mich einfach rein." Der Herr Jesus braucht einen Raum in deinem Tempel. Ihr Körper ist der Wohnsitz Gottes.

LASST UNS BETEN

Himmlischer Vater, Herr und Erlöser, schenke uns Liebe zu den Gaben des Geistes. Lege den Wunsch nach allen geistlichen Gaben in mich, damit ich ein fruchtbares und gesegnetes Gefäß werden kann für Jesus. Maria sagte: "So sei es." Lasst uns sagen: "Ja, Herr, komm herein, iss mit mir." Ich will dir erlauben, zu kommen und alles zu tun. Ich will dir in Jesu Namen Ehre und Lob geben! Bleibe in mir, Herr, im Namen Jesu, Amen! Gott segne Sie!

26 JANUAR

IHRE AUFGABE IM REICH GOTTES!

Ger Mensch wurde mit einer Aufgabe geschaffen. Gott ist derjenige, der eine Aufgabe gibt, die nicht schwer oder unmöglich zu erfüllen ist. Gott gab Adam die Aufgabe, den Garten Eden herzurichten. Er hat den Menschen nicht ohne Zweck geschaffen. Wir verirren uns durch Vergessen, Wegwerfen oder Nachlässigkeit und Unachtsamkeit. Wir planen mehr als Gottes Plan. Wenn ein Arbeitgeber Sie einstellt, können Sie sich nicht über die Stellenbeschreibung hinwegsetzen. Sie führen die Arbeit aus, für die Sie eingestellt wurden. nach besten Kräften. Wenn Sie das tun, dann können Sie Ihren Job behalten.

Wenn sie dich anstellen, um das Evangelium zu predigen, und du planst, den Chef zu töten und 30 Silbermünzen zu nehmen, wird das schlimme und traurige Folgen haben. Eli, der Hohepriester, wurde angestellt, um über die Israeliten zu wachen und Gottes Tora zu lehren und zu leiten. Eli muss sie einhalten und alle lehren, sie zu befolgen. Im Werk Gottes gibt es keine Günstlingswirtschaft. Kein persönlicher Vorteil für deine Familie, dein Volk, deine Hautfarbe oder dein Aussehen. Lasst euch nicht von Bestechungsgeldern blenden. Achte darauf, was Gott sagt; ich ändere mich nicht. Gott ist die Bibel. Die Bibel ist Gott. Denken Sie daran, dass die Behörde eine Aufgabenbeschreibung hat. Lasst uns lesen, was dort steht.

Epheser 4:11 Den einen gab er Apostel, den anderen Propheten, den dritten Evangelisten, den dritten Hirten und Lehrer.

Und warum? Was ist ihre Verantwortung zu genießen, in den Golf zu gehen, zu fischen, Urlaub zu machen, zu essen und zu trinken? Nein. Sie disziplinieren uns, wie Jesus es tat. Sie arbeiten auf dem Feld, wie Jesus es tat.

12 zur Vervollkommnung der Heiligen, zum Werk des Dienstes, zur Auferbauung des Leibes Christi, 13 bis wir alle kommen zur Einheit des Glaubens und der Erkenntnis des Sohnes Gottes, zu einem vollkommenen Menschen, zum Maß der Fülle des Christus:

Aber wenn sie ihren Auftrag nicht erfüllen, dann sei vorsichtig. Wenn sie wie der Priester Eli, Könige wie Salomon und Saul oder Esau sind, wird das Ergebnis dasselbe sein: Tu es oder verlier es. Ihr habt die Wahl.

1 Johannes 4:1 - Ihr Lieben, glaubt nicht jedem Geist, sondern prüft die Geister, ob sie von Gott sind; denn es sind viele falsche Propheten in die Welt hinausgegangen.

26 JANUAR

Sie werden vielleicht fragen: Was ist meine Berufung? Predige das Evangelium, indem du einen Dämon austreibst, Kranke heilst und sie im Namen Jesu taufst. Achte auf dein Handeln. Suchet zuerst das Reich Gottes. Sein Reich ist im Himmel und auf Erden, wenn Sie es zulassen, indem Sie es zulassen. Das Volk Israel lehnte das Königtum Gottes ab. Tun Sie das nicht. Unterwerfe dich. Tu, was er sagt. Das Leben könnte so sein wie im Garten Eden, wunderschön. Alle Dinge werden hinzugefügt werden. Straßen, Autobahnen, Brücken deiner Beziehung zu Gott, und der Segen wird sich wieder einstellen. Sie werden euch als besonderes Volk erkennen, als auserwählte Generationen. Ihr werdet die Wunder sehen. Dein Gott wird wirken, wenn du auf ihn hörst.

Josua 23:10 Ein Mann von euch soll tausend jagen; denn der Herr, euer Gott, ist es, der für euch kämpft, wie er es euch versprochen hat.

Matthäus 7:15 - Hütet euch vor den falschen Propheten, die in Schafskleidern zu euch kommen, inwendig aber sind sie reißende Wölfe.

Kümmern Sie sich um Ihren Auftrag. Lies die Bibel, und lerne durch den Heiligen Geist, indem du glaubst und gehorchst. Glaube nicht, dass ein Pastor, ein Priester, ein König oder irgendeine menschliche Rasse eine Ausrede ist. Sie fragen sich vielleicht, warum diese Menschen nicht verurteilt wurden, obwohl sie nicht so leben, wie der Herr es sagt. Denken Sie daran: Wenn Gott ihnen Aufgaben zuweist und sie nicht gehorchen, arbeitet er nicht durch sie, sondern sie bleiben in diesen Positionen, bis sie sterben oder getötet werden. König Saul wurde abgelehnt, war aber König bis zu seinem Tod; er war 40 Jahre lang König. Das gilt auch für König Salomo; Eli starb im Alter von 98 Jahren. Bis dahin war Eli als Hohepriester tätig. Wenn Sie das also manchmal sehen, lassen Sie sich nicht entmutigen. Gott wirkt nicht durch sie, denn sie haben Gott abgelehnt, also lehnt Gott sie ab. Wir Menschen haben immer eine Wahl, und wir leiden unter den Folgen, wenn wir in die Irre gehen. Lassen Sie mich eine Geschichte erzählen. Einmal ging ein Bauer in die Kirche.

Die Leute in dieser Kirche waren über den armen Bauern beleidigt. Seine Kleidung war nicht schön, und er setzte sich auf den Sitz von jemandem und parkte dort, wo sie normalerweise parken. Die Gemeindemitglieder waren also verärgert und benahmen sich ihm gegenüber schlecht. Der Bauer ging zu Gott und sagte: Herr, diese Kirchenleute sind nicht freundlich zu mir. Gott fragte ihn, welche Kirche. Er gab Gott alle Informationen über die Kirche. Jesus antwortete: "Das weiß ich nicht, denn ich war noch nie in dieser Kirche.

Also, Leute, geht dahin, wo Gott hingeht. Wenn er dort ist, werdet ihr all das sehen, was er in der Kirche verspricht. Was werden Sie für Gott tun? Gott hat uns eine Berufung und einen Auftrag gegeben. Er ist auch ständig auf der Suche, um jede Position zu besetzen. Als Jesus die Erde verließ, beendete er seine Mission und gab uns einen Auftrag. Markus 16... geht und predigt das Evangelium in der Kraft des Heiligen Geistes, mit dem er uns erfüllt hat. Er gab uns den Auftrag, die Projekte fortzusetzen, Kranke zu heilen, Dämonen auszutreiben, gebrochene Herzen zu heilen und Gefangene aus der Hand des Satans zu befreien. Was tust du eigentlich? Jesus hat nie Jünger gemacht, damit sie in den Kirchenbänken sitzen, essen und denken, ich bin gerettet. Jesus war fleißig, und seine Jünger waren es auch. Seid ihr Nachfolger von Jesus oder Nachfolger von sogenannten Kirchen und Pastorenorganisationen?

Sie haben eine Aufgabe. Er bildete Jünger aus und verließ sie dann mit den Worten: Terry, bleib hier, bis du seinen Geist empfängst. Und warum? Jesus wird kommen, um alles zu tun. Es ist die Kraft des Geistes; wie uns in Apostelgeschichte 1,8 gesagt wurde, wird der Heilige Geist euch Kraft geben, und Sacharja 4,6, durch deinen Geist. Beeindrucken Sie nicht mit Titeln, Abschlüssen oder Wissen. Der Test für die Mitarbeiter Jesu ist dieses Zeichen wird ihnen folgen. Sie reden in Zungen, treiben Dämonen aus, wecken Tote auf und heilen Kranke. Ja, dann glaubt ihnen. Wenn nicht, dann fliehe vor den Fälschungen. Gott wirkt nicht durch sie. Jesus ist nicht in dieser Kirche. Tun Sie das, wozu Sie berufen sind,

Lukas 4:18 Der Geist des Herrn ruht auf mir, weil er mich gesalbt hat, den Armen das Evangelium zu verkünden; er hat mich gesandt, zu heilen, die zerbrochenen Herzens sind, den Gefangenen Befreiung zu verkünden und den Blinden das Augenlicht wiederzugeben, die Zerschlagenen in Freiheit zu setzen, und das ist jetzt Ihre Aufgabe.

LASST UNS BETEN

Ich bete, dass der Herr euch für sein Reich salbt, damit ihr mit Zeichen und Wundern für ihn arbeitet. Die Herzen der Menschen sind frei, so dass Jesus alle Ehre als König und Herr des Herrn bekommt. Ich bete, dass du am Eingang der Perlenpforte hörst: "Gute Arbeit geleistet". In Jesu Namen. Amen! Gott segne Sie.

27 JANUAR

KRAFT DER DANKBARKEIT!

"Danke schön" sind wunderbare Worte. Wenn man "Danke" sagt, ändert das das Spiel. Das Gegenteil von "Danke" ist Undankbarkeit, Beschwerden, Gemurmel und nachlässige Haltung. Der Herr hat gesagt, dass eure Klagen und euer Murren an mein Ohr gelangt sind. Dankbare Menschen werden das Heil nie verlieren. Was ist Erlösung? Das Wort "Rettung" bedeutet Heilung, Sieg, Hilfe und Befreiung. Der Herr befreite die Hebräer aus der Sklaverei und befreite sie von unfreundlichen Menschen. Anstatt dankbar zu sein, vergaßen sie den Schmerz und das Leid und murrten und beklagten sich.

Numeri 14:27 Wie lange soll ich diese böse Gemeinde ertragen, die gegen mich murrt? Ich habe das Murren der Israeliten gehört, mit dem sie gegen mich murren. 28 Sprich zu ihnen: So wahr ich lebe! Spricht der HERR: Wie ihr vor meinen Ohren geredet habt, so will ich mit euch tun: 29 Eure Leichname sollen in dieser Wüste fallen, und alle, die zu euch gezählt wurden, von zwanzig Jahren an und darüber, die gegen mich gemurrt haben, 30 sollen nicht in das Land kommen, bei dem ich geschworen habe, euch darin wohnen zu lassen, außer Kaleb, dem Sohn Jephunnes, und Josua, dem Sohn Nuns.

Es liegt alles an deinen Worten und deiner Einstellung. Sie waren auf dem Weg in das schöne gelobte Land, in dem Milch und Honig fließen, aber sie konnten es nicht erreichen. Was für eine traurige Geschichte! Der Herr liebt es, uns zu segnen und hält seine Versprechen, wenn wir uns an seine Güte erinnern und dankbar sind. "Solange du das Ziel noch nicht erreicht hast, arbeite hart mit Fleiß und Ausdauer!" - Ernest Agyemang Yeboah. Gut zu Ende bringen! Das Herz muss dankbar sein, nicht nur die Zunge und die Lippen.

Psalm 100:4 Gehet ein zu seinen Toren mit Danksagung und zu seinen Vorhöfen mit Lobgesang; seid ihm dankbar und preiset seinen Namen.

Beginnen Sie das Gebet mit Dank und nicht mit einer Klage. Danksagung ist ein Opfer. Vielleicht sind Sie krank, wenn Sie durch die Prüfung gehen, aber wenn Sie in seine Gegenwart kommen, beginnen Sie zu danken. Sie werden die ganze Aufmerksamkeit Gottes erhalten. Sein Ohr wird aufmerksam sein, um von Ihnen zu hören. Er wird mehr als glücklich sein, Ihnen zu helfen und Sie zu segnen. Probieren Sie es aus. Ich habe es getan Das habe ich ein paar Jahre lang gemacht, als ich sehr krank wurde. Es gab eine Zeit, in der ich eine hitzige Prüfung durchmachte. Ich war sehr krank und saß im Rollstuhl. Ich konnte fast zwei Tage und Nächte lang nicht schlafen und habe mich jahrelang gequält. Ich beginne mein Morgengebet immer mit einer Prüfung meines Herzens. Ich wollte sicherstellen, dass mein Herz rein ist, und dafür bin ich dankbar. Der Herr ist mein Heiler; er wird mich gehen lassen und mich aus einer feurigen Prüfung herausführen. Ich musste dankbar sein, während ich diese Prüfung durchmachte. Als Erstes sage ich morgens: "Herr, ich danke dir für diese Prüfung, denn eines Tages werde ich gehen und laufen." Meine Schmerzen waren unerträglich. Viele Male brach ich zusammen. Es gab keine Stelle in meinem Körper, an der ich Erleichterung verspürte. Es war zum Verzweifeln. Ich verlor mein Gedächtnis und meinen Job. Aber ich habe nie die Hoffnung und die Dankbarkeit verloren. Gott hat mir ein Versprechen gegeben, und ich habe es gehalten.

Sprüche 4:12 Wenn du gehst, werden deine Schritte nicht behindert, und wenn du läufst, wirst du nicht stolpern.

Ich sehe Menschen, die sich über ihre Kleidung, ihr Essen und ihr Aussehen beschweren. Was ist das? Wer hat dir alles gegeben? Schauen Sie nach draußen. Die Menschen schlafen im Dreck und tragen schmutzige Kleidung, und niemanden kümmert es. Warum eigentlich? Denken Sie nur, Sie können alles verlieren, was Sie haben, wenn Sie undankbar werden. Gott liebt dankbare Menschen. Sehen Sie die Kraft des dankbaren Herzens.

Lukas 17:12 Und als er in ein Dorf kam, begegneten ihm zehn Aussätzige, die von ferne standen; 13 und sie hoben ihre Stimme auf und sprachen: Jesus! Meister, sei uns gnädig. 14 Und als er sie sah, sprach er zu ihnen: Gehet hin und zeiget euch den Priestern. Und es geschah, als sie hingingen, da wurden sie gereinigt. 15 Und da einer von ihnen sah, daß er geheilt war, kehrte er um und pries Gott mit lauter Stimme 16 und fiel auf sein Angesicht zu seinen Füßen und dankte ihm; und er war ein Samariter. 17 Jesus aber antwortete und sprach: Sind nicht zehn gereinigt worden? wo aber sind die neun? 18 Es sind keine gefunden worden, die zurückgekehrt sind, Gott zu preisen, außer diesem Fremden. 19 Und er sprach zu ihm: Stehe auf und gehe hin; dein Glaube hat dich gesund gemacht.

Was ist die Bedeutung von "ganz"? Es bedeutet, dass er an Körper, Seele und Geist völlig vollkommen ist. Völlig sicher, friedlich und gesund. Vor Jahren hatten wir einmal eine Zeugniszeit. Ich habe viel von diesem Gottesdienst gelernt. Während der Zeugniszeit geben die Menschen Zeugnis von der Güte Gottes. Ich sah, wie das Volk Gottes tanzte und dem Herrn dankte. Du musst Gott danken. Seien Sie auch demjenigen dankbar, der Ihnen hilft. Es ist ein Zauberwort, das die Menschen gerne noch mehr für dich tun. Ja, genau wie Gott hat er den Menschen ganz und vollständig gemacht, als er zurückkehrte, um ihm zu danken. Wir brauchen eine dankbare Generation, die sagen kann: "Herr, ich danke dir für die Freiheit der Anbetung, den Überfluss an Nahrung und die gute Versorgung. Wie kann ich dir genug danken für das, was du für mich getan hast?"

Sobald Sie Gott danken, werden Sie die Veränderungen in Ihnen sehen. Ändern Sie Ihre Einstellung, ändern Sie Ihr Umfeld, und der Himmel wird Sie segnen. Möge der Herr uns die Herz, die Segnungen zu zählen, damit wir die in der Dankbarkeit verborgene Kraft erkennen können! Gott segne Sie!

LASST UNS BETEN

Gott, gib uns ein dankbares Herz, damit auch wir ganz und vollständig werden können. Gott, bitte gib uns die höchste Ebene des Verständnisses, um zu wissen und verstehen, dass Sie unser Problem haben. Lepra, Blindheit, Armut, Krankheit oder andere Probleme sind nichts. Lasst uns mit Dankbarkeit in unserem Herzen eintreten, wenn wir mit Dankbarkeit auf unseren Lippen aufwachen. Herr, wir sind dankbar für unsere Arbeit und unsere Familie. Wir sind dankbar für den wahren Gott. Möge der Herr Jesus Sie sicher, gesund und vollständig beschützen, in Jesu Namen. Amen! Gott segne Sie!

28 JANUAR

ICH KNÜPFE DIE BELOHNUNG AN IHR HANDELN!

Cennen Sie die Erde als Bühne, und Sie sind ein Schauspieler und eine Schauspielerin, die als gute oder schlechte Person agiert. Ihr Handeln bestimmt Ihr Schicksal. Deine Handlungen bringen Segen oder Fluch für Sie und die Generation nach Ihnen. Taten haben einen größeren Einfluss auf unser Leben als das, was der Teufel sagt. Das Ergebnis wird sich nach euren Taten richten. Die Bibel ist ein Buch der Tat. Es werden schriftliche Warnungen mit vielen Beispielen dafür gegeben, was Ihre Handlungen zur Folge haben werden. Es ist ein Buch, das von Gott verfasst und von 40 Menschen in verschiedenen Epochen, Zeiten und Orten diktiert wurde. Es wurde 1500 Jahre vor dieser Zeit geschrieben. Das Buch enthält echte Geschichten von Menschen, die richtig oder falsch gehandelt haben. Ihr werdet entsprechend eurer Handlungen enden. Denken Sie also daran, dass Sie der eigentliche Schauspieler sind, der auf die Bühne der Erde gerufen wird. Ihr werdet niemals vergessen werden. Im Himmel gibt es ein Buch, in dem alle eure Taten festgehalten werden. Am Tag des Gerichts werde ich es öffnen, um über euch zu urteilen. Ihr werdet es nicht leugnen können, denn es wird eine Aufzeichnung eurer Taten enthalten. Wenn Sie ein beliebter Schauspieler sein wollen, sollten Ihre Worte und Taten wie die Davids sein. David sagte: "Rührt den Gesalbten Gottes nicht an. Wer kann vor Gott fliehen?"

In Gottes Drama hat er Menschen dazu berufen, eine Rolle der Liebe, des Verlangens und der Aufrichtigkeit zu spielen. Gott hat verschiedene Menschen ausgewählt, um die Rolle des Propheten, des Hirten, des Königs, des Narren, des Mörders und des Predigers zu spielen. Es kommt darauf an, was du in deinem Herzen hast. Gott hat viele Beispiele in seinem Buch, der Bibel, aufgezeichnet. Manche Menschen wachen auf, schlafen und kennen nicht einmal den Schöpfer und seine Pläne. Sie kennen Gott nicht. Sie vergessen, richtig zu handeln und zu reagieren. Auch wenn sie leben, leben sie hoffnungslos und eintönig und enden mit traurigen Geschichten. Die Erde ist deine Bühne, und die Bibel ist dein Drehbuch. Wenn du die richtige Rolle wählst, indem du auf seine Gesetze, Vorschriften und sein Gebot achtest, wird Gott dich bewundern. Wenn du gierig bist, wirst du das in deinen Handlungen zeigen. Aber es ist der Herr, der seinem Wort treu bleibt. Wer ein Versprechen gibt, hat ein offenes Buch in Reichweite. Greifen Sie zu, wählen Sie Ihre Schrift und handeln Sie.

Hebräer 12:1 Da nun auch wir von einer so großen Wolke von Zeugen umgeben sind, lasst uns ablegen jede Last und die Sünde, die uns so leicht überwältigt, und lasst uns laufen mit Geduld den Lauf, der vor uns liegt, 2 und schauen auf Jesus, den Urheber und Vollender unseres Glaubens, der um der vor ihm liegenden Freude

28 JANUAR

willen das Kreuz erduldet und die Schande verachtet hat und zur Rechten des Thrones Gottes sitzt.

Jesus wird anfangen zu schreiben, während Sie handeln. Er ist der Autor. Suchen Sie Ihre Rolle, um Gott zu gefallen. Er wird dich in seinem Drama benutzen und dich auch belohnen. Du misst den Erfolg von Hollywood- und Bollywood-Schauspielern an dem Geld, das sie verdienen. Lasst euch von ihrem Reichtum nicht täuschen. Die Erde ist eine Bühne, auf der du spielst, um ausgewählt zu werden. Ihr seht Filmstars und das Geld, das sie verdienen, das Auto, das sie fahren, und das Haus, in dem sie leben, und sterbt wie ein Narr. Ich würde mich stattdessen für die Rolle der Gerechtigkeit entscheiden, die mir einen dauerhaften Ruhestand im Himmel sichert. Das bedeutet ewigen Frieden, Gesundheit, Freude, Trost und vieles mehr, weil ich eine Rolle im Leiden für die Wahrheit auf der Erde gespielt habe.
Ihr Handeln hat eine Belohnung.

Hebräer 11:6 Aber ohne Glauben ist es unmöglich, ihm zu gefallen; denn wer zu Gott kommt, muss glauben, dass er ist und dass er ein Belohner derer ist, die ihn fleißig suchen.

Wow! Deine Kinder werden die Belohnungen für deine Taten erben!

Psalmen 37:25 Ich war jung und bin nun alt; aber ich habe den Gerechten nicht verlassen gesehen, und seine Nachkommen betteln nicht um Brot.

Die beste Rolle ist die Rolle des Gerechten. Ich habe Kinder gesehen, die um Brot betteln. Sie sind die Kinder der Ungerechten. Die Menschen verdienen viel Geld, aber es fehlt ihnen immer an Geld. Und warum? Weil sie die falsche Rolle gewählt haben. Ein Mann, der die Rolle des Ehebruchs wählt, verliert seine Seele. Er hat wie ein Narr gehandelt.

Sprichwort 6:32 Wer aber mit einer Frau Ehebruch begeht Das Weib hat keinen Verstand; wer das tut, der verderbt seine Seele. 33 Er wird eine Wunde und Schande bekommen, und seine Schmach wird nicht abgewischt werden.

Esau spielte immer die Rolle des Narren, auch bei der Auswahl der Frauen. Seine Mutter (Rebekka):

Mose 27:46 Und Rebekka sagte zu Isaak: Ich bin meines Lebens überdrüssig wegen der Töchter Heths. Wenn Jakob sich eine Frau von den Töchtern Heths nimmt, wie diese, die von den Töchtern des Landes sind, was wird mir dann mein Leben nützen?

Rut 1:16 Da sagte Rut: Bitte mich nicht, dich zu verlassen und dir nicht mehr nachzufolgen; denn wohin du gehst, da will ich auch gehen, und wo du wohnst, da will ich auch wohnen; dein Volk soll mein Volk sein und dein Gott mein Gott:

Rut wählte die Rolle einer tugendhaften Frau.

Rut 3:11 Und nun, meine Tochter, fürchte dich nicht; ich will dir alles tun, was du verlangst; denn die ganze Stadt meines Volkes weiß, dass du eine tugendhafte Frau bist.

Rut war die Urgroßmutter von König David, und der Messias kam aus dem Geschlecht Davids. Sie wählte eine weise Rolle. Sie war eine große Schauspielerin auf Erden. Auch Maria, Esther und viele andere große

Frauen wählten ihre Rollen weise, ohne Angst vor Gesetzen, der Gesellschaft und der Schande des Todes zu haben. Die komplexeste Rolle, die Gott je gespielt hat, war die, Fleisch anzunehmen und wie ein Mensch zu handeln. Er nahm Leiden, Kummer, Ablehnung, Bespuckung und Auspeitschung auf sich und erhielt den größten Preis.

Lukas 22:42 und sprach: Vater, so du willst, nimm diesen Kelch von mir; doch nicht mein Wille, sondern der deine geschehe.

Da Jesus diese Rolle gewählt hat, sollten wir lesen, was die Bibel über ihn sagt.

Philipper 2:5 Diese Gesinnung sei in euch, wie sie auch in Christus Jesus war: 6 der, da er in Gestalt Gottes war, es nicht für ein Raub hielt, Gott gleich zu sein, 7 sondern sich selbst entäußerte und Knechtsgestalt annahm und den Menschen gleichgestaltet wurde; 8 und da er in Menschengestalt gefunden wurde, erniedrigte er sich selbst und wurde gehorsam bis zum Tod, ja zum Tod am Kreuz. 9 Darum hat ihn auch Gott hoch erhöht und ihm einen Namen gegeben, der über alle Namen ist, 10 auf daß sich beuge vor dem Namen Jesu alle Knie, die im Himmel und auf Erden und unter der Erde sind, 11 und alle Zungen bekennen, daß Jesus Christus der Herr ist, zur Ehre Gottes, des Vaters.

Alle Ihre Handlungen sind entweder negativ oder positiv, gut oder schlecht, segnend oder verfluchend. Bitte wählen Sie Ihre Rolle und Ihr Handeln mit Bedacht, denn es ist mit Segen und Fluch verbunden. Niemand entgeht dem Lohn und dem Urteil Gottes. Lasst uns weise sein. Bitten Sie um Weisheit, wenn Sie aufwachen. Was kann ich, Herr, heute für dich tun? Bitte führe mich auf den gerechten Weg, damit ich heilig lebe und handle.

LASST UNS BETEN

Gott im Himmel, der Barmherzigkeit zeigt für tausend Generationen. Herr, ich bitte dich, segne dein Volk mit Weisheit, Erkenntnis und Verständnis von oben. Hilf deinem Volk, das Richtige zu wählen und sich nicht von seiner Umgebung täuschen zu lassen. Lass uns von nichts in der Welt täuschen. Heute entscheiden wir uns dafür, dem unsichtbaren Gott zu dienen, dessen Lohn sichtbar ist. Seine Segnungen sind sichtbar. Seine Barmherzigkeit, sein Friede und seine Hoffnung sollen uns zuteil werden, wenn wir uns für die Rolle des Gerechten entscheiden. Herr, schreibe dein Wort in unsere Herzen und unseren Verstand, damit wir wie Christus sind. Möge der Herr deine Bitten erfüllen und dir die Rolle des Segners geben, für dich, deine Kinder und tausend Generationen nach dir, in Jesu Namen. Amen! Gott segne Sie!

29 JANUAR

DRECK!

Dirt steht für unser menschliches Fleisch. Gott hat uns, die Menschen, aus dem Schmutz geformt. Aus der Erde, dem Lehm oder dem Schmutz ist das menschliche Fleisch gemacht. Wenn Menschen sterben, werden sie wieder in den Schmutz zurückkehren. Du weißt nicht, wessen Fleisch du ins Haus gebracht hast, wenn du Schmutz ins Haus bringst. Schmutz hat einen bedeutenden Bezug zu unserem Leben. In vielen asiatischen Kulturen darf man das Haus nicht mit Schuhen betreten. Götzenanbeter ziehen ihre Schuhe aus, bevor sie das Haus betreten. Da ich in Indien aufgewachsen bin, weiß ich, dass ich meine Schuhe ausziehen muss, wenn ich ein Hindu-Haus betrete. Einmal rief mich jemand aus Indien an und bat um spirituelle Hilfe. Die Geschichte, die sie mir erzählten, erstaunte mich. Es handelte sich um ein christliches Haus, in dem die Mutter und die Tochter ständig von Dämonen angegriffen wurden. Sie wurden getötet und unter diesem Haus begraben. Hier bedeutet christliches Haus religiöser Christ.

Sie bauten das Haus auf diesem Grundstück. Der neue Besitzer besetzten das Haus. In diesem Haus herrschte Chaos im Leben aller. Sie hatten keine Informationen über die Frau und ihre Tochter, die unter ihrem Grundstück begraben waren. Es gab ständige Angriffe auf alle Mitglieder. Die Menschen in dem Haus waren unterdrückt, deprimiert, geisteskrank und besessen. Die Familie durchlebte einen schrecklichen Prozess. Die meisten Familienmitglieder verließen das Haus und zogen in andere Länder. Zwei dieser Familienmitglieder lebten weiterhin in demselben Haus. Dieses Paar machte eine schreckliche Zeit durch. Nachts war es am schlimmsten. Diese Geister belästigten und verprügelten sie. Der böse Geist ist Luft oder Pneuma und kann nicht schaden, solange er nicht in den Körper eindringt. Aber es muss sich um einen gefallenen Engel handeln, denn sie können jede Form annehmen und so aussehen und arbeiten wie wir. Die Familie konnte nachts nicht schlafen, weil sie Angst hatte. Als ich anrief, teilten sie mir mit, dass sie eine Frau mit einem kleinen Mädchen gesehen und gehört hätten.

Sie konnten keine geistliche Hilfe von Christen in dieser Gegend finden. Die Menschen wollen Hilfe, aber sie wollen nicht die Wahrheit. Ihr Kollege wusste, dass jemand in einer muslimischen Moschee helfen könnte. Ein Freund schlug vor, die Hilfe eines muslimischen Priesters anzunehmen, und sie akzeptierten. Ich bin mir nicht sicher, wie diese Art von Moschee genannt wird. Der muslimische Geistliche bat sie, den Schmutz aus ihrem Haus zu fegen, zu sammeln und auf weißes Papier zu bringen. Und das taten sie. Vor dem Ehepaar verbrennt ein muslimischer Geistlicher das Papier mit dem Schmutz. Auf dem verbrannten Papier stand: "Ich werde gehen, aber zuerst werde ich euch zerstören und dann gehen." Wir wissen, dass Satan kommt, um zu stehlen, zu töten und zu zerstören. Es würde mich nicht überraschen was der Geist auf das verbrannte Papier geschrieben hat. Wir wissen, dass die Erde der begrabenen Frau und ihrer Tochter dort war. Sie sind diejenigen, die diesen Satz auf das brennende Papier geschrieben haben. Haben Sie schon einmal erlebt, dass ein Dämon an Ihren Füßen hochklettert? Ja, die ganze Zeit, seit wir auf Dreck laufen. Warum Schmutz? Nun, Gott hat uns aus Dreck gemacht. Kein Wunder, dass wir, wenn wir Schmutz in unsere Häuser bringen, den Geist von jemandem bekommen.

Mose 2:7 Und Gott der Herr formte den Menschen aus dem Staub der Erde und blies ihm den Odem des Lebens in die Nase, und der Mensch wurde eine lebendige Seele.

Mose 3:19 Im Schweiße deines Angesichts sollst du dein Brot essen, bis du zur Erde zurückkehrst; denn von ihr bist du genommen; denn Staub bist du, und zum Staub sollst du zurückkehren. 20 Alle gehen an einen Ort, alle sind vom Staub, und alle werden wieder zu Staub.

Wenn ein Mensch stirbt, wird er wieder zu Schmutz. Wow, die Bibel ist ein wahres Buch des Wissens!

Prediger 12:7 Dann wird der Staub zur Erde zurückkehren, wie er war, und der Geist wird zu Gott zurückkehren, der ihn gegeben hat.

1 Korinther 15:47 Der erste Mensch ist von der Erde, irdisch Gott hat den Menschen aus Dreck gemacht.

Deshalb hört der Schmutz, was du sagst. Der Schmutz wird am Tag des Gerichts ein mächtiger Zeuge sein.

Matthäus 10:14 Und wer euch nicht aufnehmen wird, noch eure Worte hören, wenn ihr aus dem Haus oder der Stadt geht, schüttelt den Staub von euren Füßen.

Lukas 9:5 Und wer euch nicht aufnehmen will, wenn ihr aus der Stadt hinausgeht, schüttelt den Staub von euren Füßen ab, damit ihr ein Zeugnis gegen ihn ablegt.

Zur Zeit von Moses benutzte man Schmutz. Kann er bezeugen, ob die Frau etwas falsch gemacht hat?

Numeri 5:11 Und der HERR redete zu Mose und sprach: 12 Sage den Israeliten und sprich zu ihnen: Wenn jemandes Weib sich von ihm entfernt und sich an ihm vergreift, 13 und ein Mann bei ihr fleischlich liegt und es vor den Augen ihres Mannes verborgen ist und sie verunreinigt ist und kein Zeuge gegen sie da ist und sie nicht mitgenommen wird, 14 und der Geist der Eifersucht über ihn kommt und er auf sein Weib eifersüchtig ist und sie unrein ist: oder wenn der Geist der Eifersucht über ihn kommt, und er ist eifersüchtig auf sein Weib, und sie ist nicht unrein, 15 so soll der Mann sein Weib zum Priester bringen, und er soll ihr Opfer für sie bringen, den zehnten Teil eines Epha Gerstenkorns; er soll kein Öl darauf gießen noch Weihrauch darauf tun; denn es ist ein Eifersuchtsopfer, ein Gedenkopfer, das an die Missetat erinnert. 16 Und der Priester soll sie herzuholen und vor den HERRN stellen. 17 Und der Priester soll heiliges Wasser in einem irdenen Gefäß nehmen und von dem Staub, der auf dem Boden der Hütte ist, nehmen und in das Wasser tun. 18 Und der Priester soll das Weib vor den HERRN stellen und ihr Haupt aufdecken und das Gedenkopfer in ihre Hände legen, das ist das Eifersuchtsopfer: und der Priester soll in seiner Hand das bittere Wasser haben, das den Fluch verursacht. 19 Und der Priester soll sie mit einem Eid belasten und zu dem Weibe sagen: Wenn kein Mann bei dir gelegen hat und du dich nicht mit einem andern anstelle deines Mannes verunreinigt hast, so sei du frei von diesem bitteren Wasser, das den Fluch verursacht. 20 Wenn du aber mit einem andern anstelle deines Mannes verunreinigt bist und ein Mann bei dir gelegen hat anstelle deines Mannes, so soll der Priester das Weib mit einem Fluche belasten: 21 so soll der Priester dem Weibe einen Fluch auferlegen und zu ihr sagen: Der Herr mache dich zum Fluch und Schwur unter deinem Volk, wenn der Herr deinen Schenkel verfaulen und deinen Bauch anschwellen läßt; 22 und dieses Wasser, das den Fluch verursacht, soll in deine Eingeweide fließen, daß dein Bauch anschwillt und dein Schenkel verfaul wird: Und das Weib soll sagen: Amen, amen. 23 Und der Priester soll diese Flüche in ein Buch schreiben und sie mit dem bitteren Wasser auslöschen. 24 Und er soll dem Weibe das bittere Wasser zu trinken geben, das den Fluch verursacht; und das Wasser, das den Fluch verursacht, soll in sie eingehen und bitter werden. 25 Dann soll der Priester das Eifersuchtsopfer von der Hand des Weibes nehmen und es vor dem HERRN schwingen und auf dem Altar opfern. 26 Und der Priester soll eine Handvoll des Opfers zum Gedächtnis nehmen und es auf dem Altar anzünden; danach soll er dem Weibe das Wasser zu trinken geben. 27 Und wenn er sie das Wasser trinken läßt, so soll, wenn sie unrein ist und sich an ihrem Manne versündigt hat, das Wasser, das den Fluch verursacht, in sie eindringen und bitter werden, daß ihr Bauch anschwillt und ihre Schenkel verfaulen; und das Weib soll ein Fluch sein unter ihrem Volk. 28 Und wenn das Weib nicht unrein ist, sondern rein, so ist sie frei und wird Samen empfangen. 29 Das ist das Gesetz der Eifersucht, wenn ein Weib an ihres Mannes Statt zu einem andern geht und sich verunreinigt; 30 oder wenn der Geist der Eifersucht über ihn kommt und er auf sein Weib eifersüchtig ist, so soll er das Weib vor den HERRN stellen, und der Priester soll alles dieses Gesetz an ihr vollziehen. 31 Dann wird der Mann von seiner Schuld frei sein, und das Weib wird ihre Schuld tragen.

Achten Sie darauf, dass Sie Schmutz aus Ihrem Haus fernhalten. Wissen ist der Schlüssel. Mancherorts wird das Land als verflucht bezeichnet. Und warum? Weil dort Hexerei betrieben wird. Manche Familien praktizieren Hexerei. Gott verflucht das Land, die Menschen und die Familien, die Hexerei praktizieren. Gott will nicht, dass dort etwas gebaut wird. Der Schmutz an diesem Ort ist verflucht und wirkt gegen uns. Euer Fleisch, das Schmutz ist, wird gegen euch zeugen. Dreck hat Leben. Wir haben Computerchips aus Sand hergestellt, die das Gehirn eines Computers sind.

Offenbarung 13:1 Und ich stand auf dem Sand des Meeres und sah ein Tier aus dem Meer steigen, das hatte sieben Häupter und zehn Hörner und auf seinen Hörnern zehn Kronen und auf seinen Häuptern den Namen der Lästerung.

Wie wir wissen, ist das Meer eine Nation oder Region und steht auf dem Sand, der nach der Bibel die Menschen sind. Der Teufel wird Schmutz benutzen. Heute brauchen wir genaues Wissen über Gott, um zu handeln und ein freies Leben zu führen. Wir brauchen die Beseitigung der Blindheit des Teufels aus unserem Geist und unseren Augen. Gott ist die Antwort, nicht Satan. Wenn du in seiner Wahrheit bleibst, wird sie dich frei machen.

LASST UNS BETEN

Herr, wie dein Wort sagt: "Und ihr werdet die Wahrheit erkennen, und die Wahrheit wird euch frei machen." So segnet uns der Herr mit der Wahrheit. Er lehrt uns die Wahrheit. Bitte hilf uns, in deinem Wort zu bleiben, das die einzige Quelle der Wahrheit ist. Möge Gott uns ein göttliches Verständnis geben und jede religiöse Blockade und falsche Lehre entfernen. Herr, lass deinen Heiligen Geist uns lehren. Heiliger Geist, bitte berühre jedes Leben. Der Geist der Wahrheit kommt, um uns zu erfrischen und uns alles Verständnis zu geben, damit wir in Wahrheit leben, in Jesu Namen. Amen! Gott segne Sie!

30 JANUAR

LASS GOTT NICHT IM STICH!

Gie Menschen wurden geschaffen, um mit ihm Gemeinschaft zu haben. Im Neuen Testament rief Gott den Bräutigam und brauchte die Braut. Die Absicht, die Erde zu erschaffen ist es, gehorsame Menschen aufzufüllen, um mit ihnen in Verbindung zu bleiben. Wir sind der einzige Kanal, den er auf der Erde hat, um himmlische Sendungen zu übertragen. Der Himmel will senden, braucht aber jemanden, der als Zeitungsmann, Medium und Sender arbeitet. Gott muss keine falschen Nachrichten verbreiten, sondern eine einfache Botschaft. Es gibt nur einen Weg, wenn wir bereit sind, zu hören und zu gehorchen. Nur wenn man zuhört und gehorcht, wird es funktionieren. Viele hören auf Seine hörbare Stimme und sehen Visionen und Träume. Viele hören durch Propheten seinen Geist und sein geschriebenes Wort in der Bibel. Nachdem Sie eine Botschaft erhalten haben, müssen Sie selbst aktiv werden. Sie müssen zum Medium werden, um die Botschaft live an andere weiterzugeben.

Deuteronomium 29:29 Was im Verborgenen geschieht, gehört dem Herrn, unserem Gott; was aber offenbart wird, gehört uns und unseren Kindern für immer, damit wir alle Worte dieses Gesetzes tun.

Stellen Sie sich vor, wir würden alle aufrichtig werden und anfangen, das Gesetz, die Gebote und die Vorschriften Gottes zu leben und zu lehren. Was würde geschehen? Keine Polizei, keine Gefängnisse, keine Scheidungen, keine Hungersnöte, keine Pest und keine Hölle für sein Volk. Gott gab die Gesetze, Gebote, Vorschriften und seine Gnade durch Jesus Christus.

Johannes 1:17 Denn das Gesetz wurde durch Mose gegeben, aber die Gnade und die Wahrheit sind durch Jesus Christus gekommen.

Exodus 31:18 Und er gab Mose, als er mit ihm auf dem Berg Sinai zu Ende geredet hatte, zwei steinerne Tafeln des Zeugnisses, geschrieben mit dem Finger Gottes.

Das Gesetz des Mose sollte eingehalten und nicht gebrochen werden.

Hebräer 10:28 Derjenige, der das Gesetz des Mose verachtete, starb ohne Gnade unter zwei oder drei Zeugen.

Wenn Adam und Eva gehorcht hätten, wäre es bei dem einen Gesetz geblieben, nicht von der Frucht der Erkenntnis von Gut und Böse zu essen. Dann bräuchten wir uns keine Sorgen zu machen. Aufgrund von Adams und Evas Unachtsamkeit und Ungehorsam verloren sie den Garten und die Verbindung zu Gott. Wer lässt Gott im Stich? Wir sind der heutige Adam und die heutige Eva! Belehrung ist wichtig. Wir müssen alles tun, was die Bibel sagt. Bitte ärgern Sie sich nicht über Adam und Eva, sondern schauen Sie auf uns selbst. Wie wäre es, wenn wir in seine Gesetze schauen würden? Was sagt der Herr zu dir? Fangen Sie an zu suchen, wo Sie ihn im Stich lassen, und korrigieren Sie sich, indem Sie seine Gebote befolgen. Wenn wir die Gesetze Gottes befolgen, werden wir und viele nachfolgende Generationen gesegnet sein. Gott rief dazu auf, den Garten Eden mit einer Bedingung zu verkleiden.

Mose 2:17 Aber von dem Baum der Erkenntnis des Guten und Bösen sollst du nicht essen; denn an dem Tag, an dem du davon isst, wirst du sterben.

Sie haben das Gegenteil getan. Und was ist mit uns? Sind wir Adam und Eva der Neuzeit? Sie aßen von der verbotenen Frucht und wurden mit Flüchen bestraft. Gott zu gehorchen bringt Segen, aber Gott nicht zu gehorchen bringt Gericht! Saul war dazu berufen, König zu werden, aber er hat alle Prüfungen nicht bestanden. Wurde nur er abgesetzt? Nein, die Generation nach König Saul wurde vom Königtum abgesetzt. Wer hat Gott enttäuscht? Gewiss, König Saul! König David hat alles richtig gemacht, außer dass er für Bathseba gesündigt und ihren Mann getötet hat. Obwohl er Buße tat, wurde das Urteil über ihn verhängt.

2 Samuel 12:10 So soll nun das Schwert nicht mehr von deinem Hause weichen, weil du mich verachtet und das Weib Urias, des Hethiters, zu deinem Weibe genommen hast. 11 So spricht der HERR: Siehe, ich will Unglück über dich erwecken aus deinem Hause und will deine Weiber nehmen vor deinen Augen und will sie deinem Nächsten geben, daß er bei deinen Weibern liege vor dieser Sonne. 12 Denn du hast es heimlich getan; ich aber will es vor ganz Israel und vor der Sonne tun.

Gott hat die Ernährung angeordnet, die Sie einhalten sollten. Kein Zweifel Die Wissenschaft hat den Grund bewiesen. Denken Sie daran: Gott ist nicht die Wissenschaft. Gott ist der Schöpfer, der voller Wissen ist. Seine Warnung ist kein Ratschlag, sondern eine wahre Information. Er weiß, was das Beste ist. Fährst du in einer Einbahnstraße auf der falschen Seite? Springt man ins Wasser, ohne zu wissen, wie man schwimmt? Springen Sie vom Dach herunter? Sie werden vielleicht antworten: "Nein, das ist verrückt". Sie sagen vielleicht: "Ich glaube nicht an Selbstmord." Warum begehst du Selbstmord? Weißt du, dass es für die Ewigkeit ist? Saul wird für immer in die Hölle kommen. Eine Warnung kommt von oben, um uns zu retten; der Herr ist gekommen, um uns zu retten. Gott benutzt Nathan, weil er zu dieser Zeit der Prophet war. Er hatte keine Angst. Wisst ihr, was passieren kann, wenn ihr ein Urteil sprecht? Der König könnte dich töten, aber der Prophet Nathan hatte keine Angst. Er erfüllte seine Pflicht über das Leben, wie Gott es befahl. Wenn Gott dich bittet, dann tu, was er dir befohlen hat. Es ist die höchste Autorität, also tu es einfach. Erteilte Befugnisse können entzogen werden. Das Gleiche gilt für den König; er ist keine Ausrede. Der Herr befördert ihn. Die Beförderung kommt vom Herrn!

Psalm 75:6 Denn die Förderung kommt weder vom Osten noch vom Westen noch vom Süden. 7 Gott aber ist der Richter; er stößt einen ab und setzt einen anderen ein.

Sei bescheiden. Was bedeutet "demütig" sein? Auf die Autorität zu hören, zu gehorchen. Mose wurde der demütigste Mann genannt. Und warum? Weil er Gottes Anweisungen befolgte. Das ist es, was nötig ist, um Gottes Pläne, Vorhaben, Herrschaft und Monarchie durchzusetzen. Warten Sie und sehen Sie, wie gut Gott ist! Die Hebräer und Ägypter sahen das Wunder, das Gericht und die Macht der Plage. Ein Sklave und ein

Herr sahen beide nichts anderes als das Übernatürliche in Aktion. Der demütige Mose wirkte durch die Majestät in der Höhe. Stolz ist pure Rebellion. Er wird hinausgeworfen werden, wie Luzifer.

Jesaja 14:12 Wie bist du vom Himmel gefallen, Luzifer, du Sohn des Morgens, wie bist du zu Boden gestürzt, der du die Völker geschwächt hast! 13 Denn du hast in deinem Herzen gesagt: Ich will in den Himmel hinaufsteigen, ich will meinen Thron über die Sterne Gottes erheben: Ich will mich auch auf den Berg der Versammlung setzen, an die Seite des Nordens: 14 Ich will hinaufsteigen über die Höhen der Wolken und will sein wie der Allerhöchste.

Sprüche 9:10 Die Furcht des Herrn ist der Anfang der Weisheit, und die Erkenntnis des Heiligen ist Einsicht.

Das Scheitern erinnert uns daran, dass sie vergessen haben, nach der Macht in der Höhe zu handeln. Es ist weise, ihn zu kennen und ihm zu gehorchen. Sein Urteil bleibt das gleiche.

Psalm 14:1 Der Narr hat in seinem Herzen gesagt: Es gibt keinen Gott. Sie sind verdorben, sie haben abscheuliche Werke getan, es gibt keinen, der Gutes tut. 2 Der Herr hat vom Himmel auf die Menschenkinder herabgeschaut, um zu sehen, ob es welche gibt, die einsichtig sind und Gott suchen. 3 Sie sind alle abgewichen, sie sind alle miteinander unrein geworden; da ist keiner, der Gutes tue, auch nicht einer. 4 Haben denn alle Übeltäter keine Einsicht? Sie fressen mein Volk, wie sie Brot essen, und rufen den Herrn nicht an. 5 Da waren sie in großer Furcht; denn Gott ist im Geschlecht der Gerechten.

Enttäuschen Sie Gott nicht. Lassen Sie Ihre Kinder nicht im Stich. Es wäre Selbstmord, wenn Sie eine Entscheidung treffen. Angenommen, Sie wollen Aufstieg und Segen für sich und die Generationen nach Ihnen, dann achten Sie auf die Stimme Gottes, die im Wort Gottes steht. Denken Sie daran, auf der richtigen Seite zu fahren. Führen Sie Ihr Leben mit der Furcht vor Gott. Halte an und fahre in die richtige Richtung. Sei demütig.

1 Petrus 5:6 So demütigt euch nun unter die mächtige Hand Gottes, damit er euch zur rechten Zeit erhöhe:

LASST UNS BETEN

Herr, bitte gib uns ein demütiges Herz. Schaffe in uns ein reines Herz. Erneuere den rechten Geist in uns. Wir brauchen Führung von oben. Bitte übernimm die Herrschaft unseres Lebens und steuern unser Leben so, dass wir den Himmel erreichen können. Das Leben ist einmalig, die Ewigkeit ist ewig. Bitte gib uns eine himmlische Vision. Blende unsere Umgebung aus, damit wir uns auf dich konzentrieren können. Segne unsere Kinder und uns, damit wir an erster Stelle und darüber stehen. Möge der Herr dir verrückte Gunst erweisen in Jesu Namen, Amen! Gott segne Sie!

31 JANUAR

DIE BIBEL IST DER SPIEGEL DEINES GEISTES!

Wir haben einen Spiegel, um uns selbst zu sehen. Ein Spiegel tut gut. Wir korrigieren unser Gesicht, kämmen uns die Haare, machen uns schick, usw. Wir sehen uns im Spiegel an Spiegel und tun, was getan werden muss, um schön und vorzeigbar auszusehen. Wir sind aber nicht nur aus Fleisch, das ist ein physischer Körper, sondern haben auch einen Geist. Der Geist braucht einen Spiegel, um zu sehen, wie der Zustand unseres Geistes ist. Die Bibel ist der Spiegel, in dem du den Zustand deines Geistes überprüfen kannst. Johannes der Täufer kam von oben, um uns mit unseren Schuldgefühlen zu konfrontieren und eine Lösung für unseren Geist zu finden. Wenn unser Geist rein ist, sehen wir vielleicht von außen hässlich aus, aber von innen sind wir schön.

Johannes, der Täufer, sagte: "Generation der Schlangen". Was hat er damit gemeint? Er sah nicht, wie andere ihn als religiös ansahen, der den Zehnten und die Opfergaben zahlte, betete und sich Selbstgerechtigkeit. Johannes sprach von geistigen Zuständen, und die waren nicht gut. Deshalb sagte er: "Generation der Vipern". Eine Viper ist eine Schlange, die verführt und falsch ist.

Matthäus 12:34 Ihr Otterngezücht, wie könnt ihr, die ihr böse seid, Gutes reden? Denn aus der Fülle des Herzens redet der Mund. 35 Ein guter Mensch bringt aus dem guten Schatz des Herzens Gutes hervor; und ein böser Mensch bringt aus dem bösen Schatz Böses hervor. 36 Ich sage euch aber, daß ein jegliches unnütze Wort, das die Menschen reden, sie werden davon Rechenschaft geben am Tage des Gerichts. 37 Denn durch deine Worte wirst du gerechtfertigt werden, und durch deine Worte wirst du verdammt werden.

Was ist eine Viper? Eine giftige Schlange mit großen Reißzähnen. Die verborgene spirituelle Bedeutung ist auch die einer boshaften, falschen oder verräterischen Person. Können Sie diesen Menschen vertrauen? Diese Art von Menschen lässt das Reich Gottes zu Staub zerfallen. Der Lauf der Dinge ändert sich, wenn die Menschen Gottes vergessen, sich innerlich zu kümmern. Egal, wie großartig sie aussehen, wie viel Wissen sie haben oder welche Position sie in einer Kirche oder Synagoge innehaben, man muss die Person nicht kennen, sondern den Geist erkennen, der hinter ihr wirkt. Johannes der Täufer konfrontiert Synagogenführer, die gefährliche, giftige Geister haben. Johannes der Täufer kam, um verräterische Menschen zu verändern, indem er sie konfrontierte. Er beggnete den Hebräern von Angesicht zu Angesicht und sprach ihren schlechten geistlichen Zustand in den Augen Gottes an. Er sagte ihnen: "Ihr seid eine giftige Schlange in den Augen Gottes".

Warum sprach er so hart zu den Israeliten? Johannes der Täufer sprach über den Zustand ihres Geistes. Auch wenn sie äußerlich gut aussahen, den Zehnten zahlten und Gesetze, Vorschriften und Gebote studierten, war der Zustand ihres Geistes gefährlich. Sie vergaßen, dass sie sich um ihren Geist kümmern mussten.

2 Korinther 7:1 So lasst uns nun, meine Lieben, nach diesen Verheißungen uns reinigen von aller Unreinheit des Fleisches und des Geistes und die Heiligkeit vollenden in der Furcht Gottes. 2 Nehmt uns an; wir haben niemandem Unrecht getan, wir haben niemanden verdorben, wir haben niemanden betrogen. 3 Das sage ich nicht, daß ich euch verdamme; denn ich habe zuvor gesagt, daß ihr in unserm Herzen seid, zu sterben und mit euch zu leben.

Wie Sie wissen, dreht sich in unserer Gesellschaft alles um das Aussehen. Man kann viel Zeit und Geld damit verbringen, äußerlich gut auszusehen, aber innerlich schrecklich zu sein. Du könntest wie die Schlange sein: unzuverlässig, Ehebrecher, Hurer, Lügner, böse, stolz, gottlos, gierig und selbstverliebt, aber du versuchst, dich zu verkleiden und zu täuschen. Unsere Schönheit ist trügerisch. Wenn dich das Aussehen anzieht, könntest du dich mit einer Schlange, einem Mörder, Vergewaltiger, Kämpfer oder einem bösen Feind deiner Seele treffen. Deshalb warnt uns die Bibel.

Sprüche 31:30 Trügerisch ist die Gunst, und eitel die Schönheit; aber eine Frau, die den Herrn fürchtet, die wird gelobt werden. 31 Gib ihr von der Frucht ihrer Hände, und ihre Werke sollen sie loben in den Toren.

Die Menschen sind sehr vorsichtig, wenn es um Facelifting, Aussehen, Stil, Falten usw. geht. Sie möchten alles korrigieren, wie zum Beispiel die Farbe ihrer Haare, Augen und Nägel. Alle Produkte für das Gesicht und den Körper müssen attraktiv sein. Dermatologen verdienen Milliarden von Dollar damit, Menschen äußerlich schön aussehen zu lassen. Geld ist nichts, wenn es für ihr Aussehen ist. Nachdem sie alles für ihr Aussehen getan haben, sind sie immer noch unglücklich, deprimiert und nie zufrieden oder glücklich. Und warum? Weil sie innerlich krank sind. Warum begehen viele von ihnen Selbstmord? Wenn dein Aussehen eine Antwort ist, warum werden dann so viele verrückt und bringen sich um? Schauen Sie in den Spiegel namens Bibel und tun Sie, was nötig ist, um innerlich schön zu sein. Es gibt viele geistliche Heilmittel. Setzen Sie in die Tat um, was das Wort Gottes anordnet. Das beste Waschmittel ist, die Sünden im Blut des Lammes zu waschen und seinen Geist zu empfangen. Alle Verwirrung über das Aussehen und die Qualen des Feindes, die zur Zerstörung führen, werden beseitigt werden. Wie wir wissen, ist das Problem die Person, die Sie im Spiegel sehen. Sie müssen sich mit sich selbst konfrontieren und durch das Wort Gottes Maßnahmen ergreifen.

1 Korinther 2:10 Gott aber hat sie uns durch seinen Geist geoffenbart; denn der Geist erforscht alle Dinge, auch die tiefen Dinge Gottes. 11 Denn wer weiß, was im Menschen ist, wenn nicht der Geist des Menschen, der in ihm ist? Und was in Gott ist, weiß kein Mensch, wenn nicht der Geist Gottes. 12 Wir haben aber nicht den Geist der Welt empfangen, sondern den Geist Gottes, auf daß wir wissen, was uns von Gott geschenkt ist. 13 welches wir auch reden, nicht in Worten, die Menschenweisheit lehrt, sondern die der Heilige Geist lehrt, indem er geistliche Dinge mit geistlichen vergleicht. 14 Der natürliche Mensch aber nimmt die Dinge des Geistes Gottes nicht an; denn sie sind eine Torheit.

Er kann sie auch nicht erkennen, denn sie sind geistlich unterschieden. 15 Wer aber geistlich ist, der richtet alles, aber er selbst wird von niemandem gerichtet. Der Herr lässt dich durch den Spiegel, der sich Bibel nennt, sehen, wie schön du bist. Wir sind nach dem Bild Gottes geschaffen.

31 JANUAR

2 Korinther 5:17 Wenn nun jemand in Christus ist, so ist er eine neue Kreatur; das Alte ist vergangen, siehe, es ist alles neu geworden.

Eine konvertierte Muslimin wurde ins Gefängnis gesteckt, weil sie die Wahrheit angenommen hatte. Sie las in der Bibel! Der Häftling fragte sie, warum sie die Bibel lese. Als sie mit dem Bibelstudium begann, verstanden sie, dass es sich nicht einfach um ein Buch handelte, sondern um ein wirkliches Buch, das als Leitfaden für das Leben dient. Die christliche Konvertitin sagte, die Bibel sei der Spiegel. Zuerst lachten sie sie aus, aber dann erfuhren sie, dass sie ein Spiegel war. Das Wort Gottes verurteilte die Situation und gab das Heilmittel, um von allen Geistern befreit zu werden. Die Bibel ist das Wort Gottes und nicht das Wort eines Menschen. Sie wird große Arbeit leisten, um den inneren Blick zu verändern und äußere Veränderungen zu bewirken. Schlagen Sie die Bibel auf und sehen Sie sich selbst durch das Wort. Mehr Lesen wird eine mächtige Veränderung in deinem Leben bewirken. Amen! Fangen Sie an, jede Seite der Bibel zu lesen.

LASST UNS BETEN

Herr macht alle Dinge neu. Herr, wir ziehen einen neuen Menschen an, der Gott nachempfunden ist. Wir sind geschaffen in Gerechtigkeit und wahrer Heiligkeit. Wir ziehen den Herrn Jesus Christus an durch die Taufe auf den Namen Jesu. Herr, unser äußerer Mensch vergeht, aber der innere Mensch wird täglich erneuert. Bitte gib uns, nach dem Reichtum deiner Herrlichkeit. Wir werden gestärkt mit deiner Kraft durch den Geist im inneren Menschen, in Jesu Namen, Amen! Gott segne Sie!

FEBRUAR

1 FEBRUAR

HERR, LASS DEN GEFANGENEN FREI!

ISaia 61:1 Der Geist Gottes, des Herrn, ruht auf mir; denn der Herr hat mich gesalbt, um den Sanftmütigen eine frohe Botschaft zu verkünden; er hat mich gesandt, um die zerbrochenen Herzen zu verbinden und den Gefangenen die Freiheit zu verkünden und die Öffnung des Gefängnisses für die Gefangenen;

Die Bibel sagt, dass Jesus im Fleisch gekommen ist, um die Gefangenen zu befreien. Als Jesus auf der Erde war, sprach er zu den geldgierigen religiösen Führern und sagte: "Ich befreie mein Volk, das ihr unter der Knechtschaft von Tradition und Religion gehalten habt. Er sagte, ich würde dafür bezahlen, was es kostet. Sie sind meine Schöpfung, und ihr könnt ihr Leben nicht einschränken, indem ihr sie unter euren von Menschen gemachten Regeln, Bräuchen und Vorschriften haltet. Er spricht direkt zu den religiösen Führern der Synagoge.

Lukas 4:18 Der Geist des Herrn ruht auf mir, weil er mich gesalbt hat, den Armen das Evangelium zu verkünden; er hat mich gesandt, die gebrochenen Herzen zu heilen, zu predigen die Gefangenen zu befreien und den Blinden das Augenlicht wiederzugeben und die Zerschlagenen in Freiheit zu setzen,

An jenem Tag in der Synagoge erfüllte sich die Prophezeiung aus Jesaja 42:7, die Augen der Blinden zu öffnen, die Gefangenen aus dem Gefängnis herauszuführen und die, die im Dunkeln sitzen, aus dem Kerker zu holen. Was bedeutet "gefangen"? Ein Gefangener ist ein Gefangener, Insasse, Entführter, Eingesperrter oder Eingeschlossener. Wenn ich dich einsperre, dann ist deine Freiheit weg. Wenn du also von wem auch immer gefangen gehalten wirst, ist deine Fähigkeit, dich frei zu bewegen oder zu handeln, eingeschränkt. Gelobt sei Gott! Gott hat Fleisch angenommen und wohnt aus einem bestimmten Grund unter seiner Schöpfung. Einer dieser Gründe ist es, die Gefangenen frei zu machen. Freiheit ist eine wunderbare Erfahrung. Freiheit ist das, was Gott uns schenkt. Viele sind hinter Gittern, in Gefängnissen, im Gefängnis und zu Hause. Diese Menschen haben körperliche Einschränkungen. Aber die Menschen sind auch durch viele Arten von Geistern gebunden. Drogen, Alkohol, Zigaretten, Sex, Ehebruch, Lügen und alle Arten von dämonischen Machenschaften binden Gottes Schöpfung. Der Teufel hält sie mit der Kette der Finsternis gefangen. Die Menschen banden sich auch gegenseitig; die Ägypter hielten die Hebräer als Sklaven. Der Sklave braucht Freiheit, und nur der allmächtige Gott kann ihn aus der Gefangenschaft befreien.

Psalm 126:1 Als der Herr die Gefangenschaft Zions beendete, waren wir wie die, die träumen. 2 Da wurde unser Mund voll Lachen und unsere Zunge voll Singen; da sagten sie unter den Heiden: Der Herr hat Großes an ihnen getan. 3 Der Herr hat Großes an uns getan; darüber sind wir froh. 4 Wende unsre Gefangenschaft,

Herr, wie die Ströme im Süden.

Meine erste starke Erfahrung mit der Freiheit machte ich in den 80er Jahren, als ich in die USA kam. Ich war hungrig und durstig nach dem Herrn. Ich war der Religion überdrüssig. Religion ist eine Illusion. Meine Religion fesselte mich. Ich ging in die Kirche, ohne die Wahrheit zu finden, und trotzdem ging ich immer wieder hin, um anderen Lehrern zuzuhören. Ich wusste, dass es so viel mehr gibt, was Gott anbietet. Aber wo ist es? Ich begehre es. Meine wunderbare Erfahrung, als ich im Namen Jesu unter Wasser ging, war, meine Sünden abzuwaschen. Am Anfang kämpfte ich gegen diese gültige Taufe mit der falschen religiösen Lehre, die mich gefesselt hatte. Ich war so wütend, dass ich Nein sagen wollte, aber der Herr sagte, du sollst taufen, und der Prediger tat es. Oh mein Gott, ich kam so frei heraus, leicht wie eine Feder; ich hatte das Gefühl, ich könnte fliegen und in diesem Licht auf dem Wasser gehen. Der Vers sagt: "Tauft in Jesu Namen, und eure Sünden werden euch vergeben werden", und genau das geschah, als ich in Jesu Namen getauft wurde.

Apostelgeschichte 2:38a Da sprach Petrus zu ihnen: Tut Buße und lasst euch alle taufen auf den Namen Jesu Christi zur Vergebung der Sünden! Diese Wahrheit hat mich von der Religion, den Irrlehrern und Propheten befreit. Die falsche Lehre hielt meinen Geist gefangen. Es war eine allmächtige Erfahrung, als ich im Namen Jesu unter Wasser ging. Ich war verblüfft. Ich bin gegen den Teufel angetreten; du stoppst das Buch der Apostelgeschichte mit einer Schriftstelle, Matthäus 28:19, und entfernst den Namen, wo das Blut verborgen ist. Sie sind ein Lügner. Ich begann, nach der Wahrheit zu suchen, und je mehr ich die Wahrheit durch Offenbarungen fand, desto mehr erlebte ich Freiheit. Ich danke Gott, dass es seine Gnade ist. Wie groß ist die Erfahrung der Freiheit? Keine Religion mehr! Ich komme von vielen Orten, wo man mir weismachen will, dass es so ist.

Suchen Sie nicht mehr, sondern bleiben Sie bei unserer falschen Lehre. Es gibt nichts anderes als dies. Lass dich von mir melken, und du hältst deinen Mund. Nein, ich glaube nicht an religiöse Autoritäten. Es gibt immer mehr und mehr und mehr. Du willst nicht mit Religion, heuchlerischen Lehrern oder betrügerischen Propheten zu tun haben. Suchen Sie Gott. Er wird Sie führen, seien Sie demütig. Sie werden Freiheit von Religion erfahren. Ich war durch die Religion gebunden, aber jetzt bin ich frei. Ich dachte, es sei leicht, sich von Zigaretten, Alkohol und Drogen zu befreien, aber schwieriger oder unmöglich, sich von der Religion zu befreien. Warum ist das so? Weil man glaubt, die Bibel zu lesen, nicht zu sündigen, was man für Sünde hält, zu beten, zu fasten und den Zehnten zu zahlen. Hmmm. Gute Nachrichten: Was Gott als Sünde bezeichnet und was wir als Sünde bezeichnen, sind zwei verschiedene Dinge. Zwei entgegengesetzte Dinge! Gelobt sei Gott! Sein Auftrag wird nicht enden, solange seine wahren Lehrer und Propheten bereit sind, gegen die falsche Lüge des antichristlichen Geistes des Satans zu kämpfen. Denken Sie daran, dass Sie dorthin gehen, wo ihr Auftrag das ist, was Jesus ihnen anvertraut hat, und nicht in einen sozialen Club oder eine einfache Gemeinschaft. Unser Auftrag sollte sein, frei zu sein und andere durch Seine Wahrheit zu befreien.

LASST UNS BETEN

O mein Herr, unser Volk, deine Schöpfung ist gefangen, gefangen in Ländern mit Religion, Tradition, Sprachen und allen Arten von Knechtschaft.

Nahum 1:13 Denn jetzt will ich sein Joch von dir reißen und deine Fesseln zerreißen.

1 FEBRUAR

Herr, zerbreche das Joch von ihnen, sprenge die Fesseln, zerreiße

Psalm 107:14 Er führte sie aus der Finsternis und dem Schatten des Todes und zerriss ihre Bande in Stücke. Er befreit uns von geistlicher Finsternis, von Bräuchen, Irrlehrern, falschen Propheten und den Fesseln von Lug und Trug.

Psalm 146:7 Der den Unterdrückten Recht verschafft, der den Hungernden zu essen gibt. Der Herr befreit die Gefangenen.

Erlöse uns von der Macht der Armut, der Krankheit, der Sünde, von der Lüge des Teufels. Der Herr befreit alle Gefangenen in dem mächtigen Namen Jesus. Du bist frei von allen Fesseln der Generationsflüche von Druck, Arthritis, Lepra, Herzinfarkt, Blindheit, Alkohol, Diabetes und Krebsleiden im mächtigen Namen Jesu. Möge der Herr Sie mit Seinem Heiligen Öl und Heiligen Geist im Namen Jesu salben. Lass den Herrn Jesus dich frei machen. Du bist frei in Jesu Namen! Amen! Gott segne Sie!

2 FEBRUAR

BEISPIEL!

Jesus sagte: "Ich werde euch ein Beispiel geben.

1 Petr 2:21 Denn auch dazu seid ihr berufen; denn auch Christus hat für uns gelitten und uns eine Beispiel, damit ihr seinen Schritten folgt:

Johannes 13:15 Denn auch dazu seid ihr berufen; denn auch Christus hat für uns gelitten und uns ein Beispiel hinterlassen, damit ihr seinen Schritten folgt:

Wer ist Jesus? Warum seinem Beispiel folgen?

In der Bibel heißt es: 1. Timotheus 3:16 Und unstreitig ist das Geheimnis der Gottseligkeit groß: Gott hat sich im Fleisch offenbart,

Er ist der Geist, den Gott in Fleisch verwandelt hat, um das Blut zu vergießen und den Preis zu zahlen. Er kam, um das bedeutende Werk zu vollbringen, den Teufel zu besiegen. Die Bibel sagt, dass Gott ein Geist ist, und Geist hat kein Blut. Also nahm er Fleisch an.

Apg 20:28b um die Gemeinde Gottes zu weiden, die er mit seinem eigenen Blut erkauft hat.

Der Geist Gottes hat Fleisch angezogen, um die Kirche durch das Vergießen seines Blutes zu erkaufen. Sie opfern das Lamm Jesus und lassen sein Blut fließen, um den Preis für unsere Sünden zu bezahlen. Im Blut von Jesus war keine Sünde. Wir brauchen das sündlose Lamm, um für den Preis unserer Sünden zu opfern. Sein Blut hat er für unsere Sünden an den heiligen Ort im Himmel gebracht. Denken Sie daran: Blut hat Leben. Unser Blut hat das nicht, denn es enthält Sünden. Gott hat uns geliebt und ein Beispiel für seine Liebe gegeben, indem er sein Leben für uns hingegeben hat. Unser Beispiel ist also, einander zu lieben. Der Herr Jesus gab ein hervorragendes Beispiel dafür, wie man ihm nachfolgen sollte. Jesus hat leibhaftig gewirkt und Menschen von allen Arten von Krankheiten und Gebrechen befreit. Obwohl er ein gerechter Gott war, hat er gelehrt und gebetet. Es wurde kein Fehler an ihm gefunden. Um den Plan Gottes zu erfüllen, ist er an unserer Stelle gestorben.

Er wählte verschiedene Menschen mit unterschiedlichem Lebenswandel, Berufung und Alter aus, um ihm zu folgen. Er gab ihnen die Macht, das zu tun, was er wollte, um seinen Auftrag zu erfüllen. Seine Mission bestand nicht darin, machtlose Kirchen zu gründen, sondern sie zu berufen, das fortzuführen, was er fortzusetzen plante.

Lukas 9:2 Und er sandte sie aus, das Reich Gottes zu verkünden und die Kranken zu heilen.

Er schickte seine Jünger aus.

Matthäus 10:8 Heilt die Kranken, reinigt die Aussätzigen, weckt die Toten auf, treibt die Teufel aus; was ihr umsonst empfangen habt, das gebt auch umsonst.

Führen Sie seine Mission fort oder beginnen Sie Ihre eigene mit einem anderen Namen und Markenzeichen? Gehst du in die Kirche und glaubst du, dass ich Jesus nachfolge? Als ich in Indien lebte, habe ich meinen hinduistischen Freunden immer wieder von Jesus erzählt. Sie bombardierten mich mit Argumenten. Ich konnte nicht beweisen, dass Jesus real ist, da ich nicht all die guten Dinge erlebt hatte, von denen die Bibel spricht. Was nützt Ihr Produkt, wenn Sie es nicht beweisen können? Wenn Sie sagen, dass er heilen kann, dann beweisen Sie es mir mit einer Heilung. Wenn er auferwecken kann, dann lassen Sie mich sehen, wie Tote auferstehen und wie Dämonen befreit werden, ich möchte sehen, wie Dämonenbesessene frei werden. Ich hatte eine sehr streitsüchtige Studienfreundin. Sie stritt sich immer mit mir über dieses Bibelthema. Sie gehörte zu den College-Freunden, die vehement widersprachen. Ich war nicht enttäuscht, sondern suchte die Wahrheit, um ihr zu beweisen, dass der Herr Jesus der einzige Gott ist, aber ich hatte keine Macht. Ich habe nie aufgegeben, Ihn in Seiner Kraft und Macht zu suchen.

Es gab einen Tag, an dem sie mich in Jesu Namen tauften. Ich erlebte Vergebung der Sünden, als ein riesiger schwerer Berg von mir genommen wurde. Die außergewöhnliche Kraft Gottes ist am Werk, wenn man den Namen Jesus in der Taufe verwendet. Es erstaunte mich, diese Leichtigkeit und Freiheit durch die Barmherzigkeit des Erlösers zu spüren. Dann empfing ich den Heiligen Geist. Das ist eine so mächtige Erfahrung. Ich hatte das Gefühl, ein Niemand zu sein, als Sein Geist in mich kam und in mir lebte. Ich bin wie ein Punkt, ein winziger Punkt. Man denkt, man sei nichts in der Gegenwart unseres großen Gottes. Ich ging zur Arbeit, und ein Kollege fragte mich, ob ich den Heiligen Geist empfangen hätte. Ich war überrascht! Wie konnte sie wissen, dass ich den Geist Gottes empfangen hatte? Sie sagte, ich könnte es erkennen, weil sich dein Gesicht verändert hat. Wow! Ich habe gesehen, wie die Operation im Namen Jesu durchgeführt wurde, Wassertaufe. Hässliche Sünder, die high von einer Droge sind, wenn sie getauft werden oder den Heiligen Geist empfangen, kommt die bedeutende Veränderung von innen und außen.

Ich wollte der ganzen Welt von meiner Erfahrung berichten. Jeder sollte wissen, dass das Christentum wahr ist. Erfahre es selbst, denn ich kann das Gefühl nicht erklären. Nach dem Neuen Testament wurde ich in eine christliche Familie ohne Gotteserfahrung hineingeboren. Ich habe verstanden, dass der Einzelne hungern, dürsten, suchen, bitten und danach trachten soll, alles zu haben. Ich bin froh, dass ich niemandem außer Jesus nachgefolgt bin. Gott sei Dank kannten meine Eltern den Herrn, aber ich muss Jesus nachfolgen. Ich war aufgeregt. Ich wollte die Welt auf den Kopf stellen. Ich wollte verkünden: Hey, das ist echt; probiert den wahren Gott und seine Liebe aus. Jetzt war es an mir, seinem Beispiel zu folgen.

Einmal erlaubte mir Gott in seiner Gnade, nach Indien zu reisen. Dort traf ich eine Dame. Sie sagte: "Haben Sie den Heiligen Geist empfangen? Ich sehe das Licht auf deiner Stirn. Während dieser Reise traf ich viele Hindu-Freunde. Ich habe ihnen bezeugt, dass ich den Heiligen Geist empfangen habe. Ich habe die Kraft Gottes in mir. Eine Freundin sagte, in meinem Haus sei ein Dämon. Sie fragte, ob ich ihr helfen könne. Das ist meine Chance, Zeugnis zu geben. Ich kaufte ihr die Bibel, las ihr daraus vor und lehrte sie das Gebet der geistlichen Kriegsführung. In der Nacht davor schlief ich in ihrem Haus. Früh am Morgen wachte ich durch

Lärm auf. Ich sah ihr hässliches, wütendes Gesicht, das mich ansah, und ihre Hand wuchs und kam auf mich zu, und verschwand. Dann wurde es die Gestalt ihres Sohnes, der seine Hand auf mich richtete, und seine Hand wuchs auf mich zu und verschwand. Ich schloss meine Augen, um mich zu vergewissern, dass ich wach war. Eines Nachmittags unterhielt ich mich mit nichtchristlichen Freunden über meine spirituelle Erfahrung in den USA. Ich legte Zeugnis ab, und einer meiner Freunde sagte: "In meinem Haus ist ein Dämon, der mich sehr beunruhigt. Es gibt keinen Frieden in meinem Haus. Ich sagte, ich habe ihn gestern Abend gesehen; sie fragte, wie er aussah. Ich sagte, es hatte das Gesicht von Ihnen und Ihrem Sohn. Sie sagte, wir streiten wie Hund und Katz; wir kommen nicht miteinander aus. Der Teufel sorgt für all diese Kämpfe, das Töten und die Störung unserer Familie. Wir sehen kein geistiges Wesen, also denken wir, dass es derjenige ist, der benutzt wird. Die Bibel sagt, dass ich gekommen bin, um Frieden zu bringen, nicht Aufregung, Kummer oder Streit. Sie war des Dämons überdrüssig, wusste aber nicht, was sie tun sollte. Sie wollte Essen anbieten, aber ihre Schwiegermutter hielt sie davon ab. Nun, sagte ich, würdest du tun, worum ich dich bitte? Doch dieser Besuch war anders. Gott hatte mich bereits mit dem Heiligen Geist erfüllt. Also legte ich den Menschen die Hand auf, damit sie Heilung und Befreiung empfingen. Der Teufel manifestierte sich; viele Heilungen in einer Familie, sogar sie erfuhr Heilung. Sie war ohne Entschuldigung. Sie suchte verzweifelt nach Hilfe. Ich lehrte sie, das Blut Jesu im Haus zu erflehen und laut aus der Bibel vorzulesen. Binden Sie den Dämon, brechen Sie seine Macht im Namen Jesu, und befehlen Sie dem Dämon, hinauszugehen. Es funktioniert!

Halleluja! Sie hat getan, was ich ihr beigebracht habe. Wahnsinn! Sie war frei und schickte mir den Brief, in dem sie mir mitteilte, dass der Teufel aus meinem Haus verschwunden war. Nun, es war eine Zeit, in der Briefe geschrieben wurden. Ich habe versucht, sie mit einigen Leuten in Verbindung zu bringen, aber wie Sie wissen, haben wir nicht genug Arbeiter, die dem Beispiel Jesu folgen. Die Schafe brauchen nicht die Kirche, sondern denjenigen, der dem Beispiel Jesu folgt. Treiben Sie den Dämon aus, heilen Sie die Kranken. Beten Sie für Menschen, die dem Beispiel Jesu folgen, nicht den Anhängern der Kirchen, Organisationen, Pastoren, Menschen oder Konfessionen. Er kam, um ein Beispiel zu geben. Wenn Sie und ich seinem Maßstab folgen, wird diese Welt Licht, Frieden, Heilung, Befreiung, Wahrheit und Rettung in Jesu Namen finden. Dies ist die Zeit der Nichtjuden. Wie schön!

LASST UNS BETEN

Herr Jesus, öffne unser Verständnis, damit wir deinem Beispiel folgen. Herr, wir wollen, dass die Welt frei und gerettet ist. Herr, hilf uns zu gehorchen und nicht zu streiten. Hilf wir suchen, denn wir werden den treuen Erlöser finden. Du sollst unser Weg, unsere Wahrheit und unser Leben sein, um uns für immer in den Himmel zu bringen. Wir haben niemanden außer deinem Beispiel, dem wir folgen können. Hilf uns, Herr, in Jesu Namen. Amen! Gott segne Sie!

3 FEBRUAR

SCHÄTZE IN IRDENEN GEFÄSSEN!

Tie Bibel ist voller Schätze; alle Reichtümer sind in diesem Buch enthalten. Wenn man es einmal aufgeschlagen hat, kann man es nicht mehr weglegen. Ich trage viele Bibeln bei mir, wenn ich Orte, Krankenhäuser und Häuser, damit ich spenden kann. Ich kaufe viele Bibeln, um sie denen zu geben, die sie nicht haben. Die Bibel ist ein Schatz, den man besitzen sollte. Viele haben mir gesagt, dass sie in die Kirche gehen, aber nie oder nur ein wenig in der Bibel lesen. Manche besitzen keine Bibel. Ich kaufe sie in großen Mengen und habe sie in meinem Auto dabei. Ich weiß, dass all ihre Probleme darauf zurückzuführen sind, dass sie mehr Wahrheit in der Welt brauchen. Die Wahrheit kann sie befreien. Aber man muss lesen, um zu wissen, was es gibt.

Kolosser 2:3 In ihm (Jesus) sind alle Schätze der Weisheit und der Erkenntnis verborgen.

Jesus hat den ganzen Schatz des Wissens versteckt. Die Bibel ist das Buch von Jesus. Die Bibel verbirgt Wissen und Weisheit in diesem Buch. Heutzutage kennen viele Theologen die Wort ohne seine Anwendung. Die Anwendung des Wissens wird Weisheit genannt. Wissen und Weisheit müssen zusammenkommen. So wie man ein Auto hat und nicht weiß, wie man es fährt.

Verstricke dich nicht auf der Erde in irdische Angelegenheiten. Es wird dir deine Seele rauben.

Matthäus 6:19 Ihr sollt euch nicht Schätze sammeln auf Erden, da sie die Motten und der Rost fressen und da die Diebe sie suchen und stehlen; 20 sondern sammelt euch Schätze im Himmel, da sie weder Motten noch Rost fressen und da die Diebe sie nicht suchen noch stehlen; 21 denn wo euer Schatz ist, da ist auch euer Herz.

Verborgene Dinge sind nur dann offensichtlich, wenn der Herr in diese Angelegenheit eingreift.

Jesaja 45:3 Und ich will dir die Schätze der Finsternis und die verborgenen Reichtümer der verborgenen Orte zeigen, damit du erkennst, daß ich, der Herr, der dich bei deinem Namen gerufen hat, der Gott Israels bin.

Ich kenne Gott. Ich erkenne ihn auf allen meinen Wegen an. Jesus ist die Antwort auf alle Prüfungen, Krankheiten und Probleme. Nur er hat das Wissen und die Weisheit, uns da herauszuholen, wenn wir danach suchen. Es ist die Gewissheit, dass Gott alle unsere Sorgen hat. Wir wissen nicht, wie, aber wir wissen, dass der Herr es tut.

Jesaja 33:6 Weisheit und Erkenntnis sind der Halt deiner Zeit und die Stärke deines Heils; die Furcht des Herrn ist sein Schatz.

Die Bibel, in der der Schatz liegt. Dein Kraft- und Hilfsbuch, das Buch des Sieges, der Heilung, des Erfolgs und vieles mehr. Dein Vater im Himmel hat sie dir gegeben, um dich zu leiten und nicht in die Irre zu führen. Es ist ein Buch des Lebens und des Schatzes. Ein Buch, um ein erfolgreiches Leben auf der Erde zu führen. Wie wir wissen, ist das Größte der Frieden und die Zufriedenheit. Man kann alles haben, aber wenn man keinen Frieden hat, ist es fast unmöglich, es zu genießen. Nur Jesus kann Frieden geben. Das Leben hat viele Stürme. Der Sturm kommt nicht, um zu bleiben, aber in allen Stürmen brauchen wir Frieden.

Johannes 14:27 Den Frieden lasse ich euch, meinen Frieden gebe ich euch; nicht wie die Welt gibt, gebe ich euch. Euer Herz erschrecke nicht und fürchte sich nicht.

Ich war zu Besuch in Indien, und die Eltern meiner Freunde öffneten ihr Haus für mich. Die Mutter meines Freundes sagte: "Bitte geh nicht weg, sondern bleib bei mir, solange du in Indien bist. Das tat ich dann auch.

Lukas 10:5 Und in welches Haus ihr auch hineingeht, sprecht zuerst: Friede sei mit diesem Haus! 6 Und wenn der Sohn des Friedens dort ist, so wird euer Friede auf ihm ruhen; wenn nicht, so wird er sich euch wieder zuwenden.

Die Mutter meiner Freundin ging nachts zu ihrem Hindu-Treffen, wo die Hindu-Heiligen oder Sadhu aus ihren religiösen Büchern lasen. Es waren viele Frauen anwesend, und dieser Mann las und erklärte aus ihrem Hindu-Buch. Alle Frauen waren auf der Suche nach Frieden. Einmal bot ich ihr an, ihr die Hand zu reichen und zu beten. Sie erlaubte mir zu beten. Als ich ihr die Hand auflegte und betete, sah sie, dass ich nie den Frieden erfahren, bis du deine Hand auf mich legst. Sie war erstaunt! Sie war fast 60 und hatte noch nie den Frieden Gottes erlebt. Ich wandte das an, was im Wort Gottes beschrieben war. Mein Wissen wurde zu einem Schatz. Ich habe den Geist Gottes, und wenn ich die Hände auflege, wird der Friede auf sie übergehen.

Ich merkte, dass die ganze Familie wollte, dass ich bei ihnen bleibe. Sie waren Hindus, aber etwas, das sie gefunden hatten, ging darüber hinaus. Es war Frieden und Heilung. Ich diente ihnen fast jeden Tag, und alle stellten sich zum Gebet auf. Sie schrieben jedes Wort auf, das ich im Gebet sprach, und baten mich, ihnen beizubringen, wie und was sie sagen sollten, wenn sie beteten. Es war eine Zeit der Erweckung in einer Familie. Ich habe den Heiligen Geist. Er ist der Schatz in meinem Körper. Die Bibel sagt, dass Gott einen Körper aus Schmutz gemacht hat,

2 Korinther 4:7 Wir haben aber diesen Schatz in irdenen Gefäßen, damit die Herrlichkeit der Kraft von Gott sei und nicht von uns.

Wir können darüber hinaus leben, wenn wir den Geist Gottes und die Erkenntnis haben. Die Erkenntnis der Wahrheit gibt uns Sieg, Heilung, Befreiung, Reichtum und Erfolg. Viele Menschen haben den Heiligen Geist, wissen aber nicht, wie sie ihn nutzen können. Bei meinem Besuch in Indien im Jahr 2015 habe ich viele Menschen kennengelernt und bin immer noch mit ihnen verbunden. Jeden Tag lehre ich das Wort Gottes. Sie

3 FEBRUAR

erzählen mir auch, wie sie diesen Schatz, der in den Verheißungen des Wortes verborgen ist, genutzt haben. Eine Frau namens Haley sagte über ihre Arbeit aus. Sie bekam am Morgen keine Nähmaschine. Sie wartete zwei Stunden, bis sie mit ihrer Arbeit beginnen konnte, während die anderen Kolleginnen zweihundert Stücke fertig. Am Abend, als sie mit der Arbeit an der Maschine begann, war sie schon 200 Stück weiter. Sie sagte, ich habe das Wort Gottes genommen und für meine Situation in Anspruch genommen. Lauf mit Gottes Wort; es stärkt dich dort, wo du dich bewirbst.

Sacharja 4:6b Nicht durch Macht noch durch Kraft, sondern durch meinen Geist, spricht der Herr der Heerscharen.

Haley betete: Herr, lass deinen Geist all meine Arbeit tun. Um 16 Uhr war sie ihnen um einige hundert Stücke voraus. Sie löste ihre Verheißungen aus dem Wort ein, indem sie betete und sie einforderte. Tun Sie dasselbe und sehen Sie die Kraft, die in über fünftausend Verheißungen Gottes verborgen ist! Ein Schatz ist verborgen. Stehen Sie auf das Wort, indem Sie es verkünden, beanspruchen und glauben. Die Anwendung, die die Weisheit der Erkenntnis ist, wird Schatz genannt. Viele sind im Kampf gegen dich, aber du kannst gewinnen, wenn du auf dem Wort stehst und es einforderst. Es ist jederzeit und für jeden gut; du musst es nur in Anspruch nehmen. Ich unterrichte die Neubekehrten. Sie sind treu und verlassen sich auf den Herrn. Sie beten für jede Situation. Sie rufen Gott an und verlassen sich auf sein Wort. Wow! Dann bezeugen sie die Antwort auf ihr Gebet vor Kollegen oder anderen Familien. Sie sehen Sieg, Heilung und Befreiung und vertrauen auf den Herrn Jesus. In Jesus ist ein verborgener Schatz.

Ihr Zeugnis ist die stärkste Waffe. Es gibt dem Hörer die Gültigkeit des in der Bibel verborgenen Schatzes, folgt der Richtung und fordert ihn ein. Viele wissen nicht, was sie haben, und es ist verborgen. Wenn Sie ihn erhalten, indem Sie ihn beanspruchen, wird er sichtbar werden. Bezeuge und sei Licht dieses Verborgenen Schatz.

LASST UNS BETEN

Wie der Herr Ihnen alle Ihre Versprechen offenbart hat. Es ist für dich. Nimm sie in Anspruch und sei frei. Beschließe und erkläre, Sieg, Heilung, Befreiung und alles, was du brauchst, zu bekommen. brauchen. Herr, gib deiner Schöpfung ein gläubiges Herz, um Wissen und Weisheit über verborgene Schätze zu haben. Möge der Herr dir alles geben, was dir gehört, in Jesu Namen. Amen! Gott segne Sie!

4 FEBRUAR

SIE KANNTEN IHN NICHT!

Haben Sie jemals darüber nachgedacht, warum der Herr das System des Wortes, des Gebetes, des Priesters, des Levi und jetzt des Apostels, des Pastors, des Lehrers, des Propheten und der Prediger? Alles in allem bleiben wir in jeder Generation mit dem allmächtigen Gott verbunden. Wir wenden das Wort Gottes in Lebenssituationen an, um zu sehen, welche Wirkung es hat. Das Wort Gottes ist nicht zum Diskutieren oder zum Auswendiglernen da. Gottes System verbindet uns mit ihm, damit wir versorgt, geschützt und gesegnet werden. Denken Sie daran, dass es um Gott geht und nicht um irgendjemanden. Der Herr kam zu seinem auserwählten Volk, einem Nachkommen Abrahams, dem er das Land versprochen hatte. Er kam zu dem Volk, dem er die Tora vom Himmel überbrachte. Er kam zu dem Volk, für das er wahre Propheten auswählte, wie Samuel anstelle von Eli und König David anstelle von König Saul. So kann er die Menschen der Völker Gottes führen und leiten. Er wollte, dass die Welt erfährt, dass er ein Wundertäter, ein Verheißungsträger, der einzig wahre Gott ist. Doch was geschah am Ende?

Johannes 1:11 Er kam zu den Seinen, und die Seinen nahmen ihn nicht auf.

Wieder Ablehnung! Sind eure Herrscher und Autoritäten auch so?

Johannes 7:48 Hat jemand von den Oberen oder den Pharisäern an ihn geglaubt?

Meinst du, dass niemand von den Tempelleitern und Behörden an Jesus glaubte, den sie anbeteten? Wie sind sie blind geworden, und was hat ihre Blindheit verursacht? Habt Erbarmen! Die Menschen in den Tempeldiensten, von Aaron bis zum Kommen Jesu, waren atemberaubende Szenarien. Die folgenden Bibelstellen beschreiben sie.

Johannes 12:37 Und obwohl er so viele Wunder vor ihnen getan hatte, glaubten sie nicht an ihn: 38 damit das Wort des Propheten Jesaja erfüllt würde, das er sagte: Herr, wer hat unserem Bericht geglaubt, und wem ist der Arm des Herrn offenbart worden? 39 Darum konnten sie nicht glauben, weil Jesaja wiederum sagte: 40 Er hat ihre Augen verblendet und ihr Herz verstockt, daß sie mit den Augen nicht sehen und mit dem Herzen nicht verstehen und sich bekehren, und ich sie heile.

Warum musste Gott Johannes den Täufer senden, der den Geist des Elia hatte? Weil korrupte Machthaber Gottes Werk blockierten. Wie ist die Situation heute? Der Gottesdienst findet damals im Tempel in Jerusalem statt, heute in der Kirche in einer Ära der heutigen Dispensation Gottes. Sein Geist muss geistige Arbeit leisten. Es sollte kein persönliches Interesse geben, es sei denn, man ist völlig blind und taub, wie Jesaja sagt. Lassen Sie mich meine Erfahrung teilen, Vor Jahren besuchte ich eine bestimmte Kirche. Dort sah ich viel Bevorzugung, Voreingenommenheit und Ungerechtigkeit. Ich kam aus Indien und glaubte, dass meine Position respektiert werden müsse. Ich war blind, weil ich dachte, die kirchliche Autorität sei die vertrauenswürdigste und gerechteste. Obwohl ich es sah und erlebte, vertraute ich dem Titel und glaubte, dass sie sich nicht irren konnten. Ich fühlte alles, was sie sagten, und dachte, es müsse von Gott sein. Aber mein Geist stimmte nicht zu. Später, im Laufe der Jahre, wurden sie in ihrem Herzen rückfällig. Jesus sagte: "Folge mir nach", und der Teufel gründete Hunderte von neuen Konfessionen und Nicht-Konfessionen; was ist das?

Alles, was sie falsch lehrten, wurde richtig. Ich begann, den Druck gegen die gerechte, indirekte und direkte Opposition zu sehen und wusste, dass er real war. Ich sagte mir, ich solle aufwachen. Entweder du gefällst ihnen oder du wirst schikaniert und verprügelt, weil du für die Wahrheit einstehst. Ich konnte nicht herauskommen, bis Gott mich herausholte. Ich begann immer mehr zu beten und zu fasten, nur um zu überleben. Ich begann, die geistige Welt zu sehen. Denken Sie daran, es ist nicht die äußere Kraft, sondern die innere Kraft, die Sie ruinieren wird. Nur Gott weiß, was passiert ist, aber diese Kirche wird zum Gefolgsmann eines Mannes. Es spielt keine Rolle, welchen Titel sie tragen, König, Synagogenvorsteher, Priester, Pastor oder Hohepriester; schließlich sind sie Menschen. Gott hat sie aus Lehm gemacht Menschheit genannt. Wenn die kirchliche Autorität sich ändert, laufe unter der Führung des Heiligen Geistes davon.

Ich merkte, dass ich unterdrückt aus der Kirche nach Hause kam. Ich teilte dies mit einer Gemeindeschwester, die eine Gebetskämpferin war. Eines frühen Morgens kamen wir in die Kirche, um zu beten. Ich ging nach vorne, und sie ging nach hinten, um zu beten. Ich stellte mich an den Altar, legte meine Hand auf das Podium und betete: Herr, lege den Gerechten hierher. Und ratet mal, was? Ich sah einen Mann auf der Kanzel sitzen, der genauso aussah wie der Pastor. Er stand auf und schubste mich. Ich ging rückwärts und fiel fast hin. Wer würde mir glauben, wenn ich das erzählte? Sobald man die Augen von Gott abwendet und sie zu menschlichen Anbetern macht, werden sie blind und taub. Viele wussten es, hatten aber nicht den Mut, gegen die kirchlichen Autoritäten vorzugehen. Ich habe viel Böses in der Kirche erlebt, als sie sich der Finsternis zuwandte. Wenn das Gebet wegfällt und das Fasten verwässert wird, dann hat man sein Ziel erreicht. Man kann nur Menschen überzeugen, aber nicht Gott. Die Form der Religion ist gefährlich. Gottes Werk wird niemals durch äußere Kraft zerstört, sondern durch innere Kraft.

Nach dem Gebet teilte ich meine Erfahrung meiner Gebetspartnerin mit, und noch am selben Tag erzählte sie mir, was sie gesehen hatte. Sie sah eine arrogante blonde Frau in einem seidigen Kleid, die überall anfasste. Sie drehte ihr Gesicht. Ihr Gesicht war wie das einer Eidechse. Wow! Ein Geist der Isebel! Denken Sie daran, dass wir beide allein in der Kirche waren. Ich weiß über die geistige Welt Bescheid. Wie Sie wissen, gibt es in der Geistigen Welt viele Wesen. Menschen, die verloren gehen, werden zu einem Dämon namens Pneuma. Der Dämon hat keine Macht, es sei denn in den Körper eindringen. Erinnern Sie sich an den Legionsdämon, der in das Schwein eindringen wollte? Gefallene Engel, unheilige Engel, können nicht in deinen Körper kommen. Sie sind ein mächtiges geistiges Wesen. Sie arbeiten als Generäle oder Aufseher für den Teufel. Dieser Engel kann so viele übernatürliche Dinge tun. Er kann jede Form, Gestalt und jedes Aussehen annehmen. Gefallene Engel können Gegenstände bewegen und mächtige Dinge tun. Genauso wie der heilige Engel Gottes viele Dinge tun kann. An diesem Morgen befahl mir Gott, zu fasten, und meine Freundin sagte, Gott habe sie gebeten, ebenfalls zu fasten. Ich sagte, lasst es uns tun, sonst haben wir keine

Chance zu überleben. Gott hat die richtige Richtung. Wir müssen seinem Weg des Sieges folgen. Gott begann mit Mose, bis die Ablehnung von Gottes Monarchie durch das Verlangen nach einem König verblüffend war. Die Situation war dieselbe, als der Herr Jesus auf die Erde kam - wieder lehnten sie Gott ab und folgten blinden Führern. Der Lehrer wird großes Unheil und Zerstörung bringen, wenn eine Position mit einem ungerechten, machthungrigen, eifersüchtigen, gierigen Priester, Prediger oder Pastor besetzt wird. Öffnen Sie Ihre Augen. Wem folgen Sie, Gott oder der vom Satan gesteuerten Autorität? Wachen Sie auf. Wir dienen dem mächtigen Gott, der gesagt hat, dass ich meine Herrlichkeit mit niemandem teilen werde. Denken Sie daran: Sie folgen der Autorität, solange Sie Gott folgen. Wenn nicht, dann laufe vor ihnen weg.

Wie können Sie sich also in dieser Situation absichern? Glauben Sie einfach an das unveränderliche Wort Gottes, das siebenmal geprüft wurde und sich nicht ändern wird. Hören Sie auf den Geist Gottes; er wird Sie führen und leiten. Bete und faste; du wirst bei ihm sicher sein.

LASST UNS BETEN

Bete Herr, öffne unsere Augen und Ohren, damit wir seine Stimme sehen und hören. Möge der Herr Ihnen und den Seelen Ihrer Familie göttliches Eingreifen schenken! Wir können Zeiten wie diesen mit Seiner Gerechtigkeit entkommen. Herr, gib uns Orientierung durch seinen Geist. Gib uns wahre Propheten und Lehrer in Jesu Namen. Name. Amen! Gott segne Sie!

5 FEBRUAR

SIND SIE AUFGELADEN?

Was geschieht, wenn Sie beten? Wenn Sie beten, verbindet sich Ihr Geist mit dem Geist Gottes. Gott liefert Energie, und du wirst aufgeladen. wieder auf. Du kannst dich aufladen, wenn du betest. Das Fleisch braucht sich mit Gott zu verbinden und aufzuladen. Die Bibel sagt: Bete zuerst. Das Gebet verbindet uns mit dem Geist Gottes. Mit diesem Geist können Sie arbeiten.

1 Thessalonicher 5:17 Betet ohne Unterlass.

Wenn Sie ein Telefon oder ein anderes elektronisches Gerät haben, brauchen Sie eine Verbindung mit Strom, um es aufzuladen. Nach dem Aufladen können Sie es wieder benutzen. Auch dein Körper, dein Geist und deine Seele müssen aufgeladen werden, um für den Herrn zu arbeiten. Da Jesus Gott ist, hat er gebetet? Warum? Das Fleisch muss aufladen, um Hilfe zu holen oder zu arbeiten.

Psalmen 65:2 Du, der du das Gebet hörst, zu dir sollst du kommen alles Fleisch kommen.

Wenn du Hilfe von Gott brauchst, musst du deinen Körper und deinen Geist mit ihm verbinden. Das Gebet ist diese Verbindung.

Lukas 3:21 Als auch Jesus getauft wurde und betete, öffnete sich der Himmel, Wenn das Telefon aufgeladen ist, kann es sich über das Internet mit der Welt verbinden. Wenn du betest, kannst du dich mit der himmlischen oder spirituellen Sphäre verbinden.

Matthäus 14:23a Und als er die vielen Menschen weggeschickt hatte, ging er auf einen Berg, um zu beten:

Denken Sie daran, dass das Fleisch aufgeladen werden muss. Jesus hat gebetet, um sich aufzuladen, nachdem er eine große Zahl von Menschen ausgesandt hatte. So wie eine Batterie nach dem Gebrauch wieder aufgeladen werden muss. Deshalb müsst ihr beten. Alles Fleisch muss beten. Wenn man nicht beten würde, wüsste man nicht, was Gott will. Gott im Himmel gibt uns Führung und Hilfe. Wir müssen verschiedene Arten des Gebets kennen. Ich werde über einige von ihnen sprechen.

1 Timotheus 2:1 So ermahne ich nun, daß vor allen Dingen Bitten, Gebete, Fürbitten und Danksagungen für alle Menschen vorgebracht werden, 2 für Könige und alle, die in der Gewalt sind, damit wir ein ruhiges und friedliches Leben führen in aller Gottseligkeit und Ehrbarkeit. 3 Denn das ist gut und wohlgefällig vor Gott, unserm Heiland;

Es gibt viele Arten des Gebets. Es gibt ein Gebet, bei dem der Geist Gottes für die unbekannte Sache eintritt.

Römer 8:26 Auch der Geist hilft uns Denn wir wissen nicht, was wir beten sollen, wie es sich geziemt; der Geist selbst aber legt Fürbitte für uns ein mit unaussprechlichem Seufzen. 27 Und der die Herzen erforscht, der weiß, was des Geistes Sinn ist; denn er legt Fürbitte ein für die Heiligen nach dem Willen Gottes.

Gott im Himmel oben weiß, dass unser Fleisch eine Grenze hat. Wenn sein Geist uns auflädt, wird er suchen wie im Internet. Das alles ist verfügbar, wenn Sie sich durch Gebetsverbindung mit Gott aufladen.

Apg 4:31 Und als sie gebetet hatten, wurde die Stätte erschüttert, wo sie versammelt waren; und sie wurden alle mit dem Heiligen Geist erfüllt und redeten das Wort Gottes mit Freimut.

Laden Sie sich auf, beten Sie, schließen Sie sich an, und sehen Sie, was passiert.

2Chronik 7:1 Als aber Salomo eine Ende des Gebets kam das Feuer vom Himmel herab, und und verzehrten das Brandopfer und die Schlachtopfer; und die Herrlichkeit des HERRN erfüllte das Haus. 2 Und die Priester konnten nicht hineingehen in das Haus des HERRN, weil die Herrlichkeit des HERRN das Haus des HERRN erfüllt hatte.

Als ich von 1999 bis 2003 sehr krank war, habe ich Tag und Nacht gebetet. Eines Abends stellte ich meine erste Audioaufnahme fertig und legte eine CD zum Abspielen in einen Player. Es war eine Bibellehr-CD. Ich fuhr mit meinem motorisierten Rollstuhl rückwärts, um zuzuhören. Ich sah, dass das Haus verschwunden war und konnte weder die Wand noch die Küche finden. Es war ein beängstigender Moment; ich dachte, ich hätte mein Augenlicht verloren. Aber in der dicken Wolke sah ich Jesus, der mich anlächelte. Gott ist in eine dicke Wolke in meinem Haus hinabgestiegen.

1 Kön 8:11 so daß die Priester vor der Wolke nicht mehr stehen konnten, um ihren Dienst zu verrichten; denn die Herrlichkeit des HERRN erfüllte das Haus des 12b Herren. "Der HERR hat gesagt, Daß er in dichter Finsternis wohnen wolle.

Indem man sich durch das Gebet auflädt, wird man mit dem heiligen Gott verbunden. Es gibt keinen anderen Weg als den der Anbetung! Jesus wusste, dass die Prüfung hart und unerträglich sein würde, deshalb hat er sich im Voraus vorbereitet.

Lukas 22:41 Und er entfernte sich von ihnen um einen Steinwurf und kniete nieder und betete 43 Und es erschien ihm ein Engel vom Himmel und stärkte ihn.

Das Fleisch kann dich daran hindern, dich mit Gott zu verbinden. Es hat eine Grenze, so weit zu sehen. Das Fleisch wird müde, besorgt, ängstlich und verwirrt, wenn es eine Situation sieht. Wenn du dich mit dem Himmel verbindest, wird er dein Fleisch und deinen Geist aufladen, um sich zu erholen, Kraft zu gewinnen und zu siegen. Die Jünger schliefen ein und scheiterten bei der Prüfung, obwohl Jesus sie bat, zu beten. Was ist mit uns? Beten wir ohne Unterlass? Beten wir zuerst? Daniel schloss sich dreimal täglich an die Steckdose an und lud auf, um in Verbindung zu bleiben.

Daniel 6:10 Als Daniel erfuhr, dass die Schrift unterzeichnet war, ging er in sein Haus. Da die Fenster in seiner Kammer nach Jerusalem hin offen standen, kniete er dreimal am Tag nieder, betete und dankte vor seinem Gott, wie er es früher getan hatte.

Deshalb benutzte Gott Daniel, weil er aufgeladen war. Durch die Verbindung mit dem Gebet hatte er unermessliche Kraft.

Daniel 1:20 Der König befragte sie nach ihrer Weisheit und ihrem Verstand und fand sie zehnmal besser als alle Magier und Sterndeuter, die es in seinem ganzen Reich gab.

Menschen, die mit Gott verbunden sind, kennen himmlische Aktivitäten. Unsere Hilfe kommt nur dann von Gott, wenn man lernt, sich zu verbinden. Wer wünscht sich nicht die Hilfe, den Sieg, die Kraft, die Heilung und die Freude des Heils? Bitte lassen Sie sich durch das Gebet aufladen. Verbinden Sie sich mit dem Himmel, um bei allen Problemen einzugreifen, und sehen Sie, was passiert. Alle unsere Christen, unser Zuhause und unsere Familie beten, wie es in der Bibel steht. Was kann dann geschehen? Ein rechtschaffenes Gebet wirkt im Himmel Wunder und bringt eine Revolution auf die Erde.

Offenbarung 8:3 Und ein anderer Engel kam und trat an den Altar und hatte ein goldenes Räuchergefäß; und ihm wurde viel Weihrauch gegeben, dass er ihn mit den Gebeten aller Heiligen auf dem goldenen Altar opferte, der vor dem Thron war. 4 Und der Rauch des Räucherwerks, der mit den Gebeten der Heiligen kam, stieg auf vor Gott aus der Hand des Engels. 5 Und der Engel nahm das Räuchergefäß und füllte es mit dem Feuer des Altars und warf es auf die Erde; und es geschahen Stimmen und Donnern und Blitze und ein Erdbeben.

Können Sie sich die Aufladung mit Gebet vorstellen? Wenn nicht, sehen Sie Banden, Töten, Schießen, Gefängnis, ein Gefängnis gefüllt Es gibt immer mehr Sünden, Scheidungen, Dunkelheit, Depressionen, Entführungen, Lügen, Betrug und alle Arten von Sünde im Land. Erstens, beten, beten ohne Unterlass, um aufzuladen.

LASST UNS BETEN

Lord gibt uns einen Geist des Gebets, ein Verständnis des Gebets, um zu beten. Hilf uns, unsere Kinder und deren Kinder zu lehren, ohne Unterlass zu beten. Das Gebet wird lade uns auf, ermächtige uns, erfrische und stelle uns wieder her. Herr, hilf uns, unser Leben neu zu ordnen und uns nach deinen Wegen und Plänen zu richten. Wir sind müde, verlieren die Hoffnung und sterben in Verzweiflung. Hilf uns, alles Geschäftliche hinter uns zu lassen und neu anzufangen, indem wir unser Leben in Jesu Namen neu ordnen und aufladen. Amen! Gott segne Sie!

6 FEBRUAR

GOTT IST UNERSETZLICH!

Gott ist unersetzlich, das heißt, er ist wertvoll, unbezahlbar, unwiederholbar, unvergleichlich und einzigartig. Satans Wünsche sind

2 Thessalonicher 2:4 der sich auflehnt und sich über alles erhebt, was Gott heißt oder angebetet wird, so dass er als Gott im Tempel Gottes sitzt und sich selbst als Gott ausgibt.

Haben Sie bemerkt, was der Teufel von Anfang an getan hat? Der Teufel klebt seinen Namen auf Gottes Produkte und versucht, andere glauben zu machen, er habe alles gemacht. Ich habe das Gleiche erlebt. Jemand hat mir seinen Namen aufgedrückt, als ich im Ausland oder sogar in den USA gearbeitet habe, nachdem ich fertig war. Ich habe meine Zeit und mein Geld ausgegeben, und mein Name steht nirgendwo. Sie haben ihren Namen und ihr Foto auf meine Arbeit gesetzt. Wenn jemand eine Frage hat, wie er mich kontaktieren kann? Es ist Gottes Werk, und die Ehre gebührt nur Gott. Der Teufel macht genau das. Denken Sie daran, dass Menschen, die gerne Ruhm ernten wollen, sich der Größe Gottes nicht bewusst sind. Wenn sie Gott kennen, dann werden sie ihm immer die Ehre geben.

An dem Ort, an dem ich in Dallas mitarbeitete, dreht sich der Pastor um, wenn Menschen geheilt werden, ein Wort der Erkenntnis, eine Prophezeiung oder Befreiung erhalten, und sagt: "Jesus, habe ich das nicht getan? Am Anfang dachte ich, dass ich und alle anderen wüssten, dass Jesus alles und niemand anderes tun kann. Warum muss der Pastor immer wieder sagen, dass Jesus das getan hat? Aber jetzt verstehe ich, dass der Pastor viele Gaben des Geistes hat und Gott ihm alles anvertraut, weil er Gott die Ehre gibt. Ich möchte wichtige Informationen weitergeben. Ich meine jede Organisation; der Teufel will, dass Sie ihren Titel und Namen bekommen, wenn Sie dem Unternehmen beitreten. Und warum? Damit deine Arbeit ihnen Geld einbringt, indem sie ihren Namen nennen. Außerdem nutzen sie deine Arbeit aus, indem sie sagen, wir hätten diese Kirche, ein Unternehmen, ein Waisenhaus, eine Schule oder ein Krankenhaus gegründet. Warten Sie auf Gott, jagen Sie nicht nach den Brosamen. Vertrauen Sie auf Gott; er wird für Ihre Bedürfnisse sorgen. Als Gott mir im Jahr 2000 meinen Job wegnahm, sagte er ganz klar, dass ich den kleinen Scheck für den Ruhestand nehmen soll und nicht die andere Option, bei der ich das Doppelte bekomme. Also habe ich seiner Stimme gehorcht. Ich sah, dass ich nicht genug bekam, um die Hausschulden zu bezahlen. Meiner Berechnung nach hatte ich also nicht genug Geld, um andere Versorgungsleistungen, Lebensmittel und alle anderen Rechnungen zu bezahlen. Aber Gott sagte: Du arbeitest für mich, und ich werde für dich sorgen. Das habe ich mit Sicherheit gehört. Er stellte mich in seinem Weinberg an. Er nahm mir all meine Verantwortung ab. Ich habe nie nach einem anderen Weg gesucht als nach Gottes Versorgung. Das habe ich von 2000 bis heute erlebt: Ich habe nur für den Herrn gearbeitet. Der Herr hat mich versorgt.

Philipper 4:19 Mein Gott aber wird euch mit allem versorgen, was ihr braucht, nach seinem Reichtum in

Herrlichkeit durch Christus Jesus.

Die Verheißungen seines Wortes und sein Versprechen, für mich zu sorgen, brachten Frieden und Sicherheit. Irdische Vorteile, Geld, Wohlstand, Reichtum und Stellung haben unseren Glauben an Gott ersetzt. Ich sehe Menschen, die für Gott arbeiten wollen und sich ständig Sorgen um Geld machen. Man arbeitet nur für Jesus, wenn man Glauben hat. Er wird uns versorgen, wie er es versprochen hat. Es gab eine Zeit, in der ich Schwierigkeiten hatte, Rechnungen zu bezahlen und mir Sorgen machte. Wenn ich mit dem Reich Gottes beschäftigt bin, erinnere ich mich nicht mehr an mein Problem. Er kommt pünktlich. Ich sehe das größte Problem: Die Menschen verkaufen ihre großen Segnungen für ein paar Krümel. Wenn die Menschen sich auf den Herrn verlassen, wird die Versorgung aus seinem Reichtum kommen, nicht aus Brosamen. Geben Sie sich nicht mit weniger zufrieden. Ich bekam viele Angebote von kirchlichen Organisationen mit ihren Bedingungen. Sie sagten, wenn Sie genau das tun, was wir verlangen, werden wir Ihnen helfen. Tatsächlich? Wer gab mir den Geist der Heilung, der Prophetie, der Wunder, die Macht, Dämonen auszutreiben? Gott hat ihn gegeben, nicht sie. Ich war nicht auf der Suche nach Brosamen. Daniel hatte den Befehl, seinen Gott 30 Tage lang nicht anzubeten, aber für König Darius. Daniel hat Darius, den König, nicht angebetet. Nun, der König beförderte ihn in seine Provinz.

Daniel 6:3 Dieser Daniel wurde vor den Präsidenten und Fürsten bevorzugt, weil er einen ausgezeichneten Geist besaß, und der König wollte ihn über das ganze Reich setzen.

Nun wurden ein Stolperstein und eine Versuchung gegen Daniel aufgestellt, um ihn zu degradieren und zu entfernen. Daniel weigerte sich, den König anzubeten. Daniel wusste es,

Psalm 75: 6 Denn die Förderung kommt weder vom Osten noch vom Westen noch vom Süden. 7 Gott aber ist der Richter; er stößt einen ab und stellt einen anderen auf.

Daniel wankte nie in seinem Glauben! Daniel kannte seinen Gott und hatte eine direkte Beziehung zu ihm. Wenn du dich für das Land, für Positionen, Jobs, Beförderungen, Kirchen, Organisationen oder die Regierung verkaufst oder Kompromisse eingehst, hast du Gott für sie ersetzt. Daniel war unbeirrbar. Wenn Sie Kompromisse eingehen für einen Krümel, ein bisschen Geld oder irgendeinen Gefallen, dann haben Sie Gott ersetzt. Das ist es, was der lügende Teufel sagt: Ich werde seinen Platz einnehmen und wie der Höchste sein.

Jesaja 14:14 Ich will aufsteigen über die Höhe der Wolken, ich will sein wie der Allerhöchste.

Der Teufel ist ein Betrüger. Alle seine Pläne sind zerstörerisch. Ich weiß, dass es schwer ist, für Gott zu leben, aber er hat nur denjenigen berufen, der mutig und kühn ist und sich für ihn entschieden hat.

Sie haben die Lust gekreuzigt.

Galater 5:24 Die aber Christus angehören, haben das Fleisch mit seinen Neigungen und Begierden gekreuzigt.

Verstehst du das? Wie will Gott, dass Sie ihm folgen? Schauen Sie auf Jesus. Richten Sie Ihren Blick auf Jesus. Hilfe, Förderung, Kraft und Versorgung kommen von Gott. Die Prüfung bereitet dein Zeugnis vor, wenn du im Geist reagierst, aber ein Kompromiss mit deinem Fleisch führt zu Zerstörung und Degradierung.

Denken Sie daran, dass Gott all Ihre Arbeit im Himmel vergüten wird. Johannes der Täufer hatte nichts. Jesus hat keinen Platz zum Schlafen Sein Haupt. Zu den anderen sagte er: "Sucht mein Reich, und ich werde euch umsonst geben, wofür ihr euch abmüht. Ihr werdet alles erhalten, ohne mich zu ersetzen. Das Angebot des Teufels ist mit Mühsal und Tod verbunden.

Matthäus 6:34 Sorgt also nicht für den morgigen Tag; denn der morgige Tag wird für sich selbst sorgen. Dem Tag genügt das Übel, das er anrichtet.

Als Jesus die Menschen aussandte, fehlte ihnen da etwas?

Lukas 22:35 Und er sprach zu ihnen: Als ich euch ohne Geldbeutel, ohne Tasche und ohne Schuhe aussandte, fehlte euch da etwas? Sie aber sagten: Nichts.

Wenn Sie Gott kennen, werden Sie furchtlos sein. Aber wenn du dich für Geld oder Gunst an eine Kirche, eine Organisation, einen Job oder einen Beruf verkaufst, dann denke daran, dass du ihr Sklave bist. Du arbeitest, und sie nehmen Anerkennung, um Geld zu verdienen, indem sie ihr Markenzeichen aufsetzen. Im Gegenzug geben sie dir Brosamen. Die Ehre gebührt Gott, wenn man sich auf ihn verlässt. Ich will meinen Vorrat vom Himmel. Es gibt ein Haus im Himmel. Ich mache mir keine Sorgen, dass sie sich meine Arbeit anrechnen lassen, denn in der Bibel steht:

1 Timotheus 5:18b "Der Arbeiter ist seines Lohnes würdig".

Josef war ganz oben. Er gab dem Teufel keinen Millimeter nach und hatte keine Angst vor dem Gefängnis oder davor, als Sklave verkauft zu werden. Freunde, Jesus ist euer Versorger. Ihm allein gebührt alle Ehre.

Matthäus 6:19 Sammelt euch nicht Schätze auf Erden, wo Motten und Rost sie verderben und wo Diebe sie stehlen. 20 Sondern sammelt euch Schafft euch Schätze im Himmel, wo weder Motten noch Rost sie verderben, und wo Diebe nicht einbrechen noch stehlen:

Der Himmel ist real, und Gott ist es auch. Verlassen Sie sich auf niemanden außer Jesus. Er hat gerufen, dann regelt er alle deine Bedürfnisse, nicht einige, sondern alle. Ich habe all diese Jahre Tag und Nacht im Weinberg Gottes gearbeitet. Ich bin ein Zeuge dafür, dass er der Einzige ist, der vertrauenswürdig ist. Denn Mose, König David, Daniel, Petrus, Paulus und viele andere, die sich auf ihn verließen, gaben seiner Macht und Kraft die Ehre. Sie haben niemals Kompromisse gemacht oder Brosamen verteilt. Ich weiß, dass es so wahr ist. Jesus ist ein unveränderlicher Gott. Ich sehe, dass sich alles um mich herum verändert. Die Prüfung bereitet dein Zeugnis vor, wenn du im Geist reagierst, aber ein Kompromiss mit deinem Fleisch führt zu Zerstörung und Degradierung. Entscheiden Sie sich für Ihr Schicksal und dafür, wo Sie den Rest der Ewigkeit verbringen wollen. Er ist nicht ersetzbar, wie viele vielleicht denken. Es gibt einen Gott, der Ihnen übernatürliche Macht zeigt. Er wird Sie befördern, wo Sie sich nur selbst ersetzen können. Warten Sie auf den unersetzlichen Gott Jesus.

LASST UNS BETEN

Lord, hilf uns, auf Jesus zu schauen. Lass uns sehen, wie sich zwei Fische vermehren. Der Vorrat an Manna vom Himmel, Öl und das Wunder des Mehls. In der Hungersnot gab das trockene Land 100 mal mehr Ernten. Herr, wir brauchen dich und deine Versorgung. Bitte gib uns alles, was uns gehört, um dich zu versorgen mit

Herrlichkeit und du allein. Wir wollen den unersetzlichen Jesus für unsere Versorgung in Jesu Namen. Amen! Gott segne Sie!

7 FEBRUAR

DER KÖRPER IST DER TRÄGER DES GEISTES!

Was ist Spiritus? Die Grundbedeutung ist Wind. Atem ist auch ein Grundwort für Geist. Der Geist braucht den Körper. Wenn es niemanden für den Geist gibt, wird er machtlos. Es gibt einen schönen Geist, der Heiliger Geist genannt wird, und böse Geister werden böse Geister genannt. Der Geist regiert unsere natürliche Welt. Du trägst entweder den Heiligen Geist oder den bösen Geist in dir. Einmal sah ich, wie der Prediger den bösen Geist austrieb. Er bat darum, zu gehen, wenn man nicht wiedergeboren ist. Denn der Geist braucht den Körper, um seine Arbeit fortzusetzen. Der böse Geist arbeitet mit Satans Mitteln des Stehlens, Tötens und Zerstörens.

Jakobus 2:26 Denn wie der Leib ohne den Geist tot ist, so ist auch der Geist tot, Wenn der Geist den Körper verlässt, ist das Fleisch tot. Wenn eine Person verloren stirbt, dann gerät der Geist unter die Kontrolle Satans. Satan wird diese Geister gegen ihre Familienmitglieder einsetzen.

Deshalb brauchen Sie die Taufe im Heiligen Geist, damit Gott sein Werk durch Sie tun kann. Gott braucht auch den Körper, denn er ist Geist. Ergeben Sie sich dem Heiligen Geist, bitte. Wenn zum Beispiel der Dämon des Alkohols in den Körper einer Person eindringt, wird er sie zum Trinken bringen. Früher hatte der Dämon einen Körper, jetzt sehnt er sich nach Alkohol, Drogen, Nahrung, Wasser usw. Er braucht einen Körper, um sein Verlangen zu stillen. Einmal hörte ich, dass ein alkoholkranker Vater starb und der Dämon des Alkohols in den Körper seines Sohnes eindrang und ihn zum Alkoholiker machte. Dasselbe gilt für Zigaretten, Drogen, Lügen, Sex, Mord, Wut, Schizophrenie, bipolare Störungen und fremde Geister, wenn sie in den Körper eindringen. Der böse Geist ist eine zerstörerische Kraft. Wenn er in den Körper eindringt, setzt er sein Werk fort. Geben Sie nicht dem falschen Geist nach. Heutzutage sind wir unwissend über die geistige Welt. Satan hat eine Erweckung in den Kirchen. Unwissenheit ist die Waffe des Satans gegen uns.

Hosea 4:6 Mein Volk wird aus Mangel an Erkenntnis vernichtet; weil du die Erkenntnis verworfen hast, will ich dich auch verwerfen, so daß du mir kein Priester sein sollst; weil du das Gesetz deines Gottes vergessen hast, will ich auch deine Kinder vergessen.

Als Jesus auf der Erde war, kannten ihn die bösen Geister und bezeugten: Wir wissen, wer du bist.

Markus 1:24 sagt: Lass uns in Ruhe; was haben wir mit dir zu schaffen, du Jesus von Nazareth? Bist du gekommen, um uns zu vernichten? Ich kenne dich, wer du bist, der Heilige Gottes.

7 FEBRUAR

Der Geist macht den Leib lebendig, *Johannes 6:63 Der Geist macht lebendig, das Fleisch nützt nichts. Die Worte, die ich zu euch rede, sind Geist und sie sind Leben.*

Quickeneth bedeutet lebendig machen. Es ist offensichtlich, dass ein Mensch frei ist, wenn er die Dämonen des Alkohols, der Drogen, der Lügen und des tödlichen Fleisches austreibt. Der Körper ist ein Träger des Geistes. Der Geist braucht den Körper.

Psalm 1:1 Wohl dem Menschen, der nicht wandelt im Rat der Gottlosen und nicht steht auf dem Weg der Sünder und nicht sitzt auf dem Stuhl der Verächter.

Wenn du mit einem Gottlosen, einem Sünder oder einem Verächter verkehrst, wird ihr Geist auf dich überspringen, so wie du keine schlechte Mango mit einer guten verkehrst. Der Körper muss die Abfälle und den bösen Geist loswerden, wie es in der Bibel steht. Bete und faste; faste richtig, wie es in der Bibel steht, kein Essen, kein Wasser. Keine Abkürzung. Der Herr Jesus hat keine Abkürzungen genommen. Eine Freundin sagte, dass es ihr kalt war, als sie in meinem Haus in den Flur ging. Also betete ich: "Herr, welcher Geist auch immer hier hereingekommen ist, er muss aus meinem Haus verschwinden. Nachdem ich gebetet hatte, spielte ich im Haus eine Bibel-CD ab. In meinem Traum sah ich einen Dämon in Gestalt eines arabischen Mannes, der aus der Tür trat und in einen anderen Teil des Hauses schaute, aber nicht hineingehen konnte. Manchmal kommen Leute in unser Haus, die unwissentlich Geister mit sich führen. Und sie verlassen das Haus und lassen den Geist fallen. Ich habe viele Erfahrungen mit Geistern.

Ich habe die Angewohnheit, mein Haus täglich mit heiligem Öl zu salben. Die Salbung wird diesen Geist brechen. Öl steht für den Heiligen Geist. Die Bibel ist ein Buch zum Ausarbeiten. Früher hat der Priester gesalbt, jetzt sind wir Priester des Herrn und haben seinen Geist in uns. Wir müssen unseren Körper, unser Haus, unser Essen, unser Wasser, unser Land, unseren Baum, unsere Schule, unser Büro, unsere Autos usw. salben. Ich gehe umher und salbe Schulen, Parks, Einkaufszentren, Geschäfte und jeden Ort, an dem ich bin. Die Aufgabe des bösen Geistes ist es, für den Teufel zu arbeiten, der es versteht, zu stehlen, zu töten und zu zerstören.

Johannes 10:10 Der Dieb kommt nicht, sondern um zu stehlen, zu töten und zu verderben:

Wenn sie diese Dämonen nicht austreiben, werden sie tun, was in der Bibel steht: Sie werden dein Geld, deine Nieren, deinen Verstand, deine Stadt, dein Land und dein Leben stehlen. Eine gute Nation wird arm. Wie und warum? Weil sie falschen Göttern, Göttinnen, Hexen, Hexenmeistern, Satanisten, Hellsehern und anderen Medien erlauben, den Heiligen Geist abzulehnen. Diese Dämonen werden das Land überschwemmen, um es zu zerstören. Nur Gott kennt die Wahrheit. Wenden Sie sich nicht an vertraute Geister, Hexen oder Hexenmeister, um Hilfe und Informationen zu erhalten. Sie arbeiten für den Teufel, genannt das Reich der Finsternis. Willst du verflucht werden? Die Familie, die teuflisch und böse handelt, wird zerstört werden. Gott wird sie dem Satan zur Vernichtung übergeben.

2 Chronik 10:13 So starb Saul für seine Übertretung, die er gegen den Herrn begangen hatte, gegen das Wort des Herrn, das er nicht gehalten hatte, und auch dafür, daß er einen vertrauten Geist um Rat gefragt hatte, um ihn zu befragen;

Gott weiß, dass der Dämon keine Abhilfe schafft. Er wird Informationen liefern, aber keine Lösung. Nur Ihr Der himmlische Vater kann Ihnen helfen, wenn Sie ihn lassen. Wenden Sie sich nicht an das falsche Medium.

2 Chronik 33:6 Er ließ seine Kinder durch das Feuer im Tal des Sohnes Hinnoms gehen, beobachtete die Zeiten und wandte Zauberei und Hexerei an und verkehrte mit einem vertrauten Geist und mit Zauberern; er tat viel Böses vor dem Herrn, um ihn zu erzürnen.

Leviticus 20:6 Wenn eine Seele sich an Wahrsager und Zauberer wendet, um ihnen nachzulaufen, so will ich mein Angesicht gegen diese Seele richten und sie aus ihrem Volk ausrotten.

Leviticus 20:27 Ein Mann oder eine Frau, die einen Wahrsager oder einen Zauberer hat, soll getötet werden; man soll sie mit Steinen steinigen; ihr Blut soll auf ihnen lasten.

Gott ändert sich nie. Gott hat genaue Informationen, um sich vom Bösen fernzuhalten. Wenn du Hilfe aus dem Reich der Finsternis bekommst, wirst du zerstört werden. Die geistige Welt ist etwas, mit dem ich zu tun habe. Ich kenne einige, die mit bösen Geistern verbunden sind. Ich habe ihr Ende beobachtet, das traurig und falsch war. Sie glauben, sie würden gewinnen. Denken Sie daran, dass wir die Macht haben, böse Geister zu binden, sie zu vernichten und auszutreiben. Gott ist größer in seiner Macht. Er kam, um ein Beispiel zu geben, damit wir ihm folgen können. Jetzt will er als Heiliger Geist in unserem Körper bleiben. Der Heilige Geist hat mächtige Macht, die Legionen des bösen Geistes. Es gibt eine Lehre des Satans, die besagt, dass man die Heiligen Geist, wenn Sie den Herrn Jesus als Ihren Retter annehmen. Gott hat es in der Apostelgeschichte geschrieben. Sie werden in einer Zunge sprechen, wenn Sie den Heiligen Geist empfangen. Gott hat Ihren Körper für seinen Wohnsitz geschaffen. Der Heilige Geist wird sich in Ihnen ausbreiten. Erlauben Sie dem Geist Gottes und sehen Sie, was er durch Sie tut.

Johannes 14:12a Wahrlich, wahrlich, ich sage euch: Wer an mich glaubt, der wird die Werke, die ich tue, auch tun; und er wird noch größere als diese tun.18 Ich lasse euch nicht allein: Ich werde zu euch kommen.

Apg 1:8 Ihr werdet aber Kraft empfangen, nachdem der Heilige Geist auf euch gekommen ist; und ihr werdet meine Zeugen sein in Jerusalem und in ganz Judäa und in Samarien und bis an das Ende der Erde.

LASST UNS BETEN

Maß der Herr dir das Herz gibt, ihm zu dienen! Möge der Heilige Geist in deinem Körper leben. Erlaube dem Geist Gottes, durch dich mächtig zu wirken. Lass diese Welt wissen, dass der Heilige Geist die einzige Kraft ist, die wir brauchen. Ich bete, dass wir alle der Kirche aus der Apostelgeschichte folgen und nicht falschen Lehrern und Propheten. Lass den Herrn uns durch seinen Geist befähigen. Herr, gib jedem die neun Gaben des Geistes. Der Geist wirkt allmächtig durch uns. Wir brauchen die Gabe des Geistes, um die Gemeinde zu erbauen. Bitte gib uns deinen Geist, Herr, in Jesu Namen. Amen! Gott segne Sie!

8 FEBRUAR

FRAGEN SIE SICH, WAS MIT DEN MENSCHEN PASSIERT IST?

Was hat den bedeutenden Wandel im Christentum bewirkt? Ist es Hollywood, Bollywood, Medien, Spiele oder weltliche Musik? Ich habe gearbeitet mit verschiedene Kulturen, Farben, Nationalitäten und Länder. Mir ist der drastische Wandel unter den Christen, Städten und Nationen aufgefallen. Was ist passiert? Vor ein paar Jahren reiste ich nach Indien und war schockiert. Ich habe dieselben Menschen getroffen, aber sie haben sich stark verändert. Ich meine, die Person, die ich kannte, ist nicht mehr dieselbe. Viele werden zu Lügnern, Dieben, Aufreißern, Klatschbasen, Kämpfern oder zu Menschen, die voller Eifersucht und Stolz sind, usw., was auch immer. Ich konnte nicht verstehen, was mit ihnen geschehen war. Sie alle wollen wie Filmstars aussehen. Sie alle denken, sie seien Millionäre, können aber keinen Cent für andere ausgeben. Diese Leute haben kein Interesse an Gott, aber sie gehen in ihr Konfessionsgebäude und haben einflussreiche Positionen inne. Kleine Beförderungen haben sie arrogant und hochmütig gemacht. Scheidungen und Ehebruch in der Ehe sind in der religiösen Welt keine Seltenheit.

Ich dachte, wer würde diese Orte gerne besuchen? Ich begann, Gott zu fragen, was eine so drastische Veränderung in der Nation bewirkt hatte. Ich fragte den Herrn: "Was ist passiert? Ich fand den fehlenden Teil, der Buße für die Sünden heißt. Die Sünde trennt uns von Gott. Wir müssen wissen, was Sünde in den Augen Gottes ist. Gott hasst die Sünde. Deshalb war das erste, was Johannes der Täufer sagte. Wenn Sie wollen, dass Ihre Beziehung zum Schöpfer wiederhergestellt wird, dann

Matthäus 3:2 und sprach: Tut Buße, denn das Himmelreich ist nahe herbeigekommen.

Danach sagte Jesus,

Matthäus 4:17 Von da an fing Jesus an zu predigen und zu sagen: Tut Buße, denn das Himmelreich ist nahe herbeigekommen.

Dann wählte Jesus 12 Männer aus und lehrte sie, was sie predigen sollten.

Markus 6:7 Und er rief die Zwölf zu sich und fing an, sie zu zweit und zu dritt auszusenden; 12 und sie gingen hinaus und predigten, dass die Menschen umkehren sollten.

Was hat Petrus am Pfingsttag gesagt?

Apostelgeschichte 2:38 Petrus antwortete: "Tut Buße und lasst euch taufen, jeder von euch! Wenn ihr alle eure Sünden bereut, werden die zerbrochenen Brücken eurer Beziehung zu Gott wieder repariert werden. Wenn ihr eure Sünden nicht bereut, dann gilt das Wort Gottes,

Johannes 8:24 Darum habe ich euch gesagt, dass ihr in euren Sünden sterben werdet:

Was ist Sünde? In den folgenden Bibelstellen werden Sünden erwähnt, für die man Buße tun muss,

Galater 5:19 Es sind aber die Werke des Fleisches offenbar: Ehebruch, Unzucht, Unreinheit, Lüsternheit, 20 Götzendienst, Hexerei, Haß, Zwietracht, Hader, Zorn, Streit, Aufruhr, Häresie, 21 Neid, Mord, Trunkenheit, Schwelgerei und dergleichen; davon sage ich euch zuvor, wie ich euch auch vorhin gesagt habe, daß, wer solches tut, das Reich Gottes nicht erben wird.

Jeden Tag bete ich gegen die Sünde und um innerlich rein zu bleiben. Ich wasche mich mit dem Blut. Ich bin auch in Jesu Namen getauft worden, um meine Sünden im Blut abzuwaschen. Unter dem Namen Jesu ist das Blut des Lammes. Das Blut wird unsere Sünden vergeben. Ich nehme auch jeden Tag das Abendmahl zur Vergebung meiner Sünden. Das Abendmahl sollte aus Wein, nicht aus Traubensaft, und ungesäuertem Brot bestehen. Wenn nicht, dann denken Sie an Römer 6:23 Denn der Lohn der Sünde ist der Tod; Hier ist der Tod der ewige Tod unserer Seele in der Hölle aufgrund der Sünde. Das Fleisch ist sterblich, aber die Seele ist unsterblich.

Die Sünde verursacht Krankheit in deinem Körper,

Psalm 103:2 Lobe den Herrn, meine Seele, und vergiss nicht all seine Wohltaten:3 Er vergibt dir alle deine Missetaten und heilt alle deine Krankheiten;4 er erlöst dein Leben vom Verderben und krönt dich mit Güte und Barmherzigkeit;

Die Sünde gibt Satan den Freibrief, dich zu töten, zu stehlen und zu zerstören. Umkehr bedeutet, dass Sie sich von Ihren Sünden abwenden. Haben Sie schon einmal gehört, dass Menschen sagen: Ich bin so geboren? Das ist meine Natur; ich kann mich nicht ändern. Das ist kein Freibrief für die Sünde. Alle haben gesündigt, also müssen wir alle für jede Sünde Buße tun und uns durch die Taufe in Jesu Namen reinigen lassen, und wir werden ein neues Gewissen haben.

1Petr 3:21 Das gleiche Bild, zu dem auch die Taufe uns jetzt rettet (nicht die Ablegung des Fleisches, sondern die Bejahung eines guten Gewissens vor Gott) durch die Auferstehung Jesu Christi:

Menschen, die geistig blind sind, denken, dass alle anderen schrecklich sind, nur sie selbst nicht. Weil sie in die Kirche gehen, den Zehnten zahlen und sich einen Platz warmhalten, sind sie gut. Jesus kam, um uns zu zeigen, was Sünde ist und was sie ihn kostet. Sie kostet ihn sein Leben, das im Blut liegt. Er hat sein Blut durch die Kreuzigung vergossen.

1 Johannes 3:8 Wer Sünde begeht, der ist vom Teufel; denn der Teufel sündigt von Anfang an. Dazu ist der Sohn Gottes offenbart worden, damit er die Werke des Teufels zerstöre.

Reue ist ein Geschenk Gottes, wenn man die Wahrheit anerkennt.

2Timotheus 2:25 In Sanftmut lehrt er die, die sich widersetzen, wenn Gott sie vielleicht zur Umkehr und zur Erkenntnis der Wahrheit führt;

Römer 2:4 Oder verachtest du den Reichtum seiner Güte und Nachsicht und Langmut und weißt nicht, dass die Güte Gottes dich zur Umkehr führt?

Jesus gab Israel den Geist der Umkehr.

Apg 5:31 Ihn hat Gott mit seiner rechten Hand zum Fürsten und Retter erhöht, um Israel Buße und Vergebung der Sünden zu geben.

Apg 11:18 Als sie das hörten, schwiegen sie und priesen Gott und sagten: Nun hat Gott auch den Heiden Buße zum Leben gegeben.

Wenn wir einen ähnlichen Geist wie Jerobeam haben, macht- und positionshungrig, dann werden wir auch die Lehre Gottes entfernen.

1Kön 12:31 Er errichtete ein Haus der Höhen und machte Priester aus den Niedrigsten des Volkes, die nicht zu den Söhnen Levis gehörten. 13:33 Daraufhin kehrte Jerobeam nicht mehr von seinem bösen Weg ab, sondern machte aus den Niedrigsten des Volkes wieder Priester für die Höhen; wen er wollte, den weihte er und er wurde einer der Priester für die Höhen.

Diese falschen Lehrer und Propheten sind Tare, die Böcke und nicht Schafe aufziehen.

2 Petrus 2:1 - Es waren aber auch falsche Propheten unter dem Volk, wie es auch unter euch falsche Lehrer geben wird, die heimlich verderbliche Irrlehren einführen und den Herrn verleugnen, der sie erkauft hat, und über sich selbst schnelles Verderben bringen werden.

Matthäus 7:15 - Hütet euch vor den falschen Propheten, die in Schafskleidern zu euch kommen, inwendig aber sind sie reißende Wölfe.

2Timotheus 4:3 Denn es wird die Zeit kommen, in der sie die gesunde Lehre nicht ertragen werden, sondern nach ihren eigenen Begierden werden sie sich Lehrer anhäufen, die juckende Ohren haben; 4 und sie werden [ihre] Ohren von der Wahrheit abwenden und sich zu Fabeln hinwenden.

Falsche Lehrer und Propheten werden Finsternis bringen.

1 Johannes 4:1 Ihr Lieben, glaubt nicht jedem Geist, sondern prüft die Geister, ob sie von Gott sind; denn es sind viele falsche Propheten in die Welt hinausgegangen.

Versäumen Sie nicht den Schritt der Buße, d. h. die Anerkennung der Sünde in den Augen Gottes. Der Teufel gibt Ihnen keine Freiheit; die Sünde hat eine Kette der Finsternis. Diese Kette wird Sie in die Hölle führen, wo es kein Licht und keinen Ausweg gibt.

Johannes 1:17 Denn das Gesetz wurde durch Mose gegeben, aber die Gnade und die Wahrheit sind durch Jesus Christus gekommen.

Reue ist eine 180-Grad-Wendung gegen das, was man früher getan und gesagt hat. Davids Sünde des Ehebruchs tötete Urija, Paulus tötete viele Christen, und Petrus verleugnete Jesus. Schließlich taten sie Buße und fanden seine Barmherzigkeit und Gnade. Eine Frau salbte Jesus die Füße. Simon hielt sie für eine Sünderin, aber sie bereute es.

Lukas 7:47 Darum sage ich dir: Ihre vielen Sünden sind vergeben; denn sie hat viel geliebt; wem aber wenig vergeben wird, der liebt wenig. 48 Und er sprach zu ihr: Deine Sünden sind dir vergeben. 50 Und er sprach zu den Frau: Dein Glaube hat dich gerettet; gehe hin in Frieden.

Seien Sie mutig und kommen Sie zum Altar Gottes, egal wo Sie sind. Tut Buße und bittet Gott um die Vergebung eurer Sünden. Alles wird sich zum Guten wenden. Amen!

LASST UNS BETEN

Ter Herr ist nicht gekommen, um das einfache Evangelium zu predigen. Aber die gute Nachricht der Erlösung ist die Befreiung von der Sünde. Sünde führt zu Krankheit und Armut. Bitte gib uns den Geist der Umkehr. Segne uns mit Erlösung. Möge der Herr uns wahre Propheten und Lehrer geben, die die Schafe an das stille Wasser führen. Möge der Herr uns viele Arbeiter schenken, die Gottes Pläne umsetzen! Bereue alle unsere Sünden. Möge Gott, der Herr, uns auf der Straße von Damaskus begegnen, um uns mit unserer Selbstgerechtigkeit zu konfrontieren! Möge der Herr uns mutige Propheten wie Johannes den Täufer und Nathan senden, die sich vor keiner Macht fürchten, sondern vor der Macht Gottes, und die sagen: Das ist falsch, und du bist der Mann. Herr, gib uns den Geist der Buße und die Freiheit von Sünden, in Jesu Namen. Amen! Gott segne Sie!

9 FEBRUAR

KONSISTENZ IST ALLMÄCHTIG!

Was ist die Definition von Beständigkeit? Es ist Gleichförmigkeit, Regelmäßigkeit und Stabilität. In der Bibel steht, dass Daniel dreimal am Tag betete. Er war konsequent! Omnipotent? Omnipotent bedeutet allmächtig, allmächtig, überragend. omni=all Potent=mächtig

Daniel 6:10 Als Daniel erfuhr, dass die Schrift unterzeichnet war, ging er in sein Haus. Die Fenster seiner Kammer standen gegen Jerusalem hin offen, und er kniete dreimal am Tag nieder, betete und dankte vor seinem Gott, wie er es früher getan hatte.

Aufgrund seiner Beständigkeit und Stabilität war Daniel bereit, Gott in jeder Situation zu begegnen. Gott bewies auch, dass er allmächtig ist. Er rettete Daniel aus dem Rachen des Löwen. Würden Sie einen Angestellten einstellen, der nicht zur Arbeit erscheint? regelmäßig arbeiten, auch wenn sie die besten der besten Fähigkeiten haben? Schauen wir uns Salomo an. Gott hat ihn erwählt, einen sehr geschickten und weisen König. Aber am Ende,

Nehemia 13:26 Hat nicht Salomo, der König von Israel, durch diese Dinge gesündigt? Unter vielen Völkern gab es keinen König wie ihn, der von seinem Gott geliebt wurde. Gott machte ihn zum König über ganz Israel, und trotzdem sündigten auch bei ihm die fremden Frauen.

Denken Sie daran, die ersten Dinge zu tun und in Ordnung zu bleiben mit Gott wird beweisen, dass Gott allmächtig und allgewaltig ist. In der persönlichen Laufbahn, bei der Arbeit, im Handel und bei Geschäften ist Einheitlichkeit erforderlich. Braucht also eine Operation der allmächtigen Macht Gleichförmigkeit?

Psalm 102:27 Du aber bist derselbe, und deine Jahre haben kein Ende.

Hebräer 13:8 Jesus Christus, derselbe gestern und heute und in Ewigkeit.

Gott hat Macht über alles. Er ist beständig. Wir haben Entscheidungen zu treffen. Unsere Entscheidungen beeinflussen unsere Zukunft und die Generationen nach uns. David war konsequent in seiner Anbetung. David betete dreimal am Tag. In seiner Not erlöste ihn Gott. Niemand konnte König David stürzen. Keine äußeren oder inneren Kräfte können gegen konsequente Menschen wirken. Wie kann man jemanden nennen, der kaum betet? Vielleicht

Sie sind im Kino, beim Golfen oder tun alles andere als zu beten. Ich glaube nicht, dass mich jemand anrufen würde, wenn mein Gebetsleben keine Beständigkeit hätte.

Psalmen 55:17 Abends, morgens und mittags will ich beten und laut schreien, und er wird meine Stimme hören.

Wir müssen nicht nach der Sonne, dem Mond oder den Jahreszeiten suchen. Gott ist da und sorgt für Tag und Nacht mit Tages- und Nachtlicht. Zuverlässige Mitarbeiter werden befördert, wenn nicht, werden sie entlassen. Gott sucht diejenigen, die mit dem Herrn verbunden bleiben. Wir verlieren die Verbindung, wenn wir uns für andere Dinge entscheiden.

Maleachi 3:6 Denn ich bin der HERR, ich ändere mich nicht; darum werdet ihr Söhne Jakobs nicht vergehen.

Psalm 102:27 Du aber bleibst derselbe, und deine Jahre haben kein Ende.

Wenn du weißt, dass er immer derselbe ist, wirst du nicht deprimiert, verzweifelt, besorgt und verwundert sein. Lassen Sie uns zuerst beten und ohne Unterlass beten. Nichts ist wichtiger als Beständigkeit in unserem Lebensstil, in unserem Reden und in unserem Wandel mit Gott. Der Mensch lügt, aber nicht Gott. Seine Gleichförmigkeit und Regelmäßigkeit reichen vom Anfang bis in die Ewigkeit.

Numeri 23:19 Gott ist kein Mensch, dass er lüge, und kein Menschensohn, dass er umkehre; hat er etwas gesagt, und er wird es nicht tun? Oder hat er geredet, und er wird es nicht tun?

Abraham hatte Stabilität in seinem Leben mit Gott. Er stellte nie in Frage, warum, was und wann. Er sagte: Ja, Herr, ich bin bereit. Der Herr bewies seine Macht.

Mose 12:2,3 Und ich will dich zu einem großen Volk machen und will dich segnen und deinen Namen groß machen, und du sollst ein Segen sein:

Aufgrund seines beständigen Wandels mit Gott erhielt David die Verheißung, dass der Messias durch seine Blutlinie kommen würde.

Psalmen 72:17 Sein Name bleibt ewiglich; sein Name bleibt bestehen, solange die Sonne scheint; und die Menschen werden in ihm gesegnet sein; alle Völker werden ihn gesegnet nennen.

Denken Sie daran, dass Sie einen Auftrag von Gott haben, wenn Sie sich Gott zuwenden. Sie können auch Segen erlangen, wenn Sie in Ihrer Berufung konsequent sind. Wenn du seine Gesetze und Gebote befolgst, wirst du besondere Verheißungen erhalten, weil du dich zuverlässig um Gottes Angelegenheiten kümmerst. Ich kenne einen Pastor, der viele geistliche Gaben hat, da sein Weg mit Gott beständig ist. Ich habe ihn im Tal gesehen. Jetzt ist es andersherum. Er ist auf dem Gipfel des Berges. Seine Söhne haben aufgehört, Drogen zu nehmen, und sind jetzt sesshaft geworden. Seine Enkelkinder gewinnen viele Trophäen, haben aber keinen Platz, um sie aufzustellen. Die Enkelkinder sind die Besten in der Schule, in der Musik und bei den Spielen. Wie kommen diese Enkelkinder zu ihren Segnungen? Seine Frau sagt, dass der Großvater umhergeht und für die Menschen betet, so dass diese in Jesu Namen Heilung und Befreiung erfahren. Ihre Beständigkeit wird Ihnen und den nachfolgenden Generationen zum Segen gereichen. Sei beständig in deinem Auftrag von Gott.

Beten Sie ohne Unterlass, predigen Sie das Evangelium, treiben Sie Dämonen aus und heilen Sie Kranke, um Ihren Lohn zu sehen. Ich entscheide mich vor allem für Gott. Er hat mich aus vielen Prüfungen und Schwierigkeiten herausgeführt. Er hat mir viele geistliche Gaben anvertraut. Ich kann diese geistlichen Gaben behalten, solange ich einen stabilen und beständigen Wandel und ein Gespräch mit Gott habe. Du kannst alle Verheißungen erhalten und der Welt zeigen, dass Gott allmächtig ist, wenn du beständig in seinem Wort wandelst.

LASST UNS BETEN

Oer Herr des Himmels schenke dir Beständigkeit in deinem gottgefälligen Wandel und deinem heiligen Lebensstil. Mögest du ein mächtiger Gebetskrieger sein und ohne Unterlass beten. Möge Herr, finde dich treu in allen Aufträgen. Der Herr braucht die Arbeiter, die bereit sind, Gottes Befehl zu hören und auszuführen. Möge der Herr das Vertrauen für Ihn in uns finden. Der Herr tut alles, aber er braucht jemanden, der treu in seinen Angelegenheiten auf der Erde ist. Herr, ich bin verfügbar. Herr, mach mich treu in Jesu Namen. Amen! Gott segne Sie!

10 FEBRUAR

DIE MISSION DES HERRN FORTSETZEN!

Jesus hat uns den Weg gezeigt, ihm zu folgen. Ich danke dir, Herr. Das herausragendste Beispiel, das er gegeben hat, war das Gehen auf dem Weg, um uns zu zeigen, was es braucht, um seine Mission auf der Erde zu beginnen und fortzusetzen. Wenn wir dem Weg Jesu folgen, werden die Menschen das Leben durch die Wahrheit finden. Die Erlösung einer Seele ist der Plan und der Gedanke in seinem Kopf. Er hat nie eine Abkürzung genommen. Er hat es den ganzen Weg gemacht. Das Wort Gottes kann lebendig werden, wenn wir es in die Tat umsetzen. Wenn nicht, dann ist es machtlos. Quicken bedeutet lebendig machen, aktiv werden. Beleben heißt Leben geben. Wenn man tut, was die Schrift sagt, wird das Wort lebendig. Viele predigen über das Gebet, aber was passiert, wenn sie praktisch anfangen zu beten? Wenn wir fasten, wie es im Wort geschrieben steht, werden die von Dämonen bedrängten und besessenen Menschen befreit. Sehen wir uns an, was Jesus in der folgenden Schriftstelle sagt. Wie wir wissen, kann das Wort Gottes nur lebendig werden, wenn wir es tun.

Matthäus 17:14 Und als sie zu der Menge kamen, trat ein Mann zu ihm, kniete vor ihm nieder und sprach: 15 Herr, erbarme dich meines Sohnes; denn er ist wahnsinnig und schwer geplagt; denn er fällt oft ins Feuer und oft ins Wasser. 16 Und ich brachte ihn zu deinen Jüngern, und sie konnten ihn nicht heilen. 17 Da antwortete Jesus und sprach: O du ungläubiges und verkehrtes Geschlecht, wie lange soll ich bei euch sein? wie lange soll ich euch dulden? 18 Und Jesus bedrohte den Teufel, und er fuhr von ihm aus; und das Kind war geheilt von derselben Stunde an. 19 Da traten die Jünger zu Jesus und sprachen: Warum konnten wir ihn nicht austreiben? 20 Jesus aber sprach zu ihnen: Wegen eures Unglaubens. Denn wahrlich, ich sage euch: Wenn ihr Glauben habt wie ein Senfkorn, so werdet ihr zu diesem Berge sagen: Hebe dich von hinnen, so wird er sich heben, und nichts wird euch unmöglich sein. 21 Diese Art aber geht nicht aus außer durch Gebet und Fasten.

Es gibt viele Arten von Kämpfen. Wir können alle Schlachten gewinnen, wenn wir die Anwendung des Wortes lernen. Jesus sagte, wir ringen nicht mit Fleisch und Blut.

Epheser 6:12 Denn wir ringen nicht mit Fleisch und Blut, sondern mit Fürstentümern, mit Mächten, mit den Machthabern der Finsternis dieser Welt, mit der geistlichen Bosheit in der Höhe.

Wenn dies der Kampf ist, dann müssen wir alle beten und fasten. Tut unser Hirte Jesus, was er gepredigt und gelehrt hat? Sehen wir uns die biblische Aussage über das Fasten Jesu an,

10 FEBRUAR

Matthäus 4:2 Und als er vierzig Tage und vierzig Nächte gefastet hatte, wurde er danach hungrig.

Sehen wir uns nun einige Beispiele dafür an, wie Jesus für verschiedene Orte, Gelegenheiten und Menschen betete.

Lukas 5:16 Und er zog sich in die Wüste zurück und betete.

Unser Hirte hat für uns gebetet.

Johannes 17:9 Ich bete für sie: Ich bete nicht für die Welt, sondern für die, die du mir gegeben hast; denn sie sind dein.

Matthäus 26:39 Und er ging noch ein Stück weiter, fiel auf sein Angesicht und betete,

Markus 1:35 Und am Morgen, als er noch vor Tagesanbruch aufstand, ging er hinaus und begab sich an einen einsamen Ort und betete dort.

Gelobt sei Gott, unser Hirte Jesus, der in Fleisch und Blut übergegangen ist, um uns zu zeigen, dass das Wort allein keine Macht hat, aber es wird lebendig, wenn wir es praktisch in die Tat umsetzen. Predigen Sie nicht nur. Praktiziere, was du predigst. Wir müssen weiterhin tun, was der Herr uns gezeigt hat. Der Herr hat es bewiesen, indem er das Wort tat, und das Wort wurde lebendig.

Matthäus 20:28 So wie der Menschensohn nicht gekommen ist, um sich dienen zu lassen, sondern um zu dienen und sein Leben als Lösegeld für viele zu geben.

Halleluja, wir haben unsere Gruppe organisiert und gebetet täglich: Unsere Gruppe fastet eine Woche im Monat und fastet regelmäßig wöchentlich. Wir folgen den Fußstapfen unseres Herrn, um seine Mission fortzusetzen. Wir haben die ganze Nacht gebetet, wie der Herr die ganze Nacht gebetet hat. Jeden Tag beten wir früh am Morgen und beten ohne Unterlass. Wenn wir genau das tun, was er gesagt hat, haben wir die Chance zu gewinnen. Wir haben gesehen, wie Menschen befreit wurden, wie Ketten zerbrochen wurden und wie sie befreit wurden. In unserem nächtlichen Gebet legen wir Fürsprache ein. Wir beten für Nationen und Situationen. Eine liebe Frau war viele Jahre lang durch Krankheit und Gebrechen gebunden. Sie wurde völlig befreit und losgelassen. Also, mein Freund, nur Jesus kann es tun, wenn Sie bereit sind. Wenn Sie Ihm erlauben, sein gefügiges Gefäß zu sein. Gehen Sie im Gebet zu ihm und lassen Sie sich von ihm leiten. Ich möchte den Plan Gottes umsetzen. Was für ein ausgezeichneter Plan! Er hat nie aufgehört, seine Schöpfung zu lieben. Der Vater möchte, dass seine Kinder geheilt und befreit werden und die Freiheit genießen. von Drogen, Alkohol, Krankheiten und Gebrechen. Seine Mission kann verwirklicht werden, wenn er jemanden findet, der auf ihn hört. Satan hat Kirchen und Organisationen gegründet.

Wie Sie wissen, hat Gott einen Plan, und auch Satan hat einen Plan. Satans Plan ist es, den Weg Gottes zu stoppen, zu blockieren und zu behindern, wenn Sie Gott folgen und auf seinen Wegen bleiben. Er wird den Rest tun. Er braucht nur jemanden, der ein Ohr hat, um zu hören, Augen, um zu sehen, und der es liebt, für Gott zu arbeiten. Der Herr sagte, dass ich dir meinen Geist geben werde, damit du Wunder, Heilung, Wort der Erkenntnis, Weisheit, übernatürliche Gabe des Glaubens, Prophetie, Zunge und Zungenauslegung tun kannst, und die Unterscheidung des Geistes. Wenn Sie Gottes Arbeit fortsetzen wollen Mission effektiv zu erfüllen, bitten Sie um alle möglichen Gaben. Ich habe einige gesehen, die mit den von Gott gegebenen Gaben arbeiten, um seine Mission zu erfüllen.

Um die Mission Gottes auf der Erde fortzusetzen, bedarf es eurer ganzen Aufmerksamkeit, eurer Hingabe und eurer Unterordnung. Möge der Herr uns viele geben, die tun können, was er uns anvertraut hat. Sag einfach Ja, Herr! Amen!

LASST UNS BETEN

Oer himmlische Vater, der du gekommen bist, um Gefangene zu befreien, gebrochene Herzen zu heilen und Kranke zu heilen, hilf uns, deine Mission fortzusetzen. Wie du uns gegeben hast die Autorität und den Auftrag, wir wollen deine Mission erfüllen. Herr, wenn wir nicht unsere Hand auflegen, werden sie nicht wissen, dass Jesus heilt. Hilf uns also, die Hände auf die Kranken zu legen, damit sie geheilt werden. Herr, wir wissen, dass unser Gott gekommen ist, um die Gefangenen zu befreien. Herr, hilf uns also, schnell und frei die Dämonen auszutreiben. Herr, viele haben ein gebrochenes Herz, hilf uns, die gebrochenen Herzen zu erreichen. Herr, tröste die, die ein gebrochenes Herz haben. Deine Mission geht weiter, wenn wir die Arbeiter haben. Herr, sende uns mehr Arbeiter. Die Ernte ist reichlich, aber es gibt nur wenige Arbeiter. Herr, mach uns eins. Wir wollen deine Salbung; salbe uns mit dem Heiligen Geist und der Kraft in Jesu Namen. Amen! Gott segne Sie!

11 FEBRUAR

DIE MISSION SATANS IN DER KIRCHE.

Satans Mission in der Kirche, ja, Sie haben richtig gehört. Es gibt eine Mission für Satan in der Kirche. Satan hat eine Mission in Ihrer Stadt, Ihrem Staat und Ihrem Land. Wir hören wir diese Aussage, nicht wahr? Aber Gott ist mächtig. Er kann die Macht des Satans besiegen. Er hat Satan auf Golgatha besiegt. Ja! Er hat auch Priester, die jetzt Pastoren genannt werden, und Hohepriester, die jetzt Superintendenten oder Bischöfe genannt werden, über ihre Tische hinweg verworfen.

Matthäus 21:12-13: Und Jesus ging in den Tempel Gottes und trieb alle aus, die im Tempel verkauften und kauften, und stieß die Tische der Geldwechsler um und die Stühle der Taubenverkäufer und sprach zu ihnen: Es steht geschrieben: Mein Haus soll ein Bethaus heißen; ihr aber habt es zu einer Räuberhöhle gemacht.

Sie verstehen, worauf ich hinaus will. Derselbe Geist ist in den Kirchen am Werk. Denken Sie daran, dass diese Menschen physisch gestorben sind, aber der Geist, der hinter ihnen steht, nicht. Er nahm eine andere Form an in der Zeit des Evangeliums. Sie wurde religiös und lehnte JESUS ab. Der Herr Jesus war ein Jehovah Gott, den sie suchten. Sie suchten ihn, oder sie suchten Macht, Position und Geld. Sie waren religiös, nicht geistlich. Lassen Sie mich den Unterschied zwischen religiös und geistlich erklären. Kain war religiös und Abel war geistlich. Kain brachte das Opfer und wurde nicht angenommen, aber Abel brachte das, was Jehova Gott annahm. Kennen Sie diese Art von Mensch? Wer war Kain? Wie weit war er von Abel entfernt? Er stand direkt neben ihm, seinem Bruder. Jetzt weißt du, dass sie deine Brüder, Schwestern, Mama und Papa sind. Aber du verleugnest es immer noch. Und warum? Weil du nicht glauben willst, dass meine Schwester oder mein Bruder mich als Sklaven verkaufen können wie Josephs Bruder. Meine Schwester und meine Mutter würden meine Ehe nicht zerstören, wie Isebel es tat. Wache auf! Lassen Sie sich nicht von religiösen Schauspielern und Schauspielerinnen blenden, die hinter der Kanzel verschiedene Rollen spielen und Titel und Positionen innehaben. Bitte lesen Sie die Bibel; sie sagt, dass wir auf ihre Früchte achten sollen. Achten Sie auf das Zeichen, das ihnen folgt.

Religiöse Menschen werden lügen und Gott nicht fürchten. Religion ist eine machtlose Organisation Satans, um uns zu täuschen. Sie bringt Spaltungen zwischen den Gruppen. Egal, wo sie hingehen, sie verunreinigen alles.

Sprüche 16:28: Ein missgünstiger Mensch sät Zwietracht, und ein Flüsterer trennt die besten Freunde.

Gott nannte religiöse Menschen Narren, nicht Freunde, Familienfreunde, Pastoren oder Heilige. Sehen Sie diese Art von Menschen in Ihrer Familie? Schließe die Türen vor ihnen! Sie sind Tara. Früchte geben dem Baum ein Recht. Suchen Sie nach den Früchten.

Sprichwort 10:18 Wer mit lügnerischen Lippen Haß verbirgt und wer Verleumdungen ausstößt, ist ein Narr.

Sprichwort 11:13 Ein Schwätzer verrät Geheimnisse:

Sie trennen Ehemänner von Ehefrauen und Familien. Aber sie reden immer über Jesus. Seien Sie vorsichtig mit religiösen Menschen. Sie können Spiritualität nicht ausstehen. Kain konnte Abel nicht ausstehen. Sie sind nicht allzu weit von Ihnen entfernt. Sie könnten deine eigene Familie sein oder als Freunde zu dir oder deiner Familie kommen.

Sprüche 16:28 Ein missgünstiger Mensch sät Zwietracht, und ein Flüsterer trennt die besten Freunde.

Jesus bezeichnet religiöse Menschen als Unkraut. Satan hat sie in das Gebäude gebracht, das sie Kirche nennen, damit er seine Mission erfüllen kann.

Matthäus 13:38 Der Acker ist die Welt; die gute Saat sind die Kinder des Reiches; das Unkraut aber sind die Kinder des Bösen; der Feind, der es gesät hat, ist der Teufel; die Ernte ist das Ende der Welt, und die Schnitter sind die Engel. Wie nun das Unkraut gesammelt und im Feuer verbrannt wird, so wird es auch am Ende dieser Welt sein.

Ziege und Schaf. Ihr wartet bis zum Ende, um das Gericht Gottes zu sehen.

Matthäus 13:41: Der Menschensohn wird seine Engel aussenden, und sie werden aus seinem Reich sammeln, was unrecht tut und wer Unrecht tut, und werden sie hinauswerfen. sie in den Feuerofen werfen; da werden sie heulen und Zähneknirschen.

Wer hat sich ständig gegen den Apostel Paulus gestellt? Es waren religiöse Männer und Frauen. Alle, die mit Paulus kämpften, waren die religiöse Gruppe. Das Volk Gottes, Israel, hatte eine geistliche Königin namens Isebel. Isebel war religiös und hatte viele falsche Propheten. Wie kann man zweifeln, wer sich als Engel des Lichts tarnt? Woran erkennt man den Geist Isebels? Erstens sind sie manipulativ, und zweitens sehen sie die Früchte, die sie hervorbringen.

1 Könige 18:22: Da sprach Elia zum Volk: Ich allein bin ein Prophet des HERRN; aber die Propheten Baals sind vierhundertfünfzig Mann.

Diese religiöse Frau hatte eine Mission, die sich gegen die Propheten Gottes richtete. Sie wollte Elia, den Propheten, töten.

1 Könige 19:2: Da sandte Isebel einen Boten zu Elia und ließ ihm sagen: So sollen mir die Götter tun und noch mehr, wenn ich nicht bis morgen um diese Zeit dein Leben wie das Leben eines von ihnen mache.

Haben Sie die Ehefrauen der religiösen Führer gesehen? Sie sind super religiös und sehr gefährlich. Bist du

11 FEBRUAR

verwirrt, wenn du mit ihnen befreundet bist? Isebel hatte eine Tochter, und die heiratete einen bestimmten König. Ihr Name war Athalja,

1 Könige 11:1: Und als Athalja, die Mutter Ahasjas, sah, dass ihr Sohn tot war, machte sie sich auf und vertilgte den ganzen königlichen Samen.

Ein gewisser religiöser Geist wird den Kindern von ihren Eltern. Die Bibel ist ein Buch, das die Wahrheit sagt. Sie offenbart die Persönlichkeit religiöser und spiritueller Menschen. Sie haben sicher schon so viele dieser Menschen gesehen oder getroffen wie ich. Ganz gleich, wer sie sein könnten. Bitte halten Sie sich von ihnen fern! Sie werden Sie zerstören. Sie werden Sie zerstören. Sie sind nicht deine Freunde, deine Familie oder dein Führer. Wie der Herr sagte, sie sind Tare, Narren und Heuchler. Sie haben den Auftrag ihres Vaters, der darin besteht, zu stehlen, zu töten und zu zerstören. Seht ihre Früchte, und lasst euch nicht täuschen.

LASST UNS BETEN

Lord, schenke dir, deiner Familie, deinen Kindern und Enkelkindern besonderen Schutz. Möge der Herr Sie mit Schutz und dem Geist der Unterscheidung versorgen. Möge der Herr Sie vor Schaden, Gefahr, Tara, Narren und Schwätzern bewahren. Die Schrift sagt in 1. Johannes 4:1 Geliebte, glaubt nicht jedem Geist, sondern prüft die Geister, ob sie von Gott sind; denn viele falsche Propheten sind in die Welt hinausgegangen. Herr, dies ist die Endzeit. Bitte gib uns wahre Lehrer und Propheten, um uns vor Schaden und Gefahr zu bewahren, in Jesu Namen. Amen! Gott segne Sie!

12 FEBRUAR

SPRICHT SEGENSWÜNSCHE ÜBER SICH SELBST

Yunsere Worte haben eine schöpferische Kraft. Wenn Sie das geistige Werk sehen können, das durch Ihr Wort geschaffen wird, werden Sie Ihren Wortschatz sorgfältig zusammenstellen. Du wirst denken, bevor du sprechen. Wenn die Kraft der Worte Gottes deine Worte stärkt, dann können deine Worte das schaffen, was du gesprochen hast. Gottes Worte sind für die Ewigkeit bestimmt. Himmel und Erde können vergehen, aber nicht das Wort Gottes. Du kannst jede Verheißung erben und dich im Herrn freuen, wenn du weißt, wie es geht.

Psalm 119:11 "Dein Wort habe ich in meinem Herzen verborgen, damit ich nicht gegen dich sündige."

Wenn du keinen Ärger magst, dann sprich darüber, was du gerne gewinnen möchtest. Es ist ein Segen für mich, dass ich rausgehen und reinkommen kann. Ich habe seine Macht, den Feind zu zertreten. Ich lebe in seinem Schatten. Jesus ist mein Hirte, und ich bin gut versorgt. Du beginnst deinen Tag, indem du positiv sprichst, nicht durch das, was du siehst oder fühlst. Oft wachen Sie vielleicht auf und fühlen sich traurig oder krank. Vielleicht haben Sie eine familiäre Situation, aber wenn Sie Wenn du positive Worte sprichst, wird dein Wort schon während du sprichst entstehen. Du schreibst deinen Tag neu, egal, was du siehst. Tappen Sie nicht in die Mundfalle. Sprich einfach. Ich wandle im Glauben und nicht im Schauen. Ich glaube, was ich nicht sehe. Ich glaube nicht an das, was ich sehe. Dies wird einen glorreichen Sieg, Heilung und Glauben bringen. Unser Wort hat eine Falle des Sehens. Wenn du also das Wort Gottes in deinem Mund hast, rettet es dich.

1 Petrus 3:10 Denn wer das Leben liebt und gute Tage sehen will, der hüte seine Zunge vor dem Bösen und seine Lippen, dass sie nichts Falsches reden,

Sie gestalten Ihr Leben. Willst du ein gutes Leben? Wie ein Millionär? Dann sage ich es: Ich bin ein reiches Kind. Ich bin ein Kind von König Jesus. Er versorgt mich mit allem, was ich brauche. Aus seinem Überfluss besitzt er Himmel und Erde; er versorgt mich mit seinem Überfluss; er hat einen Zusatz und mehrere Programme für meine Versorgung, und ich bin gesegnet.

Sprichwort 21:23 "Wer seinen Mund und seine Zunge hütet, bewahrt seine Seele vor Ungemach."

Epheser 4:29: "Aus eurem Mund soll kein verdorbenes Wort kommen, sondern das, was gut ist und zur Erbauung dient, damit es den Zuhörern Gnade gibt."

12 FEBRUAR

Was ist Korruption? Korrumpieren bedeutet, vom Guten zum Schlechten zu wechseln, zu beschmutzen oder zu verunreinigen, vom Guten abzulenken und zum Bösen zu verführen. Wenn man schlecht redet, wird es sich verflüchtigen und die angenehme Situation in eine schlechte verwandeln. Das Wort Gottes lehrt uns, was wir sagen und was wir nicht sagen sollen.

Spricht Segenswünsche über sich selbst Sprichwort 10:19 "An der Menge der Worte fehlt es nicht; aber wer seine Lippen zurückhält, ist weise."

Wählen Sie die Worte genau so, wie Sie die Ergebnisse sehen möchten. Glauben Sie daran, dass es geschieht, während Sie sprechen. Sagen Sie nicht, was Sie sehen. Sagen Sie: Ich bin gesegnet, Gott hält mir den Rücken frei, er ist mein Beschützer. Ich werde aus diesem Krankenbett aufstehen, gehen und seine Barmherzigkeit und Gnade erfahren.

Matthäus 12:37 "Denn durch deine Worte sollst du gerechtfertigt werden, und durch deine Worte sollst du verurteilt werden."

Jesus ist der Richter. Du sagst also, dass ich im Unrecht bin, aber ich möchte deine Gnade, nicht dein Urteil. Bekenne deine Schuld und bitte um Vergebung. Lernen Sie zu sprechen, was Ihre Welt verändern kann, vom Prozess zum Zeugnis, vom Krieg zum Sieg, von der Armut zum Überfluss.

Psalm 119:11 "Dein Wort habe ich in meinem Herzen verborgen, damit ich nicht gegen dich sündige."

Gehen Sie in die Lehranstalt des Heiligen Geistes, atmen Sie tief ein und sagen Sie: "Der Heilige Geist legt mir die Worte in den Mund, damit ich die richtigen Worte spreche. Der heilige Geist wird das übernehmen.

Jesaja 54:17 "Keine Waffe, die sich gegen dich erhebt, soll Erfolg haben, und jede Zunge, die sich im Gericht gegen dich erhebt, sollst du verurteilen. Das ist das Erbe der Knechte des HERRN, und ihre Gerechtigkeit ist von mir, spricht der HERR."

Gott ist gerecht, also erben wir alles, was er gesagt hat. Ich löse seine Verheißungen ein, indem ich in meinem Herzen spreche und daran glaube. I haben einen bedeutenden Sieg errungen. Seine Worte sind den ganzen Tag und die ganze Nacht gut. Ich sehe Waffen des Zweifels, Situationen, Angst, Haus und Familiensituationen, in denen Probleme entstehen.

Hiob 15:6 "Dein eigener Mund verurteilt dich und nicht ich; ja, deine eigenen Lippen bezeugen gegen dich."

Das ist so kraftvoll. Was für eine lehrreiche Lektion für das Leben. Sprechen Sie also positiv. Sagen Sie: "Ich werde einen guten Tag haben. Ich bin ein Königskind. Er hat Erbarmen und Gnade für mich. Ich bin das Haupt. Ich bin der Erste. Ich bin oben. Ich bin hoch begünstigt. Da meine Versorgung vom Herrn kommt, bin ich reich. Ich bin geheilt. Jesus hat für meine Sünden mit Striemen bezahlt. Meine Kinder sind mächtige Männer und Frauen Gottes.

Sprichwort 15:4 "Eine gesunde Zunge ist ein Baum des Lebens; aber ihre Verderbtheit ist ein Bruch im Geist."

Die Bibel sagt, dass Jesus Menschen durch seine Worte geheilt hat, die heilen können. Jesus ist der Seelsorger; wir können sein Seelsorger sein, wenn wir sanfte und vernünftige Worte sprechen. Worte können heilen oder tiefe Wunden verursachen.

Psalm 34:13 "Bewahre deine Zunge vor dem Bösen und deine Lippen vor böser Rede."

Sprüche 18:21 "Tod und Leben sind in der Macht der Zunge, und wer sie liebt, wird ihre Frucht essen."

Wenn Sie sagen: "Ich bekomme eine Erkältung", dann warten Sie ab, es wird passieren. Ich fürchte, das wirst du. "Ich bin verärgert", dann wirst du es. Wenn ich nicht weise bin, dann sehen Sie, was aus Ihnen wird. Aber wie du sagst: "Ich kann alle Dinge durch Jesus tun." Er wird dich befähigen, dich stärken, dann wird es geschehen, wie du gesagt hast. Wenn du sprichst, wie König David sprach: "Meine Hilfe kommt vom Herrn, er salbt mein Haupt mit Öl, mein Becher ist voll, ich bin in ihm geborgen." Dann wird all das, was du gesagt hast, in deinem Leben zu geschehen beginnen. Du wirst sagen: "Mein Gott! Wie groß du bist! Halleluja!

Psalmen 35:28 "Und meine Zunge wird den ganzen Tag von deiner Gerechtigkeit und deinem Lob reden."

LASST UNS BETEN

Herr, mein Gott, hilf uns, die Wahrheit des Wortes zu sagen. Hilf uns, über Gesundheit, Wohlstand und Segen zu sprechen. Sprich, ich sehe, dass ich eine neue Kreatur bin. Die alten Dinge sind vergangen. Die Neuheit des Lebens hat mich auferweckt. Ich bin nach deinem Bild geschaffen. Ich bin das Werk Gottes. Mein Leben ist in dir verborgen. Ich weiß, dass ich sicher und geborgen bin. Ich bin über und über gesegnet. In Jesu Namen. AMEN! Gott segne Sie!

13 FEBRUAR
WIR BRAUCHEN BESCHEIDENE FÜHRER.

Beten Sie, dass der Herr uns demütige Leiter schenkt. Was ist die Definition von demütig? Bescheiden bedeutet, unterwürfig und sanftmütig zu sein.

In der Bibel heißt es in Numeri 12:3: "Mose aber war sehr sanftmütig, mehr als alle Menschen, die auf Erden sind.

Humble wird den Auftrag annehmen und weitermachen. Gott muss sich nie Sorgen machen. Wenn jemand ein Königreich, ein Geschäft oder ein Unternehmen aufbauen will, braucht er eine Person, die die Anweisungen ausführen kann. Gott rief Mose, um die Israeliten in das verheißene Land zu führen. Da Mose ein bescheidener Mann war, war es eine große Aufgabe, sechshunderttausend Männer zu Fuß zu führen, neben Frauen und Kindern. Er tat genau das, was Gott ihm befohlen hatte. Selbst in der gegenteiligen Situation stand er für den Herrn ein. So sahen nicht nur die Ägypter, sondern auch das umliegende Land, dass der Gott der Hebräer mächtig ist. Er ist real. Sie hatten Angst vor dem Gott Jehovas. Und warum? Ein bescheidener Anführer wird in der Führung des allmächtigen Herrn führen.

Josua 5:1 Als alle Könige der Amoriter, die westlich des Jordans wohnten, und alle Könige der Kanaaniter, die am Meer wohnten, hörten, daß der Herr das Wasser des Jordans vor den Israeliten ausgetrocknet hatte, bis wir hinübergezogen waren, da schmolz ihr Herz und sie hatten keinen Mut mehr wegen der Israeliten.

Mose wartete in allen Situationen darauf, vom Herrn zu hören. Mose hat Gott nie zu sehr gehorcht. Warten, hören und Gott gehorchen ist der Weg zum Erfolg.

Jesaja 48:17 So spricht der Herr, dein Erlöser, der Heilige Israels: Ich bin der Herr, dein Gott, der dich lehrt, was nützlich ist, und der dich auf dem Weg führt, den du gehen sollst.

Gott möchte mit seinem Volk in Verbindung treten und der Welt zeigen, dass er real ist. Er ist der Schöpfer und der Retter. Wie kann er das tun? Nun, Gott braucht jemanden, der demütig ist, wie Mose. Gott braucht jemanden, der ihn in jeder guten, schlechten oder gegenteiligen Situation anleitet. Stellen Sie niemals seine Führung und Leitung in Frage. Was ist das Gegenteil von dem, der demütig ist? Stolz! Wer stolz ist, hört nicht, sondern leidet unter den Folgen und regiert, ohne nachzudenken. Pharao ist ein Beispiel für einen stolzen König.

Exodus 10:3 Mose und Aaron traten zum Pharao und sprachen zu ihm: So spricht der Herr, der Gott der

Hebräer: Wie lange willst du dich noch weigern, dich vor mir zu demütigen? Laß mein Volk ziehen, damit es mir dienen kann.

Ein Mann sah Unheil und Plage, wollte sich aber nicht dem Herrn unterwerfen. Sogar die Diener waren weiser und bescheidener als der Pharao. Dies ist das beste Beispiel dafür, dass man nicht auf die Autorität des Himmels hört.

Mose 10:7 Da sagten die Knechte des Pharao: Wie lange soll uns dieser Mann noch eine Falle sein? Laßt die Männer ziehen, damit sie dem Herrn, ihrem Gott, dienen. Weißt du denn nicht, daß Ägypten schon zerstört ist?

Warum leidet das Volk Gottes? Aus demselben Grund: Sie weigern sich, Gott zu hören und zu gehorchen. Die Demütigen halten sich daran, meinen aber stolz, sie wüssten alles. Der Plan des Herrn ist für jetzt und für die Zukunft. Denken Sie daran, dass er jetzt vielleicht noch keinen Sinn ergibt, aber er wird es. Denken Sie daran: Lernen Sie zu warten.

Psalmen 106:13 Sie vergaßen bald seine Werke, / sie warteten nicht auf seinen Rat:

Die Könige des Nordreichs ließen die Demut fallen, ließen Gottes Volk im Stich und verloren die Nation Israel im Krieg im Jahr 722.

2 Chronik 7:14 Wenn mein Volk, das nach meinem Namen gerufen ist, sich demütigt und betet und mein Angesicht sucht und sich von seinen bösen Wegen abwendet, dann will ich vom Himmel her hören und ihre Sünde vergeben und ihr Land heilen.

Diese Schriftstelle ist zum Tun und nicht zum Rufen, nicht zum Auswendiglernen, aber man muss sich demütigen und beten. Die Geschichte wiederholt sich, da der Leiter in Eile ist. Ich möchte nicht, dass Sie das Wort öffnen und sich nicht mit Gott verbinden. Warum wurden Familien und Nationen zerstört? Aus demselben Grund, weil es keinen demütigen Führer gibt. Beten Sie für eine gottesfürchtige Autorität, dann wird das Land in Frieden leben.

1Timotheus 2:1 So ermahne ich nun, dass vor allen Dingen Bitten, Gebete, Fürbitten und Danksagungen für alle Menschen vorgebracht werden, 2 für Könige und alle, die Gewalt haben, damit wir ein ruhiges und friedliches Leben führen in aller Frömmigkeit und Ehrbarkeit. 3 Denn das ist gut und wohlgefällig vor Gott, unserm Heiland;

Wir brauchen Heilung in unserer Ehe, Familie, unserem Land und unseren Kindern. Und wie? Das geht nur, wenn wir auf Gott hören. Wenn wir uns demütigen und auf ihn hören und tun, was er befiehlt, dann gibt es Sicherheit, Schutz und Wohlstand. Jesus sagte: "Meine Schafe sind ohne einen Hirten." Die geistliche Autorität wird Sie mit Gott verbinden. Beten Sie für gottesfürchtige, demütige Führer in der geistlichen und weltlichen Welt; beten Sie für gottesfürchtige Führer.

Sprüche 29:2 Wenn der Gerechte regiert, freut sich das Volk; wenn aber der Gottlose regiert, trauert das Volk.

13 FEBRUAR

David war ein gottesfürchtiger, demütiger Führer. Sein Sieg war ein Grund, sich von Gott beraten zu lassen und ihm zu gehorchen.

1 Samuel 30:8 David fragte den Herrn und sagte: Soll ich diese Truppe verfolgen? Soll ich sie überrumpeln? Der Herr antwortete ihm: Jage ihnen nach, denn du wirst sie sicher einholen und alle wieder einholen.

2 Samuel 5:19 David fragte den Herrn und sagte: Soll ich gegen die Philister hinaufziehen? Willst du sie in meine Hand geben? Der Herr sprach zu David: Zieh hinauf, denn ich werde die Philister gewiß in deine Hand geben.

2 Samuel 21:1 Zur Zeit Davids herrschte drei Jahre lang, Jahr für Jahr, eine Hungersnot, und David fragte den Herrn. Und der Herr antwortete. Es ist für Saul und sein blutiges Haus, weil er die Gibeoniter erschlagen hat.

Also, alle Ihre Erfolge und Niederlagen Stimme, die Sie hören. David war nicht von seiner Klugheit oder von jemand anderem als dem Herrn abhängig. Gott brauchte einen Mann, der die schwierigste Aufgabe erfüllen und die Gefangenen aus der Sklaverei der Ägypter befreien konnte. Gott ist mächtig und stark. Er braucht jemanden, der seinen Befehl ausführt, um einen irdischen Plan, eine Tagesordnung und ein Programm aufzustellen. Mose war ein bescheidener Mann, den Gott benutzte, um das große Königreich Israel in den Jahren 1300-1200 zu gründen. Später ignorierten die stolzen Führer Israels Gott, und sie zerstörten seinen Rat und Israel im Jahr 722. Stolze und arrogante Führer zerstörten 722 B.C. Familien, Städte, Länder und. Jesus, der demütig war, kam mit einem großen Plan, um zu heilen, zu befreien und die Gefangenen freizusetzen. Der Herr Jesus gab sündloses Blut und kaufte zurück, was Satan der Menschheit im Garten Eden gestohlen hatte. Es ist verfügbar, wenn Sie Buße tun, Ihre Sünden in Jesu Namen abwaschen und den Heiligen Geist empfangen.

LASST UNS BETEN

Derselbe Geist des Stolzes in den religiösen Führern will verhindern, dass das weitergeführt wird, was Jesus mit der Kraft des Heiligen Geistes in 120 Jüngern begonnen hat. Deshalb sehen wir überall Zerstörung. Herr, gib uns ein demütiges Herz, um zu tun, was du in Jesu Namen verlangst. Herr, macht uns demütig. Jakobus 4:6 Aber er schenkt noch mehr Gnade. Darum sagt er: Gott widersteht den Stolzen, aber den Demütigen gibt er Gnade. Herr, gib uns deine Gnade und Barmherzigkeit. 1 Petrus 5:6 Demütigt euch unter Gottes mächtige Hand, damit er euch zur rechten Zeit erhöhe. Jakobus 4:10 Demütigt euch vor dem Herrn, und er wird euch erhöhen. Herr, segne unser Haus, unsere Stadt, unser Land und unsere Nation. Wir brauchen deine Gnade und Führung, damit wir ein friedliches Leben führen können. Gib uns demütige Führer in Jesu Namen. Amen! Gott segne Sie!

14 FEBRUAR
WIR SIND PILGER UND FREMDE

Die Erde ist der Ort,t, an dem Ihre Reise beginnt. Auf der Erde brauchen Sie einen Leitfaden, um erfolgreich zu sein, genau wie überall, wo Sie an Land reisen. Sie brauchen eine Karte, einen Führer oder eine Tour Bus, der Sie herumführt. Sonst werden Sie sich verirren. Die Bibel sagt, dass Sie ein Pilger und Fremder sind. Was ist ein Pilger? Ein Reisender oder Wanderer, insbesondere an einem fremden Ort. Fremder im Sinne von Erfahrung oder Besucher oder Neuankömmling. Ja. Die Erde ist ein Ort, an dem du noch nie gewesen bist, und du brauchst Hilfe von einem, der sie erfahren hat, und das ist Gott. Sind Sie schon einmal für ein paar Tage in ein Land oder an einen Ort gereist? Sie wissen, dass Sie dort nicht bleiben werden. Sie nehmen nur das Nötigste mit. Jeden Tag bereiten Sie sich darauf vor, weiterzuziehen.

Die Bibel sagt: 1 Petrus 2:11 Ihr Lieben, ich ermahne euch als Fremdlinge und Pilger, haltet euch fern von den fleischlichen Lüsten, die gegen die Seele kämpfen.

Wenn du weißt, dass du vorbeikommst, halte dich von dem fern, wovor Gott dich gewarnt hat. Die Berufung von Adam und Eva war kein Dauerzustand auf der Erde. Auch sie waren Pilger und Fremde. Hüte dich! Hüte dich vor dir selbst. Du hast Augen, Fleisch und Stolz, die dich in die Irre führen können, wie es bei Eva und Adam der Fall war.

1 Johannes 2:16 Denn alles, was in der Welt ist, die Begierde des Fleisches und die Begierde der Augen und der Hochmut des Lebens, ist nicht vom Vater, sondern von der Welt.

Die Sünde hat uns von Gott getrennt. Satan war nicht die Ursache der Sünde, sondern das Fleisch. Erstens, wie Eva sah, begehrte sie, das ist die Lust des Auges. Zweitens begehrte ihr Fleisch zu essen, was die Lust am Fleisch ist, und drittens wollte sie wie Gott sein, was der Stolz des Lebens ist. Die Sünde von Adam und Eva trennte die Menschheit von ihrem Schöpfer, dem allmächtigen Gott.

Epheser 2:12, dass ihr zu jener Zeit ohne Christus wart, als Fremde aus der Gemeinschaft Israels und als Fremde aus den Bündnissen der Verheißung, ohne Hoffnung und ohne Gott in der Welt:

Gott hat sich um sein Volk gekümmert und einen großen Plan ausgeheckt. Abraham war der Vater des Glaubens. Gott hat uns gezeigt, dass er uns segnen kann, wenn wir auf ihn hören und ihm gehorchen, auch wenn wir Pilger und Fremde auf Erden sind. Als Gott Abraham aufforderte, seine Verwandtschaft zu verlassen, hat er da widersprochen? Nein.

Mose 12:1 Der Herr hatte zu Abram gesagt: "Zieh aus deinem Land, aus deiner Verwandtschaft und aus dem Haus deines Vaters in ein Land, das ich dir zeigen werde:

Er tat, was Gott von ihm verlangte, wie ihm aufgetragen wurde, und seine Generation nach ihm. Hier lassen wir Gott im Stich. Wir müssen daran denken, unsere Kinder zu lehren. Erzieht eure Kinder als Pilger und Fremde und nichts anderes. Führen Sie den Schöpfer als Führer ein und wie man auf seine Stimme hört und gehorcht.

Psalm 25:5 "Führe mich in deiner Wahrheit und lehre mich; denn du bist der Gott meines Heils; auf dich harre ich den ganzen Tag."

Schreien Sie, wie David und andere es taten? In Zeiten der Not müssen Sie Gott um Führung bitten.

Psalm 39:12 Höre mein Gebet, HERR, und erhöre mein Schreien; schweige nicht über meine Tränen; denn ich bin ein Fremdling bei dir und ein Fremdling, wie alle meine Väter waren.

Unser Leben ist ein Schatten. Wie lange haben Sie schon Schatten gesehen? Unser Leben ist wie ein Dunst, eine Blume und ein Gras auf dem Feld. Wir können diese Ausdrücke verstehen; sie sind nur für einen Augenblick. So ist unser Leben im Vergleich zur Ewigkeit.

1 Chronik 29:15. Denn wir sind Fremde vor dir und Gäste, wie alle unsere Väter; unsere Tage auf Erden sind wie ein Schatten, und keiner ist bleibend.

1 Korinther 5:1 Denn wir wissen, dass, wenn unser irdisches Haus, diese Hütte, aufgelöst würde, wir einen Bau von Gott haben, ein Haus, das nicht mit Händen gemacht ist, das ewig ist in den Himmeln.

Gott ist unser Schöpfer, und er hat großes Erbarmen und große Liebe für uns. Gott hat Fleisch angenommen und sein Reich eingeführt; sein Plan hat uns erlöst, damit wir dieses Haus erreichen können. Er bereitet eine ewige Wohnung für dich und mich vor. Jesus ist nicht irdisch, sondern als.

1 Korinther 15:47 Der erste Mensch ist von der Erde, irdisch: der zweite Mann ist der Herr des Himmels. Jesus legt Zeugnis für sein Himmelreich ab,

Johannes 18:36. Jesus antwortete: Mein Reich ist nicht von dieser Welt. Wäre mein Reich von dieser Welt, so würde mein Knecht kämpfen, daß ich den Juden nicht überantwortet würde; nun aber ist mein Reich nicht von dieser Welt.

Um diesen himmlischen Ort zu lehren, müssen wir seinem Weg folgen. Hebräer 11:16 Aber jetzt sehnen sie sich nach einem besseren Land, Darum schämt sich Gott nicht, ihr Gott genannt zu werden; denn er hat ihnen eine Stadt bereitet. Wenn Sie die Wahrheit kennen, werden Sie auf der Erde wie Reisende handeln und leben. Abraham, Isaak und Jakob hatten kein Problem damit, einen Ort zu verlassen und an einen anderen zu gehen, wie Gott es ihnen aufgetragen hatte. Haben Sie schon Menschen gesehen, die auf der Erde leben, als würden sie für immer bleiben? Aber was hat Jakob gesagt, als er seine Reise auf der Erde beenden wollte?

Mose 47:9 Und Jakob sagte zum Pharao: Die Tage meiner Pilgerschaft sind hundertdreißig Jahre, und die Tage meines Lebens sind kurz und schlecht und kommen nicht an die Tage der Lebensjahre meiner Väter in den Tagen ihrer Pilgerschaft heran.

Viele Übel kamen zu Jakob, und sie leben nicht so lange wie seine Vorfahren. Jakob sagte, es sei nur eine Reise. Er zog von Ort zu Ort, aber alles gut. Lerne zu schreien wie David, wenn er in Not ist. Gott wird Hilfe schicken und dich retten.

Psalmen 39:12. Höre mein Gebet, HERR, und erhöre mein Schreien; schweige nicht über meine Tränen; denn ich bin ein Fremdling bei dir und ein Fremdling, wie alle meine Väter waren.

Ich erinnerte mich daran, dass eine Prophetin einmal in einem Gebetstreffen zu mir sprach: "Pack, yo", ich wusste nicht, wovon sie sprach. Vor der Verletzung hatte ich mein Haus in Ordnung gebracht. Ich hatte keine Arbeit, als sie sagte, dass du umziehen wirst. Ich dachte über diesen Gesundheitszustand nach. Und wo? Vor vielen Jahren habe ich beschlossen, niemals nach Texas zu ziehen. Ich hatte einen schlechten Bericht über diesen Staat gehört. Nun, ein Jahr verging, und ein anderer Freund, der die Prophezeiung gehört hatte, sagte, es sei nicht Gott. Ich sagte, es würde geschehen. Am selben Tag hörte ich, dass andere Familienmitglieder umzogen und uns mitnehmen wollten. Sie reisten an verschiedene Orte, um einen geeigneten Platz zu finden. In einem Gebetstreffen sagte die Prophetin, dass Texas der richtige Staat sei. Erinnern Sie sich? Ich sagte, dass es auf meiner Landkarte kein Texas gibt. Ich wollte nicht nach Texas ziehen. Ich bin seit über 17 Jahren hier in Texas, AMEN. Und es ist eure Aufgabe, eure Kinder und Kindeskinder zu lehren, wie Gott es Abraham geboten hat,

Mose 18:19 Denn ich kenne ihn, daß er seinen Kindern und seinem Haus nach ihm gebieten wird, den Weg des Herrn zu gehen und Recht und Gerechtigkeit zu üben;

Sie zu lehren ist Ihre Aufgabe als Eltern, Großeltern, Lehrer, Pfarrer und was auch immer Sie berufen sind, und auch wie Pilger und Fremde zu leben. Gott sei gelobt, wir gehen an den schönsten Ort. Wenn wir uns vorbereiten.

Jesaja 35:8 "Und es wird eine Straße da sein und ein Weg und ein Er soll der Weg der Heiligkeit genannt werden; die Unreinen sollen nicht darüber gehen, sondern er soll für die sein, die den Weg gehen, auch wenn sie töricht sind, und sich nicht darin verirren."

Hebräer 12:28 Da wir nun ein unbewegliches Reich empfangen, wollen wir Gnade haben, damit wir Gott in Ehrfurcht und Gottesfurcht annehmbar dienen können:

LASST UNS BETEN

Bete, oh Herr, wie dein Wort lehrt, dass wir Pilger und Fremde sind, so sind wir es auch. Bitte lehre und leite mich, zu tun und nicht von dir abzuweichen. Lass dich von niemandem und auch nicht von uns selbst ablenken. Lass dein Wort ein Licht und eine Leuchte für unsere Füße sein. So bleiben wir auf dem richtigen Weg auf Erden. Bewahre uns vor Versuchungen. Damit wir nicht in die Falle des Teufels tappen. Herr, lass uns den Weg finden, der uns zur Ewigkeit im Himmel führt. Wir wollen unsere Zeit mit dir verbringen. Wir lieben dich, und wir danken dir für uns zu lieben, in Jesu Namen, AMEN. Gott segne Sie.

15 FEBRUAR

LASSEN SIE SICH NICHT TÄUSCHEN

Haben Sie diese Aussage schon einmal gehört, wenn Menschen anfangen, in die Kirche zu gehen? Sie glauben, dass sie gerettet sind. Lassen Sie sich nicht täuschen. Selbst Menschen, die auf der Kanzel stehen oder eine andere Position in der Kirche einnehmen, glauben, dass wir sie gerettet haben. Gott hat Sie gerettet, wenn Sie die Erde verlassen und den Himmel oder den Tag des Gerichts erreichen, wenn Gott sagt. Denken Sie daran: Jesus ist der Retter!

In Matthäus 25:21 heißt es: "Sein Herr sprach zu ihm: Gut gemacht, du guter und treuer Knecht; du bist über weniges treu gewesen, ich will dich über viel setzen; gehe ein in die Freude deines Herrn.

Wenn der Herr dich von Ziegen und Schafen trennt, verführen dich viele falsche Lehren von falschen Lehrern und Propheten. Wache auf, wenn du ein Chorleiter wirst. Du bist nur ein Cheerleader, es sei denn, du fastest und betest um Führung durch den Herrn. Denken Sie daran, dass Judas immer noch zwei und zwei zusammenzählte; sein geistlicher Zustand war traurig und falsch.

Matthäus 7:22 "Viele werden an jenem Tag zu mir sagen: Herr, Herr, haben wir nicht in deinem Namen geweissagt und in deinem Namen die Teufel ausgetrieben? und in deinem Namen viele wunderbare Werke getan?

Was sagt der allwissende Gott über alle, die im Dienst beschäftigt sind und vergessen, zur Erneuerung in Gottes Gegenwart zu kommen? Ich kenne dich nicht; weiche von mir. Wie wenn Ihr Auto Benzin braucht, müssen Sie es aufpumpen. Genauso müssen Sie den Heiligen Geist hineinpumpen und in seine Gegenwart kommen. Viele schlagen die Zeit tot, indem sie nur in der Kirche aktiv sind und den Auftrag des Herrn vergessen. Planen Sie Ihren Weinberg, um sich anzuziehen. Normalerweise finden Kirchgänger jemanden wie sie, mit dem sie ausgehen und essen gehen können, wenn die Zeit vorbei ist. Sie arbeiten für die Kirche, indem Sie Ämter bekleiden. In einem schönen Stuhl in einem Saal oder auf einer Kanzel zu sitzen, gibt Ihnen keine Eintrittskarte in den Himmel. Deine Berufung ist es, die Armee Gottes vorzubereiten, nicht eine kirchliche Agenda. Kehren Sie zu den Grundlagen zurück und studieren Sie Worte. Geben Sie sich nicht mit einem kurzen Vortrag zufrieden, der zu Ihrem Leben passt.

Gehen Sie zurück zur Lehre Jesu im Wort Gottes. Kehren Sie zu Paulus zurück. Lassen Sie sich nicht durch falsche Lehren verführen. Als wahrer Lehrer Gottes lehrte Paulus den Galatern die Wahrheit, aber auch sie gingen von Paulus' Lehre ab.

15 FEBRUAR

Galater 3:1: Ihr törichten Galater, wer hat euch verführt, dass ihr der Wahrheit nicht gehorcht, vor deren Augen Jesus Christus offenbar geworden ist, gekreuzigt unter euch? Seid ihr so töricht? Ihr habt mit dem Geist angefangen und seid nun durch das Fleisch vollendet worden?

Lernen Sie aus der Lehre von Jesus, Paulus, Petrus und anderen wahren Aposteln? Wie wurden sie von den verschiedenen Kirchen unterrichtet? Schau es dir an. Treiben Sie den Dämon aus? Heilen Sie Kranke, besuchen Sie Witwen und Waisen und all das, was Jesus getan hat,

Johannes 9:4 Ich muss die Werke dessen wirken, der mich gesandt hat, solange es Tag ist; es kommt die Nacht, in der niemand wirken kann.

Jesus wird sich freuen, wenn Menschen in seine Fußstapfen treten. Ich habe den gewissen Geist der Welt gesehen, und Hollywood hat sich in dem Gebäude eingenistet. Die Leute sagen, die Kirche ist nicht Gott, sondern die Menschen. Sie hat das Christentum kontaminiert. Was sagt die Bibel zu unserer Verunreinigung?

2 Timotheus 4:3 Denn es wird die Zeit kommen, da sie die gesunde Lehre nicht ertragen werden, sondern sich nach ihren Begierden Lehrer anhäufen werden, denen die Ohren jucken;

Galater 6:7-9 Irret euch nicht, Gott lässt sich nicht spotten; denn was der Mensch sät, das wird er auch ernten. Denn wer auf sein Fleisch sät, der wird vom Fleisch das Verderben ernten; wer aber auf den Geist sät, der wird vom Geist das ewige Leben ernten. Und lasst uns nicht müde werden, Gutes zu tun; denn wenn wir nicht verzagen, so werden wir zur rechten Zeit ernten.

Was bedeutet Spott? Falsch zu imitieren oder nachzuahmen oder auszulachen. Weißt du noch, wie Satan Eva verführte?

Genesis 3:1. Die Schlange aber war durchtriebener als alle Tiere des Feldes, die Gott der Herr gemacht hatte. Und sprach er zu dem Weibe: Hat Gott gesagt: Ihr sollt nicht essen von allen Bäumen des Gartens?

Satan lenkt unsere Aufmerksamkeit von Gottes Anweisungen, Geboten und Lehren ab. Stellen Sie Gottes Anweisungen in Frage? Wer steht nicht gern auf einer Kanzel? Keiner will sich schmutzig machen.

Lukas 21:8: Und er sprach: Seid auf der Hut, dass ihr euch nicht verführen lasst; denn es werden viele kommen in meinem Namen und sagen: Ich bin Christus, und die Zeit ist nahe; darum folgt ihnen nicht nach. Wenn ihr aber hören werdet von Kriegen und Aufruhr, so erschreckt nicht; denn es muß alles erst geschehen; aber das Ende ist nicht von jetzt auf gleich.

Freund, die Zeit ist nahe. Lass dich nicht täuschen und sei bereit, deinem Schöpfer zu begegnen. Halte dich von den falschen Leuten fern. Menschen in Kirchen

Matthäus 7:15. Hütet euch vor falschen Propheten, die in Schafskleidern zu euch kommen, inwendig aber reißende Wölfe sind.

Wie kann man sich vor den höchst gefährlichen oder zerstörerischen Programmen der Kirchen in Acht nehmen?

2 Petrus 2:1 Es waren aber falsche Propheten unter dem Volk, wie es auch unter euch falsche Lehrer geben wird, die heimlich verderbliche Irrlehren einführen und den Herrn verleugnen, der sie erkauft hat, und sich selbst ins Verderben stürzen. Und viele werden ihren verderblichen Wegen folgen, um derentwillen der Weg der Wahrheit schlecht geredet werden wird. Und aus Habgier werden sie mit vorgetäuschten Worten mit euch Handel treiben; und ihr Gericht währt nicht lange, und ihre Verdammnis schlummert nicht.

Wenn du wie Jesus in die Mission deines Vaters gehst, wirst du einladende Worte vom Herrn hören. Denken Sie daran, dass Gott Sie für sein Feld auserwählt hat, um sich zu kleiden und nicht, um sich um die Programme zu kümmern. Seien Sie nicht so sehr mit religiösen Agenden beschäftigt. Prüfen Sie das Wort Gottes. Die Wahrheit hat Kraft, nicht eine kirchliche Agenda. Lassen Sie uns sehen, wie Jesus seine Kirche beschrieben hat.

Matthäus 25:31 Wenn der Menschensohn in seiner Herrlichkeit kommen wird und alle heiligen Engel mit ihm, dann wird er sich auf den Thron seiner Herrlichkeit setzen: Und vor ihm werden alle Völker versammelt sein; und er wird sie voneinander scheiden, wie ein Hirte seine Schafe von den Böcken scheidet: Und er wird die Schafe zu seiner Rechten stellen, die Böcke aber zur Linken. Dann wird der König zu denen zu seiner Rechten sagen: Kommt her, ihr Gesegneten meines Vaters, ererbt das Reich, das euch bereitet ist von Grundlegung der Welt an: Denn ich war hungrig, und ihr habt mir zu essen gegeben; ich war durstig, und ihr habt mir zu trinken gegeben: Ich war ein Fremder, und ihr habt mich aufgenommen: nackt, und ihr habt mich bekleidet: Ich war krank, und ihr habt mich besucht: Ich war im Gefängnis, und ihr seid zu mir gekommen. Da werden ihm die Gerechten antworten und sagen: Herr, wann haben wir dich gesehen, dass du hungrig warst, und haben dich gespeist? Oder durstig und haben dir zu trinken gegeben? Wann sahen wir dich als Fremden und nahmen dich auf? oder nackt und kleideten dich? Oder als wir dich krank oder im Gefängnis sahen und zu dir kamen? Und der König wird antworten und zu ihnen sagen: Wahrlich, ich sage euch: Was ihr getan habt einem von diesen meinen geringsten Brüdern, das habt ihr mir getan.

Folgt nur diesen Aufträgen, wenn ihr in sein Reich eingehen wollt. Viele sind berufen, aber nur wenige sind auserwählt.

1 Korinther 1:8 der euch auch bestätigen wird bis ans Ende, damit ihr untadelig seid am Tag unseres Herrn Jesus Christus.

Ich werde nicht untadelig sein, denn mein ganzer Wunsch ist es, die Ewigkeit mit dem Herrn Jesus zu verbringen.

LASST UNS BETEN

Machdem der Herr durch Visionen und Träume zu dir spricht. Möge der Herr dich aufwecken und dich für ihn in seinem Weinberg arbeiten lassen. Möge der Herr dir Kraft, Frieden und Trost geben. Herr, hilf uns, bereit zu sein. Lass unser Land mit Öl gefüllt werden, in Jesu Namen. Amen. Gott segne Sie.

16 FEBRUAR

SUCHEN SIE GOTT ?

Iwissen, werden Sie sagen. Oh ja, ich gehe in die Kirche. Ich lese die Bibel. Ich schon, mein Pastor. Ich habe Übung. Nein! Meine Frage ist, ob Sie Gott suchen. Ich spreche nicht davon, zu Mama, Papa, Freunden oder der Familie zu gehen.

Jeremia 29:13 Und ihr werdet mich suchen und finden, wenn Ihr sollt mich von ganzem Herzen suchen.

Warum müssen wir Gott suchen? Weil es in Jeremia 29,11 heißt: "Denn ich weiß, was ich für Gedanken über euch habe, spricht der Herr: Gedanken des Friedens und nicht des Bösen, damit ihr ein gutes Ende nehmt. Sehen Sie, nur der himmlische Vater möchte, dass Sie ein friedliches, erfolgreiches Leben führen. Wenn Sie eine Antwort von Gott erhalten, dann tun Sie das, ohne innezuhalten, zu streiten oder zu hinterfragen. Wenn die Menschen Gott suchen, der das Alpha und das Omega, der Anfang und das Ende, der Erste und der Letzte ist, dann wird das Kapitel ihres Lebens anders aussehen. Ihr Leben wird erfolgreich, begünstigt und gesegnet sein wie König David, Abraham, Moses und Königin Esther, die Gott suchten. Suchen Sie Gott, der allwissend, allmächtig und allmächtig ist. Ihr Leben auf der Erde kann sehr erfolgreich sein, denn der Autor, Regisseur und Produzent Ihrer Lebensgeschichte ist Gott. Wie kann Gott das tun? Nur wenn man sucht, wie es in der Bibel heißt.

Matthäus 6:33 Trachtet aber zuerst nach dem Reich Gottes und nach seiner Gerechtigkeit, so wird euch dies alles zufallen.

Die Bibel sagt, dass man zuerst Gott und seine Gerechtigkeit sucht, nicht erst, wenn man Mist gebaut hat und es nicht mehr ertragen kann. Nicht, nachdem wir deine Kinder kaputt gemacht haben und du nicht mehr schlafen kannst. Nicht erst, wenn die Ehe in die Brüche gegangen ist und es mit der Gesundheit bergab geht. Unter Gottes Führung kann das Leben triumphierend, blühend, schwungvoll, gesund und erfolgreich sein. In der Bibel wird ausdrücklich und geradlinig die Anweisung gegeben, Gott zu suchen. Gott hat einen Weg und Informationen für Sie. Gehen Sie nicht zu Hellsehern, Tarotkarten, vertrauten Geistern oder anderen Medien. Schlagen Sie nicht einfach die Bibel auf und nehmen Sie eine Bibelstelle und denken Sie, das ist meine Antwort. Gehen Sie vor allem nicht zu religiösen Familienmitgliedern. Sie sind verloren. Warum suchen Sie nicht Gott? Ich wache immer früh am Morgen auf, so gegen 3:00 Uhr und spätestens um 3:50 Uhr, um Gott zu suchen, zu beten und anzubeten. Regelmäßig, wöchentlich und monatlich langes Fasten. Und warum?

Die Bibel sagt in Psalm 63:10. Gott, du bist mein Gott; früh will ich dich suchen; meine Seele dürstet nach dir, meine Fleisch sehnt sich nach dir in einem trockenen und durstigen Land, wo kein Wasser ist, um deine Macht und Herrlichkeit zu sehen, so wie ich dich im Heiligtum gesehen habe. Was ist mit Rom geschehen? Wie waren sie homosexuell geworden? Die letzte Sünde ist der Punkt, an dem das Gericht Gottes einsetzt. Die Römer gingen dem Spiel nach. Es gab einen Tag, an dem sie Gott nicht kannten. Wenn du Gott nicht kennst, wie kannst du ihn dann suchen?

Römer 3:10 Wie geschrieben steht: Es gibt keinen Gerechten, auch nicht einen: 11 Es gibt keinen, der einsichtig ist, und keinen, der nach Gott sucht.

Wenn Sie Gott für Ihren Tag suchen, dann wird Ihr Tag von Gott gelenkt werden. Ich weiß, dass Satan den Plan hat, deinen Tag und deine Zukunft zu zerstören. Gott hat also den Plan, Sie zu segnen und zu beschützen. Er hat für uns die Verantwortung übernommen, uns zu schützen. Aber Sie müssen in seine Gegenwart kommen und sich vom Herrn leiten lassen.

Psalm 63:7 Weil du meine Hilfe bist, darum will ich fröhlich sein unter dem Schatten deiner Flügel. 8 Meine Seele jagt dir nach; deine rechte Hand stützt mich. 9 Aber die meiner Seele nachstellen, um sie zu verderben, werden in die Niederungen der Erde gehen. 10 Sie werden durchs Schwert fallen und den Füchsen zum Fraß vorgeworfen werden. 11 Aber der König wird sich freuen über Gott, und alle, die bei ihm schwören, werden sich rühmen; aber der Mund derer, die Lügen reden, wird verstopft werden.

Sind Sie so beschäftigt, dass Sie Gott vergessen haben? Er ist ein winziger Teil deines Lebens und nicht dein Leben. Du besuchst ein Gebäude, du sagst vielleicht Kirche, aber du hast keine persönliche Beziehung zu Gott. Viele Amtsträger in Kirchen und Organisationen führen ein anderes Leben, wenn sie ihre Türen schließen. Sie sind wie Eli, der Kinder über Gott stellt, wie Judas, der nach 30 Silbermünzen giert, wie Kain, der eifersüchtig, hochmütig und ein Lügner ist. Wie König Saul ist er rebellisch und starrköpfig. Seien Sie vorsichtig. Geh zu Gott. Er ist real.

Sprichwort 8:17 "Ich liebe die, die mich lieben, und die, die Wer mich früh sucht, wird mich finden."

Matthäus 7:7 "Suchet, so werdet ihr finden".

Als ich Krebs hatte, habe ich Gott gesucht. Ich habe zu ihm geschrien. Als ich zum vierten Mal zur Untersuchung ging, konnten sie keinen Krebs finden. Wie groß du bist,

Jeremia 17:14 Heile mich, HERR, so werde ich gesund; hilf mir, so werde ich gerettet; denn du bist mein Lob.

Halten Sie sich an das Wort Gottes. Das Einzige, was Satan getan hat, ist, uns abzulenken. Ich habe gefunden, was Gott gesagt hat.

Jesaja 55:8 "Denn meine Gedanken sind nicht eure Gedanken, und eure Wege sind nicht meine Wege, spricht der HERR. Denn wie der Himmel höher ist als die Erde, so sind auch meine Wege höher als eure Wege und meine Gedanken als eure Gedanken."

16 FEBRUAR

Oh mein Gott! Wie schön das ist! Machen Sie also keine Kompromisse. Sucht nach dem höheren Planungsgedanken, den unser Gott hat. Flieht vor den Bösen, die euch angreifen und zerstören wollen. Denken Sie daran, dass es Ihre Familie, Ihre Freunde oder was auch immer um Sie herum ist, sein wird. Du erinnerst dich, dass Abraham ein Versprechen hatte.

Mose 15:5 "Und er führte ihn hinaus und sprach: Sieh gen Himmel und erkenne die Sterne, wenn du sie zählen kannst; und er sprach zu ihm: So soll dein Same sein."

Mose 22:17 "Ich will dich segnen und deinen Samen mehren wie die Sterne am Himmel und wie den Sand am Ufer des Meeres, und dein Same soll das Tor seiner Feinde einnehmen."

Der Teufel hörte diese Verheißung an Abraham und hinderte sie daran. Aber der Herr ist ein Erlöser. Isaak betete, und Gott machte den Mutterleib frei, um ein Kind zu gebären.

Mose 25:21 "Und Isaak bat den HERRN um sein Weib, weil sie unfruchtbar war; und der HERR ließ sich von ihm bitten, und sein Weib Rebekka wurde schwanger."

Der Teufel gibt niemals auf. Ich bin ein Zeuge dieser Uhr. Was ist mit Rebecca passiert?

Mose 25:22 Und die Kinder zankten sich in ihr; und sie sprach: Wenn es so ist, warum bin ich so? Und sie ging hin, um den HERRN zu befragen. 23 Und der HERR sprach zu ihr: Zwei Völker sind in deinem Leibe, und zwei Arten von Völkern werden sich von deinen Eingeweiden scheiden; und ein Volk wird stärker sein als das andere, und das ältere wird dem jüngeren dienen.

Verheißungen Gottes können durch den Teufel behindert, blockiert oder aufgehalten werden. Deshalb müssen Sie Gott um Befreiung, Heilung und Errettung bitten. Vernichten Sie den Dieb, Mörder und Zerstörer, der in Ihrem Leben, in Ihrer Familie, in Ihren Finanzen, in Ihren Kindern und Enkelkindern auch nur einen Zentimeter Platz einnehmen will. Suchen Sie Gott.

Jesaja 55:6 Suchet den HERRN, solange er zu finden ist, rufet ihn an, solange er nahe ist:

LASST UNS BETEN

Herr Gott, lass uns dem Spiel unseres Lebens voraus sein. Herr, hilf uns, dein Angesicht zu suchen und uns von dir leiten zu lassen. Hilf uns, dich für unsere Kinder zu suchen und ihre Zukunft. Hilf uns, dass wir Gott um Hilfe gegen Entführer, Kinderschänder, Drogen, Alkohol, Scheidungen und Gangs bitten. Herr, lehre uns, wie wir nach dir streben können. Wir danken dir, dass du unser einziger Beschützer, Verteidiger und Liebhaber unserer Seele bist. Gott, wir danken dir, dass du uns erlaubst, in deine Gegenwart zu kommen. Mögest du den Herrn finden, wenn du seine Gnade und Barmherzigkeit suchst, in Jesu Namen. Amen! Gott segne Sie.

17 FEBRUAR

DIE GOTTESFÜRCHTIGE NATION GEBÄREN

Als Schöpfer weiß Gott alles. Sein Wort, das er zum Beweis der Tatsachen geschrieben hat, sollten wir kennen und verstehen. Außerdem können wir verstehen Gott als gerecht, heilig und rechtschaffen. An seinem Urteil gibt es nichts auszusetzen. Gott hat gesagt, was er meint, und was er meint, hat er gesagt. Der Schöpfer des Mutterleibs kennt die Schöpfung.

Jesaja 44:24 So spricht der HERR, dein Erlöser, der dich vom Mutterleib an geformt hat: Ich bin der HERR, der alles macht, der den Himmel allein ausbreitet und die Erde durch mich ausbreitet;

Den Herrn als den Schöpfer des Himmels und der Erde zu erkennen, ist der Anfang der Furcht.

Sprüche 9:10 Die Furcht des Herrn ist der Anfang der Weisheit, und die Erkenntnis des Heiligen ist Einsicht.

Gott, der alle Dinge und den Mutterleib erschaffen hat, kennt dich bevor du geformt wurdest. Gott hat Ihnen jeden Willen gegeben. Ihr habt also die Wahl, auch wenn Gott uns geschaffen hat. Rebekka wusste, dass in ihrem Mutterleib etwas nicht stimmte. Sie spürte den Krieg in ihrem Mutterleib. Sie manifestierten eine Persönlichkeit in ihrem Mutterleib. Sie wusste nicht, dass sie zwei Völker in ihrem Schoß hatte. Sie ging zu Gott, um sich zu erkundigen.

Mose 25:23 Und der HERR sprach zu ihr: Zwei Völker sind in deinem Leibe, und zwei Arten von Völkern werden sich von deinen Eingeweiden scheiden; und das eine Volk wird stärker sein als das andere, und der Ältere wird dem Jüngeren dienen.

Wer waren diese beiden Völker? Esau ist Edom und Jakob ist Israel. Was will Gott uns zeigen? Gott spricht nicht von Zwillingsbrüdern. Er spricht über die Persönlichkeiten von Zwillingen. Gott gibt uns zwei Persönlichkeiten. Durch den Charakter und das Wesen dieser beiden Söhne Isaaks will Gott uns sagen, dass wir ihn nicht beschuldigen sollen. Wie Gott sprach, so war es auch. Wir sehen den unvorsichtigen Sohn und den vorsichtigen Sohn. Sich für Gott zu entscheiden, kann Leben kosten, und Jakob ging ein Risiko ein. Jakob nahm sich die Zeit, eine Mahlzeit zu kochen, um sie zu genießen und seinen Hunger zu stillen. Aber statt einer leckeren Mahlzeit wählte er Gott. Er beschloss, seinen Bauch zu segnen. Aber sein rücksichtsloser Bruder Esau kümmerte sich mehr um den Magen als um den Segen. Esau verachtete das Erstgeburtsrecht. Gott sah das, bevor Esau und Jakob geboren wurden. Gott erlaubte Esau, gesegnet zu werden, indem er ihn zuerst kommen ließ.

17 FEBRUAR

Aber Jakob tat alles, um das zu erreichen, was er im Mutterleib verloren hatte. Jungen waren im Mutterleib gegeneinander, um zuerst herauskommen. Jakob verlor seinen erstgeborenen Segen durch seine Geburt, aber Jakob hatte sich entschlossen, dafür zu bezahlen. Er hat gewonnen!

Jeremia 1:5 Noch ehe ich dich im Mutterleib formte, kannte ich dich;

Wenn du dich entscheidest, den Segen zu bekommen und dich zu entscheiden. Sie können Gottes Meinung ändern, und die Meinung der Menschen auch. Denken Sie an die kanaanäischen Frauen.

Matthäus 15:22, Herr, du Sohn Davids, erbarme dich meiner; meine Tochter ist vom Teufel schwer geplagt.

Als Jesus ihr nicht helfen wollte, ging sie noch einen Schritt weiter. Dann betete sie ihn an und sagte: "Herr, hilf mir!" Jesus sagte: "Ich bin gekommen, um meinem Volk zu helfen, nicht einem kanaanäischen Hund." Sie sagte: "Wenn du mich für einen Hund hältst, dann gib mir Krämpfe. Seht ihr! Ihre Hartnäckigkeit. Sie änderte Gottes Meinung. Da sprach Jesus zu ihr: "O Weib, groß ist dein Glaube, dir geschehe, wie du willst." Und er machte ihre Tochter von dieser Stunde an gesund. Sehen Sie, ihre Tochter war nicht nur geheilt, sondern ganz. Ganz bedeutet, dass Seele, Körper, Geist und Seele geheilt, befreit, gesund und frei sind. Gott braucht eine Persönlichkeit wie Jakob und eine Hartnäckigkeit wie eine kanaanäische Frau. Es lohnt sich, es zu versuchen. Denken Sie nicht, dass er Sie nicht segnen wird. Deshalb wurde Jakob der Vater des Volkes. Menschen, die Gott kennen, haben die Entschlossenheit, Gott zu bekommen.

Denkt daran, Gott kennt eure Achtlosigkeit und Unachtsamkeit auch die Persönlichkeit. Bitten Sie Gott, den Mutterleib, die Nation, das Volk und den Charakter im Mutterleib zu segnen. Satansanbeter tun alles Böse über den Schoß der Mutter. Seien Sie vorsichtig!

Psalmen 58:3 Die Gottlosen sind vom Mutterleib an entfremdet; sie gehen in die Irre, sobald sie geboren sind, und reden Lügen.

Gott zeigt Persönlichkeit und Spiritualität. Damit wir Gott, der gerecht ist, verstehen können, muss er genau das tun, was er sagt. Salben Sie den Mutterleib und segnen Sie Ihr ungeborenes Kind, indem Sie ihm das Wort Gottes vorlesen. Beschütze dein Baby. Jakobs Mutter tat es. Ich danke Gott für meine gottesfürchtige Mutter, die rechtschaffen war. Sie beschützte uns vor dem Bösen und hielt uns im Recht. Ich schätze heilige Mütter, die das Falsche vom Richtigen unterscheiden können, um uns vor Schaden zu bewahren. Vor ein paar Tagen erhielt ich einen Anruf aus Fresno. Eine schwangere Frau war sehr krank. Sie musste immer wieder ins Krankenhaus. Der Arzt sagte, es bestehe ein hohes Risiko. Aber als ich begann, gegen den Dämonenangriff zu beten, wurden sie und das Baby vollständig geheilt. Sie war so krank, dass sie geheilt wurde. Sehen Sie, lernen Sie, anzugreifen und zurückzuschlagen.

Abraham war nicht nur der Vater einer Nation, sondern von ganzen Völkern.

Mose 17:1 Und als Abram neunundneunzig Jahre alt war, erschien ihm der Herr und sprach zu ihm: Ich bin der allmächtige Gott; wandle vor mir und sei vollkommen. 2 Und ich will meinen Bund zwischen mir und dir schließen und will dich über alle Maßen vermehren. 3 Und Abram und fiel auf sein Angesicht; und Gott redete mit ihm und sprach: 4 Siehe, mein Bund ist mit dir, und du sollst ein Vater vieler Völker sein. 5 Und du sollst nicht mehr Abram heißen, sondern Abraham; denn ich habe dich zum Vater vieler Völker gemacht.

Der Teufel wollte diese Verheißung zunichte machen. Aber Mose flehte den Herrn an. Mose überzeugte Gott. Mose stand zwischen Gott und den steifen, starrköpfigen und rebellischen Hebräern.

Mose 32:11 Und Mose flehte den HERRN, seinen Gott, an und sprach: HERR, warum ergrimmt dein Zorn über dein Volk, das du mit großer Macht und starker Hand aus Ägyptenland herausgeführt hast? 12 Warum reden die Ägypter und sagen: Er hat sie um des Unheils willen herausgeführt, um sie auf den Bergen zu erschlagen und vom Erdboden zu vertilgen? Kehre dich ab von deinem grimmigen Zorn und tue Buße von diesem Übel an deinem Volk.13 Gedenke an Abraham, Isaak und Israel, deine Knechte, denen du bei dir selbst geschworen und zu ihnen gesagt hast: Ich will euren Samen mehren wie die Sterne am Himmel, und alles Land, von dem ich geredet habe, will ich eurem Samen geben, und sie sollen es erben in Ewigkeit.14 Und den Herrn reute das Übel, das er seinem Volk antun wollte.

Menschen, die Gott erkennen, erhalten den Segen. Wir müssen in der Lücke stehen und für die Nationen Fürsprache einlegen. Gott kann die Nation schützen, segnen und bewahren. Erkennen Sie Gott an und tun Sie, was nötig ist, um den Segen für Sie und die Generation nach Ihnen zu erhalten. David, der große König, erkannte Gottes Größe und tat jedes Mal Buße, um auf Gottes Segensspur zu bleiben. Es ist Gottes Wort, dass, wenn du tust, was nötig ist, Gott dich segnet, um die Erde zu erben.

Psalm 37:22 Denn wer von ihm gesegnet ist, wird das Erdreich erben; wer aber von ihm verflucht ist, wird ausgerottet werden.

Gott hat einen großen Plan, um uns ein Himmelreich zu geben.

Lukas 12:32 "Fürchte dich nicht, du kleine Herde; denn deines Vaters ist's Ich habe das Vergnügen, dir das Königreich zu geben."

LASST UNS BETEN

Herr, der mächtige Gott, hilf uns, den festen Willen zu haben, dir zu folgen. Hilf uns, o Herr, die Hand eines unveränderlichen Gottes zu halten. Hilfe Wir sollen demütig wandeln, gerecht handeln und Barmherzigkeit lieben. So sind wir würdig, das Volk und das Reich zu erben. Herr, du bist rechtschaffen und heilig. Hilf uns, vollkommen vor dir zu wandeln wie Abraham, Isaak und Israel. Damit wir den Segen der Völker empfangen in Jesu Namen. Amen! Gott segne Sie.

18 FEBRUAR

VOM HEILIGEN GEIST LERNEN

Wenn wir lernen, auf den Heiligen Geist zu hören, werden wir täglich eine neue Lektion erhalten. Der Heilige Geist ist ein wunderbar arbeitender Lehrer. Du wirst in Ehrfurcht erstarren, Sie leben in einem Wunderland. Sie werden bekommen, was Sie sich wünschen. Es ist jeden Tag ein Thema. Der Lehrer wird der Heilige Geist sein, Gott, denn Gott ist Geist. Es gibt nur einen Gott. Jesus ist die fleischliche Manifestation des Geistes, Gottes,

Johannes 16:13 Wenn aber der Geist der Wahrheit kommt, wird er euch in alle Wahrheit leiten; denn er wird nicht aus sich selbst reden, sondern was er hören wird, das wird er sagen, und er wird euch zeigen, was kommen wird.

Ich fuhr oft spät von der Arbeit nach Hause. Eines Abends hielt mich die Polizei an. Der Heilige Geist sagte: "Öffne die Tür nicht." Die Polizei riet mir, die Tür zu öffnen, aber ich tat es nicht. Ich kurbelte das Fenster nur ein wenig herunter. Der Polizist sagte: "Sie kommen mir bekannt vor." Ich sagte: "Nein, tue ich nicht." Er fragte: "Woher kommen Sie?" Ich sagte: "Von der Arbeit." "Seid ihr Nerds?" Ich sagte: "Nein. Ich arbeite bei der Post." Er lächelte und sagte: "Ok, los." Wer war das? Gott sei Dank. Der Heilige Geist hat mich gelehrt, was ich tun soll. Wir wissen, dass wir alle zur Schule und zum College gehen. Wir lernen und beobachten andere. Lernen und manche nie. Aber für mich ist es ein tägliches Lernen.

Ähnliche Träume von zwei Personen können unterschiedliche Bedeutungen haben. Ich hatte zwei Anrufe erhalten, und beide hatten fast identische Träume. Aber die Bedeutung der Träume war unterschiedlich. Beim Beten in der Zunge kam die Deutung, dass der eine ängstlich war, aber nicht die andere Person, die einen ähnlichen Traum hatte. Gott hat ein zusätzliches Heilmittel für beide Personen. Ich bete gegen die Angst und bat Gott, ihr Mut und Kühnheit zu geben. Amen! Bitten Sie den Heiligen Geist um Hilfe, und er wird Sie in Jesu Namen in alle Wahrheit führen.

Röm 8:26 Ebenso hilft auch der Geist unseren Schwachheiten; denn wir wissen nicht, was wir beten sollen, wie wir sollten; aber der Geist selbst legt Fürsprache für uns ein mit unaussprechlichem Seufzen.

Es ist schön zu lernen, wenn man einen gelehrigen Geist hat. Überkluge Menschen brauchen Gottes Lehre nicht, denn sie wissen alles, außer dass sie demütig sind. Gott wird sie leiten, und sie haben kein Problem damit, sich auf Gott zu stützen. Ihre Freunde, die Lügner, Betrüger und Schwätzer sind, werden das Böse lenken. Sie hören gerne, was sie hören wollen. Haben Sie gesehen, dass viele in die Kirche gehen, die Bibel lesen, beten und fasten? Aber manche lernen es, und manche nie. Sogar in deinem eigenen Haus hast du vielleicht viele Kinder. und dieselben Eltern, aber dieselben Situationen, manche gut und manche schlecht. Als Moses, ein bescheidener, gelehriger Mann, die Hebräer aus der Sklaverei führte. Haben die Hebräer je etwas gelernt? Nein! Gott sagte, sie seien starrköpfig und halsstarrig. Natürlich wird es Ausnahmen geben.

Exodus 32:9 Und der Herr sprach zu Mose: Ich habe dieses Volk gesehen, und siehe, es ist ein halsstarriges Volk:

Wenn Sie alle Wunder sehen, lesen Sie das Wort, und immer noch nicht wollen, um zu lernen und zu verstehen. Weißt du, was das Ergebnis sein wird? Fällst du in der Schule durch? Der Hebräer war 40 Jahre lang in der gleichen Klasse und ist immer wieder durchgefallen. Dein Lehrer, Gott, hat große Geduld.

Leviticus 26:41 und daß ich auch ihnen zuwidergehandelt und sie in das Land ihrer Feinde gebracht habe; wenn nun ihr unbeschnittenes Herz gedemütigt wird und sie die Strafe für ihre Missetat auf sich nehmen:

Gott muss sie hart lehren. Sie lernen nicht, zu glauben und zu gehorchen. Dann werden Sie sehen, dass Sie keine Verheißung erhalten. Verheißungen sind an Bedingungen geknüpft. Füge nicht töricht hinzu. Die Hebräer taten und sahen, was Gott sagte.

Numeri 14:30 Ihr werdet nicht in das Land kommen, bei dem ich geschworen habe, euch darin wohnen zu lassen, außer Kaleb, dem Sohn Jefunnes, und Josua, dem Sohn Nuns.

Denken Sie daran, was Gott ihnen versprochen hat.

Mose 6:8 Und ich will euch in das Land bringen, von dem ich Abraham geschworen habe, es ihm zu geben, Isaak und Jakob, und ich will es euch zum Erbe geben: Ich bin der Herr.

Diese Menschen sahen das Wunder und das wunderbare Werk, aber sie lernten es nie. Gott sagt, ich habe eure Krankheiten genommen; ich will ein gebrochenes Herz heilen. Ich will Dämonen austreiben. Aber seht euch um. Wie viele sind sterbend, krank, besessen, mit gebrochenem Herzen? Und warum? Weil wir alle so stur sind

2 Timotheus 3:7 Er lernt ständig dazu und kann nie zur Erkenntnis der Wahrheit kommen.

Ich berate und bete für viele Menschen, die mich anrufen. Ich lehre immer wieder, dass das Schlimmste die Menschen sind, die vom Heiligen Geist erfüllt sind. Denken Sie daran, dass der Herr nicht mit den Heiden, sondern mit den Hebräern umging; er wollte sie segnen. In der gleichen Situation kam er als Heiliger Geist zu uns, um zu wohnen und zu wirken. Aber wir lassen ihn nicht zu. Wir sind nicht besser als die Hebräer; ich werde müde und möchte ihnen sagen, dass sie nicht in diese Kirche gehen sollen, in der Gott keine Wunder wirkt.

Jeremia 32:33 Sie haben mir den Rücken zugewandt und nicht das Gesicht. Obwohl ich sie gelehrt habe, indem ich früh aufgestanden bin und sie unterrichtet habe, haben sie nicht auf die Belehrung gehört.

Gott lehrt uns, zu heilen, zu befreien und freizusetzen; Sie werden genau zum Gegenteil ausgebildet. Der

18 FEBRUAR

Heilige Geist ist hinter Gittern. Du entführst den Heiligen Geist und stellst ihn unter Hausarrest.

Epheser 4:30 Und betrübt nicht den heiligen Geist Gottes, durch den ihr versiegelt seid auf den Tag der Erlösung.

Heutzutage müssen wir Gott darum bitten, eine vom Geist geleitete Führung zu geben, nicht eine vom Geist erfüllte. Viele sind erfüllt, werden aber nicht geführt. Sie versuchten, mich vom Dienst abzuhalten, aber ich sagte: "Lass mich zurück, Satan. Ich bin gekommen, um Gott zu suchen, keine Religion. Ich hatte eine Religion und war ihrer überdrüssig. Es würde helfen, wenn Sie die Kühnheit und den Mut hätten, sich gegen alle religiösen Autoritäten zu stellen, die dazu ausgebildet wurden, nicht zu glauben und nicht zu praktizieren, was uns zur Verfügung steht. Ich sage es nur ungern, aber wir haben viele Marotten, Schwächlinge und unfähige Kirchgänger ausgebildet. Ich bin es leid, religiöse Menschen zu beraten. Sie sind verwirrt und getäuscht, weil sie auf Gott hören und religiöse Kirchen besuchen. Gute Nachrichten! Es ist Ihre Schuld und keine andere. Die Bibel sagt, dass der Heilige Geist Sie leiten und in alle Wahrheit führen wird. Der Heilige Geist wird Sie lehren, Sie trösten und Ihnen Kraft geben. Warum lassen Sie sich von einer menschlichen Figur, die nicht das Vorbild Jesu ist, fehlleiten und misshandeln?

Hebräer 5:12 Denn wenn ihr für die Zeit Lehrer sein solltet, so habt ihr es nötig, daß man euch wieder lehrt, welches die ersten Grundsätze der Weisungen Gottes sind; und ihr seid geworden, wie man Milch braucht und nicht feste Speise.

Das Christentum ist real. Es ist offen für alle, die dafür offen sind. Seien Sie aufgeschlossen und sehen Sie dieses Heil Gottes. Was ist Erlösung? Es bedeutet Heilung, Befreiung und Erlösung. Nehmen Sie einen Kurs beim Heiligen Geist.

Psalmen 25:12. "Wer ist der Mensch, der den HERRN fürchtet? Er wird ihn lehren auf dem Wege, den er erwählen wird.

Psalmen 32:8 "Ich will dich unterweisen und lehren auf dem Wege, den du gehen sollst: Ich will dich mit meinem Auge leiten.

Psalm 71:17 "Gott, du hast mich von Jugend auf gelehrt, und bis jetzt habe ich deine Wunder verkündet."

Werden Sie hungrig auf eine gesunde geistliche Ernährung. So werden Sie ein gesunder Christ sein. Die Bibel ist das Wort Gottes. Sie ist wahr, kraftvoll und verlässlich. Was ist deine Verantwortung und dein Geld, wenn du glaubst und gehorchst? Gott hat gesagt: Wenn ihr sucht, anklopft und bittet, dann werde ich euch finden, öffnen und geben lassen. Wo suchen Sie in der Kirche, in der Konfession oder in der Kiste einer Organisation? Er ist nicht mehr dort. Erinnern Sie sich, dass der Geist aus dem Tempel kam? Ihr seid der Tempel. Jetzt erlaubst du dem Geist, dich zu lehren, zu staunen. Gott will nur, dass du sitzt und dich entspannst. Fahren Sie mit dem Herrn in die Berge und sehen Sie das Wunderland. Sie werden sehen, wie Lahme gehen, Blinde sehen, Besessene befreit werden und Tote auferstehen. Bitte lasst uns lernen, wie der Heilige Geist uns lehrt, Halleluja! Du, deine Kinder und deine Stadt brauchen Frieden. Seht, was Isiah sagt,

Jesaja 54:13 Alle deine Kinder sollen vom Herrn gelehrt werden, und der Friede unter deinen Kindern soll

groß sein.

Wenn wir lernen und unter der Lehre des Heiligen Geistes wandeln, werden die Menschen die Mission Gottes sehen, so wie er wandelte und die Menschen praktisch lehrte. Die Menschen werden zu uns rennen, um dieses herausragende Wissen über Gott zu erlangen. Die Lehre des Heiligen Geistes soll den schöpferischen Worten, die durch Ihren Mund gesprochen werden, Kraft geben, sich zu manifestieren. Alles, was Sie tun müssen, ist zu glauben und zu sagen. Es wird sich durch die Kraft des heiligen Geistes manifestieren.

Micha 4:2 Und viele Völker werden kommen und sagen: Kommt, laßt uns hinaufgehen auf den Berg des Herrn und zum Haus des Gottes Jakobs, daß er uns seine Wege lehre und wir auf seinen Pfaden wandeln; denn das Gesetz wird von Zion ausgehen und das Wort des Herrn von Jerusalem.

LASST UNS BETEN

Herr, öffne unsere Ohren, damit wir lernen, wie der Geist uns lehrt. Lass deinen Geist uns lehren. Danke, dass du uns den Heiligen Geist als unseren Lehrer gegeben hast. Lass uns verstehen wie sie lehrt. Bitte helfen Sie uns, für andere ausgezeichnete Lehrer zu sein. Lass uns unsere Kinder und Enkelkinder lehren, diesem großen, lebendigen Gott zu gehorchen und zu dienen, dessen Wunsch es ist, uns zu segnen, zu beschützen und uns vor Schaden und Gefahr zu bewahren. In Jesu Namen. AMEN!! Gott segne Sie!

19 FEBRUAR

IHRE WORTE SIND SO MÄCHTIG!

Gott sprach: Es werde Licht, es werde ein Gewölbe inmitten der Wasser, es sammle sich das Wasser unter dem Himmel an einem Ort, und das Trockene Die Erde bringe Gras hervor, und das Kraut bringe Samen hervor. Der Obstbaum, der Frucht bringt nach seiner Art, dessen Same in ihm selbst ist, es seien Lichter am Himmelsgewölbe, die den Tag von der Nacht scheiden, und sie seien Zeichen und Jahreszeiten und Tage und Jahre:

1. Mose 1 Und Gott sprach zu den großen Walfischen und zu allem lebendigen Getier, das sich regt, welches das Wasser reichlich hervorbringt, nach seiner Art, und alles geflügelte Getier nach seiner Art. Und die Erde bringt hervor das lebendige Wesen nach seiner Art, das Vieh und das Gewürm und die Tiere der Erde nach ihrer Art:

Gott sagte, es sei gut. G wurde durch das gesprochene Wort geschaffen. An einem anderen Tag bat Gott mich, eine bestimmte Person anzurufen und bat sie, sich draußen hinzusetzen und laut aus der Bibel vorzulesen. Sie sagte, ich hätte laut gebetet, aber nicht aus der Bibel gelesen. Möge der Herr uns helfen zu sehen, was passiert, wenn wir an verschiedenen Orten laut aus der Bibel vorlesen. Versuchen Sie es; egal, wer Sie sind, es ist das Wort Gottes. Gott hält sein Wort und seine Verheißungen in Ehren. Viele lesen die Worte langsam, so dass niemand das Wort hören kann. Ich war im Krankenhaus, um für einen jungen indischen Mann zu beten. Sein Schwiegervater war in die USA geflogen, um seinen Schwiegersohn zu besuchen. Ich gehe immer mit dem Wort Gottes, also der Bibel. In dem Zimmer auf der Intensivstation konnte nur einer bleiben. Als ich niemanden im Zimmer sah, setzte ich mich auf einen Stuhl und las in der Bibel. Der Schwiegervater schaute durch die Glastür hinein. Ich fragte ihn, ob er laut aus der Bibel vorlesen würde, als ich das Zimmer betrat. Er stimmte zu. Beim nächsten Besuch sagte der ältere Schwiegervater: "Ich habe noch nie in der Bibel gelesen, aber die Bibel ist faszinierend zu lesen. Er bat um eine weitere Bibel. Sein Schwiegervater sagte, dies sei eine alte Bibel, bitte kaufen Sie mir eine neue, und das tat ich. Ich habe ihm sofort eine Regenbogenbibel gekauft.

Nimm das Wort Gottes niemals auf die leichte Schulter oder setze es aufs Spiel. Das Wort hat die Kraft, das zu bewirken, wofür es gesprochen wurde. Gestern sagte die Schwester von Herrn Pena: "Ich hatte einen Unfall, aber ich habe mich bei dir bedankt, Herr.

1 Thessalonicher 5:18 Dankt in allem; denn das ist der Wille Gottes in Christus Jesus für euch.

Ich war froh, dass das Wort aus ihrem Mund kam. Sie war ein wenig verletzt und hatte keine Krankenversicherung, aber wir haben gebetet. Das Wort Gottes, das aus Ihrem Mund gesprochen wird, verleiht dem verheißenen Wort eine schöpferische Kraft. Während du sprichst, schaffst du das Heilmittel, die Heilung, die Befreiung und das Wunder. Wenn ich einkaufen gehe, spreche ich positiv: Ich werde finden, was ich will. Gott hat für mich. Er wird mir einen vernünftigen Preis geben und konsequent, damit es passiert. Viele sagten, das wäre mir nie in den Sinn gekommen. Lernen Sie die Technik. Das verheißene Wort Gottes braucht eine Zutat aus dem Glauben, um es zu beleben. Wenn du das Wort im Glauben aussprichst, wird es das bewirken, was du erwartest. Gott sprach, damit Licht und Finsternis entstehen konnten. Gott hat die Vögel nicht erschaffen, sondern sie durch sein Wort ins Leben gerufen. Du sprichst also, was du dir wünschst, und sieh, was passiert. Beobachten Sie, was und wie die Menschen sprechen und empfangen. Wenn sie negativ sprechen, hat das eine negative Wirkung. Worte sind mächtig, entweder negativ oder positiv. Es ist Ihr Denken, Ihr Wissen und Ihr Vertrauen in Ihren Gott.

Daniel 11:32b Das Volk, das seinen Gott kennt, wird stark sein und Heldentaten vollbringen.

Lies das Wort; das Wort tut die Arbeit. Ein Wunder geschieht nur, wenn du sprichst, was du dir wünschst. Gott tat viele Wunder durch Mose, aber die Hebräer hatten Angst, als sie sahen, dass die Ägypter sie verfolgten. Mose tröstete die Hebräer, indem er das Wort sprach.

Mose 14:13 Und Mose sprach zum Volk: Fürchtet euch nicht, bleibt stehen und seht das Heil des Herrn, das er euch heute zeigen will; denn die Ägypter, die ihr heute gesehen habt, werdet ihr nie mehr sehen.

Der Herr wird für euch kämpfen, und ihr werdet eure Frieden. Der Herr ehrt, was du sagst. Du bist derjenige, der die Sache ins Leben ruft, indem er spricht. 28 Und die Wasser kehrten zurück und bedeckten die Wagen und die Reiter und das ganze Heer des Pharao, das hinter ihnen her ins Meer gekommen war; und es blieb nicht einer von ihnen übrig. Wie schön! Schreien Sie nicht, weinen Sie nicht und fürchten Sie sich nicht, warten Sie auf den Herrn, denn Heilung, Befreiung und Rettung liegen Ihnen auf der Zunge. Gott hat seiner Schöpfung die Vollmacht gegeben, jede Verheißung, die dein Schöpfer gegeben hat, einzufordern, einzulösen und mit Leben zu erfüllen. Kennen Sie Ihren Schöpfer und seine Macht und Kraft? Kennen Sie sein Wissen und seine Weisheit? Kennen Sie seinen Reichtum und seine Herrlichkeit? Wenn nicht, dann werden Sie niemals vorankommen. Sie können nicht bekommen, was Sie sich wünschen. Unwissenheit ist der tödliche Feind des Menschen; du wirst hungrig, krank, unterdrückt, besessen, verletzt und vieles mehr sterben. Möge der Herr uns mit dem von Gott gesprochenen Wort erfüllen. Sein Wort braucht den Auftrieb des Glaubens. Es hat bergverschiebende Kraft und lebensrettende Stärke. Das Wort hat eine übernatürliche, verblüffende schöpferische Kraft.

Ich bete für die Menschen am Telefon und sehe, dass das Ergebnis unvorstellbar ist. Bringen Sie anderen das Wort bei und verwenden Sie das Wort in Ihren Gesprächen; das Wort wird anderen die Augen öffnen, wenn es sich erfüllt.

Jesaja 55:10 Denn gleichwie der Regen und der Schnee vom Himmel fällt und nicht wieder dahin zurückkehrt, sondern die Erde tränkt und sie zum Sprießen und Knospen bringt, damit sie dem Sämann Saatgut und dem Esser Brot gebe, 11 so soll auch mein Wort sein, das aus meinem Munde geht; es soll nicht leer zu mir zurückkehren, sondern es soll vollbringen, was ich will bitte. Es soll gelingen, wozu ich es gesandt habe.

19 FEBRUAR

Was ist das Problem? Warum sehen wir nicht die Werke Gottes in den Betrieben? Ganz einfach: Die Menschen kennen die Verheißungen Gottes nicht. Sie stammen aus Gottes Mund und nicht aus Ihrem oder dem eines anderen Menschen. Glauben Sie und sehen Sie, dass Ihr gesprochenes Wort die Kraft hinter dem verheißenen Wort der Bibel hat. Ich habe viele gesehen, die sich immer negativ äußern. Ich bin arm, habe kein Geld und kann nicht geben. Sie sind immer noch arm, haben kein Geld und haben immer Mangel. Aber das gleiche Zeichen ist derjenige, der immer starke Worte spricht, anstatt eine andere Geschichte zu erzählen. Ich benutze die Worte von Präsident Trump, die sehr positiv, groß und großartig sind, und wir sehen das Ergebnis davon. Wir sehen Sein Leben. Ich achte auf sein Wort, und seine Glaubenskraft hat in den USA bedeutende Ergebnisse gebracht. Erstaunlicherweise braucht unser Wort das Wissen des Allmächtigen, bevor wir mit Vertrauen sprechen. Schlagen Sie das Wort Gottes auf. Beten Sie zum Herrn, dass er das Wort zurück in die Kirche, nach Hause, in die Schule und in unser persönliches Leben bringt, in Jesu Namen! Amen! Gott segne Sie!

LASST UNS BETEN

Her himmlische Vater, der Schöpfer von allem, was wir sehen und fühlen, wir geben dir Ruhm und Ehre. Dein Wissen übersteigt alles, gibt uns aber die Vorstellungskraft für die Dinge, die wir ins Leben rufen wollen. Unser Glaube braucht Wissen. Herr, bitte gib es uns. Herr, was für ein wunderbarer Gott du bist. Unser Schöpfer teilt alles, was er besitzt, und hat uns großes Wissen gegeben. Es ist dein Wort. Wort kennen ist es, Schätze, Reichtümer und Macht zu kennen. Herr, derjenige, der die Heilung in Anspruch nahm, indem er sie ins Leben rief. Nicht nur das, sie wurden zu Zeugen des Wortes. Sie ist nicht mehr auf die Israeliten beschränkt, sondern durch das Blut auf die Nichtjuden. Dein Blut, das unter deinem Namen verborgen ist, bewirkt die Reinigung von Sünden, wenn wir ins Wasser gehen, indem wir den Namen Jesu aussprechen. Der Name Jesus hat alle alttestamentlichen Namen Jehovas verschluckt. Dieser Name hat das Blut des Lammes; das geröstete Blut hat lebensspendende Kraft für alle, die dem Wort gehorchen - in Jesu Namen! Amen! Gott segne Sie!

20 FEBRUAR
DAS REICH GOTTES IST VERBORGEN

Tas Wort Gottes ist ein Schatz. Wenn man es mit der Hilfe des Heiligen Geistes liest und versteht, ist es unbezahlbar. In den 80er Jahren, als ich in die Vereinigten Staaten kam In den Staaten war ich auf der Suche nach Jesus. Ich besuchte viele Kirchen in Los Angeles. Nach ein paar Jahren zogen wir nach West Covina, Kalifornien, und begannen dort, in verschiedene Kirchen zu gehen. Ich war sehr enttäuscht. Ich fühlte mich ausgedörrt, aber ich gab nie auf.

In Matthäus 7:7 heißt es: "Sucht, und ihr werdet finden.

Als ich in Indien war, nahm ich am Bibelstudium der Siebenten Adventisten und der Zeugen Jehovas teil und besuchte die Methodistenkirche. Ich habe auch oft in der Bibel gelesen. Ich war nicht bereit, aufzugeben. Eines Tages gab sie mir im Gespräch mit einer Dame zwei Nummern von Kirchen und bat mich, es in diesen Kirchen zu versuchen. Also rief ich an. Ich habe für eine Kirche gebetet. Zu meiner großen Überraschung hatte ich zwei Nummern auf meiner Kommode, aber eine ist verschwunden. Also blieb nur eine übrig. Ich rief den Pastor an. Er bot ein Bibelstudium an. Da wir in der Familie Hilfe brauchten, nahmen wir an. Wir brauchten Hilfe, aber wir wollten sie nur vom Herrn Jesus und nicht von anderen Quellen. Meine Mutter hat viele Angebote anderer Religionen abgelehnt. Wir haben einen wahren Gott, und er wird uns helfen. Ich habe in der Bibel gelesen, dass diese Art von Hilfe nur durch Gebet und Fasten zustande kommt. Also tat ich es. Als der Pfarrer anfing, verschiedene Themen zu unterrichten, aber mit der Taufe, war ich erschüttert.

Ich habe die Bibel oft gelesen, aber ich habe nie gesehen, dass die Taufe nur im Namen Jesu stattfindet. Als ich die Stimme hörte, die mir sagte, ich solle mich taufen lassen, war ich nicht bereit, das anzunehmen, aber ich tat es. Ich gehorchte der Stimme. Es war eine einzigartige Erfahrung, die ich zum ersten Mal in meinem Leben machte. Diese Bibelstelle wurde einfach lebendig. Wie es heißt, werden deine Sünden weg sein. Ja, das war es. Und ich fühlte mich leichter als eine Feder. Ich kann auf dem Wasser gehen. Die Wahrheit wird dich frei machen; der Teufel muss die Wahrheit allein ins Visier nehmen. Ich war schockiert und sagte: "Teufel, du kannst die Wahrheit nicht vor mir verbergen. Ich war glücklich, eine so wunderbare Erfahrung zu machen. Danach begann ich, Tag und Nacht die Bibel zu studieren. Ich hielt die Bibel in Reichweite. Wie die Schrift sagt: Sie ist verborgen, ja! Das ist sie.

Matthäus 13:44 Wiederum gleicht das Himmelreich einem Schatz, der in einem Acker verborgen ist; den, wenn er ihn gefunden hat, versteckt er ihn und geht hin und verkauft alles, was er hat, und kauft den Acker.

20 FEBRUAR

Wenn Menschen in die Vereinigten Staaten ziehen, haben sie viele Träume, nicht nur einen. Aber nachdem ich diese Wahrheit gefunden hatte, habe ich mich nur noch auf die Wahrheit konzentriert. Ich weiß nicht, wie und warum ich diese Wahrheit vorher nicht sehen konnte. Ja, natürlich war sie verborgen, nicht wahr? Meine Freude war überwältigend. Jetzt bin ich zuversichtlich und kann sagen, dass das Christentum wahr ist. Es bietet Erlösung, Heilung und Befreiung. Ich habe meine Erfahrung mit allen geteilt.

Matthäus 13:45 Wiederum ist das Himmelreich gleich einem Kaufmann, der gute Perlen suchte; 46 und da er eine kostbare Perle fand, ging er hin und verkaufte alles, was er hatte, und kaufte sie.

Ganz genau! Ich bin auch die falsche Lehre losgeworden. Die Bibel wurde lebendig, als sie von falschen Lehrern und falschen Propheten sprach. Ja. Jetzt kann ich den Unterschied erkennen. Bezeichnungen wie "Kirche", "Pastor", "Prophet" und ein Kreuz auf einem Gebäude bedeuteten nichts. Ich war nicht verärgert, sondern erfreut. Ich habe die Wahl, zu suchen, und das habe ich getan.

Matthäus 13:47 Wiederum gleicht das Himmelreich einem Netz, das ins Meer geworfen wurde und alle Arten von Menschen auffing: 48 Und als es voll war, zogen sie an das Ufer und setzten sich und sammelten die guten in die Gefäße, die schlechten aber warfen sie weg.

Ich nahm an Bibelstudien in allen Konfessionsgruppen teil, aber als ich die Wahrheit fand, wusste ich, was ich zu beseitigen hatte. Ich begann zu übersetzen, Videos zu drehen, zu lehren und alle zu erreichen, die sie empfangen wollten. Ich tat alles, was ich konnte, um andere die Wahrheit wissen zu lassen. Als ich viele erreichte, akzeptierten viele und begannen zu arbeiten. Viele wurden dadurch befreit und geheilt. Ich habe nie aufgehört zu arbeiten, um die Verlorenen zu erreichen.

Matthäus 13:23 Wer aber den Samen in die gute Erde gesät hat, der ist es, der das Wort hört und versteht; der bringt auch Frucht, teils hundertfach, teils sechzigfach, teils dreißigfach.

Treue Menschen suchen das Wort Gottes durch Gebet und Fasten; dann werden sie Samen auf gutem Boden erhalten.

Matthäus 13:33 Ein anderes Gleichnis sagte er zu ihnen: Das Himmelreich gleicht dem Sauerteig, den eine Frau nahm und in drei Maß Mehl verbarg, bis es ganz durchsäuert war.

Ein Leben nach dem Wort Gottes ist ein ansteckender Lebensstil. Dein rechtschaffener Lebensstil wird andere beeinflussen. Das Leben auf der Erde ist wie ein Reisender. Warum suchst du nach Reichtum, Ruhm und Geld? Alles, was Sie wollen, ist das Reich Gottes und seine Gerechtigkeit. Alles, was du begehrst, ist genau dort. Lernen Sie Gott, indem Sie es tun und anwenden. Das Wort wird lebendig, wenn du es anwendest, tust und siehst, wie es lebendig wird. Niemand kann das Wort lernen, indem er auf einer Bank sitzt und Jahr für Jahr zuhört.

Matthäus 6:33 Trachtet aber zuerst nach dem Reich Gottes und nach seiner Gerechtigkeit, so wird euch dies alles zufallen.

Paulus sagt, dass ich im Gegensatz zu dem, was er suchte, wandelte. Als es offenbar wurde, wurde es am wichtigsten und hatte keine Angst, sogar zu sterben.

Philipper 3:7 Was mir aber Gewinn war, das habe ich für Christus für Verlust gehalten. 8 Und ich halte alles für Verlust um der Erkenntnis Christi Jesu, meines Herrn, willen, um dessentwillen ich alles verloren habe und halte es für Mist, damit ich Christus gewinne 9 und in ihm gefunden werde, nicht durch meine eigene Gerechtigkeit, die aus dem Gesetz ist, sondern durch den Glauben an Christus, die Gerechtigkeit, die aus Gott ist, aus Glauben:

Suchen Sie Gott; die Wahrheit ist mächtig. Du bist ein Reisender; du wirst das Leben oder den Tod auf ewig verbringen. Das Leben auf der Erde ist begrenzt. Das Fleisch ist sterblich. Aber die Seele ist unsterblich. Deine Seele ist in deinem Besitz. Flicke den Weg, ändere die Prioritäten, wende dich, nimm den Weg der Gerechtigkeit und liebe die Wahrheit. Du wirst das Königreich finden, in dem du Frieden und Freude in allem, was du dir wünschst, finden wirst.

LASST UNS BETEN

Beten Sie im Namen Jesu. Der Herr gebe dir Hunger und Durst nach dem Wort Gottes. Herr, zeige uns die Wahrheit. Wir wollen frei sein und andere befreien. Bitte gib uns die Kühnheit und den Mut, das Reich Gottes zu empfangen. Lehre uns, alle Hindernisse zu überwinden. Lass alle Waffen aufhören, zu blockieren und zu behindern, entfernt zu werden und in die Hölle hinabzustürzen. Wir wissen, dass das Reich Gottes nicht Speise und Trank ist, sondern Gerechtigkeit, Friede und Freude im Heiligen Geist. Herr, erfülle uns mit dem Heiligen Geist in Jesu Namen, AMEN. Gott segne Sie.

21 FEBRUAR

GOTT OPERIERT

Wir wissen, dass der Arzt auf dem Tisch operiert und uns in Schlaf versetzt. Nach der Operation gibt er eine Narkose. Wenn du wieder zu Sinnen kommst, wirst du wird Schmerzen haben und ein Schmerzmittel brauchen. In der geistigen Welt legen gesalbte Heilige die Hand auf, und Sie fallen um. Haben Sie das schon einmal erlebt? Ich schon. Ich bin auch viele Male gefallen, als mir gesalbte Heilige die Hände auflegten. Gott führt die Operation durch, wenn du auf dem Boden liegst, genauso wie der Arzt es tut, wenn du auf dem Tisch liegst. Wenn gesalbte Menschen über dich beten, dann führt der Geist die Operation durch.

Gott führt eine Operation durch, wenn Sie auf dem Boden liegen. Wenn du schläfst, operiert Gott auch an deinem Körper. Erinnern Sie sich, dass Saulus unwissentlich Jünger abschlachtete. Gott musste an seinen Augen und seinem Herzen operieren, damit er sehen konnte, was er tat. Saulus liebte Gott und wartete darauf, dass Gott als Messias kommen würde. Aber er wusste nicht, dass Jesus der fleischgewordene Gott als Messias war. Er wusste nicht, dass Jesus die Hoffnung der 12 Stämme war. Paulus war ein gläubiger Pharisäer, der wusste, dass es nur einen Gott gibt. Er wollte Jesus nicht anbeten, weil er wusste, dass er der Sohn von Joseph war.

Apg 26:7 Auf diese Verheißung hoffen unsere zwölf Stämme, die Gott Tag und Nacht dienen, zu kommen. Um dieser Hoffnung willen, König Agrippa, werde ich von den Juden angeklagt.

Siehst du, das war ihre Hoffnung auf den Messias. Der Gebetskrieger rief um Hilfe. In Damaskus kam Gott herab und führte eine Operation an Saulus durch. Jesus änderte sein Herzdenken und auch seinen Namen, Saulus, in Paulus.

Apg 9:3 Und als er reiste, kam er in die Nähe von Damaskus; und plötzlich leuchtete um ihn herum ein Licht vom Himmel. 4 Und er fiel zur Erde und hörte eine Stimme, die zu ihm sagte: Saul, Saul, warum verfolgst du mich? 5 Er aber sprach: Wer bist du, Herr? Und der Herr sprach: Ich bin Jesus, den du verfolgst; es ist schwer für dich, gegen die Stacheln zu treten. 6 Er aber zitterte und entsetzte sich und sprach: Herr, was willst du, daß ich tue? Und der Herr sprach zu ihm: Steh auf und geh in die Stadt, und es wird dir gesagt werden, was du tun sollst. 7 Und die Männer, die mit ihm reisten, standen stumm; denn sie hörten eine Stimme, aber sie sahen niemanden. 8 Und Saul stand auf von der Erde; und da seine Augen aufgetan wurden, sah er keinen Menschen; aber sie führten ihn bei der Hand und brachten ihn gen Damaskus. 9 Und er war drei Tage sehend und aß und trank nicht.

Gott hat ihn am Boden operiert; seine Augen, sein Herz, sein Denken und sein Leben brauchten eine mächtige Operation vom Himmel herab. Ich danke dir, Herr. Die Geschichte von Paulus änderte sich nach der Operation.

Galater 1:23 Sie hatten aber nur gehört, daß der, der uns einst verfolgte, jetzt den Glauben predigt, den er einst zerstört hat.

Sie reden über Paulus. Er hat den Glauben zerstört, aber jetzt predigt er dieselbe Geschichte. Gottes Operation wird eine Veränderung des Lebens, des Herzens, des Denkens, der Heilung, der Befreiung und der Errettung bewirken. Die Veränderung wird von innen nach außen erfolgen, auf den Kopf gestellt werden und sogar Ihr Aussehen verändern. Vor vielen Jahren machte ich einige Probleme durch, die ich nicht verstand. Einmal sagte Gott mir, ich solle ein kleines Büchlein mit dem Titel "Tägliches Brot" aufschlagen und es lesen, was ich auch tat. Als ich das Wort "Angst" sah, sagte Gott: "Du hast Angst", und ich sagte: "Herr, ich bin nicht besorgt oder habe Angst. Am nächsten Tag war Sonntag, ich kam aus der Kirche, und Gott sagte: "Schau im Wörterbuch nach, was Angst bedeutet. Also tat ich es. Ich sagte, dass ich mich genau so fühle; ich gehe schlafen und wache mit dem gleichen Gefühl auf. Ich verstand nicht, warum und wusste nicht, wie ich es jemandem erklären sollte, um Hilfe zu bekommen. Angst ist eine nervöse Störung, die durch übermäßiges Unbehagen und Befürchtungen gekennzeichnet ist. Es handelt sich um eine Gruppe von psychischen Erkrankungen, und der von ihnen verursachte Leidensdruck kann einen daran hindern, sein Leben normal weiterzuführen. Ich arbeite abends. Am Sonntag hatte ich frei, also bin ich früh schlafen gegangen. Ich liebe es, früh aufzuwachen und zu beten. Also wachte ich um 5 Uhr morgens auf, um zu beten. Ich hörte, wie mein Geist mich aufforderte, wieder zu schlafen. Ich begann nachzudenken. Das kann nicht Gott sein, also versuchte ich zu beten.

Wieder hörte ich "Schlaf ein". Jetzt hörte ich jemanden sagen Ignorieren Sie nicht Gottes Stimme. Er hat eine seltsame Agenda. Versuchen Sie nicht, Gott in Ihre Vorstellungen zu pressen. Also sagte ich: Gott, ich gehe schlafen, was ich nicht mag, aber wenn ich mich irre, bitte vergib mir. Ich schlief ein und hatte einen Traum; in meinem Traum berührten Männer meinen Kopf im Traum. Ich sah den Hals abwärts und nicht das Gesicht. Ich wachte angstfrei auf. Ich war sehr froh, frei zu sein, aber auch aufgeregt, dass ich gelernt hatte, Gottes Stimme zu hören und ihr zu gehorchen. Ich dachte, Gott würde niemals verlangen, dass man sich schlafen legt, wenn man betet. Aber Gott hatte einen Engel gesandt, um zu operieren. Er wollte, dass ich weiterschlief, denn der Arzt gab uns eine Narkose, damit wir während der Operation schlafen konnten. Wow. Das ist sehr aufregend. Seine Stimme zu hören.

Matthäus 17:15 Herr, sei meinem Sohn gnädig; denn er ist wahnsinnig und sehr betrübt; denn er fällt oft ins Feuer und oft ins Wasser.

Markus 9:25 Als Jesus sah, dass das Volk herbeieilte, bedrohte er den bösen Geist und sagte zu ihm: Du stummer und tauber Geist, ich beschwöre dich, fahr aus von ihm und fahre nicht mehr in ihn hinein. Und der Geist schrie und zerriß ihn und fuhr aus von ihm; und er war wie tot, so daß viele sagten: Er ist tot. Jesus aber ergriff ihn bei der Hand und richtete ihn auf, und er stand auf.

Sehen Sie, der Herr hat ihn operiert und auf dem Boden schlafen lassen. Der Junge hat seine Befreiung bekommen. Gott schickt Heilung und Befreiung, während du schläfst. Ich habe gehört. Wenn ein kranker Mensch schläft, wird ein großer Teil seines Körpers geheilt. Als Jesus zu den Römern sagte: "Ich bin der, der sieht, was passiert ist"

Johannes 18:6. Als er nun zu ihnen sagte: "Ich bin es", wichen sie zurück und fielen zu Boden.

Offenbarung 1:17 Und als ich ihn sah, fiel ich wie tot zu seinen Füßen. Und er legte seine rechte Hand auf mich und sprach zu mir: Fürchte dich nicht; ich bin der Erste und der Letzte:

Menschen werden im Geist erschlagen oder fallen im Geist in der Gegenwart des allmächtigen Gottes in

Nr. 24:4 Er hat gesagt: "Er hat die Worte Gottes gehört, er hat die Vision des Allmächtigen gesehen und ist in Trance gefallen, aber seine Augen waren offen:

Bellam empfing die Botschaft auch als ein Fallen auf den Boden in der Gegenwart Gottes, wo Gottes Geist uns ergreift. Gott übernimmt die Kontrolle, wenn er Sie in den Schlaf versetzt. Seine Arbeit hat ein mächtiges Ergebnis ohne Schmerzen. Und keine piepsenden Arztrechnungen bezahlen. Ich weiß, wann Gottes Gegenwart kommt. Er salbt uns und zerbricht Ketten und Dotter, Krankheiten und Gebrechen. Und er ist ein mächtiger Chirurg und ein Schöpfer. Er ließ Adam in einen tiefen Schlaf fallen, um seine Gefährtin Eva zu erschaffen und seine Rippe zu nehmen.

Mose 2:21 Und Gott, der Herr, ließ einen tiefen Schlaf auf Adam fallen, und er schlief, und er nahm eine seiner Rippen und verschloss das Fleisch an ihrer Stelle; und die Rippe, die Gott, der Herr, vom Menschen genommen hatte, machte er zu einer Frau und brachte sie zum Mann.

Sehen Sie, all das geschieht, wenn Gott Sie in den Schlaf versetzt. Gott spricht zu uns in einem Traum. Gott gab Pharao und Jakob, Nebukadnezar, der König von Babylon, eine Fantasie, die den Plan offenbart. Gott wandert, wenn wir schlafen. Ich danke dir, Herr; ich glaube, dass Operationen nur in der Gegenwart Gottes oder von Menschen geschehen, die vom Heiligen Geist und der Kraft Gottes gesalbt sind. Amen.

LASST UNS BETEN

beten. Möge der Herr in einer Zeit wie dieser eine große Operation durchführen. Wir brauchen mehr Operationen durch Gott. Wir brauchen Befreiung, Heilung und Errettung durch den Chirurgen Jesus. Wir brauchen Saul zu Pauls Erfahrung. Möge der Herr den Verrückten, ADHS, ADS, Schizophrenie und Autisten heute helfen. Ich bete, dass der Herr uns die mächtige Salbung des Heiligen Geistes und die Kraft gibt. Herr, gib uns die Kraft, Arbeiter zu sein, wo Gott der Chirurg ist, wirke durch uns in Jesu Namen. Amen! Gott segne Sie.

22 FEBRUAR

MEIN VOLK HAT MICH TÄGLICH VERGESSEN

Mie Menschen haben mich täglich vergessen. Wie ist das geschehen? Durch fehlgeleiteten Geist. Wir verehren und beten zu vielen Götzen. Aber wie? Wir, unsere Arbeit und Alles, was wir Gott vorsetzen, wird zum Götzen. Wie viele Menschen unter uns wollen beten? Es geht nicht darum, fünf oder drei Mal zu Gott zu beten, wie Daniel es tat. Wir können nur mit Gott, unserem Schöpfer, verbunden sein, wenn wir mit ihm sprechen und ihm zuhören. Wir können nicht mit Gott verbunden werden, indem wir zu Gebetsfrühstücken gehen oder christliche Filme sehen. Ein paar Stunden in die Kirche zu gehen und dort zu sitzen oder eine Position zu halten, verbindet uns nicht mit dem Herrn. All diese Aktivitäten verbinden uns nicht mit Gott, sondern trennen uns von Gott. Eine Verbindung mit Gott ist wie ein Internetanschluss. Die Trennung von Gott bedeutet, kein Internet zu haben.

Verstehen Sie das? Wir haben viele Verbindungen, aber die wichtigste ist die Verbindung zu Gott. Wir fühlen uns verloren, unsicher, besorgt, verletzt und krank. Wir haben eine Polizei, ein Sicherheitssystem, ein starkes Militär und ein Schutzsystem, und doch stehen wir vor großen Problemen. Wir sind nicht sicher, wenn wir keine Sicherheit von Gott haben. Heute wird Gott durch einen 911-Anruf oder ein anderes Sicherheitssystem ersetzt.

Jeremia 2:32. Kann eine Jungfrau ihren Schmuck vergessen oder eine Braut ihr Gewand? Doch mein Volk hat mich vergessen, seit unzähligen Tagen.

Warum versprechen viele, dich zu sichern, und du bist es trotzdem nicht, weil es dich nicht mit Gott verbindet?

Jeremia 13:25 Das ist dein Los, dein Anteil an mir, spricht der HERR, weil du mich vergessen hast und auf Falschheit vertraut hast.

Siehst du überall Weinen und Schreien? Seelischer Stress, Alpträume und keine Hilfe finden. Sie sind verloren, abgesehen davon, dass Sie aus der Löwengrube, dem Rachen des Tigers, dem feurigen Ofen, dem Gefängnis und den Waffen des Feindes befreit worden wären. Die übernatürliche Hilfe des Herrn wird von irreführenden und irreführenden Geistern vereitelt, die die wahre Bibel aus dem Haus, dem Leben, der Schule und der Organisation nehmen, und wir haben alle Schwierigkeiten, aber wir verstehen immer noch nicht. Wir fragen uns immer noch, was die Ursache dafür ist. Wir haben einfach den Weg Gottes und die Verbindung zu Gott verloren. Gott sollte nicht bloß sein, sondern an erster Stelle stehen,

22 FEBRUAR

Jeremia 3:21 Man hörte eine Stimme auf den Höhen, das Weinen und Flehen der Kinder Israels; den Sie haben ihren Weg verkehrt und den Herrn, ihren Gott, vergessen.

Falsche Lehrer und Propheten lassen Gott im Stich. Schießen und Töten zeigen die Abwesenheit Gottes. Wo sind die Menschen, die die zerstörerischen Pläne Satans erkennen können? Ein einziger Ruf kann alle geistliche Finsternis durch Jesus stoppen. Wir brauchen jemanden, der furchtlos aufsteht, das tiefste, dunkelste Werk des Feindes aufspürt und es bekämpft. Nehmen Sie Satan den Schlüssel weg und sagen Sie ihm: "Du hast verloren". Das Volk Gottes hat keinen Geschmack und kein Verlangen nach Gott. Es gibt keinen Hunger und Durst nach Gott, eine Form der Frömmigkeit. Wir haben vergessen zu beten und zu mühen. Ein wehender Geist gebiert den Dienst. Gott wartet auf unseren Ruf. Er hat eine Armee von Engeln, um uns zu helfen, aber niemand ruft an. Rufen Sie die Polizei! Ist das unsere Lösung? Überall sind Schreie und Blutspuren zu sehen. Was ist geschehen? Kann jemand sagen, lasst uns beten und fasten? Gott hat eine Lösung. Die Menschen sind verloren ohne einen wahren, gerechten Hirten.

Hesekiel 34:2 Menschensohn, prophezeie gegen die Hirten Israels, prophezeie und sprich zu ihnen: So spricht Gott der Herr zu den Hirten: Wehe den Hirten Israels, die sich selbst weiden! Sollten nicht die Hirten die Herden weiden? Ihr fresset das Fett und kleidet euch mit der Wolle und tötet, was da ist; aber die Herde weidet ihr nicht. Und meine Herde frisst, was ihr mit euren Füßen zertreten habt, und trinkt, was ihr mit euren Füßen verunreinigt habt.

Der Hirte hat keine Zeit für verletzte, deprimierte, bedrängte und besessene Schafe. Wie traurig! Menschen gehen in die Psychiatrie. Kann ein Psychiater helfen? Sind Drogen eine Antwort? Satan benutzt Menschen, um Blut zu vergießen. Hören Sie die Stimme Gottes? Sind Sie mit Essen, Trinken, Golfen, Kaufen, Einkaufen und Urlauben beschäftigt? Sehen Sie nach, wo Ihre Bibel ist. Keiner will die Wahrheit lehren. Lehren Sie das Wort gerade genug, um das Geschäft in Gang zu bringen. Kommen Sie nicht hierher, um Hilfe zu bekommen. Wir benutzen Jesus, damit unser Geld weiter fließt. Wir wissen nicht, was Unterdrückung, Besessenheit, Befreiung oder Krankheit sind. Belasten Sie uns nicht mit Ihren Problemen, denn wir haben Ärzte. Ja, wir bekommen Geld von euch. So können wir viele Häuser, Autos und alle Luxusgüter kaufen und glücklich sein. Wir sind gesegnet. Wirklich? Seid ihr wirklich gesegnet oder verflucht? Ist Ihre Stadt gesegnet oder verflucht? Ich erinnere mich, dass ich in Kalifornien, wo ich lebte, herumging und an Türen klopfte und Zeugnis ablegte. Ich stand bei der Zulassungsstelle und verteilte Bibeltraktate, betete die Nacht hindurch. Ich betete am frühen Morgen, und deshalb herrschte in meiner Stadt Frieden. Viele Schulen hatten einen Zaun, aber nicht in der Stadt, in der ich lebte. Ich tat, was nötig war. Einmal, als ich nachts betete, sah ich eine Hexe, die in meine Stadt kam. Ich habe für sie gebetet. Ich stellte mich an einen übersinnlichen Ort und verfluchte sie. Wisst ihr, dass er sich nie öffnete? Kein Platz für Satan. Die Bibel ist überall zu einem Multimillionengeschäft geworden. Wachen Sie auf und beten Sie für Ihre Stadt, Ihre Gemeinde und Ihr Land.

Jesus ist gekommen, um Gefangene zu befreien.

Dämonen, Krebs, Krankheiten, Drogen, Alkohol und Scheidungen haben die Menschen im Griff. Der Teufel hat jetzt alles; warum? Die Menschen sind hochmütig geworden und beten nicht mehr. Sie kennen die Schrift gerade gut genug, um sich täuschen zu lassen. Jesus begann zu heilen und Befreiung. Er heilte Menschen mit gebrochenem Herzen, während die Kirchenkonfession die Augen der Menschen von Gott abwandte und ihre Gesichter ihnen zuwandte. Sie sperrten sie so sehr in ihre Markenboxen ein, dass sie niemanden außer sich selbst sehen oder hören konnten. Redet über Jesus, aber hört auf, das Werk von Jesus zu tun. Der Name ist in Ordnung, aber lasst euch nicht mit ihm verbinden. Jesus wird kommen, und wir werden unser Reich verlieren.

Johannes 11:48 Wenn wir ihn so allein lassen, werden alle Menschen an ihn glauben; und die Römer werden kommen und uns Ort und Volk wegnehmen.

Wir sollten keine Machthaber mit Jesus in Verbindung bringen.

Johannes 12:42 Aber auch unter den Obersten glaubten viele an ihn; aber wegen der Pharisäer bekannten sie sich nicht zu ihm, damit sie nicht aus der Synagoge ausgeschlossen würden:

Du rufst den Notruf an und wischst das Blut ab, aber du willst Jesus nicht anrufen. Woher kommt deine Hilfe? 911? Von der Regierung? Danken Sie dem Teufel. Er hat hervorragende Arbeit geleistet, indem er Erweckung unter falsche Lehrer und Pastoren brachte, um jeden, der Jesus anrief, zum Schweigen zu bringen. Danken Sie dem Teufel, dass er die Führer so blind und taub gemacht hat, dass sie nicht wissen, wie sie beten sollen, wenn Menschen Hilfe brauchen. Sie zeigen falsches und unechtes Mitgefühl. Der Verbrecher wird hingerichtet werden. Der Teufel wird für seine Gebete gelobt werden, Topper. Was war geschehen? Wie haben sie sich von Gott getrennt? Manche Gebäude, die sie Kirchen nennen, stören dich, wenn du dort betest. Manche Pastoren beten nie und lehren sogar über dieses Thema. Die Show beginnt, ich meine, die Kirche beginnt mit demselben Programm.

Alle kommen, um eine schöne Show zu sehen. Keine Sorge, ob jemand geheilt, befreit oder was auch immer. Gebt Gott Geld. Welchem Gott? Unser Geschäft läuft so lange, wie wir Sie von Jesus fernhalten. Niemand wird gerettet, indem er in die Kirche geht; denken Sie daran, das Gebäude ist nicht die Kirche. Wenn Sie Gott finden, werden Sie gerettet. Suchen Sie also Gott. Er wartet darauf, dass Sie wie ein verlorener Sohn zurückkehren, dass Sie eine verlorene Münze finden und dass Sie ein verlorenes Schaf wiederfinden. Ich verstehe, dass Sie enttäuscht sind, aber Sie müssen aus der von Menschen gemachten Agenda aussteigen. Suchen Sie Gott. Schauen Sie, wo er zu finden ist. Fragen Sie David, Joschafat, Daniel und andere, die sagten: "Ich rief den Herrn an, und er half mir." Gott ist derjenige, mit dem Sie in Verbindung treten müssen. Das Gebet ist Kommunikation mit Gott. Das Gebet ist ein einfaches Gespräch mit dem Schöpfer. Das Gebet ist ein Verbindungsnetz mit dem himmlischen Reich: Rufen Sie Jesus an. Alle Verbindungen auf der Erde werden nicht funktionieren. Trennen Sie sich also von ihnen. Seht, wie viele Krankenhäuser es gibt, und trotzdem sind viele krank Gott sagte, ich würde alle Krankheiten und noch mehr ablegen. Und warum? Sie haben Ihre Verbindung mit dem Lebensspender verloren, Heiler, Erlöser und Retter. Die Trennung von Gott hat Gefängnisse, Irrenhäuser, Nervenheilanstalten, Polizeidienststellen, Richter und Anwälte gefüllt. Hätten wir Jesus an die erste Stelle gesetzt, indem wir zuerst und ohne Unterlass gebetet hätten, wäre alle Verwirrung verschwunden. Verbinden Sie sich zunächst mit Jesus. Lieben Sie Jesus von ganzem Herzen, Geist, Seele und Kraft. Sie werden die ganze Zeit über verbunden bleiben.

Die Zeit ist so schlecht. Wie die Bibel sagt, werden sie dich hassen, wenn du den Herrn kennst. Früher war Gott da, und der Teufel war draußen. Aber jetzt hat der Teufel die Macht übernommen, und Gott ist draußen. An manchen Orten konnte ich die Wahrheit nicht lehren. Und warum? Denkt daran, dass sie sagen, ihr sollt nicht auf Jesus hören. Satan beherbergt die Bibel und hat es auf die Wahrheit abgesehen und verhöhnt euch. Wenn ihr weint, liebt er das. Er ist froh, dass ihr blind und taub genug seid, um euch zu täuschen. Satan benutzt die Bibel, um die Wahrheit zu zerstören, indem er die Religion einführt. Was für eine beschämende Situation. Wir wissen, dass Jesus heilt; wir schreien nach einer Versicherung und zahlen eine Versicherung. Was ist passiert? Können Sie Gott nicht suchen? Wo denn? Auf euren Knien? Geh nicht in die Höhle der Diebe. Sie wissen nicht, was Jesus tun kann. Sie haben keine Zeit für ihn. Sie sorgen sich um das Geld. Sei vorsichtig. Trenne dich von ihnen. Verbinde dich mit Gott, finde wahre Lehrer und Propheten, die wissen, wie man sich mit Gott verbindet. Gott wartet darauf, deinen Schrei zu hören und dich mit offenen Armen zu trösten.

LASST UNS BETEN

Herr, gib uns den Wunsch, dich zu suchen. Hilf uns, uns mit dir zu verbinden, damit wir eine Lösung für alle Probleme auf der Erde finden, in Jesu Namen. Amen. Gott segne Sie.

23 FEBRUAR

JESUS IST DIE HOFFNUNG AUF ERLÖSUNG.

Jesus ist der Name, der über allen Namen steht. Verschiedene Titel kannten Jehova Gott, da er verschiedene Taten vollbrachte. Jehova war bekannt als Nissi, Alroi, Alshedai, Adonai, und Jahwe Shalom. Aber Jahwe nahm Fleisch an, um Blut zu vergießen; er kam unter dem schönen Namen Jesus. Er wurde der rettende Name für die Welt. Warum der Name Jesus? Der Engel offenbarte den Eltern, Maria und Josef, den verborgenen Namen.

Matthäus 1:21 Und sie wird einen Sohn gebären, und du sollst seinen Namen Jesus nennen; denn er wird sein Volk von seinen Sünden erlösen.

Jesus heißt auf Griechisch Jeschua, was bedeutet, dass Jahwe rettet oder Rettung ist. Errettet bedeutet, dass er heilt, befreit und rettet. Dieser Name steht über allen anderen Titeln, die er hatte. Die letzte Tat von Jesus war größer. Der Name Jesus hat die Autorität, zu heilen, zu retten, zu befreien und zu erlösen. Gott als Schöpfer und Vater tat, was nötig war für seine Schöpfung. Was verursacht Krankheit? Die Sünde ist die Ursache für alle Krankheiten. Glauben Sie nicht all den Etiketten und Worten, die der Arzt Ihren Krankheiten gibt. Bereuen Sie einfach alle Ihre Sünden. Gehen Sie ins Wasser, um Ihre Sünden in Jesu Namen abzuwaschen. Jesu Blut wird auf Ihre Sünden zutreffen, und Ihnen werden alle Ihre Sünden vergeben, und Sie werden geheilt werden. Sie werden eine neue Kreatur. Alle Dinge sind vergangen. Wahnsinn! Ich liebte den Namen Jesus, seit ich die Bedeutung dieses Namens verstanden und Vergebung und Heilung erfahren hatte.

Philipper 2:9 Darum hat Gott ihn auch hoch erhoben und ihm einen Namen gegeben, der über alle Namen ist:

Eines Tages werden sich alle Knie vor seinem Namen beugen. Eines Tages werden Sie Jesus als einen mächtigen Gott kennenlernen und keine andere Wahl haben. Warum nicht heute?

Philipper 2:10 Dass sich vor dem Namen Jesu alle Knie beugen, die im Himmel und die auf Erden und die unter der Erde sind;

Autorität und Macht werden unter verheißungsvollen Namen gegeben, wenn wir den heiligen Namen Jesus mit Ehrfurcht benutzen. Wir werden das unerwartete Ergebnis sehen.

Lukas 10:17 Und die Siebzig kehrten mit Freude zurück und sprachen: Herr, auch die Teufel sind uns

23 FEBRUAR

untertan durch deinen Namen.

Matthäus 1:23 Siehe, eine Jungfrau wird schwanger sein und einen Sohn gebären, und man wird ihm den Namen den Namen Emmanuel, was übersetzt heißt: Gott mit uns.

Wenn Sie Jesus sagen, steht sein Name über allen Titeln Gottes. Satan kennt die Macht und Autorität, die in diesem Namen steckt. Ich habe einige Hindu-Frauen getroffen, die sich zum Christentum bekehrt haben. Ich wollte wissen, was sie dazu bewogen hat, sich Jesus zuzuwenden. Wie Sie wissen, glauben die Hindus an über 33 Millionen Götter und Göttinnen. Ich werde ihnen Namen geben, damit Sie sie verstehen. Lady Lily hatte eine Tochter, die an Krebs an den Lippen litt. Sie ging zu vielen Medizinmännern, Göttern und Göttinnen. Aber nichts geschah. Also gab sie auf. Also bekehrte sich Lady Gigi, die neu war, und erzählte es Lily. Warum beten Sie nicht zu Jesus? Er wird sich um dein Problem kümmern. Lilly sagte: "Ich glaube nicht an deinen Jesus, und ich werde auch nicht beten, denn ich habe genug von all diesen so genannten Göttern, Göttinnen und Medizinmännern. Ich habe meinen Sohn, meinen Mann und mein Geld verloren, als ich all diesen Göttern, Medizinmännern und Göttinnen nachlief. Gigi sagte: "Versuch es einfach mit Jesus. Gigi zeigte ihr Bein.

Sehen Sie, mein Bein war gelähmt und vertrocknet. Jetzt ist mein Bein gestreckt. Es hat Leben und einen Blutkreislauf. Gigi fuhr fort, wir hatten kein Geld für Essen, aber seit ich mich Jesus zugewandt habe, haben wir Essen und Frieden. Lily sagte: OK, ich gebe deinem Jesus drei Tage. In drei Tagen verschwand der Krebs von den Lippen ihrer Tochter. Sie war überrascht! Jesus hat ihre Tochter vollständig geheilt! Also entfernte sie alle Fotos von Göttern, Göttinnen und Götzen aus ihrem Haus. Der Teufel war wütend und kämpfte mit Lily. Ihr Ventilator von der Decke fiel herunter und schnitt ihr das Ohr ab. Sie sagte: "Jesus, ich klebe es mit Tesafilm zu, und morgen, wenn ich aufwache, soll es geheilt sein. Am nächsten Tag war ihr Ohr geheilt. Halleluja! Lily und alle ihre Töchter dienen Jesus. Jesus ist ein Heiler. Alle anderen Götter und Göttinnen konnten nicht helfen, aber Jesus; er ist die Hoffnung auf Erlösung. Er ist ein Heiler. Er hat eure Sünden auf seinen Rücken genommen, indem er dort zuschlug, wo das Blut herkam und den Preis für jede Krankheit und Sünde bezahlte. Wie wunderbar ist Jesus? Gigi erzählte mir, dass ihr Mann sich keine ₹10 für Lebensmittel leisten konnte. Seit Gigi sich Jesus zugewandt hat, ist Jesus ihr Versorger geworden. Jesus segnet ihre Finanzen. Gigi sagt, ihr Mann gibt ihr täglich 100 Pfund für Lebensmittel. Wir haben so viel Geld, dass wMotorräder und Gold haben und anderen Familienmitgliedern helfen.

Niemand, nicht einmal der Teufel, kann bestreiten, welche Autorität und Macht wir durch den mächtigen, rettenden Namen Jesus haben. Wenn wir uns an Jesus wenden, nimmt er die Zügel unseres Lebens in die Hand. Lehnen Sie sich zurück! Jesus hat die Verantwortung für Ihre Reise auf der Erde. Machen Sie sich keine Sorgen um morgen. Vorräte, Krankheiten, Krankheiten und alles, was Sie brauchen, während Sie auf dieser Erde sind.

Römer 15:13 Der Gott der Hoffnung aber erfülle euch mit aller Freude und allem Frieden im Glauben, damit ihr in der Hoffnung reich werdet durch die Kraft des Heiligen Geistes.

Jesus wird Sie zu Ihrer schönen Bestimmung führen, denn er hat höhere und bessere Pläne und Gedanken für Sie.

Jeremia 29:11 Denn ich kenne die Gedanken, die ich denke Gedanken des Friedens und nicht des Bösen, spricht der Herr, um euch ein gutes Ende zu bereiten.

Die Menschen leben ein hoffnungsloses Leben, bis sie Jesus finden. Jesus löst alle Probleme und nimmt Kummer und Sorgen. Er füllt sie wieder auf und erfrischt sie. Die Heilung und Befreiung durch Jesus zu erfahren, ist nicht genug. Für Jesus zu leben, berechtigt zum vollen Nutzen. All Ihr Suchen nach Hoffnung von Ort zu Ort und die mühsame Reise in einer dunklen, hoffnungslosen Welt haben dann ein Ende. Das ist der Grund, warum ich mein Leben Jesus übergeben habe. Ich arbeite Tag und Nacht daran, dass jemand Heilung findet, Befreiung und Erlösung. Dieses wunderschöne Evangelium ist für mich interessant. Er ist immer noch im Bereich der Heilung, Befreiung und Ersparnis tätig. Ich habe viele gesehen, die geheilt und befreit wurden. Ich habe es gesehen. Gott hat mächtige Dinge getan, als wir nach unserer Rettung riefen. Gott hat die Macht, alles zu tun, worum du ihn bittest, wenn du nur deine Hoffnung auf Jesus setzt.

Hebräer 10:35 Werft daher euer Vertrauen nicht weg, die eine große Belohnung hat.

Wir gehen durch viele körperliche, familiäre, finanzielle, emotionale und geistige Prüfungen. Aber das Vertrauen auf Jesus befreit uns von allen Anschuldigungen, Lügen und Behauptungen des Feindes. Wir werden den Sieg und die Befreiung durch unseren Gott erleben. Ich habe nie die Hoffnung verloren, weil ich wusste, dass er die Erlösung bringen würde,

Jesaja 41:10 Fürchte dich nicht, denn ich bin mit dir; fürchte dich nicht Du sollst nicht verzagen; denn ich bin dein Gott: Ich will dich stärken und dir helfen und dich mit der rechten Hand meiner Gerechtigkeit stützen.

Gehen Sie nirgendwo hin. Bringen Sie Ihr Anliegen einfach zu Jesus.

Psalmen 54:4 Siehe, Gott ist mein Helfer; der Herr ist bei denen, die meine Seele stützen.

Psalm 34: Die Gerechten schreien, und der HERR hört sie und befreit sie aus all ihrer Not.

Wenn Sie durch Prüfungen oder Schwierigkeiten gehen, geben Sie nicht auf und geben Sie dem Feind nicht nach. Er wird zur rechten Zeit kommen. Ihr Gebet hat Macht, aber es erfordert auch Geduld für das Timing.

Psalmen 37:5 Verlass dich auf den HERRN und vertraue auf ihn, so wird er's vollbringen.

LASST UNS BETEN

Ich bete, dass der Herr Licht in deinen dunklen Weg bringt. Möge der Herr deine Bitten erfüllen und deine Herzenswünsche wahr werden lassen. Möge Jesus Frieden, Versorgung und Wege schenken der Erfolg, indem er Ihnen ein Verständnis für seine Wege und seine Wahrheit gibt. Mögen alle deine Lasten weggenommen werden und Gott dir seine leichtere Last geben. Herr, behüte, leite und segne dich in Jesu Namen. Amen. Gott segne Sie.

24 FEBRUAR

DIE LEBENSSPENDENDE KRAFT DES BLUTES.

1 Johannes 3:16 Daran erkennen wir die Liebe Gottes, denn er hat sein Leben für uns hingegeben:

God hat sein Leben für dich und mich hingegeben. Das Lamm symbolisiert Jesus. Gott nahm vorübergehend Fleisch an, um Blut zu vergießen.

Apostelgeschichte 20:28 So habt nun acht auf euch selbst und auf die ganze Herde, über die euch der Heilige Geist zu Aufsehern gesetzt hat, zu weiden die Gemeinde Gottes, die er mit seinem Blut erkauft hat.

Gott hat uns mit seinem Blut erkauft. Gott, der unser Vater und Schöpfer ist, hat uns geliebt. Deshalb hat er den Preis seines Blutes bezahlt, um unser Leben zu erkaufen, indem er sein Blut gab. Warum muss Gott Blut vergießen? Jesus ist Gott in Menschengestalt.

Levitikus 17:11 Denn das Leben des Fleisches ist im Blut: I habe es dir auf den Altar gelegt, um es zu versöhnen für eure Seelen.

Der Grund dafür ist, dass er sein Blut für meine Strafe in der Hölle gegeben hat. Blut hat Leben. Wenn Sie das Blut aus dem Körper entfernen, wird Ihr Fleisch sterben. Das Leben ist im Blut. Der Körper eines Erwachsenen benötigt 0.2 bis 1.5 Gallonen oder 4.5 bis 5.0 Liter. Blut ist eine lebendige Sache. Es stirbt nie.

Mose 4:10 Und er sprach: Was hast du getan? Die Stimme des Blutes deines Bruders schreit zu mir vom Erdboden.

Seht ihr das? Wie das Blut von Able zu Gott schrie? Ein getöteter oder ermordeter Mensch kann vor Gott gegen den Mörder und die Mörderin aussagen. Das Blut des gerechten Abel hat keine Macht, unsere Sünden wegzunehmen. Der gerechte Abel hat das sündige Blut seines Vaters. Denken Sie daran, dass das Blut von der Seite des Vaters kommt und niemals von der Seite der Mutter.

Hebräer 12:24 Und auf Jesus, den Mittler des neuen Bundes, und auf das Blut der Besprengung, das besser redet als Abel.

Da das Blut Jesu keine Sünde hat, hat die Sünde einen Stachel des Todes, nämlich den ewigen Tod in der Hölle. Das Blut ist die einzige Quelle des Lebens für unseren ewigen Tod in der Hölle.

2 Korinther 5:21 Denn er hat ihn, der keine Sünde kannte, für uns zur Sünde gemacht, damit wir in ihm zur Gerechtigkeit Gottes gemacht werden.

Wir brauchen sündloses Blut. Gott hat freiwillig Fleisch und Blut angezogen sein Blut vergossen hat, um unsere Sünden wegzunehmen.

Hebräer 9:12 Nicht durch das Blut von Böcken und Kälbern, sondern durch sein eigenes Blut ist er einmal in das Heiligtum eingegangen Er hat die ewige Erlösung für uns erlangt.

Unsere Sünde hat Gott sein Leben gekostet. Die Bibel sagt, Gott kam in der Fleisch.

1 Timotheus 3:16 Und unbestritten groß ist die Geheimnis der Göttlichkeit: Gott ist im Fleisch erschienen.

Viele Bibelversionen haben Gott entfernt und das Wort "Er" hinzugefügt, um Verwirrung zu stiften. Aber es ist ein Gott, der für den Erlösungsplan in Fleisch und Blut übergegangen ist. Gott ist souverän. Er kann es jederzeit ohne jede äußere Hilfe tun. Das Leben ist im Blut. Wir brauchen Blut, um der ewigen Bestrafung in der Hölle zu entgehen. Ein sündiger Mensch braucht das rettende sündlose Blut.

Hebräer 9:22 Und fast alles wird durch das Gesetz mit Blut gereinigt, und ohne Blutvergießen gibt es keine Vergebung.

Unsere Sünden haben Jesus das Leben gekostet, das in seinem Blut ist.

Matthäus 26:28 Mein Blut des Neuen Testaments, das für viele vergossen wird zur Übertragung der Sünden.

Jesus selbst hat gesagt, dass mein Blut das ist, was ihr zur Vergebung eurer Sünden brauchen werdet. Deshalb gehen wir im Namen Jesu unter Wasser. Und warum? Die Taufe ist kein Ritual. Die Taufe ist für die Abwaschung unserer Sünden. Das Blut ist unter dem Namen Jesu verborgen.

Epheser 1:7 In dem wir die Erlösung haben durch sein Blut, die Vergebung der Sünden, nach dem Reichtum seiner Gnade;

Jesus möchte, dass Sie wissen, dass er alles getan hat, was nötig war, um Ihnen zu helfen. Durch sein Blut haben Sie also die Kraft, auf der Erde zu leben. Sein Blut wird sprechen, wenn Satan wie eine Flut kommt. Lebendiges Blut wird für dich sagen, dass du rechtschaffen bist. Das Blut Jesu wird dafür sprechen, dass Sie unschuldig sind. Halleluja! Ich erinnere mich an diese wahre Geschichte. Eine Satansanbeterin traf zwei Pfingstlerinnen, die mit ihr diskutierten, dass alle Satansanbeter fasten und beten, um die Kirchen zu zerstören. Im Gespräch gestanden die Satansanbeter, dass wir nichts tun können, da sie Blut über uns haben. Sie haben gebetet und gefastet, damit Satan Dämonen schickt, die die Kirchen in den finanziellen Ruin treiben und die Pastoren in den Ehebruch treiben. Wenn Sie im Namen Jesu ins Wasser gehen, wie es in der Apostelgeschichte heißt, werden Ihre Sünden vergeben und Ihr Bewusstsein gereinigt.

Hebräer 9:14. Wie viel mehr wird das Blut Christi, der sich selbst durch den ewigen Geist Gott ohne Makel dargebracht hat, euer Gewissen von toten Werken reinigen, damit ihr dem lebendigen Gott dient.

1 Petrus 3:21 Das gleiche Bild, zu dem auch die Taufe uns jetzt rettet (nicht die Ablegung des Fleisches, sondern die Bejahung eines guten Gewissens vor Gott) durch die Auferstehung Jesu Christi:

Die biblische Definition für "reinigen" bedeutet, von Schuld oder moralischer Verunreinigung zu befreien, wie jemanden von Schuld oder Verbrechen zu reinigen. Man reinigt von der Sünde, um sich von der Anschuldigung oder der Anklage eines Verbrechens zu befreien, wie in der Prüfung, als Jesus sein Blut am Kreuz vergoss. Der himmlische, heilige Altar. Er ging hin und nahm den Schlüssel zu Hölle und Tod weg.

Offenbarung 1:18 Ich bin der Lebendige, der tot war; und siehe, ich bin lebendig von Ewigkeit zu Ewigkeit, Amen, und habe die Schlüssel der Hölle und des Todes.

Blut hat uns Zugang zum Allerheiligsten verschafft; was wir im Garten Eden verloren haben, hat Jesus durch sein Blut zurückgekauft. Wir können seinen Thronsaal mutig betreten, indem wir sein Blut für unsere Sünden verwenden.

Epheser 2:13 Ihr aber, die ihr einstmals fern wart, seid jetzt in Christus Jesus nahe geworden durch das Blut Christi.

Adam und Eva versteckten sie, als sie sündigten. Sünde ist die Übertretung des Gesetzes. Sich von dem fernhalten, was Gott verboten hat. Ihre Beziehung zu Gott war zerbrochen.

Jesaja 59:2 Aber eure Missetaten haben euch von eurem Gott geschieden, und eure Sünden haben sein Angesicht vor euch verborgen, so dass er euch nicht erhören will.

Danken Sie dem Herrn, denn er hat alles nur für seine Schöpfung getan. Was wir tun müssen, ist, alle unsere Sünden zu bereuen. Und seinen Namen in der Taufe annehmen, um unsere Sünden abzuwaschen. Wir können neues Leben haben.

2 Korinther 5:17 Wenn nun jemand in Christus ist, so ist er eine neue Kreatur; das Alte ist vergangen, siehe, es ist alles neu geworden. 18 Und alles ist von Gott, der uns mit sich selbst versöhnt hat durch Jesus Christus und uns das Amt der Versöhnung gegeben hat; 19 um dass Gott in Christus war und die Welt mit sich versöhnt hat, indem er ihnen ihre Schuld nicht zurechnete, und uns das Wort von der Versöhnung gegeben hat.

LASST UNS BETEN

Mach Gott, hilf uns, das Nötige zu tun, um Vergebung zu erlangen, die in Jesu Namen geschieht. Wir empfangen das Blut mit Wasser, das unter seinem kostbaren Namen, um unsere Sünden abzuwaschen. Herr, gib uns die Demut, den Weg, die Wahrheit und das ewige Leben zu finden, das Gott sein Leben verdankt. Der Herr segne Sie mit dem ewigen Leben in Jesu Namen. Amen! Gott segne Sie.

25 FEBRUAR

DIE WAFFE HAT DIE BIBEL ERSETZT.

Gib deinen Kindern eine Bibel, oder der Teufel gibt ihnen eine Waffe. Ist die Waffe ein Ersatz für die Bibel? Ist das die Art und Weise, wie Sie leben wollen? Sie führen Ihre Kinder an Polizei, Psychiatrie, Karate, Kid Word, Tanzen, Schwimmen, Meth, Musik und Spiele heran, bei denen es keine echte Hilfe gibt. Wessen Bericht hören wir? Die Polizei, die Nachrichtenmedien oder Gott. Satan holt die Kanzel auf sein Niveau herunter. Wo von Dämonen besessene Anwälte, Betrüger, Prostituierte, Drogensüchtige, Alkoholiker, Ehebrecher und Sünder sich nicht unwohl fühlen. Erzähl mir von einfachem Glauben und Liebe. Die Bibel sagt, Gottes Weg ist schmal mit allen Einschränkungen, um in den Himmel zu kommen.

Gott hat sich die Zeit genommen, 66 Bücher zu schreiben, um uns einen gerechten Weg zu zeigen. Ewiges Leben, Wohlstand und Sicherheit werden von falschen Lehrern und Propheten geschaffen, die im Fleisch und nicht im Geist wandeln. Wie Eva, Adam, Esau und König Salomo starb auch König Saul in Begierde, ohne die Verheißungen zu erhalten.

1 Timotheus 4:8 Denn die leibliche Übung nützt wenig; die Frömmigkeit aber ist zu allem nütze und verheißt das jetzige und das künftige Leben.

Jochebeds Mutter lehrte Moses, Merriam und Aron die Wahrheit. Sie lebte in Ägypten und wich nicht von ihrem Glauben ab. Sie suchte nicht nach einfachem Glauben. Eine Mutter und ein Vater sind die Lehrer. Verlassen Sie sich nicht auf Sonntagsschullehrer, Lehrer oder das Land, in dem Sie leben. Wenn ihr eure Kinder zur Welt bringt, müsst ihr wissen, dass es an dem Ort, der sich Erde nennt, einen Teufel, gefallene unheilige Engel und Dämonen gibt, die einen großen Plan haben. Satan will in die Irre führen, töten, stehlen und zerstören. Die Eltern nehmen sich nicht die Zeit, ihre Kinder zu führen, und deshalb werden sie und ihre Kinder Opfer des Satans. Jochebed, eine Tochter von Levi, kannte die Wege Gottes. Sie unterrichtete ihre Kinder, da es keine funktionierende Kirche, Synagoge oder Sonntagsschule gab. Ihr Glaube, ihre Weisheit, ihre Hingabe und ihr Eifer zeigen sich im Leben ihrer Kinder. Gott benutzte Mose, denn er war ein Hörer und Täter. Gott benutzte Mose, um die Hebräer aus der großen Sklaverei zu befreien.

Sie kämpften mit dem Pharao und stellten das Wort Jehova Gott als Befreier und mächtigen Gott vor. Eine geistliche, gottesfürchtige Frau nahm sich alle Zeit der Welt, um ihre Kinder vor Satans Taktiken des Tötens, Stehlens und Zerstörens zu schützen. Jochebed brachte die besten Kinder zur Welt, die die himmlischen Gebote, Gesetze und Vorschriften mitbrachten.

Deuteronomium 4:7 Denn welches Volk ist schon so groß, das hat Gott so nahe bei ihnen, wie der HERR, unser Gott, ist in allen Dingen, um die wir ihn anrufen? 8 Und welches Volk ist so groß, das so gerechte Satzungen und Rechte hat wie dies ganze Gesetz, das ich euch heute vorlege?

Ist das die Art und Weise, wie unsere Nationen sind?

Sichern Sie sich mit Sicherheitssystemen, dem Besitz einer Waffe und automatischer Macht ab? Oder setzen Sie Ihr Vertrauen in den Gott der Bibel? Kann ein Gerät helfen, Sie in Not und Schwierigkeiten zu schützen? David, Daniel, das Volk Gottes hat ihn angerufen, und Gott hat ihnen Hilfe geschickt.

Psalm 18:6 "In meiner Not rief ich den HERRN an und schrie zu meinem Gott; er hörte meine Stimme aus seinem Tempel, und mein Schreien drang vor seine Ohren."

Wir leben in einer Welt, in der es einen echten Kampf gibt, aber wir kennen die Lösung nicht. Wir brauchen wahre Lehrer und Nachfolger Gottes wie Mose, Josua und David.

Psalm 55:16 "Ich aber will Gott anrufen, und der HERR wird mir helfen."

Wir erleben eine äußerst kritische Zeit mit Schießereien, Morden, Krankheiten, Selbstmorden und Scheidungen. Die Gefängnisse sind voll und überall herrscht Angst. Haben wir eine Jochebed, Ester, Merriam, Moses oder Josua? Wir brauchen jemanden, der uns zum Gesetz und zu den Geboten Gottes zurückführen kann. Immer wenn ich höre, dass jemand krank ist, rennt er sofort zum Arzt. Der Arzt verschreibt Medizin, und ohne zu zögern, nehmen sie sie ein. Warum suchen wir nicht Gott und nicht den Arzt, den Psychiater, die Polizei und andere Quellen, wo es keine Hilfe gibt? Gibt es jemanden, der das Wort Gottes praktiziert? Weiß jemand, wie man Gott anruft, wenn man schießt, tötet und jemand verletzt wird? Kann jemand tun, was Jesus gesagt hat, salben und beten? Meine Mutter und mein Vater haben die ganze Nacht gebetet, damit sich die Gefängnistüren zur Rettung öffnen. Ich bin so verletzt, dass all diese besessenen und unterdrückten Menschen jemanden brauchen, der ihre Dämonen austreibt und Gott anruft.

Der Teufel in ihnen benutzt ihre Hand und ihren Verstand und lässt sie hinter der Gefängnistür zurück. Er geht los, um jemanden zu suchen, den er weiter töten kann. Verstehen Sie das? Der Teufel ist derjenige, der die Hände, die Füße und den Verstand benutzt. Wie steht es mit der Erziehung von Kindern, die das lebensspendende Wort Gottes kennen? Ihre Kinder können zum Licht für viele werden. Bringen Sie ihnen bei, das Schwert des Wortes Gottes zu schwingen, um den Plan und die Strategie des Satans zu zerstören. Satan hat unser christliches Land und unsere Städte eingenommen. Und warum? Denn es gibt einen Glauben an den einfachen Glauben, was ist das? Gottes Wort ist kein Buffet. Nimm, was in dein Leben passt, und wirf weg, was deinem Fleisch unbequem ist. Wir finden blinde Führer, die sich nicht einigen können, was wir mögen. Die Hölle ist real und heiß. Kein Licht, nur Dunkelheit, schreiende Qualen und kein Ausweg. Jemand, der bereit ist, sein Leben für den Glauben zu geben, oder ein Narr, der Kompromisse eingeht. Das Vergnügen der Die Welt ist zu ihrer ersten und wichtigsten Aufgabe geworden.

Hat Jesus einen kurzen Weg genommen, oder ist er ganz leer ausgegangen? Leidet er den ganzen Weg? Fällst du, indem du ein Kreuz nimmst, oder hast du es schon weggeworfen? Und warum? Gibt es jemanden, der versteht, dass alle in die Irre gehen, nein? Versteht denn niemand? Gott hat gesagt, ich bin die Antwort. Das

Leben im wahren Wort Gottes ist die Antwort.

Deuteronomium 30:15-16, 19 Siehe, ich habe dir heute das Leben und das Gute und den Tod und das Böse vor Augen gestellt;16 indem ich dir heute gebiete, den HERRN, deinen Gott, zu lieben und in seinen Wegen zu wandeln und seine Gebote, Satzungen und Rechte zu halten, auf dass du lebst und dich vermehrst; und der HERR, dein Gott, wird dich segnen in dem Lande, darein du ziehst, es einzunehmen. 19 Ich rufe den Himmel und die Erde an, dass ich dir heute zu Protokoll gebe, dass ich Leben und Tod, Segen und Fluch vor dich gestellt habe; darum wähle Leben, damit du und deine Nachkommen leben.

Sei spirituell und wähle das Leben und den Segen.

1 Korinther 2:14 Der natürliche Mensch aber nimmt die Dinge des Geistes Gottes nicht an; denn sie sind ihm eine Torheit, und er kann sie nicht erkennen, weil sie geistlich unterschieden sind.

Wir hören Nachrichten, die keine guten Nachrichten mehr sind. Die Nachrichten haben die Menschen unsensibel gemacht. Bitte geben Sie Ihren Kindern die Bibel und lehren Sie sie das Wort, wie es ist. Sie werden gesegnet sein, und Ihre Kinder auch. Seid gesund und gesegnet.

Offenbarung 22:19 Und wenn jemand etwas wegnimmt von die Worte des Buches dieser Weissagung, so wird Gott seinen Teil wegnehmen aus dem Buch des Lebens und aus der heiligen Stadt und von dem, was in diesem Buch geschrieben ist.

LASST UNS BETEN

Herr, gib uns Wissen, Weisheit und Verständnis, damit wir unsere Kinder wie David, Mose, Josua und Esther erziehen können. Mutig und kühn, allein zu stehen um die Macht Gottes in einer kritischen Zeit wie dieser zu beweisen. Wir brauchen Licht durch dein Wort. Wir brauchen deinen Geist, der uns lehrt, leitet und befähigt. Herr, benutze unsere Hand, um Dämonen auszutreiben. Er wird andere suchen und trösten und nicht schießen und töten. Wir gehen durch eine Zeit, in der der einfache Glaube, die Lehre des Teufels, Gott enttäuscht hat. Hilf uns, den richtigen Weg und die Wahrheit zu finden, in Jesu Namen. Amen. Gott segne Sie.

26 FEBRUAR

GOTT, ERHÖHE MEINE KAPAZITÄT.

Wenn Sie einen kleinen Becher haben, dann erhalten Sie nur so viel. Das Fassungsvermögen einer Gallone, eines Wurfs oder eines anderen Maßes wird jeweils angegeben. Je nach Fassungsvermögen der Behälter können Sie die Flüssigkeit tragen. Genauso kann Gott den Heiligen Geist, den Glauben und geistliche Wunder geben, je nach unserer Glaubenskapazität.

Matthäus 9:29 "Wie ihr glaubt, so soll es euch ergehen".

Du bist ein Gefäß, das ein gewisses Maß an Glauben hat. Es gibt vierfachen Segen, zehnfachen Segen und unbegrenzten Segen. Nun, um alles zu empfangen, müssen wir eine andere Kapazität haben. Jesaja 44:3 "Denn ich will Wasser gießen auf den, den da dürstet, und Fluten auf dem trockenen Boden: Ich werde meinen Geist ausgießen auf deinen Samen und meinen Segen auf deine Nachkommen": Gott hat uns ein größeres Maß zu geben. Alles hängt davon ab, wie viel wir zulassen. Folgen Sie einfach den Schritten, die Gott Ihnen aufgetragen hat.

Maleachi 3:10 "Bringt alle Zehnten in das Vorratshaus, damit in meinem Haus Speise ist, und prüft mich hiermit, spricht der HERR der Heerscharen, ob ich euch nicht die Fenster des Himmels öffne und euch Segen ausschütte, dass nicht genug Platz ist, ihn aufzunehmen".

Während der Zeit des Gesetzes brachten wir den Zehnten und die Opfergaben in den Tempel, aber jetzt haben wir keinen Tempel, also geben wir, die wir als Arbeiter arbeiten, um 30, 60, hundert und unbegrenzten Segen zu erhalten. Denken Sie daran, wenn er Sie segnen will, halten Sie unbegrenzte Kapazität als Prophet fragen Frauen zu gehen, um das Gefäß leihen, nicht wenig.

2 König 4:3 "Da sprach er: Geh hin und leihe dir von allen deinen Nachbarn leere Gefäße; leihe dir nicht wenige.

Ihr Verstand entwirft Grenze oder grenzenlos. Gott möchte so lange segnen, wie du es zulässt.

2 Kön 4:6 Als die Gefäße voll waren, sagte sie zu ihrem Sohn: Bring mir noch ein Gefäß. Er aber sagte zu ihr: Es ist kein Gefäß mehr da. Und das Öl blieb stehen.

Das Öl blieb so, wie es war, da es kein weiteres Gefäß gab. Gott hat keine Grenzen.

Johannes 3:34 "Denn der, den Gott gesandt hat, redet die Worte Gottes; denn Gott gibt ihm den Geist nicht nach Maß".

Gott kann Geistesgaben und Heilung schenken, wenn Sie es zulassen. Er kann so viel geben, wie du dich öffnest. Gott ist unbegrenzt, ein allmächtiger Gott.

Epheser 1:19 Und wie groß ist seine Macht über uns, die wir glauben, nach dem Wirken seiner gewaltigen Kraft.

Seine mächtige Kraft kann durch uns wirken, wenn wir Gott erlauben.

Johannes 14:12 Wahrlich, wahrlich, ich sage euch: Wer an mich glaubt, der wird die Werke, die ich tue, auch tun; und er wird noch größere tun als diese; denn ich gehe zu meinem Vater.

Wie und was Jesus tat, als er auf dieser Erde wandelte.

Johannes 21:25 Und es gibt noch viele andere Dinge, die Jesus getan hat, die, wenn sie alle aufgeschrieben würden, ich glaube, dass selbst die Welt die Bücher nicht fassen könnte, die geschrieben werden müssten. Amen.

Der Gott des Himmels hat also so viel getan und gesagt, du kannst mehr tun. Ich kann mehr tun? Ja, und das ist es, wonach ich suche. Wenn wir ein Erdbeben, einen Tsunami, einen Wirbelsturm oder einen Tornado sehen, dann sehen wir Gottes Macht in Aktion. Die Hebräer konnten nicht glauben, als sie das große Werk der Plage und der Befreiung von der Grausamkeit des Pharaos sahen. Je nach ihrer Fähigkeit, dieses wunderbare Wunder zu glauben, handelte der mächtige, große Gott. Bei jedem Schritt, den wir tun, müssen wir wissen, ob wir Gott ermöglichen oder behindern. Wie viel und was wollen wir von Gott? Wie viel können Sie leisten? Ganz gleich, was Gott tut, Sie können ihn immer noch einschränken oder freisetzen, um sein Werk zu vollbringen. Schauen wir uns an, was der Hebräer tat.

Exodus 17:3 Und das Volk dürstete dort nach Wasser; und das Volk murrte gegen Mose und sprach: Warum hast du uns aus Ägypten heraufgeführt, daß du uns und unsere Kinder und unser Vieh vor Durst umbringst?

Wir stoppen unser Wunder, unseren Segen und unsere Verheißungen, indem wir vergessen, was er zu tun imstande ist.

Psalm 106:13 Sie vergaßen bald seine Werke, sie warteten nicht auf seinen Rat: Sie murrten in ihren Zelten und hörten nicht auf die Stimme des HERRN.

Der Mensch vergisst Gott und seine Werke, wenn er mit verschiedenen Situationen und Problemen konfrontiert wird. Gott möchte, dass wir uns an sein mächtiges Werk erinnern, indem wir sein Werk hören und uns daran erinnern.

Numeri 14:22 Denn alle diese Männer, die meine Herrlichkeit und meine Wunder gesehen haben, die ich in Ägypten und in der Wüste getan habe, und die mich jetzt zehnmal versucht haben und meiner Stimme nicht gehorcht haben, 23 die sollen das Land nicht sehen, das ich ihren Vätern geschworen habe, und keiner von denen, die mich gereizt haben, soll es sehen. 24 Aber meinen Knecht Kaleb, weil er einen anderen Geist bei sich hatte und mir ganz nachgefolgt ist, den will ich in das Land bringen, in das er gegangen ist, und seine Nachkommen sollen es besitzen.

Hier erhielt Kaleb die Verheißung, als er sich von Gott segnen ließ. Eine Frau sagte, wenn ich Sein Gewand berühre, werde ich ganz sein. Ganz bedeutet, dass Geist, Körper, Seele und Seele geheilt und gesund sind. Ganz bedeutet vollständig. Nicht defekt oder unvollkommen, sondern wiederhergestellt in Gesundheit und Unversehrtheit. Sie kannte den Mann, der in ihrer Gegend von den Legionen der Dämonen geheilt wurde. Sie kann auch Heilung von Blutproblemen erhalten, wenn sie das Gewand des Herrn Jesus berührt. Sie schaffen eine negative oder positive Atmosphäre bzw. mit Ihrem Vertrauen. Unsere Worte geben Gott oder dem Teufel eine Plattform, um zu wirken oder zu versagen. Bevor er die Erde verließ, versprach Gott seinen Geist und neun Gaben des Geistes, um zu wirken. Er sagte: "Ich werde euch verschiedene Gaben geben, wie ihr sie begehrt. Die Gaben des Geistes sollen die Kirche erbauen (denkt daran, dass ihr die Kirche seid) und die Gläubigen stärken, wenn sie Wunder, Heilung, Prophetie, Herzensheilung, Unterscheidungsvermögen, Botschaften und übernatürliche Informationen für die jeweilige Situation sehen. Die Gaben des Geistes stehen allen zur Verfügung, wenn man ihnen den Platz einräumt, indem man darum bittet und danach verlangt, um die Kirche Gottes zu erbauen. Es liegt an uns, sie zuzulassen oder zu verweigern. Alles hängt davon ab, was Sie mit den Gaben zu tun versuchen.

1 Korinther 12:31 Die besten Gaben aber begehret mit Ernst: Begehren bedeutet, sich nach etwas zu sehnen. Sich sehr zu wünschen. Die Absicht Gottes ist dieselbe. Die Mission fortzusetzen, die er begonnen hat.

Lukas 4:18 Der Geist des Herrn ruht auf mir, weil er mich gesalbt hat, den Armen das Evangelium zu verkündigen; er hat mich gesandt, zu heilen, die zerbrochenen Herzens sind, den Gefangenen Befreiung zu predigen und den Blinden das Augenlicht wiederzugeben, die Zerschlagenen in Freiheit zu setzen, Bitten Sie Gott um mehr, lassen Sie Ihrer Fantasie freien Lauf.

Jeremia 33:3 Ruf mich an, und ich werde dir antworten und dir große und mächtige Dinge zeigen, die du nicht kennst.

Stecken Sie Gott in den Menschen nicht in religiöse Schubladen. Das wird Gott und seine Absichten einschränken. Erlauben Sie dem Heiligen Geist, Sie zu lehren, zu leiten und zu befähigen, Unmögliches zu tun. Bitten Sie Gott, Ihre Kapazität zu erhöhen. Seinen Geist zu tragen, denn er ist fähig, Unmögliches, Übernatürliches, Himmlisches, Wunderbares und Unglaubliches zu tun.

LASST UNS BETEN

Lord Gott, dessen Ziel es ist, Wunder für sein Volk zu tun, uns daran teilhaben zu lassen. Unglaublicher Gott, hilf uns, an das Unmögliche zu glauben, damit andere gesegnet werden können. Zerbrich uns, befreie uns von allen einschränkenden, aufhaltenden, ungläubigen Faktoren. Möge der allmächtige Gott auf dieser Erde verherrlicht werden. Möge der Gott des Himmels gesegnet werden, wenn wir uns erlauben, sein unbegrenztes Gefäß zu sein, in Jesu Namen. Amen! Gott segne Sie.

27 FEBRUAR

SETZEN SIE IHRE PRIORITÄTEN IN EINE REIHENFOLGE.

Wir alle haben eine To-Do-Liste, aber wenn wir gesegnet werden wollen, dann sollten wir unser Programm in Gottes Ordnung halten. Die Bibel sagt zuerst,

1 Timotheus 2: So ermahne ich nun, dass vor allen Dingen Bitten, Gebete, Fürbitten und Danksagungen für alle Menschen vorgebracht werden, 2 für Könige und alle, die Gewalt haben, damit wir ein ruhiges und friedliches Leben führen in aller Frömmigkeit und Redlichkeit. 3 Denn das ist gut und wohlgefällig vor Gott, unserem Heiland, 4 der will, dass alle Menschen gerettet werden und zur Erkenntnis der Wahrheit kommen.

Jeden Morgen wache ich vor 4:00 Uhr auf. Ich bin mit Gott verbunden. Ich weiß, dass Satan in der Nacht arbeitet, um den Tag zu zerstören. Bevor ich meinen Tag beginne, treffe ich mich mit Gott und frage ihn, welcher Weg der sicherste ist. Ich lege Fürbitte für andere ein. Was für eine großartige Aufgabe, die uns übertragen wurde! Was für eine wunderbare Sache! Als Menschen können wir vor seinen Thronsaal treten, um Sicherheit, Orientierung, Schutz und Segen zu erhalten. Lassen Sie mich Ihnen sagen, dass Gott real ist. Ich wollte immer durch seinen Segen reich werden.

Sprüche 10:22 Der Segen des Herrn macht reich, und er fügt keinen Kummer dazu.

Er weiß, wie man multipliziert und addiert. Gott möchte, dass wir zuerst mit ihm in Verbindung treten und dann unseren Tag geschützt, gesegnet und wohlhabend gestalten. Überlassen Sie Gott die Verantwortung. Gott möchte, dass seine Kinder sich bei ihm melden, um eine Orientierung zu bekommen. Jeder Tag ist ein Geschenk. Wie es heißt: Unser tägliches Brot gib uns. Das Manna kam jeden Tag. Wenn wir also jeden Tag Gott bitten, ein Aufseher zu sein, wird der Tag gesegnet und erfolgreich sein. Er versichert uns, dass ich euch geben werde, was ihr braucht, wie ich es im Garten Eden versprochen habe. Aber zuerst müsst ihr euch um meinen Weinberg kümmern. Ihr kleidet ihn so, wie ich es euch befohlen habe. Gott hat eine Landkarte. Wenn wir seine Anweisungen befolgen, werden wir ein friedliches Leben haben.

Leviticus 26:6 Und ich will Frieden im Lande geben, und ihr sollt euch niederlegen, und niemand soll euch schrecken; und ich will das böse Vieh aus dem Lande vertreiben, und das Schwert soll nicht durch euer Land gehen.

27 FEBRUAR

Exodus 23:22. Wenn du aber seiner Stimme gehorchst und alles tust, was ich sage, so will ich deinen Feinden ein Feind und deinen Widersachern ein Widersacher sein.

Hast du Angst vor Schwert, Pistole, Entführer, Bande, Betrüger, ein Lügner oder ein Bösewicht? Bringen Sie Ihr Leben in Ordnung, wie es das Wort Gottes sagt. Lernen Sie aus einem Buch namens Bibel und finden Sie den Weg, den Sie verloren haben. Wenn dir die Dunkelheit im Weg steht, dann bringe alles in Ordnung. Bete mit der gegebenen Autorität. Beten Sie mit dem Wissen. Es ist unsere Aufgabe, Gottes Autorität über uns zu halten. Er wird uns auf dem richtigen Weg halten, wenn wir nicht wissen, was wir tun sollen. Andernfalls gibt es Chaos, Aufruhr und Verwüstung in unserem Land. Denken Sie daran, dass wir nicht hier sind, um für materielle Dinge zu arbeiten, sondern für Gott. Unsere Priorität sollte sein, unsere Seelen vor der Hölle zu bewahren. Abraham hatte seine Prioritäten richtig gesetzt, denn er war berufen. Gottes Plan für ihn war, aus seiner Verwandtschaft herauszukommen, und das tat er auch. Die Prüfung auf dem Berg Moriah war der Schlüssel zum Erfolg. Er hat die Prüfung bestanden. Gott ist real. Er will uns in Ordnung halten. So haben wir Frieden, Schutz und Reichtum.

Mose 13:2 Und Abram war sehr reich an Vieh, Silber und Gold.

Das war auch bei Isaac der Fall, denn er hielt seine Prioritäten in Ordnung.

Mose 26:13 Und der Mann wurde groß und ging vorwärts und wuchs, bis er sehr groß wurde:

Psalmen 112:1-3 Lobt den Herrn! Gesegnet ist der Mann, der den Herrn fürchtet und sich an seinen Geboten erfreut. 2 Sein Same wird mächtig sein auf Erden; das Geschlecht der Frommen wird gesegnet sein. 3 Wohlstand und Reichtum werden in seinem Haus sein, und seine Gerechtigkeit hält ewig. Sehen Sie, die Menschen streben nach Reichtum. Aber wenn sie den Schlüssel zum Reichtum kennen, wird sich ihre Lebensgeschichte ändern. Wenn wir Gott suchen, dann wird er uns keine guten Dinge vorenthalten.

Er ist ein Lieferant in Hülle und Fülle. Ich liebte es, mit Gott in Verbindung zu kommen, bevor die Sonne aufgeht. Ich suche den Weg Gottes auch während des Tages. Im Jahr 1999 hatte ich einen Unfall. Ich machte eine körperliche Prüfung durch. Nach Gottes Worten war es eine feurige Prüfung. Und Gott versicherte mir, dass ich als Gold herauskommen würde, und das tat ich auch! Gelobt sei der Herr! Mein Gott weiß, wie man prüft und wie man aus e i n e r Prüfung herauskommt, um eine Person zu qualifizieren. Das tat er bei Abraham, Hiob und vielen anderen, die für sein Reich berufen wurden. Als Gott mich in seinen Dienst berief, sagte er zu mir: "Ich werde für dich sorgen, arbeite für mich, denn ich nehme dir deine Arbeit weg". Bei diesem Prozess wusste ich nicht, was er sich dabei gedacht hatte. Für mein Leben wollte ich seinen Willen. Ich war nicht so sehr um die Versorgung besorgt. Ich lernte die Treue Gottes kennen, als ich mit ihm ging. Ich lebe gerne für Gott. Ich habe mein Leben zu 100 % Gott gegeben. Ich weiß, dass nur Jesus mich segnen kann und nicht mein Gehalt. Während meines Prozesses dachte ich, ich bin froh, dass ich mein Haus in Ordnung gebracht habe, jetzt muss ich mir keine Sorgen mehr über zusätzliche Ausgaben machen. Meine Rente reichte nicht aus, um Hausschulden zu bezahlen. Alles, was ich dachte, war unmöglich. Er hat es durch seine göttliche Macht möglich gemacht. Ich hatte viele Fragen in meinem Kopf. Gott sei Dank hat er mich eines Besseren belehrt und mich in seinem großartigen Plan bewegt. Ich bekam nicht genug Geld um meine Ausgaben zu bestreiten, aber oh Halleluja, was für ein großer Gott.

Fragen Sie nicht, wie ich die anderen Rechnungen bezahlt habe. Später schenkte er mir ein brandneues Haus, das größer und besser ist. Ich muss mir nie Sorgen um morgen machen. Und wenn ich das als Mensch täte, dann sagte ich mir, dass der Herr treu ist. Er wird mich jedes Mal versorgen, wenn er meine Bedürfnisse befriedigt. Ich habe nie versucht, Gott zu helfen, sondern habe ihm vertraut. Ich weiß, dass er gesagt hat: "Du arbeitest für mich und ich werde für dich sorgen. Das ist ein Trost. Ich habe nie um finanzielle Hilfe gebeten, denn ich habe keine Arbeit und nur einen kleinen Rentenscheck.

Matthäus 6:33 Trachtet aber zuerst nach dem Reich Gottes und nach seiner Gerechtigkeit, so wird euch dies alles zufallen.

Der Herr hat für alles gesorgt, als er mich ausgesandt hat. Der Herr sorgte für meine Reise, mein Essen und meine Unterkunft. Wenn wir die Prioritäten richtig setzen, erleben wir, dass die Verheißungen der Bibel lebendig werden. Ich sehe, wie sich die Leute immer beschweren. Sie verdienen so viel Geld und sind trotzdem leer. Sie erhalten verrückte Einkommen, die ich noch nie in meinem Leben gesehen habe. Aber ich lebe schön und habe auch Menschen mit meinem mageren Scheck geholfen. Ich arbeite überall auf der Welt als Seelsorger. Ich sehe jeden Tag Wunder, Heilungen und Menschen, die gerettet werden. Ich arbeite für Gott und diene ihm jeden Tag. An vielen Orten, wo ich hingehe, wissen sie wahrscheinlich nicht, dass ich gekommen bin und gebetet habe, als sie im Koma lagen. Ich bete am Telefon, wenn sie nicht wissen, wer ich bin. Unsere Prioritäten in der richtigen Reihenfolge zu halten, ist ein Schlüssel zu Erfolg zu haben und einen Segen für uns selbst und für die kommende Generation zu erhalten.

Gott ist ein Versprechenstreuer. Er zeigt 1000 Generationen seine Barmherzigkeit. Wenn Sie Ihre Prioritäten einhalten, wird der Segen weiter fließen. Denn Gott will denen helfen, deren Prioritäten durcheinander geraten sind.

In Haggai 1:6 Ihr habt viel gesät und bringt wenig ein; ihr eßt, aber ihr habt nicht genug; ihr trinkt, aber ihr werdet nicht satt; ihr kleidet euch, aber es ist nichts Warmes da; und wer seinen Lohn verdient, der tut ihn in einen löchrigen Sack.

Heutzutage arbeiten die Menschen von morgens bis abends und verrichten viele Jobs. Am Ende sterben sie an Krebs, Herzinfarkt und vielen anderen Krankheiten. Wie traurig! Wie einfach ist es, unsere Prioritäten auf dem richtigen Weg zu halten und das zu erhalten, was wir von Gott suchen. Ich habe mir immer Gottes Segen für mich und meine Familie gewünscht. Das ist das Einzige, was wir für die Ewigkeit bewahren können. Denken Sie daran, dass alles, was Sie auf der Erde haben, verbrannt werden wird, so wie die Erde verbrannt werden wird. Setze deine Prioritäten in eine Reihenfolge. Halten Sie Gottes Ordnung als Ihre Priorität. Ende gut, alles gut.

LASST UNS BETEN

Mer Herr Jesus segne dich mit Weisheit, Wissen und Verständnis durch sein Wort. Belebe uns durch dein Wort. Lass unser Leben in seinem vorrangigen Plan sein. Lass Gottes Agenda unsere sein. Gib uns einen übernatürlichen Taschenrechner, der nur Addition und Subtraktion kennt. Möge der Herr uns das Höchste geben Segen. Wir wollen, dass diese Welt durch uns gesegnet wird, in Jesu Namen. Amen! Gott segne Sie.

28 FEBRUAR

AKTION HAT EINEN ANHANG.

Handlung ist mit Segen oder Fluch verbunden. Jede Handlung eines Menschen entscheidet über sein Morgen. Viele meinten, sie hätten ein Recht zu handeln und reagierten falsch, aber sei vorsichtig. Wenn man eine Position innehat, kann man es wagen, Unrecht zu tun, aber die Rache liegt in Gottes Hand. Manche denken, dass ich jung bin, damit ich meine Älteren missbrauchen kann. Bringen Sie Ihre Vorlieben in Ordnung. Du bist nur zu einem Test gekommen oder befördert worden. Keiner bekommt eine feste Stelle. Ihr Handeln ist mit einer Verpflichtung verbunden. Seien Sie nicht überrascht, wenn Sie Kummer und Sorgen sehen, wenn Sie nicht weise und rechtschaffen gehandelt haben.

Die Bibel sagt, dass unsere Arbeit uns nicht rettet. Wir können die Rettung nicht durch Werke erhalten. Aber das sündlose Blut des Retters hat Leben, und der Herr Jesus hat es für uns gegeben. Das bedeutet nicht, dass wir leben, was und wie auch immer. Die Bibel hat viele Gebote und Verbote, die für oder gegen uns sprechen. Die Zehn Gebote haben sich nie geändert. Befolgen Sie die Gebote, lehren Sie gegen Lüge, Ehebruch, Diebstahl, etc. Wie wir wissen, Henoch,

Hebräer 11:5 Durch den Glauben wurde Henoch entrückt, damit er den Tod nicht sehe, und er wurde nicht gefunden, weil Gott ihn entrückt hatte; denn vor seiner Entrückung hatte er das Zeugnis, dass er Gott gefiel.

David war ein Mann nach dem Herzen Gottes, aber er hat Ehebruch begangen und einen Mann ermordet. Das brachte ihm große Strafe ein. Seine Tat ist mit einer schweren Strafe in seiner Blutlinie verbunden.

2 Samuel 12:10 Darum soll das Schwert nie mehr von deinem Haus weichen, weil du mich verachtet und das Weib des Hetiters Uria zu deiner Frau genommen hast.

König Davids Kind starb, und sein Sohn Absalom nahm sich seine Konkubine. David tat es heimlich, und Absalom tat es öffentlich. Deine Sünden sind mit dem Ergebnis verbunden. David verknüpfte Flüche, Krankheiten und Sorgen mit seinen Nachkommen. Erziehe deine Kinder zur Rechtschaffenheit, damit sie gesegnet werden. Missbrauche nicht die Macht gegen jemanden, den du nicht magst. Es geht um ein ewiges Urteil über Leben und Tod, Fluch und Segen. Das ist eine ernste Angelegenheit, nicht wahr? Beten Sie, dass Gott gottesfürchtige Ehepartner in Ihre Familie bringt. Seien Sie ein gutes Beispiel für Ihre Kinder. Ich habe erlebt, dass Eltern ihre Kinder gegen Schwiegereltern einsetzen, wenn sie sie nicht mögen. Seien Sie vorsichtig, lehren Sie sie zu lieben, freundlich und hilfsbereit zu sein. Sie bringen Flüche und Segen in ihr

ELIZABETH DAS

Leben. Denken Sie daran, dass sie die Konsequenzen tragen werden. Bringen Sie Ihrem Kind den richtigen Weg bei, damit es Segen empfängt und Sie auch. Gott meint es ernst mit seinen Satzungen, Geboten und Gesetzen. Werden Sie ernst, Andernfalls spielen Sie mit dem Feuer. Eli schadet als Priester seinen eigenen Nachkommen. Er beachtet und korrigiert seine Kinder nicht nach den Gesetzen Gottes. Welch ein Fluch, den er seinen Nachkommen auferlegte. Haben Sie schon einmal ein böses Geschlecht gesehen, das verflucht ist, an Krankheiten zu sterben? Die Sünde hat Flüche, die sich an Ihre Probleme heften.

2 Samuel 2:31 Siehe, es kommt die Zeit, da will ich deinen Arm und den Arm deines Vaterhauses abhauen, daß kein Greis mehr in deinem Hause sein soll. 32 Und du sollst einen Feind sehen in meiner Wohnung, in allem Reichtum, den Gott Israel geben wird; und es soll kein Greis in deinem Hause sein ewiglich. 33 Und dein Mann, den ich nicht von meinem Altar ausrotten werde, soll deine Augen verzehren und dein Herz betrüben; und alles, was in deinem Hause wächst, soll in der Blüte seines Alters sterben.

Sehen Sie, Elis Handeln ist mit Unheil verbunden. Es wird Elis Nachkommen verfolgen. Jetzt verstehst du, dass du den Herrn fürchten und tun sollst, was er verlangt hat. Seien Sie vorsichtig mit Ihrem eigenen Handeln. Ich kenne die Lebensgeschichte von Bruder im Herrn. Sein Name ist Mr. Min. Er hat für mich gebetet und ich wurde geheilt. Sein Leben ist ein Beispiel dafür, wie man gesegnet wird. Viele seiner Familienmitglieder sagten ihm, er solle die harte Arbeit, die er für Jesus tat, vergessen. Er hatte nicht genug Geld, wenn er herumging, um zu beten. Sein Auto hatte oft eine Panne, wenn er zum Beten ausfuhr und erst spät in der Nacht nach Hause kam. Seine Kinder werden von anderen reichen Familienmitgliedern einen Kommentar gegen ihren Vater hören. Aber Bruder Min tat das Werk Gottes, ohne eine Gegenleistung zu erwarten. Nach einigen Jahren sah ich, wie der Segen zu fließen begann. Gott hat alle verwandelt.Alle Enkelkinder belegen bei allen Schulaktivitäten den ersten Platz.

Alle Kinder sind verheiratet und haben gute Jobs, Bruder Min und seine Frau führen eine gute Ehe. Den Kindern und Enkelkindern geht es gut. Alle Segnungen sind auf gute, gottgefällige Handlungen zurückzuführen. Es gibt eine Bindung an Ihre Taten. Seine Frau sagt, dass dieser Segen darauf zurückzuführen ist, dass Großvater umherging und für die Menschen betete. Der reiche Bruder und seine Kinder haben alles verloren. Die Kinder seines Bruders nahmen Drogen und wurden geschieden, seine Frau starb an einer Krankheit. Segen ist an Ihre Handlungen gebunden. Rechtschaffenheit wird mit allen Vorräten, Privilegien und Vorteilen für sie und für Tausende von Generationen verbunden.

Psalmen 37:25 Ich bin jung gewesen und bin nun alt; ich habe den Gerechten nicht verlassen gesehen, und seine Nachkommen haben nicht um Brot gebettelt.

1 Chronik 16:14 Er ist der Herr, unser Gott, und seine Gerichte gelten für die ganze Erde.

Matthäus 5:5 Selig sind die Sanftmütigen; denn sie werden das Erdreich besitzen.

Deuteronomium 12:28 Beachte und höre alle diese Worte, die ich dir gebiete, damit es dir und deinen Kindern nach dir ewiglich gut gehe, wenn du tust, was gut und recht ist vor dem HERRN, deinem Gott.

Die Bibel sagt, dass die Furcht des Herrn der Anfang der Weisheit ist. Wer den Herrn fürchtet, weiß, dass Jesus lebendig ist und keine Varianten in ihm hat. Gott ist heilig, rechtschaffen und wahrhaftig. Entscheiden

28 FEBRUAR

Sie heute, dass Sie Ihren Kindern einen Segen hinterlassen. Maria, Rehab, Josua, Mose und die Osterkönigin brachten durch ihr Handeln Segen, Befreiung und die Geburt des Königreichs. Wir sind die Tür für alle unsere Nachkommen, damit Gottes Segen über Tausende von Generationen hinweg fortbestehen kann. Wenn wir die richtigen Maßnahmen ergreifen.

Psalmen 5:12 Denn du, Herr, segnest den Gerechten; du umgibst ihn mit Gunst wie mit einem Schild.

Wir müssen aufpassen und vorsichtig mit unseren Handlungen sein, denn jede Handlung ist mit einer bestimmten Sache verbunden.

LASST UNS BETEN

Oh Herr, bitte zeige uns einen gerechten Weg, damit wir den Segen für uns und unsere Kinder erben. Herr, wir wollen alle deine Segnungen erben. Wir können deine Verheißungen empfangen, wenn wir in deinen Wegen, Gesetzen und Geboten wandeln. Zeige uns deinen Plan des Erfolgs, damit wir und unsere Familie gesegnet werden. Wir wollen von dir beschirmt und beschützt werden. Wir wollen, dass der Segen auch für die Generationen nach uns erhalten bleibt, in Jesu Namen. Amen! Gott segne Sie.

29 FEBRUAR

WENIGE SIND AUSERWÄHLT!

Mviele sind berufen, aber wenige sind auserwählt!

Matt 22:14 Denn viele sind berufen, aber wenige sind auserwählt.

Gott wählt aus, wer ihn über alles wählt. Rut entschied sich für den Gott von Noomi, also segnete Gott sie. Er macht sie zum Witwer, um sie zu verheiraten. Er kam durch ihre Abstammung. Das Ziel des Herzens ist es, beobachtet zu werden. Die Liebe zu Gott zeigt sich in unserem Sehen, Essen und Haben.

2 Petr 1:10 Darum, liebe Brüder, bemüht euch um eure Berufung und Erwählung; denn wenn ihr dies tut, werdet ihr niemals fallen:

Sei fleißig und füge Glauben, Tugend, Erkenntnis, Mäßigung, Geduld, Frömmigkeit, Freundlichkeit und Nächstenliebe hinzu Unser Wunsch, GOTT zu haben oder Dinge, mit denen wir angeben können? Unser Verlangen zeigt, was in unserem Herzen ist. David hat gutes Blut und hat gute, gottgefällige Entscheidungen getroffen. So schenkte Gott ihr Gesundheit und Reichtum und segnete sie über alle Maßen. Gott wählt aus, ob wir ihn über die Nation, unsere Verwandtschaft und unsere Familie stellen. Er liebt die, die IHN lieben. Richtet eure Zuneigung auf das, was oben ist, nicht auf das, was auf der Erde ist. Lerne, wie der Schöpfer sich bewegt und wie die Schöpfung profitiert. Wissen Sie, dass Sie Ihre Zuneigung und Ihr Verlangen nach dieser Welt durch Fasten und Beten abtöten können? Wenn du nein zu den Dingen der Welt sagst und weiterhin darauf achtest, wo du dich aufhältst und wie du deine Augen hältst, wird dir das helfen, Hindernisse für dein geistliches Wachstum zu verneinen. Unsere Entscheidungen führen dazu, dass Gott sich zu uns hingezogen fühlt oder sein Gesicht von uns abwendet. Das Leben hat eine Lektion, die man von Jesus, anderen biblischen Figuren und den Menschen in der Umgebung lernen kann.

1 Korinther 6:9 Wisst ihr nicht, dass die Ungerechten das Reich Gottes nicht erben werden? Irret euch nicht: Weder Hurer noch Götzendiener noch Ehebrecher noch Verweichlichte noch Unzüchtige 10 noch Diebe noch Habsüchtige noch Trunkenbolde noch Lästerer noch Wucherer werden das Reich Gottes erben. 11 Und solche waren etliche unter euch; ihr aber seid gewaschen, ihr aber seid geheiligt, ihr aber seid gerechtfertigt in dem Namen des Herrn Jesus und durch den Geist unseres Gottes.

Unser ganzes Leben lang müssen wir Entscheidungen treffen. Es ist nicht nur einmal, sondern jeden Tag eine neue Situation, ein neues Problem, eine neue Angelegenheit, über die wir entscheiden müssen.

29 FEBRUAR

Sprüche 14:12 - Es gibt einen Weg, der dem Menschen richtig erscheint, aber sein Ende sind die Wege des Todes.

Es ist immer deine Entscheidung, keine andere als deine. Daniel hat dreimal gebetet. Drei hebräische Sklaven entschieden sich, keine Götzen anzubeten. Esther fastete drei Tage und Nächte ohne Nahrung und Wasser. Mose beschloss, Ägypten und seine Stellung nicht zu begehren. Menschen, die sich für das Wort Gottes entscheiden, um es zu praktizieren, haben am Ende das, was sie sich gewünscht haben, nur besser und höher.

Jeremia 29:11 Denn ich weiß, was ich für Gedanken über euch habe, spricht der Herr: Gedanken des Friedens und nicht des Unheils, um euch ein gutes Ende zu bereiten.

Wenn du an Gott denkst, dann hat er sich in seinem Wort durch Satzungen, Gesetze, Gebote und Vorschriften gezeigt. Er denkt auch an Sie und weist Ihnen den Weg zu Wohlstand, Erfolg, Schutz und Reichtum. Alle Segnungen Gottes sind mit Bedingungen verbunden, die in den Entscheidungen, die Sie treffen, verborgen sind. Was zeigt uns Gott, indem er den verbotenen Baum in den Garten Eden stellt? Müssen wir wählen, was wir tun?

Deuteronomium 11:26 Siehe, ich setze heute einen Segen und einen Fluch vor dich;

Das Leben bietet alle Freiheiten, aber wenn man die Freiheit der Wahl nicht nutzt, kann das für immer gute oder schlechte Auswirkungen haben. Haben Sie all die Mühe gesehen, die Gott auf sich genommen hat, um uns durch das Wort Gottes zu unterweisen, indem er viele Propheten, Lehrer, Priester, Hohepriester, Apostel, Evangelisten, Pastoren, Prediger und den Heiligen Geist einsetzte, um uns zu den Segnungen Gottes zu führen? Er segnete seine Schöpfung, als er sie schuf. Alles, was Sie tun müssen, ist, sich zu entscheiden, Gott zu gefallen, und er wird Sie verfolgen und segnen. Wir sind mit Menschen aufgewachsen, mit Schulfreunden, Nachbarn, Familienmitgliedern und Cousins und Cousinen. Wir sehen, dass die Entscheidung, die sie treffen, entweder Chaos oder Erfolg in ihr Leben bringt. Die Entscheidung, Freunde zu haben, ist auch ein offenes Tor zu Ärger oder Erfolg. Deine Entscheidungen hinterlassen ein Vermächtnis mit guten oder schlechten Auswirkungen auf die Welt und die Blutlinie. Entscheiden Sie sich heute, darauf zu achten, die richtige Entscheidung zu treffen, damit der Herr selbst sagen kann, dass Sie gut und treu sind und in Ihre Ruhe eintreten können. Gott hat so viel nicht auf der Erde, sondern für die Ewigkeit. Du solltest dich nicht für eine vorübergehende Lösung entscheiden. Fürchte dich nicht davor, dein Herz und deinen Verstand zu übernehmen und dein Leben in die Zerstörung zu lenken. Es ist der Herr, der beschützt, hilft, fördert, versorgt und Erfolg schenkt, aber die einzige Bedingung ist, dass Sie die richtige Entscheidung treffen.

Wie leicht lassen wir uns von den Entscheidungen, die wir treffen, täuschen. Das Leben auf der Erde ist vergänglich, unser physisches Leben ist vergänglich und das Leben ist kurz. Wir lassen uns von den Dingen blenden, die wir sehen, schmecken und auf die wir stolz sind. Wenn du den Himmel erreichst, dann weißt du, was der Herr zu dir gesprochen hat und was er für dich aufbewahrt hat. Wenn Herr etwas gesagt hat, erinnere dich daran, dass er bereits weiß, was er gesegnet und dort aufbewahrt hat. Lass das Hindernis der Augen, das Hindernis deines Fleisches und deines Stolzes sein. Es ist entweder Gott oder der Teufel. Es geht um Hölle oder Himmel. Es geht entweder um Segen oder Fluch, und entweder um Leben oder Tod. Das ist eine ernste Angelegenheit! Es ist eine Aufgabe, Lebensentscheidungen zu treffen und nicht nur einen Tag nach dem anderen zu leben. Verstehen Sie jetzt, warum der Herr gesagt hat, dass Sie Segen und Leben wählen sollen? Wenn du einen Plan ohne die Anweisungen Gottes machst, kann dich das in eine totale Finsternis führen, aus der es keinen Ausgang gibt. Ihr wählt auch euer Leben, indem ihr Entscheidungen in eurem Leben trefft. Manche werden als weise und manche als dumm bezeichnet. Eure Aufgaben werden euch dazu bringen, rechts oder links zu stehen, je nachdem, welche Wahl ihr getroffen habt. Du kannst ein Schaf oder eine Ziege genannt werden. Der Herr hat eine Landkarte, und wenn du dich mit dem Netzwerk des Heiligen Geistes verbindest, wird er dich führen, leiten, lehren, befähigen und stärken, damit du deine Bestimmung erreichst. Wenn du dich für eine rebellische Person wie Eli, König Saul oder Adam und Eva entscheidest, wisse, dass du das Richtige tust und den richtigen Weg wählst. Es liegt nicht an dir, sondern der Herr führt dich höher.

LASST UNS BETEN

Lord, wir sind dankbar dafür, dass du uns die Freiheit gibst, zu wählen. Wir bitten dich um Führung, Rat und Weisheit für unsere Entscheidung. Herr, wir wollen nicht die Vergangenheit zu wiederholen. Wir wissen, dass dein Geist uns führt und leitet. Also, Heiliger Geist, führe und leite uns zur ganzen Wahrheit. Wir Gitter mit deiner Rechtschaffenheit auf. Wir können das Licht und ein gutes Beispiel für die Nachfolge Christi sein. Herr, hilf deiner Schöpfung in Jesu Namen. Amen! Gott segne Sie.

MÄRZ

1 MÄRZ

SIND SIE VERWIRRT?

Sie alle Probleme und Schwierigkeiten, die Sie in der heutigen Welt sehen? Suchen Sie nach Lösungen und finden keine Antworten auf das, was glauben oder wem glauben? Ich möchte Sie ermutigen, sich auf den festen Boden des Wortes Gottes, der Bibel, zu stellen. Die Bibel ist von Anfang an das genaue und unfehlbare Wort Gottes. Bitte lesen Sie sie, zitieren Sie sie, stehen Sie auf ihr und bezeugen Sie ihre bedeutende Kraft. Der Teufel hasst es, wenn Sie von der Größe Gottes und der Kraft seines Wortes Zeugnis ablegen. Das Zeugnis von Jesus wird viele Seelen zu Ihm bringen. Ihr Zeugnis ist das Blut Jesu gegen den Teufel. Der Teufel zittert vor dem Blut Jesu. Das Blut steht unter dem Namen Jesu. Die lebensspendende Kraft ist im Blut Jesu. Der Teufel verstummt, wenn er den Namen Jesus und das Blut Jesu erwähnt.

In Offenbarung 12:11 heißt es: "Und sie haben ihn überwunden durch das Blut des Lammes und durch das Wort ihres Zeugnisses und haben ihr Leben nicht geliebt bis in den Tod."

Was erlauben Sie Jesus heute, durch Sie zu tun? Erzählen Sie ihnen nicht von Ihrer Kirche, sondern von Jesus und was er tun kann. Was man heute in den Nachrichten hört, sind Schießereien, Morde, Vergewaltigungen, Drogen, Entführungen, Unfälle, Filme, Make-up, Hollywood-Berühmtheiten, usw. Jesus gab seinen Jüngern Autorität und Macht. Sind Sie ein Jünger von Jesus?

Markus 6:13 "Und sie trieben viele Teufel aus und salbten viele Kranke mit Öl und heilten sie. 14a Und der König Herodes hörte von ihm; denn sein Name war weithin bekannt. im Ausland:)"

Lukas 10:17 "Und die Siebzig kehrten zurück mit Freuden und sprachen: Herr, auch die Teufel sind uns untertan durch deinen Namen."

Passiert das um Sie herum? Sehen Sie Wunder, Heilungen und die Macht Gottes in Aktion? Wenn nicht, dann ist sie vorhanden. Suchen Sie einfach die Wahrheit, die Salbung und die Kraft. Die Bibel sagt in

Hebräer 13:8 "Jesus Christus ist derselbe gestern und heute und in Ewigkeit".

Bitte suchen Sie Jesus, um die Kraft zu finden, seine Aufgabe fortzusetzen, Projekt und Auftrag. Der Teufel hat wieder einmal ganze Arbeit geleistet, um das Gebet in den meisten Gebäuden loszuwerden; Sie haben sie Kirche genannt. Was ist mit Ihrem persönlichen Leben, denn Sie sind der Tempel Gottes? Ohne Gebet haben wir keine Verbindung zu Gott. Du hörst nichts von ihm, wenn du ihn nicht anrufst. Denken Sie daran, dass wir begrenzt sind. Das Fleisch kann nur durch das Gebet, das heißt durch das Gespräch mit Gott, mit ihm in Verbindung treten. Sogar Jehovah Gott im Fleisch hat gebetet, als sein Geist in den Körper kam von Jesus.

1 MARZ

In Matthäus 14:23 heißt es: "Und als er das Volk weggeschickt hatte, ging er auf einen einsamen Berg, um zu beten; und als es Abend geworden war, war er dort allein.

Markus 1:35 Und am Morgen stand er auf, lange bevor es Tag wurde, und ging hinaus an einen einsamen Ort und betete dort." Bleiben Sie mit Jesus in Verbindung.

Eine andere Sache, die der Teufel euch erzählen wird, ist, dass ihr einfach glaubt und einen einfachen Glauben habt. Diese falsche Doktrin ist das, was die Kirchen und Organisationen lehren und predigen. Sobald Sie diese Lüge akzeptieren, wissen Sie nur so viel über Jesus, wie sie Sie lehren. Religion, Konfession oder Konfessionslosigkeit können niemals ein echter Ersatz für Gott sein. Sie kommen mit Gott in Kontakt, indem Sie Ihr Herz, Ihren Verstand und Ihren Mund öffnen. Suchen Sie sich eine Höhle, einen Berg, einen Schrank, ein Schlafzimmer oder ein Auto, und sprechen Sie mit Ihn. Er ist dein Gott. Lass dich nicht davon einschränken, was jemand lehrt dich. Suchen Sie Gott für sich selbst. Fang an, mit Gott zu reden. Er wird Ihnen antworten. Gott hat Ihnen Lehrer und Propheten gegeben, aber Sie haben auch das Wort und den Heiligen Geist, um zu bestätigen, ob sie wahr sind. Gott hat Menschen mit einem Titel Ämter gegeben, um seine Mission weiterzuführen. Die Beauftragung von diese Ämter dazu dienen, uns in der Lehre Gottes vollkommen zu machen; dass ist seine Lehre. Vergewissern Sie sich, dass sie von Gott berufen sind, oder haben sie sich selbst nennen? Sich einen Titel zu geben, bedeutet nicht, dass Gott diese Person dazu bestimmt hat.

In Epheser 4:11 heißt es: "Und er gab einige zu Aposteln und einige zu Propheten und einige zu Evangelisten und einige zu Hirten und Lehrern..."

Ich sage Ihnen, dass alle Ihre Ängste, Sorgen, Krankheiten und Verwirrungen das Ergebnis einer Trennung von Gott sind. Daniel, Josef, Mose und Josua hielten ihre Verbindung zu Gott aufrecht, und Gott tat dasselbe. Warum gibt es so viel Verwirrung und Ärger, wenn Sie behaupten, Ihr Gott sei real? Kann er etwas Übernatürliches für Sie tun? Können Sie es mir beweisen? Wo ist sein Frieden, sein Schutz und seine Macht, seine Schöpfung zu heilen und zu befreien? Wir haben die Abkürzung genommen. Es gibt keine Abkürzung, mein Freund. Jesus ist der Weg. Das Gebet zu Jesus ist die Lösung. Schauen Sie nicht um sich herum, nach unten oder in irgendeine Richtung. Schauen Sie auf, seien Sie demütig, und folgen Sie Gott. Dein Erlöser ist so nah wie die Erwähnung seines Namens, sagt Jesus. Während ich die Endzeit studierte, stellte ich dem Herrn einige Fragen. Herr, die Bibel sagt, dass die Zeit schlecht sein wird; das war sie noch nie und wird sie auch nicht mehr sein. Herr, es muss doch einen Ausweg geben. Er gab mir diese Schriftstelle,

in Lukas 21:36 "So wacht nun und betet allezeit, damit ihr würdig seid, all dem zu entgehen, was geschehen wird, und vor dem Menschensohn zu stehen."

Ihre Regierung, die religiösen Führer oder sonst jemand hat eine Antwort außer dem Herrn. Lassen Sie den Herrn seine Arbeit tun. Bringen Sie alle Tragödien und Probleme zu Jesus. Kannst du demütig genug sein, vor ihm zu knien? Er wird dich beschützen und dir Frieden geben. Jesus ist die Antwort auf all das Chaos, die Unordnung und die Verwüstung. Bete, wende dich von allen falschen Wegen ab und mache Jesus zu deinem Weg.

Markus 13:33 sagt uns: "Seid wachsam, wacht und betet; denn ihr wisst nicht, wann die Zeit kommt. 34 Denn der Menschensohn ist wie ein Mensch, der auf eine weite Reise geht, der sein Haus verlässt und und befahl seinen Knechten und einem jeglichen sein Werk und gebot dem Pförtner, zu wachen. 35 So wachet nun; denn ihr wisset nicht, wann der Herr des Hauses kommt, ob am Abend oder zu Mitternacht oder beim Hahnenschrei oder am Morgen, 36 damit er nicht plötzlich kommt und euch schlafend findet. 37 Und was ich euch sage, das sage ich allen: Wacht!"

Ich hatte vor Jahren einen Traum. In diesem Traum predigte ich das Evangelium auf den Straßen von Amerika. Plötzlich begann jemand auf mich zu schießen. Ich war furchtlos und sah, wie die Kugeln zurückprallten. Wahnsinn! Das war am Sonntag, also ging ich an diesem Morgen in die Kirche, und der Prediger sah mir in die Augen und sagte, dass Gott dich vor den Kugeln schützen würde. Du wirst kugelsicher sein; es wird zurückprallen. Daniel, Joseph, David und alle, die dem Herrn vertrauten, haben die Macht seiner Befreiung erlebt. Wir werden in diesen Tagen und Zeiten noch mehr unglaubliche Dinge erleben, wenn wir uns mit dem Herrn verbinden. Ich sagte, wir sollen mit dem Herrn kommunizieren. Beten Sie; das Gebet ist die Antwort, um der Bedrängnis zu entkommen.

In 2. Chronik 7:14 heißt es: "Wenn mein Volk, das nach meinem Namen genannt ist, sich demütigt und betet und mein Angesicht sucht und sich von seinen bösen Wegen abwendet, dann will ich vom Himmel her hören und ihre Sünde vergeben und ihr Land heilen."

Wenden Sie sich nicht an die Kirchen, sondern an den Herrn. Eine Waffe, die Polizei und das Krankenhaus sind nicht die Antwort, sondern die Verbindung mit der wundersamen Kraft Jesu ist die Antwort.

LASST UNS BETEN

Lord Jesus gibt uns Demut, um das Wirken des Heiligen Geistes in unserem Leben wiederherzustellen. Bringt das Gebet und das Wort Gottes zurück in unser Leben. Möge der Herr uns ein gläubiges Herz schenken, damit wir an Jesus glauben. Jesus ist die einzige Antwort auf all das Chaos, dem wir gegenüberstehen. Jesus ist der Beschützer, nicht die Waffe. Möge Jesus dich unter seinen Flügeln verstecken und dich mit seinem Blut bedecken. Jesus macht den Feind blind und verwirrt ihn, damit er sein Ziel nicht findet. Möge der Herr seine dienenden Engel freisetzen, um den Dienst an seiner Schöpfung in Jesu Namen! Amen! Gott Gott segne Sie!

2 MÄRZ

MIT MÜHE ODER MIT LEICHTIGKEIT?

Das Ölen ist ein Fluch für die Übertretung von Gottes Gebot. Gott schuf Adam und Eva und segnete sie. Der Segen Gottes macht unser Leben leicht, sorgenfrei und entspannt. Der Fluch ist genau das Gegenteil davon. Ein Freund sagte einmal: "Wo ist Eva? Lass meine Hand auf ihr sein. Ja, aber wo bist du heute? Wenn wir mit Gott im Gehorsam wandeln, können wir viel Frieden und Freude haben, da er für alle unsere Bedürfnisse und Vorräte sorgt. Mühsal bedeutet Mühsal, Schweiß, Härte, Sklaverei und Stress.

Mose 3:17 Und zu Adam sprach er: Weil du der Stimme deiner Frau gehorcht und von dem Baum gegessen hast, von dem ich dir geboten und gesagt habe: Du sollst nicht davon essen! Verflucht ist der Erdboden um deinetwillen; du sollst von ihm essen, solange du lebst; 18 er wird dir Dornen und Disteln bringen, und du sollst das Kraut des Feldes essen; 19a im Schweiße deines Angesichts sollst du dein Brot essen, bis du zur Erde zurückkehrst;

Alle Segnungen haben die Kraft, Sklaverei und Mühsal auf Erden zu beseitigen. Herr, hilf uns, unter deiner Leitung zu arbeiten, um Müdigkeit und Enttäuschung zu entgehen. Haben Sie schon einmal Menschen gesehen, die den ganzen Tag in der Sonne hart arbeiten? Heutzutage arbeiten die Menschen hart. Haben Sie jemals darüber nachgedacht, warum wir hart arbeiten, nicht genug haben und immer müde sind? Schwitzen ist ein Fluch. Wenn du die Anweisungen Gottes annimmst, können dein Schwitzen und deine harte Arbeit Tag und Nacht in kürzester Zeit zu kraftvollen Ergebnissen führen. Beten Sie, dass Ihre Arbeit fruchtbar ist. Lass den Herrn in deinem Boot sein, damit der Sturm aufhört. Petrus und andere Fischer mühten sich die ganze Nacht ab, und das Ergebnis war eine Enttäuschung. Aber als sie der Stimme Gottes folgten, fanden sie Fische in Hülle und Fülle. Der Herr wusste, wo und wie er dich segnen konnte. Es ist nicht der Mensch, sondern Gott. Es ist nicht deine Mühsal, dein Schwitzen und deine Sklaverei, sondern wenn du auf seine Stimme hörst und ihr gehorchst. Das Hören auf die Stimme Gottes wird zu einem stressfreien Leben führen.

Lukas 5:4b sprach er zu Simon: Fahrt hinaus in die Tiefe und werft eure Netze aus, damit ihr etwas fangen könnt. 5 Simon aber antwortete und sprach zu ihm: Meister, wir haben uns die ganze Nacht abgemüht und nichts gefangen; doch auf dein Wort will ich das Netz auswerfen. 6 Und als sie das taten, schlossen sie eine große Menge Fische ein; und ihr Netz zerriß.

Warum ist unser Leben so unglücklich? Was macht unser Leben so schwer und führt zu Enttäuschungen? Wir verwerfen Sein Wort wie Eva und Adam. Deshalb verharren wir im Fluch. Das Wort Gottes ist der Weg zu einem leichten, mühelosen und friedlichen Leben. Jede Situation und jedes Lebensproblem kann gelöst werden, wenn wir lernen, seine Stimme zu hören und zu gehorchen. Das Leben kann am angenehmsten sein, wenn wir sein Wort in unserem Herzen als Wegweiser verstecken. Ein weiser Mensch nimmt den Rat und die Ratschläge des Herrn an, um Mühsal, Entmutigung und Stress zu vermeiden. Das klingt wie der weise König David. David kannte Gott und wartete immer auf seine Anweisungen. Als David Gottes Weisung gehorchte und verehrte, sahen wir durchweg einen mächtigen Sieg. Ein großer und erfolgreicher König siegte nicht durch seine Macht oder Kraft, sondern durch die Weisung des Geistes Gottes.

2 Samuel 5:23 Als David den Herrn fragte, sagte er: Du sollst nicht hinaufziehen, sondern hinter ihnen hergehen und sie gegenüber den Maulbeerbäumen treffen. 24 Und wenn du hörst, daß m a n in den Wipfeln der Maulbeerbäume geht, so rüste dich; denn dann wird der HERR vor dir her ausziehen, daß er das Heer der Philister schlage. 25 Und David tat also, wie ihm der HERR geboten hatte, und schlug die Philister von Geba an, bis du nach Gazer kamst.

Sie können ein siegreiches Leben führen, wenn Sie Gott Gott sein lassen. Gottes Anweisungen machen wenig Sinn, aber sie erfordern Vertrauen, absolutes Vertrauen. Beim Studium aller Könige Israels ist mir aufgefallen, dass diejenigen, die als Sieger zurückkehrten, den Rat Gottes befolgten. Sie hatten großen Frieden und Ruhe, Reichtum, Versorgung und Wohlstand. Gott hat die Schlacht geschlagen, denn Gott ist der Mann des Krieges. Wer ist so mächtig wie Gott? Keiner! Unter der Herrschaft des Herrn Sie werden uns vor einem Feind bewahren. Gott wird eine Wolke der Finsternis dazwischen halten. Gott wird uns vor dem Feind verbergen. Es wird ein Licht des Feuers und eine Wolke geben, die uns vor Hitze und Dunkelheit schützen. Der Herr wird ein Schild und ein Schutzschild sein.

Hören wir heute auf ihn, oder sind wir die modernen Adam und Eva? Willst du dich entspannen und dein Leben genießen, indem du auf das hörst, was er in seinem Wort sagt? Willst du gesegnet werden? Wir wollen sehen, was Gott in seinem Wort sagt.

Matthäus 6:28 Und warum sorgt ihr euch um Kleider? Seht die Lilien auf dem Felde an, wie sie wachsen; sie mühen sich nicht und spinnen auch nicht: 33 Trachtet aber zuerst nach dem Reich Gottes und nach seiner Gerechtigkeit, so wird euch das alles zufallen. 34 Darum sorget nicht für den morgigen Tag; denn der morgige Tag wird für sich selbst sorgen. Des Tages Übel ist des Tages genug.

Wenn du auf die Stimme des Herrn hörst und ihr gehorchst, dann

Psalmen 128:2 Denn du sollst die Arbeit deiner Hände essen: Du sollst glücklich sein, und es soll dir gut gehen.

Laden Sie Jesus in Ihren Sturm, Ihr Chaos, Ihr Zuhause ein. Er wird Ihnen göttlichen Frieden, Schutz und Versorgung geben. Das Leben kann leicht, erholsam und friedlich sein. Die Abwesenheit der Stimme Seines Gebots kann zu Mühsal, Sklaverei und Schweißausbrüchen führen. Seine Stimme führt zu Ruhe, Sieg und Erstaunen, wenn du auf sie hörst. Warum gehst du ohne seine Führung hinaus? Es beunruhigte die Jünger auf einem Schiff. Ihr Leben war in Gefahr, aber die Einladung des Retters an Bord des Schiffes brachte Frieden. Gott hat Macht über einen Sturm. Er kann den Sturm beruhigen und dich vor Satan retten. Satan ist ein Fürst der Lüfte. Er bringt einen Sturm, aber Gott bringt Frieden.

Markus 6:48 Und er sah, wie sie sich abmühten zu rudern; denn der Wind war ihnen zuwider. Und um die

vierte Nachtwache kam er zu ihnen und ging auf dem Meer und wollte an ihnen vorübergehen 51 und stieg zu ihnen hinauf in das Schiff, und der Wind legte sich; und sie entsetzten sich über alle Maßen und wunderten sich.

Wow! Zerstörung wird zu Aufbau, Ruin zu Auferstehung, Tod zu Leben. Was für ein wunderbar wirkender Gott! Josef hatte es schwer in Ägypten, aber als Gott ihn segnete, vergaß er alles über Sklaverei, Enttäuschung und Entbehrungen.

Mose 41:51 Und Joseph nannte den Namen des Erstgeborenen Manasse: Denn Gott, sagte er, hat mich all meine Mühsal und das ganze Haus meines Vaters vergessen lassen.

LASST UNS BETEN

Herr, mächtiger Gott, komm in unser stürmisches Rettungsboot, schenke erstaunlichen Frieden und Ruhe. Lass dein Ohr offen sein für Gottes liebenden Rat, der dich segnet. Herr befreit Sein Plan des Erfolgs und bringt uns ein erwartetes Ende. Möge der Herr den Wunsch in dein Herz legen, sein Reich und seine Gerechtigkeit zu suchen, um alle Freude, Frieden und Schutz zu haben, in Jesu Namen. Amen! Gott segne Sie!

3 MÄRZ

GIB MIR DIE WAHRHEIT!

Warum nur die Wahrheit? Es gibt nichts so machtvoll wie die Wahrheit. Gott steht hinter der Wahrheit. Gott, der Allmächtige, wird Sie unterstützen, wenn Sie die Wahrheit sagen. Aber das Gegenteil von Wahrheit ist Unwahrheit, Lüge und Unwahrheit.

Psalm 9:17 Die Gottlosen werden in die Hölle geworfen, und alle Völker, die Gott vergessen.

Sie können der Hölle entkommen.

Johannes 8:32 Und ihr werdet die Wahrheit erkennen, und die Wahrheit wird euch frei machen.

Die Wahrheit war, dass die Israeliten nicht wussten, dass sie in Knechtschaft waren. Sie stritten mit Jesus und behaupteten, sie seien keine Sklaven. Aber tatsächlich waren sie Sklaven des Satans. Sie waren die Sklaven der Sünde. Falsche Lehrer und Propheten haben die Menschen verzaubert. Die Wahrheit ist, dass Ihr Unternehmen gefährlich sein kann, selbst wenn sie behaupten, Christen zu sein. Die Wahrheit ist, dass Sie wissen und bekennen müssen, dass Sie ein Sünder sind und durch Jesus Christus gerettet werden können. Die Wahrheit ist, dass Ihre Errettung ein Prozess ist, eine laufende Arbeit, bei der Sie die Schwere der Sünde erkennen. Die kirchliche Autorität führt viele in die Irre, dass der Besuch einer Kirche, die Geburt in einer christlichen Familie, die Kenntnis der Thora-Bibel oder die Ausübung eines Amtes in der Kirche Sie retten. Die Wahrheit ist, dass man in der Wahrheit des Wortes den Weg aus allen Bindungen, Sünden und Unrecht findet. Die Wahrheit ist, dass Sünder das Blut des Erlösers, die Taufe auf den Namen Jesu und die Erfüllung mit dem Heiligen Geist brauchen. Erlauben Sie dem Heiligen Geist, Sie in alle Wahrheit zu führen. Die Wahrheit ist, dass der Heilige Geist keine Lüge kennt. Die Offenbarung ist, dass Sa-tan ein Lügner und Vater der Lüge ist, da die Lüge zuerst in Satan gefunden wurde. Die Wahrheit ist, dass Satan ein Urheber der Verwirrung ist. Die Wahrheit ist das, was Jesus gesagt hat.

Johannes 8:44 Ihr seid von eurem Vater, dem Teufel, und die Begierden eures Vaters werdet ihr tun. Er war ein Mörder von Anfang an und blieb nicht in der Wahrheit; denn es ist keine Wahrheit in ihm. Wenn er eine Lüge redet, so redet er von sich selbst; denn er ist ein Lügner und der Vater derselben.

Strongs Konkordanz-Definition von Wahrheit lautet in der Tat, Gewiss, alles wie es war. Jesus sagt in Johannes 14,6, dass er die Wahrheit ist. Gott, bitte gib mir die Wahrheit. Die Menschen bitten um ein neues Auto, einen guten Job, ein Flugzeug, ein Haus oder Kinder, aber ich bitte Gott, mir die Wahrheit zu geben. Die Wahrheit ist eine mächtige Waffe zur Befreiung. Befreiung von einem Feind, von Armut, von irgendwelchen Süchten oder wovon auch immer Sie befreit werden müssen. Die Wahrheit hat die Macht, uns von Löwen, Tigern, Feuer, Krankheiten, der Hölle und Seuchen zu befreien. Die Wahrheit kann uns in Schwierigkeiten bringen, aber die Wahrheit kann uns auch aus diesen Schwierigkeiten befreien. Die Wahrheit ist das mächtigste Element, das heute fehlt. Die Menschen hören gerne geschönte Lügen und Täuschungen. Die Menschen lieben die Fassade, aber sie kennen die Wahrheit. Sie werden sich selbst nicht schaden. Die Wahrheit ist der Weg Gottes, aber die geschönte Fassade ist der religiöse Weg des Satans. Machen Sie sich klar, dass Jesus die Wahrheit ist. Die Wahrheit ist: Ein Leben ohne Jesus ist ein Leben ohne Licht. Tatsache ist, dass ein verwirrter Mensch verloren stirbt, wenn er die Wahrheit nicht findet. Alles, wonach Sie suchen, steht im Wort Gottes. Sein Geist setzt die Wahrheit des Himmels frei. Die Bibel sagt, dass der Heilige Geist die Wahrheit ist. Lieben Sie die Wahrheit, halten Sie sich an die Wahrheit und stehen Sie auf der Wahrheit, die das Wort Gottes ist.

Was ist die Wahrheit?

Johannes 18:37b Jesus behauptete, eine Wahrheit zu sein, damit ich für die Wahrheit Zeugnis ablege. Jeder, der in der Wahrheit ist, hört meine Stimme.

Der Pilot wollte die Wahrheit wissen.

Johannes 18:38a Pilatus sagt zu ihm: Was ist eine Wahrheit?

Wanderst du verwirrt von Ort zu Ort? Aber wenn du die Wahrheit findest, wird dein Umherirren ein Ende haben. Du weißt, dass es nichts jenseits der Wahrheit gibt. Was ist die Wahrheit? Gott ist EINER, das ist die Wahrheit; Götter sind nicht Millionen. Die Wahrheit ist, dass man keine Götter erschaffen kann, aber ein Gott hat dich erschaffen und kann dir Leben geben. Die Wahrheit ist, Man kann Statuen oder Götzenbilder schnitzen, aber man kann ihnen kein Leben einhauchen. Gott hat Himmel und Erde geschaffen, das ist die Wahrheit. Die Wahrheit ist, dass Gott heilen und befreien kann. Die Wahrheit ist: Gott ist der einzige, der übernatürlich ist.

Mose 8:18 Und die Zauberer versuchten mit ihren Geräten, Läuse hervorzubringen, aber es gelang ihnen nicht; und so waren Läuse auf Mensch und Tier. 19 Da sagten die Zauberer zum Pharao: Das ist der Finger Gottes:

Die Wahrheit ist, dass Gott weiß, dass die Ursache von Krankheiten die Sünde ist. Warum hat er 39 Striemen genommen? Es gibt 39 Kategorien von Krankheiten, die auf Sünden zurückzuführen sind. Jesus, der mächtige Gott, hat alle bezahlt, damit Sie frei von Krankheit sind. Die Wahrheit ist, dass das Blut aus den Striemen kam, um die Sünden zu bezahlen. Das Blut eines sündlosen Erlösers ist das einzige Heilmittel zur Erlösung. Die Wahrheit ist, dass die Sünde zum Tod in der Hölle führt, aber das lebensspendende Blut wird Sie vom Höllenfeuer erlösen. Die Wahrheit ist, wenn Sie den Ältesten bitten, mit Salböl zu beten, wird Ihnen jede Sünde vergeben und Sie werden geheilt. Ich habe keine Medikamente zur Heilung und Heilung von Krankheiten eingenommen. Ich habe jemanden angerufen, der den Heiligen Geist hat, um über mich zu beten, wenn ich krank bin.

Jakobus 5:15 Das Gebet des Glaubens wird den Kranken retten, und der Herr wird ihn aufrichten; und wenn er Sünden begangen hat, werden sie ihm vergeben.

Die Hölle ist real und der Himmel auch. Nur Jesus ist der d. Das ist der Grund, warum man keine Heilung und Befreiung sieht. Warum sehen wir Drogen, Gangs, Scheidungen, Selbstmord, Schießereien, Bosheit, Krebs, Gefängnis, Unterdrückung und Besessenheit? Der Grund ist, dass die Wahrheit in religiösen Kirchen nicht willkommen ist. Tatsache ist, dass man zwei oder drei Schriften braucht, um eine Lehre in die Praxis umzusetzen. Die Wahrheit ist, dass man zwei oder drei Zeugen braucht, um eine Lehre zu begründen. Die Wahrheit ist das Hinzufügen oder Wegnehmen des Wortes, das ihm seine Kraft nimmt. Sie hat die Macht und Gültigkeit der Wahrheit durch jemanden bewiesen, der die Wahrheit praktiziert hat. Die Wahrheit ist, dass Königin Esther, Maria, Josef, Mose, Josua, Jesaja, Jeremia, Paulus, die Jünger und die alten Kirchen an der Wahrheit festhielten. Sie bewiesen die Macht der Befreiung, der Heilung, der Öffnung blinder Augen, der Öffnung tauber Ohren, des Gehens von Lahmen und vieler großer Wunder. Die Wahrheit zu lieben bedeutet, sich selbst zu lieben. Die Wahrheit zu lieben, bedeutet, Gott zu lieben. Ihre Tradition ist gefährlich.

Markus 7:13 Ihr macht das Wort Gottes unwirksam durch eure Überlieferung, die ihr überliefert habt; und vieles, was ihr tut.

Die Wahrheit, die von unserem Herrn Jesus Christus überliefert wurde, und die Jünger, die in ihr aufgehört haben.

Lukas 18:8b Wenn aber der Menschensohn kommt, wird er Glauben auf Erden finden?

Herr, heilige uns. Was bedeutet Heiligung? Reinigen, reinigen oder heilig machen.

Johannes 17:17 Heilige sie durch deine Wahrheit; dein Wort ist Wahrheit.

Die Wahrheit ist, dass wir das von Gott, dem Allmächtigen, verfasste Wort brauchen, um unseren Weg auf der Erde zu finden. Die Wahrheit ist, dass der Herr der Menschheit noch immer Gnade und Barmherzigkeit erweist. Was ist mit Ihnen? Kümmern Sie sich wie Eva und Adam um die Wahrheit oder um sich selbst?

LASST UNS BETEN

Oh Herr, Gott Abrahams, Isaaks und Israels, der den einen wahren Gott Jehova kannte, bitte hilf uns. Herr, hilf uns, die Wahrheit über den Messias zu erkennen, der als Jesus Christus Jehova Gott im Fleische war. Herr, gib uns eine Offenbarung. Gib uns die Liebe zur Wahrheit, denn dein Wort sagt, dass ich offenbaren werde, wer mich liebt. Ja, Herr, wir wollen die Wahrheit, denn alle Schriften bedürfen der Offenbarung. Herr, zeige uns die Wahrheit, damit wir vom Höllenfeuer befreit werden. Danke für die Wahrheit im Wort Gottes. Gib uns den Heiligen Geist, um uns zu lehren und zu führen, in Jesu Namen. Amen! Gott segne Sie!

4 MÄRZ

MACHT DES LOBES!

Wir preisen Gott, weil wir wissen, was er für uns getan hat. Wir wissen, dass der Herr allein uns aus allen Prüfungen und Schwierigkeiten herausführt. Er gibt uns den Sieg und Befreiung. Jedes Mal, wenn wir ihn preisen, kommt seine Gegenwart in unsere Mitte und ein Feind flieht. Definition von Praise aus dem KJV-Wörterbuch Wertschätzung wird einer Person für ihre Tugenden oder würdigen Handlungen, für bewundernswerte Handlungen selbst oder für alles Wertvolle zuteil; Wertschätzung wird in Worten oder Liedern ausgedrückt. Lob ist der Gedanke, demjenigen zu danken und ihn zu ehren, der des Lobes würdig ist. Ich erinnere mich an meine Geschichte, als ich im Postamt arbeitete. Ich habe viel gebetet, weil es dort sehr dunkel war. Viele Male hatte ich von Schlangen am Arbeitsplatz geträumt. Einmal hatte ich von einem Schlangental geträumt. Ich träumte von einem Schlangendschungel, der unmöglich zu lichten war. Alle Schlangen hingen überall. Als ich dort arbeitete, sah ich die Handlungen der Menschen und Reaktionen aufeinander. Ihr seht keine Dämonen und Satan, also beschuldigt ihr die Person, die die Schlange benutzt hat, also den Teufel.

Ich kam aus Indien, wo wir nicht an die Existenz von Dämonen glauben. Ich war nicht bereit, die Existenz von Dämonen, bösen Geistern, gefallenen Engeln und Satan anzuerkennen. Ich hatte Angst vor Monstern. Ich wusste nicht, dass böse Geister Christen schaden können. Wir hatten keine Lehre über Dämonen oder Satan. Unser Wissen über die geistige Welt, die die reale Welt ist, war sehr gering. Als ich in die USA zog, begann ich die Pfingstkirche zu besuchen. Sie lehrten nichts anderes als die Geisterwelt, und ich begann auch, danach Erfahrungen zu machen. Einmal sprach ich zu Gott: "Herr, ich habe viel gebetet, aber sie haben mir am Arbeitsplatz die geistige Energie ausgesaugt. Ich fühle mich schwach. Ich bete täglich, faste zweimal in der Woche, und einmal im Monat ging ich drei Tage und Nächte lang ohne Wasser und Nahrung durch. Noch als ich das Postgebäude betrat, fühlte ich mich geistig ausgelaugt.

All diese Maßnahmen führten zu keinem Ergebnis. Nichts hat sich bewegt. Als ich weiter suchte, sagte der Herr eines Tages, du sollst mich eine halbe Stunde lang preisen, eine halbe Stunde lang in Zungen sprechen, deine Hand auf deinen Kopf legen und eine halbe Stunde lang in der Zunge beten. Das tat ich, als ich auf der Post arbeitete. Das hat mir sehr geholfen. Denken Sie daran, dass es nicht vergeblich ist, durch Beten und Fasten nach einer Antwort zu suchen. In dieser Zeit wird die Antwort kommen. Die Bibel sagt, wir müssen suchen, und suchen ist eine Aufgabe. Manchmal reden und beklagen sich die Menschen bei Freunden oder Familienmitgliedern, anstatt sich an den Herrn. Das Gespräch mit geisterfüllten Heiligen wird ihnen helfen, zu finden Richtung, ob sie für die Situation beten können. Ich verstand seine Wege nicht, aber ich tat, was er von mir verlangte, ohne zu versagen.

ELIZABETH DAS

Ich habe einmal an einer Konferenz teilgenommen. Der Prediger forderte uns auf, den Herrn anzubeten und zu loben, was wir auch taten. Dann begann der Prediger, über das Thema Lobpreis zu lehren. Ich war froh, dort zu sein. An diesem Tag habe ich verstanden, was Lobpreis bewirkt. Er erklärte Psalm 149. Der Prediger sagte: Seht, was passiert, wenn wir den Herrn loben,

Psalm 149:4 Denn der Herr hat Wohlgefallen an seinem Volk; er wird die Sanftmütigen mit Heil verschönern. 5 Die Heiligen sollen fröhlich sein in der Herrlichkeit; sie sollen laut singen auf ihren Betten. 6 Das hohe Lob Gottes sei in ihrem Munde und ein zweischneidiges Schwert in ihrer Hand, 7 daß sie Rache üben an den Heiden und Strafe an den Völkern, 8 daß sie ihre Könige mit Ketten binden und ihre Edelleute mit eisernen Fesseln, 9 daß sie an ihnen vollstrecken, was geschrieben steht: diese Ehre haben alle seine Heiligen. Lobt den Herrn.

Wenn der Lobpreis nach oben geht, kommt der Segen nach unten. Nun, Satan möchte uns mit Dunkelheit, Krankheiten, Depressionen, Angst, Sorgen, Zweifeln und so weiter in Ketten legen. Aber wenn Sie Gott mit Gesang, Wort, Tanz und Musik preisen, werden alle Adligen und Könige Satans, die über die Stadt, den Bezirk, den Staat oder das Land herrschen, die eine eiserne Fessel anlegen, zu ihnen zurückkehren. Ihre Ketten kehren zu ihnen zurück. Lobpreisungen sind ein Umkehrprogramm Gottes gegen Satans Agenda. Die Verse 7 und 8 sind der Schlüssel. Das heißt das Geheimnis, Gott zu loben. Die Gegenwart Gottes kommt und übernimmt deinen Kampf. Wir laden auch Gottes Sicht ein, indem wir ihn preisen.

Psalmen 22:3 Du aber bist heilig, du, der du das Lob Israels bewohnst.

König David hatte diesen Schlüssel des Lobes, da er immer im Kampf war. Sein Leben war in Gefahr, denn Satan wusste, dass David das Reich der Finsternis bedrohte. Wenn Sie eine Bedrohung für das Reich der Finsternis sind, dann, glauben Sie mir, werden Sie ein Ziel für den Feind sein. Er wird gegen dich vorgehen, aber mit den Waffen des Lobpreises, seinen Ketten und eisernen Fesseln wird der Teufel zurückkehren. Satan und seine Armee werden in Ketten gelegt, und Sie werden frei sein. Wir zitieren die Schrift: "Keine Waffe, die gegen uns gerichtet ist, kann Erfolg haben." Das ist nur möglich, wenn wir wissen, wie wir dem Feind den Rücken kehren können. Wir müssen verstehen, was der richtige Schlüssel für die Umkehrung ist. Ihr Wort kann gepriesen werden oder durch das Wort der Bibel. Loben Sie Ihn mit einem lauten Musikinstrument. Loben Sie durch Tanzen. Erinnern Sie sich an David, der tanzte, als er die Arche Gottes brachte. Michael kritisierte David und hatte keine Kinder.

2 Samuel 6:16 Und als die Lade des Herrn in die Stadt Davids kam, sah Michal, die Tochter Sauls, durch ein Fenster den König David springen und tanzen vor dem Herrn; und sie verachtete ihn in ihrem Herzen. 23 Darum hatte Michal, die Tochter Sauls, kein Kind bis an ihren Todestag.

Die Leute werden Sie kritisieren, wenn Sie den Herrn loben, aber machen Sie sich keine Sorgen. Sie werden ihre Segnungen verlieren. Ich hörte jemanden in einer Pfingstkirche sagen, dass es nicht schön ist, wenn ältere Damen springen und tanzen. Ich kann in jedem Alter anbeten. Sie können Gott in jedem Alter anbeten. Es geht um Ihre Beziehung. Ich habe gesehen, dass Menschen nie Segen erhalten haben, weil sie den wichtigsten Schlüssel zum Lobpreis nie gelernt haben. Wenn Sie loben, werden sich Ihre Familienprobleme erledigen. Der Teufel kann es nicht ertragen, wenn Sie Gott loben. Gott benutzt Menschen für sein Werk. Deshalb hält der Teufel sie auf und hindert sie daran, indem er uns an Probleme und Schwierigkeiten kettet. Aber ach, wenn du wüsstest, wie leicht es ist, sein Reich niederzureißen. Indem ihr in eurem Lobpreis und eurer Anbetung wild werdet. Nehmt euch die Freiheit, dies zu tun. Es gibt keine Altersgrenze. Oft wache ich auf und fühle mich gequält, krank und gefesselt. Wenn ich den Angriff Satans wahrnehme, mache ich Musik an und verliere mich im Lobpreis des Herrn. Lobpreis und Anbetung gibt es nicht nur in der Kirche, sondern die ganze Zeit, jeden Tag. Lobpreis bringt die wunderwirkende Kraft Gottes in den Raum. Ich werde frei, und wissen Sie was? Wie die Bibel sagt, hat es den Teufel in Ketten gelegt. Halleluja! Lobt den Herrn!

LASST UNS BETEN

Lord gibt uns die Offenbarung des Lobpreises. Gib uns Sieg, Heilung und Befreiung durch Lobpreis. Herr, fülle unsere Herzen und Münder mit Lobpreis. Herr, Wenn wir loben, können wir die Niederlage im Lager des Feindes und den Sieg in unserem Leben sehen. Wenn der Lobpreis aufsteigt und der Segen herunterkommt. Du allein bist allen Lobes würdig und sonst niemand, darum preisen wir dich in Jesu Namen. Amen! Gott segne Sie!

5 MÄRZ

LERNE, GOTT ZU SUCHEN!

Tie Bibel sagt, wenn ihr mich sucht, werdet ihr mich finden! Was und warum suchen wir? Wir suchen das, was wir nicht haben. Wir suchen, wenn wir etwas verloren haben. Sie suchen nicht, was wir bereits haben. Ergibt das einen Sinn? Aus der Bibel geht hervor: Wenn wir suchen, werden wir es finden. Die Bibel sagt in

Matthäus 7:7c "Suchet, so werdet ihr finden", d. h., man findet den höheren Weg Gottes, wenn man ihn sucht.

Alles, was Gott hat, ist Segen. Seine Wege und sein Plan sind darauf ausgerichtet, dich zu segnen und zu bewahren - auf allen Wegen.

Psalm 119:2 Selig sind, die seine Zeugnisse bewahren und ihn von ganzem Herzen suchen.

Die Definition von Seek aus der starken Konkordanz lautet nach der Ehre Gottes suchen, ihn begehren und danach fragen. Die Suche kann körperliches oder geistiges Engagement erfordern. Wenn Sie in der säkularen Welt Hilfe suchen, ist das nicht dasselbe wie bei Gott. Wenn Sie Gott für die Situation suchen, dann werden Sie das übernatürliche Ergebnis finden. Denken Sie daran, dass Gott Engel geschaffen hat, um zu helfen. Der Engel wird kommen und helfen, wenn Sie bei Gott um Hilfe bitten.

Amos 5:14 Sucht das Gute und nicht das Böse, damit ihr am Leben bleibt; so wird der Herr, der Gott der Heerscharen, mit euch sein, wie ihr gesagt habt.

Sie können sich an ein anderes Medium wenden, so wie König Saul sich an einen vertrauten Geist wandte. Viele wenden sich an ein Medium wie Tarotkarten, Hellseher, Magier oder Astrologen. Sie alle werden Antworten geben, aber Gott hat die Lösung, um Schwierigkeiten zu vermeiden. Wenn man zu einem anderen Medium geht, wird man bestraft, ohne dass es Abhilfe gibt. Die Bibel sagt, dass man Gott früh suchen soll. Sie haben diese Schriftstelle verändert. Der Teufel mag es nicht, wenn wir Gott früh suchen. Wenn wir früh aufstehen, um Gott zu suchen, werden unser Tag und unsere Arbeit glatt verlaufen. Satans Plan, Taktik und Netz, um uns zu fangen, werden zerstört.

Psalm 63:1 Gott, du bist mein Gott; früh will ich dich suchen; meine Seele dürstet nach dir, mein Fleisch sehnt sich nach dir in einem dürren und durstigen Land, wo kein Wasser ist.

Alle Situationen und Probleme können gelöst werden, wenn wir den allwissenden Gott suchen. Unser Leben kann siegreich und freudig sein. Die Antwort des Herrn kommt mit der Lösung. In der Tat, Gott weiß alles, und trotzdem gehen wir zuletzt zu ihm. Wir gehen zu Gott, wenn wir nicht mehr weiterkommen und kein Mittel mehr haben.

Psalm 34:4 Ich suchte den Herrn, und er erhörte mich und erlöste mich von allen meinen Ängsten.10 Den jungen Löwen mangelt es an allem, und sie leiden Hunger; wer aber den Herrn sucht, dem wird nichts Gutes mangeln.

In den späten 90er Jahren hatte ich eine Rückenverletzung. Ich kannte die Heilung nur durch Gott. Nun war dies mein Test, ohne zu wissen, wie und was das Ergebnis sein wird. Der Herr wollte, dass ich zu einem Orthopäden gehe. Nun, ich mag es nicht besonders, einen Arzt aufzusuchen. Irgendwie hat der Herr mich mit dem Arzt verbunden, der meinen Glauben respektierte. Der Arzt hat mich nie gezwungen, Medikamente zu nehmen. Alle seine Berichte waren wahrheitsgetreu, ohne dass ich jemandem einen Vorwurf machen konnte. Während dieser Zeit suchte ich immer wieder Gott. Eines Tages sagte er, er würde mich in zwei Schritten heilen. Zuerst werde ich gehen und dann laufen. Gott gab mir die Verheißung. Sprüche 4:12 Wenn du gehst, werden deine Schritte nicht behindert, und wenn du läufst, wirst du nicht stolpern. Mein Verstand konnte seine Wege nicht begreifen, aber ich glaubte. Eines Tages, als ich meinen Arbeitsplatz verließ, sprach der Herr: "Du wirst nie wieder hierher zurückkehren. In meiner feurigen, schmerzhaften Prüfung ging ich ganz nah heran und lauschte aufmerksam auf seine Stimme. Meine Kollegen fragten mich, weil sie mich kannten. Liz ist eine gute Christin. Warum macht sie dann so etwas durch? Ja, wir gehen nicht nach unserem Karma, das unser Werk ist, sondern nach dem Plan Gottes. Es gab einen Tag, an dem ich meine Arbeit verlor. Nach einigen Jahren, eines Tages, wurde mein Wunder aus dem ersten Teil wahr. Herr Min betete für mich, und ich begann zu laufen. Er hatte viele Gaben. Während er betete, wuchsen mein Bein und meine Hand, und meine Wirbelsäule kehrte an ihren Platz zurück. Nach der Heilung erlaubte Gott mir, an der Beerdigung des Vaters eines meiner Kollegen teilzunehmen, wo ich meine früheren Kollegen traf. Sie waren überrascht, mich gehen zu sehen. Als ich nach der Beerdigung ging, gingen sie in ein Restaurant. Alle meine Kollegen standen um meinen Freund Chen herum und fragten ihn, was ich tun würde. passiert ist und wie Liz geheilt wurde, da sie keine Medikamente nimmt. Meine Freundin Miss Chen erzählte ihnen, dass sie mich zu dem koreanischen Bruder Min brachte, der die Heilkraft von Jesus hat. Frau Chen erzählte ihnen, wie mein Bein wuchs und meine Wirbelsäule zurückkehrte. Es war eine wunderbare Zeit der Freude, um für den Herrn Zeugnis abzulegen. Der Herr ist treu, auch wenn es Zeit braucht. Ihm allein gebührt der Ruhm unter den Heiden. Wenn wir Gott suchen, wird sich seine übernatürliche Macht zeigen. Der Teufel ist auf wunderbare Weise dabei, Gottes Streifen, Wunder und Heilung zu ersetzen. Einige Menschen auf der Erde werden niemandem außer dem Herrn Ehre erweisen. Alle, die Gott suchten, fanden einen Ausweg aus Schwierigkeiten, Krankheiten, Kämpfen und persönlichen Situationen. Mach ihn zu deinem Berater. Ich spreche mit Gott über jede kleine und große Angelegenheit. Ich nehme den Fall nie in die Hand, um mich zu rächen. Rache zu nehmen ist Sache des Herrn, und die Ehre gehört ihm allein. Gott hat Lösungen für all unsere Probleme. Er benutzt die Person, die weiß, wie sie seinem Geist nachgibt. Hanna und Isaak suchten Gott um das Kind, und Gott gab ihnen Gottes Herrlichkeit. David suchte bei jedem Schritt, den er tat, immer den Herrn. Wenn er das nicht tat, geriet er in Schwierigkeiten. Ich suche in jeder Situation Gott. Mein Leben hat weniger Komplikationen.

Die Wissenschaft versucht ihre Forschung an dir. Technologie und Forschung schreiten schnell voran, um die Augen der Menschen vom Herrn abzulenken. Sie werden keine Lösung in der Technologie finden, sondern im Herrn. Hüft- und Kniegelenkersatz wird immer üblicher, besonders unter Christen. Organtransplantationen und Krankheitsheilungen werden durchgeführt. Was ist mit dem Volk Gottes geschehen? Können wir den Herrn für unsere Krankheiten und Krebserkrankungen suchen? Suchen wir Gott für unsere lästigen Kinder. Eheprobleme oder alle Arten von Problemen enden in chaotischen Scheidungen. Gibt es jemanden, der Fasten und Gebet verkündet, um den Herrn zu suchen?

Jesaja 55:6 Suchet den Herrn, solange er zu finden ist, rufet ihn an, solange er nahe ist.

Früher haben der König und das Volk Gottes gefastet und gebetet, um eine Antwort von Gott zu erhalten. Das moderne Christentum hat diesen alten Weg verloren. König Joschafat suchte den Herrn.

2 Chronik 20:3 Josaphat aber fürchtete sich, suchte den Herrn und rief in ganz Juda ein Fasten aus.

Er hat den Sieg in der Schlacht errungen. Kann unsere Nation zu Fasten und Gebet aufrufen? Auch wir haben überall Probleme.

Esra 8:21 Da rief ich am Fluß Ahava ein Fasten aus, damit wir vor unserem Gott fasten und ihn um einen guten Weg für uns, unsere Kinder und unser ganzes Vermögen bitten.

Wir müssen den richtigen Weg finden. Wer Gott suchte, hatte Erfolg in seinen Prüfungen und Schwierigkeiten. Nur Gott hat eine Lösung für deine Probleme. Suchen Sie den Herrn, warten Sie auf ihn und sehen Sie, was er für Sie tut.

Sprüche 3:5 - Vertraue auf den HERRN von ganzem Herzen und verlasse dich nicht auf deinen eigenen Verstand.

LASST UNS BETEN

Aber Gott schenkt uns Menschen, die Gott suchen und sich nicht auf ihre eigene Unterschrift verlassen. Wir suchen falsche Lösungen für das Problem, aber wir haben unerträgliche, Unglaubliche und unzählige Probleme. Der Herr gibt uns geistliche Autorität, wie Mose, Josua, Esra und Esther, für diese moderne Zeit. Wer kann uns aus der Angst, dem Töten, den Schießereien, dem Selbstmord, den Scheidungen, den Krankheiten und den vielen, vielen Problemen herausführen? Herr, wir sind dabei, eine Schlacht zu verlieren, seit wir dich aus unserer Schule, unserem Zuhause, abhängig von den sogenannten Kirchen, losgeworden sind. Wir verkünden kein biblisches Fasten und Gebet. Wir suchen nicht, bis wir eine Antwort finden. Vergib uns, Herr. Wir sind die Sodomiten von heute. Oh, Herr, hilf uns, uns dir zuzuwenden. Wir zerreißen unsere Herzen und nicht unsere Kleider. Wir rufen: Bitte rette, erlöse und heile in Jesu Namen. Amen! Gott segne Sie!

6 MÄRZ

GOTT VERSCHÖNERT DIE SANFTMÜTIGEN MIT DER RETTUNG!

Eiele Menschen wollen schön aussehen! Menschen bekommen ein umwerfendes Aussehen, wenn sie gerettet werden. Ich bin ein Zeuge aus erster Hand. Ich habe jahrelang gesehen, wie ein Mensch gerettet wird. Wenn die Person alle Sünden bereut, die Sünden durch die Taufe auf den Namen Jesu abwäscht und den Heiligen Geist empfängt, sieht diese Person exquisit aus. Sie wechseln nicht die Schönheitsprodukte, sondern sie benutzen die Berührung des Herrn. Gott kommt in dem Körper, den er für seinen Aufenthalt geschaffen hat. Dieser Tempel wird durch die Begehung aller fleischlichen Sünden verunreinigt. Fleischliche Sünden sind in

Galater 5:19b Unzucht, Unreinheit, Lüsternheit, 20 Götzendienst, Hexerei, Haß, Zwietracht, Eifer, Zorn, Streit, Aufruhr, Häresie, 21 Neid, Mord, Trunkenheit, Schwelgerei,

1 Samuel 16:7 Aber der Herr sagte zu Samuel: Sieh nicht auf sein Antlitz oder auf seine Größe;

Denn der Herr sieht nicht, wie die Menschen sehen; denn die Menschen sehen auf das Äußere, der Herr aber sieht auf das Herz. Alle fleischlichen Sünden können nicht verborgen werden, sondern spiegeln sich in deinem Gesicht wider. Man hat keine Freude, wenn man nicht glücklich ist. Die eifersüchtige Person wird eine Knochenkrankheit bekommen. Sie werden sterben und hässlich und dünner werden, und ihre Hautfarbe wird dunkel oder blass werden. Ich habe diese Art von Menschen gesehen, deren Schönheit sich in Luft auflöst. Depressiv, besorgt und hasserfüllt manifestiert sich im Gesichts-Make-up, und eine Gesichtsoperation hilft nicht. Wenn Sie sich von Ihren schlechten Gewohnheiten abwenden, indem Sie Buße tun, Ihre Sünden in Jesu Namen im Wasser waschen und seinen Geist empfangen, wird sich Ihr Inneres nach außen verändern. Ich erinnere mich an einen Propheten; sein früheres Leben war wertlos. Er saß in der Gosse, ging im Gefängnis ein und aus, sah hässlich aus wegen seiner Sünden. Als er sich dem Herrn zuwandte, kam Jesus zu ihm, und er sah strahlend aus. Wenn der Herr zu uns kommt, renoviert er seine Wohnung. Unser Körper ist sein Tempel. Das Gesicht erstrahlt, und die Gesichtszüge verändern sich.

Frauen, die mit dem Herrn gehen, haben ein schönes Strahlen im Gesicht. Ich besuche das Genesungsheim, wo ich viele Damen treffe. Die Damen, die Christen sind, haben ein wunderschönes, strahlendes Antlitz. Einmal sagte mir eine Hindufreundin in Indien, dass ich in einer großen Menschenmenge erkennen kann, wer Christ ist. Habe ich sie gefragt, wie? Sie antwortete, dass sie ein Licht im Gesicht haben. Die Menschen legen so viel Wert auf das äußere Erscheinungsbild. Da ich in Indien aufgewachsen bin, wusste ich nie viel über Make-up. Wir haben nur geputzt und kämmten uns die Haare, das war alles, was wir taten. Einige Frauen haben sich gerade zum Christentum bekehrt. Ihre Mitarbeiterin bemerkte, dass sie nach der Taufe wunderschön aussahen. Gigi sagte, dass mir jeder sagt, dass ich schön aussehe. Siehst du, Gott hat alle Dinge schön gemacht.

Prediger 3:11 Er hat alles schön gemacht zu seiner Zeit:

Schönheit kommt vom Himmel. Alle Töchter Hiobs waren schön.

Hiob 42:15a Und im ganzen Land fand man keine so schönen Frauen wie die Töchter Hiobs: Gott macht das Hässliche nicht hässlich, sondern das Hässliche sc hön.

Ich habe gelernt, dass eine Frau mit Wut, Eifersucht oder Stolz das hässlichste Aussehen hat. Es ist deine Einsicht, die das äußere Erscheinungsbild hervorbringt. Die innere Hässlichkeit lugt durch das Gesicht hervor. Satan wird Menschen, die die Wahrheit kennen, nicht täuschen. Laut einer Google-Suche schätzten Analysten von Goldman Sachs im Jahr 2003, dass die weltweite Schönheitsindustrie, die Hautpflegeprodukte im Wert von 24 Milliarden Dollar, Make-up im Wert von 18 Milliarden Dollar und Haarpflegeprodukte im Wert von 38 Milliarden Dollar umfasst, jährlich um bis zu 7 % wächst und damit mehr als doppelt so schnell wie das BIP der Industrieländer. Mit plastischer Chirurgie, Kosmetik und Dermatologen werden jährlich Milliarden von Dollar verdient. Ein verlorener Mensch weiß nicht, dass der Teufel mit seinem Verstand spielt. Er verkauft Schönheitsprodukte und überzeugt sie, dass sie schön aussehen werden. Der Teufel sorgt auch dafür, dass man sich hässlich und wertlos fühlt.

Mein Freund, glauben Sie nicht an Satan; Sie brauchen einen Dermatologen namens Jesus. Wer hat deinen Körper gemacht? Jesus, nicht Satan, der an deinem Körper herumpfuscht. Wie lange wirst du noch auf dieser Erde leben? All diese Schönheitsoperationen und Schönheitsprodukte werden dir schaden. Wer kümmert sich um dich? Nur der Herr! Satan wird auf deine Augen, deine Nasenfalten und andere Kleinigkeiten hinweisen, die niemandem auffallen oder wichtig sind. Am besten wäre es, wenn Sie Ihr Denken ändern würden. Richten Sie Ihre Augen wieder auf die Dinge, die oben sind. Kommen Sie in seine Gegenwart und beten Sie den Herrn an. Lies sein Wort, um ihm zu folgen, bete und faste. Du wirst schön aussehen. Innere Schönheit wird durch dein Gesicht leuchten. Ich spreche für mich selbst: Ich bin schön!

Psalm 140:4 Denn der Herr hat Wohlgefallen an seinem Volk; er macht die Sanftmütigen selig.

Du bist die Braut Jesu, und er möchte, dass du schön bist, aber nicht nach den Maßstäben der Welt. Denken Sie daran, dass Gott Ihren Körper und jedes Detail Ihres Körpers geschaffen hat. Satan ist die hässlichste Kreatur und redet von Schönheit. Er lässt Sie spüren, was er ist. Alle gefallenen Engel schmieden diesen bösen Plan, damit ihr euch hässlich fühlt. Hört und glaubt mir, ihr seid schön!

Sprüche 16:31 Das graue Haupt ist eine Krone der Herrlichkeit, wenn es sich auf dem Weg der Gerechtigkeit befindet...

Wenn der Herr in dich eindringt, um dich von Drogen, Alkohol, Eifersucht, Neid, Stolz, Zorn, Lügen und

Betrug zu befreien, wirst du schön aussehen. Das ist die Aufgabe des Herrn und nicht die von irgendjemandem. Wie lange wird Ihre Schönheit anhalten, nachdem Sie Tausende von Dollar für plastische und kosmetische Chirurgie ausgegeben haben? Manche sind mit ihrer Augenfarbe, ihrem Hautton oder was auch immer nicht zufrieden. Sie müssen zu dem großen Kosmetiker, Herrn Jesus, kommen. Kommen Sie in seine Gegenwart, wie Mose es tat.

Mose 34:30 Und als Aaron und alle Israeliten Mose sahen, siehe, da glänzte die Haut seines Angesichts, und sie fürchteten sich, in seine Nähe zu kommen. 35 Und die Israeliten sahen das Angesicht des Mose, daß die Haut seines Angesichtes glänzte: Da legte Mose den Schleier wieder über sein Gesicht, bis er hineinging, um mit ihm zu reden.

Der Teufel betrügt Sie, indem er all diese Augen-, Gesichts- und Hautprodukte einführt. Wir haben das alles noch nie benutzt. Warum dann jetzt? Wir entfernen uns von Gottes Gegenwart und glauben Satans betrügerischer Einführung; wir betrügen uns selbst. Die Betrüger des Teufels wollen Sie und Ihr Geld vom Herrn stehlen. Gott wird Ihren Glauben auf der Erde prüfen. Du stehst im Glauben und tust, was der Herr sagt. Du wirst dort leuchten, wo der Teufel Angst hat und vor dem Licht flieht, das durch dich scheint. Denken Sie daran, dass der Teufel das schönste Geschöpf Gottes war. Als er sündigte, wurde er zum hässlichsten Geschöpf. Schauen Sie sich seine Bilder oder sein Skelett an; unscheinbar und beängstigend, nicht wahr? Ja, und wissen Sie was? Er will, dass du so aussiehst wie er. Gott hat dich nach seinem Bild schön gemacht. Du brauchst keine Hilfe von Satan. Sagen Sie einfach, ich sehe aus wie mein Vater Jesus; ich bin schön. Ich bin nach seinem Ebenbild geschaffen. Jesus hat mich attraktiv gemacht. Und ich bin innerlich und äußerlich schön.

2 Korinther 4:16 Darum werden wir nicht müde; sondern wenn auch unser äußerer Mensch vergeht, so wird doch der innere Mensch von Tag zu Tag erneuert.

Gottesfürchtige Menschen sehen schön aus, auch im Alter.

Psalm 92:14 Sie werden noch im hohen Alter Frucht bringen; sie werden fett und blühend sein.

LASST UNS BETEN

Machdem der Herr des Himmels dir eine himmlische Note gegeben hat, um dich zu verschönern. Ihr seid das Ebenbild Gottes, und der Herr weiß, wie er euch schön machen kann. Du sind seine zukünftige Braut. Herr, hilf uns, uns selbst makellos, ohne Falten und Makel für ihn zu erhalten. Niemand außer dem Herrn weiß, wie man sich um seinen Tempel, unseren Körper, kümmert. Herr, wir bringen uns selbst als ein lebendiges Opfer auf deinen Altar. Ich vertraue dir. Er hat uns nach seinem schönen Bild geschaffen. Herr, wir lieben dich und segnen dich in Jesu Namen. Amen! Gott segne Sie!

7 MÄRZ

JESUS LIEBT MICH!

Haben Sie jemals gehört, dass Menschen sagen, Jesus liebt mich, also kann ich alles tun? Nun, Jesus ist Liebe, denn Jesus ist Gott und Gott ist Liebe. Menschen rechtfertigen Jesus als Gott, und Gott ist Liebe. In Gott gibt es keinen Hass. Gott ist Geist und nicht Fleisch. Das Fleisch hat alles Böse, denn unser Ursprung ist sündig und nicht unschuldig. Adams unheiliges Blut fließt in unserem Körper. Die Sünde Adams hat das Fleisch verunreinigt. Der Grund, warum er uns bei jeder Gelegenheit retten will, ist, dass Gott Liebe ist. Er liebt es, seine Geschöpfe zu segnen. Ganz gleich, was Sie tun, wenn Sie sich reinwaschen, sich vom Bösen abwenden und um Hilfe bitten, wird Jesus Ihnen auf jeden Fall helfen. Er wird Sie retten. Er sagt, wenn du Buße tust und dich von deinen Wegen abwendest, die als böse bezeichnet werden, wird er dich annehmen.

Nach Johannes 14:6 ist Jesus der richtige Weg zum ewigen Leben. Jesus zeigt uns den richtigen Weg. Viele werden versuchen, Sie auf den falschen Weg zu führen. Jesus sagt, ich bin der Weg. Jesus sagt: Kehrt um von euren Wegen. Niemand außer dir muss die Folgen deines Handelns tragen.

Genau wie das böse Kind, das alles falsch macht und die beste Behandlung wünscht. Wenn du Gesetze brichst, wirst du bestraft werden. Die Polizei wird dich einsperren. Bösartigkeit ist gefährlich für die Familie und die Gesellschaft. Wenn das Tempolimit bei 50 Meilen liegt, Sie aber 60 oder 70 fahren, wird die Polizei Ihnen einen Strafzettel geben. Die Polizei hasst Sie nicht. Die Polizei peitscht Sie nicht aus. Die Behörden geben Ihnen Zugang und raten Ihnen, vorsichtig zu fahren. Wenn du erwischt wirst, weil du etwas falsch gemacht hast, wird die Polizei dir eine Geldstrafe aufbrummen oder dich hinter Gitter bringen. Keiner hasst dich. Sie werden Sie anzeigen, wenn Sie gegen das Gesetz verstoßen, und Sie werden die Konsequenzen, Bußgelder und Strafen tragen müssen. Jesus ist Liebe, und in ihm gibt es keinen Hass. Er liebt dich, auch wenn er dich zum Menschen oder zur Hölle schickt. Gottes Tugendhaftigkeit ändert sich nicht, wenn er dich bestraft. Genauso wie Sie Ihre Kinder korrigieren, indem Sie sie disziplinieren. Eltern bestrafen ihre Kinder, Richter verhängen Geldstrafen, schicken Sie wegen Ihres Fehlverhaltens hinter Gitter. Verstehen Sie, dass sich die Gesetze Gottes nicht ändern. Gott ist unerschütterlich; deshalb hat er gesagt: "Tut Buße und kehrt um von euren bösen Wegen. Waschen Sie Ihre Sünden in Jesu Namen mit Wasser ab. Sein Blut ist unter dem Namen Jesus verfügbar. Bringen Sie Ihr Verhalten in Ordnung.

Gott ist gut; er ist Liebe. Deshalb hat er ein Buch gegeben, das er die Bibel nennt. Es hat 1500 Jahre gedauert, sie zu schreiben. Für alle Zeiträume hat Gott den Weg der Rückkehr zu Ihm gezeigt. Ist das nicht großartig? Unser Gott ist Liebe. Das Problem ist, dass wir böse sind; wir hören nicht gerne auf unsere Eltern. Wir brechen die Gesetze Gottes und wollen trotzdem Vorteile haben. Wir leben in einer Zeit, in der wir tun, was sich gut anfühlt. Diese Generation imitiert alles, was Hollywood oder Bollywood macht. Wir akzeptieren einfach die bösen Wege der Welt und machen mit. Folgen Sie nicht den Blinden; die Blinden können nicht führen. Kommen Sie mit Gott ins Reine und lassen Sie sich von seinem Geist leiten. Seien Sie ein Licht in der Finsternis. Verstehst du das?

Unwissenheit zählt nicht.

Was passiert, wenn du Feuer berührst, von einem Baum springst oder in einen Ozean eintauchst? Können Sie sagen, dass ich das nicht wusste? Sei vorsichtig; Unwissenheit ist keine Entschuldigung. Wisst ihr, dass viele in die Hölle kommen und auch viele mitnehmen? Israel hat genug Böses getan, um aus seinem Land vertrieben zu werden. Menschen anderer Nationalitäten besetzten das Land. Sie brachten ihre Götter mit und verehrten sie. Also bestrafte Gott sie. Die Menschen fürchten Gott und machen doch, was sie wollen.

2 Kön 17:26c Darum hat er Löwen unter sie gesandt, und siehe, sie erschlagen sie, weil sie die Art des Gottes des Landes nicht kennen. 27 Da gebot der König von Assyrien und sprach: Nehmt einen von den Priestern mit, die ihr von dort hergebracht habt, und laßt sie dorthin ziehen und dort wohnen, und laßt ihn sie lehren, wie der Gott des Landes zu leben hat. 41 Also fürchteten diese Völker den HERRN und dienten ihren Götzen, ihre Kinder und Kindeskinder, wie ihre Väter getan hatten, so tun sie's bis auf diesen Tag.

Fürchte nur Gott,

Josua 24:14 So fürchtet nun den Herrn und dient ihm aufrichtig und wahrhaftig, und vertreibt die Götter, die eure Väter dienten jenseits der Sintflut, und in Ägypten, und dient dem Herrn.

Sie müssen wissen, dass Gott Sie so sehr liebt, dass er Ihnen wahre Propheten und Lehrer mit dem Heiligen Geist schenkt.

1 Samuel 7:3 Samuel sprach zum ganzen Haus Israel: Wenn ihr von ganzem Herzen zum Herrn umkehrt, die fremden Götter und Aschtaroth aus eurer Mitte vertreibt und euer Herz dem Herrn zuwendet und nur ihm dient, dann wird er euch aus der Hand der Philister erlösen.

Gott kann uns von Krankheiten, Alkohol, Drogen, Scheidungen, Morden und Schießereien befreien.

Deuteronomium 13:4 Ihr sollt dem HERRN, eurem Gott, nachfolgen und ihn fürchten und seine Gebote halten und seiner Stimme gehorchen und ihm dienen und ihm anhangen.

Jeder will Segen, Vorteile und wünscht sich, den Himmel zu erben. Aber was Gott in Jeremia 7:23 sagt, das habe ich ihnen geboten und gesagt: Gehorcht meiner Stimme, so will ich euer Gott sein, und ihr sollt mein Volk sein; und wandelt in allen Wegen, die ich euch geboten habe, so wird es euch wohl ergehen. Gott ist Liebe. Er schickt Propheten wie Jeremia, Jesaja, Johannes und die Baptisten, die ihr Leben ließen, um die Wahrheit zu sagen. Der Herr Jesus braucht nicht zu sterben, wenn es ihn nicht interessieren würde.

Jeremia 7:13 Weil ihr all das getan habt, spricht der Herr, und ich habe zu euch geredet und bin früh aufgestanden und redete, aber ihr hörtet nicht; und ich rief euch, aber ihr antwortet nicht;

Denken Sie daran: Gott liebt Sie. Er hat alles getan, was nötig war, aber jetzt ist es an Ihnen, darauf zu reagieren. Lassen Sie das Wort Gottes nicht wirkungslos werden.

Markus 7:13 Ihr macht das Wort Gottes unwirksam durch eure Überlieferung, die ihr überliefert habt; und vieles, was ihr tut.

Fügen Sie dem Wort, das Er Ihnen gegeben hat, nichts hinzu und nehmen Sie nichts weg. Bringen Sie Ihren Kindern das Wort bei und nicht die Welt. Bringen Sie Ihrem Kind das Richtige und nicht das Falsche bei. Sei ein gutes Beispiel für deine Kinder und nicht ein schlechtes. Halten Sie Ihr Leben in Ordnung, intakt mit dem Wort. Gehorche dem Wort, um gesegnet zu werden und die Generation nach dir. Du kannst die Erde mit deinen Kindern erben, wenn du tust und nicht tust. Warum? Weil Gott Liebe ist. Ihm war es wichtig genug, am Kreuz zu sterben. Der reiche Gott wird arm, nur um euch den Weg zum Himmel zu zeigen. Was ist unser Problem? Wir brauchen Gottes Gerechtigkeit und nicht unsere.

Jesaja 64:6 Aber wir sind alle wie ein unreines Ding, und alle unsere Gerechtigkeit ist wie ein schmutziges Tuch, und wir verwelken alle wie ein Blatt, und unsere Missetaten haben uns wie der Wind verweht.

Denken Sie daran: Gott liebt Sie mehr als eine Mutter.

Jesaja 49:15 Kann eine Frau ihren Säugling vergessen, dass sie sich nicht erbarmt über den Sohn ihres Leibes? Ja, sie mögen es vergessen, aber ich werde dich nicht vergessen.

Die Liebe Gottes ist unvorstellbar groß.

Johannes 15:13 - Niemand hat eine größere Liebe als die, dass er sein Leben für seine Freunde hingibt.

Vor Jahren, als ich anfing, das Wort zu lernen, entsprach meine Kleiderordnung nicht dem biblischen Standard. Eines Tages war ich bei der Arbeit und hatte das Gefühl, in der Gegenwart Gottes zu sein. Ich konnte nicht aufblicken. In diesem Moment schrieb Jesus auf jede Zelle meines Körpers: "Ich liebe dich aufrichtig". Ich weiß, dass wir mit dem Ohr hören, aber alle meine Körperzellen hörten auf seine Stimme, dass ich dich aufrichtig liebe, und das nicht nur einen Tag lang, sondern tagelang. Ich kam nach Hause und räumte meinen Kleiderschrank auf. Ich konnte Seine Liebe nicht zurückweisen. Gott liebt dich. Ist dir das wichtig? Können Sie Ihr Leben aufräumen und Seinem Gebot aufrichtig gehorchen? Lieben Sie Ihn; es lohnt sich, für Jesus zu leben, wie Er es in seinem Wort befohlen hat. Taten beweisen immer, dass leere Worte nichts bedeuten. Schauen Sie auf Jesus, schauen Sie auf das Kreuz, schauen Sie auf seine Striemen. Glaubst du, dass Jesus dich liebt und dass er das alles getan hat? Liebe ist Handlung.

LASST UNS BETEN

Herr, hilf uns, unsere Liebe durch unser Handeln zu zeigen. Herr, du änderst dich nie. Deine Liebe ist dieselbe gestern, heute und in Ewigkeit. Hilf uns, uns selbst zu lieben. Hilf uns unser Leben mit dem Wort Gottes in Ordnung zu halten. Kostbares Wort, das du uns gegeben hast, um es zu befolgen, nicht nur um es zu lesen, zu argumentieren oder zu diskutieren. Dein Wort ist lebensspendend und gut. Hilf uns, eine Liebe zu haben, in der die Menschen Jesus durch uns sehen. Wir können nicht tun, was du getan hast, aber wir geben unser Leben für deinen Dienst. in Jesu Namen. Amen! Gott segne Sie!

8 MÄRZ

ICH BETE, DASS DEIN GLAUBE NICHT VERSAGT!

Luke 22:31 Und der Herr sprach: Simon, Simon, siehe, der Satan hat dich begehrt, daß er dich wie Weizen sieben möge; 32 ich aber habe für dich gebetet, daß dein Und wenn du dich bekehrt hast, stärke deine Brüder.

Ihre Hoffnung auf die Ergebnisse, wenn Sie Glauben haben.

Hebräer 11:1 Der Glaube aber ist der Inhalt dessen, was man hofft, und der Beweis dessen, was man nicht sieht.

Petrus behauptete, einen großen Glauben zu haben, und im nächsten Moment versetzte ihn der Teufel. Sein Glaube wurde auf die Probe gestellt. Jesu hat gebetet. Wie viel sollten wir füreinander beten? Da ich weiß, dass der Glaube zielgerichtet ist, bete ich immer für die Länder und Menschen, nicht nur für mich, meine Familie und meine Situation. Ich glaube, der Gott des Himmels kümmert sich um einen, dann kann er sich um alle kümmern. Satan kommt gegen die von Gott berufenen Geistlichen. Satan zielt auf ihren Glauben. Der Glaube ist die wichtigste Tugend, um zu bestehen. Ohne den Glauben an Gott können Sie ihm nicht gefallen. Beweisen Sie anderen und sich selbst, dass Gott real ist und Großes tun kann. Handeln Sie nach Ihrem Glauben. So wie Jesus Heilungen, Wunder und Befreiungen vollbracht hat, können auch wir in der Vollmacht handeln, die uns in seinem Namen gegeben wurde. Wir haben Macht im Namen Jesu. Der Herr Jesus ist real. Er erhört alle deine Gebete. Ich bete für kranke Menschen und sehe das Wunder. Der Teufel will die Menschen ausrotten, aber ein Gebet des Glaubens durchkreuzt den Plan des Feindes. Das Gebet reißt die Dinge aus der Hand des Satans, der nur töten, stehlen und zerstören kann. Wenn Sie beten, setzt Gott die dienenden Engel frei, um gegen Satan und seinen Engel zu kämpfen.

Ich teile dieses Zeugnis, damit Sie verstehen, wie das Gebet das Werk Satans zerstört. Jesus ist Gott in Fleisch und Blut, er betete, um uns das Ergebnis der Antwort zu zeigen. Wenn die Menschen die Macht des Gebets kennen, dann werden alle zuerst beten und ohne Unterlass beten. Ich liebe es, zu beten. Wenn ich wenig Zeit habe, nutze ich sie zum Gebet. Das Gebet ist mein Leben. Einmal habe ich gesagt: Herr, ich möchte, dass du ein verrücktes Wunder tust. Also habe ich mir überlegt, wie und was ich sehen oder hören möchte. Ich sagte: Herr, ich möchte, dass du ein Heilungswunder vollbringst, während der Arzt die MRT-Filme überprüft. Die Bibel sagt, wenn du an das Senfkorn glaubst, bittest du, und du wirst empfangen. Ich war in einer Versammlung, und ein Gastprediger kam aus einem anderen Staat und predigte. Er bezeugte, dass ein Pastor

Krebs hatte. Der behandelnde Arzt dieses Pastors war ein Atheist. Er glaubte nicht an Gott, wie konnte er dann an Wunder glauben? Er war sich nach der Überprüfung des MRT sicher, dass es keinen Gott gibt. Wenn es ihn gibt, dann sollte dieser Pastor keinen Krebs bekommen.

Als der Krebs auf dem MRT-Bildschirm untersucht wurde, begann der Tumor zu verschwinden. Der Arzt überprüfte alle Bereiche, in denen der Krebs anfing, aus dem Film zu verschwinden. Der Arzt konnte nicht glauben, was da vor seinen Augen geschah. Er rief sofort den Pfarrer an, erkundigte sich nach seinem Gesundheitszustand und zeigte ihm, was er gesehen hatte. Er ordnete ein neues MRT an. Und raten Sie mal? Das neue Bild war sauber. Keine Anzeichen von Krebs. Der Gastprediger bezeugte dem Pfarrer, dass er ein Mann des Glaubens war. Er zweifelte nicht an seiner Heilung. Aber ich wollte dieses Wunder hören, und der atheistische Arzt wurde Zeuge dessen, wofür ich gebetet hatte. Ihr Gebet wird dringend benötigt, um den Dienst und das Volk Gottes aus der Hand des Satans zu retten.

Unser Glaube wird auf die Probe gestellt. Das Gebet des Glaubens kann meilenweit weggehen. Der Herr Jesus betete für Petrus als ein auserwähltes Gefäß. Petrus' Glaube versagt nicht, damit er die Mission des Herrn Jesus fortsetzen kann. Die Angst um die Jünger war groß, als die Römer und die religiösen Juden Jesus töteten. Das war der Zeitpunkt, an dem der Glaube eines jeden versagen konnte. Jemand muss für dich beten, damit dein Glaube nicht versagt. Gott wird deinen Glauben prüfen. Der Teufel muss verschwinden, wenn du den Glauben bewahrst. Satans feuriger Pfeil wird ausgelöscht, wenn du im Glauben bleibst. Satan hat es auf Ihren Führer, Ihren Lehrer, Ihre Schule, Ihr Land und Ihr Zuhause abgesehen. Das ist der Grund, warum der Teufel das Gebet abgeschafft hat. Was geschieht, wenn Sie beten? Sehen Sie sich das Beispiel von Jesus an, der für Petrus betete. Wenn Sie beten, was kann dann passieren? Alle Das Chaos in der Umgebung wird verschwinden. So wie Petrus dem Satan entkommen ist, so sind es auch die anderen, wenn Sie beten. Der Pastor wurde geheilt, und ein atheistischer Arzt war Zeuge aus erster Hand.

1 Timotheus 2: So ermahne ich nun, dass vor allen Dingen Bitten, Gebete, Fürbitten und Danksagungen für alle Menschen vorgebracht werden, 2 für Könige und alle, die in der Gewalt sind, damit wir ein ruhiges und friedliches Leben führen in aller Frömmigkeit und Rechtschaffenheit. 3 Denn das ist gut und wohlgefällig vor Gott, unserm Heiland;

Sieh, was der Teufel Tag und Nacht macht.

Hiob 2:2 Da sprach der Herr zum Satan: Woher kommst du? Der Satan antwortete dem Herrn und sprach: Vom Hin- und Hergehen auf der Erde und vom Auf- und Abgehen auf ihr. 8 Und der Herr sprach zum Satan: Hast du meinen Knecht Hiob bedacht, dass es auf Erden keinen gibt wie ihn, einen vollkommenen und rechtschaffenen Menschen, der Gott fürchtet und das Böse meidet?

Satan zielt auf die Gerechten und den Glauben der Gerechten. Satan hat es auf die Anhänger Gottes abgesehen. Achtet darauf, wie viel er wagt. Satan weiß, dass wir sterblich sind; sein zerstörerischer Plan kann die unwissende Schöpfung vernichten. Aber wenn wir Gott auf unserer Seite haben, können wir einen Engel und eine Hecke des Schutzes um uns haben. Bleiben Sie im Glauben und halten Sie an Gott fest, wenn Ihre Kinder, Ihre Ehe, Ihre Finanzen oder Ihre Gesundheit ins Visier genommen werden. Fangt an zu beten und zu fasten, damit Satans zerstörerische Pläne verflucht und zerstört werden. Als ich 2015 aus Indien zurückkehrte, sagte mein Pastor, der Teufel wolle meinen Dienst zerstören. Ich wusste es bereits im Geist. Die Leute des Teufels folgten mir nach Indien. Ich weiß, dass Gebet und Fasten ihren Plan zerstört haben. Wir alle haben das Maß des Glaubens und handeln nach unserem Glauben. Einige leisten geringfügige und andere unglaubliche Arbeit im Reich Gottes! Der Teufel kommt gegen alle Arbeit und Arbeiter, um sie zu zerstören. Er denkt, seit Eva und Adam ihm die Erde überlassen haben, kann er das ganze Töten, Stehlen, Irreführen und Zerstören übernehmen. Satan glaubt, dass er jeden zerstören kann, der auf dem Glauben steht. Aber nur, wenn Sie wissen, dass unser Glaube eine mächtige Waffe gegen den Feind ist. Die Waffen des Glaubens werden Satans Pläne durchkreuzen und seine Agenten heimatlos und hoffnungslos machen. Führt also die Mission auf euren Knien fort, indem ihr betet und fastet. Das wird euch zu eurer Bestimmung führen. Der Glaube wird zunehmen, wenn Sie Sieg, Heilung, Wohlstand und Befreiung sehen. Denken Sie daran, dass Jesus Ihnen das Beispiel von Daniel gegeben hat. Er kam aus der Höhle des Löwen. Das Feuer konnte den Glauben nicht verbrennen. Dein Vertrauen in die Macht Gottes ist es wert, dass du es behältst. Hebräer 10:38 Der Gerechte aber wird durch den Glauben leben; wer aber zurückweicht, an dem hat meine Seele kein Gefallen.

LASST UNS BETEN

Mach der Herr des Himmels schütze deinen Glauben, dein Glaube versage nicht. Dein Glaube wächst über alle Maßen. Möge dein Leben sein wie das Menschen des Glaubens. Euer Zeugnis gibt Gott die Ehre. Ihr Glaubensprüfung verschafft dem Teufel ein blaues Auge. Durch Ihr Glaubenszeugnis schreien die Menschen vor Freude: Halleluja! Möge der Herr des Himmels alles gewähren, was Sie sich erhoffen, damit der Herr alle Herrlichkeit, Ehre und Lob in Jesu Namen bekommt. Amen! Gott segne Sie!

9 MÄRZ

EIN WENIG HILFE KANN WIEDERBELEBEN UND WIEDERHERSTELLEN!

Ein Mann, der an Jericho vorbeikam, hob einen Verwundeten auf und half ihm. Der Teufel raubte, entkleidete und wollte den Mann töten. Aber ein guter Passant sah und ging zu ihm. Ich kümmerte mich um die Wunde, hob ihn auf und brachte ihn an einen sicheren Ort. Satans Plan war es, zu zerstören, aber der barmherzige Samariter half dem verwundeten Mann, belebte ihn wieder und überlebte. Es ist Arbeit, zu helfen. Wenn wir so arbeiten, wie Jesus es gesagt hat, wird jemand wiederbelebt und überlebt, und Satans Werk wird zerstört werden. Wiederbeleben bedeutete wiederbeleben, wieder zum Leben erwecken, wieder zum Bewusstsein bringen. Die biblische Definition lautet: ins Leben zurückkehren, das Leben wiedererlangen. Ich arbeite als Missionar und spreche international mit Menschen. Das mag nach einem etwas komplizierten und unbequemen Job aussehen. Aber ich suche nie nach dem Mikrofon, nach Millionen von Zuhörern und nach einer Kanzel für meine Sendung. Ich brauche Menschen, die verletzt, krank, besessen und deprimiert sind, um ihnen zu helfen. die Botschaft der Hoffnung. Ich tue es von Herzen. Ich spreche mit den Neubekehrten, den Pastoren und auch mit den neuen Jüngern. Ich weiß nicht, warum, aber manche Pastoren sind Diebe. Alles, was sie tun, ist, schöne Lieder zu singen, zu beten und um Geld zu bitten.

Geben muss der Lebensstil der Christen sein. Wir müssen geben, wenn wir gesegnet werden wollen. Unsere Aufgabe ist es, zu arbeiten. Wir arbeiten, um Lohn von Gott zu erhalten. Jesus hatte keine Zeit, zu essen oder zu trinken. Durch sein Wirken wurden viele wiederbelebt, geheilt, befreit und getröstet. Die gleichen Aufgaben gehören auch Ihnen und mir. Es ist nicht das, was Sie heute an Wohlstandslehren und -predigten hören und sehen. Denken Sie daran, dass ein wenig Hilfe jemanden, der am Rande des Ablebens steht, wiederbeleben kann. Helfen Sie einigen deprimierten Menschen und beten Sie für sie. Wenn du arme Menschen siehst, dann halte an und kaufe etwas. Alles Geld fließt in ein Restaurant, ein neues Kleid, neue Schuhe, Nägel, Haare und in einen teuren Lebensstil. Aber wenn du an einem Restaurant anhältst, kaufe Essen und gib es den Hungrigen. Gott wird dich über alle Maßen segnen. Sie sind die Hand Gottes. Jemand wird dich wiederherstellen und wiederbeleben, wenn du deine Hand für das Reich Gottes einsetzt. Ich gehe in Genesungsheime, Krankenhäuser und Heime, um für Menschen zu beten. Ich sehe Menschen, die deprimiert, entmutigt und verletzt sind. Wir gehen zu den Geistlichen und beten für die Kranken. Wir geben ihnen eine Bibel, heiliges Öl, um das Haus zu salben, und Gebetstücher, um sie ins Haus zu legen. Wie alle Joche und Ketten zerstören, so beleben sie wieder. Einige Pastoren versuchen, mich davon abzuhalten, aber nein, ich setze die Arbeit fort, und ich sehe erhebliche Zerstörung im Reich des Teufels. Denken Sie daran, dass das Christentum kein florierendes Geschäft ist. Bitte fliehen Sie vor ihnen, wenn Sie nur das Wort sehen und keine *Ein wenig Hilfe kann wiederbeleben und wiederherstellen!*

Zeichen folgen. Jesus gab ein Beispiel direkt vor Ihren Augen. Beobachten Sie das Leben von Jesus und sehen Sie, was er getan hat. Wenn Sie die Ähnlichkeit seines Wirkens mit dem der religiösen Autoritäten nicht erkennen, dann sind Sie auf der Seite der Fälschung. Ich besuche verschiedene Genesungsheime. Ich traf eine 93-jährige Dame in einem Genesungsheim; sie verlor ihren einzigen Sohn, als er 30. Jetzt hat sie niemanden, der sich um sie kümmert. Ich fand heraus, dass ihr kalt war, sie hatte keine Decke und nicht genug warme Kleidung, also ging ich einkaufen und gab ihr alles, was sie brauchte. Ich sah, wie sie wieder auflebte. Ich sah Freude und Glück. Ihr Gesichtsausdruck veränderte sich. Wenn du jemandem, der alles hat, etwas schenkst, wird er sich nicht für die Geschenke interessieren. Mach denen, die viel haben, keine Freude. Schenke einfach jemandem, der nichts hat. Du wirst einen großen Unterschied in ihrem Leben machen. Der Herr wird dich segnen.

Sprüche 19:17 Wer Mitleid mit den Armen hat, der leiht dem Herrn, und was er ihm gegeben hat, wird er ihm wiedergeben. Jedes Jahr zu Weihnachten gebe ich Geld für bekehrte Christen aus. Wenn sie sich dem Christentum zuwenden, kümmert sich niemand um sie. Ich habe Nähmaschinen, Kleidung und ein schönes Essen gekauft, um Weihnachten und Neujahr zu genießen. Sie sind begeistert zu erfahren, dass das Christentum Fürsorge, Teilen und Liebe bedeutet. Ihre Familie lehnt sie ab, als sie sich Jesus zuwenden. Sie sind jetzt meine Familie. Ich liebe sie wie meine eigene. Und wisst ihr was? Sie haben angefangen, dasselbe zu tun wie ich. Sie lernen Verse und lehren andere. Ich bete für sie, und sie beten für andere. Wenn sie nicht weiterkommen, rufen sie sofort um Hilfe, und ich helfe. Es ist mir egal, zu welcher Tageszeit. Ich werde aufstehen und beten. Viele werden überleben, wenn wir uns die Zeit nehmen, ihnen zu dienen.

Sehen Sie, was Jesus in seinem Wort sagt.

Lukas 10:30 Jesus aber antwortete und sprach: Ein getreuer Mann ging von Jerusalem hinab nach Jericho und fiel unter die Diebe; die zogen ihm die Kleider aus und verwundeten ihn und gingen weg und ließen ihn halb tot liegen. 31 Und es kam zufällig ein Priester des Weges hinab; und als er ihn sah, ging er drüben vorbei. 32 Ebenso kam ein Levit, als er an der Stätte war, und sah ihn an und ging jenseits vorbei. 33 Ein Samariter aber, der auf dem Wege war, kam dahin, wo er war; und als er ihn sah, hatte er Mitleid mit ihm 34 und ging zu ihm und verband seine Wunden und goß Öl und Wein hinein und setzte ihn auf sein Tier und brachte ihn in eine Herberge und pflegte ihn. 35 Und des andern Tages, da er wegging, nahm er zwei Groschen und gab sie dem Wirt und sprach zu ihm: Sorge für ihn; was du aber mehr ausgibst, das will ich dir vergelten, wenn ich wiederkomme. 36 Welcher von diesen dreien nun, meinst du, war der Nächste des, der unter die Räuber gefallen ist? 37 Er aber sprach: Der sich seiner erbarmt hat. Da sprach Jesus zu ihm: Gehe hin und tue desgleichen.

Was der Herr sagt, ist, dass viele wiederbelebt werden können, wenn du aufstehst und hilfst. Seien Sie nicht wie ein Priester, ein Pastor oder ein Levit, der ein sogenannter Christ in dieser Zeit ist. Sie sahen einen verwundeten Mann, überquerten die Straße und liefen weg. Deshalb sind viele krank, leiden, begehen Selbstmord, sind deprimiert, sterben an Krebs, sitzen im Gefängnis und in den Gefängnissen. Satan nannte einen Dieb, der den Mann entblößte.

Johannes 10:10 Der Dieb kommt nicht, sondern um zu stehlen, und Ein wenig Hilfe kann wiederbeleben und wiederherstellen!

Ich bin gekommen, damit sie das Leben haben, und damit sie es in Fülle haben. Was für eine schöne

Bibelstelle! Der Herr Jesus wird dich nicht ausnehmen, ~~berauben~~ oder töten, sondern er wird dich segnen, ernähren und dir helfen. Der Herr wird für heilende Befreiung sorgen und dein gebrochenes Herz heilen. Jesus erweckt Menschen wieder, wenn Sie seine Hand und sein Mund sind. Satan macht einen wunderbaren Job. Wenn niemand die Kranken, Verletzten, Armen, Witwen und Waisen besucht, werden sie nicht überleben, wiederbelebt oder wiederhergestellt. Sie werden von dem Dieb Satan getötet, von Satan beraubt und vom Teufel verwundet. Gott verbirgt Ihre Segnungen unter kleinen Taten der Barmherzigkeit und Freundlichkeit. Arbeiten Sie für König Jesus. Menschen sterben, werden getötet und verletzt durch den Feind Satan. Unsere Aufgabe ist es nicht, vor ihnen wegzulaufen, sondern zu ihnen zu gehen und das Notwendige zu tun. Da meine Eltern im medizinischen Bereich tätig waren, brachten sie kranke Menschen nach Hause und kümmerten sich um sie. Sie holten die Menschen mit gebrochenem Herzen, die verstoßen wurden, und halfen ihnen, sich niederzulassen. Sie halfen ihnen, ihre Schulausbildung abzuschließen, und wir passten auf ihre Kinder auf. Mein Haus war für alle misshandelten, verletzten, bedürftigen Menschen. Meine Eltern lehnten unsere schlechte Gesellschaft nur ab, wenn sie sie wahrnahmen. Ich hatte nie ein Problem damit, ihre Weisheit zu akzeptieren. Wie Sie wissen, hatten sie mehr Erfahrung als ich. Meine Eltern waren nicht wohlhabend, aber sie teilten von dem Wenigen. Man muss nicht viel haben, um zu teilen; man braucht nur ein wenig Hilfe. Ich kenne diese wertvolle Frau im Herrn. Ihre Gesundheit ist ein großes Problem, deshalb ruft sie mich oft an, um zu beten. Ich bete für sie, und es geht ihr immer besser. Einmal holte ihre Tochter ein Kind von drogenabhängigen Eltern ab, das in der Garage lebte. Diese ältere Frau Die Frau hat nicht viel, um ihre Enkelkinder aufzuziehen. Sie nahm dieses kleine Kind bei sich zu Hause auf. Ihre Familie kam zusammen, um Sachen für das kleine Mädchen zu kaufen. Sie ist jetzt zwei Jahre alt (2019). Das kleine Mädchen wurde wiederbelebt und überlebte. Die ältere Dame sagte, sie besuche eine Kirche, die gerade gebaut wird. (denn du bist die Kirche). Jeder wusste, dass sie krank und sehr arm war und viele Enkelkinder hatte. Niemand half ihr oder ihren Enkelkindern. Niemand hat für ihre Krankheit gebetet. Die Leute gingen um sie herum. Sie kümmerten sich nicht darum, sie zu fragen oder zu besuchen. Eines Tages traf sie mich, und ich brach den Fluch der Armut, und sie brach. Jetzt ist sie meine Gebetspartnerin. Sie ist immer glücklich! Wir machen unser Leben voll, indem wir an Teepartys, kirchlichen Aktivitäten, Chorproben und Konferenzen teilnehmen. Wir geben so viel Geld für Einkäufe aus. Wir tun nichts für das Reich Gottes, außer dass wir am Sonntag an einem Programm für Diebesbanden teilnehmen. Besuchen Sie einige verletzte Waisen, Witwen und Kranke im Krankenhaus. Denken Sie daran, dass jemand Sie wiederbeleben und wiederherstellen wird, wenn Sie eine solche Tat vollbringen.

LASST UNS BETEN

Lord gibt uns ein barmherziges Herz. Mögen wir die Hände und Füße des Herrn werden! Möge der Herr uns gebrauchen, damit jemand auflebt und überlebt. Möge unser Leben wie das Leben von Jesus! Herr, gib uns eine teilende, fürsorgliche Natur. Herr, lass uns deine Mission aus der Hand Satans zurückholen. Hilf uns, damit wir vielen helfen, in Jesu Namen. Amen! Gott segne Sie!

10 MÄRZ

FIX LERNEN SIE ZU SCHREIEN!

Herr Jesus, lehre uns zu schreien. Gott erweicht unsere Herzen. Herr, erinnere uns daran, dass unsere Hilfe allein von dir kommt. Mein Herr erinnert uns daran, dass ein Gott in Der Himmel hört unsere Schreie. Es hat Macht, wenn du weinst; es macht Gott aufmerksam. Du bist seine Schöpfung; es ist seine Verantwortung, wenn du Gott um Hilfe rufst und schreist. In diesen Zeiten und Tagen weinen die Menschen vor jemandem, der nicht helfen kann. Sie weinen und klagen, wenn sie Blutvergießen, Schmerz, Leid und Hoffnungslosigkeit sehen. Sie rufen um Hilfe und finden keine Lösung außer Verwirrung, Entmutigung und Angst. Überall weinen Menschen, wenn Sie die Nachrichten im Fernsehen, auf YouTube oder in anderen Medien verfolgen. Wir sehen die Augen der Menschen auf die Autorität der Macht gerichtet. Die Menschen haben Gott vergessen, bei dem sie sich beschweren und aufschreien sollten. Wenn du der Sklave im Land bist, wer würde dich dann hören? Wohin wirst du deine Beschwerde bringen. Aber, Halleluja, der Gott im Himmel weiß, wie er die Unterdrückten, Besessenen, Kranken und Bedrängten erlösen kann. Wenn Sie lernen wollen und helfen möchten, dann wissen Sie, wo und an wen Sie sich wenden können.

Exodus 3:7 Und der HERR sprach: Ich habe das Elend meines Volkes in Ägypten gesehen und ihr Schreien vor ihren Vorstehern gehört; denn ich kenne ihr Leid; 8 Und ich bin herabgekommen, sie aus der Hand der Ägypter zu erretten und sie aus diesem Lande heraufzuführen in ein gutes und weites Land, in ein Land, darin Milch und Honig fließt, an den Ort der Kanaaniter, Hetiter, Amoriter, Pheresiter, Heviter und Jebusiter. 9 Nun siehe, das Geschrei der Kinder Israel kommt zu mir, und ich habe auch gesehen, wie die Ägypter sie bedrängen.

Wenn Sie den Herrn und seine Macht der Befreiung kennen, werden Sie zu IHM schreien. Sie würden sich nicht an die Regierung wenden. Joseph schaute nicht auf die Regierung. Er schaute zu Gott, dem Herrn. Petrus schaute nicht auf die Regierung; er schrie zum Herrn. Als Esther erfuhr, dass die Schlachtung ihres Volkes Tage entfernt war, schrie sie auf. Jesus sagt, dass der Herr rettet und nicht der Mensch. Diejenigen, die nach Hilfe suchen, rufen an, schreiben und simsen Menschen an, wo es keine Hilfe gibt. Wissen Sie, was Sie sich damit antun? Die Bibel sagt.

Jeremia 17:5 So spricht der Herr: Verflucht sei der Mensch, der sich auf Menschen verläßt und Fleisch zu seinem Arm macht, und dessen Herz sich vom Herrn abwendet.

Sie verfluchen sich selbst, wenn Sie sich auf Ihr Geld, Ihren Job, Ihre Regierung, Ihren König oder wen auch immer stützen. Die Bibel sagt, dass man auf den Herrn vertrauen soll, wo man gesegnet wird, indem man

Hilfe erhält.

Jeremia 17:7 Wohl dem, der auf den HERRN vertraut und dessen Hoffnung der HERR ist.

Die Bibel ist das Buch der Verheißungen und Werke für jeden, der dem Herrn vertraut. Durch das Blut Jesu haben auch Nichtjuden Anteil an den Segnungen Jehovas Gottes. Wir sind Nichtjuden und werden auch das auserwählte Geschlecht genannt. Wir haben durch das Blut Jesu freien Zugang zum Thronsaal Gottes. Ich brauche keinen Priester oder Hohepriester, aber durch sein reinigendes Blut kann ich im Thronsaal Gottes stehen. Wenn Sie wissen, was Ihnen zur Verfügung steht, werden Sie sich nicht an den Arzt, die Regierung, das Geld, die Krankenversicherung und alle anderen Irreführungen Satans wenden. Schauen Sie zu Gott, der kein Götze ist. Gott ist Geist. Er wird Ihnen helfen, wenn Sie zu ihm schreien. Hannah hatte die Qualen der dorthin, wo ihr Hilfe zuteil wird, die den Mutterschoß öffnen kann.

1 Samuel 1:10 Tief betrübt betete Hanna zum HERRN und weinte mit vielen Tränen. 12 Und es geschah, als sie weiter vor dem HERRN betete, dass Eli ihr den Mund zuhielt Der Hohepriester sah sie beten. Eli sagte zu ihr.

1 Samuel 1:17 Eli antwortete: Geh hin in Frieden, und der Gott Israels gewähre dir deine Bitte, die du an ihn gerichtet hast. Der Gott Israels bewilligt deine Bitte, nicht Eli oder ihr Mann.

Verstehen Sie, warum bei uns so viel Chaos herrscht? Warum so viele Scheidungen? Es gibt überall Kirchen ohne wahre Prediger, Propheten, Lehrer und Pastoren. Wir haben vergessen, zum Herrn zu schreien, weil es falsche Lehren und Propheten gibt. Überall kann man sein Problem nicht lösen. Ihr nehmt alle möglichen Medikamente und seid ständig krank. Du ziehst wunderbare Kinder auf und verlierst sie im Gefängnis, im Knast und in der Welt. Du hast sie erzogen, aber vergessen, ihnen beizubringen, wo sie nach Hilfe suchen können. Rahel hatte keine Kinder und klagte und weinte vor Schmerz. Hören Sie sich die Antwort genau an.

Mose 30:1 Als Rahel sah, dass sie Jakob keine Kinder gebar, beneidete sie ihre Schwester und sagte zu Jakob: Gib mir Kinder, sonst sterbe ich. 2 Da entbrannte Jakobs Zorn gegen Rahel und er sagte: Bin ich an Gottes Stelle, der dir die Frucht des Leibes vorenthalten hat?

Sie hat die falsche Person um Hilfe gebeten. Woher kam ihre Hilfe? Wenn sie das gewusst hätte, wäre sie nicht zu ihrem Mann gegangen, sondern direkt zum Herrn. Sie erfuhr von dem Gott Jakobs. Deshalb betete sie zu den Göttern von Abraham, Isaak und Jakob.

Mose 30:22 Und Gott gedachte an Rahel, und Gott erhörte sie und öffnete ihren Schoß. 23 Und sie und ward schwanger und gebar einen Sohn und sprach: Gott hat meine Schmach weggenommen: Nur Jehova Gott kann helfen.

Mose 30:24 Und sie gab ihm den Namen Josef und sagte: Der Herr wird mir noch einen Sohn geben.

Ja, Jehova Gott fügte ihr einen weiteren Sohn hinzu, Benjamin. Wir sind so blind, wenn wir den blinden Führern folgen. Führer wie Mose und Josef würden dir sagen, du sollst zu dem Herrn Jesus rufen. Suchen Sie nach einem, der Sie in die richtige Richtung führen kann. Sind Sie es nicht leid, Drogen, Blutvergießen, Chaos und falsche Versprechen zu sehen? Ich bin gekommen, um Ihnen zu sagen, wenden Sie Ihr Gesicht von allen falschen Hoffnungen ab auf den Herrn und schauen Sie. Die Macht liegt nicht im König und in der Autorität. Wenn das so wäre, dann würde König David nicht zum Herrn schreien.

Psalm 18:6 In meiner Not rief ich den HERRN an und schrie zu meinem Gott; er hörte meine Stimme aus seinem Tempel, und mein Schreien drang vor seine Ohren.

Der Herr rettete König David. Wir beten, dass unser König und unsere Autorität lernen, zum Herrn zu schreien. Wir brauchen geistliche und weltliche Führer, die lernen, zum Herrn zu schreien.

Psalm 118:5 In der Not rief ich den Herrn an; der Herr erhörte mich und brachte mich an einen großen Ort.

Wenn Sie krank sind, wohin gehen Sie dann?

Psalmen 30:2 HERR, mein Gott, ich habe zu dir geschrien, und du hast mich geheilt.

Denkt daran, dass ihr lernen müsst, um Menschen zu schreien. Satan hat Städte und Länder eingenommen, weil ihr nicht zu Gott um Hilfe geschrien habt. Lehrer, Mütter, Väter, Familien, Pastoren, Prediger, Propheten und Christen müssen lernen, zu Gott zu schreien. Hilfe kommt schneller als der Blitz. Es gibt einen Gott im Himmel, der ein offenes Ohr und ein Heer von Engeln hat, um zu helfen. Der Herr der Heerscharen ist ein Wegbereiter, Pfadfinder, Helfer und Befreier. Der Herr Jehova macht das Unmögliche möglich. Ruft diese Generation, den Bezirk, die jungen Leute, die Ehen und die Autoritäten in ihren Positionen an. Rufen Sie, damit Gott Befreiung von den Dämonen des Krebses, der Drogen, des Alkohols und der Geisteskrankheiten schickt. Gott kann die Ketten und Joche zerbrechen, die der Teufel auf sie gelegt hat. Aufschreien um Hilfe. Würden Sie Gott Gott sein lassen?

LASST UNS BETEN

Allmächtige Gott berührt und heilt uns von allen Gebrechen, die die medizinische Wissenschaft als solche bezeichnet hat. Der Herr, der unseren Körper geschaffen hat, ist unser Arzt und Chirurg. Der Herr Jesus ist unsere geistliche, körperliche und emotionale Hilfe und Gesundheit. Möge seine Hand die Kranken und Betrübten berühren! Möge der Herr Ihre emotionale, mentale, geistige und körperliche Gesundheit berühren! Möge Jehova Rapha Ihnen göttliche Gesundheit schenken, in Jesu Namen. Amen! Gott segne Sie!

11 MÄRZ

LASS DICH VON GOTT BERATEN!

Tie Bibel sagt, dass Gott ein Ratgeber ist. Jesaja 9:6 Denn uns ist ein Kind geboren, ein Sohn ist uns gegeben, und die Herrschaft ruht auf uns. Und sein Name wird heißen: Wunderbarer Ratgeber, mächtiger Gott, ewiger Vater, Friedefürst. Die Definition des Begriffs "Berater" bedeutet ein Berater, der berät, um zu sammeln. Ein Führer oder Mentor, der dich anleitet.

Sprichwort 12:1 Wer die Belehrung liebt, der liebt die Erkenntnis; wer aber die Zurechtweisung hasst, der ist verroht.

Werde weise und höre auf den Rat des Herrn. Wenn nicht, wirst du zerstört werden.

Sprüche 1:5 Ein weiser Mann hört und lernt immer mehr, und ein verständiger Mann findet kluge Ratschläge:

König Josia war der beste König, der dem Herrn von ganzem Herzen folgte.

2 Könige 22:2 Und er tat, was dem Herrn wohlgefällig war, und wandelte auf dem ganzen Weg seines Vaters David und wich weder zur Rechten noch zur Linken.

König Josia verbannte alle Hexerei, vertraute Geister und Zauberer. Er entfernte alle Götzen aus dem Land Juda. Er beseitigte die Priester der Götzen. Er reinigte Juda von der Verunreinigung durch die Götzen. Gott war mit den Taten des Königs zufrieden.

2 Kön 23:25 Vor ihm gab es keinen König, der sich von ganzem Herzen, von ganzer Seele und mit ganzer Kraft dem Herrn zuwandte, wie es das Gesetz des Mose vorschreibt, und nach ihm gab es auch keinen, der ihm gleich war.

Aber als Pharao-Necho, der König von Ägypten, auf Befehl von Jehova Gott gegen die Assyrer zog. König Josia zog gegen Pharao Necho, ohne sich von Gott beraten zu lassen. Wie König Josia können auch wir nach Erfolgen hochmütig werden und Gottes Rat ignorieren. Wir brauchen jemanden, der uns hilft, klar zu denken.

2 Chronik 35:20 Nach alledem, als Josia den Tempel hergerichtet hatte, zog Necho, der König von Ägypten, herauf, um gegen Kachemis am Euphrat zu kämpfen. 21 Aber er sandte Boten zu ihm und ließ ihm sagen: Was habe ich mit dir zu schaffen, du König von Juda? Ich komme heute nicht wider dich, sondern wider die Haus, mit dem ich Krieg führe: Gott hat mir geboten, daß ich eile; hüte dich, daß du dich mit Gott, der mit mir ist, anlegst, daß er dich nicht verderbe. 22 Aber Josia wollte sein Angesicht nicht von ihm wenden, sondern verstellte sich, daß er mit ihm streiten könnte, und hörte nicht auf die Worte Nechos aus dem Munde Gottes und kam, zu streiten im Tal Megiddo. 23 Und die Bogenschützen schossen auf den König Josia, und der König sprach zu seinen Knechten: Bringt mich weg; denn ich bin schwer verwundet.

Der gute und gerechte König Josia versäumte es, den Rat Gottes aus dem Mund von Phero anzunehmen und wurde getötet. Gott liebte diesen Mann; er war ein weiser König. Sogar Jeremia beklagte sich über König Josia.

Sprichwort 11:14 Wo kein Rat ist, da stürzt das Volk; aber in der Menge der Ratgeber ist es sicher.

Sprüche 24:6 Denn mit klugem Rat wirst du deinen Krieg führen, / und in der Menge der Ratgeber ist Sicherheit zu finden.

Gerechte Eltern, ältere Brüder, Schwestern, Pastoren, Propheten, Lehrer und treue Freunde sind gute Ratgeber. Ich erhalte viele Anrufe für Beratungen, da ich den Geist Gottes habe. Wenn Menschen ihren Weg wählen, rufen sie mich nicht an. Ich weiß, dass sie auf ihr Fleisch hören wollen. Fleisch und Geist sind einander entgegengesetzt. Warum haben wir Chaos, Teenagerschwangerschaften, Banden, Selbstmord und Probleme, die uns überfordern? Weil wir keinen guten göttlichen Seelsorger haben. Bitte hören Sie auf die Erfahrung, den gerechten, grauhaarigen, weisen Mann und die weise Frau. In Israel hatte der König immer einen Berater. Und der König ließ sich von ihnen beraten. Die Der Rat des weisen Beraters hat das große Königreich errichtet.

1 Chronik 27:33a Und Ahithophel war der Ratgeber des Königs:

2 Samuel 16:23 Der Rat Ahithophels, den er in jenen Tagen gab, war so, als ob ein Mann das Orakel Gottes befragt hätte; so war der ganze Rat Ahithophels sowohl bei David als auch bei Absalom.

Ich bewundere die Seelsorger. Ich benutze den Heiligen Geist und weise Menschen als meinen Berater. Wir alle brauchen einen guten Berater, der uns vor Schaden und Gefahr schützt. Halten Sie sich immer einen göttlichen, weisen Ratgeber. Seien Sie auch vorsichtig, wenn Sie Ratschläge von Irreführern annehmen - vor allem von jungen Freunden und Menschen, die vielleicht falsche Motive haben. König Salomos Sohn, König Rehabeam, war ein Beispiel dafür, dass man Ratschläge von schlechten Menschen annehmen sollte.

1 Kön 12:8 Aber er verließ den Rat der alten Männer, den sie ihm gegeben hatten, und beriet sich mit den jungen Männern, die mit ihm aufgewachsen waren und vor ihm standen:

Als König Rehabeam auf die falschen Ratschläge hörte, verlor er zehn Stämme. Böser Rat spaltet das Königreich, trennt Familien und Freunde, führt zu Scheidungen und verursacht Schaden.

1 Kön 12:16 Als nun ganz Israel sah, daß der König nicht auf sie hörte, antwortete das Volk dem König und sprach: Welchen Anteil haben wir an David? Wir haben auch kein Erbe in dem Sohn Isais. Israel, geh in deine Zelte und kümmere dich um dein eigenes Haus, David. Da ging Israel in seine Hütten.

Falsche Ratschläge führten zu einer Zweiteilung des Königreichs in einen nördlichen und einen südlichen

Teil. König Rehabeam regierte im Süden, wo es zwei Stämme gab. Ich sehe, dass auch Kinder oder Erwachsene Opfer von schlechten Ratschlägen werden. Nur ein guter Rat wird dich retten, verschonen und in die richtige Richtung führen. Ich wüsste nicht, was ich ohne die Ratschläge guter Menschen tun würde. Der Heilige Geist ist auch Ihr Ratgeber. Ein weiser Rat wird Sie aufrichten. Beten Sie immer für jede größere oder kleinere Angelegenheit des Lebens. Wenn i c h keine Antwort bekomme, gehe ich zu einem Seelsorger. Ich nehme nur Ratschläge von Menschen an, die vom Geist geleitet werden, oder von Propheten. Das Leben wird sich auf eine höhere Ebene begeben. Wenn du ein Hörer bist und ein weises Herz hast, dann kann dein Leben glatt und erfolgreich sein. Meine Mutter war eine gottesfürchtige, rechtschaffene und selbstlose Frau. Ich habe viele meiner Probleme mit ihr geteilt. Ich nahm ihren Rat an, denn sie hatte eine gute Auffassungsgabe und ein gutes Urteilsvermögen. Sie war sehr mutig, die Wahrheit zu sagen. Ich habe verschiedene Freunde, die mich auf den richtigen Weg führen. Sie sind mutig und haben keine Angst, mir die Wahrheit zu sagen. Sie sind wie der Prophet Nathan, Johannes der Täufer und viele andere, die keine Angst haben. Sie werden dein Leben verschonen. Wir brauchen einen Seelsorger auf der Erde, nicht im Himmel.

Rebellische Kinder sind das Sprachrohr selbstsüchtiger Eltern. Böse Eltern benutzen Kinder gerne für ihre bösen Absichten. Bitte leiten Sie Ihre Kinder nicht in die Irre. Viele Eltern lehren ihre Kinder Falsches; sie sprechen nicht, sondern benutzen den Mund ihrer Kinder. Du siehst sie vielleicht als Familie, als Mutter, Vater, Bruder, Schwester, Ehepartner oder Freunde, aber sie können gefährlich sein. Denken Sie daran, dass derjenige, der zu Ihrem Ohr spricht, Ihnen sehr nahe steht. Vielleicht dein böser Freund, deine Familie, Ehepartner, geistliche Autorität oder irgendeine Autorität über Sie. Laufen Sie vor ihnen weg. Sie wollen in dein Haus kommen, um dich zu verfluchen und dich von Gott, deiner Familie und deinen Freunden zu trennen. Wenn du nicht die Wahrheit sagst, um dich zu segnen, ist niemand deine Familie oder dein Freund. Lies

Psalmen Kapitel 1. Gott hat ein Interesse daran, Sie zu segnen und Ihr Leben zu verschonen. Beten Sie und bitten Sie Gott, Ihnen einen guten Ratgeber zu geben, und er wird es tun.

LASST UNS BETEN

Im Namen Jesu, Herr, gib uns ein Ohr zum Hören. Hilf, Herr, durch deinen Geist guten Rat zu finden. Menschen, die in der Dunkelheit sitzen, sende ihnen den besten Ratgeber, Freund, Ältesten oder Lehrer, der sie leitet. Du bist unser Seelsorger. Tröste uns durch deine kostbaren Worte. Mache uns zu göttlichen Ratgebern für andere. Herr, schenke uns eine Generation weiser Menschen in Jesu Namen. Amen! Gott Gott segne Sie!

12 MÄRZ

DIE DOKTRIN GOTTES VS. DIE LEHRE DES MENSCHEN!

Tie Bibel spricht von den Lehren. Verschiedene Kirchen und Organisationen, konfessionelle oder nicht-konfessionelle Lehrer, haben auch verschiedene Philosophien. Wie wir wissen, muss jemand, der sich einer Konfession anschließt, deren Lehre befolgen. Baptisten, Pfingstler, Methodisten, Mormonen und Zeugen Jehovas lehren ihre Doktrinen. Auch Hindus, Muslime und andere Religionen haben ihre Lehren. Die Bibel sagt, dass Jesus, der eine Gott, der ins Fleisch gekommen ist, die wahre Lehre hat. Was ist also eine Lehre? Doktrin ist eine Unterweisung für das Leben, die Lehre einer bestimmten Religion oder etwas, das gelehrt wird. Kurz gesagt, es ist eine Lehre. In der Bibel gibt es eine spezielle Anweisung, wie man die Doktrin aufstellt. Um eine biblische Lehre aufzustellen, braucht man zwei oder mehr Bibelstellen, um eine bestimmte Lehre zu entwickeln. Man kann eine Lehre nicht aufstellen, indem man eine einzige Schriftstelle zu diesem Thema findet.

2 Korinther 13:1 Durch den Mund von zwei oder drei Zeugen wird jedes Wort bestätigt.

Deuteronomium 19:15 durch den Mund von zwei oder drei Zeugen wird die Sache bewiesen werden.

Johannes 8:17 Es steht auch in eurem Gesetz geschrieben, dass das Zeugnis von zwei Menschen wahr ist.

Die Bibel sagt, dass man nach der Lehre der Apostel und Propheten Ausschau halten muss, um die Lehre zu einem Thema oder einer Angelegenheit festzulegen, denn in

Epheser 2:20a und sind auf das Fundament der Apostel und Propheten gebaut.

Die Apostelgeschichte wurde nicht fortgesetzt, weil der Mensch eine falsche Lehre, die sogenannte Lehre, eingeführt hat. Falsche Lehre kann die Macht Gottes in seinem Wort zunichte machen.

Markus 7:13 Ihr macht das Wort Gottes unwirksam durch eure Überlieferung, die ihr überliefert habt; und vieles, was ihr tut.

Matthäus 16: 6 Da sprach Jesus zu ihnen: Gebt acht und hütet euch vor dem Sauerteig der Pharisäer und Sadduzäer 11 Wie kommt es, daß ihr nicht begreift, daß ich es euch nicht vom Brot gesagt habe, daß ihr euch

vor dem Sauerteig der Pharisäer und Sadduzäer hüten sollt? 12 Da verstanden sie, daß er ihnen sagte, sie sollten sich nicht vor dem Sauerteig des Brotes hüten, sondern vor der Lehre der Pharisäer und Sadduzäer.

Was ist Sauerteig? Sauerteig ist eine Sünde. Die Bibel sagt, dass ein kleiner Sauerteig, eine Sünde, den ganzen Klumpen verunreinigen kann. Der falsche Doktrin oder Lehre kann Böses bringen. Denken Sie daran: Tradition ist keine Lehre. Tradition ist eine von Menschen gemachte Lehre, um Menschen zu kontrollieren und Gottes Wort unwirksam zu machen.

Matthäus 15:1 Da traten zu Jesus Schriftgelehrte und Pharisäer aus Jerusalem und sprachen: 2b Warum übertreten deine Jünger die Überlieferung der Ältesten? 3 Er aber antwortete und sprach zu ihnen: Warum übertretet auch ihr das Gebot Gottes durch eure Überlieferung?

In der Bibel wird die Lehre erwähnt. Hebräer 6:2 von der Lehre von der Taufe und vom Handauflegen und von der Auferstehung der Toten und vom ewigen Gericht. Um die Lehre von der Taufe zu begründen, braucht ein Gott, der auf der Hand liegt, zwei oder mehr Schriften zum Zeugnis oder zur Unterstützung. Die Bibel braucht zwei oder mehr biblische Beweise, keine Traditionen. Seien Sie vorsichtig. Schauen wir uns die Tradition der Menschen über die Taufe an. Matthäus 28:19 Darum gehet hin und lehret alle Völker und taufet sie auf den Namen des Vaters und des Sohnes und des Heiligen Geistes: Sie werden diese Schriftstelle nirgends finden, nur einmal. Aber die Erwähnung des Namens Jesu bei der Taufe ist in der Geschichte der alten Kirche allgegenwärtig, da sie sich auf den Titel konzentriert.

Apostelgeschichte 2:38a Da sprach Petrus zu ihnen: Tut Buße und jeder von euch lasse sich taufen auf den Namen Jesu Christi zur Vergebung der Sünden,

Apg 8:16 (Denn noch war er auf keinen von ihnen gefallen: nur sie wurden auf den Namen des Herrn Jesus getauft).

Apg 10:48 Und er befahl ihnen, sich auf den Namen des Herrn taufen zu lassen.

Ich möchte, dass Sie die Taufe in der Apostelgeschichte studieren, der Geschichte einer alten Kirche. Finden Sie heraus, ob Sie der Anweisung Jesu folgen oder einer von Menschen gemachten Tradition. Hüten Sie sich vor den folgenden Irrlehren, die von falschen Lehrern und Propheten aufgestellt wurden. Die Bibel sagt, dass das Wort wirksam sein wird, wenn Sie in der Lehre Jesu bleiben. Wie kann man wissen, dass dies die richtige Lehre ist? Wenn das folgende Ereignis eintritt, befinden Sie sich in der Lehre Jesu. Wenn nicht, dann folgen Sie der Tradition.

Markus 16:17 Und diese Zeichen werden denen folgen, die glauben: In meinem Namen werden sie Teufel austreiben; sie werden mit neuen Zungen reden;18 sie werden Schlangen aufheben; und wenn sie etwas Tödliches trinken, wird es ihnen nicht schaden; sie werden Kranken die Hände auflegen, und sie werden gesund werden.

Wenn Sie der von Menschen gemachten Tradition oder der falschen Lehre folgen, wird Jesus nicht mit Ihnen arbeiten. Sie machen das Wort Gottes unwirksam. Wenn Sie den Anweisungen Jesu folgen, dann wird Jesus alles tun, was er gesagt hat.

Markus 16:20 Und sie zogen aus und predigten überall, und der Herr wirkte mit ihnen und bestätigte das Wort durch nachfolgende Zeichen. Amen.

Als ich vor Jahren begann, die Apostelgeschichte zu studieren und die Wahrheit zu lesen, erfuhr ich, wie falsche Lehrer und Propheten die Menschen in die Irre geführt hatten. Da sie keine Offenbarung von Jesus hatten, gründeten sie ihre eigenen Kirchen und Organisationen und nicht die Marke von Jesus. In Indien haben sie mich traditionell getauft. Ich sah die Taufe auf den Namen Jesus, aber da ich eine Waage in den Augen hatte, konnte ich nicht sehen. Gott sprach und sagte: "Geh und taufe. Aber der Dämon der Tradition war so stark, dass ich Schwierigkeiten hatte, der Wahrheit zu folgen. Es war eine wunderbare Erfahrung, Gottes Stimme zu hören und mich taufen zu lassen, was ich auch tat. Der Dämon der Religion hat mich überwältigt. Ich begann, die Heilige Schrift zu studieren und die Lehre Jesu zu betrachten. Es dauerte seine Zeit, bis ich von falschen Lehren und Traditionen befreit wurde. Suchen Sie die Wahrheit und seien Sie weiterhin frei. Heutzutage wissen viele falsche Lehrer und Propheten nicht, wer Jesus ist. Ohne Offenbarung haben sie verschiedene Kirchen gegründet. Es ist offensichtlich, dass menschengemachte Lehren nicht wirksam sind. Wunderheilungen und Befreiungen sind der einzige Beweis dafür, dass wir die Wahrheit haben. Verstehen Sie jetzt, warum wir viele Gebäude oder Unterkünfte haben, die Kirche genannt werden? Timotheus 3:5 Sie haben eine gottesfürchtige Gestalt, verleugnen aber ihre Kraft; von solchen wendet euch ab. Paulus sagt, wir sollen uns von der falschen Lehre und den von Menschen gemachten Traditionen abwenden. 2 Timotheus 4:3 Denn es wird die Zeit kommen, da sie die gesunde Lehre nicht ertragen werden, sondern sich nach ihren Begierden Lehrer anhäufen werden, denen die Ohren jucken; Der beratende Teufel arbeitet ununterbrochen, indem er falsch lehrt. 1 Timotheus 4:1 Der Geist spricht aber ausdrücklich, dass In der letzten Zeit werden einige vom Glauben abfallen und verführerischen Geistern und Lehren des Teufels anhängen; Haben Sie sich jemals gefragt, warum wir keine Zeichen und Wunder sehen? Warum können wir nicht blinde Augen öffnen, Dämonen austreiben, Taube hören und Lahme gehen? Warum haben wir so viele Krankenhäuser? Auch wenn Gott die Macht gegeben hat, die Kranken zu heilen. Was ist der Unterschied zwischen den Jüngern und uns? Der Herr selbst sagte, ihr könntet mehr tun. Die Antwort ist einfach: Ihr folgt der Lehre des Teufels oder der Menschen und nicht Gott.

LASST UNS BETEN

Mach, der Herr des Himmels segne uns mit seiner Lehre. Der Herr lehrt den Weg Gottes. Der Herr befreit uns von den falschen Lehrern, Propheten und Traditionen, und die Lehren des Satans. Herr, zeige uns den Weg, die Wahrheit in deinem Wort. Bitte gib uns den Mut, das zu tun, was in deinen Augen richtig ist. Herr, gib uns die wahren Lehrer und Propheten Gottes. Herr, gib uns die wahre Lehre, damit wir die Kraft Gottes im Namen Jesu erfahren. Amen! Gott segne Sie!

13 MÄRZ

LASS DIE VERLORENEN DEN WEG NACH DRAUSSEN FINDEN!

Tie Bibel ist eine wahre Geschichte über die Beziehung zwischen dem Schöpfer und seiner Schöpfung. Es ist die Geschichte eines Vaters und eines verlorenen, rebellischen Sohnes. Die Geschichte vom verlorenen Schafe. Die Geschichte von der Frau, die die Münze verlor. Sie fand sie, als sie sie suchte. Pharisäer und Schriftgelehrte waren selbstgerecht und kritisierten ständig andere. Sünder finden keine Hilfe in der Gemeinschaft der Selbstgerechten. Die Bibel spricht von den Pharisäern, der Gruppe der strengen Sekten Israels. Sie kannten Gottes Gesetze, aber sie kannten nicht den Gott des Gesetzes. Die Selbstgerechten sehen den Plan des Herrn nicht, auf die Erde zu kommen. Wir kommen nicht aufgrund unserer Selbstgerechtigkeit in den Himmel. Habt Mitleid mit den verlorenen Schafen. Betet Sie schnell für die Verlorenen in der Kirche, zu Hause und in Ihrer Umgebung. Nehmen Sie sich die Zeit, diejenigen anzurufen und zu suchen, die da draußen verloren sind. Jesus kam auf die Erde, um seine verlorene Schöpfung zu finden. Wir müssen denjenigen finden, der verloren ist. Der Kranke braucht einen Arzt. Der Tod muss auferstehen.

Unsere Aufgabe ist es, Sünder zu finden, ihnen zu helfen und sie nicht zu kritisieren. Ein wahrer Hirte ist fürsorglich und mitfühlend und wird nach den verlorenen Schafen suchen. Verlorene Schafe sind wehrlos und im Visier der Wölfe. Schafe sind Mitläufer. Wahre Hirten finden Schafe, bevor sie sie verschlingen und sich ihrer bemächtigen. Es ist wichtig, dass wir die Verlorenen im Auge behalten, um sie auf den richtigen Weg zu führen. In der Bibel heißt es in Lukas 15:7 Ich sage euch: Über einen einzigen Sünder, der Buße tut, wird im Himmel eine größere Freude sein als über neunundneunzig Gerechte, die keiner Buße bedürfen.

Lukas Kapitel 15 veranschaulicht Gottes extreme Liebe und sein Mitgefühl für seine verlorene Schöpfung. Sein Wunsch und seine Hoffnung, dass sie heil und gesund zurückkehren. Der Vater freut sich über die sichere Rückkehr des Sünders. Der Vater wartet darauf, den verlorenen Sohn zu empfangen und ein großes Fest zu feiern, wenn er Buße tut. Gott betrachtet den verlorenen Sohn als eine tote Seele.

Die Bibel sagt, es sei egal, was er getan hat: *Lukas 15:20 Und er stand auf und kam zu seinem Vater. Als er aber noch weit weg war, sah ihn sein Vater und hatte Mitleid und lief und fiel ihm um den Hals und küsste ihn.22 Der Vater aber sprach zu seinen Knechten: Bringt das beste Gewand her und zieht es ihm an und steckt ihm einen Ring an die Hand und Schuhe an die Füße.23 Und bringt das gemästete Kalb her und schlachtet es, und lasst uns essen und fröhlich sein:*

13 MARZ

Gott lehrt uns durch sein Beispiel, dass es in der Welt da draußen keinen Spaß gibt. Da draußen gibt es Not, Hunger und Fressfeinde. Du hast nur Privilegien, wenn du unter Gottes Schutz stehst. Schirm der Gnade und Barmherzigkeit. Gott hat alles für Sie bereitgestellt. Selbst wenn Sie falsche Entscheidungen getroffen haben, kümmert sich Gott um Sie. Es ist wahr: Wenn Menschen aufhören, Gott zu dienen, wird ihre Situation unglücklich und schlecht. Es gibt ein weiteres Beispiel für ein Schaf.

Lukas 15:4 Welcher Mensch unter euch, der hundert Schafe hat, lässt, wenn er eins davon verliert, nicht die neunundneunzig in der Wüste zurück und geht dem verlorenen nach, bis er es findet? 5 Und wenn er es gefunden hat, legt er es auf seine Schultern und freut sich. 6 Und wenn er heimkommt, ruft er seine Freunde und Nachbarn zusammen und spricht zu ihnen: Freut euch mit mir; denn ich habe mein Schaf gefunden, das verloren war. 7 Ich sage euch: Ebenso wird im Himmel Freude sein über einen einzigen Sünder, der Buße tut, mehr als über neunundneunzig Gerechte, die keiner Buße bedürfen.

Gott bittet uns, nach dem Verlorenen zu suchen. Wenn sie zurückkehren, nehmen Sie sie bitte an, kümmern Sie sich um sie, freuen Sie sich, tragen Sie sie auf den Schultern und feiern Sie mit ihnen. Die Menschen gehen ganz von Gott weg und kehren trostlos nach Hause zurück. Sie kehren nackt, hungrig und verletzt zurück und erleben die Illusion des Teufels. Es ist Satans Lüge, um Sie zu verführen. Eine Dame hatte zehn Stücke und verlor eines. Für eines nahm sie sich Zeit und suchte es fleißig. Als sie es fand, freute sie sich mit Freunden und Nachbarn

Lukas 15:10 Ebenso sage ich euch: Es ist Freude vor den Engeln Gottes über einen Sünder, der Buße tut. 32 Wir sollten fröhlich sein und uns freuen; denn dieser, dein Bruder, war tot und ist wieder lebendig geworden; er war verloren und ist gefunden.

Die Bibel ist die Geschichte des liebenden Vaters, der alles für dich und mich getan hat. Der Vater nahm Fleisch an und starb an unserer Stelle. Er will uns den Kummer nehmen.

Jesaja 61:3 um denen, die in Zion trauern, Schmuck für die Asche zu geben, Freudenöl für die Trauer, ein Kleid des Lobes für den Geist der Traurigkeit, damit sie Bäume der Gerechtigkeit genannt werden, die Pflanzung des HERRN, damit er verherrlicht werde.9 Und ihr Same wird bekannt werden unter den Heiden und ihre Nachkommen unter den Völkern; alle, die sie sehen, werden sie anerkennen, dass sie der Same sind, den der HERR gesegnet hat.10 Ich will mich des HERRN freuen, und meine Seele soll fröhlich sein in meinem Gott; denn er hat mich mit Kleidern des Heils bekleidet und mich mit dem Gewand der Gerechtigkeit bedeckt, wie ein Bräutigam sich schmückt und wie eine Braut sich mit ihrem Schmuck schmückt.11 Denn wie die Erde ihre Knospen hervorbringt und wie ein Garten das hervorbringt, was man in ihn gesät hat, so wird Gott, der Herr, Gerechtigkeit und Lob vor allen Völkern hervorbringen.

Keine Sünde ist so groß, kein Problem so komplex, und kein Berg ist so hoch für den Herrn. Egal, welche Art von Sünde Sie begangen haben, kehren Sie nach Hause zurück. Dein himmlischer Vater wartet mit offenen Armen, um dich zu empfangen und zu segnen. Die Engel sind da, um mit dir zu tanzen und sich zu freuen.

LASST UNS BETEN

Onser himmlischer Vater, bitte sende Arbeiter, um die Verlorenen zu suchen. Herr, wir beten für die Sünder, dass sie den Geist der Umkehr annehmen. Möge der Herr ihnen seine Licht, um ihren Weg nach Hause zu finden. Hilf uns zu fasten und dafür zu beten, dass die Verlorenen, die Rebellischen und die Sünder nach Hause zurückkehren. Herr Jesus, schenke Liebe und Mitgefühl für den, der Mitgefühl braucht. Herr Jesus, schenke uns Barmherzigkeit und Freundlichkeit. Oh, Herr Gott, lenke den Weg der Sünder zu dir in Jesu Namen. Amen! Gott segne Sie!

14 MÄRZ

WARTEN IST DER SCHLÜSSEL ZUM ERHALT DER VERHEISSUNGEN!

To warten bedeutet, an einem Ort zu bleiben, bis ein erwartetes Ereignis eintritt, durchzuhalten oder geduldig zu sein. Warten bringt Reife. Wenn du wartest, dann wirst du die volle Blüte erleben. Man wird nicht am nächsten Tag 18, wenn man Sie werden geboren. Einen Führerschein erhalten Sie erst, wenn Sie ein bestimmtes Alter erreicht haben. Öffnen Sie die Knospe nicht; warten Sie, bis sie öffnet sich.

Prediger 3:11 Er hat alles schön gemacht zu seiner Zeit: Die Wartezeit ist der Prozess der Vorbereitung und Reifung.

Die Bibel sagt,

Psalm 27:14 Harre auf den Herrn; sei getrost, er wird dein Herz stärken; harre auf den Herrn, sage ich.

Die Zeit des Wartens erfordert Mut und Geduld. Gott kümmert sich um alle Kräfte, Versuchungen und Situationen während dieser Wartezeit. Es wird inneren und äußeren Druck, Druck und Fragen geben, die auf uns einprasseln. Sie werden warten, wenn Sie den Herrn kennen. Gott wird nicht dann auftauchen, wenn Sie es wollen, aber er wird pünktlich da sein. Denken Sie daran: Gott weiß, was er tut. Sie brauchen sich keine Sorgen zu machen; Gott vergisst nie seine Versprechen. König Saul wartete auf den Priester Samuel. Samuel kam zu der von Gott festgelegten Zeit. König Saul wurde des Wartens überdrüssig und tat, was er nicht hätte tun sollen.

1 Samuel 13:7 Ein Teil der Hebräer zog über den Jordan in das Land Gad und Gilead. Saul aber war noch in Gilgal, und das ganze Volk folgte ihm zitternd nach. 8 Und er blieb sieben Tage, wie Samuel es bestimmt hatte; aber Samuel kam nicht nach Gilgal, und das Volk zerstreute sich von ihm. 9 Und Saul sprach: Bringt mir her ein Brandopfer und Dankopfer. Und er opferte das Brandopfer. 10 Und da er das Brandopfer vollendet hatte, siehe, da kam Samuel; und Saul ging heraus, ihm entgegen, daß er ihn grüßte. 11 Samuel aber sprach: Was hast du getan? Saul sprach: Weil ich sah, dass das Volk von mir zerstreut war und dass du nicht kamst in der bestimmten Zeit,

Das Warten auf Gott bestätigt Ihre Berufung. Gott ruft mit Verheißungen, wirft aber auch Zeit dazwischen. In der Zwischenzeit beobachtet er, wie Sie mit der Situation umgehen. Wie reagieren Sie auf Prüfungen und schwierige Zeiten? Sind Sie Seinen Wegen zu folgen oder von der Anweisung abzuweichen? Gott kann dir geben, was er versprochen hat. Wenn Sie versagen, wird Gott jemand anderen einsetzen, der warten und tun kann, was Gott verlangt. Denken Sie daran, dass Gott Sie interviewt. 13 Samuel aber sprach zu Saul: Du hast töricht gehandelt und das Gebot des HERRN, deines Gottes, nicht gehalten, das er dir geboten hat; denn der HERR wollte dein Königreich über Israel bestätigen für immer. 14 Nun aber wird dein Königreich nicht bestehen bleiben; denn der HERR hat sich einen Mann nach seinem Herzen gesucht, und der HERR hat ihm befohlen, daß er über sein Volk herrsche, darum daß du nicht gehalten hast, was dir der HERR geboten hat.

Gott setzte Saul als König über Gottes Volk Israel ein. König Saul hatte Angst vor den Menschen und nicht vor dem Herrn. Er sah, wie sich das Volk zerstreute. Er tat, was er nicht tun sollte. Gott entfernte König Saul, obwohl er 40 Jahre lang regierte. Gott hat ihn umgedreht und seine Familie entlassen. Verstehen Sie das? Situation, Angst, Sorge oder Umgebung sollten Sie nicht bewegen. Gott will jemanden, der auf ihn hört und ihm gehorcht, um seinen Plan zu erfüllen. Denken Sie immer daran, dass Gott Sie für seine Zwecke beruft. Werfen Sie also Ihre Pläne über Bord. Wir kennen die wahre Geschichte von Abraham. Gott versprach ihm einen Sohn. Er wartete lange, wo die Situation mit ihrem Alter ihn nicht glauben ließ. Seine Frau wurde alt, als sie nicht mehr schwanger werden konnte. Er hört auf seine Frau und bekommt einen Sohn aus einer ägyptische Magd namens Hagar. Abraham hat nicht auf die Verheißung des Herrn gewartet. Abraham kann nicht sagen: "Meine Frau. Alle Ausreden sind Lügen. Es ist alles deine Schuld und nicht deine Schuld.

Ismael war nicht der Verheißene. Er wartete nicht auf die Zeit, sondern hatte Ismael. Abraham brachte Probleme für die Zukunft. Denken Sie daran: Gott braucht Ihre Hilfe nicht, um sein Versprechen zu erfüllen.

Mose 17:6 Und ich will dich sehr fruchtbar machen und will Völker aus dir machen, und Könige sollen aus dir hervorgehen. 19 Und Gott sprach: Sara, dein Weib, soll dir einen Sohn gebären, und du sollst seinen Namen Isaak nennen; und ich will meinen Bund mit ihm aufrichten zum ewigen Bund und mit seinem Samen nach ihm.

Mose 22:17 dass ich dich segnen und deine Nachkommen mehren will wie die Sterne am Himmel und wie den Sand am Meer, und dass deine Nachkommen das Tor ihrer Feinde einnehmen sollen;

Gott ist kein Mensch, also vergisst er. Gott erinnerte mich erneut an seine Verheißungen.

Mose 17:21 Aber meinen Bund will ich mit Isaak aufrichten, den Sara dir im nächsten Jahr um diese Zeit gebären wird.

Mose 21:2 Denn Sara wurde schwanger und gebar Abraham einen Sohn in seinem Alter, zur festgesetzten Zeit, von der Gott zu ihm gesprochen hatte. 3 Und Abraham nannte den Namen seines Sohnes, der ihm geboren wurde und den Sara ihm gebar, Isaak.

Ismael war ein Fehler Abrahams, weil er nicht auf die Verheißungen wartete. In unserer Zeit tun die Menschen, was sich gut anfühlt und nicht, was richtig ist. Wir sehen junge Menschen, die tun, was sie nicht tun sollten. Sogar kleine Kinder sind von ihrer Umgebung und ihren Eltern fehlgeleitet werden. Halten Sie nicht mit den Joneses mit. Das ist ein Spiel des Feindes. Warten Sie, bis Sie das Ihre erhalten. Seien Sie nicht in Eile. Warten Sie auf den richtigen Zeitpunkt zum Autofahren, Heiraten und Arbeiten.

14 MARZ

Jesaja 40:31 Aber die auf den Herrn harren, werden neue Kraft schöpfen; sie werden auffahren mit Flügeln wie Adler; sie werden laufen und nicht müde werden, und sie werden gehen und nicht matt werden.

Gott hat uns versprochen, dass das Leben reichhaltiger sein wird. Egal, wie lange es dauert, warten Sie einfach. Die Lebensspanne auf der Erde ist zu kurz im Vergleich zur Ewigkeit. Wir sind nur für eine kurze Zeit hier. Warten Sie, er hat einen Plan, um Sie zu segnen und gedeihen zu lassen. Wie Eva und Adam in die Irre geführt wurden, so sind auch wir es. Satans Ziel ist es, Sie aus Gottes wunderbarem Plan herauszuwerfen. Ich treffe viele Nationalitäten und Kulturen von Menschen. Sie alle haben den gleichen überstürzten Geist. Eile und Eile vor Gott erzeugen Chaos, Aufruhr und Gesetzlosigkeit. Wir sehen Scheidungen, Kinder im Gefängnis, Schießereien, Morde und Depressionen als Ergebnis des Nichtwartens. Warten Sie auf Gott für alle Bitten, die Sie eingereicht haben.

LASST UNS BETEN

Der Herr schenke dir alles, was du dir wünschst. Möge Gott dich mit Glauben und Vertrauen ausstatten, damit du warten kannst! Herr, du hast den besten Plan und nicht wir. Herr, hilf uns in der Richtung zu bleiben, in die du uns führen willst. Der Herr gibt uns Mut und Kühnheit im Plan Gottes, egal was passiert um uns herum geschieht. Hilf uns, Herr, mit dir im Einklang zu sein. Es gibt eine Zeit, in der erfüllt wird, was Gott versprochen hat. Möge Gott dich reifen lassen, während du wartest. Ich bete, dass alles, was der Teufel zurückgedrängt hat, frei wird. Du findest die Geduld, um das Schicksal zu erreichen, das Jesus für Sie vorbereitet hat Name. Amen! Gott segne Sie!

15 MÄRZ

FÜNF DUMMKÖPFE, FÜNF KLUGE!

Tas Gleichnis in *Matthäus 25:1-13 handelt von zehn Jungfrauen. Fünf Narren und fünf Kluge. Sehen wir uns einige Definitionen an, bevor wir über dieses Gleichnis sprechen.*

Fünf waren töricht, gedankenlos, hirnlos, unintelligent und unvorsichtig, und fünf waren weise [weitsichtig, praktisch, kenntnisreich oder erleuchtet, mit der Fähigkeit, richtig zu unterscheiden und zu urteilen]. Der Bräutigam ist hier Jesus Christus, auf den die Braut wartet. Die Kirche bezieht sich auf eine Jungfrau oder eine Frau als Braut. Es wird der Tag kommen, an dem wir uns als Braut und Bräutigam, Jesus, begegnen werden. All diese törichten Jungfrauen gehen in die Kirche und kennen Jesus, aber Jesus kennt sie nicht. Ist das möglich? Ja, manche denken, dass der Kirchgang sie geeignet macht. Die Pflicht, die Kirche zu besuchen, macht sie nicht weise. Sie könnten Chormitglieder sein, auf der Kanzel stehen oder ein Mikrofon halten. Ist das der Grund, warum Gott Sie in das Reich Gottes berufen hat? Das Reich Gottes ist ein System wo die Kraft des Gebets mit dem Bräutigam in Verbindung steht. Es muss eine Handlung geben, bei der ein Dämon ausgetrieben wird, Kranke geheilt werden, Tote auferweckt werden, blinde Augen geöffnet werden und Ketten und Joche zerbrochen werden, wie König Jesus es uns befohlen hat, um sein Reich zu fördern. Zuerst sollten wir das Wort Gottes kennen. Benutzen Sie das Wort Gottes als Licht, das durch Ihr Leben geht. Worte, die vom Heiligen Geist ermächtigt sind, werden Gutes bewirken.

Haben Sie gelesen, was Jesus auf dem Berg gesagt hat? Selig sind die, die hungern, trauern, die Witwen besuchen, ins Gefängnis gehen, das Evangelium predigen und für andere beten. Erinnern Sie sich an all das, was Jesus und seine Jünger taten, und tun Sie es heute. Viele denken, dass es ausreicht, das Wasser abzulassen, die Kirchenmitgliedschaft zu erlangen und die Kirchenbank warm zu halten. Sie zahlen Geld an das Religionsgeschäft, um es am Laufen zu halten. Jetzt ist mein Job vorbei. Kennen Sie die fünf Narren? Ein Narr ist in einem dämonischen System beschäftigt, wird blind und hat kein Öl mehr. Sie haben ihr Öl in dem religiösen Weltsystem verbrannt. Sie vergessen, dass es einen Tag geben wird, an dem sie Jesus treffen werden und Öl brauchen und das Öl in ihrer Lampe zur Neige geht. Wer nicht genügend Öl aufbewahrt, wird als Narr bezeichnet. Bete, faste und suche Gott, damit das Öl in deiner Lampe voll ist.

Matthäus 25:1 Dann wird das Himmelreich gleich sein zehn Jungfrauen, die ihre Lampen nahmen und hinausgingen, dem Bräutigam entgegen.2 Und fünf unter ihnen waren klug und fünf töricht.3 Die törichten nahmen ihre Lampen und nahmen kein Öl mit sich.4 Die klugen aber nahmen Öl in ihren Gefäßen mit ihren Lampen.5 Während der Bräutigam blieb, schlummerten sie alle und schliefen.6 Und als Und es geschah zu Mitternacht ein Geschrei: Siehe, der Bräutigam kommt; geht ihm entgegen.7 Da standen alle Jungfrauen auf und schmückten ihre Lampen.8 Und die törichten sprachen zu den klugen: Gebt uns von eurem Öl, denn unsere Lampen sind erloschen. 9 Aber die klugen antworteten und sprachen: Nicht also, daß nicht genug da sei für uns und euch; geht vielmehr hin zu denen, die verkaufen, und kauft für euch selbst. 10 Und da sie hingingen, zu kaufen, kam der Bräutigam; und die bereit waren, gingen mit ihm hinein zur Hochzeit, und die Tür ward verschlossen. 11 Darnach kamen auch die andern Jungfrauen und sprachen: Herr, Herr, tue uns auf! 12 Er aber antwortete und sprach: Wahrlich ich sage euch: Ich kenne euch nicht. 13 So wachet nun; denn ihr wisset weder den Tag noch die Stunde, in welcher des Menschen Sohn kommen wird.

Die fünf Weisen kennen den Bräutigam und der Bräutigam kennt sie. Die Weisen haben eine Beziehung mit dem Bräutigam, Herrn Jesus. Sie sind kenntnisreich und motiviert durch den Plan von Jesus Christus. Sie wissen, dass sie der Tempel sind und nicht das Gebäude oder die Höhle. Die klugen Jungfrauen wandeln nicht ohne Ziel und Zweck auf der Erde. Weise Jungfrauen folgen Christus wirklich nach, indem sie sein Wort halten.

1 Thessalonicher 5:4 Ihr aber, liebe Brüder, seid nicht in der Finsternis, dass euch der Tag überfalle wie ein Dieb. 5 Ihr seid alle Kinder des Lichts und Kinder des Tages; wir sind nicht von der Nacht noch von der Finsternis.

Wir sehen einige Merkmale von törichten Jungfrauen. Lots Frau ist ein hervorragendes Beispiel für eine Närrin. Die Engel retteten sie, aber ihr Herz war in ihrem Reichtum. Sie schaute hinter den Ort ihres Reichtums und wurde zu einer Salzsäule. Gott hat dich aus der Welt gerettet, aber die Welt ist nicht aus dir heraus. Du bringst alle Systeme der Welt mit, um das Fleisch zu unterhalten. Wenn die Welt noch in dir ist, dann bist du dem Reich Gottes und König Jesus nicht hilfreich. Dies geschieht innerhalb des Kirchensystems, das von vielen falschen Lehrern und Propheten errichtet wurde. Einige fallen in einen Dornröschenschlaf. Einige sagen, sie seien Christen, ohne dass sich ihre Einstellung und ihr Lebensstil geändert haben. Sie denken, niemand weiß es. Sie denken, dass Gott sich nur für ihre Anwesenheit in der Kirche interessiert. Aber ich setze mich für Jesus als keusche Jungfrau ein und nicht für alle Agenden und Aktivitäten von Organisationen und Kirchen.

2 Korinther 11:2 Denn ich eifere um euch mit göttlichem Eifer; denn ich habe euch einem einzigen Mann verlobt, damit ich euch Christus als keusche Jungfrauen darstelle.

Seid einander treu und nicht den Kirchen, Organisationen und Konfessionen. Seid also vorsichtig mit allem, was ihr euch eingebrockt habt. Täuschen Sie sich nicht. Bereitet euch vor, betet, studiert und gehorcht dem Wort Gottes.

Lukas 21:34 Hütet euch aber, dass euer Herz nicht überladen wird mit Fresserei, Trunkenheit und den Sorgen dieses Lebens, so dass dieser Tag unversehens über euch kommt.

In der heutigen Zeit hat ein religiöses System Jesus Christus ersetzt und sich selbst zum König und zur Königin gemacht. Passt auf! Schauen Sie, was die Bibel sagt; prüfen Sie, was sie tun. Der Besuch der Kirche am Sonntag oder in der Wochenmitte ist keine Voraussetzung für Jesus Christus. Hat Jesus diese Art von Tagesordnung befolgt? Er hat in der Nacht gebetet, gefastet und das Wort Gottes gelehrt. Sein Herz war barmherzig gegenüber den Menschen mit gebrochenem Herzen. Er hat ihre gebrochenen Herzen geheilt. Schlummert nicht und schlaft nicht. Wacht auf. Es ist Zeit zu fasten und zu beten. Es ist Zeit, Licht in der dunklen Welt zu sein. Die Endzeit ist eine Zeit der Verfolgung. Viele verfolgte Christen brauchen Gebet und

Fürbitte für sie. Schauen Sie sich um; wie viele sind wach? Siehst du die Schwierigkeiten? Ich sehe nichts als Schwierigkeiten. Die Braut ist entschlummert. Die fünf Narren sind sich ihrer Verantwortung nicht bewusst. Sie haben kein oder nur sehr wenig Öl in ihren Lampen. Glaubt nicht, dass Gott einen Narren holt, der das Leben genießt, der isst, der sich an der Welt erfreut, der herzlos ist und keine Selbstbeherrschung hat. Sich vorzubereiten und sich vorzubereiten ist ein Prozess. Es geht nicht um Musik, Haare, Kleidung oder Schuhe. Es geht um deine Seele, deine Einstellung zu Jesus und deinen Lebensstil. Am Ende stehen die Prüfung, die Verfolgung und der Prozess.

Wir müssen von seinem Geist erfüllt sein, der Öl ist. Sein Wort muss durch uns wirken. Wir sind das Licht in der dunkelsten Zeit, die uns bevorsteht. Deshalb gibt es in der Bibel viele Warnungen, sich vorzubereiten, zu wachen und zu beten, damit man entkommen kann. Wir haben Jesus vor seiner Kreuzigung beten sehen. Es ist die Braut, die sich vorbereiten muss, nicht Jesus, der Bräutigam. Er wartet auf uns und warnt uns. Er schickt weiterhin Propheten und Prediger, um uns zu warnen. Seid bereit; haltet eure Lampe mit Öl gefüllt. Lasst sie überfließen und überlaufen. In einer Zeit wie dieser hat der Herr einen Plan für die kluge Jungfrau.

LASST UNS BETEN

Oh Herr, wir wissen nicht, wann der Bräutigam kommen wird, aber hilf uns, bereit zu sein. Hilf uns, unsere Zeit im Gebet zu beobachten. Wir müssen uns vorbereiten und helfen andere müssen ebenfalls bereit sein. Es ist unsere Aufgabe, eine authentische Lampe zu sein, die Licht spendet, damit andere den Weg sehen und finden können. Herr, du hast gesagt, du kommst, und niemand weiß, wann. Kannst du uns helfen, immer bereit zu sein? Lass uns die wissende und wahrnehmende Jungfrau sein, die andere aufweckt, damit sie vorbereitet sind. In Jesu Namen. Amen! Gott segne Sie!

16 MÄRZ

DER GERECHTE WIRD NICHT BEWEGT WERDEN!

Yie Bibel enthält über 5000 Verheißungen und gilt nur für die Gerechten. Gott gab viele Verheißungen für die Gerechten! Gerechte müssen eine Handlung daran knüpfen Geldversprechen.

Psalm 112:6 Für immer wird er sich nicht bewegen; der Gerechte wird in ewigem Gedächtnis bleiben.

Die Erde ist der vorübergehende Aufenthaltsort. Da die Schlechtigkeit zugenommen hat, beenden die Menschen ihr Leben in einem frühen Alter. Sie leben mit vielen Krankheiten und Kummer. Die Menschen haben genug Geld, um Gott und Familie zu vergessen und sich gemein zu verhalten. Sie lassen andere wissen, dass sie Geld haben und die Menschen nicht brauchen. Denken Sie daran: Geld hat Flügel. Nur Rechtschaffenheit wird sich durchsetzen. Geld mit Reinheit hat großen Schutz. Unser Gott nahm Fleisch an und tat einen großen Akt der Liebe zu uns.

2 Korinther 5:21 Denn er hat ihn zur Sünde gemacht für uns, der keine Sünde kannte, damit wir in ihm zur Gerechtigkeit Gottes gemacht werden.

Sprüche 10:30 Der Gerechte wird nie verschwinden, aber der Gottlose wird die Erde nicht bewohnen.

Was ist die Definition von "gerecht"? Rechtschaffen bedeutet prinzipientreu, untadelig, moralisch und heilig. Die Gerechten haben Zuversicht und sind tapfer. Die Gerechten tragen das Kreuz, um den Herrn in jeder Hinsicht am Werk zu sehen und gesegnet zu werden. Unser Gott ist rechtschaffen. Wenn wir seinen Wegen folgen, dann werden wir gerecht. Ein böser Plan gegen uns wird zunichte gemacht. Was ihr sät, das werdet ihr ernten. Gerechtigkeit bringt die Bedeckung von Gnade und Barmherzigkeit über die nächsten Generationen. Ihre Kinder werden für immer die Lebensmittelmarken von Gott erben. Was für eine wunderbare Gelegenheit, wenn wir rechtschaffen sind. Ich weiß, dass Hindus an Karma glauben, was gute Arbeit bedeutet. Unser Gott nimmt keine Rücksicht auf Menschen. Ich erinnere mich, dass einer meiner hinduistischen Freunde mir immer sagte: Ich habe meinen Sohn gelehrt, das Richtige zu tun. Das führte dazu, dass er von klein auf freundlich und hilfsbereit zu anderen war. Sie sagte: "Ich hatte nie genug Geld, aber mein Sohn war so gut, dass er älteren Menschen half. Die Leute gaben ihm Geld, das ihm immer geholfen hat, sein Schulgeld zu bezahlen. Ich schickte ihr Kleidung, wenn ich konnte, und die war perfekt für seine Schuluniform. Ich kannte weder die Größe noch die Farbe der Uniform. Sehen Sie, wie gut Gott ist. Ich meinte nicht, dass es sie rettete, aber die Gerechten erhalten sicherlich Segen von Gott.

Psalmen 37:25 Ich war jung und bin nun alt; aber ich habe den Gerechten nicht verlassen gesehen, und seine Nachkommen betteln nicht um Brot.

Unser Gott ist gerecht; er sieht die Menschen nicht aufgrund ihrer Hautfarbe, ihres Aussehens, ihrer Sprache, ihres Reichtums oder ihrer Religion. Du kannst Segnungen empfangen, wenn du gerecht bist. Als Gott sagte: "Ihr lehrt eure Kinder. Lehrt sie, was so der Herr sagt. Wir leben in einer Welt, in der Menschen etwas Geld bekommen und ihr hässliches G e s i c h t zeigen. Sie tun alles Böse und lehren ihre Kinder, doppelzüngig und betrügerisch zu sein. Was tun sie da? Sie bereiten die nächste Generation eines Wischers, der Schlange, vor. Diese Kinder werden eine Falle für ihre Eltern sein. Sie werden nicht auf der Erde bleiben. Sie sind auf dem Weg, Flüche zu empfangen. Bitte lehre, was vor Gott recht ist. Sie können überall auf der Welt hingehen. Seine Gnade und Barmherzigkeit wird ihnen folgen.

Wenn Sie glauben, dass Ihre Kinder sehr gebildet sind, werden sie niemanden brauchen. Wenn du sie lehrst, böse zu den Schwiegereltern oder anderen zu sein, die du nicht magst, hast du ihnen großes Unrecht getan. Denken Sie daran, dass Gott drei Kinder von Jochebed bei der Befreiung der Hebräer eingesetzt hat. Man könnte sagen, dass Mose eine große Chance verpasst hat, der nächste Pharao von Ägypten zu werden. Nein, er wusste, was in den Augen Gottes richtig war, um sich zu etablieren. Machen Sie keine Kompromisse für eine Gelegenheit auf der Erde. Die Erde gehört dem Herrn! Wenn wir uns vom Geist Gottes lehren lassen, bleiben wir rechtschaffen.

Jesaja 64:6 Aber wir sind alle wie ein unreines Ding, und alle unsere Rechte sind wie schmutzige Lumpen, und wir verwelken alle wie ein Blatt, und unsere Missetaten haben uns wie der Wind verweht.

Suchen Sie Gottes Führung in einer schwierigen Zeit. Finde Gottes Führung und Lehre. Du wirst untadelig sein und gesegnet werden. Jemand bei der Arbeit sagte mir, dass Ungerechte keine Schwierigkeiten haben, sondern eine gute Zeit. Ich glaube das nicht. Warten Sie ab und sehen Sie das Ende. König Saul wollte, dass seine Kinder auf den Thron kommen. Saul versuchte, David zu töten, aber er konnte es nicht. Es waren die Engel Gottes, die David beschützten. Ein mächtiger Krieger hätte König Saul in einer Sekunde ausgelöscht. Der Herr war treu, denn David war rechtschaffen. Er war ehrlich und legte nicht die Hand an den Gesalbten Gottes. Er kam sauber heraus und wurde der König von Israel.

2 Samuel 7:16 Dein Haus und dein Königreich sollen für immer vor dir bestehen, und dein Thron soll für immer feststehen.

Der Messias entstammt der Blutlinie Davids. Jesus ist der König für immer. David brachte seiner Generation ewige Segnungen. Der rechtschaffene Abraham, Isaak und Israel brachten großen Segen und brachten das ehrliche Volk Gottes hervor. Er erbte die besten Nationen, und aus ihnen gingen viele große Könige hervor. Wenn du den Thronsaal betrittst und den Gott Abrahams, Isaaks und Israels für dich in Anspruch nimmst, trittst du in ihren Bund ein und erbst den Segen ihrer Rechtschaffenheit. Manche Leute haben sich auf die Kanzel gestellt und gesagt, ich brauche Frieden in meinem Haus. Aber warum? Es gibt keinen Frieden im Haus. Können Sie sich vorstellen, dass ein Pastor vergessen kann, rechtschaffen zu sein? Und warum? Weil sie selbstgerecht sind.

16 MARZ

Jakobus 3:18 Und die Frucht der Gerechtigkeit wird gesät im Frieden derer, die Frieden stiften.

Gott nimmt niemanden aus. Auch Ihr Titel erfordert Gottes Gerechtigkeit. Den Titel in den Kirchen zu tragen, bedeutet nichts. Sie haben nicht die Autorität, Gottes Gerechtigkeit aufzuheben. Meine Mutter war ein Beispiel für e i n e rechtschaffene Frau. Sie war eine mutige Frau. Ich habe immer gesehen, wie sie den Dienern, die unter ihr arbeiteten, Recht getan hat. Sie hatte keine Angst vor der höheren Autorität. Sie setzt sich nicht nur für sich selbst ein, sondern für alle, die ihnen nicht helfen können. Ich glaube, meine Eltern haben uns großen Segen gebracht. Und viele haben durch sie auch Segen empfangen. Sich zu rächen, ist der Herr. Meine Mutter hat denen, die ihr geschadet haben, nie etwas angetan, sondern hat ihnen im Gegenzug Gutes getan. Sie bezeugte, dass jeder, der ihr Unrecht tat, ohne Grund starb. Der Böse ist in ein paar Tagen weg. Als Christin glaubte sie, dass es dem Herrn zusteht, Rache zu üben. Wenn du das Richtige tust, wird Gott dir alle Weisheit und Gunst schenken. Gott benutzt die Gerechten. Satan bedient sich derer, die ungerecht sind. Das Wort Gottes lehrt Rechtschaffenheit, und nicht nur das, es kann jeden verändern. Das Evangelium wird zu deinem Herzen sprechen.

Röm 1:16 Denn ich schäme mich des Evangeliums von Christus nicht; denn es ist die Kraft Gottes, die jeden rettet, der glaubt, dem Juden zuerst und auch dem Griechen. 17 Denn darin wird die Gerechtigkeit Gottes offenbart von Glauben zu Glauben, wie geschrieben steht: "Der Gerechte wird aus Glauben leben.

Die Geschichte beweist, dass die Erfolgreichsten rechtschaffen waren, nicht intelligent, talentiert oder wohlhabend. Denken Sie daran: Seien Sie rechtschaffen und lehren Sie Ihre Kinder und deren Kinder Rechtschaffenheit. Gott wird Sie und Ihre Nachkommen auf Erden segnen.

LASST UNS BETEN

Mach, unser gerechter Herr lehrt und gibt uns seine Gerechtigkeit! Lass unser Handeln in Not und Unglück richtig sein. Herr, gib uns ein weises Herz in einer Zeit der Möglichkeiten, den richtigen Weg zu wählen. Hilf uns, uns nicht von dem täuschen zu lassen, was als Erfolg erscheint. Unser Erfolg ist nur durch Gottes Gerechtigkeit möglich. So helfe der Herr, ein wunderbarer Lehrer für unsere und ihre Kinder zu sein. Möge der Herr uns eine gesunde Furcht in unseren Herzen geben, damit wir auf dem richtigen Weg bleiben, in Jesu Namen. Amen! Gott segne Sie!

17 MÄRZ

WISSEN SIE, WAS VERFÜGBAR IST?

Is Christ wird Gott zu unserem Versorger. Es gibt so viele Verheißungen, die Sie vielleicht erst noch lernen müssen. Alles, was Sie wünschen, verlangen, glauben, bitten, Anklopfen und suchen ist genau dort. Dein Vater im Himmel besitzt das Vieh auf Tausenden von Hügeln. Geh einkaufen und löse alle Versprechen in Jesu Namen ein.

Psalmen 50:10 Denn alle Tiere des Waldes sind mein und das Vieh auf tausend Hügeln.

In der Bibel ist nicht von Armut die Rede, sondern von Reichtum. Euer Gott ist reich.

Psalmen 104:24 HERR, wie vielfältig sind deine Werke! In Weisheit hast du sie alle gemacht, nd die Erde ist voll von deinen Reichtümern.

Das Volk Gottes braucht eine Karte, um diesen Schatz zu finden. Er verbirgt sich in dem Band der Bücher, der Bibel. Wir suchen überall nach Reichtum. Wir tun alles und jeden wegen des Geldes. Menschen können ihre Familien oder Verwandten für Geld töten. Jeder, den du schützen willst, ist vor deinen Verwandten, und das meine ich ernst. Es ist eine Tatsache, wie viele ihre Familienmitglieder töten, um Geld zu bekommen. Lassen Sie mich Ihnen sagen, dass alles Böse, das Sie tun, der trügerische Plan Satans ist, um Sie zu verfluchen. Haben Sie jemals den Teufel mit seinem Horn kommen sehen, um zu töten? Nein, das muss er nicht; er hat Sie, solange Sie die Lust der Augen, die Lust des Fleisches und den Stolz des Lebens haben. Die fleischliche Begierde macht dich zum Sklaven des Teufels. Sie können ein Sklave des Teufels oder ein freies Kind des Königs Jesus sein. Was würden Sie vorziehen? Die Wahl liegt bei Ihnen. Erinnern Sie sich an eine Frau namens Eva? Egal, was wir über sie sagen, wir alle sind Opfer unseres Fleisches.

Fleisch aktiviert die Sünde. Hüte dich davor, zu schauen, zu essen und zu begehren. Alles, was du willst, begehrst und ersehnst, kann ohne Gott und ohne Schwitzen sein. Wenn ich etwas brauche, bete ich und bitte Gott, es mir zu geben. Es wird zur richtigen Zeit und zum richtigen Zeitpunkt kommen. Dein Vater im Himmel weiß, was du brauchst.

Matthäus 6:8 Denn euer Vater weiß, was ihr braucht, bevor ihr ihn bittet.

Gott hat einen Weinberg zu versorgen, sagt er, Matthäus 6:33 Trachtet aber zuerst nach dem Reich Gottes und nach seiner Gerechtigkeit, so wird euch das alles zufallen.

17 MARZ

Haben Sie es verstanden? Es ist alles umsonst. Schlagen Sie Ihre Bibel auf und beginnen Sie, in seinem Weinberg zu arbeiten. Arbeiten Sie überall und jederzeit auf dem Feld des Herrn. Seien Sie ein Arbeiter im Weinberg Gottes und arbeiten Sie freudig und gerne. Werden Sie nicht eifersüchtig wenn der Arbeiter Gottes das Beste erhält. Wenn du alles haben willst, dann verlasse deine Agenda und fange an, im Weinberg zu arbeiten. Suchet Seine Gerechtigkeit. Siehst du das Zeichen +, das es hinzufügt, und die das Gegenteil von Subtraktion ist? Frieden, Schutz, Versorgung und viele Privilegien stehen Ihnen zur Verfügung.
Er hat Engel zu unserer Hilfe geschaffen.

Hebräer 1:13 Zu welchem von den Engeln aber hat er jemals gesagt: Setze dich zu meiner Rechten, bis ich deine Feinde zum Schemel deiner Füße mache? 14 Sind sie nicht alle dienstbare Geister, ausgesandt, um denen zu dienen, die Erben des Heils sein werden?

Exodus 23:20 Siehe, ich sende einen Engel vor dir her, der dich auf dem Weg bewahrt und dich an den Ort bringt, den ich bereitet habe.

Ich habe einmal ein Buch mit dem Titel "Eine Befreiung aus der Dunkelheit" von Emmanuel Eni http://www gelesen. divinerevelations.info/dreams_and_visions/delivered_ von_den_mächten_der_dunkelheit.pdf

In der Nacht, in der ich dieses Buch beendete, hatte ich das Gefühl, dass kein Teufel in der Hölle groß genug war, um mich einzuschüchtern. In dieser Nacht ging ich siegessicher zu Bett. Kurz vor Mitternacht kam etwas in mein Schlafzimmer, und ich wachte auf. Ich hörte das unheimlichste Heulen in meinem Hinter- und Seitengarten. Diese beiden Geräusche waren anders, ich hatte sie noch nie gehört oder mir eingebildet. Aber ich hatte einen unerklärlichen Frieden; ich war ruhig und furchtlos. Dann schlief ich wieder ein. Wieder wurde ich von etwas anderem geweckt und hörte andere beängstigende Schreie aus dem Seitenhof. Mein Gott hat mir unermesslichen Frieden und Schutz gegeben. Jeder, der diesen Schrei und Lärm hört, könnte einen Herzinfarkt bekommen. Ich habe die Kraft und die Salbung durch dieses Buch erfahren. Nein, die Hölle hat keine Kontrolle über dich, wenn du dem Buch namens Bibel folgst. Ich verbringe Stunden in diesem Buch, und ich bete viele Stunden lang. Ich erkenne, dass wir alles, was wir suchen, ohne Mühe bekommen können. So viele Dinge, die Sie besitzen, sind nie benutzt worden. Wenn du stirbst, kannst du es mitnehmen? Denken Sie daran, sich auf das zu konzentrieren, was für Sie und Ihre Seele am besten ist. Frage, suche und klopfe mit großer Weisheit an. Du willst nichts, was dich und deine Kinder ängstigen könnte. Weisheit ist verfügbar; fragen Sie danach.

Jakobus 1:5 Wem es an Weisheit mangelt, der frage Gott, der allen Menschen reichlich gibt und nicht geizt, und es wird ihm gegeben werden.

Weisheit ist Intelligenz, Urteilsvermögen und Besonnenheit. Bitten Sie Gott, Ihnen Weisheit für alle Angelegenheiten zu geben und sehen Sie, was passiert. Sie werden erstaunt sein. Ich bitte immer um Weisheit und Führung für alles. Führung für große und kleine Angelegenheiten. Sein Geist soll dich leiten, lehren und befähigen für die Dinge, die dich betreffen. Können Sie sich Wasser aus dem Felsen vorstellen? Die Straße im Roten Meer? Ja, das ist möglich. Denken Sie an etwas und glauben Sie daran. Nicht das Verstehen, sondern eine Blockade oder eine Verblendung des Geistes. Lesen Sie die Bibel und beten Sie für sich selbst. Es ist ein Weg, um in das Übernatürliche einzutreten. Alle übernatürlichen Dinge, die in der Vergangenheit geschehen sind, sind heute verfügbar. In der Sonntagsschule lernen die kleinen Kinder die folgenden Bibelstellen.

Markus 11:23 Denn wahrlich, ich sage euch: Wer zu diesem Berg sagt: Er soll weggenommen und ins Meer geworfen werden, und er zweifelt nicht in seinem Herzen, sondern glaubt, dass das, was er sagt, geschehen wird, der wird alles bekommen, was er sagt.

Ich habe diese wahre Geschichte über einen riesigen Berg vor ihrem Haus gehört. Kinder kamen heraus und sprachen mit den Berg in Jesu Namen zu bewegen. Eines Morgens, ein Das Kind wachte auf und sah große Lastwagen und Arbeiter bei der Arbeit. um den Berg zu beseitigen. Sie kamen praktisch heraus und sprachen mit dem Berg, indem sie an Worte glaubten. Warum sind wir so erwachsen? Ich glaube nur an den Herrn und an niemanden. Es gibt so viel, das ich mir nicht vorstellen kann. Ratet mal, was die Leute fragen sollten? Ich denke, Zufriedenheit, denn die Menschen haben zu viel. Sie genießen nicht, was sie haben, sondern sie suchen nach mehr.

1 Timotheus 6:6 Gottgefälligkeit aber und Zufriedenheit sind signifikanten Gewinn.

Eltern können nur das geben, was sie können. Aber wenn Eltern ihren Kindern beibringen, dass Gott ihnen alles geben kann, was sie wollen, wenn sie beten und in ihrem Herzen glauben. Die folgenden Bibelstellen sind mein Favorit, da sie den Reichtum des himmlischen Vaters im Übermaß zeigen.

Offenbarung 5:12 und sprachen mit lauter Stimme: Würdig ist das Lamm, das geschlachtet ist, zu empfangen Kraft und Reichtum und Weisheit und Stärke und Ehre und Herrlichkeit und Segen.

Wir können von Jesus empfangen, wenn wir an ihn glauben und ihm folgen. Er hat alles; wir müssen nicht von Land zu Land ziehen, um Wohlstand zu erlangen. Glauben Sie einfach an Jesus.

LASST UNS BETEN:

Oer Herr und Heiland Jesus, segne dein Volk mit esoterischem Wissen und Weisheit. Wir wissen, dass es für uns verfügbar ist. Wir brauchen das Herz, um zu glauben und die Kraft zum Erobern. Gib uns Weisheit, damit wir unsere Kinder die Karte von Gottes Reichtum, Weisheit und Macht lehren. Wir lehren den lebendigen und auferstandenen Jesus. Das ist unsere Pflicht. Könntest du uns helfen, das Wort Gottes genau zu kennen? Nur die Wahrheit wird für immer bleiben. Wir haben so viel zur Verfügung, also erlauben Sie die Bibel aufzuschlagen und sie in Jesu Namen zu suchen und einzufordern. Amen! Gott segne Sie!

18 MÄRZ

VERBINDEN SIE SICH WIEDER MIT GOTT!

God, hilf uns, uns wieder mit dir zu verbinden und uns vom Falschen zu lösen. Lass die Rückverbindung zum Herrn lebendig werden. Eine Verbindung ist sehr wichtig. Wenn du dich mit Gott verbindest, wird dein Problem gelöst werden. Als Adam und Eva mit Gott verbunden waren, waren sie sicher, geborgen und gesegnet. Der Teufel weiß, was Gott ist und was er für seine Schöpfung tun kann, also versucht er, uns von Gott zu trennen. Satans Agenda des Stehlens, Tötens und Zerstörens kann erfolgreich durchgesetzt werden, wenn er uns von Gott trennt. Wie Sie wissen, sagte die blutflüssige Frau in Matthäus 9:21: "Wenn ich nur sein Gewand anrühre, werde ich gesund werden. Sie wollte ganz sein, nicht nur geheilt. Ganz bedeutet, dass Körper, Geist und Seele vollständig, unversehrt und unversehrt sind. So wurde sie mit Gott verbunden, und das Blut hörte auf zu fließen.

Markus 5:29 Und sogleich sprudelte ihr Blut aus dem Brunnen und sie fühlte in ihrem Körper, dass sie von dieser Plage geheilt war.

Johannes der Täufer kam, um uns mit Gott zu verbinden. Er gab die Taufe der Umkehr. Nachdem sie Buße getan hatten, waren sie wieder mit Gott verbunden. Wir müssen uns mit Gott verbinden. Im Alten Testament waren die Propheten und Priester mit Gott verbunden. Verbinden Sie sich zuerst mit Gott, dann helfen Sie anderen. Die Verbindung ist sehr wichtig. Wenn man sich mit der falschen Gesellschaft einlässt, wird man verunreinigt. In Psalm 1 wird beschrieben, dass der Umgang mit Gottlosen, Sündern und Verächtern dich infizieren wird. Die Verbindung mit dem bösen Geist wird sich durch ihre böse Tat manifestieren. Alkohol-Dämonen würden sich gerne mit trinkenden Menschen verbinden. Zigaretten-Dämonen würden sich mit Zigaretten-Rauchern verbinden. Der Todesgeist würde Sie mit kranken Körpern in Verbindung bringen. Der Krebsdämon würde dir Krebs geben. Alle Anhaftungen zeigen, welche Art und Weise der Verbindung Sie haben. Wenn das Haus mit Termiten verbunden ist, wird es von ihnen zerstört. Wenn du dich mit einem bösen Unternehmen verbindest, wirst du zerstört werden. Der Teufel verbindet Menschen gerne mit dem Internet, mit Filmen und der Welt, um uns von Gott zu trennen. Eine Verbindung wird sich in Ihrem Verhalten zeigen. Ihr Verhalten wird zeigen, mit wem Sie sich verbinden. König Saul trennte sich wegen seiner Übertretungen von Gott.

Was ist Übertretung? Übertretung bedeutet, dass man wissentlich gegen die Gesetze Gottes verstößt. Man nennt es Verbrechen oder Rebellion. König Saul versuchte in seiner Verzweiflung mit Gott in Verbindung zu treten, aber Gott hat die Verbindung zu ihm völlig unterbrochen.

1 Samuel 28:5 Als Saul das Heer der Philister sah, fürchtete er sich, und sein Herz zitterte sehr. 6 Und als Saul den HERRN fragte, antwortete ihm der HERR nicht, weder durch Träume, noch durch Urim, noch durch Propheten.

Verbinden wir uns wieder mit Gott, wo Reichtum, Schatz, Wissen, Weisheit und Macht fließen.

Epheser 2:13 Ihr aber, die ihr einstmals fern wart, seid jetzt in Christus Jesus nahe geworden durch das Blut Christi.

Danken Sie Gott dafür, dass er uns durch sein kostbares Blut wieder mit dem Thron der Barmherzigkeit und Gnade verbunden hat. Ein Medium wie das Ouija-Brett, Hexen, Hexenmeister, Astrologen, Hellseher und Magier verbinden sich mit der Geisterwelt. Ihre Verbindung sollte nicht mit dem falschen Geist sein. Andere Geister sind falsch, außer dem Heiligen Geist. Er wird Sie mit der ganzen Wahrheit verbinden. Wie kann man sich mit Gott verbinden? Ganz einfach, erst bereuen Sie Ihre Sünden, dann taufen Sie in Jesu Namen, um Ihre Sünden abzuwaschen. Jetzt können Sie beten und mit dem Herrn sprechen, um mit Gott in Verbindung zu treten. Unser Gott, Jesus, hat ein Ohr, um zu hören, Augen, um zu sehen, und die Macht, zu helfen. Ihr Telefon kann sich mit jedem verbinden, der ein Telefon hat. Wenn Sie das Internet haben, können Sie überall auf der Welt eine Verbindung herstellen. Nicht wie beim Fernsehen, aber jetzt haben Sie die Kontrolle über die Welt. Die Sünde trennt uns von Gott und verbindet uns mit Strafe und Fluch. Kain hat seinen Bruder getötet. Deshalb verband Gott ihn mit Strafe und Fluch.

Mose 4:11 Und nun bist du verflucht von der Erde, die ihren Mund aufgetan hat, um das Blut deines Bruders von deiner Hand zu nehmen; 12 wenn du den Ackerboden bearbeitest, soll er dir hinfort nicht mehr seine Kraft geben; ein Flüchtiger und Vagabund sollst du sein auf Erden. 13 Da sagte Kain zum HERRN: Meine Strafe ist größer, als ich ertragen kann.

Denken Sie daran: Die Erde gehört dem Herrn. Wenn du dich mit dem Besitzer der Erde verbindest, verbindet sie dich mit seinem Schatz, Segen, Macht, Reichtum und Gesundheit. Alles wird dir gehören. Der Herr möchte, dass du mit ihm verbunden bist. Er sendet sein Wort; er sendet Propheten, Prediger, Pastoren und Missionare, und schließlich kommt er selbst. Er hat sein Blut gegeben. Sich mit uns zu verbinden ist der einzige Wunsch, den Gott hat.

Deshalb hat er erst 12, dann 70 Jünger ausgesandt, um sie mit ihm zu verbinden. Er wollte, dass Sie wissen, dass Sie krank sind, ein gebrochenes Herz haben, verloren sind, besessen sind, unterdrückt werden und in der Dunkelheit sitzen, weil Sie keine Verbindung zu Gott haben. Haben Sie gesehen, wie schrecklich es ist, wenn Sie die Verbindung zum Internet unterbrechen? Die Welt kann kollabieren, das Geschäft geht den Bach runter, und eine Bank wird geschlossen. So wie die Welt zusammengebrochen ist und an unheilbaren Krankheiten gestorben ist und leiden an geistig-körperlichen Krankheiten, da sie sich von Gott abgekoppelt haben. Seine letzte Botschaft nach der Auferstehung ist einfach: Geh und predige, um meine Schöpfung wieder mit mir zu verbinden.

Markus 16:15 Und er sprach zu ihnen: Gehet hin in alle Welt und predigt das Evangelium aller Kreatur. 16 Wer da glaubt und getauft wird, der wird selig werden; wer aber nicht glaubt, der wird verdammt werden. 17 Und diese Zeichen werden folgen denen, die da glauben: In meinem Namen werden sie Teufel austreiben;

sie werden mit neuen Zungen reden; 18 Sie werden Schlangen aufheben; und wenn sie etwas Tödliches trinken, wird es ihnen nicht schaden; sie werden den Kranken die Hände auflegen, und sie werden gesund werden. 20 Und sie zogen aus und predigten überall, und der Herr wirkte mit ihnen und bestätigte das Wort durch nachfolgende Zeichen. Amen! Würden Sie das Evangelium predigen, um die Menschen mit dem Schöpfer zu verbinden? Die Menschen müssen den Schöpfer kennenlernen. Er möchte der Welt von dem Plan Jesu zur Wiederverbindung erzählen. Geben Sie alles, was Jesus uns zur Verfügung gestellt hat, umsonst weiter. Ruhen Sie sich aus. Er wird sich darum kümmern. Sie brauchen sich keine Sorgen zu machen; Er ist verantwortlich. Bitte verbinden Sie sich wieder mit Gott!

LASST UNS BETEN:

Allmächtiger Gott, hilf uns, wieder mit dir in Verbindung zu treten. Bitte gib uns die richtigen Pastoren und Propheten, um uns mit unserem Schöpfer zu verbinden. Wir brauchen nicht nur eine Internetverbindung, sondern kosmische Verbindungen. Möge der Herr unsere Augen öffnen, um Satans Plan zu erkennen und zu durchschauen.Agenda, um uns von Gott zu trennen. Möge Herr uns helfen, uns von Satan und der Welt zu trennen. Herr, hilf uns, eine Verbindung durch das kostbare Blut Jesu zu finden. Unser himmlischer Vater wartet darauf, dass du dich wieder mit ihm verbindest und dich an allem erfreust, was er für dich hat, in Jesu Namen. Amen! Gott segne Sie!

19 MÄRZ

GUTES SAATGUT VS. TARA!

Kapitel 13 von Matthäus wird das Gleichnis vom Reich Gottes erzählt.

Matthäus 13:24 Ein anderes Gleichnis legte er ihnen vor und sprach: Das Himmelreich ist gleich einem Menschen, der guten Samen auf seinen Acker säte; 25 während aber die Menschen schliefen, kam sein Feind und säte Unkraut unter den Weizen und ging hin. 26 Als aber die Halme aufgingen und Frucht trugen, da erschien auch das Unkraut. 27 Da traten die Knechte des Hausherrn zu ihm und sprachen: Herr, hast du nicht guten Samen auf dein Feld gesät? Woher kommt denn das Unkraut? 28 Er sprach zu ihnen: Ein Feind hat das getan. Die Knechte sprachen zu ihm: Willst du denn, dass wir hingehen und es einsammeln? 29 Er aber sprach: Nein, auf daß ihr nicht, wenn ihr das Unkraut ausjätet, auch den Weizen mit ausrauft. 30 Laßt beides miteinander wachsen bis zur Ernte; und zur Zeit der Ernte will ich zu den Schnittern sagen: Sammelt zuerst das Unkraut und bindet es in Bündel, daß man es verbrenne; aber den Weizen sammelt mir in die Scheune.

Jesus erklärte seinen Jüngern das Gleichnis vom Weizen und der Tara.

Matthäus 13:37 Er antwortete und sprach zu ihnen: Der den guten Samen sät, ist des Menschen Sohn. 38 Der Acker ist die Welt; der gute Same sind die Kinder des Reiches; das Unkraut aber sind die Kinder des Bösen. 39 Der Feind, der es gesät hat, ist der Teufel; die Ernte ist das Ende der Welt, und die Schnitter sind die Engel. 40 Wie nun das Unkraut gesammelt und im Feuer verbrannt wird, so wird es auch am Ende dieser Welt sein. 41 Des Menschen Sohn wird seine Engel aussenden, und sie werden aus seinem Reich sammeln alles, was unrecht tut und wer Unrecht tut, 42 und werden sie in den Feuerofen werfen; da wird Heulen und Zähneknirschen sein. 43 Dann werden die Gerechten leuchten wie die Sonne im Reich ihres Vaters. Wer Ohren hat zu hören, der höre.

Haben Sie sich jemals gefragt, warum es so viele Organisationen, Nicht-Konfessionen, Konfessionen und Kirchen gibt? Gehört denn alles zu Jesus? Nein, nur gute Samen. Gutes Saatgut sind Kinder des Reiches Gottes. Gott ist ein König der Könige. Der König hat ein Reich. Satan will den König Jesus stürzen; sein Plan ist es, das Reich zu spalten, indem er falsche Lehrer und Propheten bringt. Unkraut sind die Anhänger von Irrlehrern, und es gibt viele von ihnen. Gute Samen sind die Kinder Gottes, und Tara sind die Kinder des Satans. Wenn Sie diese Werke unter verschiedenen Konfessionen sehen, verwenden Sie das Wort Gottes, indem Sie die Kinder des Satans verdrehen, verändern, hinzufügen und abziehen.

Tare kann gut reden und gut spielen. Sie fragen sich vielleicht, was der Unterschied ist. Ihre Doktrin und Lehren entsprechen nicht dem Wort Gottes. Jesus sagte, dies sind die Merkmale meines Weizens, die Kinder Gottes sind. Sie treiben den Dämon im Namen Jesu aus. Das ist das erste Zeichen dafür, ein Kind Gottes zu sein. Tare wird sagen, dass Christen keine Dämonen haben. Wirklich? Das Unkraut wird lügen. Einige Unkräuter werden lehren, dass es keine Dämonen gibt. Einige Unkräuter werden sagen, wenn man Christ wird, hat man den Heiligen Geist. Unkraut gehört zu den Organisationen oder Kirchen, die von Satan gegründet wurden, um Gottes gehorsame Kinder zu zerstören. Unkraut ist blind und taub.

In 2. Korinther 7:1 heißt es: "Reinigt euch von aller Unreinheit des Fleisches und des Geistes und vollendet die Heiligkeit in der Furcht Gottes.

Wir müssen uns von allen Geistern und fleischlichen Sünden reinigen, die an uns haften. Wir fasten, beten und gehorchen dem Wort Gottes, damit der Herr Jesus uns gebrauchen kann. Halleluja! Gott benutzt keine unreinen Menschen. Das Unkraut glaubt nicht, dass ein Dämon in ihnen, im Haus, im Büro oder gar in seiner Existenz existiert. Wie können sie sie austreiben, wenn sie nicht daran glauben? Der Dämon kann einen Dämon nicht austreiben. Das sind die Kinder Satans, die als Unkraut arbeiten. Ich treffe viele Unkräuter, die unter guten Weizensamen wachsen und arbeiten. Gott hat gute Samen in die Welt gepflanzt. Er beschränkt Gott nicht auf die Hebräer, sondern jeder, der an ihn glaubt, ist privilegiert. Das zweite Zeichen eines guten Samens ist, dass er in einer neuen Sprache spricht, genau wie am Pfingsttag. Die Gemeinde der Jünger des Neuen Testaments sprach in der himmlischen Sprache. Aber das Unkraut wird nicht an die Zungenrede glauben. Warum? Das verwirrt Satan. Satan weiß nicht, was die Kinder Gottes sprechen.

Drittens, kein Schaden für die Kinder des Königs. Unkraut wird die ganze Zeit krank sein. Beschwerden des Immunsystems, Reaktionen, Krebs, Herzinfarkt, usw. Sie haben falsche Lehren und erkennen nie, dass sie Unkraut sind. Unkraut ist ein guter Verführer, wie ihr König Satan ist. Nichts wird die guten Samen verletzen oder schädigen. Sie glauben an Streifen, um geheilt zu werden. Sie salben die Kranken mit Öl, und sie werden gesund. Das Unkraut geht in die Kirche, wo nichts geschieht. Wenn sie krank sind, hat der Teufel das Wissen, ihnen Medizin zu geben. Siehst du zwei Schlangensymbole auf einem medizinischen Schild? Satan wird ihnen nicht erlauben, sich mit Öl zu salben, so dass sie keine Heilung empfangen können. Tare wird Nahrung ohne Glauben essen. Der böse Same würde an ein tödliches Ding oder an den Schaden der Schlange glauben, sogar gute Nahrung wird dem Unkraut schaden! Das Unkraut widersetzt sich dem, was der gute Same glaubt. Ich habe keine Ahnung von Medizin, aber ich habe immer Öl dabei, salbe die Kranken und bete für sie. Tare geht in die Kirche und benutzt die Bibel, aber ihre falschen Lehrer, Propheten und Pastoren folgen der Lehre Satans. Sie verdrehen, fügen hinzu und nehmen von der Lehre des Herrn Jesus ab. Mir ist aufgefallen, dass das Unkraut starke Argumente hat, zu gut, um sie zu verletzen. Wie traurig, die antichristliche Lehre begann, als der Jünger Johannes noch lebte. Er hat uns im 1., 2. und 3. Johannesbrief gewarnt. Unkraut tut nicht. glauben, dass Jesus Jehovah war. Der eine Geist Gottes ist im Fleisch gewandelt, um Blut zu vergießen. Sünde verursacht Krankheit. Generationsflüche sind real. Die Krankheit muss in Jesu Namen verschwinden. Der Teufel wird seine Kinder durch Irreführung krank, besessen und unterdrückt halten. Das meiste Unkraut mag die Kirche. Satan hat die Broadway-Sprüche so gemacht, wie sie sind. Ihr müsst nicht umkehren. Lebt, wie ihr wollt, ihr müsst die Sünde nicht loswerden, und ihr seid nicht verpflichtet, an Gottes Lehre zu glauben. Er arbeitet hart an der Herstellung von Medizin und erforscht viel Medizin, um Gottes Heilsplan zu vereiteln. Das Unkraut, der Anhänger des Satans, verliert alles Geld, seine Zeit und seine Freude, da er immer krank ist. Satan kann nicht heilen, erlösen oder befreien. Ich las das Zeugnis eines Mannes. Er sieht eine Schlange auf einer schmalen Bergstraße, bereit zuzustechen. Der Mann fing an, in der Zunge des Heiligen Geistes zu sprechen, und die Schlange wurde verrückt. Unkraut wird nicht an die Zungenrede glauben, auch nicht an ein Zeugnis wie dieses.

Unkraut wird glauben, dass man den Heiligen Geist hat, wenn man Jesus annimmt. Nein, das tun Sie nicht. Ihr empfangt den Heiligen Geist, wenn ihr Beweise habt, die in eurer Sprache sprechen. Unkraut ist skeptisch. Das war der Grund, warum der Herr in Gleichnissen sprach. Sie sehen und hören, aber sie sehen und hören nicht.

Matthäus 13:10 Und die Jünger kamen und sprachen zu ihm: Warum redest du zu ihnen in Gleichnissen? 11 Er antwortete und sprach zu ihnen: Weil es euch gegeben ist, die Geheimnisse des Himmelreichs zu erkennen; ihnen aber ist es nicht gegeben. 12 Denn wer da hat, dem wird gegeben werden, und er wird die Fülle haben; wer aber nicht hat, von dem wird auch genommen werden. was er hat. 13 Darum rede ich zu ihnen in Gleichnissen; denn sie sehen nicht, und hören nicht, noch verstehen sie. Gott sagt, ich werde diese Kirchen gedeihen lassen, aber am Ende werde ich das Unkraut verbrennen lassen und meine Kinder, die ich Weizen nenne, als guten Samen in mein Reich nehmen.

Weizen, die Wahrheit zu predigen, Dämonen auszutreiben und das Reich Satans zu zerreißen, indem man die Kraft des Heiligen Geistes empfängt, sind die guten Samen. Bitte habt Geduld bis zum Ende. Erkennen Sie das Unkraut an seinem Unglauben und daran, dass es keine Früchte des Heiligen Geistes trägt. Glaubt an die Botschaft des Gleichnisses, bevor ihr die Erde verlasst. Jesus ist gekommen, um das Werk des Satans zu zerstören, indem er die Unterdrückten und Besessenen befreit. Er trieb Dämonen aus, heilte Kranke, öffnete blinde Augen, ließ Lahme gehen, weckte Tote auf, heilte gebrochene Herzen und leistete ganze Arbeit. Seine Jünger taten das, als sie die Kraft Gottes empfingen. Ich fühle mich schlecht, wenn ich die ganze Zeit Tare krank sehe. Aber wie Jesus sagte, können sie weder sehen noch hören, selbst wenn sie die Bibel lesen. Deshalb können sie auch nicht gegen Satan arbeiten. Und wie können sie dann den Dämon austreiben? Satan liebt die Sünde und würde dem Unkraut nicht erlauben, Buße zu tun und sich vom Fleisch zu reinigen. Denken Sie also daran, dass der Weizen der gute Samen ist, der Nachfolger von Jesus.

LASST UNS BETEN

In Jesu Namen, Herr, lege den Tropfen deines Blutes, vermischt mit dem Heiligen Geist, in unsere Augen und Ohren. Lass den Herrn aus uns Weizen machen und nicht Unkraut. Die Welt erkennt das Unkraut und klebt es um das Korn. Die Herr, bewahre den Weizen vor Schaden und Gefahr. Herr, mach uns zu guten Samen und zur Vermehrung. Lass deinen göttlichen Schutz auf dem Feld sein. Lass deine Augen über den Weizen wachen und ihn vor Schaden bewahren, in Jesu Namen. Amen! Gott segne Sie!

20 MÄRZ

WIR ARBEITEN IN DER NOT!

Cie Christen versprechen den Sieg, und das bedeutet, dass wir einen Kampf haben werden. Das Volk Gottes arbeitet in der Not. Christen arbeiten unter eifersüchtigen, neidischen, stolzen Lügnern und Kräften des Feindes. Wir sind in der Armee Gottes. Lassen wir den Herrn unseren Kampf kämpfen. Daniel hatte viele Widersacher, aber der Herr wusste, wie er den Spieß umdrehen konnte. Jesus weiß, wie er seine Kinder beschützt und schützt.Der Teufel hat es auf die wichtigsten Personen abgesehen. Er schmiedet sorgfältig Pläne gegen sie. Der Teufel beobachtet jeden Schritt der Gerechten. Aber der Glaube und das Wissen um Gott bringen dem Teufel eine Niederlage bei. Der Teufel schmiedet einen Plan der Zerstörung gegen dich, aber Gott plant dagegen, um dich mit einem Sieg durchzubringen, wenn du ihn um Hilfe anrufst. Satans Arbeiter schmiedet den besten Plan, um die Gerechten loszuwerden. Aber Gott sagt: Ich weiß, wie ich den Tisch umstürzen und umdrehen kann. Gott lässt denselben Plan gegen den Feind zu. So stirbt der Feind, ohne dass ihm geholfen wird. Ist das nicht wunderbar? In unserer Not schreien wir: Wo ist Gott? Er sieht zu und ist damit beschäftigt, den Rettungsplan zu erstellen und seinen Engeln zu befehlen, uns zu retten. Die Der Herr ist damit beschäftigt, das Maul des Löwen zu stopfen. Gott ist sehr damit beschäftigt, sich um unseren Schrei zu kümmern. Es ist nicht sichtbar, aber du wirst es wissen, wenn du Befreiung siehst. Wenn Gottes Plan in Kraft tritt, werden Sie befördert werden, und der Feind wird Sie für immer vernichten. Wir arbeiten unter widrigen Umständen.

Daniel 6:5 Da sagten sie zu den Männern: Wir werden nichts gegen diesen Daniel finden, es sei denn, wir finden etwas gegen ihn wegen des Gesetzes seines Gottes.

Also planen sie, Daniel zu vernichten.

Daniel 6:7 Alle Vorsteher des Reiches, die Statthalter, die Fürsten, die Ratsherren und die Hauptleute sind zusammengekommen, um ein königliches Gesetz aufzustellen und einen festen Beschluss zu fassen: Wer dreißig Tage lang irgendeinen Gott oder Menschen um etwas bittet, außer dich, o König, den soll man in die Löwengrube werfen.8 Und du, König, setze den Erlass fest und unterschreibe die Schrift, dass sie nicht verändert werde, nach dem Gesetz der Meder und Perser, das sich nicht ändert.11 Da versammelten sich diese Männer und fanden Daniel betend und flehend vor seinem Gott. Wahnsinn! Ihr Plan geht auf. Aber der Herr des Himmels ehrt diejenigen, die seine Gesetze ehren. Wir leben nicht für Gott, wenn es bequem ist. Wir leben für Gott in den Widrigkeiten. 15 Da versammelten sich diese Männer vor dem König und sprachen zu ihm: Du sollst wissen, o König, daß das Gesetz der Meder und Perser lautet: Es darf keine Verordnung und kein Gesetz, die der König erläßt, geändert werden. 16 Da sprach der König und sie brachten Daniel und warfen ihn in die Löwengrube. Der König aber redete und sprach zu Daniel: Dein Gott, dem du immer dienst, der wird dich erretten.

Gott reagiert auf Ihr Wort, Ihr Handeln und Ihre Haltung. Er hat keine Widrigkeiten, sondern Segnungen für diejenigen bereit, die aufrecht, unbeweglich und standhaft im Wort Gottes stehen. Wir arbeiten in der Not für Gott. Gott rettete Daniel durch die Hand seiner Engel.

Daniel 6:21 Da sagte Daniel zum König: König, lebe ewig! 22 Mein Gott hat seinen Engel gesandt und den Löwen das Maul gestopft, daß sie mir nicht wehgetan haben; denn vor ihm bin ich unschuldig gewesen, und auch vor dir, König, habe ich kein Unrecht getan.

Gott hat den Spieß gegen den Gegner umgedreht. Sein Wort wurde für immer bestätigt. Da Daniel dies wusste, tat er, was richtig war. Die Gebote Gottes sind in jeder Nation und in jeder Situation für jeden gut. Er hielt sich an das Gebot Gottes. Gott drehte den Spieß gegen den Feind um.

Daniel 6:24 Der König befahl, die Männer, die Daniel angeklagt hatten, herbeizubringen und sie mit ihren Kindern und Frauen in die Löwengrube zu werfen. Die Löwen hatten die Oberhand über sie und zerbrachen alle ihre Knochen, sobald sie auf den Grund der Grube kamen.

Der König befahl seinem Königreich und seiner Herrschaft, den Gott Daniels zu fürchten, aber nicht nur das,

28 Also ging es diesem Daniel gut in der Regierungszeit des Darius, und in der Regierungszeit von Kyros dem Perser.

Autoritätspersonen könnten gegen dich vorgehen. Nimm das Recht nicht selbst in die Hand, sondern warte auf Gott. Gott sagt, Rache zu nehmen ist mein. Er weiß, wie er die Gerechten erlösen kann. Er befreit nicht den Ungerechten. Aber auch wenn er es nicht tut, müssen wir seinen Gesetzen und Geboten treu bleiben. Gott ist gut! Die Erde braucht treue Menschen, um Gottes wunderbares Werk zu beweisen. Die Menschen in Babylon sahen immer den Löwenfresser in der Höhle. Aber sie hatten noch nie gesehen, was sie in dieser Nacht sahen. Daniel war nicht nur für ein paar Stunden dort, sondern die ganze Nacht. So sah der König die Macht Gotte\s in Babylon. sagte King,

27 Er rettet und errettet, und er tut Zeichen und Wunder im Himmel und auf Erden, der Daniel aus der Gewalt der Löwen errettet hat.

Jesus wirkte in der Not. Jesus beendete seine Mission und das, wofür er gekommen war. Satan plant, das zu zerstören, wofür Sie stehen. Der Teufel hat vor, Sie unter Stress zu setzen und zu sehen, wie Sie darauf reagieren. Geben Sie auf, geben Sie nach oder versuchen Sie, irgendwelche Kompromisse einzugehen? Adam und Eva haben die Erde dem Satan übergeben; er will nichts mit Gottes Plan auf der Erde zu tun haben. Er plante, Jesus zu kreuzigen. Jesus hat den Spieß gegen den Teufel umgedreht! Er gab sein Blut, um die Sünden der Menschheit abzuwaschen. Blut hat Leben; es ist für dein und mein Leben. Er nahm 39 Striemen für unsere Heilung. Er gab den Heiligen Geist, damit wir den Teufel austreiben können. Wir können unsere Hände auflegen, um die Kranken in Jesu Namen zu heilen. Satan will alles loswerden die für Jesus eintreten. Wir alle, die wir für Jesus stehen, werden in der Not arbeiten. Christen haben keinen rosigen Weg, aber wenn wir uns auf das Wort Gottes verlassen, werden wir den Sieg erringen. Gottesfürchtige Menschen finden Befreiung und Heilung und sehen die Toten auferstehen. Denken Sie niemals, dass auf der Erde kein Kampf stattfindet. Die Erde ist der Ort, an dem Sie einen Widersacher haben, den Teufel, der einen Plan hat, um Unheil, Schwierigkeiten, Leiden und Bedrängnisse zu bringen. Aber lerne, dich auf das Wort Gottes zu verlassen, um Befreiung und Sieg zu erlangen. Wir brauchen einen einzigen Verstand und ein einziges Herz, um uns auf das Wort Gottes und nicht auf das Problem zu konzentrieren. Wenn Gott sagt, ich bin ein Versorger, dann schaue nicht auf das, was dir fehlt, sondern sage, ich empfange seine Versorgung. Mach dir keine Sorgen über die Art der Krankheit, sondern konzentriere dich. Seine Striemen heilen mich. Alle Stürme, Krankheiten, Unterdrückung und Besessenheit wurden gekreuzigt, als Jesus an das Kreuz genagelt wurde. Keine Waffen des Gegners haben Macht über dich, wenn du auf den Herrn vertraust. Eine Gefängnistür wird sich öffnen, wenn du dich auf deinen Auftrag konzentrierst. Wir werden immer in der Not arbeiten. Denken Sie daran, dass der Teufel, der Widersacher, einen Plan hat.

1 Petrus 5:8 Seid nüchtern, seid wachsam; denn euer Widersacher, der Teufel, geht umher wie ein brüllender Löwe und sucht, wen er verschlingen kann: Der Teufel als Widersacher blockiert und hält auf. Satan hat eine Armee von gefallenen Engeln und Dämonen, die unter ihm arbeiten. Egal, wohin Sie gehen und was Sie tun, der Teufel ist hinter Ihnen her und gegen Sie. Bete und faste, wie Daniel und unser Herr Jesus es taten.

Daniel 10:13 Aber der Fürst des Königreichs Persien widerstand mir zwanzig Tage lang; aber siehe da, Michael, ein der obersten Fürsten, kamen mir zu Hilfe; und ich blieb dort bei den Königen von Persien.

Offenbarung 12:7 Und es war Krieg im Himmel: Michael und seine Engel kämpften gegen den Drachen; und der Drache kämpfte mit seinen Engeln 8 und siegte nicht, und ihre Stätte wurde nicht mehr gefunden im

Himmel. 9 Und es wurde hinausgeworfen der große Drache, die alte Schlange, die da heißt der Teufel und Satan, der den ganzen Erdkreis verführt, und wurde hinausgeworfen auf die Erde, und seine Engel wurden mit ihm hinausgeworfen.

Wir haben den Schlüssel zur Überwindung des Teufels.

Offenbarung 12:11 Und sie haben ihn überwunden durch das Blut des Lammes und durch das Wort ihres Zeugnisses und haben ihr Leben nicht geliebt bis in den Tod.

LASSET UNS BETEN:

Herr Jesus, hilf uns, den Widersacher zu überwinden. Wir wissen, dass das Kreuz das vollendete Werk des Messias ist. Herr, hilf deinem Volk, zu glauben und als Daniel zu stehen, David und andere stützten sich auf das Wort Gottes. Wir alle haben Zeugnisse und Bezeugungen, die im Wort Gottes geschrieben stehen. Wir stehen auf diesem Zeugnis und erklären, dass keine Waffe uns durch den Plan eines Widersachers terrorisieren kann, sondern wir brechen den Plan eines Widersachers und seine Macht in Jesu Namen. Amen! Gott segne Sie!

21 MÄRZ

WERDEN SIE GEWALTTÄTIG. NIMM ES MIT GEWALT!

Matthäus 11:12 Und von den Tagen Johannes des Täufers an bis jetzt erleidet das Himmelreich Gewalt, und die Gewalttätigen nehmen es an sich Kraft.

Gott sagt: Ich gebe dir den Schlüssel zum Reich Gottes. Aber ihr müsst die Kraft des Gebets und des Fastens einsetzen und das Schwert des Wortes Gottes schwingen. In dieser Welt sehen wir, dass die Ehe unsicher ist, dass Kinder verführt werden, dass getrunken, Drogen genommen, gemordet und geschossen wird, dass die Gefängnisse voll sind, usw. Gott sagte, ich gebe euch den Schlüssel, um die Kraft des Gebets und des Fastens zu nutzen, um Satan auszutreiben. Wenn ihr sie richtig einsetzt, wird der Teufel ausgeschaltet. Als Jesus ging, um den Mann zu befreien, brachte der Teufel den Sturm. Jesus beruhigt den Sturm, erreicht den von den Legionen besessenen Mann und befreit ihn. Jesus sagte: Was ich tue, kannst auch du tun. Ich gebe euch den Schlüssel; es ist das Wort, dem ihr gehorcht. Ich gebe euch die Macht über eine Schlange und einen Skorpion.

Lukas 10:19 Siehe, ich gebe euch Macht, auf Schlangen und Skorpione zu treten und über alle Gewalt des Feindes; und nichts wird euch schaden.

Gott hat Ihnen erlaubt, die Arbeit zu tun, indem er die Autoritäten in seinem Namen, Jesus, eingesetzt hat. Wenn Sie den Heiligen Geist empfangen, kommt Gott auf Sie, um Sie zu befähigen. Es ist Jesus, der durch den Gebrauch unseres Körpers Arbeit verrichtet. Ergeben Sie sich seinem Geist. Lernen Sie, zu handeln, indem Sie auf die Führung des Heiligen Geistes durch das Wort Gottes hören. Wissen ist Macht, der Schlüssel ist Wissen. Wenn Sie wissen, was Sie haben oder was Ihnen zur Verfügung steht, dann werden Sie beten, fasten und Satan und sein Vorhaben, zu töten, zu stehlen und zu zerstören, vernichten. Wenn Ihre Familie Opfer von Drogen, Alkohol, Unterdrückung, Besessenheit, Geisteskrankheiten, Krebs, Aids und allen möglichen Problemen ist, dann liegt der Schlüssel darin, die Waffenrüstung Gottes anzulegen, nicht nur durch Reden, sondern auch durch Handeln. Fasten, Beten und Praktizieren des Wortes Gottes als Rüstung funktioniert, nicht nur Lesen. Es ist der Brustpanzer der Gerechtigkeit. Wenn jemand krank ist, salben Sie ihn mit Heiligem Öl und beten Sie. Ich sehe immer einen Sieg durch die Salbung der Kranken mit Öl. Das Salben von Plätzen, Bäumen und Häusern zerstört die Arbeit Satans. Petrus war im Gefängnis, und Satan hatte vor, ihn zu töten. Aber einige Leute trugen eine Rüstung und beteten ununterbrochen, um den Plan zu vereiteln. Gott schickte den Engel und rettete Petrus. Der Gegner des Teufels hat es auf Christen abgesehen; jemand muss im Gebet gewalttätig werden und Satans Plan vereiteln. Die Idee des Teufels muss unwirksam gemacht werden. Das ist die Rüstung der Gerechtigkeit.

Apg 12:5 Petrus wurde also im Gefängnis gehalten; aber die Gemeinde betete ohne Unterlass zu Gott für ihn.

Wir müssen dasselbe tun. Reden Sie nicht über die Situation, sondern beten Sie gegen die Situation.

Apg 12:7 Und siehe, der Engel des Herrn kam auf ihn zu, und ein Licht leuchtete im Gefängnis; und er schlug Petrus in die Seite und richtete ihn auf und sprach: Steh schnell auf! Und die Ketten fielen ihm von den Händen. 8 Und der Engel sprach zu ihm: Gürte dich und binde deine Schuhe an! Und er tat es. Und er spricht zu ihm: Wirf dein Gewand um dich und folge mir nach! 9 Und er ging hinaus und folgte ihm nach;

Einige wurden dem Satan gegenüber gewalttätig und holten Petrus aus dem Gefängnis. Werde gewalttätig im Gebet. Schreien Sie, wehen Sie. Weinen und trauern Sie mit geschlossenem Mund? Haben Sie schon einmal eine Frau gesehen, die schweigend ein Kind zur Welt bringt? Kannst du sie bitten, still zu sein? Der Teufel will, dass du schreist, während du das Fleisch unterhältst. Aber in der Kirche soll man schweigen. Wer hat gesagt, ihr sollt schweigen? Satan ist trügerisch und verführt diejenigen, die sich gerne täuschen lassen. Ich mag es nicht besonders, getäuscht zu werden, und ich mag es nicht besonders, an Orte zu gehen, an denen tote Menschen auf den Kirchenbänken sitzen. Wo immer ich hingehe, treibe ich den Teufel aus, heile die Kranken und bete laut. Ich bin nicht tot. Ein Jünger hat geschrien, als er den Heiligen Geist empfangen hat. Es ist die Kraft der Lebenden und nicht die der Toten. Hat Jesus sie gebeten, den Mund zu halten? Nein, er öffnete seinen Mund und sprach. Natürlich können die geistlich Toten nicht schreien. Das verstehen Sie doch, oder?

Jesus sagte: Lukas 22:31 Und der Herr sprach: Simon, Simon, siehe, der Satan hat dich begehrt, dass er dich wie Weizen sieben möge; 32 ich aber habe für dich gebetet, dass dein Glaube und wenn du dich bekehrt hast, stärke deine Brüder.

Beten Sie, wenn Satan jemanden durchsucht? Satan hat versucht, ein Familienmitglied zu töten, und ich habe gebetet, um zu verhindern, dass sie getötet wird. Ich habe sie aus dem Mund des Satans herausgeholt. Ich hatte eine Vision von einer Hexe. Sie nahm mit dem Dämon Kontakt auf, um mein Familienmitglied zu vernichten. Ich sah sie in einer Vision und befahl ihr, zu ihr zurückzukehren. Alle Dämonen gingen in ihren Körper. Legen Sie sich nicht mit gottesfürchtigen, rechtschaffenen Heiligen an. Sie wissen, wie man mit Satan und seiner Armee im geistlichen Bereich umgeht. Wachen und Beten bedeutet, sich der geistigen Welt bewusst zu sein und dem Teufel zu befehlen, die Finger davon zu lassen. Ich binde dich in Jesu Namen und breche deine Macht. Einmal hörte ich die Hölle schreien, als ich den Geist band, der mir auf die Füße fiel und seine Macht brach. Jesus sagte, wenn du in das Haus eines starken Mannes gehst, was Satan ist, binde ihn, damit du ihn zerstören kannst. Ich binde Satan zuerst und vereitle dann seinen Plan des Stehlens und Tötens. Lass den Heiligen Geist und die Engel frei. Jesus ging hin, um den Mann zu befreien, der eine Legion in seinem Körper hatte. Der Teufel ist der Fürst der Lüfte, der den Sturm zum Stillstand brachte. Jesus beruhigt den Sturm, indem er zu ihm spricht. Befiehl dem Sturm und dem tosenden Wasser der Schwierigkeiten und Prüfungen. Sprich zu dem Berg der Schwierigkeiten; verschwinde. Werde gewalttätig. Jesus nahm ihn mit Gewalt. Der Herr Jesus befreite den Mann. Verstehen Sie, beten Sie, bis Sie das Ergebnis sehen. Es gab eine Zeit, in der die Kinder einer nahen Familie in Schwierigkeiten waren. Ich sah, dass sie Opfer waren von ihre

Mutter, die sich zu sehr um ihre Familie kümmerte. Indem sie die Kinder in die Familie mütterlicherseits schickte, hätte sie ihr Geld dazu verwendet, ihre Eltern und Geschwister zu unterstützen. Aber die Kinder waren die Opfer der Pläne Satans. Ich machte mir Sorgen um die Kinder. Gott sagte in der Nacht: Du betest, bis die Sonne aufgeht. Das tat ich. Der Herr rettete die Kinder vor Satans Plan. Ihre Mutter verzauberte ihre Tochter, um die Kinder zu ihrer Mutter zu schicken. Die Familienmitglieder zu bezaubern bedeutet, aus eigennützigen Gründen einen Vorteil zu erlangen.

Römer 14:17 Denn das Reich Gottes ist nicht Speise und Trank, sondern Gerechtigkeit und Friede und Freude in dem Heiligen Geist. Haben Sie schon einmal gehört, dass einige Kirchen über das Essen und das Programm sprechen und nicht über Heilung und Befreiung? Das ist einigen religiösen Kirchen fremd. Stattdessen loben sie das angenehme Mittagessen oder das Huhn. Nun, die Arbeit des Reiches Gottes besteht darin, Satan zu vernichten und das Opfer zu retten. Haben Sie schon Kirchen gesehen, die schreien und Blut schwitzen wie Jesus? Meine Güte, wenn wir das tun, dann wird ein Engel herunterkommen.

Lukas 22:43 Und es erschien ihm ein Engel vom Himmel und stärkte ihn. Denken Sie daran, dass der Herr und seine Jünger die Neubekehrten ausgebildet haben. Sie gewannen durch den Schlüssel namens Wahrheit. Die Wahrheit ist der Schlüssel zur Befreiung. Der Teufel hat den Schlüssel namens Wahrheit gestohlen. Bitte suchen Sie nach dem Schlüssel namens Wahrheit und werden Sie gewalttätig gegen den Drogendämon, erschießen und töten Sie den Dämon, den Krebsdämon, den Depressionsdämon, verraten Sie Menschen aus seiner Hand. Beten Sie mit der Zunge, beten Sie mit dem Wort Gottes, beten Sie mit Fasten. Schließt euch der Armee an und tut, was das Wort sagt.

Matthäus 6:33 Trachtet aber zuerst nach dem Reich Gottes und nach seiner Gerechtigkeit, so wird euch dies alles zugerechnet werden.

Suchst du das Reich Gottes zuerst, zuletzt oder wann immer du Zeit hast? Weinen Sie nicht, wenn Ihre Kinder im Gefängnis sind. Sie sind drogenabhängig, geisteskrank und krank. Halten Sie den Feind fern, indem Sie im Gebet wachen. Die Aufgabe besteht darin, immer zu beten und Gott Opfer für die Sünden der Kinder zu bringen. Als sie die Welt verließen, bedeckte er sie mit Gebet. Das Gebet wird Ihre Kinder schützen. Suchen Sie die Gemeinschaft, wo sie wie Jesus den Satan kennen. Sie können den Dämon austreiben, Kranke heilen und Tote auferwecken. Predigen Sie nicht nur Liebe. Hören Sie nicht auf Satans trügerische Programme. Was ist heute geschehen? Keiner kennt den Teufel und seine Armee. Lernen Sie, einzudringen und zu zerstören, bevor Satan zerstört. Viele sind hinter Gittern, enthauptet und getötet, heute und später. Werdet gewalttätig und nehmt Satan die Hand von Gottes Volk. Beseitigen Sie sie mit Gewalt.

LASSET UNS BETEN:

In Jesu Namen, gib uns heilige Kühnheit. Bitte gib uns den Schlüssel zu deiner Wahrheit. Gib uns das Schwert, um dem Teufel den Kopf abzuschlagen, denn er schlägt viele Köpfe ab. Herr, hilf uns zu fasten und zu beten, wie es dein Wort sagt. Wir wollen dem Bösen entkommen, wachen und beten. Herr, du hast gebetet, bevor du ans Kreuz gegangen bist, und der Engel hat dir Kraft gegeben. Bitte hilf uns zu beten, bis sich die Gefängnistür öffnet, Medikamente sind out, und der Krebs verschwindet. In Jesu Namen brechen wir dem Satan das Genick. Amen! Gott segne Sie!

22 MÄRZ

RUINIEREN SIE NICHT MEINEN RUF!

Proverbs 23:7a 7 Denn wie er in seinem Herzen denkt, so ist er: Iss und trink, sagt er zu dir; aber sein Herz ist nicht bei dir.

Wie der Vater, so der Sohn, ja, das ist wahr. Der Nachname des Vaters kann über die Geschichte eines Menschen Auskunft geben. Eltern werden ihren Kindern sagen, dass sie ihren Namen nicht ruinieren sollen. Bitte ruinieren Sie nicht den Ruf meines Landes. Wir sind so vorsichtig mit unserer Bedeutung; Gott ist es auch. Wir können Herrn Jesus als Gott die Ehre geben oder seine Glaubwürdigkeit auf Erden ruinieren. Die Bibel sagt in Sprichwort 23:7a, dass der Mann, der genau das denkt, was er ist. Man denkt böse, wenn man böse ist. Keiner glaubt, dass der Denker verrückt ist. Wir, die Christen, kennen unseren Gott, wir vertreten Jesus Christus. Es kommt darauf an, wie der Mensch Gott versteht und wie er ihn beschreibt. Entweder veröffentlicht man seinen Namen wie eine Frau, die 12 Jahre lang ein Problem hatte. Herr, wer hat die die Macht, Aussätzige zu reinigen und blinde Augen zu öffnen. Oder man sagt einfach, ich weiß nicht, was der Herr ist. Man kann sich auch beschweren, murmeln oder ihm nicht geben, was dem Herrn zusteht.

Gott tat ein gewaltiges Wunder unter den Ägyptern, so dass sie sich vor dem Gott der Hebräer fürchteten. Die Hebräer gaben Gott die Ehre, als sie den Untergang Ägyptens sahen. Die Hebräer sahen Gott in Aktion und empfingen Wohltaten, aber sie beklagten sich und murrten auf dem Weg.

Numeri 14:2 Da murrten alle Israeliten gegen Mose und Aaron, und die ganze Gemeinde sagte zu ihnen: Hätten wir doch in Ägypten sterben können! oder hätten wir doch in dieser Wüste sterben können!

Gott ist der Versorger; er hat ihnen Manna gegeben. Die Menschen bekamen die Nahrung der Engel, anstatt dankbar zu sein und auf das zu hören, was sie sagten.

Mose 16:3 Die Israeliten sagten zu ihnen: Ich wünschte, wir wären durch die Hand des Herrn in Ägypten gestorben, als wir bei den Fleischtöpfen saßen und uns am Brot satt aßen; denn ihr habt uns in diese Wüste geführt, um diese ganze Gemeinde vor Hunger zu töten.

Klagen und Murren können den Ruf Gottes ruinieren. Dein rechtschaffenes Verhalten lädt Gottes Segen ein. Ein Mann der Legion gab Gott Anerkennung und Ehre für das mächtige Werk. Er war frei von Schnitten, Schreien und Qualen durch Satan. Wie traurig und entsetzlich, die Situation zu sehen. Als Jesus den Mann befreit hatte,

Lukas 8:39b Und er ging hin und verkündete in der ganzen Stadt, was für große Dinge Jesus an ihm getan hatte.

Ehre, wem Ehre gebührt. Das ganze Dorf war begierig, Jesus zu empfangen.

Lukas 8:40 Und es begab sich: Als Jesus zurückkam, nahm ihn das Volk gern auf; denn sie warteten alle auf ihn.

Hebräer 13:8 Jesus Christus, derselbe gestern und heute und in Ewigkeit.

Wenn Jesus derselbe ist, was und wo liegt dann das Problem? Wir sind das Problem. Wir wollen uns nicht nach seinem Gebot richten. Wir weigern uns, seinen heiligen Namen zu verehren, indem wir an alles glauben und ihm vertrauen. Du kannst Sein Wort ruinieren oder höher als den Himmel erheben. Was tun Sie? Wenn Sie Ihr Wunder erhalten, bezeugen Sie es, geben Sie Gott die Ehre und erheben Sie Ihn hoch.

Psalmen 78:56 Und doch haben sie den höchsten Gott versucht und gereizt und seine Zeugnisse nicht gehalten:

Ich habe ein Buch mit dem Titel "I did it His Way" geschrieben, um Ihm die Ehre zu geben. Jedes Zeugnis in diesem Buch gibt Gott die Ehre. Niemandem außer dem Herrn! Der Jünger ging hinaus und bezeugte den Namen Jesu, aber das verärgerte die Priester und den Hohepriester.

Apg 4:18 Und sie riefen sie und befahlen ihnen, im Namen Jesu weder zu reden noch zu lehren.

Ein Wunder, das im Namen von Jesus geschah, war so groß. Die Menschen begannen, an Jesus zu glauben. Aber die israelischen Führer sagten, Jesus sei ein Dieb, ein Betrüger und der Sohn von Josef und Maria. Die Jünger Jesu wollten nicht zulassen, dass sein Name in den Schmutz gezogen wird. Sie wussten, dass Jesus ein Messias war.

In Apostelgeschichte 5:28 steht: Haben wir euch nicht streng geboten, dass ihr nicht in diesem Namen lehren sollt? Und siehe, ihr habt Jerusalem mit eurer Lehre erfüllt und wollt das Blut dieses Menschen über uns bringen.

Apg 3:14 Ihr aber habt den Heiligen und Gerechten verleugnet und wolltet, dass euch ein Mörder gewährt werde;

Sie haben den Herrn Jesus verleugnet und ermordet. Wenn du dich als Christ bezeichnest, dann lebe ein heiliges, reines Leben. Lebe rechtschaffen hinter der geschlossenen Tür. Denke heilig in der Kammer deines Geistes. Der Teufel würde es nicht wagen, den Namen Jesu zu verderben. Der Dämon sprach zu Jesus.

Markus 1:24 sagt: Lass uns in Ruhe; was haben wir mit dir zu schaffen, du Jesus von Nazareth? bist du gekommen, uns zu vernichten? Ich kenne dich, wer du bist, der Heilige Gottes.

Hören Sie auf zwei Zeugen, die Gott die Ehre gaben.

Lukas 24:19 Und er sprach zu ihnen: Was ist das? Sie aber sprachen zu ihm: Von Jesus von Nazareth, der ein Prophet war, mächtig in Tat und Wort vor Gott und allem Volk:

Was bezeugen Sie über Jesus? Beschweren Sie sich oder bezeugen, dass er mich von meinem Krankenbett auferweckt hat? Sagen Sie, nein, Jesus kann es nicht, oder bekennen Sie, dass es mich heilen wird, wenn ich das Gewand seines Schinkens berühre? Lassen Sie die Menschen wissen, dass ich durch den Schatten von Petrus, Jesus oder Paulus geheilt bin? Sie wissen, dass Ihr Leben über Jesus spricht, nicht Ihre Zunge. Ihr Leben kann den Namen des Herrn Jesus ruinieren oder erhöhen. Sie haben einen Glaubensfaktor, der für oder gegen Jesus spricht. Eine Zunge kann viel sagen, aber das Leben kann viel mehr sagen. 12 Jünger und dann 70 redeten nicht, sondern zeigten den Namen Jesu. Sie sagten: In deinem Namen sind die Dämonen unterworfen. Kannst du in deinem Namen sagen, dass Dämonen unterworfen sind, oder sie als Schizophrenie, bipolar, ADS, ADHS oder PTBS bezeichnen? Ruinieren Sie nicht den Namen Jesu. Der Herr Jesus wurde Zeuge, wie ein Mann sagte: "Diesen Glauben habe ich in Israel noch nie gesehen. Wie steht es mit Ihnen? Ist Ihr Glaube erhoben, oder weiß niemand, dass Jesus das Unmögliche möglich machen kann? Sein eigenes Dorf hat den Namen Jesu ruiniert. Die Ungläubigen ruinierten die Glaubwürdigkeit des Herrn Jesus.

Matthäus 13:58 Und wegen ihres Unglaubens tat er dort nicht viele mächtige Werke.

Wundert sich Gott Jesus über Ihren Glauben? Ist die Bibel überhaupt glaubwürdig oder haben Sie sie ruiniert? Hat jemals jemand an Ihre Tür geklopft, um etwas über den Heiler Jesus, über Ihren Befreier zu erfahren? Oder bezeugt, dass ich nie so sein will wie sie? Mein Telefon klingelt. Ich erhalte den ganzen Tag und die ganze Nacht Textnachrichten mit Gebetsanliegen. Sie bitten mich, für die Situation zu beten und mich über Jesus zu unterrichten. Er hat mich gebeten zu beten für andere. Es ist wie ein geschäftiges Leben, das den Namen Jesu hochhält. Ich möchte, dass sein Name gesegnet wird, dass er höher als der Himmel erhoben wird und dass er verherrlicht wird. Gott verlässt sich auf mich, denn er hat gesagt, ich solle in diese Welt gehen und das Evangelium verkünden, indem ich Dämonen austreibe und Kranke heile. Das Wort Gottes, vermischt mit dem Glauben, verschafft Gott Lob und Respekt und errichtet das Reich Jesu. Die Verkündigung des Evangeliums ohne Glauben, Zeichen und Wunder ruiniert den Namen Jesu. Es ist kraftlos, geschmacklos und ohne Glaubwürdigkeit. Machen Sie es so, wie der Herr gesagt hat, folgen Sie ihm allein

LASSET UNS BETEN:

Im Namen Jesu, bitte hilf uns, dir alle Ehre zu geben, indem wir das Zeichen und das Wunder unter den Kranken in der dunklen Welt tun. Viele haben deinen Namen ruiniert, indem sie nicht die Wahrheit gezeigt haben. Aber Herr, dies ist unsere Zeit, dir alle Ehre zu geben, indem wir unseren Glauben an dich und nur an dich halten. Gott hat alle Macht, also lass uns der Verbreiter sein und verkünden, dass wir heilen und Gefangene befreien. Lass deinen Namen niemals unser Leben durch falsche Überzeugungen ruinieren. Du hast es gesagt und gemeint, also lass uns die Empfänger des Segens sein. Dein Name wird gesegnet, indem du die Kranken heilst und die Unterdrückten und Besessenen befreist. In Jesus' Name. Amen! Gott segne Sie!

23 MÄRZ

OHNE SALBUNG KANNST DU NICHTS TUN!

Was ist Salbung? Einreiben oder Einschmieren mit Öl oder Parfüm. Saul, David und Salomo wurden gesalbt, bevor sie das Amt des Königs antraten. Der Priester salbt sie auf Gottes Geheiß. Der Geist Gottes befähigt sie, das ihnen zugewiesene Amt auszuüben.

1 Samuel 16:13a Da nahm Samuel das Ölhorn und salbte ihn mitten unter seinen Brüdern; und der Geist des Herrn kam auf David von dem Tag an.

Das Fleisch ist ohne den Geist machtlos. Vor allem, wenn der Heilige Geist in Ihnen einen bedeutenden Unterschied macht. Der Geist Gottes kommt, wenn Sie die Person mit Öl salben.

In Sacharja 4:6b heißt es: "Nicht durch Macht noch durch Kraft, sondern durch meinen Geist, spricht der Herr der Heerscharen.

Gott hat den Herrn Jesus gesalbt.

Apostelgeschichte 10:38 38 Wie Gott Jesus von Nazareth gesalbt hat mit dem Heiligen Geist und mit Kraft; der ging umher und tat Gutes und heilte alle, die vom Teufel geplagt waren; denn Gott war mit ihm.

Jes 61:1 Der Geist Gottes, des Herrn, ruht auf mir; denn der Herr hat mich gesalbt, damit ich den Sanftmütigen eine frohe Botschaft verkünde; er hat mich gesandt, damit ich die zerbrochenen Herzen verbinde und den Gefangenen die Freiheit verkünde und mich jeden Tag salbe. Wenn ich hinausgehe und einen Dämon austreibe, werden sie zerbrechen.

Warum salben wir Kranke mit gesegnetem Öl? Die Salbung mit Öl bedeutet den Heiligen Geist. Wenn man salbt, zerbricht der Geist Gottes das Joch und die Ketten des Satans. Wenn jemand krank ist, salben Sie ihn bitte mit gesegnetem heiligen Öl und beten Sie über ihm. Der Dämon des Fiebers und der Krankheit wird sich lösen. Die Salbung hat die Kraft, Gottes Arbeit zu tun. Die Salbung bricht das Joch. Was ist ein Joch? Ein Joch ist eine Fessel oder eine Last, die der Teufel jedem Lebewesen auferlegt. Zum Beispiel werden uns alle Arten von Krankheiten, Depressionen, ADS, ADHS, PTBS, Krebs, Schizophrenie, Bipolarität und andere Krankheiten vom Teufel auferlegt, die man Joch nennt. Wenn du gottloses Verhalten siehst, dann erkenne, dass etwas nicht richtig ist. Gott nahm Fleisch an und kam herab, um die Gefangenen zu befreien. Gott brachte die Freiheit zurück, die wir im Garten Eden verloren hatten. Ungehorsam und Rebellion sind unsere

Probleme, nicht die des Teufels. Indem Sie Gott nicht gehorchen, geben Sie Satan ein legales Recht. Satan stiehlt Sie dann von Ihrem Schöpfer, Jesus Christus, und tötet und vernichtet Sie in der Hölle. Wir bringen uns selbst unter der Knechtschaft, Last und Kette der Finsternis, indem wir Gottes Gebote, Gesetze und Satzungen gebrochen haben. Jetzt sind wir Satans Sklaven. Denken Sie daran, dass Gottes geschriebenes Wort seine Stimme ist. Gott sagte, ich habe dir einen einfachen Ausweg gegeben. Würdest du ihm glauben und ihn tun? Ich würde es tun. Ja, es ist einfach, man muss nur glauben und es tun. Die Bibel sagt:

Jes 10:27 An jenem Tag wird seine Last von deiner Schulter und sein Joch von deinem Hals genommen werden, und das Joch wird durch die Salbung vernichtet werden.

Die Salbung vernichtet das Joch. Was bedeutet das? Wenn es einmal zerstört ist, kann es nicht wieder zusammengefügt werden. Amen! Es ist ganz einfach: Salben Sie sich regelmäßig mit gesegnetem Olivenöl. Ich tue es, weil der Teufel ständig versucht, uns mit verschiedenen Taktiken zu zerstören. Wie und womit kann man salben? Mit gesegnetem Olivenöl. Salben Sie sich selbst, Ihr Haus, Ihre Kleidung und Ihre Schuhe. Salben Sie Ihre Arbeit, Ihr Büro, Ihre Kinder und die Umgebung Ihres Hauses. Gehen Sie in die Stadt, um zu salben. Salben Sie Bäume, Wasser, Straßen und Märkte. Du wirst den Unterschied sehen. Alle Dämonen werden fliehen, und ihre Werke werden zerstört. Geht hinaus und salbt die Kranken, und sie werden geheilt werden.

Markus 6:13 Und sie trieben viele Teufel aus und salbten viele Kranke mit Öl und machten sie gesund.

Praktiziere das Wort Gottes, um das Wunder zu sehen. Suchen Sie Gott durch das Buch namens Bibel und nichts anderes. Suchen Sie Ihn. Lassen Sie mich erzählen, was geschah, als ich mit gesegnetem Öl gesalbt wurde. Einmal hat Gott mich gebeten, die öffentlichen Schulen zu salben, und das habe ich getan. In einer Schule sah ich die Frucht auf dem Schulgelände. Also goss ich Salböl darüber, und aus der kleinen Frucht kam Feuer, was mich erschreckte. Das hatte ich nicht erwartet. Die Leute können Woodoo, Hexerei und schwarze Magie betreiben und Sachen herumliegen lassen. Aber wenn wir salben, werden wir sehen, wie Gottes Macht gegen die Macht der Finsternis wirkt. Denken Sie daran, dass dies ein Kampf ist. Befolgen Sie Gottes Weisungen als Anweisungen, nicht als Vorschläge. Gott weiß, wovon er spricht. Einmal bat mich eine Frau, für ihr Haus zu beten und es zu salben. Sie beklagte sich über die Depressionen ihres Mannes, seit er aus dem Krieg zurückgekehrt war. Ich konnte nicht für ihn beten, da er nicht anwesend war. Sie dachte daran, ihn zu salben, wenn er schlief. Als sie etwas gesalbtes Öl über ihn goss, sah sie ein seltsames Verhalten. Nachdem sie ihm das Öl auf den Kopf gegossen hatte, setzte er sich auf das Bett, begann zu bellen und schlief wieder ein. Das erschreckte sie. Da es schon spät in der Nacht war, konnte sie niemanden um Hilfe bitten. Am Morgen erzählte sie ihrem Mann, was er in der Nacht getan hatte, als sie ihn gesalbt hatte. Er sagte, er wisse es nicht. Aber natürlich nicht. Es war der Dämon, der auftauchte. Nach der Salbung verließ ihn der depressive Dämon. Würden Sie Ihre Familie salben, während sie schläft? Beobachten Sie, was passiert.

Jakobus 5:14 Ist jemand unter euch krank? Dann soll er die Ältesten der Gemeinde rufen, und sie sollen über ihm beten, und salbt ihn mit Öl im Namen des Herrn. 15 Und das Gebet des Glaubens wird den Kranken retten, und der Herr wird ihn aufrichten; und wenn er Sünden begangen hat, werden sie ihm vergeben.

Halleluja! Das Doppelte für die Mühe.

Psalm 45:7 Du liebst die Gerechtigkeit und haßt die Bosheit; darum hat dich Gott, dein Gott, mit dem Öl der Freude gesalbt vor deinen Mitmenschen.

Die Salbung wird die Tür des Teufels versperren und seine Macht brechen. Ich praktiziere das Wort Gottes. Ich lehre, wen Gott mir die Gelegenheit dazu gibt. Ich lehre sie zu salben und gebe ihnen immer geweihtes Öl. Wenn sie kranke, besessene und unterdrückte Menschen salben, höre ich den hervorragenden Bericht von Heilung und Befreiung. Übe das Wort. Es ist einfach. Machen Sie es nicht kompliziert, indem Sie Ihren Senf dazugeben. Glaube und gehorche. Tun Sie es weiterhin. Handlungen, die für Gottes Werk notwendig sind. Ich salbe Papierarbeiten und alles, was mich betrifft. Ich habe sogar das Auto, Fotos von Menschen und entführten Kindern gesalbt.

Praktiziere die Wahrheit und lehre diese Generation und die Generationen danach. Die Religion hat uns nicht beeinflusst, aber die Wahrheit wird uns frei machen.

Psalm 92:10 Aber mein Horn sollst du erhöhen wie das Horn eines Einhorns: Ich werde mit frischem Öl gesalbt werden.

Bitte salbe dich mit gesegnetem Olivenöl.

Johannes 8:31 Da sprach Jesus zu den Juden, die an ihn glaubten: Wenn ihr in meinem Wort bleibt, so seid ihr wirklich meine Jünger; 32 und ihr werdet die Wahrheit erkennen, und die Wahrheit wird euch frei machen.

Die Freiheit liegt in der Wahrheit und nicht in der Religion. Bitte salben Sie mit dem Heiligen Öl.

LASST UNS BETEN

Herr Jesus, wir kommen vor deinen Altar, den Altar der Barmherzigkeit. Bitte vergib uns alle unsere Sünden. Lass unsere Sünden unter dem kostbaren, reinigenden Blut Jesu Christi sein. Wir haben dich gebeten, die Ketten, Fesseln und das Joch zu brechen, das Satan über unsere Kinder und uns gelegt hat. Fesseln von Krankheiten, Geisteskrankheiten, dämonischer Unterdrückung, Besessenheit, hohem und niedrigem B. P, Diabetes, Fieber, alle Krebsarten und Alpträume, wir treten ihnen im Namen Jesu Christi entgegen; wir befehlen ihnen, sich zu lösen und uns zu befreien. Herr, salbe uns mit deinem Blut und deinem Heiligen Geist im Namen Jesu Christi. Amen! Gott segne Sie!

24 MÄRZ

SIE KÖNNEN GOTT BEWEGEN!

Yie können Gott bewegen, wenn Sie wissen, wie. Gott ist real, und wir können seine Meinung ändern. Wir können seine Hand davon abhalten, etwas zu tun oder nicht zu tun. Lernen Sie, was und wie Sie Gott in Ihrer Situation zu bewegen. Sie können Gottes Meinung ändern, wenn Sie Ihr Handeln ändern, indem Sie Ihre Sünden bereuen. Gott schickte Jona in eine Stadt namens Ninive, die bestraft werden sollte.

Jona 1:2 Steh auf, geh nach Ninive, der großen Stadt, und schreie gegen sie; denn ihre Bosheit ist vor mir heraufgekommen.

Jona flieht stattdessen in eine andere Richtung. Nachdem er die Strafe des Sturms für seinen Ungehorsam über sich ergehen lassen musste, tat er Buße und überlebte im Bauch des Fisches. Jona betrat die Stadt Ninive und begann zu predigen.

Jona 3:4 Und Jona begann, eine Tagesreise in die Stadt zu gehen, und er schrie und sagte: Noch vierzig Tage und Ninive wird gestürzt werden. 5 Da glaubte das Volk von Ninive Gott und rief ein Fasten aus und legte Säcke an, vom Größten bis zum Kleinsten. 6 Denn es geschah, daß es dem König von Ninive gesagt wurde, und er stand auf von seinem Thron und legte seinen Mantel ab und bedeckte sich mit Säcken und setzte sich in Asche. 7 Und er ließ es ausrufen und verkünden in ganz Ninive auf Befehl des Königs und seiner Obersten und sagen: Weder Mensch noch Vieh, weder Rinder noch Schafe sollen etwas kosten; sie sollen nicht fressen noch Wasser trinken; 8 sondern Mensch und Vieh sollen sich in Säcke hüllen und mächtig zu Gott schreien und sich bekehren, ein jeder von seinem bösen Weg und von der Gewalt, die in ihren Händen ist. Wer weiß, ob Gott nicht umkehrt und Buße tut und sich von seinem grimmigen Zorn abwendet, dass wir nicht umkommen? 10 Und Gott sah ihre Werke, daß sie sich von ihrem bösen Weg abwandten; und es reute Gott das Übel, von dem er gesagt hatte, daß er es ihnen antun würde, und er tat es nicht.

Sie können Gottes Handeln ändern, indem Sie Ihr Handeln ändern. Fangen Sie an, Gott gemäß dem in der Bibel gegebenen Gebot zu folgen. Gehen Sie nicht in die entgegengesetzte Richtung zu seinen Anweisungen im Wort Gottes. Es gibt einen Sündenfaktor in unserem Fleisch, der Unheil bringen kann. Unser falsches Verhalten gegeneinander oder gegen Gott verursacht uns viel Leid, Strafen und Krankheiten. Jedes Gericht beginnt damit, dass wir nicht auf Gott hören. Aber wenn Sie sich demütigen und REUTE tun, d.h. Ihr sündiges Handeln in ein richtiges Handeln umwandeln, wird das Gericht Gottes von Ihnen abfallen.

2 Chronik 7:14 Wenn mein Volk, das nach meinem Namen gerufen ist, sich demütigt und betet und mein

Angesicht sucht und sich von seinen bösen Wegen abwendet, dann werde ich es erhören. vom Himmel herab und wird ihnen ihre Sünde vergeben und ihr Land heilen.

Unser falsches Handeln bringt Probleme für das Land. Ändere dein Handeln, damit das Land geheilt wird. Wir brauchen keine Polizei, keine Waffen und keine Gefängnisse.

Eines Tages, als ich 2. Chronik 7,14 zitierte, wurde mir klar, dass ich sein Volk bin, das bei seinem Namen gerufen wird. Also frage ich Gott, was mein böser Weg ist. Der Herr antwortete mir, dass das, was du ohne meine Zustimmung tust, dein böser Weg ist. Wir sind sehr verantwortlich für alles, was wir tun, ohne Gottes Zustimmung. Alle unsere Handlungen, ohne Gottes Rat einzuholen, werden als böse Wege bezeichnet. Wenn du willst, dass Gott sich zu deinen Gunsten bewegt, dann handle nach seinem Willen und auf seine Weise mit einem demütigen Herzen. Lassen Sie Ihr Handeln und Ihre Prioritäten Gott wohlgefällig sein. Du kannst Gott dazu bewegen, dich zu segnen oder zu verfluchen. Es liegt in Ihrer Hand, Gott zum Handeln zu bewegen. Die Wahl liegt bei Ihnen.

Gott bewegt sich, wenn Sie glauben und darauf vertrauen, dass er es kann. Der Glaube an Gott macht alles Unmögliche möglich. Gott sagt, dass für ihn nichts unmöglich ist. Lukas 1:37 Denn bei Gott ist nichts unmöglich. Denken Sie daran, dass Gott souverän ist. Das ist das Höchste, unbegrenzter, uneingeschränkter, absoluter und grenzenloser Gott. Das Problem ist unser begrenzter, endlicher und beschränkter Verstand wird uns nicht erlauben zu glauben, was Gott tun kann. Ich begann meine Reise und lernte das Wunder Gottes kennen, als ich zum ersten Mal in die Pfingstkirche ging. Auch im Gespräch mit anderen Gläubigen habe ich viel über den Glauben gelernt. Es War schön! Wie Sie wissen, habe ich nur Gott gesucht, und das ist auch heute noch so. Ich suche Gott durch sein Wort, um seinen verborgenen Schatz zu erhalten. Du kannst keinen anderen Ort finden als die Bibel; Reichtümer und Schätze sind dort verborgen. Was die Menschen suchen, steht in den 66 Büchern, die man die Bibel nennt. Wenn Sie glauben, können Sie alles, was Sie wollen und wünschen, leicht, bedeutungsvoll und billig haben. Einmal hatte ich eine verstopfte Nase mit einem Nebenhöhlenproblem und konnte nicht atmen. Eines Nachts konnte ich nicht schlafen, weil ich nicht atmen konnte. Ich ging an diesem Morgen in die Kirche, und sie beteten über mich, als Gott während der Lobpreis- und Anbetungszeit zu mir sprach. Und ich begann zu tanzen. Und wissen Sie was? Die Verstopfung der Nebenhöhlen löste sich und verschwand. Seitdem habe ich keine Probleme mehr mit den Nebenhöhlen, Gott sei Dank! Sie können gehorchen und einen gewaltigen Segen empfangen.

Erinnern Sie sich an die zehn Aussätzigen in der Bibel? Als sie Jesus sahen, wussten sie, dass Jesus Aussätzige nicht berühren konnte, aber trotzdem schrien sie und baten um seine Gnade.

Lukas 17:13 Und sie hoben ihre Stimme auf und sprachen: Jesus, Meister, erbarme dich unser! 14 Und als er sie sah, sprach er zu ihnen: Gehet hin und zeiget euch den Priestern. Und es geschah, als sie hingingen, da wurden sie gereinigt. 15 Und da einer von ihnen sah, daß er geheilt war, kehrte er um und pries Gott mit lauter Stimme 16 und fiel auf sein Angesicht zu seinen Füßen und dankte ihm; und er war ein Samariter. 17 Jesus aber antwortete und sprach: Sind nicht zehn gereinigt worden? Wo aber sind die neun? 18 Es ist keiner gefunden worden, der umkehrte und Gott lobte, außer diesem Fremdling. 19 Und er sprach zu ihm: Steh auf, geh hin Dein Glaube hat dich gesund gemacht.

Ein dankbares Herz kann Gott dazu bewegen, dich ganz zu machen. Ganz bedeutet, dass Ihr Körper, Ihre

Seele und Ihr Geist vollständig und unversehrt sind, wie Adam und Eva vor der Sünde. Wie wunderbar! Lernen Sie, wie Sie Gott bewegen können. Lernen Sie, Gott gegenüber dankbar zu sein. Dankbare Worte an Gott verschaffen himmlischen Zugang, das, was Sie sich wünschen, und vieles mehr. Gott gibt nicht wenig, aber es liegt in Ihrer Hand, darüber hinaus zu empfangen. Deshalb sagte er in.

Jeremia 33:3 Ruf mich an, und ich werde dir antworten und dir große und mächtige Dinge zeigen, die du nicht kennst.

Ich bin sicher, wenn wir ihn im Glauben anrufen, wird er es tun. Ich fühle mich von nichts in dieser Welt angezogen. Autos, Häuser, Maschinen und alles Erstaunliche, das man auf der Erde sieht, sind eine Illusion Satans. Sie können Gott dazu bewegen, Wunder, Heilungen und größere Werke zu tun. Gott kann tun, was Ihr Verstand nicht begreifen kann. Wenn der Gott des Himmels Manna schicken kann, kann er auch Honig aus dem Felsen schicken. Binde seine Hand nicht. Schätzen Sie Gott nicht gering. Bitte lesen Sie die Bibel, um zu sehen, wie Sie Gott darüber hinaus bewegen können. Ihr Glaube an Ihn wird viel bewirken. Hanna war unfruchtbar und betete um ein männliches Kind. Sie opfert ihr Kind dem Herrn.

1 Samuel 1:20 Als nun die Zeit gekommen war, da Hanna schwanger war, gebar sie einen Sohn und nannte ihn Samuel und sprach: Ich habe ihn vom Herrn erbeten.

Als sie ihren Sohn in den Dienst Gottes stellte, erhielt sie mehr. Du kannst Gott dazu bewegen, dir mehr zu geben.

1 Samuel 2:21 Und der Herr besuchte Hanna, so dass sie schwanger wurde und drei Söhne und zwei Töchter gebar. Und das Kind Samuel wuchs vor dem Herrn heran.

Öffne deine Hand und gib Gott dein Herz. Wisse, dass es in deiner Hand liegt, Gott zu bewegen. Ändern Sie Ihr Handeln, Ihre Reaktion, Ihr Denken und Ihr Leben. Er wird dir nachgehen und dich segnen.

LASST UNS BETEN

Im Namen Jesu, Herr, bitte hilf uns, unsere Lippen, unsere Handlungen und unsere Reaktionen zu hüten. Herr, hilf uns, an das Unmögliche zu glauben. Hilf uns, Dank und Lob in dein Gericht zu bringen. Bewahre unsere Lippen vor jedem negativen Wort, das Gottes Bewegung aufhalten könnte. Hilf uns, Glauben zu haben, wie Hannah, Daniel und andere, die Gottes Handeln durch die Kraft des Gebets sahen. Lass unsere Herzen glauben und vertrauen. Wir brauchen ein anderes Denken und nicht Jesus. Du bist derselbe gestern, heute und in Ewigkeit. Herr, hilf uns in Jesu Namen. Amen! Gott segne Sie!

25 MÄRZ

LASS GOTT SEIN WERK TUN!

Wir werden sehen, wie Gott sich bewegt, wenn wir die Sache in seine Hand legen. Sein Wissen und seine Weisheit gehen über unsere Situation hinaus. Der Geist Gottes hat unbegrenzte Macht, Wissen und Weisheit. Behalten Sie dies im Kopf.

Röm 11:34 Denn wer hat den Willen des Herrn erkannt oder wer ist sein Ratgeber gewesen? 35 oder wer hat ihm zuerst gegeben, und es wird ihm wieder vergolten werden? 36 Denn von ihm und durch ihn und zu ihm sind alle Dinge; ihm sei die Herrlichkeit in Ewigkeit. Amen

Sie stellt den sterblichen Menschen unter den Schutz, die Leitung und die Führung Gottes. Das Ziel des Menschen ist es, den Plan Gottes zu erfüllen.

Jesaja 43:7 Jeder, der nach meinem Namen genannt wird, den habe ich zu meiner Ehre erschaffen, ich habe ihn geformt, ja, ich habe ihn gemacht.

Gott schuf nach seinem Plan und seiner Absicht:

Jesaja 55:8 Denn meine Gedanken sind nicht eure Gedanken, und eure Wege sind nicht meine Wege, spricht der HERR. 9 Denn wie der Himmel höher ist als die Erde, so sind auch meine Wege höher als eure Wege und meine Gedanken als eure Gedanken.

Gott schuf zuerst den Garten Eden, und später kümmerte sich der Mensch um ihn. Sind diese Pläne nicht großartig? Kein Schwitzen, keine Mühsal! Macht über die Tiere, vollständiges Eigentum an der Erde. Wir müssen mit uns selbst reden und unseren Kindern etwas über Gott, seine Pläne und seine Versorgung beibringen. Wir können nur dann ein Leben haben, wenn wir es auch wollen. Die verlorene Menschheit braucht Hilfe, Schutz und Führung. Das ist möglich, wenn wir unsere Ohren zum Hören und unsere Herzen zum Gehorchen neigen.

Offenbarung 4:11 Du, Herr, bist würdig, Herrlichkeit und Ehre und Macht zu empfangen; denn du hast alles geschaffen, und zu deinem Wohlgefallen sind und wurden sie geschaffen.

Ich bin das Meisterwerk Gottes zu seinem Wohlgefallen. Ich muss allein auf Gott hören, um seinen Plan für mein Leben zu verwirklichen.

25 MARZ

Der Erfolg von Abraham, Isaak, Jakob, David, Mose und vielen anderen ist in den Plan Gottes eingeflossen. Sie waren nur andere Menschen. Ihr großer Erfolg kam dadurch zustande, dass sie sich auf den Plan Gottes eingelassen haben. Setzen Sie sich mit Jesus ins Boot und lassen Sie ihn den Steuermann, den Lotsen oder den Steuermann sein. Nehmen Sie das Steuerrad nicht in die Hand. Sie werden Schwierigkeiten heraufbeschwören. Alle, die auf Gott hörten und ihm gehorchten, ohne zu hinterfragen, waren die erfolgreichsten Menschen. Können Sie Gott schlagen?

Jeremia 29:11 Denn ich weiß, was ich für Gedanken über euch habe, spricht der Herr: Gedanken des Friedens und nicht des Unheils, um euch ein gutes Ende zu bereiten.

Dein Boot wird sein Ziel erreichen, denn es ist vorherbestimmt, wenn du dich Gott hingibst. Prädestiniert bedeutet, dass das Schicksal vorherbestimmt ist. So wie Sie in dem Flugzeug sitzen, das nach New York fliegt. Das ist vorherbestimmt. Bleiben Sie sitzen und entspannen Sie sich, bis Sie dort ankommen. Gott hat den Verstand, und wir brauchen seinen Verstand, um gleich zu denken. Werden Sie sich selbst los und beten Sie. Erklären Sie sich bereit, Ihm zu folgen. Du wirst Seine Wege lernen und die Gedanken Gottes verstehen, wenn du Ihm gehorchst.

1 Korinther 2:16 Denn wer kennt den Sinn des Herrn, dass er ihn unterweise? Wir aber haben die Gedanken Christi.

Manchmal brechen wir die Verheißungen ab, indem wir nicht an sie glauben oder gegen sie sprechen. Seien Sie nicht in Eile. Er sagte, dass die Dinge zu seiner Zeit geschehen werden. Der Zeitfaktor ist wichtig.

Prediger 3:11 Er hat alles schön gemacht zu seiner Zeit; auch hat er die Welt in ihr Herz gelegt, so dass niemand das Werk ergründen kann, das Gott vom Anfang bis zum Ende macht.

Mose sah die Befreiung, indem er auf Gott wartete. Er verstand, indem er den Anweisungen Gottes gehorchte. Ich habe immer gelernt, indem ich auf seine Stimme hörte und ihr folgte. Er ist ein pünktlicher Gott. Er kennt den Ausgang des Plans, wir nicht. Warten Sie, bis Sie sehen, was er tut, bis es vorbei ist. Abraham sah den Sohn Isaak zu Gottes Zeiten. David wurde König in Gottes Zeitplan. Jesus kam zur festgesetzten Zeit. Überstürzen Sie also Ihr Leben nicht mit einem Sturm oder einem Unfall. Es wird Ihnen nichts nützen. Sie werden Fehler wiederholen, wenn Sie nicht warten und zuhören. Zuhören und gehorchen ist der Schlüssel, um sein gutes Werk zu sehen. Ich erinnere mich, dass ich die Stimme hörte, die mir sagte: "Ich werde dich heilen". Aber jeden Tag hatte ich extreme Schmerzen. Ich verlor mein Gedächtnis und meinen Job und war kurz davor, mein Auto und mein Haus zu verlieren. Aber ich stand auf Verheißungen. All diese Situationen sahen schlimm aus, aber Gott verwandelte sie in Segen. Gott tat das Wunder zu seiner Zeit, und ich kam aus dem Rollstuhl heraus. Später versetzte Gott mich nach Dallas, und alles wendete sich.

Alles sah schlecht aus für den Träumer, Joseph. Der Weg, den Gott für ihn ausgesucht hatte, machte wenig Sinn. Aber später ergab er doch einen. Wir alle klagen, hinterfragen, streiten und argumentieren. Halt! Warte! Und sieh das Ergebnis. Sie werden sagen.

Psalm 118:23 Das ist das Werk des HERRN; es ist wunderbar in unseren Augen.

Denken Sie nicht nach, sondern fügen Sie sich. Machen Sie sich keine Sorgen, sondern vertrauen Sie, atmen Sie tief durch und leben Sie. Alles ist gut! Wenn du den Ozean siehst, wird er austrocknen, wenn du Gott lässt. Lass Gott sein Werk tun! Dein Feind verfolgt dich, aber du wirst ihn nicht mehr sehen. Wenn Sie krank und betrübt sind, schauen Sie auf das Kreuz. Sieh die Heilung und Befreiung durch den Herrn! Gott sagt in seinem Wort.

Sacharja 8:6 So spricht der Herr der Heerscharen: Wenn es in den Augen der Übriggebliebenen dieses Volkes in diesen Tagen ein Wunder ist, sollte es auch in meinen Augen ein Wunder sein, spricht der Herr der Heerscharen.

Jeremia 32:27 Seht, ich bin der Herr, der Gott aller Fleisch: Gibt es etwas, das zu schwer für mich ist?

Sie können Sarah, Abraham, Maria, die Mutter von Jesus, Daniel, Schadrach, Meschach und Abednego fragen. Wenn du Gott so kennst, wie sie ihn kannten, glaube ich, dass du Gott sein Werk tun lassen wirst. Legen Sie sich in die Hand Gottes. Gott reitet auf deinem Glauben und Vertrauen. Halte dich einfach fest. Sei demütig wie ein Esel. Verheißungen können nur erfüllt werden, wenn du ihn reiten lässt und du das Fahrzeug bist.

Hebräer 10:35 Werft also eure Zuversicht nicht weg, die eine große Belohnung hat. 36 Denn ihr habt Geduld nötig, damit ihr, nachdem ihr den Willen Gottes getan habt, die Verheißung empfangt. 37 Noch eine kleine Weile, und der, der kommen soll, wird kommen und nicht zögern.

Betrachten Sie den Schmetterling. Der Prozess ist lang, einen schönen Schmetterling zu betrachten. Aber es wird geschehen. Keiner mag den Prozess. Aber lass Gott sein Werk tun!

LASSET UNS BETEN:

My Herr Jesus, wir bewundern deine Größe und Güte. Herr, lehre uns deinen Weg; wir wollen in deiner Wahrheit wandeln; unser Herz soll sich vor dir fürchten. Name. Hilf uns, das Gebot zu befolgen, damit wir die Segnungen. Möge Gott uns ein weises Herz geben, um die Wahrheit des Herrn zu lernen. Bewahre uns im Plan Gottes, um das erwartete Ende zu sehen. Wir wissen, Herr, dass du vorhast, uns zu segnen, also hilf uns und unseren Kindern, Gott zu fürchten und zu gehorchen. Wir wollen auf Erden gesegnet werden. Herr, tu dein Werk für uns, in Jesu Namen. Amen! Gott segne Sie!

26 MÄRZ

VON JESUS CHRISTUS EINGESETZTE AUTORITÄT!

Ter Herr ist großartig und kümmert sich um seine Schöpfung. Wenn wir unsere Kinder haben, sorgen wir uns um sie und stellen sicher, dass sie gut versorgt sind. Weder Eltern Wir wollen den Kindern nichts Böses, und unser Gott auch nicht. Gott schuf Adam und Eva im Garten Eden, um für seine Schöpfung zu sorgen. Aber durch unsere schlechten Entscheidungen verlieren wir unsere Rechte und Segnungen. Gott stellte die Priester und Propheten zur Verfügung, obwohl das Volk Israel einen König verlangte, um sich von Gott zu lösen. Wer nach einem König verlangt, der aus Fleisch und Blut ist, wird seine Macht missbrauchen, egal wie. Menschen sind nicht Gott und würden sich nicht wie der wahre Vater um uns kümmern. Er hat die Thora und die Bibel gegeben, um zu lehren und zu leiten. Gott, Jehova, nahm Fleisch an und wurde zum Hirten, um uns zu retten, zu befreien und zu heilen. Vorbildliche Eltern sind beschützend, abwehrend und vorbeugend für das Wohlergehen ihrer Kinder da. Sie bringen uns zur Welt und wachen mit Liebe über uns.

All das kommt vom himmlischen Vater und nicht von uns. Der Herr hat seine Liebe und Fürsorge in das Herz der Eltern gelegt. Unser himmlischer Vater hat die gleiche Idee, wenn er verschiedene Autoritäten einsetzt, die über uns wachen. Das Konzept Gottes ist es, Führung zu geben. Er kommuniziert mit uns durch die beauftragte Autorität und leitet uns durch den Heiligen Geist. Die Menschen sind schwerhörig. Es ist ihnen egal, was mit ihnen und anderen geschieht.

Verpassen Sie nicht die Gelegenheit, den Auftrag Gottes zu erfüllen. Er ist sehr wichtig. Kein Auftrag ist klein oder groß. Es geht darum, wie du deine Aufgabe erfüllst. Ein Kehrer, ein Diener, ein König, ein Reicher, ein Armer oder ein Sklave hat seinen Anteil an der Leistung. Tun Sie es so, dass es dem Herrn gefällt. Es wird der Tag kommen, an dem es dich befördern wird.

Kolosser 3:23 Und alles, was ihr tut, das tut von Herzen, wie dem Herrn und nicht den Menschen; 24 denn ihr wisst, dass ihr von dem Herrn den Lohn des Erbes empfangen werdet; denn ihr dient dem Herrn Christus.

Der Zweck, zu dem Gott den Menschen geschaffen hat, ist nicht zeitlich begrenzt. Es gibt eine Seele in einem fleischlichen Tabernakel, die eine ewige Bestimmung hat. Die Bestimmung des Herrn ist es, uns zu segnen und gedeihen zu lassen. Die Zukunft Satans besteht darin, uns zu vernichten. Die Warnungen Gottes und seine Gebote sind also nicht dazu da, uns zu kontrollieren oder zu diktieren. Es ist wie eine Beziehung zu Ihren Kindern. Sie möchten Ihre Kinder lieben, beschützen und für sie sorgen. Israel lehnte Gott ab, indem es einen König verlangte.

1 Samuel 8:7 Der Herr sprach zu Samuel: Höre auf die Stimme des Volkes in allem, was sie zu dir sagen; denn sie haben nicht dich, sondern mich verworfen, damit ich nicht über sie herrsche.

Nimm Gott an. Das Fleisch gibt dem Geist Satans nach und nicht dem Geist Gottes. Zwei unterschiedliche Ziele: Satans Ziel ist es, zu zerstören, und Gottes ewiges Ziel ist es, dich zu segnen. Gott kam herab, um Satan zu besiegen und das zurückzukaufen, was wir im Garten Eden verloren haben, indem wir Fleisch annahmen.

Jes 35:3 Stärkt die schwachen Hände, / stärkt die schwachen Knie. 4 Sagt denen, die ein ängstliches Herz haben: Seid stark, fürchtet euch nicht! Denn euer Gott wird kommen und sich rächen, er wird kommen und euch retten. 5 Dann werden die Augen der Blinden aufgetan und die Ohren der Tauben verstopft werden. 6 Dann wird der Lahme springen wie ein Hirsch, und die Zunge des Stummen wird singen; denn in der Wüste werden Wasser hervorbrechen und Bäche in der Wüste.

Gott kam in Menschengestalt und rächte sich, indem er heilte, befreite und Gefangene freiließ. Der Herr hat sein Blut für seine Schöpfung vergossen. Alles, was er tat, war, das zurückzukaufen, was wir verloren hatten. Er hat seine Braut verloren, die für ihn geschaffen wurde. Jetzt, nachdem er sein Blut vergossen hat, haben wir Zugang zum Thronsaal. Er gab uns einen Helfer, den Heiligen Geist. Er bildete seine Jünger aus, sandte sie aus und gab ihnen alle Vollmacht. Nach seinem eigenen Blutsbündnis gab er einige.

Epheser 4:11 Und er hat einige zu Aposteln gemacht und andere nicht, Propheten, einige aber Evangelisten, einige aber Hirten und Lehrer, 12 zur Vollendung der Heiligen, zum Werk des Dienstes, zur Erbauung des Leibes des Christus: 13 bis wir alle hingelangen zur Einheit des Glaubens und der Erkenntnis des Sohnes Gottes, zu einem vollkommenen Menschen, zum Maß der Vollkommenheit des Christus: 14 auf daß wir hinfort nicht mehr Kinder seien, hin und her geworfen und umhergetrieben von allerlei Wind der Lehre, durch der Menschen List und Schalkheit, womit sie auflauern, zu verführen;

Das Wort Apostel bedeutet "jemand, der ausgesandt wird". Der Apostel hat eine einzigartige Stellung." Ein Apostel vollbringt Zeichen und Wunder. Sie sind die Boten des Evangeliums Christi. Sie führen ein neues Werk ein, wo Menschen noch nie vom Herrn Jesus gehört haben. Sie legen ein Fundament für die Wahrheit.

Epheser 2:20 und sind auf das Fundament der Apostel und Propheten gebaut, wobei Jesus Christus selbst der wichtigste Eckstein ist; Wir wollen sehen, was diese Behörde tut:

Die Apostel: Das Fundament, das von 12 Jüngern gelegt wurde, die später in der Apostelgeschichte Apostel genannt werden. Folgen Sie nicht der Tara, die in Nizäa 325 gepflanzt wurde, indem Sie den einen Gott in drei aufteilen. Diejenigen, die eine Offenbarung von Jesus hatten, haben das Fundament bereits gelegt. Denken Sie daran, der Apostelgeschichte zu folgen. Seien Sie auf dem Weg von Petrus und Paulus, die die Offenbarung Jesu hatten und den Schlüssel zum Königreich gegeben hatten. Die Lehre des Teufels wird Tara genannt, warte bis zum Ende, um ihr Urteil zu sehen. Der Teufel hat das erste Gebot zerstört; aus dem einen Gott wurden drei. Prophet: Der Prophet ist ein Sprecher Gottes. Er bringt das Wort direkt von Gott zum Volk. Ihre Aufgabe ist es, zu leiten, zu ermahnen, zu ermutigen, zu beraten und Sie auf eine höhere Ebene des Wohlstands zu führen.

26 MARZ

Evangelist: Ein Evangelist ist eine Person, die evangelisiert. Evangelisten gehen umher, um zu inspirieren und das Evangelium zu verkünden, um die Neubekehrten zu beleben. Während sie von Ort zu Ort gehen, ermutigen sie und bringen den Dienst der Heiligen auf eine höhere Ebene; sie beleben die Menschen. Lehrerin/Lehrer: Die von Gott berufenen Lehrer haben die Offenbarung der Identität Jesu. Im ersten Jahrhundert, zur Zeit des Jüngers Johannes, begannen die Irrlehrer und Propheten ihre antichristliche Mission. Sie werden als Irrlehrer und Propheten bezeichnet. Gehen Sie zurück zur Apostelgeschichte und den Briefen, um die Lehre der echten Lehrer und Propheten zu finden. Eine Kirche wird fortbestehen, wenn wir das Werk aufbauen, das von den Aposteln, Propheten und Lehrern in der Apostelgeschichte gegründet wurde. Befolgen Sie die wahre Lehre, um die Veränderung im Leben zu sehen. Das Blut steht unter dem Namen Jesus. Falsche Lehrer und Propheten haben den Namen in der Taufe entfernt, also wurde das Blut Jesu entfernt, indem der Name Jesus entfernt wurde. Nur das Blut Jesu hat die Macht, unsere Sünden wegzunehmen. Der Prophet und Apostel Johannes hat uns gewarnt, falsche Lehrer und Propheten zu meiden. Der Antichrist hat den Namen Jesu entfernt, in dem das Blut verborgen ist.

1 Johannes 5:6 Dieser ist es, der durch Wasser und Blut gekommen ist, nämlich Jesus Christus; nicht durch Wasser allein, sondern durch Wasser und Blut. Und der Geist ist es, der Zeugnis gibt; denn der Geist ist Wahrheit.8 Und es sind drei, die Zeugnis geben in der Erde, der Geist, das Wasser und das Blut; und diese drei sind eins.

Gehen Sie ins Wasser, um Ihre Sünden im Namen Jesu für Blut zu vergeben. Die Sünden werden vergeben und die Krankheit wird verschwinden. Probieren Sie es aus.

2 Johannes, Vers 7: Denn es sind viele Verführer in die Welt gekommen, die nicht bekennen, dass Jesus Christus im Fleisch gekommen ist. Dies ist ein Verführer und ein Antichrist.

Ich erinnere mich, dass ich an einer Organisation teilnahm, die die Taufe im Namen Jesu praktizierte. Das war neu für mich. Ich habe die Bibel so oft gelesen, aber der falsche Lehrer blockierte die Wahrheit, indem er falsche Lehren aufzwang. Diese Kirchen entstanden nach 325 n. Chr., teilten einen Gott in drei und entfernten dann den Namen durch Titel. Können Sie glauben, wie hinterhältig Satan ist? Antichristen mögen es nicht, den Namen Jesus in der Taufe auszusprechen. Deshalb erfahren wir nicht die Kraft des Blutes.

Hebräer 9:22 Und fast alles wird durch das Gesetz mit Blut gereinigt, und ohne Blutvergießen gibt es keine Vergebung.

Wenn wir den Namen in der Wassertaufe benutzen, gehen wir einen Blutbund ein. Reinigen bedeutet ausspülen, läutern, reinigen, von Anschuldigungen befreien und abwaschen. Denken Sie daran, dass der Name Jesus von dem Antichristen benutzt wird, vor dem Johannes in seinen drei Briefen gewarnt hat. Ich und meine Mutter hatten eine wunderbare Erfahrung, als wir im Namen Jesu unter Wasser gingen. Es hat unsere Sünden weggewaschen und fühlte sich leichter. Meine Mutter sagte, sie war krank und wurde geheilt, als sie in Jesu Namen getauft wurde.

LASST UNS BETEN:

In Jesu Namen, Herr, bitte, sende uns die wahren Lehrer und Propheten. Gib uns eine Offenbarung von dir.

Wir wollen die Wahrheit, denn nur die Wahrheit wird uns frei machen. Bitte, Herr, gib uns die Liebe zur Wahrheit. Lass die Menschen frei sein von der Tara, von falschen Lehrern, Propheten und Pastoren. Wie du gewarnt hast, sehen wir die Korruption in der Churchianity. Wir wollen, dass das Christentum, die biblische Wahrheit und die Kraft des Heiligen Geistes wirken, um die Welt wissen zu lassen, dass Gott immer noch heilt, befreit und Gefangene in Jesu Namen freisetzt. Amen! Gott segne Sie!

27 MÄRZ

JAGD AUF DEN HÖCHSTEN SEGEN!

Tes gibt verschiedene Segnungen. Wussten Sie, dass einige Segnungen Ihnen den Zugang zur höchsten Ebene der Gunst, des Wohlstands, des Wissens und der Weisheit ermöglichen? Natürlich kommt es vom Herrn allein. Man kann das beste Geschenk und die beste Ausbildung kaufen und ein Erbe von Millionen hinterlassen. Aber das ist kein Vergleich mit dem Segen Gottes. Wenn Sie gesegnet sind, wird immer für Sie gesorgt sein. Der König von Moab wollte Israel verfluchen. Sie fanden einen Zauberer Bileam, um Israel zu verdammen. Gottes Segen ist mit einem hervorragenden Schutz verbunden. Keine Waffe kann gegen uns erfolgreich sein, also können auch keine Beschwörungen, Flüche, Zaubersprüche oder Hexerei gegen Gottes Volk wirken.

Numeri 23:23 Es gibt keine Zauberei gegen Jakob und keine Weissagung gegen Israel; man wird von Jakob und Israel sagen: Was hat Gott getan!

Numeri 24:2 Und Bileam hob seine Augen auf und sah Israel in seinen Zelten wohnen, nach Stämmen geordnet, und der Geist Gottes kam über ihn. Bileam geriet in Trance und sprach mit offenen Augen: 5 Wie herrlich sind deine Zelte, Jakob, und deine Hütten, Israel! 6 Wie die Täler sind sie ausgebreitet, wie Gärten an den Ufern des Flusses, wie Lignobäume, die der Herr gepflanzt hat, und wie Zedern an den Wassern. 7 Er wird das Wasser aus seinen Eimern schütten, und sein Same wird in vielen Wassern sein, und sein König wird höher sein als Agag, und sein Reich wird erhaben sein. 8 Gott hat ihn aus Ägypten herausgeführt; er hat die Kraft eines Einhorns; er wird die Völker, die ihm feind sind, verschlingen und ihre Gebeine zerbrechen und sie mit seinen Pfeilen durchbohren. 9 Er legt sich nieder wie ein Löwe und wie ein großer Löwe; wer wird ihn aufstacheln? Selig ist, der dich segnet, und verflucht, der dich verflucht.

Wenn Gott segnet, kann nichts gegen sie arbeiten. Jage nach dem Segen. Jakob unterschied sich von Esau. Jakob war kein exzellenter Jäger wie sein älterer Zwillingsbruder Esau, aber ein geschickter Jäger des Segens. Sehen Sie, Menschen wie Jakob können die Geschichte ihrer Nachkommen verändern. Auf dem Heimweg trifft Jakob einen Mann, der ein Angler ist. Jakob ringt mit ihm und siegt. Sehen Sie, was Jakob vom Winkel aus gefragt hat?

Mose 32:26 Und er sprach: Laß mich gehen, denn der Tag bricht an. Er aber sprach: Ich will dich nicht ziehen lassen, es sei denn, daß du mich segnest. 28 Und er sprach: Dein Name soll nicht mehr Jakob heißen, sondern Israel; denn du bist ein Fürst bei Gott und bei den Menschen und hast dich durchgesetzt.

Gott hat Segnungen, wenn du seiner Stimme gehorchst. Wie groß sind die Segnungen!

Deuteronomium 28:1 Und wenn du auf die Stimme des Herrn, deines Gottes, hörst und alle seine Gebote hältst und tust, die ich dir heute gebiete, so wird dich der Herr, dein Gott, über alle Völker der Erde erheben. 2 Und alle diese Segnungen werden über dich kommen und dich überwältigen, wenn du auf die Stimme des Herrn, deines Gottes, hörst.

Jakobus 1:12 Selig ist der Mann, der die Versuchung erträgt; denn wenn er geprüft wird, wird er die Krone des Lebens empfangen, die der Herr denen verheißen hat, die ihn lieben.

Matthäus spricht in Kapitel 5 Segnungen aus. Wenn ihr arm im Geiste seid, trauert, sanftmütig seid, hungert und dürstet nach Gerechtigkeit, barmherzig seid, reinen Herzens seid, Frieden stiftet, verfolgt werdet, weil ihr rechtschaffen seid, und schmäht, weil ihr rechtschaffen seid. Segnungen können über Tausende von Generationen andauern. Wenn Gott segnet, hat er den GROSSEN.

Deuteronomium 7:9 So wisse nun, daß der Herr, dein Gott, Gott ist, der treue Gott, der Bund und Barmherzigkeit hält mit denen, die ihn lieben und seine Gebote halten bis in tausend Generationen;

Gott oder derjenige, der dazu bestimmt ist, einen Segen über uns auszusprechen. Wenn du den Segen Gottes hast, dann kannst du andere segnen. Aber man muss ihn haben.

1 Chronik 4:10 Und Jabez rief den Gott Israels an und sprach: Ach, daß du mich doch segnen und mein Gebiet erweitern würdest und deine Hand mit mir wäre! und dass du mich vor dem Bösen bewahrst, damit es mich nicht betrübt! Und Gott gewährte ihm, worum er bat.

Jakob segnete den Pharao, weil Gott ihn gesegnet hatte. Mose 47:10a Und Jakob segnete den Pharao,

Matthäus 5:44c segnet die, die euch verfluchen, Wie kann man den Feind segnen? Beten Sie, dass Gott ihnen den Geist der Reue schenkt und ihnen ihre Sünden vergibt, damit sie nicht verloren sterben oder krank werden.

Es gibt einen aaronischen Segen.

Numeri 6:24 Der Herr segne dich und behüte dich; 25 der Herr lasse sein Angesicht leuchten über dir und sei dir gnädig; 26 der Herr hebe sein Angesicht über dich und gebe dir Frieden.

Ich erinnere mich, dass meine Mutter aufgrund ihres schlechten Gesundheitszustands Schwierigkeiten hatte, sich zu bewegen. Sie konnte nicht auf die Toilette gehen. Ich wusste nicht, was ich tun sollte. Ich rannte herum und suchte etwas, um meiner Mutter zu helfen. Ich half meiner Mutter ins Bett, um ihr Geschäft zu erledigen. Ich hörte den Heiligen Geist zu mir sprechen. Wenn sie dich heute segnet, dann wirst du gesegnet sein. Ich setzte mich neben sie, und nach ein paar Minuten sagte meine Mutter, dass Gott dich segnen wird, und sie segnete mich selbst. Ja, jage dem Segen nach. Richtige Handlungen, die die Gerechtigkeit Gottes sind, bringen großen Segen. Wenn ich in ein Genesungsheim gehe, treffe ich ältere Menschen, die manchmal gerne beten und mich segnen. Ich bin froh, dass ich ihren Segen in meinem Leben habe. Viele Menschen denken, dass Geld, Häuser und Bildung ein Segen sind, aber ich glaube, dass der Segen Gottes der beste von allen ist.

27 MARZ

Menschen verfolgen Ziele, Geld und Leistung. Alle Champions und Goldmedaillengewinner haben Opfer gebracht, um ihre Ziele zu erreichen. Herr Jesus sagt das, aber von allen.

Markus 10:29 Jesus aber antwortete und sprach: Wahrlich, ich sage euch: Es ist niemand, der Haus oder Brüder oder Schwestern oder Vater oder Mutter oder Weib oder Kinder oder Äcker verlassen hat um meinetwillen und um des Evangeliums willen, 30 sondern er wird hundertfältig empfangen jetzt in dieser Zeit Häuser und Brüder und Schwestern und Mütter und Kinder und Äcker mit Verfolgungen und in der zukünftigen Welt das ewige Leben.

Wende dein Gesicht nicht von den Armen ab, sondern segne sie. Psalm 41:1 Wohl dem, der auf die Armen achtet; der Der Herr wird ihn erretten, wenn er in Not ist. Die Bibel ist der Schlüssel zum Erhalt von Segen. Ein Segen ist die mächtigste Errungenschaft der Welt. Bemühen Sie sich also, den Segen zu empfangen.

Jeremia 17:7 Selig ist der Mann, der auf den Herrn vertraut und dessen Hoffnung der Herr ist.8 Denn er wird sein wie ein Baum, der am Wasser gepflanzt ist und seine Wurzeln am Strom ausstreckt und nicht sieht, wenn die Hitze kommt, sondern sein Blatt grünt; und er wird sich nicht schonen im Jahr der Dürre und wird nicht aufhören, Frucht zu bringen.

Denken Sie daran, dass Jakob sein Leben aufs Spiel setzte, um Gottes Segen von seinem Bruder Esau zu stehlen. Er hat uns gelehrt, dass ich Gottes Segen wollte, der der höchste und ewige ist.

LASST UNS BETEN

Im Namen Jesu, unseres Herrn, gib uns ein suchendes Herz, um die Seiten der Bibel zu durchforsten. Hilf uns, die immerwährenden Segnungen in dieser Welt zu empfangen, um unsere Kinder und für tausend Generationen danach. Bringt uns die gottesfürchtigen Menschen in unser Leben. Wir glauben an das Segnen und nicht an das Verfluchen. Hilf uns, den Segen über unseren Feind und das Volk Gottes auszusprechen. Joseph brachte den Segen Jehovas Gottes in das Haus Potiphars und in das Land Ägypten, weil er rechtschaffen war. Lass auch uns Segen bringen, wo immer wir hingehen, in Jesu Namen. Amen! Gott segne Sie!

28 MÄRZ

GABEN DES GEISTES SIND VORHANDEN!

Tie Bibel ist ein reiches Buch, ein Kraftwerk und voller Reichtum. Suchen Sie nach Wissen und Weisheit in dem Buch, das sich Bibel nennt. Gottes Wort wurde seiner Schöpfung gegeben! Darin liegt eine Wahrheit für Ihr Leben, um weise, gesund, wohlhabend, wissend und frei von Satans Taktiken zu bleiben. Sie ist ein Kraftwerk, wenn man ihr glaubt und gehorcht. Gehorsam ist der Schlüssel zu diesem Buch. Ihr wisst nicht alles, doch glaubt und gehorcht. Stell keine Fragen, höre auf die Stimme Gottes, die im Wort Gottes steht, und gehorche. Die Bibel ist ein Lehrbuch für diejenigen, die Erfolg haben wollen. Durch die Jahrhunderte hindurch wollte Gott, dass wir an der Spitze bleiben. Er möchte uns ein bemerkenswertes Vermächtnis hinterlassen.

Heute fordere ich Sie auf, dieses Buch in die Hand zu nehmen, jede Seite umzublättern und das Wort zu verdauen. Machen Sie es zu Ihrer obersten Priorität. Studieren Sie Tag und Nacht. Sie können der Daniel, Esther, Moses, David oder Paulus von heute. Du kannst tun, was Jesus gesagt hat.

Johannes 14:12 Wahrlich, wahrlich, ich sage euch: Wer an mich glaubt, der wird die Werke, die ich tue, auch tun; und noch größere als diese wird er tun;

Die Bibel sagt in Offenbarung 5:12 "Und sie sprachen mit lauter Stimme: Würdig ist das Lamm, das geschlachtet ist, zu empfangen Kraft und Reichtum und Weisheit und Stärke und Ehre und Herrlichkeit und Segen.

Ihr könnt alles haben, wenn ihr der Stimme Gottes gehorcht und niemanden fürchtet. Kurz gesagt, folgen Sie nicht den verlorenen konfessionellen, organisatorischen oder religiösen Autoritäten, die nicht an Gottes einfache Anweisungen glauben. Israeliten haben einen hohen IQ und Reichtum, da sie den Segen Gottes Jehova haben. Der Segen Gottes hat sie reich, mächtig und intelligent gemacht. Wenn wir seinem Gebot gehorchen und es einhalten, erben wir alles, was Gott hat. Wie Daniel und alle seine jüdischen Mitmenschen zehnmal besser fanden,

Daniel 1:17 Diesen vier Kindern gab Gott Wissen und Geschicklichkeit in aller Gelehrsamkeit und Weisheit, und Daniel hatte Verständnis für alle Visionen und Träume. 20 Und in allen Fragen der Weisheit und des Verstandes, die der König bei ihnen erkundigte, fand er sie zehnmal besser als alle Magier und Sterndeuter, die es in seinem ganzen Reich gab.

28 MARZ

König Salomo bat um Weisheit, um über Gottes Volk Israel zu herrschen,

1 König 3:12 Siehe, ich habe getan, was ich wollte Siehe, ich habe dir ein weises und verständiges Herz gegeben, daß vor dir keiner gewesen ist wie du und nach dir keiner aufkommen wird wie du. 13 Und ich habe dir auch gegeben, was du nicht gebeten hast, nämlich Reichtum und Ehre, so daß unter den Königen keiner sein wird wie du, solange du lebst. 14 Und wenn du in meinen Wegen wandeln wirst, meine Satzungen und Gebote zu halten, wie dein Vater David gewandelt ist, so will ich deine Tage verlängern. Nachdem der Herr Jehova in Fleisch und Blut übergegangen war, wurde er unser Hoherpriester. Er gab uns geistige Gaben. Sie sind berechtigt, die Gaben zu empfangen.

1 Korinther 12:7 Die Offenbarung des Geistes aber ist jedem Menschen gegeben, damit er daraus Nutzen ziehe. 8 Denn dem einen ist durch den Geist gegeben das Wort der Weisheit, dem andern das Wort der Erkenntnis durch denselben Geist, 9 dem andern der Glaube durch denselben Geist, dem andern die Gaben der Heilung durch denselben Geist, 10 dem andern das Wirken von Wundern, dem andern die Weissagung, dem andern die Unterscheidung der Geister, dem andern verschiedene Arten von Zungen, dem andern die Auslegung der Zungen: 11 Dies alles aber wirkt ein und derselbe Geist, der austeilt an einen jeglichen, wie er will.

Warum gehen Menschen zu Hellsehern, Hexendoktoren, Tarotkarten, Ouija-Brettern, Handlesern, Horoskopen, Magiern, Astrologen, Geistheilern, vertrauten Geistern oder Wahrsagern? Christen, seien Sie vorsichtig und machen Sie nicht den Fehler, sich an diese Art von Medium zu wenden, das Informationen von einem falschen, vertrauten, bösen Geist und nicht vom Heiligen Geist liefert. Die Menschen werden zu uns kommen, wenn wir die 9 geistlichen Gaben Gottes haben. die im Neuen Testament versprochen werden. Geistesgaben, Worte der Erkenntnis und Weisheit wirken sammelnd. Wenn Sie diese Geistesgaben haben, dann können Sie den Namen, die Adresse, das Telefon oder die Hausnummer sagen. Der Geist der Weisheit gibt eine Lösung für das Problem. Man muss nicht zu irgendeinem Medium gehen, wie König Saul es tat, und sich damit Ärger einhandeln. Ich habe viele Hindus und religiöse Christen getroffen, die die Hilfe eines vertrauten Geistes in Anspruch nehmen. Wenn Sie die Gabe des Glaubens, des Wunders und der Heilung haben, können Sie mit der Hilfe des Geistes des Glaubens noch mehr Wunder und Heilungen bewirken.

Apg 19:11 Und Gott tat besondere Wunder durch die Hände des Paulus:12 So wurden den Kranken Tücher oder Schürzen von seinem Leib gebracht, und die Krankheiten wichen von ihnen, und die bösen Geister fuhren von ihnen aus.

Matthäus 10:1 Und er rief seine zwölf Jünger zu sich und gab ihnen Macht über die unreinen Geister, sie auszutreiben und alle Arten von Krankheiten und Seuchen zu heilen.17 Und die Siebzig kehrten mit Freuden zurück und sprachen: Herr, auch die Teufel sind uns untertan durch deinen Namen. Wir leben im Zeitalter der größten Macht. Alles, was Sie tun müssen, ist zu glauben und zu bitten. Es wäre hilfreich, wenn Sie diese mächtigen Gaben des Geistes begehrten. Wenn Sie hinausgehen, legen Sie die Hände auf, treiben Sie den Dämon aus. Macht und Autorität sind bereits gegeben und werden eingesetzt, wie es die Jünger taten. Sie werden das Werk des Herrn sehen, so wie er es mit seinen Jüngern tat. Es ist das Werk des Herrn. Sie müssen nur Ihre Gefäße heiligen und Seiner Stimme gehorchen. Der Herr hat gesagt, dass für ihn nichts unmöglich ist. Geistliche Gaben der Zunge und Auslegung der Sprachen Zunge sind stimmliche Gaben. Sie hilft dir, eine Botschaft des Herrn weiterzugeben. Man kann eine Zunge empfangen; sie bedeutet Sprache. Ich habe

Menschen gesehen, die Botschaften in verschiedenen Sprachen verkündeten, die sie nicht kannten. Die Unterscheidung des Geistes wird dir helfen zu verstehen, welche Art von Geist am Werk ist. Die Gabe der Prophezeiung wird den göttlichen Willen und die Absicht Gottes offenbaren. Alle neun Gaben können zehnmal besser wirken als alle bösen Medien, wenn man nur den Geist Gottes zulässt. Er steht jedem zur Verfügung, der ihn begehrt.

1 Korinther 12:31a Begehrt aber ernstlich die besten Gaben Ihr könnt geistliche Gaben empfangen, indem ihr einem anderen die Hand gebt der diese Gaben hat.

1 Timotheus 4:14 Vernachlässige nicht die Gabe, die in dir ist und die dir durch Prophezeiung unter Handauflegung des Presbyteriums gegeben wurde.

Das muss durch uns geschehen, denn unser Leib ist die Kirche, nicht das Gebäude. Angenommen, wir gehorchen der Wahrheit Gottes; die Verheißung der 9 Gaben gilt uns, wenn wir es wünschen. Er wird in uns kommen und dieses besondere geistliche Werk durch uns tun. Petrus tat viele Wunder und verherrlichte Gott. Die Bibel sagt in Apostelgeschichte 3:6 Da sprach Petrus: Silber und Gold habe ich nicht; was ich aber habe, das gebe ich dir. Im Namen Jesu Christi von Nazareth stehe auf und wandle.8 Und er stand auf und wandelte und ging mit ihnen in den Tempel und wandelte und sprang und lobte Gott. Können Sie sich vorstellen, was passieren kann, wenn wir die neun Geistesgaben einsetzen? Die ganze Welt wird glauben an Jesus. Jesus ist kein Vortrag, keine Predigt, keine Theologie, keine Vorlesung, sondern eine wundertätige Kraft. Als ich in einem Postamt arbeitete, kamen die Menschen zu mir, um zu beten. Selbst nachdem ich meine Stelle bei der Post aufgegeben hatte, riefen sie mich an, um zu beten. Ich glaube an Dämonenaustreibung, Krankenheilung und Prophetie. Ich arbeitete in einer Abteilung, und eine Frau kam zu mir an die Arbeit. Der Herr sagte, ich solle Zeugnis ablegen, also tat ich es. Sie sagte, ich sei eine Abtrünnige. Ich bat den Herrn, mir den Geist der Unterscheidung zu geben, um zu spüren, wie sie sich fühlen. Jesus heilt und heilt, aber wir müssen selbst Hand anlegen. Wir müssen uns dem Geist Gottes hingeben und ihm nachgeben. Sie sind nur ein Gefäß; machen Sie sich für Gott verfügbar. Erstaunliches Wissen im Wort, aber denken Sie daran, Gott hat es ihnen gegeben. Wenn wir seinem Geist nachgeben, wird er Übernatürliches durch uns tun.

LASST UNS BETEN

Herr, wir begehren alle geistlichen Gaben, damit deine eine Kirche erbaut wird. Mögen die Menschen in dieser Welt erkennen, dass du der Gott bist, der heilt, befreit und aufrichtet. Gefangene frei! Wir wollen, dass unsere Kleidung, unser Schatten und unsere Hand die Kranken heilen und befreien. Wir sind nicht nur ein weiteres religiöses Kirchengebäude, sondern begabte Nachfolger Jesu Christi, wo Menschen Wunder empfangen, taube Ohren sich öffnen, Lahme gehen und Blinde sehen. Gib, dass alles verfügbar ist, um dir Ruhm, Ehre und Lob zu bringen. Lass alle Nationen wissen, dass Jesus der Retter der Welt und der einzig wahre Gott ist, in Jesu Namen. Amen! Gott segne Sie!

29 MÄRZ

LEBEN SIE NICHT UNTER DEN PRIVILEGIEN!

Yuch wenn Sie abgelehnt, als Sklave verkauft oder von Leuten wie Joseph böswillig beschuldigt wurden, halten Sie durch. Der Bruder von Joseph sah ihn kommen.

Mose 37:19 Und sie sprachen zueinander: Siehe, da kommt dieser Träumer. 20 So kommt nun und laßt uns ihn erwürgen und in eine Grube werfen, daß wir sagen: Ein böses Tier hat ihn gefressen, und wir werden sehen, was aus seinen Träumen wird.

Gott weiß, wie er segnen und verfluchen kann. Joseph hielt an seiner Integrität fest. Er hielt sich an das Gebot Gottes.

Sprüche 2:22 Aber die Gottlosen werden von der Erde ausgerottet, und die Übeltäter werden von ihr entwurzelt.

Die Frau des Potiphar versuchte, ihn in Schwierigkeiten zu bringen. Trotz aller Schwierigkeiten und Widerstände zweifelte Josef nie an der Plan Gottes. Gehen Sie einfach rein und machen Sie weiter. Drängen Sie sich durch, um das zu erhalten, was Ihnen gehört.

Mose 39:9 In diesem Haus gibt es keinen Größeren als mich, und er hat mir nichts vorenthalten außer dir, weil du seine Frau bist. Wie kann ich dann so etwas Böses tun und gegen Gott sündigen?

Joseph wurde angeklagt und hinter die Theke gebracht. Josef drängte sich immer wieder durch. Eines Tages erlaubte Gott ihm, den Traum für den Pharao zu deuten.

Mose 41:39 Und der Pharao sprach zu Joseph: Weil Gott dir das alles gezeigt hat, gibt es keinen, der so klug und weise ist wie du. 43 Und er ließ ihn auf dem zweiten Wagen fahren, den er hatte, und sie riefen vor ihm: Beugt das Knie!

Joseph sagte, ich weigere mich, in Ägypten Sklave genannt zu werden, ich weigere mich, hinter der Bar zu bleiben. Ich weigere mich, von Männern oder Frauen unterdrückt und missbraucht zu werden. Ich fürchte Gott.

Sprüche 22:29 Siehst du einen Mann, der fleißig ist in seinen Geschäften, so wird er vor Königen bestehen und nicht vor Bösewichtern.

Leben Sie nicht unter Ihren Privilegien! David war nicht beunruhigt über das, was im Haus seines Vaters geschah. David brachte den Proviant zu seinem Bruder auf dem Schlachtfeld. Und sein Bruder schimpfte mit ihm.

1 Samuel 17:28 Und Eliab, sein ältester Bruder, hörte, als und redete mit den Männern. Da ergrimmte Eliab über David und sprach: Warum bist du herabgekommen, und bei wem hast du die wenigen Schafe in der Wüste gelassen? Ich kenne deinen Stolz und die Bosheit deines Herzens; denn du bist herabgekommen, daß du den Streit sehen mögest. 29 David aber sprach: Was habe ich nun getan? Gibt es nicht eine Ursache?

David machte es nichts aus, von anderen und sogar von seiner eigenen Familie missbilligt und abgelehnt zu werden. David ließ sich davon nicht beirren. Er machte weiter, bis er die höchste Position erreicht hatte.

2 Samuel 5:3 Da kamen alle Ältesten Israels zum König nach Hebron. König David schloss mit ihnen in Hebron einen Bund vor dem Herrn und sie salbten David zum König über Israel.

Siehe, alle, die David töten wollten, wurden entwurzelt.

Sprüche 2:22 Aber die Gottlosen werden von der Erde ausgerottet, und die Übeltäter werden von ihr entwurzelt.

König David regierte vierzig Jahre lang in Israel. Möge dein Kampf zum Sieg führen, deine Krankheit zur Heilung! Ich bete, dass du eine Beförderung vom Himmel erhältst! Der Herr öffnet alle Türen, und der Segen kommt wie eine Flut! Herr Jesus, sende seine Engel, um jede Gefängnistür zu öffnen und die Gefangenen herauszuführen! Möge der Herr dich an deinem Krankenbett besuchen, in deinem Leid, und dir Hoffnung geben! Es gibt über 5000 Verheißungen in der Bibel; nimm sie in Anspruch und mach sie dir zu eigen. Leben Sie nicht unter Ihren Privilegien. Die Menschen können dich abstempeln und herabsetzen, aber dränge weiter und fordere alles ein. Sie werden die Spitze erreichen, gesegnet und begünstigt. Wir alle haben jemanden wie König Saul, der versucht, zu töten. Potiphars böse Frau versuchte, den Ruf des gottesfürchtigen Mannes zu zerstören. Eifersüchtige, stolze und neidische Brüder und Schwestern wollten Sie zerstören, aber machen Sie sich keine Sorgen, gehen Sie weiter, nehmen Sie Ihre Verheißungen in Anspruch, und Sie werden Erfolg und Triumph erleben. Geben Sie sich nicht mit weniger zufrieden.

Sage: Ich bin dazu bestimmt, 100-fachen Segen zu erhalten, wenn ich auf dem Weg Gottes bleibe. Sage: Ich werde so gedeihen, wie meine Seele gedeiht. Es ist an der Zeit, sich von niemandem belehren oder irreführen zu lassen und sich mit weniger zufrieden zu geben. Gott beruft dich zu Größerem und zur Ausbeutung. Es ist an der Zeit, an das Unmögliche zu glauben, an ein Wunder, ein Zeichen und ein Wunder. Lass den Himmel die Grenze sein. Es ist an der Zeit, einen Exploit zu machen. Niemand kann dich schlagen, wenn du verfolgst und überholst. Geben Sie sich nicht mit der Agenda der falschen Propheten und Lehrer zufrieden. Bitte lassen Sie nicht zu, dass Isebels Plan in den Kirchen Erfolg hat. Lassen Sie die Lüge des Teufels in Ihrer Stadt oder Ihrem Land nicht zu.

Psalm 146:8 Der HERR öffnet die Augen der Blinden; der HERR erhebt die Gebeugten; der HERR liebt die Gerechten:

29 MARZ

Versuchen Sie es weiter, und glauben Sie weiter. Eines Tages wirst du das Wunder erleben, dass der tote Körper nach vier Tagen aus dem Grab aufersteht. Er wird Sie auferwecken. Er hält sein Versprechen. Die Bibel sagt: "Ist dem Herrn irgendetwas zu schwer? Ich hatte Mandelentzündungen, die mir große Schmerzen bereiteten. Ich konnte nachts nicht schlafen. Ein Arzt konnte mich nicht operieren, weil über meinen Blutzustand. Ich bat die Gemeinde immer wieder, weiter zu beten. Eines Tages stand ein Besucherprediger auf der Kanzel, und anstatt zu grüßen, fragte er, ob jemand krank sei. Ich sagte, ich sei es; er bat mich, nach oben zu kommen, was ich auch tat. Nachdem er über mich gebetet hatte, kehrte ich auf meinen Platz zurück. Der Teufel sprach: Du wirst nicht geheilt. Ich sagte, ich sei auch krank, und sofort kam die Heilung. Ich war vollständig geheilt. Aber der lügende Teufel brachte die Wolke des Unglaubens. Der Teufel hat mir ins Ohr gelogen: Du bist nicht krank. Ich sagte, ich sei es auch, und Gott brachte den Schmerz auf beiden Seiten, eine nach der anderen. Ich warf dem Teufel ein blaues Auge zu und sagte, ich sei krank. Gott nahm den Schmerz weg, als ich die Wahrheit sagte und den Teufel mit seiner Lüge konfrontierte. Ich danke Gott für die Heilung. Ich habe über meine Genesung Zeugnis abgelegt. Ich weiß, dass ich sie mit Gewalt ergreifen muss. Dass es für den Arzt unmöglich ist, bedeutet nicht, dass es für Gott unmöglich ist, oder? Wir sind nur dann ein lebendiges Zeugnis von Jesus Christus, wenn wir das in Anspruch nehmen, was uns zur Verfügung steht. Lassen Sie nicht zu, dass der Teufel Sie glauben lässt, es sei nicht verfügbar. Schenken Sie dem Teufel ein blaues Auge, indem Sie auf das vertrauen und an das glauben, was er Ihnen versprochen hat. Haben Sie furchtloses Vertrauen. Seien wir hartnäckig in Bezug auf das, woran wir glauben. Es wird Ihnen gehören; sagen Sie einfach, dass ich mich weigere, unter meinen Privilegien zu leben. Ich hatte Krebs; ich sagte Nein zum Krebs; ich wurde von diesem Dämon befreit. Ich saß im Rollstuhl, aber ich habe mich geweigert, im Rollstuhl zu sitzen. Ich gehe jetzt. Nein, Teufel, nein! Ich weigere mich, unten zu bleiben; ich komme gegen dich an, im Namen Jesu. Pharao, lass mein Volk gehen. Lass die Blinden sehen, die Lahmen gehen und die Gefangenen freilassen. Unsere Kinder haben das Privileg, die Spitze, das Haupt, der Erste, der Oberste und der Gesegnete zu sein. Unser Privileg ist es, sie über den mächtigen Gott zu unterrichten, damit sie Segen und nicht Fluch empfangen. Ich sagte, wir Eltern unsere Kinder die Gesetze, Gebote und Vorschriften Gottes lehren, wie es Jochebed mit Mose, Aaron und Mariam tat. Wir verlassen uns beim Lehren nicht auf die Sonntagsschullehrer. Wenn Sie Ihre Kinder lieben und wollen, dass sie weiterhin gesegnet werden, dann nehmen Sie sich Zeit, um die Wahrheit der Bibel vorzubereiten. Sie werden überfließend leben. Amen!

LASSET UNS BETEN:

Im Namen Jesu, lass deinen Kummer in Freude umschlagen. Möge der Herr dich von der Sklaverei der Drogen, des Alkohols, der Zigaretten und anderer Fesseln befreien. Möge der Herr Ihnen Kraft, Mut und Kühnheit geben, um seinen Namen zu verherrlichen und zu preisen! Ich bete, dass Sie der David, Daniel und Josef von heute sind. Sie sind die Esther, die sein Volk von den Plänen des Teufels befreit. Es ist unser Vorrecht, dass der Plan des Teufels zu Fall gebracht wird und Sie entkommen. Sie leben unter dem Schirm der Gnade und Barmherzigkeit in Jesu Namen. Amen! Gott Gott segne Sie!

30 MÄRZ

EINTRÄCHTIG UND EINMÜTIG!

Tie Macht der Einigkeit und des einen Geistes ist unzerbrechlich, unveränderlich und unerschütterlich. Sogar die Bibel sagt, dass niemand aufhören kann, wenn er es so beschlossen hat. Der Teufel spaltet die Einigkeit und den einen Geist und zerstört dann das Werk. Der Teufel kennt die Macht der Harmonie und der Einigkeit eines Geistes. Der allwissende Gott hat dieses Prinzip angewandt. Jehova Gott zerstört den einen Grund und die eine Einigkeit, um den Plan der Menschen zu beenden. Gott selbst sagte im Buch Genesis:

Genesis 11:1 Und die ganze Erde hatte eine einzige Sprache, und eine Rede. 4 Und sie sprachen: Wohlauf, laßt uns eine Stadt und einen Turm bauen, dessen Spitze bis an den Himmel reicht, und laßt uns einen Namen machen, daß wir nicht zerstreut werden über die ganze Erde. 5 Und der HERR kam herab, um die Stadt und den Turm zu sehen, die die Menschenkinder bauten. 6 Und der HERR sprach: Siehe, das Volk ist eins, und sie haben alle eine Sprache; und das fangen sie an zu tun: und nun wird nichts von ihnen zurückgehalten werden, was sie zu tun gedenken. 7 Geht hin, laßt uns hinabfahren und daselbst ihre Sprache verwirren, daß sie sich untereinander nicht verstehen. 8 Also zerstreute sie der HERR von dannen über die ganze Erde; und sie ließen ab, die Stadt zu bauen. 9 Darum heißt sie Babel, darum daß der HERR daselbst die Sprache aller Welt verwirrt hat; und von da hat sie der HERR zerstreut über die ganze Erde.

Gott schuf die Menschheit, um die Erde zu füllen. Aber die Menschen wollten an einem Ort bleiben. Selbst Gott sagt, wenn sie eins sind, kann sie nichts aufhalten. Wenn alle denselben Glauben, dieselbe Sprache, dasselbe Denken und dieselben Bräuche haben, dann kann sie nichts aufhalten. Schon der Wechsel der Sprachen wird die Menschen trennen und ihre Pläne zunichte machen. Satan macht sich dasselbe Prinzip zunutze, nur in umgekehrter Weise. Wie die Bibel sagt, gibt es nur einen Gott, und der Teufel sagt, nein, es gibt drei. Teile und herrsche. Wenn Sie diesem allerersten Gebot Gottes glauben, dann habt ihr das Reich Gottes auf Erden.

Deuteronomium 6:4 Höre, Israel! Der Herr, unser Gott, ist ein einziger Herr:

Die Wahrheit der Bibel durch die Offenbarung EINES GOTTES zu erkennen, nicht dreier. Wenn du mit dem Geist Gottes übereinstimmst, dann arbeitest du mit Gott. Wenn Sie die drei Götter verwechselt haben, dann arbeiten Sie mit dem Teufel und werden die Wahrheit nie finden. Der Schlüssel zur Wahrheit im Neuen Testament liegt darin, Jehova zu erkennen, der sich im Fleisch Jesu manifestiert hat. Der Geist Gottes offenbart, dass der Geist Gottes sich im Fleisch manifestiert hat, nicht in Fleisch und Blut. Dies geschieht nur, wenn der Geist Gottes uns Offenbarung schenkt. Der Teufel nutzte die Menschen aus, die nicht im Geist wandelten. Die Schriftgelehrten prüften den Herrn Jesus auf sein Verständnis von Gott. Kennt er die Wurzel der Bibel? Weiß Jesus, dass es nur EINEN Gott gibt?

30 MARZ

Markus 12:28 Es kam aber einer von den Schriftgelehrten und hörte sie miteinander reden und merkte, daß er ihnen gut geantwortet hatte, und fragte ihn: Welches ist das erste Gebot von allen? 29 Und Jesus antwortete ihm: Das erste aller Gebote ist: Höre, Israel: Der Herr, unser Gott, ist ein einziger Herr. 32 Und der Schriftgelehrte sprach zu ihm: Wohlan, Meister, du hast die Wahrheit gesagt; denn es ist ein Gott;

Die Wahrheit ist, dass es nur einen Gott gibt und nicht Millionen. Denken Sie also daran: Wenn Sie glauben, dass es viele Götter und Göttinnen gibt, dann werden Sie nie eine Lösung finden, sondern nur Verwirrung. Wenn Sie die Offenbarung haben, wer Jesus ist, dann wird es eine Kirche geben, die das tut, was Petrus und die 12 Jünger begonnen haben. Keine Pforte der Hölle kann die Kirche überwältigen. Am Anfang, als sie einmütig und einmütig waren, stellten sie die Welt auf den Kopf,

Apg 17:6b Auch die, die die Welt auf den Kopf gestellt haben, sind hierher gekommen; Jüngerinnen und Jünger stellen die Welt auf den Kopf, denn sie haben verstanden, gehandelt und gewirkt wie Jesus, einmütig und einhellig.

Apg 1:14 Sie beteten alle einmütig weiter. und Flehen, mit den Frauen und Maria, der Mutter Jesu, und mit seinen Brüdern.

Apg 2:1 Und als der Pfingsttag vollendet war, waren sie alle einmütig an einem Ort. 2 Und es geschah plötzlich ein Brausen vom Himmel wie von einem gewaltigen Wind, und es erfüllte das ganze Haus, in dem sie saßen. 3 Und es erschienen ihnen gespaltene Zungen wie von Feuer, und es setzte sich auf einen jeden von ihnen. 4 Und sie wurden alle mit dem Heiligen Geist erfüllt und fingen an, in anderen Sprachen zu reden, wie der Geist ihnen eingab.

Der Teufel mag es nicht, wenn wir Gott folgen. Wenn wir uns mit Gott vereinen, dann tun wir mächtige Arbeit. Die Apostelgeschichte, die die Geschichte eines ersten Kirche, fortgesetzt hätte.

Philipper 2:2 Erfüllt meine Freude, damit ihr gleichgesinnt seid, die dieselbe Liebe haben, einmütig sind, eines Sinnes sind.

Römer 15:6a Damit ihr mit einem Geist und einem Mund verherrlicht

Matthäus 16:18 Und ich sage dir auch: Du bist Petrus, und auf diesen Felsen will ich meine Gemeinde bauen, und die Pforten der Hölle sollen sie nicht überwältigen.

Wie kann man das Werk Gottes zerstören? Der Teufel weiß, dass unser Körper der Tempel des Heiligen Geistes ist. Wir kennen diese Wahrheit nur, wenn wir die Offenbarung von Jesus als Gott Jehova im Fleisch haben. Der Teufel schmiedet einen Plan gegen diese Wahrheit, indem er falsche Lehrer und Propheten einsetzt. Wir müssen wissen, was Paulus und Petrus taten. Die Offenbarung des einen Gottes der sich im Fleisch manifestiert und das mächtige Werk tut. Dann hätten unsere Kirchen kein Problem mit der Taufe auf den Namen Jesu. Tatsache ist, dass Jesus, ihr Gott-Messias, leibhaftig lebt.

Satan erkannte, dass sein Reich in Gefahr war. Wie kann man gegen Gottes Reich vorgehen? Der Teufel sagte, ich muss spalten und trennen. Er benutzte eine Schriftstelle, Matthäus 28:19, und ließ sie niemals die

Offenbarung Jesu haben. Der Teufel hat eine bemerkenswerte Leistung vollbracht, indem er den Namen Jesus entfernte, der über allen früheren Namen Jehovas, die im Alten Testament verwendet wurden, steht. Satan führte 325 n. Chr. auf der Konferenz von Nizäa eine falsche Lehre ein, so dass die Menschen nie die Wahrheit erfuhren. Er richtete Zerstörung an, indem er die Bibel veränderte, indem er die Wahrheit entfernte. Der Teufel gründete theologische Fakultäten und führte drei Götter ein, die er Trinität nannte. Die Identität Jesu stammt aus der Offenbarung; der Teufel führte eine falsche Lehre ein und begann, durch seine falschen Lehrer und Propheten zu lehren. Die Christenheit ist so gespalten, dass es keine Einigkeit gibt. Die Kirche ist zu einer Räuberhöhle geworden, in der es keine Kraft gibt, die Hölle zu erschüttern, aber die Hölle erschüttert uns. Kein Teufel wird ausgetrieben, aber die Menschen sind voll von Dämonen.

Die Wahrheit kommt allein aus der Offenbarung. Eine Dame sagte, Gott würde eine Schriftstelle benutzen, um seine Identität zu offenbaren. Ich wartete auf die Entdeckung von Jesus. Eines Tages benutzte Gott eine Schriftstelle, um den Retter als den Knecht Jesus zu offenbaren, indem er Jehova in ihm sah.

Jes 43:10 Ihr seid meine Zeugen, spricht der Herr, und mein Knecht, den ich erwählt habe, damit ihr mich erkennt und mir glaubt und begreift, daß ich es bin; vor mir gibt es wurde kein Gott gebildet, und nach mir wird auch keiner mehr sein. 11 Ich, ich bin der Herr, und außer mir ist kein Retter.

Ich wußte, daß Philippinen 2:6 der, da er in der Gestalt Gottes war, es nicht für ein Raub hielt, Gott gleich zu sein, 7 sondern sich selbst entäußerte und Knechtsgestalt annahm und sich den Menschen gleich machte:

Wahnsinn! Gott ist so erstaunlich! Niemand außer Gottes Wort, das Geist ist, kann die Wahrheit offenbaren. Ich habe versucht, Theologie zu studieren, aber Gott hat mich davon abgehalten. Ich studierte verschiedene Religionen, darunter die Zeugen Jehovas, die Siebenten-Tags-Adventisten und ein wenig Mormonen. Die Pforten der Hölle können sich der Wahrheit nicht widersetzen. Sorgen Sie dafür, dass wir mit der Wahrheit übereinstimmen und einmütig sind. Die Verwirrung wird verschwinden.

LASST UNS BETEN:

Herr, wir sind verwirrt und haben nicht die Wahrheit. Herr, offenbare uns die Wahrheit. Wir sehen nicht, dass Dämonen ausgetrieben, Kranke und gebrochene Herzen geheilt werden, weil wir nicht die Zeit genommen, dich zu suchen. Bitte hilf uns, die Wahrheit zu finden, und lass uns einträchtig und einmütig sein. Herr, wir wollen die Welt auf den Kopf stellen. Nur die Wahrheit macht den Gefangenen frei. Gib uns die Wahrheit. Wir wollen Dämonen austreiben, Kranke heilen und Menschen mit gebrochenem Herzen heilen. Herr, gib uns die Offenbarung der Wahrheit und hilf uns, dass wir mit einem Verstand und einem Geist deine Mission erfüllen, damit die Menschen die Macht der Wahrheit und die Macht der Vereinigung mit dir sehen und erkennen. In Jesu Namen. Amen! Gott segne Sie!

31 MÄRZ

NIMM ES VON SATAN ZURÜCK!

Was mir gehört, gehört mir und auch viel. Wir müssen wissen, was uns gehört und es uns zurückholen. Übernimm die Kontrolle über das, was verborgen, gestohlen und zerstört ist. Gesundheit, Reichtum, Wohlstand, Sieg, Wissen, Weisheit und Erde gehören uns. Wenn Ihr Vatergott Jesus ist, dann sind Sie Eigentümer von allem, was er geschaffen hat. Ich erinnere mich an die Begegnung mit einer älteren Dame, die sehr arm war. Jedes Mal, wenn ich sie besuchte, beklagte sie sich darüber, dass sie nichts zu essen hatte. Vielleicht etwas zu essen, Brot, Bohnen oder Reis. Ich versuche zu helfen, aber wie viel kann ich tun? Sie hatte viele kleine Enkelkinder. Jesus sagte: Er ist arm geworden, damit ich reich werde. Sie ist eine gute Christin. Sie sollte viel Reichtum haben. Während ich also betete, brach ich den Geist der Armut. Seitdem hat sie alles, was sie braucht. Ihre Kinder haben ein neues Auto, ein großes Haus und Essen. Halleluja! Wage es, den Dieb und Mörder zu vernichten. Nimm es zurück.

Johannes 10:10b Ich bin gekommen, damit sie das Leben haben und haben es in Hülle und Fülle.

Der Teufel, der Dieb, nimmt es und versteckt es vor uns.

Johannes 10:10a: Der Dieb kommt nicht, sondern um zu stehlen, zu töten und zu verderben:

Der Teufel hat es auf unseren Segen, unser Geld, unsere Güter, unsere Kinder und alles, was Gott uns gegeben hat, abgesehen. Die Geschichte beweist, dass Entwicklungsländer sich Jesus zuwenden und reich werden. Unser Gott segnet unseren Korb, unser Land, unsere Gesundheit, unsere Ernten, unsere Tiere und unser Land. Wenn wir uns Jesus zuwenden, finanzieren wir mit dem Segensspender.

2 Korinther 9:8 Und Gott ist fähig, euch alle Gnade reichlich zuteil werden zu lassen, damit ihr allezeit alle Genüge habt in allen Dingen und reichlich seid zu jedem guten Werk:

Wenn Satan stiehlt, strecke deine Hand in jede Richtung aus und sage: Satan verliert alles, was mir gehört, im Namen Jesu. Binde den Teufel, seine Gefolgsleute und Dämonen und vernichte sie. Gott hat dir im Namen Jesu Macht und Autorität gegeben.

Sprüche 10:22 Der Segen des Herrn macht reich, und er fügt keinen Kummer dazu.

Dein Gott hat es versprochen.

Deuteronomium 15:6 Denn der Herr, dein Gott, segnet dich, wie er dir verheißen hat. Du sollst vielen Völkern leihen, aber nicht borgen, und du sollst über viele Völker herrschen, aber sie sollen nicht über dich herrschen.

Ich habe erlebt, wie Nationen sich Jesus zuwandten und sehr reich wurden. Die Macht zu segnen liegt nur in der Hand des Wahrer Gott. Amerika ist gesegnet, weil sein Vorfahre Gott von ganzem Herzen diente. Nun, schauen Sie sich Amerika an. Wenn wir uns von Gott entfernen, können wir sehen, dass wir Segnungen verlieren.

Psalm 33:12 Gesegnet ist das Volk, dessen Gott der Herr ist, und das Volk, das er zu seinem Erbe erwählt hat.

Ich hörte das Zeugnis meines Bruders in Christus, eines Atheisten. Er sagte, als ich in Korea war, glaubte das Volk nicht an Jesus und war sehr arm. Wir essen einmal am Tag mit einer Faust voll Reis, kochen ihn in einem großen Topf mit Wasser und geben viel Salz hinein. Nur um alle meine Brüder, Eltern und Großeltern zu ernähren. Seit Jesus in unser Land gekommen ist, sind wir wohlhabend geworden. Nur Jesus kann segnen. Wenn Sie sich ihm von ganzem Herzen zuwenden, um ihm zu dienen, werden Sie den Unterschied zwischen Ihnen und Ihrer Nation erkennen. Satan hat eine Armee von gefallenen Engeln mit Dämonen. Dämonen sind verlorene Seelen, die unter Satan arbeiten. Wir sehen die geistliche Welt nicht. Wir haben keine Ahnung oder Wissen und wissen nicht, wie wir uns schützen können.

Maleachi 3:11 Und ich will den Fresser um euretwillen züchtigen, und er soll die Früchte eures Bodens nicht verderben, und euer Weinstock soll seine Frucht nicht vor der Zeit auf dem Feld abwerfen, spricht der Herr der Heerscharen.

Verschlinger sind Satan, gefallene Engel und Dämonen, die in Satans Armee arbeiten. Satan benutzt Krankheiten, Heuschrecken, den Krebswurm, die Raupe und den Palmenwurm, um uns zu vernichten. Auch um eure Ernten zu ruinieren. Der Teufel verschlingt, wen er kann. Lebe mit dem Wissen um den Teufel des Gegners. Er existiert und wirkt wie ein Fürst in der Luft. Finden Sie heraus, wie Sie den Segen empfangen können, indem Sie das geben, worum Gott uns gebeten hat. Investieren Sie in Arbeiter Gottes, die auf dem Feld Gottes predigen, lehren, Dämonen austreiben und Kranke heilen. Geben Sie bitte auch den Armen, Hungernden, Waisen und Nackten, denn in dieser Dispensation ist unser Körper der Tempel, nicht die Gebäude.

1 Petrus 5:8 Seid nüchtern, seid wachsam; denn euer Widersacher, der Teufel, geht umher wie ein brüllender Löwe und sucht, wen er verschlingen kann:

Das Vokabular des Teufels ist trügerisch, mit versteckten Plänen zur Zerstörung. Der Teufel kann dir die Antwort stehlen, wenn du darum betest. Bleiben Sie also auf den Knien und lernen Sie, anzuklopfen, zu suchen und zu bitten, bis alles, was Ihnen gehört, frei von Satan ist.

Daniel 10:12 Da sprach er zu mir: Fürchte dich nicht, Daniel; denn von dem ersten Tag an, da du dir vorgenommen hast, zu verstehen und dich vor deinem Gott zu kasteien, sind deine Worte erhört worden, und ich bin gekommen, um deine Worte zu hören.13 Aber der Fürst des Königreichs Persien widerstand mir zwanzig Tage lang; aber siehe, Michael, einer der obersten Fürsten, kam mir zu Hilfe, und ich blieb dort bei den Königen von Persien.

Der Fürst Ihrer Region hat viele unserer Gebetsanliegen. Sie denken vielleicht, dass es nicht Gottes Wille ist, die Antwort zu bekommen. Nein, Satan hält es fest und versteckt es. Gehen Sie in den Kampf und nehmen Sie es ihm aus der Hand. Befehlen Sie ihm, wegzugehen, sagen Sie: Ich weise dich zurück, Satan, in Jesu Namen. Sage: Ich befehle dir, Teufel, in Jesu Namen, aus meinem Fall herauszukommen. Rufen Sie Gott an und sagen Sie: Herr, ich brauche besondere Hilfe für meine Situation und meinen Fall.

Ich erinnerte mich an eine Freundin, die mir gegenüber sehr böse wurde. Ich verstand nicht, warum sie so war. Sie hatte so viel, und ich fragte mich, warum sie mich anschnauzte. Also betete ich: Jesus, was hat sie dazu gebracht, so zu sein? Jesus schenkte mir einen Traum. In meinem Traum sah ich zwei Frauen, und eine von ihnen war diese Freundin. Gott sagte, dass beide eifersüchtig, neidisch und hochmütig auf dich sind. Ihre Persönlichkeit erinnerte mich oft daran, dass sie Bindfäden sind. Verstehen Sie, dass Ihr Familienmitglied und Ihr Freund für die Armee Satans arbeiten. Beten Sie, dass diese Menschen Ihnen niemals schaden und befreit werden. Im Fleische brauchen wir Hilfe. Deshalb hat Gott die Engel geschaffen.

Lukas 22:43 Und es erschien ihm ein Engel vom Himmel und stärkte ihn.

Psalm 34:7 Der Engel des HERRN (Jahwe) lagert sich um die, die ihn fürchten, und rettet sie.

Wenn wir uns alle auf Jesus berufen, dann werden unser Haus, unsere Stadt, unser Land und unsere Nation frei sein von Drogen, Scheidungen, Gefängnissen, Krankenhäusern, Krankheiten, Entführern, Waffen und Krieg. Können Sie Zeit im Gebet verbringen? Rufen Sie Gott an, nicht den Notruf. Rufen Sie Jesus an und nicht die Polizei. Sie können den Krieg erklären und sagen: Teufel, genug ist genug. Ich komme im Namen von Jesus gegen dich an. Ich bin nicht für Krebs, Schlaganfälle, Krankheiten oder geistige und körperliche Gebrechen gemacht. Ich will nicht arm sein. Ich weigere mich, arm zu sein. Was mir gehört, kommt doppelt zurück. Wissen ist der Schlüssel. Finden Sie den Schlüssel zu Ihrer gestohlenen Gesundheit, Ihrem Reichtum, Ihren Kindern, Ihrer Ehe, Ihrem Erfolg und Ihrem Wohlstand. Benutzen Sie ihn und holen Sie ihn sich vom Feind zurück.

Hosea 4:6a; Mein Volk wird aus Mangel an Wissen vernichtet:

Ich glaube, dass das Wort Gottes für alle Jahreszeiten und Situationen gut ist und besser als Medizin. Meine atheistische Freundin hatte Krebs. Ich begleitete sie zehn Jahre lang. In ihrer schwersten Zeit brauchte sie Jesus. Sie wusste, dass ich den Herrn kannte. Sie rief mich zu sich nach Hause, um zu beten. Während ich betete, sah ich ein helles Licht eintreten, und Jesus folgte dem hellen Licht und kam in ihr Zimmer. An diesem Abend wurde meine Freundin von vielen Dingen geheilt. Sie lebt immer noch, aber viele ihrer krebskranken Kolleginnen sind verstorben. Jetzt liebt meine Freundin Jesus. Jesus kann den Zerstörer vernichten. Ich habe ihr Leben im Namen Jesu aus der Hand des Satans genommen.

LASSET UNS BETEN:

Herr, wir sind dankbar für dein Blut. Du hast den Preis für alle Sünden bezahlt und unsere Seelen vom ewigen

Tod erlöst. Bitte gib uns das Wissen um dein Wort, um die Fülle des Erbes zu empfangen. Wir haben Überfluss, werden aber vom Feind bestohlen. Herr, wir bitten dich im Namen Jesu, dass du denjenigen loslässt, der durch Drogen, Alkohol, Zigaretten und Sünden gebunden ist. Teufel, wir befehlen dem Teufel, aus unserer Familie zu verschwinden. Lass uns gegen den Teufel antreten. Wir binden und schicken dich, den Teufel, in die Höllengrube, wo du hingehörst. Lass dich in Jesu Namen von deiner Falle fangen. Lass alles, was uns gehört, im Namen Jesu in Fülle zurückkehren. Amen! Gott segne Sie!

APRIL

1 APRIL

KÖNNEN SIE WIEDER AUFERSTEHEN!

Jesus ist am 3. Tag wieder auferstanden. Nach dem jüdischen Glauben beginnt der tote Körper nach drei Tagen zu verwesen. Gott zeigt uns, dass er jedes Naturgesetz brechen kann; er ist der Gott, der die Toten lebendig macht. Sie waren tot, denn der Schlüssel zum Tod liegt in der Hand des Satans. Nach der Auferstehung gab Jesus sein Blut an heiliger Stätte für die Sünden der Welt. Jeder kann von seinen Sünden auferweckt werden, denn es ist für alle, die es wünschen, möglich.

Offenbarung 1:18 Ich bin der Lebendige, der tot war; und siehe, ich bin lebendig von Ewigkeit zu Ewigkeit, Amen, und habe die Schlüssel der Hölle und des Todes.

Der Tod hat keine Macht mehr, denn Jesus hat uns das Leben geschenkt; das Leben ist im Blut. Blut stirbt nicht. Jesus hat sich selbst und alle, die im Herrn gestorben sind, ohne Blut auferweckt.

Epheser 4:8 Darum sagt er: "Als er in die Höhe fuhr, führte er die Gefangenen in die Gefangenschaft und gab den Menschen Gaben. 9 Da er nun hinauffuhr, was ist es anderes, als dass er auch zuerst hinabgestiegen ist in die unteren Teile der Erde? 10 Er der herabgestiegen ist, ist auch derselbe, der weit oben aufgestiegen ist alle Himmel, damit er alles erfülle.)

Er hat all jene auferweckt, die in der Gerechtigkeit des Alten Testaments ohne das Blut des Lammes gestorben sind. Nachdem er das Blut des Retters Jesus geopfert hat, stehen sie nicht mehr unter dem Fluch von Adam und Eva. Er nahm Abraham, seinen Nachkommen, Mose und alle Gerechten mit sich hinauf. Gottes Plan, im Fleisch zu kommen und zu sterben, bestand darin, alle aufzuerwecken, die Satan gefangen hielt. Außerdem sollte er andere von Satans Plan des Stehlens, Tötens und Zerstörens befreien. In Gottes Plan brauchen wir Satans Schurkenrolle, um einen Plan Gottes zu erfüllen und zu etablieren. Satan dachte, er hätte Jesus zerstört, indem er ihn tötete. Satan dachte, dass der Plan das Reich Gottes erfolgreich zerstörte, aber es ging nach hinten los für Satan. Der Herr Jesus hat bewiesen, dass das Wunder des Fisches die Regeneration nicht einschränkt. Er bewies, dass die Wiederauferstehung des toten Fisches durch Vermehrung möglich war. Ich erinnere mich, dass in meinem Garten der Baum immer wieder absterbte. Ich sprach mit einer Freundin, und sie sagte: "Ich kann dafür beten, dann werden sie wieder lebendig." Das tat sie dann auch. Er wurde lebendig. Ich erinnere mich, dass ich lange Zeit über einem toten oder fast sterbenden Patienten auf der Intensivstation gebetet habe, und er wurde wieder lebendig. Jesus sagte, ihr könnt in meinem Namen Tote auferwecken. Ich gebe euch Macht über den Tod. Ich habe Satan den Schlüssel weggenommen; jetzt ist der tödliche Satan aus dem Geschäft. Verlieren Sie den Schlüssel nicht; er befindet sich im Wort Gottes, der Bibel. Wie viele

1 APRIL

glauben das? Wir sehen verschiedene Taktiken, mit denen Satan versucht, uns glauben zu machen, dass wir keine Macht haben zu erwecken. Satan bringt uns dazu zu glauben, dass ein Dämon von Alkohol, Drogen, Krebs oder einem Herzinfarkt nicht geheilt oder befreit werden kann. Alle Dämonen arbeiten Tag und Nacht daran, zu zerstören. Ich möchte Ihnen eine gute Nachricht überbringen: Sie können erneuert und versöhnt werden.

2 Korinther 5:17 Wenn nun jemand in Christus ist, so ist er eine neue Kreatur; das Alte ist vergangen, siehe, es ist alles neu geworden. 18 Und alles ist von Gott, der uns mit sich selbst versöhnt hat durch Jesus Christus und uns das Amt der Versöhnung gegeben hat, 19 nämlich daß Gott in Christus war und versöhnte die Welt mit sich selbst und rechnete ihnen ihre Schuld nicht zu und hat uns das Wort der Versöhnung gegeben.

Nur Sie brauchen den Schlüssel zum Wissen. Niemand kann uns etwas anhaben außer der eigenen Unwissenheit. Du kannst dich selbst von den Sünden erlösen, die dich in die Hölle zum ewigen Tod bringen.

Galater 5:19 Es sind aber die Werke des Fleisches offenbar: Ehebruch, Unzucht, Unreinheit, Lüsternheit, 20 Götzendienst, Hexerei, Haß, Zwietracht, Hader, Zorn, Streit, Aufruhr, Häresie, 21 Neid, Mord, Trunkenheit, Schwelgerei und dergleichen; davon sage ich euch zuvor, wie ich euch auch vorhin gesagt habe, daß, wer solches tut, das Reich Gottes nicht erben wird.

Das Blut des Lammes, Jesus, kann die Sünden abwaschen und uns ein reines Gewissen geben. Ein reines Bewusstsein hat keinen starken Einfluss auf dein Herz und dein Leben. Ich wische die Erinnerung an die Sünde mit ihrer Macht aus dem Leben. Wie wunderbar ist das?

Römer 6:1 Was sollen wir nun sagen? Sollen wir in der Sünde bleiben, damit die Gnade reichlich sei? 2 Gott bewahre uns davor. Wie sollen wir, die wir der Sünde tot sind, noch länger in ihr leben? 3 Wißt ihr nicht, daß so viele von uns, die auf Jesus Christus getauft sind, auf seinen Tod getauft sind? 4 Darum sind wir mit ihm begraben durch die Taufe in den Tod, auf daß, gleichwie Christus auferweckt ist von den Toten durch die Herrlichkeit des Vaters, also auch wir wandeln in einem neuen Leben. 5 Denn wenn wir seinem Tod gleich gepflanzt worden sind, so werden wir auch seiner Auferstehung gleich sein: 6 denn wir wissen, dass unser alter Mensch mit ihm gekreuzigt ist, damit der Leib der Sünde vernichtet werde und wir fortan nicht mehr der Sünde dienen. 7 Denn wer tot ist, der ist von der Sünde befreit. Jesus hat viele auferweckt, um seine Auferstehungskraft zu beweisen. Er war im Begriff, uns durch seinen Geist zu verwandeln. Wenn Sie den Heiligen Geist empfangen, kommt Jesus selbst in Sie. Jetzt wirkt er nicht mehr von außen, sondern durch Sie, indem er in Ihnen wohnt. Sie sind seine Schöpfung. Er lebt ewig, und auch wir können ewig leben, wenn wir ihm vertrauen. Die Auferstehungskraft in uns hat lebensspendende Kraft. Geben Sie sich nicht damit zufrieden, der Lüge des Teufels zu glauben. Es liegt in Ihrer Verantwortung zu wissen, dass Sie die Toten auferwecken können. Der Angriff des Satans zielt darauf ab, zu töten. Der Teufel will Sie glauben machen, dass er immer noch einen Schlüssel zum Tod hat, aber das ist nicht der Fall. Jede Sünde verursacht 39 Kategorien von Krankheiten, die zum Tod führen können. Jesus bezahlte mit 39 Striemen, aus denen Blut floss. Gott hat alles getan. Denkt nicht an den Tod, denkt an die Auferstehung. Gehen Sie umher und erwecken Sie denjenigen, der in der Dunkelheit sitzt, in einem Krankenhaus, in einer Bar, in einem Drogenloch, im Gefängnis oder im Knast. Gott hat dem Todesdämon befohlen, auszusteigen. Nehmt sie aus der Hand des Satans und sagt, dass ihr den Teufel verloren habt, als Jesus auferstanden ist.

Wissen Sie, was Ihnen gehört? Der Schlüssel liegt in den Händen der Kirche, die auf Fels gebaut ist. Fels ist eine Offenbarung dessen, wer Jesus Christus ist. Die Pforten der Hölle können nicht überwunden werden, wenn Sie wissen, wer Jesus ist. Jesus ist der fleischgewordene Retter Jehovas, und Sie sind die Kirche mit Autorität und Macht. Alles, was Satan Ihnen glauben machen will, ist, dass Sie keine Macht haben. Oh ja, alles, was wir ihm sagen müssen, ist, dass das Blut Jesu gegen dich, den Teufel, ist. Ich setze das Blut Jesu über die Stadt, das Haus, die Menschen und alles andere ein. Erwecke sie wieder zum Leben. Satan bringt den Tod an, aber alles mit dem Blut Jesu zu belegen, zerstört die Macht des Todes. Blut hat Leben.

Jesaja 33:6 Weisheit und Erkenntnis sind der Halt deiner Zeit und die Kraft des Heils; die Furcht des Herrn ist sein Schatz.

Denken Sie daran, dass Sie in Jesu Namen auferstehen und sich regenerieren können.

LASSET UNS BETEN:

Im Namen Jesu wissen wir, dass es sich hier nicht um eine Eiersuche oder ein Hasenfest handelt. Der Teufel ist ein Lügner. Gib uns die Weisheit, die Erkenntnis und das Verständnis für deine Auferstehung. Du bist lebendig und hast den Tod verschlungen und gesiegt. Das Verwesliche wird das Unverwesliche anziehen, und das Sterbliche wird die Unsterblichkeit anziehen. Die Kraft der Auferstehung ist in unserem Mund, wenn wir sie von Herzen glauben. Der lebendige Gott Jesus in uns hat den Satan vernichtet. Danke, dass du uns den Schlüssel zu deinem Reich gegeben hast. Wir sind siegreich durch deine Wahrheit und Kraft durch den Heiligen Geist. Nicht durch Macht, noch durch Kraft, sondern durch den Heiligen Geist. Wir erwecken alle Teile und alles Tote in uns und um uns herum auf in Jesu Namen. Amen! Gott segne Sie!

2 APRIL

AKTIVIEREN SIE IHREN GLAUBEN!

Wird sich unser Glaube materialisieren. Wir werden das Unsichtbare sehen. Glaube ist etwas, auf das man hofft. Der Glaube ist am mächtigsten, wenn man weiß, wie man ihn aktivieren kann. Der Glaube kann einen Berg bewegen, einen Lahmen zum Gehen und einen Blinden zum Sehen bringen. Der Glaube kann viel bewirken, wenn man weiß, wie man ihn bewahren kann. Wenn du an dein Geld, deine Familie, deinen Abschluss, deine Gesundheit, deine Kinder oder an irgendwelche Götter oder Göttinnen glaubst, dann wird es nicht funktionieren. Sie warden bedauern, dass dies nicht geschehen wird.Ich höre Beschwerden von meinen heidnischen Freunden, die zu vielen Göttern beten und sagen, dass nichts funktioniert. Doch wenn ich zu Herrn Jesus bete, erhalten sie den Segen. Ich bitte sie, höflich zu sein und Danke zu sagen, Jesus. Er allein kann Berge versetzen, Kranke heilen, Segensbehinderungen beseitigen, Wunder schenken und den Zerstörer vernichten. Lernen Sie, wie Sie Ihren Glauben aktivieren können; das ist der Schlüssel, um zu erhalten, was Sie sich wünschen, und Sie werden es erhalten. Als Erstes stellen wir Ihnen Jesus vor: den leibhaftigen Jehova Gott, der alles tut, was Sie wünschen. Er kann Sie segnen, denn wir haben viele sogenannte Götter und Göttinnen.

Hebräer 11:6 Aber ohne Glauben ist es unmöglich, ihm zu gefallen; denn wer zu Gott kommt, muss glauben, dass er ist und dass er ein Belohner derer ist, die ihn fleißig suchen.

Wenn du an Jesus als Gott glaubst, kannst du alles bekommen, was du dir wünschst und worum du bittest. Legen Sie Ihre Bitten, dann klopfen und beten für. Wenn Sie Jesus nicht kennen, besorgen Sie sich die KJV Bibel, die eine unverfälschte Kopie der hebräischen und griechischen Übersetzungen ist. Lesen Sie, das ist das Wort Gottes für Sie. Lass das Wort Gottes zu deinem Herzen sprechen, um mächtige Veränderungen zu bewirken. Ich traf einen Buddhisten aus Bangladesch. Er sagte: "Ich gehe nicht gerne in die Kirche, weil sie zu viel Liebe haben. Zweitens würde ich nicht in der Bibel lesen". Doch an dem Tag, an dem er seine Bibel aufschlug, konnte er sie nicht mehr weglegen, bis er fertig war. Ein Prediger verschenkte Bibeln auf der Straße. Ein Mann sagte: "Ich werde die Bibelseiten als Tabak verwenden und sie rauchen." Der Prediger sagte: "Das kannst du, aber bevor du sie verbrennst, lies die Seite und rauche sie dann". Das tat er ein paar Seiten lang, aber als er zum Buch Johannes kam, konnte er nicht mehr. Er fiel auf sein Gesicht und übergab sich Gott. Es ist das lebensverändernde Wort Gottes. Suchen Sie Gott zu finden. Es wird dein Leben verändern. Es wird retten Sie. Zweitens: Sie werden.

Jakobus 2:14 Was nützt es, meine Brüder, wenn jemand sagt, er habe Glauben, aber keine Werke hat? Kann der Glaube ihn retten? 17 So ist auch der Glaube, wenn er keine Werke hat, tot und bleibt allein.

Der Glaube wird aktiv, wenn man arbeitet, handelt und dem Wort gehorcht. Aktivieren Sie Ihren Glauben durch Ihr heutiges Handeln. Wenn Sie Lehrer oder Prediger werden wollen, dann studieren Sie und beginnen Sie zu lehren und zu predigen. Ein Mann namens Abraham wurde der Vater des Glaubens genannt. Abraham handelte, ohne zu sehen, dass die verheißene Nation vor seinen Augen geboren wurde. Er empfing den Sohn, als er sah, dass seine Frau unfruchtbar und von hohem Alter war. Er nahm seinen Sohn Isaak im Glauben mit auf den Berg Moriah, um ihn zu opfern. Glaube erfordert Gehorsam und kein Hinterfragen und Überlegen. Er erfordert eine Art von Glauben, bei dem der Ozean trockene Straßen verwandeln kann und der Felsen Wasser hervorbringt. Wir sollten im Glauben handeln, indem wir das Wort Gottes an Orte senden. Jesus konnte das Wunder in seiner Stadt nicht tun. Warum?

Matthäus 13:54 Und als er in sein Land kam, lehrte er sie in ihrer Synagoge, so dass sie sich entsetzten und sagten: Woher hat dieser Mensch diese Weisheit und diese großen Werke? 58 Und er tat dort nicht viele große Werke wegen ihres Unglaubens.

Ihr negativer Glaube erlaubte ihnen, zu zerstören und an Bord zu nehmen, wozu er sie berechtigte. Ich gehe einkaufen, reise oder arbeite und bleibe dabei im Glauben. Ich weiß, dass Gott mir geben wird, was ich brauche. Ich gehe mit Jesus einkaufen. Ich finde das, wonach ich immer suche, zu einem geringen Preis. Als ich nach Indien reisen wollte, sagte der Prophet, dass Sie allen Hindus dienen würden. Er sagte, damit würde ich mein Ticket bezahlen, aber ich hatte es schon gekauft. Jemand gab mir genug Geld, um meine Missionsreise zu finanzieren. Am letzten Tag der Als ich Indien und Dubai verließ, stellte ich fest, dass ich Hindus diente oder Christen bekehrte. Ich versuche nie herauszufinden, was die Zukunft bringt, denn ich kenne denjenigen, der mein Los hat.

Ich bitte die Hindus oft, Jesus zu vertrauen. Er wird Ihnen antworten. Den Hindus macht das nichts aus, denn sie glauben an viele Götter und Göttinnen. Jesus ist nur einer von ihnen. Jesus ist der einzige, nicht eine Million mehr. Was ich damit sagen will, ist, dass Abraham auch einer von ihnen war. Er vertraute dem lebendigen Gott und verließ sein Land, so wie Gott ihn führte. Aufgrund von Abrahams Gehorsam gibt es heute das Volk Israel. Es ist das Land, das Jehova, der Gott, Abraham versprochen hat. Die Bibel sagt, dass Wissen der Schlüssel zum Erfolg ist.

Hosea 4:6a Mein Volk wird aus Mangel an Erkenntnis vernichtet; weil du die Erkenntnis verworfen hast, will ich dich auch verwerfen, Ihre Situation ist veränderbar, wenn Sie den Schlüssel zu Ihren Problemen finden. Wie können Sie also das Wissen erlangen, um wiederherzustellen, aufzubauen und zu bewahren?

Römer 10:17 So kommt also der Glaube aus dem Hören und das Hören durch das Wort Gottes.

Hören Sie auf den Schreiber der Bibel, Jehova Gott. Was kann er tun, wer ist er und wo wohnt er? Wie sehr liebt er dich? Und so weiter. Ein Freund sagte: "Egal, wann ich komme, ich komme immer dass Sie die Bibel lesen. Lesen Sie jemals Ihre Studie Buch"? Ich war auf einer naturwissenschaftlichen Hochschule mit den Hauptfächern Mathematik und Physik. Also dachte sie, wie und was mache ich da? Ich war hungrig nach dem Wort Gottes. Einer meiner Freunde riet mir, die Bibel zu lesen, wenn ich alt bin. Genieße jetzt dein Leben. Du bist zu jung, um die Bibel in der Hand zu halten. In die Kirche zu gehen, ist gut genug.

Tut mir leid, nein, ich habe schon in jungen Jahren angefangen, die Bibel zu lesen, und hatte so viele Fragen.

Ich fing an, früh am Morgen und spät in der Nacht Gott zu suchen. Das hat mein Leben gesegnet. Ich kam aus dem Rollstuhl heraus, weil ich wusste, dass es ihn gibt. Ich hatte den Glauben, Heilung für verschiedene Augenprobleme, Krebs und alle Krankheiten zu empfangen. Ich muss nie wieder Medikamente einnehmen. Das Lesen der Bibel vermittelt uns Wissen und bewahrt uns vor dem Verderben. Wenn ich das Zeugnis im Wort Gottes lese, spreche ich zu Gott: Ich behaupte das, denn ich bin auch berechtigt. Ich stehe auf dem Wort, und ich sage: Du tust dies, weil dein Wort es sagt. Herr, ich will es, weil ich mich auf dein Wort verlasse. Ich höre ein Zeugnis, das meinen Glauben stärkt. Ich sage: "Herr, du hast es für diesen und jenen getan, tu es auch für mich, bitte. Wie das Kind sagt, was ist mit mir? Ich will es". Was Gott für andere getan hat, kann er auch für mich tun. Ich bin so froh, dass wir sein Wort haben, das wir in Anspruch nehmen und durch Glauben und Gehorsam empfangen können. Ich lege die Hände auf und bete für die Kranken, und sie werden geheilt. Ich sehe, wie Menschen in Jesu Namen getauft werden und von ihren Sünden befreit werden und anders aussehen. Ich habe gesehen, wie das Joch der Dämonen und Bindungen zerstört wurden.

Fangen Sie an, nach der Schrift zu suchen, um reich zu sein. Das Maß, das du gibst, ist das Maß, das du empfangen wirst. Größerer Glaube setzt größere Ergebnisse frei. Alles liegt in deiner Hand, wenn du glaubst, gehorchen und für Amen handeln! Was müssen Sie tun? Verlieren Sie, was Sie in der Hand halten, zwei Fische, gehen Sie ins Wasser und gehen Sie im Namen Jesu ins Wasser. Taten sprechen lauter als Worte...

LASSET UNS BETEN

Im Namen Jesu, des Herrn, hat unser Glaube einen großen Wert, deshalb bitten wir um Mut zum Handeln. Wir wissen, dass die Armen reich im Glauben sind. Jesus schenkt uns den Glauben der Armen. Kostbar Herr, wir setzen Handlungen ein, um unseren Glauben zu aktivieren. Herr, hilf uns zu glauben. Gott, wir empfangen durch den Glauben alles, was uns zur Verfügung steht. Herr, mach uns reich im Glauben in Jesu Namen. Amen! Gott segne Sie!

3 APRIL

EIN AKTIVER CHRIST ERFÜLLT DEN PLAN GOTTES!

Piele Menschen denken, Christ zu sein bedeutet, sonntags in die Kirche zu gehen und manche sogar unter der Woche zum Gottesdienst. Was tun aktive Christen, um das Werk Gottes fortzusetzen? Im Christentum fortzufahren ist wie der Eintritt in die Armee. Satan hat auch eine Armee. Satan und Ihr Fleisch sind gleich, mächtig und aktiv, um Sie zu vernichten. Satan kennt die Bibel und hat Arbeiter in seiner Armee. Sie werden auch Pastoren, Prediger, Propheten, Lehrer, gefallene Engel und Dämonen genannt, um die Menschen in die Irre zu führen. Der Teufel arbeitet daran, die Arbeit zu zerstören von Gott.

Zuerst betete Jesus die ganze Nacht, um seine Jünger auszuwählen, und der Herr bildete sie aus. Alle 12, dann 70, wurden gelehrt und ausgebildet, ihm zu folgen. Jesus sandte sie aus, um zu lehren, zu predigen und seinen Fußstapfen zu folgen. Gott schaut in unsere Herzen, bevor er beruft. Jesus qualifiziert denjenigen, den er beruft. Jede Ausbildung wird wie Josef, Mose, Daniel, Josua, Paulus, Petrus und andere sein.

Tugendhafte Menschen werden die gleiche Integrität, Reinheit und Rechtschaffenheit haben. Nach dem Plan des Herrn wird er Sie in jedem Bereich prüfen, und Sie müssen als Gold herauskommen. Die Prüfung wird euch auf die Zeit der Ausbildung für eure Zeugnisse vorbereiten. Mose war in der Wüste, Paulus ging auch in die Wüste. David war in der Höhle und in der Wüste. Alle, die der Herr prüfte, kamen intensiv, rein und treu heraus. Gott sucht die Treuen, nicht die, die hinter der Tür trinken, schuften, stehlen, spielen, lügen und am Sonntag auf einer Kanzel stehen. Wir wissen, dass Paulus für ein Evangelium im Gefängnis saß; Mose verließ die Macht und die Stellung in Ägypten. Nach Prüfungen und Drangsalen nehmen Nachfolger Positionen ein, für die der Herr sie berufen hat. Der Herr bestimmt die Richtung deines Lebens, und wenn du in seine Richtung schwingen kannst, dann bist du qualifiziert.

Ich erinnerte mich an meine Situation. Als ich eines Tages aus dem Postamt kam, hörte ich die Stimme: "Du wirst nie wieder an diesen Ort zurückkehren." Ich hatte eine schwere Rückenverletzung und konnte zu dieser Zeit nicht gehen. Als ich das Gebäude verließ, wollte ich nicht zurückblicken; ich ging einfach hinaus. Die Stimme Gottes war deutlich und ließ mich darüber nachdenken, was als Nächstes geschehen wird. Gott gab mir ein kleines Stück des Puzzles, aber ich wusste, dass die Stimme, die ich hörte, vom Herrn kam. Danach ging ich nie wieder zurück, und der Kampf begann. Ich wusste nicht, was mit meinem Leben, meinen Finanzen und meiner Zukunft geschehen würde, und das schien unvorhersehbar. In Gottes Plan fließt man. Du musst es nicht wissen oder verstehen. Du wirst das Ufer nie sehen. Das Feuer ist heiß, aber er hat die

Kontrolle. Die Löwen sind bereit, dich niederzureißen, aber er hat die Macht, es zu verhindern. Die Schwester im Herrn begegnete dem Herrn bezüglich meine Prüfung. Sie sagte, der Herr sei erschienen und habe gesagt, dass Schwester Das eine feurige Prüfung durchmache. Der Herr sagte, es sei eine lange Prüfung, und sie werde als Gold herauskommen.

Hiob 23:10 Doch er kennt den Weg, den ich gehe; / wenn er mich geprüft hat, werde ich wie Gold sein.

Ich war dabei, alle rechtlichen Schritte einzuleiten, um meinen Arbeitsplatz zu verlassen, und hatte keine andere Wahl. In diesem Zustand wusste ich nicht, wie ich wieder gesund werden würde, aber ich hatte ein Versprechen, auf das ich mich verlassen konnte. Haben Sie auch ein Versprechen? Halten Sie daran fest. Es wird geschehen.

Sprüche 4:12 Wenn du gehst, werden deine Schritte nicht behindert, und wenn du läufst, wirst du nicht stolpern. Ich wusste, dass ich eines Tages laufen würde.

In dieser Zeit musste ich mich entscheiden, ob ich in den Ruhestand gehen oder das Ausgleichsprogramm beibehalten wollte. Gott sagte, ich solle in Rente gehen, was nicht viel war. Gott sei Dank schickte er mir einen Propheten, der mir bestätigte, dass ich in den Ruhestand gehen sollte. Nach meinen Berechnungen war es unmöglich, mit einem kleinen Scheck zu überleben. Aber wieder hörte ich die Stimme, die sagte: "Ich werde mich um dich kümmern". Während dieser Zeit bereitete sich mein Herr auf die Ausbildung vor. Wenn du eine Berufung hast, musst du die Schule der Prüfung und des Tests absolvieren. Wenn Sie eine Berufung von Gott haben, warten Sie und warten Sie nur auf ihn. Es gibt viele irreführende und verwirrende Falschspieler des Feindes da draußen. Es ist schockierend, aber einige Menschen, die auf der Kanzel stehen, sind wie der Teufel ihres Vaters: die Dämonen der Religion, die die Menschen führen. Der Gebrauch der Bibel, das Halten der Bibel oder ein Titel machen Sie nicht zu einem solchen. Prüfen Sie ihre Früchte. Suchen Sie nach dem, den der Herr hat ihre Eigenschaften beschrieben. Folge nur demjenigen, den der Herr dir gezeigt hat.

Markus 16:17 Und diese Zeichen werden denen folgen, die glauben: In meinem Namen werden sie Teufel austreiben; sie werden mit neuen Zungen reden; 18 sie werden Schlangen aufheben; und wenn sie etwas Tödliches trinken, wird es ihnen nicht schaden; sie werden den Kranken die Hände auflegen, und sie werden gesund werden. 20 Und sie zogen aus und predigten überall, und der Herr wirkte mit ihnen und bestätigte das Wort durch nachfolgende Zeichen. Amen.

Erkennen Sie zunächst, dass es sich um einen Kampf zwischen dem Teufel und Gott handelt. Sie müssen wissen, wie Sie den Teufel austreiben können. Wenn nicht, dann haben Sie sich selbst angerufen und nicht Gott. Was kann ich tun, wenn ich den Dämon nicht austreiben kann? Die Menschen brauchen Befreiung von Krankheiten, Alkoholdämonen, Lügen, Drogen, Krebs, Krankheiten, Glücksspiel, Ehebruch und allen Arten von bösen Geistern. Heutzutage müssen viele, die auf der Kanzel stehen, befreit werden. Wenn Sie eine Person sehen, die Dämonen austreibt, ist sie von Gott gesandt und nicht von einer Kirche oder Organisation. Zweitens: Sie sprechen in einer neuen Sprache. Das griechische Wort "Glossa" bedeutet eine Sprache: eine Sprache, die man nicht in der Schule gelernt hat. Genau wie am Pfingsttag empfingen sie den Heiligen Geist und sprachen Sprachen, die sie nicht kannten. Das ist die Aussage Jesu, nicht meine. Wenn sie nicht in Zungen sprechen, sind sie keine Nachfolger Jesu, sondern gefälschte Antichristen. Seien Sie vorsichtig, wenn Sie in

Kirchen gehen, denn Jesus ist real, und der Teufel ist es auch. Ihre Seele wird ewige Ruhe brauchen. Lieben Sie Ihre Seele. Jesus hat eine direkte Einführung gegeben, wem man glauben soll und wem nicht. Drittens: Ich werde sie vor tödlichen Getränken und Schlangen schützen. Viertens: Sie werden die Kranken heilen. Aus welchem Grund gehen Sie in die Kirche? Ich suche Gott um Heilung und werde dorthin gehen, wo sie in ihrer Sprache sprechen, was zeigt, dass sie den Geist Gottes haben. Sie können auch heilen, denn der Geist Gottes kann heilen. Verschwenden Sie keine Zeit damit, in irgendwelche Kirchen zu gehen. Der Herr verlangt alle Qualität und Demonstration. Eine Person, die von den Kirchen, einer Organisation oder von sich selbst berufen wird, macht dann, was sie will.

Als Jerobeam nach dem Tod von König Salomo König wurde, änderte er Gottes Plan zu seiner Agenda.

1 Kön 12:31 Er baute ein Gotteshaus und machte Priester aus den Niedrigsten des Volkes, die nicht zu den Söhnen Levis gehörten.

1 Kön 13:33 Danach kehrte Jerobeam nicht mehr von seinem bösen Weg ab, sondern machte aus den Niedrigsten des Volkes wieder Priester für die Höhen.

Wenn dies der Fall ist, werden Sie feststellen, dass verschiedene namhafte Kirchen, Organisationen und Konfessionen ihre Agenda unter Verwendung derselben Bibel verfolgen. In Gottes Plan ist unsere Seele wichtig. Genau wie das, was Jesus tat in

Matthäus 4:23 Und Jesus zog durch ganz Galiläa und lehrte in ihren Synagogen und predigten das Evangelium des Reiches und heilten allerlei Krankheit und allerlei Seuchen im Volk.

Die Kirche in der Apostelgeschichte hat dasselbe getan. Jesus gab die Kraft, die durch den Heiligen Geist kommt.

Apg 5:16 Es kamen auch viele aus den umliegenden Städten nach Jerusalem und brachten Kranke und von unreinen Geistern Geplagte; und sie wurden alle geheilt.

Wenn du der Lehre des Herrn folgst, dann wirst du keine Kompromisse eingehen. Der Jünger Johannes warnt uns in einer Epistel von.

1 Johannes 4:1 Ihr Lieben, glaubt nicht jedem Geist, sondern prüft die Geister, ob sie von Gott sind; denn es sind viele falsche Propheten in die Welt hinausgegangen.

Hüten Sie sich vor dem antichristlichen Geist des Satans, der heute hart arbeitet. Ich gehe zu einem Gemeinschaftstreffen, bei dem Einzelheiten über eine Person genannt werden, als wüssten sie alles über diese Person. Der Pastor erlaubt dem Heiligen Geist, den Menschen zu dienen. Er heilt sie, treibt den Dämon aus und schickt sie gesund zurück. Die ursprüngliche Kirche ist in Betrieb! Ich habe keine Zeit zu verlieren. Ich bin auf der Suche nach dem ursprünglichen und echten Amen!

3 APRIL

LASSET UNS BETEN

My Herr, wir suchen, bitten und klopfen an, um die Wahrheit zu finden. Wir wollen das Heil Gottes, indem wir der Wahrheit folgen, die von wahren Lehrern und Propheten gelehrt wird. Führen Sie uns durch deinen Geist, damit wir nicht dem Geist des Antichristen folgen. Der Herr gibt uns geistliche Wahrnehmung und Unterscheidungsvermögen. Der Heilige Geist führt, leitet und lehrt uns. Wir wissen, dass es viele falsche Lehrer und Propheten in der Welt gibt, aber bewahre deine Schafe vor den Wölfen. Hilf uns, dein Wort als Richtschnur zu behalten, in Jesu Namen. Amen! Gott segne Sie!

4 APRIL

VERSTEHEN SIE DIE GEISTIGE OPERATION!

Yie wirkliche Welt ist die geistige Welt. Sie können eine Lösung finden, wenn Sie das Wissen über die geistige Welt und ein Verständnis für ihre Macht haben. Die Das Problem ist, dass der Teufel nicht will, dass man an den Geist glaubt. Ich war das Opfer der falschen Lehre der religiösen Kirchen. Seit der Situation meines Bruders habe ich mich auf die Suche nach Hilfe und der Wahrheit gemacht. Die Wahrheit ist, dass der Geist die unsichtbare, kontrollierende Welt ist. Sie tut alles, will aber, dass man ihr gegenüber blind und taub bleibt. Wir beobachten das Wirken der tödlichen, stehlenden und zerstörerischen Macht Satans. Wir bezeichnen sie als Krebs, Herzinfarkt, Schlaganfall, Tuberkulose oder andere Krankheiten, aber niemals als den Teufel. Sagen Sie dem Teufel, dass seine Ära des Stehlens, Tötens und Zerstörens vorbei ist.

Sie müssen die Wahrheit kennen, um zu glauben und die Befreiung zu empfangen. Wir haben falsche Lehrer und Propheten. Sie sehen nicht die Macht des Geistes, Wunder zu vollbringen. Sie sind professionelle Ungläubige und Ketzer. Die Etiketten von Krankheiten wie Diabetes, Blutdruck und andere Namen. Die Menschen akzeptieren körperliche Zustände als falsche Lehrer und Propheten, die sie trainieren und lehren. Sie müssen sich Hilfe von pharmazeutischen Medikamenten holen. Lesen Sie auf dem Etikett, was der Teufel als Nebenwirkung angehängt hat. Dennoch, vertraue und glaube, anstatt dich auf seinen Streifen zu verlassen. Glauben Sie und sagen Sie: Ich bin geheilt. Anstatt jede Sünde zu bereuen, taufen Sie in Jesu Namen, um alle Sünden abzuwaschen, für die sie sich entschieden haben zu leiden. Die Taufe ist nicht dazu da, einer Kirche beizutreten, sondern zur Vergebung der Sünden. Satan arbeitet hart daran, Unkraut zu säen. Unkraut sind falsche Pastoren-Prediger-Lehrer. Es ist eine großartige Idee des Teufels, das Werk Gottes zu zerstören. Johannes warnt uns davor, allen Geistern zu gehorchen. Der Teufel hat seine Arbeiter benannt: Pastoren, Prediger, Evangelisten, usw. Es gibt einen antichristlichen Geist in trügerischer Form, der in Kirchen und Organisationen wirkt. Sie sind bittere Saat des Satans.

Apostelgeschichte 1:8a Ihr werdet aber Kraft empfangen, nachdem der Heilige Geist auf euch gekommen ist:

Samson erhielt Kraft von Jehova: Gottes Geist.

Richter 14:6a Und der Geist des Herrn kam über ihn, und er zerriß ihn, wie man einen Ziegenbock zerreißt, und er hatte nichts in der Hand:

Othniel, ein einfacher Mann, gewann den Kampf durch den Geist Gottes.

4 APRIL

Richter 3:10 Da kam der Geist des Herrn auf ihn, und er richtete Israel und zog in den Krieg; und der Herr befreite Chuschan-Rischathaim, den König von Mesopotamien in seine Hand, und seine Hand siegte über Chuschanrischathaim.

1 Samuel 16:13 Da nahm Samuel das Ölhorn und salbte ihn vor seinen Brüdern. Und der Geist des Herrn kam von diesem Tag an auf David.

David tötete den Bären und den Löwen.

1 Samuel 17:36 Dein Knecht hat den Löwen und den Bären erschlagen, und dieser unbeschnittene Philister soll wie einer von ihnen sein, denn er hat sich dem Heer des lebendigen Gottes widersetzt.

Der natürliche Mensch kann durch den Geist Gottes ein übernatürliches Werk vollbringen. Ebenso kann der böse Geist alle zerstörerischen Arbeiten verrichten; auch er hat die Macht dazu. Ein Mensch mit sportlicher Kraft und Stärke könnte physisch mächtige Dinge tun, aber der Heilige Geist ist über allem. Denken Sie daran, dass der Mann Legionen von Dämonen hatte.

Markus 5:2 Und als er aus dem Schiff stieg, begegnete ihm alsbald aus den Gräbern ein Mensch mit einem unreinen Geist, 3 der in den Gräbern wohnte. Kein Mensch konnte ihn binden, auch nicht mit Ketten: 4 denn er war oft mit Fesseln und Ketten gebunden, und die Ketten wurden von ihm zerrissen und die Fesseln zerbrochen; und niemand konnte ihn zähmen.

Nicht der Mann hat die Ketten gesprengt, sondern die Dämonen. Diese Dämonen gingen in die Schweine und vernichteten sie. Satan, gefallene Engel und Dämonen oder böse Geister sind ein Geist. Sie tun zerstörerische Werke des Tötens, Stehlens und der Zerstörung.

Markus 5:12 Und alle Teufel baten ihn und sprachen: Laß uns in die Säue fahren, daß wir in sie fahren. 13 Und alsbald ließ Jesus sie gehen. Und die unsauberen Geister fuhren aus und fuhren in die Säue; und die Herde stürzte sich von einem Abhang ins Meer (es waren etwa zweitausend) und erstickte im Meer.

Die Geisterwelt ist mächtig, aber der Geist Gottes ist stärker und mächtiger als alle anderen Geister. Deshalb gab Gott am Pfingsttag den Heiligen Geist. Die wunderbare Kraft des Geistes, um zu befreien, zu heilen, zu prophezeien und Wunder zu tun. Geistliche Gaben, wie Worte der Erkenntnis und Weisheit, sind im Geist Gottes.

Sacharja 4:6 Nicht durch Macht noch durch Kraft, sondern durch meinen Geist, spricht der Herr der Heerscharen.

Gott sagt durch Zacharias, dass der Prophet, wenn er sich auf meinen Geist stützt, phänomenale Ergebnisse erzielen wird.

Apg 19:2 Er sprach zu ihnen: Habt ihr den Heiligen Geist empfangen, seit ihr glaubt? Sie antworteten ihm: Wir haben noch nicht einmal gehört, ob es einen Heiligen Geist gibt.

Heutzutage haben die Menschen zwar vom Heiligen Geist gehört, glauben aber, dass sie ihn bereits haben. Wenn man den Heiligen Geist hat, dann ist die Zungenrede der Beweis dafür. Man kann Heilung und Befreiung durch den Heiligen Geist bewirken. Die frühe Kirche wusste, wie sie den Geist Gottes empfangen konnte:

Apg 19:6 Und als Paulus ihnen die Hände aufgelegt hatte, kam der Heilige Geist auf sie, und sie redeten in Zungen und weissagten.

Die Jünger Jesu gründeten historische Kirchen. Sie haben den Geist Gottes immer nach einem bestimmten Muster empfangen, und das ist der Beweis für das Sprechen in Zungen. Sie glaubten nie an eine andere Möglichkeit. Warum also sind Sie es? Es ist möglich, oder Sie sind machtlos, was wir heute in unseren Kirchen sehen. Sie mögen Sie in der Kirche oder einer Organisation gebrauchen, aber der Geist Gottes wirkt nicht durch Sie.

Apg 8:14 Als aber die Apostel, die zu Jerusalem waren, hörten, dass Samaria das Wort Gottes angenommen hatte, sandten sie Petrus und Johannes zu ihnen. 15 Als sie hinabkamen, beteten sie für sie, dass sie den Heiligen Geist empfingen. 16 Denn noch war er auf keinen von ihnen gefallen, sondern sie ließen sich taufen auf den Namen des Herrn Jesus. 17 Da legten sie ihnen die Hände auf, und sie empfingen den Heiligen Geist.

Petrus und Johannes kamen und legten die Hand auf. An anderen Stellen legte Paulus die Hand auf, um den Geist zu empfangen. Oft fällt es auf Menschen, wenn sie in Jesu Namen getauft werden, aber wenn nicht, dann durch Handauflegen. Der Beweis ist, dass du in deiner Sprache sprechen wirst.

In 1. Korinther 12 ist von neun Gaben des Geistes die Rede. Derselbe Geist, Gott, derselbe Herr, wirkt durch dich.

Ihr könnt sagen: Wort der Erkenntnis, Weisheit, Heilung, Glaube, Wunder, Zunge, Zungenauslegung, Unterscheidung des Geistes und Geist der Weissagung, die einzeln für die Verbesserung der Kirche des Herrn Jesus. Alle, die Buße taten, auf den Namen Jesu getauft wurden und den Heiligen Geist empfingen, indem sie in ihrer Sprache sprachen, sind seine Kirche und nicht das Gebäude.

1 Korinther 12:31 Begehrt aber ernstlich die besten Gaben: Die Gabe des Geistes.

In der alten Kirche wurden Tausende von Menschen hinzugefügt, weil sie nachgiebige Gefäße waren. Erlauben Sie dem Heiligen Geist Gottes, durch Sie zu wirken. Die Menschen müssen nicht zu einem Hellseher, Tarotkartenleser, Handleser, Magier, Astrologen, Hexer gehen oder Ouija-Bretter befragen. Der Geist Gottes kümmert sich um unsere Bedürfnisse. Wir haben Gaben des Geistes, um uns vorzubereiten. Jemand lehrt dich, nicht zu glauben, weil er den Geist Gottes nicht in sich haben will. Sehen Sie die heutige Situation? Kranke Kirchen haben Flüche über das Land gebracht. Denken Sie daran, dass sie das Wirken des Heiligen Geistes nicht zulassen. Falsche Lehrer und Propheten lieben es, die Kontrolle zu haben. Erlauben Sie dem Geist Gottes, alle Probleme zu lösen und zu beseitigen. Wir können die Welt auf den Kopf stellen, wenn der Geist Gottes am Werk ist. Willkommen, Heiliger Geist.

4 APRIL

LASSET UNS BETEN:

Lord, wir wissen, dass unser Gott Geist ist, und wir wollen dich im Geist und in der Wahrheit anbeten. Die Wahrheit hat die Kraft, uns frei zu machen. Wir können tatsächlich den Geist Gottes haben um uns zu führen, zu lehren und zu leiten. Wir können auf der Erde mächtig wirken, wenn wir uns deinem Geist hingeben. Wir heißen den Geist Gottes willkommen, um zu kommen und mächtig zu wirken wie Samson, David, Paulus, Petrus und alle geisterfüllten Arbeitsgefäße in der Vergangenheit und viele auch jetzt. Könnten Sie uns Ihren Geist geben? Wir können heilen, siegreich sein und das Heil haben, wenn wir den Geist Gottes haben. Wir wollen mehr von deinem Geist in Jesu Namen. Amen! Gott segne Sie!

5 APRIL

VISION MIT OFFENBARUNG!

Niele Christen wissen nicht, dass wir die himmlische Vision genauso sehen können wie das Fernsehen. Sie übertragen das Fernsehen auf der Erde, aber Gott überträgt seine Vision vom Himmel. Ich war im Urlaub und teilte mir das Schlafzimmer mit einem Freund. Mitten in der Nacht wurde ich durch ein Geräusch geweckt. Das Motel lag am See, also drehte ich mich in die Richtung, aus der das Geräusch kam. Ich sah eine Gruppe von Frauen mit vielen Händen, die aus ihren Köpfen kamen. Ich sah sie an, aber sie schlief fest und schnarchte. Die vielen Frauen machten Geräusche an ihrem Kopf, und ihre Hände drehten sich im Kreis an ihrer Schulter.

Als ich eines Tages das Bibeltraktat im DMV verteilte, traf ich diese Hindu-Frau. Sie fing an, zu mir nach Hause zu kommen, weil sie einen Dämonenangriff erlebte. Sie erzählte, was und wie sie gequält wurde. Auch ich war neu auf dem spirituellen Weg. Wie Sie wissen, war ich nur ein religiöser Christ auf der Suche nach Gott. Als ich die Damen mit den vielen Händen sah, erinnerte mich das an indische Götzenbilder. Das waren keine Idole, sondern echte Dämonen. Ich erzählte ihr am Morgen, was ich gesehen hatte. Ich wusste, dass Satan sie quälte, als sie mir erklärte, wie sie sich fühlte. Als ich diese Formen von Dämonen sah, wusste ich mit Sicherheit, dass es nichts anderes als der Teufel war, der sie verwirrt hatte. Ich begann, ihr Bibelstunden zu geben, und sie ließ sich in Jesu Namen taufen. Sie hörte auf, Götzen zu verehren. Ich erfuhr, dass sie schon mit dem Christentum in Berührung gekommen war, bevor ich sie kennenlernte.

Ich erklärte ihr die Vision, die ich in dem Hotelzimmer gesehen hatte. Ich bat sie, keine Dämonen zu bringen, indem sie sie anbetet. Sie verstand und sagte: "Das tue ich nicht." Sie sagte, die Dämonen hätten mich angegriffen, weil sie in der Vergangenheit diese Götzen angebetet habe. Als ich begann, den Dämon auszutreiben, fühlte sie sich befreit. Bringen Sie den Menschen bei, wie sie sich gegen Dämonen wehren können; Training ist wichtig für Neubekehrte.

2 Korinther 12:1 Es ist nicht gut für mich, wenn ich mich rühme. Ich werde zu Visionen und Offenbarungen des Herrn kommen.

Paulus gründete viele Gemeinden in verschiedenen Teilen der Welt. Paulus empfing Visionen und Offenbarungen von Gott. Man kann nicht predigen oder lehren, ohne Informationen vom Herrn zu erhalten. Laden Sie Informationen vom Himmel herunter. Ich gehe an Orte, ohne die Menschen und die Kultur zu kennen, also brauche ich Vision und Offenbarung. Ein Arzt braucht ein Röntgenbild, eine Kernspintomographie oder einen diagnostischen Film, um das Problem zu diagnostizieren, was tun wir also?

Wir müssen die himmlische Vision mit einem Verständnis dafür verbinden, wie wir zu behandeln sind. Ich habe Visionen gesehen, während ich am Telefon oder allein gebetet habe. Die Informationen halfen mir bei meiner Aufgabe. Oft akzeptieren die Menschen ihren Zustand, aber Gott behandelt Probleme, indem er diagnostische Bildschirme zeigt, die Visionen oder mündliche Informationen genannt werden. Unser Gott übt nicht wie Ärzte, aber er heilt, befreit und vergibt.

Apg 18:9 Da sprach der Herr zu Paulus in der Nacht durch ein Gesicht: Fürchte dich nicht, sondern rede und schweige nicht! 10 Denn ich bin mit dir, und niemand wird dir etwas antun; denn ich habe viel Volk in dieser Stadt.

Eine Vision ist notwendig, wenn Sie für Gott arbeiten. Ihr Gott Jesus ist real. Er ist lebendig, und er spricht. Er beweist sein Interesse daran, sich um seine Schöpfung zu kümmern. Hören Sie auf ihn, stimmen Sie sich auf ihn ein. Sage: Herr, ich suche dich; bitte antworte mir. Sprich zu mir durch Visionen. Bitte gib mir eine Offenbarung davon. Doch das Problem ist, dass wir in Eile sind. Bitte, befreie dich von der Eile. Nehmen Sie sich Zeit und machen Sie das Beten und Fasten mit Gott zu einem Lebensstil. Wir können uns selbst, unsere Familien und andere retten. Petrus sah die Vision in Apostelgeschichte Kapitel 10. Sie half ihm, den Nichtjuden zu dienen. Gott sagte, er solle gehen, ohne Angst zu haben, Kornelius zu treffen. Kornelius erhielt die Wegbeschreibung mit der Adresse von den Engeln. Engel sind da, um zu dienen. Der Geist Gottes wird zu Ihnen sprechen und Sie mit Informationen über Orte versorgen. In Paulus' Situation wollte niemand in seine Nähe kommen, da er Christen tötete.

Apg 9:10 Es war aber ein Jünger in Damaskus, namens Ananias; und der Herr sprach zu ihm in einem Gesicht: Ananias! Und er sprach: Siehe, ich bin hier, Herr! 11 Und der Herr sprach zu ihm: Steh auf und geh in die Straße, die da heißt gerade, und erkundige dich in dem Hause des Judas nach einem, der da heißt Saulus von Tarsus; denn siehe, er betet, Auf der anderen Seite gab Gott Paulus eine Vision von Ananias, der zu ihm kam. 12 und sah in einem Gesicht einen Mann namens Ananias hereinkommen und seine Hand auf ihn legen, damit er wieder sehend würde.

Gott handelte mit beiden Seiten. Paulus war bereit, aber Anania hatte Angst vor Paulus, weil er Christen tötete. Ich hätte auch Angst, du nicht? Wenn Gott mich zu den Völkern schickt, gehe ich mit Informationen von Gott. Lassen Sie mich Ihnen sagen: Gott liefert Informationen. Ich liebe das. Visionen und Offenbarungen helfen uns, die Wurzeln der Probleme zu erkennen. Niemand wird Sie ohne Informationen schicken. Würden Sie jemanden ohne die Adresse oder Fakten schicken?

Apg 16:9 Und dem Paulus erschien in der Nacht ein Gesicht: Ein Mann aus Mazedonien stand da und bat ihn und sprach: Komm herüber nach Mazedonien und hilf uns!

Sie werden Sie mit offenen Armen empfangen, wenn Sie die Informationen weitergeben. Gott gibt eine Vision für Informationen.

Mose 15:1 Danach geschah das Wort des Herrn zu Abram in einem Gesicht und sprach: Fürchte dich nicht, Abram; ich bin dein Schild und dein großer Lohn.

Abraham zog von Königreich zu Königreich. An einigen Orten war sein Leben in Gefahr. Wegen einer schönen Frau, war sein Leben in Gefahr. Der Herr hat ihn aus seinem Land und von seinen Verwandten weggeführt und ihn beschützt. Gott ist real. Er gab mir eine Landkarte, um Orte zu wechseln. Gott sorgte für zusätzliche Engel und Visionen, um seine Reise fortzusetzen. Ihre Reise wird sicher sein, wenn der Herr sie anordnet. Er würde dich nicht irgendwohin schicken, um irgendetwas zu tun. Er wird Sie führen und leiten, aber sind Sie bereit, ihm zu folgen? Sind Sie bereit, sich zu ergeben? Sind Sie bereit, den Auftrag anzunehmen? Haben Sie keine Angst, wenn Gott Sie ruft. Er bietet Schutz, Anleitung, Warnung und Informationen durch Visionen. Hören Sie einfach zu und vertrauen Sie. Die Aufgabe wird schwierig sein, wenn ich nicht alle Informationen, Visionen und Offenbarungen habe. Ohne Informationen von Gott kann ich nicht arbeiten. König Jehova ist genau und präzise. Du musst alle Ängste und Zweifel beseitigen. Gott gab Daniel den Traum und die Vision.

Daniel 7:1 Im ersten Jahr von Belsazar, dem König von Babel, hatte Daniel einen Traum und Visionen von seinem Kopf auf seinem Bett:

Manchmal bekommen Menschen Visionen, aber keine Offenbarung oder Verständnis. Die Offenbarung sind die Tatsachen, die offenbart werden. Suchen Sie Gottes begabte Menschen auf, um einen Traum oder eine Vision zu deuten. Bitte gehen Sie nicht zu irgendeinem Medium. Alte weise Könige hielten sich auch Leute, die übernatürliche Informationen liefern konnten. Viele hielten sich Astrologen, Magier und Wahrsager, aber wir halten uns denjenigen, der hat Weisheit von Jesus. Nur Jesus hat die richtigen Informationen. Suchen Sie Gott und wünschen Sie sich eine Vision mit Offenbarung vom Himmel oben.

LASSET UNS BETEN:

Herr, du bist ein wahrer und wirklicher Gott. Zeige uns, wie wir durch deine Vision gehen können, indem du uns Offenbarung gibst. Wir wissen, dass alle Informationen, die du uns gibst, wahr sind. Herr, bitte lehre uns, die Autoritäten, die wir haben, zu nutzen. Wir wollen nicht vom weltlichen Fernsehen abhängig sein, sondern wünschen und suchen eine himmlische Vision. Wir brauchen Wissen durch Visionen von Aufgaben, um uns um die Situation zu kümmern. Danke an gottesfürchtige Menschen, durch die du uns Informationen gibst. Gib uns ein Verständnis für Visionen und Träume, da sie in Jesu Namen verfügbar sind. Amen! Gott segne Sie!

6 APRIL

WIE MAN EINE FALLEN LÄSST!

Sie kann eine Nation, eine Familie oder sogar ein Einzelner fallen? Ganz einfach, indem man die Wahrheit ausblendet, indem man Gottes Wege, Gesetze und Gebote vergisst. Kurz gesagt, wenn Sie Menschen in die Irre führen, werden Sie schnell zu Fall kommen. Wir wissen, dass schlechte Gesellschaft oder Freundschaft einen verderben kann. Ich verstehe das, seit ich älter werde. Meine Eltern waren sich dessen bewusst, und sie haben unsere Freundschaft überwacht. Unsere Eltern, Geschwister, Lehrer und Ältesten haben immer auf unseren Umgang geachtet, weil sie wussten, wie tödlich er ist. Bitten Sie Gott, dass er Ihnen Einsicht, Unterscheidungsvermögen, Weisheit mit Kühnheit und Mut schenkt, um Sie zu führen und zu schützen. Höre immer auf die rechtschaffenen Eltern. Nimm dich vor schlechten oder unmoralischen Geschwistern in Acht. Sie können auch dir schaden. Es ist wichtig, aufzupassen; der Teufel täuscht, um uns zu verderben. Satan hat es auf Einzelpersonen, Familien und Nationen abgesehen.

Amerika ist ein christliches Land und wird gesegnet. Warum? Weil sie die Gesetze, Gebote und Satzungen Gottes befolgt haben. Wenn jemand, eine Familie oder eine Nation Jesus folgt, indem sie seine Gesetze, Gebote und Satzungen befolgt, glauben Sie mir, die Lebensgeschichte wird umgeschrieben werden. Eine Person oder eine Familie wird an der Spitze stehen, unglaublich begünstigt, an erster Stelle und gesegnet sein. Gott wird ihnen Reichtum, Wissen, Weisheit und Einsicht geben. Keine Waffe des Feindes wird Erfolg haben, und jede Zunge, die sich zum Gericht erhebt, wird sie verurteilen. Das ist das Erbe des Herrn. Ich habe es geerbt, als ich wiedergeboren wurde. Ich liebe es, die Gesetze und Gebote Gottes zu befolgen. Ich bin gesegnet und außerordentlich begünstigt. Hat sein Bruder Joseph besonders begünstigt? Josefs Bruder plante, ihn zu vernichten. Eine lüsterne Ehebrecherin versuchte, mit Josef zu schlafen und log ihn an. Die Gesetze Gottes sollten nicht auf den Lippen, sondern im Herzen sein. Der Ursprung des Lebens kommt aus dem Herzen. Wer ein reines Herz hat, wird ein gutes, wohlhabendes und außerordentlich begünstigtes Leben haben. Sünde ist gegen Gott. Sie würden nicht gegen Ihren Ehepartner sündigen, wenn er in der Nähe ist. Wenn er anwesend oder abwesend ist, leben Sie rechtschaffen, indem Sie Gottes Gebote halten.

Ein Mann namens Saul wurde König. Er begann als aufrichtiger, bescheidener König. Auf dem Weg dorthin brachte er sich und seine Familie ins Verderben. König Saul sagte, er fürchte die Menschen. Denken Sie daran, Gott zu fürchten, nicht die Menschen. Die Wahrheit macht uns frei, nicht die Angst. Stehen Sie auf das Wort Gottes. Josua folgte dem Gott Jehovas, indem er seine Gesetze und Gebote befolgte. Gott benutzte ihn, um das Volk Israel zu gründen.

Josua 24:15 Und wenn es euch böse erscheint, dem Herrn zu dienen, so wählt euch heute, wem ihr dienen wollt: den Göttern, denen eure Väter jenseits der Flut gedient haben, oder den Göttern der Amoriter, in deren Land, in dem ihr wohnt; ich aber und mein Haus, wir wollen dem Herrn dienen. Als König Jerobeam die Herrschaft über Israel übernahm, wurde er verdorben, indem er die Gesetze des lebendigen Gottes änderte.

Jerobeam wurde König und verderbte das Volk Gottes, indem er die Gesetze Gottes änderte und Götzenanbetung lehrte. Es ist so einfach, Völker in die Irre zu führen und zu Fall zu bringen. Der Herr vertrieb das nördliche Israel 722 v. Chr. aus seinem Land, und andere Nationalitäten traten an seine Stelle. Wenn man das Gesetz vergisst, wird man vernichtet. Haben Sie es ersetzt oder entfernt? Prüfen Sie, wie weit Sie sich vom HERRN entfernt haben. Denken Sie daran, dass Gott bei Ihrer Auswahl dabei ist. Wenn du von Gott gesegnet wirst, ist dein Bauch voll mit gutem Essen, deine Häuser sind schön, deine Kinder haben alles, und du bist auf einem Berggipfel. Lebt für Gott, auch wenn ihr keine Not habt. Halte das Gesetz ein. Denkt an euren Widersacher. Satan hat viele Pläne, um dich zu töten, zu stehlen und zu zerstören. Der Teufel zeigte die Herrlichkeit des Königreichs und sagte: "All diese Herrlichkeit der Nationen gebe ich, wenn du niederfällst und anbetest." Jesus wies alles zurück. Denken Sie daran, dass der Teufel nichts besitzt. Passen Sie sich nicht an diese Welt an. Es spielt keine Rolle, was Sie besitzen. Auch wenn Sie in einem reichen Land leben, halten Sie Ihre Augen auf Jesus gerichtet. Der Teufel wirbt für die Hölle. Der Teufel hat einen zerstörerischen Plan, um Sie, Ihre Familie und Ihr Land zu töten.

König David sah eine Dame von oben und holte sie zu sich. Wenn du hoch hinaus willst, kommt der Stolz. Die Lüge des Satans wird dich in Versuchung führen. Er wird sagen, dass es niemand weiß oder sieht; wie traurig. Gottes Augen sehen dich die ganze Zeit. David brachte das Schwert in sein Haus und das Gericht. Denken Sie daran, dass Menschen, die im Geheimen sündigen, Gott nicht kennen.

Lehren Sie zu beobachten.

Matthäus 28:20 und lehret sie halten alles, was ich euch befohlen habe; und siehe, ich bin bei euch alle Tage bis an der Welt Ende. Amen.

Eine böse Autorität ist über Sie als Pastor-Lehrer, Geschwister, oder Ehepartner lebt noch in Integrität. Denkt daran: Gottes Wort ändert sich nicht. Beachtet es, um Gott zu folgen. Habt vor niemandem Angst außer vor Gott. Mach dich nicht zum Narren.

Matthäus 23:3 Alles nun, was sie euch gebieten, das haltet und tut; ihr aber tut nicht nach ihren Werken; denn sie sagen und tun es nicht.

Dein Reich und dein Wohlstand enden, sobald du deine Augen von Gott abwendest. Wenn du dein Gesicht von Gott ab- und den Menschen zuwendest, werden sie zu deinen Götzen. Was ist mit den Vereinigten Staaten von Amerika geschehen? Der Niedergang der USA begann 1963 mit der Abschaffung von Gebet und Bibellesen. Ein Land, das sich auf dem Höhepunkt seiner Entwicklung befand, wurde von den Machthabern zu Fall gebracht. Die Machthaber entfernten das Licht, die Wahrheit und das Wort Gottes. Seit die Nation im Niedergang begriffen ist, hat das Abweichen von der Wahrheit Unheil gebracht. Trenne dich niemals von Gott. Dein Sieg, dein Segen, deine Heilung, dein Wohlstand und dein Schutz stehen in dem Buch, das sich Bibel nennt. Wenn Sie das Wort Gottes Ihrem Volk, Ihrer Familie und sich selbst beibringen, werden Sie Erfolg haben.

6 APRIL

Josua 1:8 Dieses Buch des Gesetzes soll nicht von deinem Mund weichen, sondern du sollst Tag und Nacht darüber nachdenken, damit du darauf achtest, alles zu tun, was darin geschrieben steht; denn dann wirst du deinen Weg machen Wohlstand, dann wirst du Erfolg haben.

Der Fall eines Einzelnen, einer Familie und einer Nation beginnt mit der Ablehnung seiner Gebote.

1 Samuel 2:27a Und es kam ein Mann Gottes zu Eli und sprach zu ihm: So spricht der HERR: 29 Warum trittst du auf mein Opfer und meine Gaben, die ich in meiner Wohnung geboten habe, und ehrst deine Söhne über mich, daß sie sich fett machen mit den besten aller Gaben meines Volkes Israel? 30 Darum spricht der HERR, der Gott Israels: Ich habe gesagt, daß dein Haus und deines Vaters Haus ewiglich vor mir wandeln soll; aber nun spricht der HERR: Es sei ferne von mir; denn die mich ehren, die will ich ehren, und die mich verachten, sollen gering geachtet werden. 31 Siehe, es kommt die Zeit, dass ich deinen Arm abhacken will und den Arm deines Vaterhauses, dass kein Greis in deinem Hause sein soll. 33 Und der Mann, den ich nicht von meinem Altar ausrotten werde, soll deine Augen verzehren und dein Herz betrüben; und alle, die in deinem Hause groß sind, sollen in der Blüte ihres Alters sterben. 36 Und es wird geschehen, daß alle, die in deinem Hause übrigbleiben, zu ihm kommen und um ein Stück Silber und einen Bissen Brot bitten und sagen: Setze mich doch in eines der Priesterämter, daß ich ein Stück Brot esse.

Denken Sie daran, die Gesetze Gottes zu beachten. Halten Sie seine Gebote und Vorschriften. Dann wird es dir, deiner Familie und deinem Volk gut gehen. Wie ich schon immer gesagt habe, bin ich in die USA gekommen, nicht um Geld oder einen Abschluss zu machen, sondern um Sein Angesicht zu suchen. Ich weiß, wo ich Hilfe finde, Gesundheit, Schutz, Segen und Wohlstand mit Frieden werden kommen. Er kommt vom Herrn, dem Schöpfer des Himmels und der Erde. Halten Sie sich an die Gesetze Gottes, oder Sie laden einen Sturz und Unheil ein.

LASSET UNS BETEN:

Lord, Vereinige unsere Herzen, damit wir deinen Gesetzen gehorchen. Gib uns wahre Propheten und Lehrer, die die gerechten Gesetze Gottes lehren. Bewahre unsere Herzen vor dem Bösen. Lehre unsere Herzen, die Gebote Gottes in unseren Herzen zu verbergen. Bewahre uns vor Sünde und Versuchung. Alles, was wir brauchen, ist dein Wort, um deinen Segen zu empfangen. Gib uns ein hungriges Herz, damit wir lernen, dein Reich und deine Gerechtigkeit zu suchen. Unser Segen liegt in dem Buch, das wir Bibel nennen, indem wir ihm gehorchen. Wir danken dir, dass du uns das Wort Gottes gegeben hast, in Jesu Namen. Amen! Gott segne dich!

7 APRIL

WIE FUNKTIONIERT DAS REICH GOTTES?

Is König will er sein Reich auf Erden errichten. Gott will regieren, um uns von der Schöpfung an, Adam und Eva, zu segnen. Der Gerechte und Heilige Gott wird den besten Kopf machen. Er möchte, dass jemand seinem Befehl folgt. Das ist für jedes Reich angemessen. Es kann weiterbestehen, wenn man dem gehorcht, der der Herrscher ist. Der Herrscher weiß, was und wie er sein Reich haben will. Gott will, dass sein Reich auf Erden so wunderbar ist wie im Himmel. Wie stellen Sie sich den Himmel vor? Wunderschön, friedlich, keine Krankheiten, Gefängnisse, Korruption oder Knechtschaft. Natürlich auch keine Schießereien, Morde und Entführungen. Ja, und er möchte die gleiche Sicherheit auf der Erde bieten.

Wenn Menschen unordentlich werden oder schlauer sind als ihr Verstand, dann ist das ein Problem. Denken Sie nur an Ihre fünfjährigen Kinder, die Sie leiten. Kinder werden zu Eltern. Sie werden vielleicht sagen, das ist nicht erlaubt, was ist dann unser Problem? Warum hört ihr nicht auf Gott und tut doch, was er befiehlt? Es gibt einen ganz bestimmten Weg, das Reich Gottes auf die Erde zu bringen. Zuerst braucht er einen Arbeiter, der zuhört und gehorcht. Genau wie Ihr Haus oder Ihre Firma braucht auch das Land gute Arbeiter. Wenn sich niemand an die Regeln und Vorschriften hält, werden Ihr Gefängnis und Ihre Haftanstalt voll von Rebellion sein. Mose, der wie ein Fürst erzogen wurde, lernte zu gehorchen. Er wusste, dass er ein Befehlshaber und Anführer im Militär war. Es war kein Problem, dem Befehl des obersten Gottes zu folgen.

Gott hat kein Problem damit, das Gebot an Mose zu übermitteln. Er gab Mose alle Gesetze, Gebote und Satzungen. Warum kommunizierte Gott immer wieder mit Mose? Weil Mose zuhörte und gehorchte. Gott kann dasselbe tun, wenn du zuhörst und gehorchst. David tat, was GOTT ihm befohlen hatte, aber als er nicht gehorchte, korrigierte Gott ihn durch den Propheten. Hast du die Reaktion auf David gelernt? Reue! Er kehrte zu Gott zurück und nahm die Strafe auf sich. Gott vergab und die Beziehung zu Ihm bleibt bestehen. Das gilt für alle. Wenn Sie Ihre Beziehung fortsetzen wollen, tun Sie Buße für alle Sünden und stellen Sie die Beziehung zu Gott wieder her. Ist Ihnen aufgefallen, dass es Familien gibt, die diszipliniert und undiszipliniert sind? Disziplin hat keine Probleme, den Machthabern zu folgen, aber Disziplinlosigkeit schon. Kinder zu korrigieren bereitet Kopfzerbrechen; es ist eine schwierige Aufgabe. Eltern erziehen gehorsame Kinder. Es ist schwierig, sie unter Kontrolle zu halten. Es ist schwierig, Kinder zu erziehen, wenn die Eltern nicht in Harmonie sind. Wir sind eine Braut Christi. Lasst uns den Geist Gottes haben. Jesus will sich nicht von seiner Braut scheiden lassen, also bleiben Sie auf der Hut, um zu hören und zu gehorchen. Es ist alles zu unserem Vorteil, wenn wir haben Teamwork.

Jeremia 42:6 Ob es gut oder böse ist, wir wollen der Stimme des HERRN, unseres Gottes, gehorchen, zu dem

7 APRIL

wir dich senden, damit es uns gut geht, wenn wir der Stimme des HERRN, unseres Gottes, gehorchen.

Wenn du dich entscheidest, Gott zu dienen, wird er dich nicht verwirren, sondern dich durch seine Wahrheit bewahren.

Apg 7:36 Er führte sie heraus, nachdem er vierzig Jahre lang Wunder und Zeichen im Land Ägypten, am Schilfmeer und in der Wüste getan hatte.

Weiche nicht vom Herrn ab; es wird dir und deinen Kindern nicht wohl ergehen. Der Teufel hat einen schönen Vorhang, aber dahinter ist eine brennende Hölle. Lass dich nicht vom Teufel verführen. Lass dich vom Herrn an ein stilles Wasser führen. Er wird dein Haupt mit Öl salben und dir überfließende Freude schenken. Bleibe in seiner Gegenwart und lass dich von seinen Engeln behüten. Er allein weiß, was vor dir liegt, während du es nicht weißt. Ich weiß es nicht, aber wandle in göttlichem Schutz. Die Situation und die Finanzierungsbedingungen scheinen oft nicht richtig zu sein, aber glauben Sie mir, Er ist ein pünktlicher Gott. Er vollbringt Wunder. Er bereitet einen Tisch vor, den Sie nicht kennen. Das Reich Gottes kann kommen, wenn Sie an den König glauben und IHM erlauben, Ihr Herrscher zu sein. Der Herr möchte, dass du sein Reich weit trägst, bis in den äußersten Teil der Welt. Er wird mit dir gehen und durch dich mit einem mächtigen Zeichen und Wunder wirken. Er wird dir mit seiner Armee von Engeln vorangehen. Jesus wird Sie nicht allein schicken. Glauben Sie mir, ich war in den Slums von Bombay, an Orten, die ich mir nicht vorstellen konnte. Ich weiß, mein Gott war mit mir und schützte mich vor allen geistigen und körperlichen Angriffen. Gott tut das Übernatürliche. Sie müssen ihm vertrauen und glauben. Predigen Sie das Reich Gottes. Ein erfolgreiches Unternehmen braucht einen intelligenten Manager, einen Geschäftsführer und einen fähigen Mitarbeiter, so wie unser Gott.

Wir müssen vom Herrn eine Ausbildung erhalten. Paulus verschwand in Arabien, Mose ging in die Wüste, und der Herr Jesus schulte den Jünger. In diesen Tagen will der Heilige Geist uns schulen. Hören Sie auf diese kleine Stimme, tun Sie, was sie sagt. Sieh nicht die Umstände. Dein Verstand wird nicht wie Gott denken. Lassen Sie ihn denken. Erlauben Sie Gott, das Reich Gottes durch Zeichen und Wunder zu verkünden. Die Menschen in diesem Land werden sagen: Das haben wir noch nie gesehen.

Markus 2:12 Und alsbald stand er auf, nahm das Bett und ging vor ihnen allen hinaus, so dass sie sich alle entsetzten und Gott priesen und sagten: So etwas haben wir noch nie gesehen.

Sei derjenige, der glaubt und gehorcht. Verachte einen Ungläubigen, der das Reich Gottes behindert.

Johannes 20:29 Jesus spricht zu ihm: Thomas, weil du mich gesehen hast, hast du geglaubt; selig sind, die nicht gesehen und doch geglaubt haben.

Sagt nicht einfach: Herr, dein Reich komme auf Erden, wie es im Himmel ist, ohne es zu verstehen. Trachtet danach, einer zu sein, der geht und arbeitet, um das Himmelreich herabzubringen. Betet nicht, sondern arbeitet das Gebet.

Lukas 10:1 Danach bestellte der Herr noch weitere siebzig und sandte sie zu zweit vor sein Angesicht. in alle Städte und Orte, wohin er selbst kommen würde. 2 Darum sprach er zu ihnen: Die Ernte ist groß, aber der

Arbeiter sind wenige; darum bittet den Herrn der Ernte, dass er Arbeiter in seine Ernte sende.

Übergeben Sie Ihren Willen und Ihr Leben demjenigen, den Sie zum König von Ihnen erwählt haben. Denken Sie daran, zuerst das Reich Gottes und SEINE Gerechtigkeit zu suchen. Dazu müssen Sie das Alte Testament kennen und dann zum Neuen Testament übergehen. Während Sie diesen Übergang durchlaufen, müssen Sie wissen, wer Jesus ist. Das Neue Testament von Jesus ist das Alte Testament von Jehova. Der Geistgott des Alten Testaments ist der fleischgewordene Gott Jesus. Sie brauchen die Taufe im Heiligen Geist, um wiedergeboren zu werden, Heilige. Warum haben wir so viele Kirchen, Organisationen, Konfessionen und Konfessionslose? Jemand hat beschlossen, nicht zuzuhören. Die Menschheit hat ein Problem mit Gott. Das war von Anfang an so. Es hat ihn sein Leben gekostet, das im Blut liegt, um einen Menschen zu retten.

Das Leben in einem freien Land ist gefährlich. Wir hoffen, dass uns jemand genug liebt, um uns zu korrigieren und zu disziplinieren. Ich habe gesehen, wie sich Mütter und Väter getrennt haben. Die Kinder sind auf sich allein gestellt. Wie schwer ist es, in diesem Dschungel zu leben, in dem es Riesen gibt. Viele sind im Gefängnis, nehmen Drogen, sterben an Krankheiten oder bringen sich um. Wer ist für diese Verluste verantwortlich? Wir sind es. Ein großer Herrscher schafft ein gutes Königreich. Ein weiser Herrscher bringt Frieden. Ein guter Herrscher hört auf seinen Vorgesetzten. David, Joschafat, Hiskia und Asa waren gehorsame Könige. denn sie folgten dem Haupt. Das Haupt war Jehova Gott. Das Königreich gedieh nicht, weil sie weise waren, sondern weil sie Gott gehorchten.

LASST UNS BETEN

Im Namen Jesu, Herr, gib uns ein Ohr zum Hören und ein Herz zum Gehorchen. Mein Herr, wir wollen, dass dein Reich auf die Erde kommt. Wir wollen, dass du unser Herr, Herrscher, König und Gott bist. Wir wollen, dass die Welt erfährt, dass du wirklich bist. Ich bin es, der dieses Reich verkünden muss. Herr, salbe mich, hilf mir, damit dein Reich kommt. Ich schaue in den Spiegel; verändere mich. Ich schaue dich im Spiegel Gottes an. Verändere mich. Ich bin verantwortlich für dein Reich auf Erden. Mache mich zu deinem Arbeiter und mache mich zu deinem Vorbild. Ich danke dir, Ich liebe dich in Jesu Namen. Amen! Gott segne Sie!

8 APRIL

SENDEN SIE DAS WORT!

Ier Einzelne sollte seine Autorität und Macht durch das WortGottes erkennen. Gott hat uns in jeder Epoche mit unterschiedlichen Gesetzen behandelt. In der Zeit der Unschuld war sich der Mensch der Sünden nicht bewusst. Wie schön! Die Erkenntnis kam durch den Ungehorsam und das Essen der Frucht. Damals regierte Gott durch Gesetze und Gebote, mit Propheten und Königen. Dieses Zeitalter, in dem wir leben, wird als Gottes Dispensation bezeichnet. Es ist das mächtigste Zeitalter. Ein Wort ist Jesus, der in uns als der Heilige Geist lebt. Der Heilige Geist hat die ganze Autorität, das zu tun, was Sie sagen. Ihr Wort ist die Autorität, wenn Sie es in Jesu Namen sagen. Nur wenn Sie wissen, was wir durch den Glauben und das Senden des Wortes erreichen und aufbauen können, wird das Wort Gottes wirken. Die Kontrolle über diese Welt liegt auf deiner Zunge. Du sprichst, um es geschehen zu lassen. Sende das Wort, gemischt mit dem Glauben! Ein Mann erkennt das Wort des Befehls.

Lukas 7:8 Denn auch ich bin ein Untergebener, der Soldaten unter sich hat; und wenn ich zu einem sage: Geh, so geht er; wenn ich zu einem anderen sage: Komm, so kommt er; und wenn ich zu meinem Knecht sage: Tu dies, so tut er es.

Das Wort Gottes ist seine Zusicherung. Lernen Sie zu beten, indem Sie Sein Wort beanspruchen. Sprich sein Wort aus, indem du daran glaubst. Wir können mächtige Werke vollbringen, indem wir sein Wort senden. Gottes Wort ist ein Scheck, der niemals ungültig wird.

Jesaja 55:11 So soll mein Wort sein, das aus meinem Munde geht; es soll nicht leer zu mir zurückkehren, sondern es soll bewirken, was ich will, und es soll gelingen, wozu ich es gesandt habe.

Das Wort ist ein Schwert, Licht, Nahrung und 5467 Verheißungen. Alles ist dein. Nimm alles in Anspruch, indem du es mit Leben füllst. Suchen Sie nach den Versen über Heilung. Schicken Sie sie an alle Kranken, an alle Krankenhäuser.

Psalm 107:20 Er sandte sein Wort, heilte sie und befreite sie von ihrem Verderben.

Befiehl dem Teufel, sich aus deinem Fall herauszuhalten. Sende das Wort. Ich erinnere mich, dass in der Bibel steht, dass der Felsen schreien wird, wenn du es nicht tust. Wahnsinn! Ich begann zu beten: Herr, lass dieses Idol aus Stein die Wahrheit sprechen. Ich hörte das Zeugnis eines Hindu-Mannes, der zu den Götzen um Heilung betete. Ein Götzenbild sprach: Ich kann nicht heilen, geh zu Jesus, er kann dich heilen. Ich war

ELIZABETH DAS

Gott dankbar! Ich sagte: Ja, Herr, tu es wieder und wieder und wieder. Schauen Sie sich die Schöpfung an. In der Bibel steht, dass das gesprochene Wort Gottes die ganze Schöpfung gemacht hat.

Psalm 33:6 Durch das Wort des Herrn wurde der Himmel gemacht und sein ganzes Heer durch den Hauch seines Mundes.

Samuel, ein großer Prophet Gottes, gehorchte der Stimme Gottes. Er salbte auch zwei Könige von Israel. Die Bibel sagt viel Gutes über den Propheten Samuel. Gott bestätigte, was aus dem Mund Samuels kam.

1 Samuel 3:16 Und Samuel wuchs, und der Herr war mit ihm und ließ keines seiner Worte zu Boden fallen. Warum das Wort Gottes?

Hebräer 4:12 Denn das Wort Gottes ist schnell und kräftig und schärfer als jedes zweischneidige Schwert und dringt durch, bis es scheidet Seele und Geist, auch Mark und Bein, und ist ein Unterscheidungsmerkmal der Gedanken und Absichten des Herzens.

Benutze das Wort Gottes als Schwert, um das Werk des Feindes zu zerstören. Versuchen Sie, das Wort zu senden, und beobachten Sie die schöpferische Kraft darin. Positive oder negative Worte haben Macht. Positive Worte schaffen, aber negative zerstören. Ich liebe das Wort Gottes. Wenn ich bete, benutze ich die Heilige Schrift. Ich sage, ich wohne in der verborgenen Stätte des höchsten Gottes. Elisabeth wurde vor 2000 Jahren durch Seine Striemen geheilt. Jesus hat sie gestreift, also bin ich geheilt. Ich verlasse mich auf sein Wort für meinen Erfolg, meine Heilung, meine Befreiung, meinen Schutz, meinen Frieden, meine Versorgung, meinen Trost und alles, was ich brauche. Ich sende die Engel, um kleine Kinder zu beschützen. Ich sende den Heiligen Geist, um die gebrochenen Herzen zu trösten. Ich sende das Wort Gottes, damit es tut, was du willst, wie der Hauptmann.

Ich sende die Salbung über die Stadt, den Staat, das Land und das Land, indem ich das Wort spreche. Ich sende die Decke des Blutes über die Sünder, indem ich es sage. Wie schön und einfach, nicht wahr? Man kann so viel auf der Zunge zergehen lassen. Sie brauchen nicht aus dem Haus zu gehen. Ich bete mit Worten Gottes über das individuelle, allgemeine Gebetsanliegen. Ich habe die Veränderung einer Situation, den Sieg, die Heilung und mächtige Ergebnisse gesehen. Beten Sie das Wort Gottes über Ihre Kinder. Sagen Sie, dass Gott mir weise, gottesfürchtige und wahrhaftige Kinder gegeben hat. Beten Sie für die Zukunft der Kinder, indem Sie das Wort sprechen. Du wirst weg sein, aber nicht dein Gebet. Meine Mutter hat ständig gebetet. Ich sehe die Ergebnisse davon. Wenn Menschen kein Gebetsleben haben, kann ich sagen, dass sie die Kraft, die darin steckt, nicht kennen. Ich sehe, wie die Kinder dem Satan in den Rachen fallen, weil niemand das Wort der Befreiung zu ihnen sendet. Seien Sie nicht zu beschäftigt. Nehmt euch Zeit und sendet das Wort für die Sicherheit und den Schutz eurer Kinder. Sie können Gott bitten, die Verheißungen und alles, was Sie sich wünschen, zu beschleunigen.

Hesekiel 12:28 Darum sprich zu ihnen: So spricht Gott der HERR: Keines meiner Worte soll mehr verlängert werden, sondern das Wort, das ich geredet habe, soll geschehen, spricht Gott der HERR.

Senden Sie das Wort... denken Sie an das richtige Wort für die jeweilige Situation. Studiere das Wort! Zielperson, -stadt und -land und schicke das Wort an sie. Sende Worte, wenn andere zu einem falschen Gott beten. Sende Worte an Götzen, damit sie für dich sprechen. Dein Wort ist Prophezeiung, wenn du mit Autorität sprechen, indem sie glauben.

Gottes Wort durch den Mund des Propheten, wohin er gehen würde, um zu dienen. Als Satan Jesus auf dem Berg in Versuchung führte, benutzte er das Wort. Der Teufel benutzte das Wort Gottes, um ihn zu verführen. Lernen Sie, wie Sie das Wort gegen den Teufel einsetzen können. Der Teufel hat ein Netz, um uns in die Falle zu locken. In der Zeit der Versuchung liegt Ihr Sieg in dem Wort, das Sie sprechen. Selbst der Teufel weiß, welche Wunder das Wort bewirkt. Deshalb haben die NKJV, die NIV und andere Übersetzungen das Wort verfälscht. Der Teufel weiß, dass das Wort lebendig und mächtig ist, um seinen Plan und seine Taktik zu zerstören. Der Teufel hat das Wort verändert, indem er die Wahrheit entfernt, Wörter verändert und das Wort hinzugefügt oder weggelassen hat.

Satan kommt in die Hölle, aber er will auch dich. Liebe deine Seele und liebe dich selbst. Benutze das wahre Wort. Sage, dass Gott einen Plan hat, damit es mir gut geht. Gott hat Engel um mich geschart. Ich verstecke mich in seinem Blut und seinen Flügeln. Der Herr ist mein Schild und mein Schild. Ich habe Erfolg, weil ich in seinem Plan wandle, der höher ist als meiner. Die Waffen des Feindes werden gegen mich versagen, aber es wird auf ihn zurückgeworfen. Der Herr ist mein Hirte. Ich stehe auf Seinem Wort; ich bin hoch begünstigt, geheilt und gedeihe, wie meine Seele gedeiht. Ich sende immer das Wort der Befreiung, der Wahrheit, der Heilung und des Heils in Gefängnisse und Kerker. Ich sende das Wort, die Visionen und die Träume in die Paläste, in die Regierungsbüros, in die UNO, nach Israel und zu allen Premierministern, Präsidenten und Herrschern jeder Nation. Senden Sie das Wort Gottes und sehen Sie, wie Sie die Situation verändern können. Der Tod wird sich in Leben verwandeln, Krankheit zu Heilung, Trauer zu Tanz, Armut zu Wohlstand, Dunkelheit zu Licht, und so weiter und so fort... in Jesu Namen.

LASST UNS BETEN

Lord, die verborgene Macht deines Wortes ist groß. Lehre uns, wie und wann wir die Macht des Wortes in der jeweiligen Situation einsetzen können. Wir wissen, dass du gegen den Teufel angetreten bist. indem wir das Wort benutzen, denn in Psalm 138:2 heißt es, dass du dein Wort über all deinen Namen erhoben hast. Wir sprechen das Wort des Glaubens, um zu heilen und zu heilen. Sende dein Wort zu den Bergen der Sorgen und Probleme, damit sie zu Ozeanen werden. Wir senden das Wort als Blitz, um den Feind zu verschlingen. Wir danken dir, dass du uns die Vollmacht gibst, das Wort zu senden, das wir wünschen, in Jesu Namen. Amen! Gott segne Sie!

9 APRIL

NEIGT EUCH ZU GOTT!

Tie Definition des Wortes "neigen" bedeutet, dass man aufpassen, aufpassen, zuhören und aufmerksam sein. Wenn Sie Gott Ihre Aufmerksamkeit schenken, nimmt das Leben einen anderen Verlauf. Ein Leben ohne deine Aufmerksamkeit für seine Stimme ist wie ein Schiff ohne Kapitän. Ein umherirrendes Schaf ohne einen Hirten und Kinder ohne Eltern. Leben braucht einen Fahrer, der ihn auf den richtigen Weg des Lebens führt. Das Leben der Christen ist chaotisch, wenn sie nicht auf den wahren Gott hören. Ich frage mich, was mit dem Christentum geschehen ist. Manche entfernen sich vom Herrn. Begehen Sie den Leitfaden des Wortes Gottes. Wenden Sie sich ihm zu und achten Sie auf ihn. Die Dinge werden sich einrenken. Lernen Sie, auf Gott zu hören, denn er kennt den richtigen und den falschen Ausweg. Er weiß, wie er dich vor Bösem bewahren und aus Schwierigkeiten herausführen kann. Wenn du dein Ohr neigst, wird er dir Hoffnung und eine gute Zukunft geben. Sind Sie es nicht leid, immer wieder dieselben Fehler zu machen und orientierungslos umherzuirren?

Warum geschieht das? Weil wir unsere Ohren nicht nach dem Herrn ausrichten. Lerne, dein Ohr auf den zu richten, der hat ein Interesse an Ihrem Wohlergehen. Gott macht alle Dinge jeden Tag neu! Neigen Sie sich dazu, auf ihn zu hören, damit Sie den Sinn in Ihrem vorübergehenden Leben finden. Ein Ziel, das Sie auf der Erde verwirklichen können. Seien Sie nicht wie Eva-Adam, König Salomo und andere, die ihr Leben verpfuscht haben. Die Ursache für den Fall des weisesten Königs Salomo begann, als er aufhörte, auf Gottes Stimme zu hören. Er fand viele fremdartige Frauen und begann, ihnen sein Ohr zu leihen, was ihm selbst und seinem Reich Unglück brachte. Ich spreche nicht von der Routine des Lebens; ich spreche vom Hören und Entscheiden. Ich spreche von David, der den Sinn seines Lebens erkannte, indem er sein Ohr auf seinen Gott richtete. Paulus, ein Gelehrter, der die Thora beherrschte, wurde zum Mörder, weil er dem folgte, was er von Gott wusste. Eines Tages traf Gott ihn auf der Straße nach Damaskus, als er dem begegnete, den er zu kennen glaubte. Aus Saulus wurde Paulus, eine totale Verwandlung, und er begann, auf Jesus zu hören. Ein Mann, der glaubte, im Recht zu sein, und herausfand, dass er sich geirrt hatte. Ich glaube, jetzt verstehen Sie, was ich meine.

Oftmals hört man auf alle anderen, nur nicht auf Gott. An einem anderen Tag traf ich ein Ehepaar, das ein pensionierter Pastor ist. Er wusste, worüber Religion spricht. Aber in der Sitzung sprach der Prophet zu ihm: Ihr wisst von Gott, aber ihr kennt Gott nicht. Einmal war ich auch dort. Ich begann zuzuhören; ich neigte mein Ohr. Die Geschichte meines Lebens änderte sich. Was ich für richtig hielt, wurde falsch. Seien Sie vorsichtig! Seien Sie aufmerksam, hören Sie ganz zu, nicht nur zur Hälfte, und seien Sie erfolgreich.

Psalmen 119:36 Neige mein Herz zu deinen Zeugnissen und nicht zum Geiz. 112: Ich habe mein Herz geneigt, deine Satzungen immer zu halten, bis ans Ende.

Glauben Sie niemandem, denn niemand weiß alles über Gott. Es wird deinen Weg ohne die Führung Gottes komplizieren. Auf einer Lebensreise gibt es viele Bedrängnisse, Prüfungen, Tests und Situationen. Neigen Sie Ihr Ohr; Gott hat das Sagen. Bleiben Sie nicht stehen, stecken und verwirrt. Schlagen Sie die Bibel auf und studieren Sie das Leben Jesu, um ihm zu folgen. Folgen Sie nicht der von Menschen gemachten Doktrin. Alle Kirchen und Organisationen haben ihre Doktrin, und sie werden dir sagen, dass du ihr folgen sollst. Folgen Sie nicht ihrer Verwirrung. Ich sage Ihnen, schlagen Sie die Bibel auf und studieren Sie das Leben von Jesus. Nimm dir ein Beispiel an ihm und folge ihm und niemandem. Neige dein Ohr, um den Heiligen Geist zu hören, und du wirst an dein Ufer segeln. Du wirst das Schaf Seiner Weide sein. Du wirst einen Vater haben.

Josua 24:23 So legt nun die fremden Götter ab, die bei euch sind, und richtet euer Herz auf den Herrn, den Gott Israels.

Denkt daran, dass der Priester und der Hohepriester so lehrhaft wurden und Gott nicht kannten, dass sie ihn gekreuzigt haben. Vergiss nicht denjenigen, der die Gesetze, Gebote und Vorschriften gibt. Du wirst dir selbst, den Menschen und Gott nur gefährlich werden. Lernen Sie, aufmerksam zu sein, die Bibel aufzuschlagen und den Geist sprechen zu lassen. Willst du, dass der Geist dir in den Weg tritt, wie Paulus, Jona, wie König Salomo und viele, die sich weigerten, sich Gott zuzuwenden? Gott ist nicht der Urheber der Verwirrung, sondern die von Menschen gemachten Lehren sind es. Der Geist wird euch zu aller Wahrheit führen, nicht der bestellte Mann wie der Priester oder Hohepriester. Lassen Sie sich von niemandem manipulieren. Lassen Sie sich von niemandem verwirren, und lassen Sie sich von niemandem vorschreiben, dass Sie ihm glauben und gehorchen müssen. Doch, das kannst du, solange sie nicht wie Mose, Aron und Josua der Stimme Gottes gehorchen. Verstehst du das? Eine Position, ein Titel, kann sehr trügerisch sein.

1 Könige 8:58 damit er unser Herz auf ihn ausrichtet, damit wir in all seinen Wegen wandeln und seine Gebote, Satzungen und Rechte halten, die er unseren Vätern geboten hat.

Psalmen 78:1 Höre, mein Volk, auf mein Gesetz, neige deine Ohren zu den Worten meines Mundes!

König Salomo, ein großer König, folgte Gott, indem er sein Ohr neigte, um Gott zu hören. Am Ende hat er das Ziel verfehlt. Bleiben Sie also im Einklang mit Gott. Neigen Sie Ihr Ohr der Stimme Gottes zu und verlieren Sie sich nicht im konfessionellen oder nicht-konfessionellen Geschäft und in Organisationen. Bleiben Sie in der Lehre der Apostel und Propheten, die bereits etabliert wurden. Sie brauchen nicht falschen Propheten, Lehrern, Pastoren, Evangelisten und Aposteln zu folgen.

Nehemia 13:26 Hat nicht auch Salomo, der König von Israel, durch diese Dinge gesündigt? Unter vielen Völkern gab es keinen König wie ihn, der von seinem Gott geliebt wurde. Gott machte ihn zum König über ganz Israel, und trotzdem sündigten auch bei ihm die fremden Frauen.

Jes 55:3 Neige dein Ohr und komm zu mir; höre, so wird deine Seele leben, und ich will einen ewigen Bund mit dir schließen, die sichere Barmherzigkeit Davids.

Ich sage immer, dass ich im Vorübergehen bin. Ich neige mein Ohr nur zu Gott. Er kennt den Weg, und ich nicht. Kann Gott Sie in die Irre führen? Nein, das wird er nicht. Er wird die Hilfe wahrer Propheten, Lehrer oder was auch immer nötig ist, in Ihre Richtung schicken.

Jeremia 7:24 Aber sie hörten nicht auf ihn und neigten ihr Ohr nicht, sondern wandelten nach dem Ratschluß und der Vorstellung ihres bösen Herzens und gingen rückwärts und nicht vorwärts.

Jeremia 17:23 Aber sie gehorchten nicht und neigten ihr Ohr nicht, sondern machten ihren Nacken steif, damit sie nicht hören und keine Belehrung empfangen konnten.

Menschen wie Daniel hätten keine Angst, allein zu stehen. Es ist eine individuelle Entscheidung, das Ohr zu neigen. Sie werden das Ergebnis entsprechend sehen.

Daniel 9:18 Mein Gott, neige dein Ohr und höre, öffne deine Augen und sieh unsere Verwüstung und die Stadt, die nach deinem Namen genannt ist. Denn wir bitten dich nicht um unsere Gerechtigkeit, sondern um deine große Barmherzigkeit.

Bringen Sie Ihren Kindern bei, auf die Stimme Gottes zu hören; es wird ihnen gut tun. Sie werden gesegnet sein. Schlagen Sie Sein Wort auf und lernen Sie daraus. Sie können damit nichts falsch machen.

Sprüche 4:20 Mein Sohn, achte auf meine Worte, neige dein Ohr zu meinen Reden.

LASST UNS BETEN

Herr, gib uns ein Ohr, um zu hören, und ein Herz, um deinem Wort zu folgen. Herr, lass das Blut Jesu sich mit den Tropfen deines Geistes in unseren Ohren und Augen vermischen, Nasenlöchern, Zunge, Lippen und Mund. Lass Gott unser Gebet erhören, wenn wir deinen Namen anrufen. Lass seine lenkende Hand uns den Weg zur Erlösung zeigen. Gottes Wort, Gottes Gebote, Gottes Satzungen sind deine Stimme, Herr. Gib uns ein aufmerksames Ohr. Lass uns auf dich hören, mehr als auf irgendeine Person, Kirche oder Lehre. Wir glauben, dass dein Wort die höchste Autorität ist. Wir wollen es befolgen, wie es geschrieben steht, in Jesu Namen. Amen! Gott segne Sie!

10 APRIL

WEISE DEN STOPPER UND BLOCKIERER ZURECHT!

Wer sind diese Stopper und Blocker? Es ist der Teufel! Sie fragen sich vielleicht, warum Ihr Gebet nicht erhört wurde. Du denkst vielleicht darüber nach, warum sich mein Leben immer wieder wiederholt. Was ist der Grund für den ausbleibenden Fortschritt? Es gibt eine reale Welt des Satans, seiner gefallenen Engel und Dämonen, die gegen Sie, Ihr Gebet und Ihre Versprechen arbeiten. Der Teufel sah die schöne, strahlende Zukunft von Adam und Eva im Garten Eden. Der Teufel begann zu überlegen, wie und was er tun könnte, um Gottes Plan zu zerstören. Satan dachte: Wenn ich nicht aufhöre, ist mein Reich der Finsternis in Gefahr. Satan weiß, dass die Menschen nur ein begrenztes Sehvermögen haben und den Himmel nie gesehen haben. Also plante der Teufel, sie dazu zu bringen, das Gegenteil von dem zu tun, was Gott von ihnen wollte. Sobald ich Erfolg habe, werde ich sie für das Reich der Finsternis gewinnen. Sie werden sich von der Kraftquelle des allmächtigen Gottes abtrennen. Nun, er hat es erfolgreich getan. Der gleiche Plan wird vom Teufel fortgesetzt. Er zielt auf die Anweisungen der allmächtigen Gebote und Verbote ab.

Ihr werdet euch wundern, wenn ihr betet und keine Antwort erhaltet. Tun Sie, was die Bibel sagt: klopfen Sie an, klopfen Sie an, bitten Sie, bitten Sie, bitten Sie, und suchen Sie, suchen Sie, suchen Sie, bis Sie empfangen. Kurz gesagt, egal wie lange es dauert, machen Sie weiter mit dem, was Sie tun. Und warum? In der unsichtbaren Welt gibt es nicht nur Gott und gute Engel, die uns dienen, sondern auch Satan, gefallene Engel und Dämonen, die blockieren und aufhalten, was Ihnen gehört. Gott hat Verheißungen gegeben, aber Satan wird sie blockieren, so wie der Teufel den Segen von Adam und Eva gestohlen hat. Bleibt auf der Hut.

Offenbarung 12:12 Darum freuet euch, ihr Himmel und die ihr darin wohnt. Weh den Bewohnern der Erde und des Meeres! Denn der Teufel ist zu euch herabgestiegen und hat einen großen Zorn; denn er weiß, daß er nur noch eine kurze Zeit hat.

70 Jünger kehrten frohlockend zurück und sagten zu Jesus: Sogar die Teufel sind uns untertan. Jesus informierte darüber, dass der Teufel hier bei uns ist und alles, worauf ihr Anspruch habt, blockieren und verhindern wird. Der Teufel wird die Heilung, Befreiung und die Kraft des Heiligen Geistes verhindern. Er wird die Wahrheit stehlen, töten und zerstören, die die einzige Waffe ist, um Sie zu befreien. Der Teufel wird das Wort Gottes verdrehen, addieren und subtrahieren, wie er es im Garten Eden tat.

Lukas 10:18 Und er sprach zu ihnen: Ich sah den Satan wie einen Blitz vom Himmel fallen.

Seid wachsam, tut genau das, was Jesus vorgelebt hat: beten, fasten, predigen, lehren, taufen in Jesu Namen, Dämonen austreiben und Kranke heilen. Ich erinnere mich, dass ich vor einigen Jahren in Indien war. Zu dieser Zeit kamen Besuchsevangelisten nach Indien. Er ließ eine Gruppe von Gebetskriegern frühmorgens in jede Stadt gehen und beten, indem sie sich an die Straßenecken stellten und gezielt um Bindung und Zerstörung ihrer Macht im Namen Jesu baten. Bei seinen Treffen fanden viele Heilungen und Befreiungen statt. Der Evangelist wusste, wie er den blockierenden und stoppenden Teufel ausschalten konnte. Er brachte dem Reich der Finsternis eine Niederlage bei. Betreten Sie kein Gebiet, ohne es durch Fasten und Gebet zu binden und zu zerstören. Sie werden nicht gewinnen.

Wenn ich für Missionsarbeit ins Ausland gehe, bete und faste ich immer, bevor ich dort ankomme. Wenn ich das nicht tue, hat Satan einen Plan, um mich zu zerstören. Wenn Sie zur Arbeit, in ein Geschäft oder sonst wohin gehen, beten Sie und befehlen Sie dem Dämon, herauszukommen. Vielleicht denken Sie darüber nach, warum das immer wieder geschieht. Er wiederholt sich immer wieder gegen Sie. Ziehen Sie die Rüstung Gottes an und treten Sie dem Auftrag des Teufels und seiner Armee entgegen. Befiehl dem Teufel, zu verschwinden, und zerbrich seine Armee und seine Pläne im Namen Jesu. Satan hält den Engel zurück, um Daniel nicht zu erreichen.

Daniel 10:13 Aber der Fürst des Königreichs Persien (d.h. der gefallene Engel) widerstand mir zwanzig Tage lang. Aber siehe da, Michael, einer der obersten Fürsten, kam mir zu Hilfe, und ich blieb dort bei den Königen von Persien.

Petrus entkam dem Plan des Satans.

Apg 12:5 Petrus wurde also im Gefängnis gehalten; aber die Gemeinde betete ohne Unterlass zu Gott für ihn.

Angle rettete Petrus vor dem Plan des Satans, ihn am nächsten Morgen zu töten. Der Teufel ist ein Blockierer und Verhinderer. Petrus, der von Gott berufen wurde, sich um die Schafe zu kümmern, wäre getötet worden, aber das Gebet hat ihn befreit. Ihr Gebet kann Sie, Ihre Kinder und sogar ganze Nationen retten. Denken Sie daran, dass es nicht um einfachen Glauben geht, sondern um Kampf und Gebet. Die Doktrin des einfachen Glaubens ist aus der Hölle. Faule Menschen behaupten einen einfachen Glauben. Denken Sie daran: Glaube ohne Arbeit ist tot. Tun Sie, was die Heilige Schrift und der Heilige Geist von Ihnen verlangen. Werdet gewalttätig und nehmt es dem Satan mit Gewalt ab. Denken Sie nicht, dass Sie in Jesu Namen getauft wurden und den Heiligen Geist bekommen haben. Jetzt können Sie in den Himmel kommen. Vergessen Sie das Essen nach der Kirche, die Teepartys, die Geburtstagsfeiern, die Weihnachtsfeiern, das Singen, Laufen und Tanzen in den Kirchen, alle Frisuren und schönen Kleiderprogramme, die in der Hölle gemacht wurden. Nach der Wiedergeburt schreiben Sie sich in die Armee Gottes ein, fasten, beten und bekommen ein paar geistliche Muskeln, um gegen den Feind zu kämpfen. Was taten die Jünger Jesu? Sie folgten Jesus.

1 Petrus 5:8 Seid nüchtern, seid wachsam; denn euer Widersacher, der Teufel, geht umher wie ein brüllender Löwe und sucht, wen er verschlingen kann:

Der Teufel, unser Feind, will Sie verzehren und verschlingen. Er regiert in hohen Positionen, Organisationen, Kirchen und hohen Regierungsämtern. Der Teufel versucht, alle Machthaber zu beeinflussen.

Offenbarung 12:9 Und es wurde der große Drache hinausgeworfen, die alte Schlange, genannt der Teufel

10 APRIL

und Satan, der verführt Er wurde auf die Erde hinausgeworfen, und seine Engel wurden mit ihm hinausgeworfen.

Eine Taktik wird in einem anderen Land, einer anderen Stadt oder im selben Haus angewandt. Lüge und Täuschung sind seine Waffen. Er blockiert deinen Fortschritt, indem er Religionen, Bräuche und Kulturen einführt. Passen Sie sich dem Wort Gottes an, und lassen Sie sich verändern. Ich erinnere mich, dass ich spät von der Arbeit kam und eineinhalb Stunden lang betete. Eines Abends lehnte ich mich neugierig auf die Couch und schlief ein. Ich wachte auf und sah einen dicken, fetten alten Mann im Anzug gehen. Ich stand auf und ging schreiend an ihm vorbei; er verschwand. Er brachte mich zum Einschlafen. Gott sei Dank weckte er mich auf, um zu sehen. Der Teufel weiß, wie er Sie müde, hungrig, krank, unterdrückt, besessen und vieles mehr machen kann. Seine Waffen sind, Sie nicht beten, fasten, die Bibel lesen oder die Bibel predigen und lehren zu lassen. Er blockiert den Dienst.

Korinther 15:32 Wenn ich in Ephesus nach Menschenart mit Tieren gekämpft habe,

Timotheus 4:7 Ich habe einen guten Kampf gekämpft, ich habe ihn beendet In meinem Kurs habe ich den Glauben bewahrt:

Wenn die Mutter böse ist, wird die Tochter in ihre Fußstapfen treten. Eine stirbt an Krebs, und das andere Mitglied fängt sich denselben Teufel ein, der sie tötet. Ein Alkoholiker, dann haben alle Kinder denselben Dämon. Bitten Sie Gott, gegen den Teufel vorzugehen. Beten Sie, salben Sie Ihre Orte mit Öl, salben Sie Ihre Kleidung und beten Sie, dass Ketten und Fesseln zerstört werden. Ich bete über Kleidung oder Kissen und gebe sie den Menschen, damit sie befreit werden.

LASST UNS BETEN

Der Herr gibt uns die Kraft des Heiligen Geistes, um gegen den Gegner, den Teufel, zu kämpfen und seine Pläne zu vereiteln. Herr, gib uns die Waffen unserer Kriegsführung, um die Festungen des Feindes zu zerschlagen. Setze das rechte Wort Gottes als Schwert ein, um dem Satan und seiner Armee den Kopf abzuschlagen. Wir beten für unser Land, unseren Staat, unseren Bezirk und unsere Stadt, dass sie gesegnet und frei sind von Satans Macht, den Fortschritt aufzuhalten und zu blockieren. Lass dein Volk aufwachen und beten, um den Teufel und seine Pläne zu zerstören, in Jesu Namen. Amen! Gott segne Sie!

11 APRIL

DER SEGEN GOTTES FÜGT IHM KEINEN KUMMER ZU!

How schön! Lass Gott deine Quelle sein, deine Ressource, deine Versorgung und das, was du dir wünschst. Der Segen Gottes, der uns reich macht. Der Herr hat eine Tat von Vermehrungen und Hinzufügungen. Gott hat die Macht, die Verschlungenen zurechtzuweisen. Gott kann jeden zurechtweisen, der versucht, uns zu stehlen, zu töten und zu zerstören. Jehova Gott hat eine unzerstörbare Hecke des Schutzes, die der Teufel nicht durchdringen kann. Gottes Segen ist ein Markenzeichen; er ist originell und unvergleichlich. Gott sagt, dass nichts unmöglich ist. Der Eigentümer des Universums hat die ganze Macht. Er verspricht, uns alles zu geben, wenn wir auf ihn hören wollen. Als König Josia Gottes Gebot befolgte, schenkte Gott ihm ein treues Volk. Er zerstörte alle Bilder und Altäre anderer Götter und Göttinnen. Sein Handeln brachte ihm den Segen Gottes. Hilkija, der Priester, fand ein Buch, das Mose ihm gegeben hatte.

2 Chronik 34:14b Hilkija, der Priester, fand ein Buch des Gesetzes des Herrn, das durch Mose gegeben ist.12a Und die Männer taten das Werk treulich: 18 Und Saphan, der Schreiber, sagte es dem König an und sprach: Hilkia, der Priester, hat mir ein Buch gegeben. Und Saphan las es vor dem König. 19 Und es geschah, als der König die Worte des Gesetzes hörte, zerriß er seine Kleider.

König Josia bereute sein falsches Verhalten. Der Priester las dem ganzen Volk das Gesetz aus der Thora vor, und sie änderten ihr falsches Verhalten. Gott nahm auch die Strafe von ihnen. Gott machte Josia zum König und schenkte ihm und seinem Reich keinen Kummer. Tu das Richtige, um dir das zu verdienen, was du dir wünschst. Spielen Sie kein schmutziges Spiel, lassen Sie sich nicht bestechen oder töten Sie nicht, um höher zu kommen. Wenn du nicht willst, dass deinem Leben Flüche anhaften, dann lies das Wort und setze es in die Tat um. Denken Sie daran, es wird der Tag kommen, an dem Sie eine Vorladung von Gott erhalten, und das ist Ihr Ende.

2 Chronik 34:27 Weil du ein weiches Herz hattest und dich vor Gott gedemütigt hast, als du seine Worte über diesen Ort und seine Bewohner hörtest, und dich vor mir gedemütigt und deine Kleider zerrissen und vor mir geweint hast, habe ich dich auch erhört, spricht der Herr. 28 Siehe, ich will dich zu deinen Vätern versammeln, und du sollst mit Frieden in dein Grab versammelt werden, und deine Augen sollen nicht sehen all das Unglück, das ich über diesen Ort und seine Bewohner bringen will. So bekamen sie wieder das Wort des Königs.

Gott schenkte König Josia während seiner Regierungszeit Frieden, Schutz und Segen.

11 APRIL

Ich erinnere mich an einen Polizeiinspektor, der eine Position innehatte, die den Menschen viel Schaden zufügte. Wenn ich mich recht erinnere, tat der Mann nichts anderes, als zu quälen und seine Macht zu missbrauchen. Alles Geld, das er einnahm, wurde von seinen alkoholkranken Kindern versoffen. Im hohen Alter verprügelten ihn seine Kinder. Er hat auch viele seiner Kinder und Schwiegertöchter begraben! Als er starb, gab es keine Tränen, sondern Hass auf ihn. Das Praktizieren der christlichen Religion hat keine Macht, aber das Praktizieren von Gottes Gesetzen, Geboten und Vorschriften schon. Begehre nicht den Reichtum eines anderen. Planen Sie nicht, alleinstehende, verwitwete Waisen zu bestehlen oder auszunutzen. Beraube sie nicht. Du wirst verflucht werden, und das Ende wird traurig sein. Wenn ich solche Menschen sehe, geht mein Herz an die Kinder und Enkelkinder. Ich sage: Herr, strafe die Ungerechten, aber nicht die Kinder und Enkelkinder e i n e s eifersüchtigen Mannes.

Sprüche 10:21 Die Lippen der Gerechten nähren viele, aber die Toren sterben aus Mangel an Weisheit. 11 Der Mund eines Gerechten ist ein Brunnen des Lebens, aber die Gewalttätigkeit bedeckt den Mund der Gottlosen.

Das Wort Gottes wirkt, wie es gesagt wird. Es gibt nichts Besseres, als dem Wort zu gehorchen.

Deuteronomium 8:18 Du aber sollst an den Herrn, deinen Gott, denken; denn er ist es, der dir Macht gibt, Reichtum zu erlangen, damit er seinen Bund aufrichtet, den er deinen Vätern geschworen hat, wie es heute ist.

Im 21. Jahrhundert versuchen viele, Kompromisse zu schließen und die Wege der Welt zu übernehmen. Wir ernten, was wir säen. Ich sagte, dass wir Leid erfahren und uns trotzdem weigern, uns Gott zuzuwenden. Glaubt nicht an euch selbst, glaubt an Gott. Ich weiß, dass einige verdorbene Menschen keine Angst vor Gott haben. Das Gericht Gottes erschüttert sie nicht. Wie traurig; das Lesen der Bibel wird noch mehr Strafe bringen, wenn man nicht gehorcht.

Mose 26:12 Da säte Isaak in jenem Land und erhielt in demselben Jahr hundertfachen Ertrag; und der HERR segnete ihn. 13 Und der Mann wurde groß und ging vorwärts und wuchs, bis er sehr groß wurde: Der Reichtum wird nicht verschwinden, wenn man alt wird, wenn er von Gott kommt.

Mose 24:1 Und Abraham war alt und von hohem Alter; und der Herr hatte Abraham in allem gesegnet.

Wenn Gott gibt, wird er nicht wegnehmen. Es gehört dir. Bei Hiob versuchte es der Teufel. Hiob verlor alles. Er wusste, dass es von Gott war, also war er damit einverstanden. Er sagte: "Nackt bin ich gekommen, nackt werde ich gehen.

Hiob 42:12 So segnete der Herr das Ende Hiobs mehr als seinen Anfang; denn er hatte vierzehntausend Schafe, sechstausend Kamele, tausend Joch Rinder und tausend Eselinnen.

Hiob 8:7 Dein Anfang war klein, / doch dein letztes Ende wird groß sein.

Im Neuen Testament zeigt er die Wunder von zwei Fischen. Die Fische vermehrten sich und blieben übrig. Er zeigte die übernatürliche Kraft, Wunder zu vollbringen. Kein Wunder, dass diejenigen, die auf den Herrn vertrauen und nicht auf den Reichtum von jemandem, der reich werden will, gesegnet werden. König Salomo erhielt seinen Reichtum vom Herrn.

1 Kön 3:13 Auch das, was du nicht verlangt hast, habe ich dir gegeben: Reichtum und Ehre, so daß es unter den Königen keinen geben wird, der dir gleicht, solange du lebst.

Prediger 5:19 Jedem Menschen, dem Gott Reichtum und Vermögen gegeben hat und ihn befähigt, davon zu essen, seinen Anteil zu nehmen und sich an seiner Arbeit zu erfreuen, ist dies ein Geschenk Gottes.

Wenn wir den Reichtum nicht auf rechtschaffene Weise erhalten, denken Sie daran, dass damit Krankheiten, Flüche und viel Leid verbunden sind.

Sprüche 23:4 Bemühe dich nicht, reich zu sein; laß ab von deiner eigenen Weisheit. 5 Willst du deine Augen auf das richten, was nicht ist? Denn der Reichtum macht sich Flügel, er fliegt wie ein Adler gen Himmel.

Lernen Sie, dass Gott weiß, wie er den Reichtum der Ungerechten auf die Gerechten übertragen kann.

Sprichwort 13:22 Ein guter Mensch hinterläßt seinen Kindern ein Erbe, und das Vermögen des Sünders wird für die Gerechten aufbewahrt.

Gott kann dir alles geben, was du dir wünschst, wenn du glaubst und dem Herrn gehorchst. Ich sehe viele Eltern, die ihre Kinder und Enkelkinder begraben. Wie traurig! Seien Sie vorsichtig! Viele Kinder sind im Gefängnis und auf der Straße und haben keinen Verstand. Warum ist das so? Die Eltern haben vergessen, die Segnungen Gottes weiterzugeben. Unsere erste Aufgabe ist es, zu lehren die Gesetze, Gebote und Wege Gottes. Wenn Sie dies tun, werden Ihre Kinder den Reichtum und die Schätze genießen, die Gott ihnen gegeben hat. Ein junger Mann starb und hinterließ Reichtum. Er konnte es nicht gebrauchen. Manche Menschen werden in einem Sarg mit Geld und Gold begraben. Ich sehe keinen Sinn darin. Diese Art von Reichtum bringt keinen Segen, sondern nur Kummer. Lasst uns den Reichtum mit dem Segen Gottes empfangen, der mit ihm verbunden ist. Gehorche, um den Segen Gottes zu erhalten.

LASST UNS BETEN

Im Namen Jesu, gib uns die Zufriedenheit, die der große Gewinn ist. Gib uns die Kraft, wohlhabend zu sein. Viele haben den Segen erhalten, indem sie taten, worum du sie gebeten hast. Wir wünschen uns das Gleiche. Unser Reichtum bringt Frieden und Versorgung für viele. Wir können Segen empfangen, wenn wir uns um die Armen, Waisen und Witwen kümmern. Wir wünschen uns den Segen der Vermehrung und des Friedens, der mit unserem Reichtum verbunden ist. Danke, dass unser Gott reich ist und es versteht, uns mit seinem Reichtum zu segnen. Danke, Herr; lass den Herrn segnen ohne Kummer in Jesu Namen. Amen! Gott segne Sie!

12 APRIL

GOTT WÄHLT DIE NIEDRIGEN!

As ist Lowly? Demütig bedeutet demütig oder unterwürfig. Es ist das Gegenteil von Stolz, Arroganz und Selbsterhöhung. Gott wählt die Niedrigen, denn er hat das Projekt und braucht nur den Arbeiter, um es zu verwirklichen. Er wählt also die Niedrigen, um seine Befehle zu befolgen. Wenn Sie sich von Gott gebrauchen lassen, wird er auch Sie erheitern. Es geht nur darum, andere wissen zu lassen, dass die arbeitende Kraft hinter den Arbeitern Gott ist und nicht sie selbst. Sein Lohn ist eine Fülle von Segnungen. Er wird für die Ewigkeit reichen. Wenn Sie als Arzt, Anwalt, Ingenieur oder Lehrer arbeiten, wird Ihr Lohn entsprechend sein.

1 Petrus 5:6 So demütigt euch nun unter die mächtige Hand Gottes, damit er euch zur rechten Zeit erhöhe.

Gott bat die Israeliten, die umliegenden Völker auszurotten, da er ihren Geist und ihr böses Herz kannte.

Numeri 33:35 Wollt ihr aber die Bewohner des Landes nicht vor euch vertreiben, so sollen die, die ihr von ihnen übriglassen wollt, zu Stacheln werden. in euren Augen und Dornen in euren Seiten, und sie werden euch plagen in dem Lande, darin ihr wohnt.

Gott wusste, dass das Volk im Land stark und gefährlich war. Gott sagte: "Löscht sie aus, oder ihr werdet die Konsequenzen tragen. Du brauchst Niedrige, denn sie werden gehorchen, um Gottes Anweisungen auszuführen. Hör zu, diskutiere nicht mit Gott; tu es einfach. Hat Israel getan, was Gott ihm befohlen hat?

Josua 23:13 Ihr sollt wissen, daß der Herr, euer Gott, keines dieser Völker mehr vor euch vertreiben wird, sondern daß sie euch zu Fallstricken und Fallen werden, zu Geißeln in eurer Seite und zu Dornen in euren Augen, bis ihr aus diesem guten Land, das der Herr, euer Gott, euch gegeben hat, umkommt. Gott lebt im Himmel. Er hat Engel, die sich um unsere Bedürfnisse kümmern. Er braucht keine Hilfe, aber wir brauchen sie. Wir brauchen Orientierung, wir brauchen Schutz. Gott hat in seiner Barmherzigkeit alle Informationen gegeben. Trotzdem haben die Menschen nicht auf ihn gehört. Eines Tages wird er sie als Gefangene zu anderen Nationen bringen. Denken Sie daran, dass wir demütig sein müssen, um gesegnet zu werden. Nur die Demütigen und Niedrigen sind gehorsam und unterwürfig. Für den Demütigen wird das eigene Ich unwichtig. Bringen Sie Ihren Kindern Unterwürfigkeit bei, wenn sie noch klein sind. Man kann Babys erziehen, wenn sie noch zart sind. Wir alle brauchen Training. Aber wie? Hören Sie auf Gott; er hat das beste Interesse an unserem Wohlergehen. Der niedrigste Mann war Mose.

Numeri 12:3 (Mose aber war sehr sanftmütig, mehr als alle Menschen, die auf der Erde waren).

Demütig erlaubte Mose Gott, Gott zu sein. Suchen Sie nicht nach Schlupflöchern, indem Sie Religionen finden. Lass Gott dein Meister sein. Bist du nicht müde von deinen Wegen? Ich gehorche immer Gott indem du seinen Schriften gehorchst. Man muss nie auf jemand anderen hören als auf Gott. Maria, Esther, Paulus und viele andere waren mutig und demütig und hatten keine Angst vor dem Tod. Lesen Sie die Bibel und unterwerfen Sie sich dem Wort Gottes, um Segnungen zu empfangen. Wenn Sie gehorchen, kann und wird Gott Sie gebrauchen. Andernfalls suchen Sie sich Ihre Religion, und Sie werden nie das Ende der traurigen Lebensgeschichte finden.

Mose 10:15 Und der Herr schenkte dem Volk Gunst in den Augen der Ägypter. Und Mose war groß in Ägypten, bei den Dienern des Pharaos und beim Volk.

Glauben Sie mir, wenn Sie dem Herrn, seiner Stimme, gehorchen und genau das tun, was Gott gesagt hat, werden Sie ein Gewinner sein. Du wirst seine Gunst finden. Gott weiß, wie er das Herz berühren und verändern kann. Demütigen Sie sich und hören Sie auf Gott; er wird die Tür öffnen. Alle Schwierigkeiten, Prüfungen, Krankheiten und Leiden sind auf unser hartes Herz und unseren Ungehorsam zurückzuführen. Das harte Herz ist dein Feind. Fallen Sie auf den Boden und schreien Sie zu Gott. Bekenne vor dem Herrn. Sagen Sie: Herr, lass dir deinen Willen, denn ich habe es versäumt, arrogant zu sein. Finde jemanden, der dir die Wahrheit sagt und dich nicht in die Irre führt oder dir das erzählt, was du gerne hören möchtest. Reue ist der erste Schritt. Gott wird dir helfen.

Mose 3:21 Und ich will diesem Volk Gnade vor den Ägyptern erweisen, so daß ihr nicht leer ausgehen müßt, wenn ihr geht:

Du musst dich nicht jedem unterordnen, sondern nur Gott, dem Herrn, und seinem Wort. Wie Daniel war auch er ein demütiger Mann. Schadrach, Meschach und Abed-Nego weigerten sich, Gott anzubeten. Götzen, sondern Gott. Sie waren Gott unterwürfig. Demütig zu sein bedeutet nicht, dass man ein Ja-Sager ist. Sie müssen wissen, dass die höchste Autorität Gott ist; unterwerfen Sie sich Gott. Wenn Sie auf Gott hören, dann hat er das Sagen. Wenn nicht, wird Ihr Leben chaotisch, verworren und turbulent sein. C. S. Lewis "Wahre Demut besteht nicht darin, weniger von sich selbst zu halten, sondern darin, weniger von sich selbst zu halten."

Andrew Murray "Die einzige Demut, die wir haben, ist nicht die, die wir vor Gott im Gebet zu zeigen versuchen, sondern die, die wir in unserem täglichen Verhalten mit uns tragen." Jesus, der Niedrige, spielte die Rolle eines Menschen. Gott manifestierte sich im Fleisch, um ein Beispiel zu geben und den Preis für unsere Sünden zu zahlen. Wie wunderbar! Demütig gehorchen, aber nicht stolz. Nicht Gott ist gestorben, sondern das Fleisch.

Philipper 2:6 Der in der Gestalt Gottes war und es nicht für ein Raub hielt, Gott gleich zu sein:7 sondern sich selbst entäußerte und Knechtsgestalt annahm und sich den Menschen gleichförmig machte:8 Und da er wie ein Mensch aussah, erniedrigte er sich selbst und wurde gehorsam bis zum Tod, ja bis zum Tod am Kreuz. Der neutestamentliche Jesus (gemeint ist Jehova Erlöser) ist der alttestamentliche Jehova Gott. Jehova Gott nahm Fleisch an, um vorübergehend die Rolle des Lammes zu spielen und das Blut zu vergießen. Blut hat Leben, und Jesus gab sein Leben durch sein Blut für dich und mich. Wie es geschah, hat sich der Herr Jesus selbst hingegeben.

12 APRIL

Gottes Plan verlangt, dass man bescheiden ist. Wir kennen Gottes Plan nicht, also vertrauen wir einfach. Hebräisch Kapitel 11 ist das Glaubenskapitel, das über die niedrigen Menschen spricht, die sich ergeben dem Willen Gottes. Gott kann jeden gebrauchen, wenn er sich unterordnet und hingibt. Wer demütig ist, wird den Willen Gottes tun; unser Verstand bleibt stumm. Es werden keine Fragen gestellt. Beten Sie, um Kraft zu erhalten, öffnen Sie Ihr Ohr, um zu hören, und fügen Sie sich. Das ist alles, was Sie tun müssen.

Als Paulus die Jünger von Johannes dem Täufer traf, fragte er sie nach dem Heiligen Geist. Da sie noch nie davon gehört hatten, erkundigten sie sich nach der Taufe. Sie waren von Johannes dem Täufer getauft worden, aber nachdem sie ihr Blut vergossen hatten, mussten sie erneut auf den Namen Jesu getauft werden. Und warum? Weil sie in beide Dispensationen fielen, in denen die Vergebung der Sünden unterschiedlich gehandhabt wurde. Die Jünger von Johannes dem Täufer stritten nicht über die Taufe. Stolze werden sagen, wenn Jesus von Johannes dem Täufer getauft wurde, dann habe ich das auch getan, warum also wieder? Demütige Menschen gehorchen, streiten nicht.

Apg 19:2 Er sprach zu ihnen: Habt ihr den Heiligen Geist empfangen, seit ihr gläubig seid? Sie sagten zu ihm: Wir haben noch nicht einmal gehört, ob es einen Heiligen Geist gibt. 3 Er fragte sie: Worauf seid ihr denn getauft worden? Sie sprachen: Auf die Taufe des Johannes. 4 Da sprach Paulus: Johannes hat wahrhaftig getauft mit der Taufe der Buße und sprach zu dem Volk, daß sie glauben sollten an den, der nach ihm kommen sollte, das ist an Christus Jesus. 5 Da sie das hörten, ließen sie sich taufen auf den Namen des Herrn Jesus.

Demut ist eine Geisteshaltung oder -qualität [Apg 20,19 Dient dem Herrn in aller Demut]. Wir sehen die Bedeutung Gottes und das Wissen um das sündige, begrenzte Verständnis der Menschen. Ein demütiger Mensch erkennt seine Behinderung und hängt von der Fähigkeit Gottes ab. Sei bescheiden, um gesegnet zu werden.

LASST UNS BETEN

Lord, wir sind deine Schöpfung. Wir brauchen einen Schöpfer, der uns zu unserem Nutzen weiterführt. Wir haben geistige, körperliche, finanzielle und emotionale Bedürfnisse. Bitte hilf uns. Geben Sie gib uns ein weises und reines Herz, damit wir dich auf allen unseren Wegen anerkennen. Unsere Gerechtigkeit ist ein schmutziger Lappen, so hilf uns zu gehorchen, so spricht der Herr. Wir danken dir, Jesus, dass du barmherzig und freundlich bist. Lass deine Barmherzigkeit und Gnade niemals von uns weichen. Gott, du weißt, was das Beste ist. Bitte übernimm die Herrschaft über unser Leben. Führe uns an stille Wasser, segne uns und schenke uns deine Barmherzigkeit und Gnade in Jesu Namen. Amen! Gott segne Sie!

13 APRIL

REUE IST EIN FUNDAMENT!

Dem Bau eines Hauses muss als erstes das Fundament ausgehoben 324arden. Das Haus wird nicht unter äußerem oder innerem Druck zusammenbrechen, wenn das Fundament richtig errichtet. Graben Sie tief, um vor dem Bau alle Abfälle, Schutt und Müll zu entfernen. Fundament bedeutet Gründung oder Setzung. Ihr Haus wird stabil stehen, wenn Ihr Fundament solide, tief und breit ist. Das Fundament des Lebens ist richtig gelegt. Dann 324arden Sie ein schönes Leben haben. Das Lebensfundament muss auf dem Wort Gottes stehen. Ohne Fundament wird Ihr Leben in jedem Sturm untergehen. Du würdest nicht in der Lage sein, gegen die Tücken des Feindes zu bestehen. Der Teufel hat viele Täuschungen. List bedeutet Tricks, Intrigen und Verschlagenheit, um dich von Gott zu trennen und dich zu zerstören.

Epheser 6:11 Zieht die ganze Waffenrüstung Gottes an, damit ihr gegen die Machenschaften des Teufels bestehen könnt.

Der Teufel aus dem Garten Eden hatte eine List. Das ist ein Trick. Der Teufel spielte mit der Begierde des Fleisches, der Begierde der Augen und dem Stolz des Lebens. Deshalb heißt es in der Bibel.

Kolosser 3:5 So tötet nun eure Glieder auf Erden: die Unzucht, die Unreinheit, die Ausschweifung, die böse Begierde und die Habsucht, die Abgötterei ist; 8 aber auch das alles legt ihr ab: den Zorn, den Grimm, die Bosheit, die Lästerung, die schmutzige Rede aus eurem Munde. 6 Um dieser Dinge willen kommt der Zorn Gottes über die Kinder des Ungehorsams:

Der zweite Schritt ist die Abwaschung der Sünden durch die Taufe auf den Namen Jesus. Der Herr wird Ihnen die mächtige Gabe des Heiligen Geistes geben, um Ihr neues Leben zu beginnen. Satan benutzt die Kanzel, das Fernsehen und das Radio durch seine falschen Lehrer und Propheten, um keine Gefühle zu verletzen. Die Bibel ist eine korrekte Anleitung für jemanden, der ein Leben in Fülle sucht. Die Bibel ist nicht irreführend, sondern führt die verlorenen Menschen. Wir wollen sehen, wie die alten wahren Propheten die Menschheit mit dem Schöpfergott verbunden haben. Johannes der Täufer hat die zerbrochene Beziehung im Garten Eden wiederhergestellt. Indem er sie zur Buße mit Wasser zur Vergebung der Sünden taufte, baute er die Brücke zwischen Gott und uns. Er sagte.

Markus 1:3 Die Stimme eines Rufers in der Wüste: Bereitet dem Herrn den Weg, macht seine Steige gerade! 4 Johannes taufte in der Wüste und predigte die Taufe der Buße zur Vergebung der Sünden.

13 APRIL

Viele kamen zu Johannes dem Täufer und änderten ihr Leben!

Matthäus 3:7 Als er aber viele Pharisäer und Sadduzäer zu seiner Taufe kommen sah, sagte er zu ihnen: Ihr Otterngezücht, wer hat euch gewarnt, dass ihr vor dem kommenden Zorn fliehen sollt?

Reue ist der erste Schritt zur Hinwendung zum Herrn. Wenn wir nicht bereuen, bedeutet das, dass wir keine Verbindung zu Gott haben. Die Sünde hat uns vom Garten Eden abgekoppelt. Bitte verwerfen Sie die falsche Lehre Satans, tun Sie Buße und wenden Sie sich von Ihrer Sünde ab. Reue bedeutet, Schmerz, Kummer oder Bedauern über etwas Getanes oder Gesagtes zu empfinden. Die erste Botschaft von Jesus,

Matthäus 4:17 Von da an fing Jesus an zu predigen und zu sagen: Tut Buße, denn das Himmelreich ist nahe herbeigekommen.

Der erste Schritt ist die Reue. Wenn Sie sich selbst so sehen, wie der Herr es sieht, hilft Ihnen das, Buße zu tun. Die Überzeugung des Herzens verändert dein Leben. Zwölf Jünger gingen hinaus und predigten die Umkehr.

Markus 6:12 Und sie gingen hinaus und predigten, dass die Menschen umkehren sollten.

Nach der Auferstehung predigte Jesus zur Umkehr;

Lukas 24:47 und dass in seinem Namen unter allen Völkern Buße und Vergebung der Sünden gepredigt werde, angefangen in Jerusalem.

Die Sünde macht dich schmutzig, also reinige dich, indem du Buße tust und deine Sünde durch die Taufe auf den Namen Jesu abwäschst. Sünde hat ein Krug. Die Wassertaufe in Jesu Namen wird schmutzige Sünden, Flecken und Narben entfernen. Sünde ist die Nahrung Satans. Einmal ausgelöscht, würde Satan nicht mehr kommen. Petrus richtete die erste Botschaft an die Juden. Petrus hatte die Schlüssel zum Himmelreich, sagte.

Apostelgeschichte 2:38a Da sprach Petrus zu ihnen: Tut Buße und jeder von euch lasse sich taufen auf den Namen Jesu Christi zur Vergebung der Sünden.

Die frühe Kirche hatte ein Fundament, das von den Aposteln und Propheten gelegt wurde. Deshalb wirkte der Herr durch sie mit Zeichen und Wundern. Wiederum begann Satan in den Kirchen zu wirken, indem er seine Mannschaft von falschen Lehrern und Propheten auf die Kanzel setzte. Jesus sagte, folgt mir nach, nicht dem Gebäude, das nach ihrer falschen Lehre benannt wurde.

2 Korinther 11:14 Und das ist kein Wunder; denn der Satan selbst hat sich in einen Engel des Lichts verwandelt.

Der Teufel ist ein Experte für das Wort Gottes. Viele seiner Jünger tarnen sich als Engel des Lichts. Satan plant, das Fundament zu zerstören, damit er das Haus zerstören kann. Ihr seid das Haus Gottes.

Psalm 11:3 Wenn die Fundamente zerstört sind, was kann der Gerechte tun?

Die Bibel ist strikt gegen die Sünde. Sie ist ein Kurzschluss in der Beziehung zu Gott.

Johannes 8:11b Geh hin und sündige nicht mehr.

Jesus sagte zu dem Mann. Sünde verursacht Krankheiten, also tut Buße und wendet euch von eurem sündigen Leben ab.

Johannes 5:14 Danach fand ihn Jesus im Tempel und sprach zu ihm: Siehe, du bist gesund geworden; sündige nicht mehr, damit dir nicht noch Schlimmeres widerfahre.

Römer 6:1 Was sollen wir also sagen? Sollen wir in der Sünde bleiben, damit die Gnade reichlich sei? 2 Gott bewahre uns davor. Wie sollen wir, die wir der Sünde tot sind, noch länger in ihr leben?

Trennen Sie sich von der Sünde und sündigen Menschen.

Röm 6:6 Denn wir wissen, dass unser alter Mensch mit ihm gekreuzigt ist, damit der Leib der Sünde vernichtet wird und wir fortan nicht mehr der Sünde dienen.

Jesus ist der sündlose Fels. Wir haben auf sein Fundament gebaut.

Jesaja 28:16 Darum, so spricht Gott der Herr: Siehe, ich lege in Zion einen Stein zur Grundlegung, einen bewährten Stein, einen kostbaren Eckstein, einen sicheren Grund.

Suchen Sie nicht nach einfachen Botschaften. Dies ist der Kampf um Ihre Seele. Der Teufel kämpft darum, sie in die Hölle zu bringen. Suchen Sie die Wahrheit, um zu gewinnen. Von 2006 bis 2012 wurden 30.000 Kirchen geschlossen. Und warum? Die Menschen sind nicht an Musik interessiert, gehen krank in die Kirche und kommen krank wieder heraus. Sie haben ein emotionales Trauma und sehen keine Befreiung. Warum gehen sie in eine Kirche, in der die Wahrheit nicht gesprochen oder praktiziert wird? Keine Erfahrung der neuen Geburt. Studieren Sie die Bibel, suchen Sie nach der Wahrheit, und die Wahrheit wird Sie frei machen. Lassen Sie sich nicht von einem Feind verführen, der Ihnen falsche Versprechungen macht, um Sie in die Irre zu führen. Höre auf den Herrn, deinen Gott.

Matthäus 7:24 Wer nun diese meine Worte hört und sie tut, den will ich mit einem klugen Mann vergleichen, der sein Haus auf einen Felsen baute:

Die Reue ist der erste Schritt des Fundaments. Bereuen Sie alle Ihre Sünden, nicht nur einige. Und beginnen Sie ein neugeborenes Leben mit Jesus. Genießen Sie Ihr neues Leben!

LASST UNS BETEN

Namen Jesu, Herr, schenke uns den Geist der Reue. Das Wort sagt, dass göttliche Traurigkeit Reue bewirkt. Wir bitten um Vergebung für unsere Sünden. Wir verneigen uns vor deinem Altar der Barmherzigkeit. Bitte vergib uns alle unsere Sünden. Wir bitten um Vergebung für Sünden, die wir wissentlich oder unwissentlich begangen haben. Gewähre uns ein neues Leben. Vergib alle Sünden von uns und unseren Vorfahren. Wir danken dir für dein Blut. Wasche unsere Sünden in deinem kostbaren Blut. Dein Blut spricht die Gerechtigkeit Gottes aus. Danke, dass du uns unsere Sünden vergibst und uns von allen Krankheiten heilst, in Jesu Namen. Amen! Gott segne dich!

14 APRIL

SATANS VERSION BIBEL!

Sie Bibel ist das geschriebene Wort Gottes, aber Satan führt viele Bibelversionen ein. In einem Gespräch mit meinem Bruder erzählte er, dass man beim Lesen der KJV, der King James Version der Bibel, den Geist Gottes spüren kann. Ich habe mich mit dem Übersetzen und Lehren des Wortes beschäftigt und deshalb die verschiedenen Versionen verglichen. Ich habe herausgefunden, dass der Teufel Unkraut in die Bibel gepflanzt hat. Es ist nicht die Bibel, sondern die Bibelversion des Teufels. Ich bin vorsichtig, wenn ich die Bibel lese. Sie ist mein Licht, meine Lampe, meine Nahrung, mein Schwert, mein Hammer und die Wahrheit, die mich frei macht. Das Wort Gottes sagt, dass man weder etwas hinzufügen noch etwas wegnehmen darf. Wer kann es also wagen? Dies ist meine Lebensgeschichte, wenn ich dem Wort Gottes folge. Es ist mein Leben, Manuel. Ich möchte nicht in die Irre geführt werden, wie es der Teufel mit Eva und Adam getan hat. Es hat die Macht, den Gefangenen zu befreien. Das schöne Wort Gottes soll meinen Weg erfolgreich machen. Lassen Sie uns vergleichen, was der Teufel dem Wort Gottes eingepflanzt, entfernt und hinzugefügt hat. Mein Interesse und meine Suche nach der Wahrheit begannen, als Ich fand die fehlenden Verse heraus, als ich einer Gruppe in verschiedenen Sprachen Bibelstunden gab. Ich ertappte den Teufel dabei, wie er eine andere Person bat, aus der von ihr benutzten Bibel vorzulesen. Überraschenderweise war nur die KJV die genaue Übersetzung des hebräischen und griechischen Originals. Hebräische und griechische Theologen übersetzten die KJV-Bibel im Jahr 1611. Vierundfünfzig hochkarätige Gelehrte waren an diesem heiligen Werk der Übersetzung aus den frühen Originalrollen aller 66 Bücher der Bibel beteiligt! Kein Wunder, dass der Geist Gottes spricht, wenn Sie die KJV-Bibel lesen. Lassen Sie mich einige Versionen nennen, die das erste Gebot erschüttern können.

Deuteronomium 6:4 Höre, Israel! Der Herr, unser Gott, ist ein einziger Herr:

Satan ändert ein Wort, um euch glauben zu machen, es gäbe eine Dreifaltigkeit.

1 Timotheus 3:16, "Gott ist im Fleisch erschienen" (KJV)

In den meisten anderen Versionen hat der Teufel "Gott" in "er" geändert. Wer ist "er"? Dies kann die Lehre von den drei Göttern unterstützen. Durch das Entfernen des Wortes Gott wurde das erste Gebot der Bibel in drei Götter umgewandelt. Das führt zum Polytheismus. In Satans Version der Bibel steht: "Er erschien in einem Körper" (Viele Bibeln, die aus dem verfälschten Manuskript von Alexandria übersetzt wurden, enthalten diese Lüge. Römisch-katholische Vulgata, Gujarati-Bibel, die NIV-Bibel, Spanisch, NKJV und andere moderne Versionen der Bibel. {ΘC=Gott} in der griechischen Sprache, aber wenn man den kleinen Strich von ΘC entfernt, wird aus "Gott" {OC = "wer" oder "er"} wer, was im Griechischen eine andere

Bedeutung hat Sprache. Es sind zwei andere Wörter, denn "er" könnte bedeuten sondern Gott redet von Jesus Christus im Fleische. Änderungen, die die Ein-Gott-Lehre angreifen sollen. Satan hat die Schrift über EINEN GOTT verändert oder entfernt.

1 Johannes 5:7 eliminiert. Dieser Vers beweist, dass es nur einen Gott gibt. Erwarten Sie nicht, dass es im Himmel drei gibt. Wenn Sie diesen Vers streichen, werden Sie niemals die Wahrheit finden.

1 Johannes 5:7 KJV Denn drei sind es, die im Himmel Zeugnis ablegen: der Vater, das Wort und der Heilige Geist; und diese drei sind eins.

Offenbarung 1:8 KJV: Ich bin das Alpha und das Omega, der Anfang und das Ende, spricht der Herr, der da ist und der da war und der da kommen wird, der Allmächtige

NIV-Übersetzung: Offenbarung 1:8 "Ich bin das Alpha und das Omega", spricht Gott der Herr, "der da ist und der da war und der da kommt, der Allmächtige."

(Gujarati Bibel, NIV, NKJV, und andere Übersetzungen haben "Anfang und Ende" entfernt)

Offenbarung 1:11 KJV: und sprach: Ich bin das Alpha und das Omega, der Erste und der Letzte; und was du siehst, das schreibe in ein Buch und sende es zu den sieben Gemeinden in Asien, zu Ephesus und zu Smyrna und zu Pergamos und zu Thyatira und zu Sardes und zu Philadelphia und zu Laodizea

NIV: Offenbarung 1:11 "Schreibe auf eine Schriftrolle, was du siehst, und sende es an die sieben Gemeinden: an Ephesus, Smyrna, Pergamon, Thyatira, Sardes, Philadelphia und Laodizea."

(Moderne Versionen der Bibel, Gujarati und die NIV-Bibel, alle anderen Versionen haben "Ich bin das Alpha und das Omega, der Erste und der Letzte" entfernt) Während ich aus der Bibel lehrte, konnte ich nicht beweisen, dass es "einen Gott" gibt. Meine Lehre nahm Fahrt auf. Zu meiner großen Enttäuschung konnte ich mit der Teufelsversion der Bibel nicht beweisen, dass es nur einen Gott gibt. Das inspirierte mich zu einem gründlichen Studium.

Apostelgeschichte 20:29 Ich erinnere mich, dass Paulus sagte: Denn das weiß ich, dass nach meinem Weggang bösartige Wölfe unter euch eindringen werden, die die Herde nicht verschonen.

Ich möchte diese Tatsache teilen, indem ich nach der Wahrheit über das verfälschte "Wort Gottes" suche. Das alexandrinische Manuskript war eine verfälschte Version des ursprünglichen wahren Manuskripts der Bibel. Sie entfernten viele Wörter wie Sodomit, Hölle und Blut, erschaffen von Jesus Christus, Herr Jesus, Christus, Alleluja und Jehova, zusammen mit vielen anderen Wörtern und Versen aus dem Originalmanuskript. In Alexandria, Ägypten, waren die Schriftgelehrten der Antichrist. Sie hatten keine Offenbarung des einen wahren Gottes. Deshalb wurde die Bibel vom ursprünglichen Manuskript zu ihrer Version des Glaubens verändert. Diese Korruption begann im ersten Jahrhundert. Zunächst wurden die griechischen und hebräischen Bibeln auf Papyrusrollen geschrieben, die vergänglich waren. Daher wurden alle 200 Jahre 50 Kopien in verschiedenen Ländern handgeschrieben, um sie für weitere 200 Jahre zu bewahren. Unsere Vorväter, die eine genaue Kopie des Originalmanuskripts hatten, praktizierte dies. Den Alexandrinern war es peinlich, auch das beschädigte Manuskript zu behalten. Diese Korruption begann, als Paulus und Johannes noch am Leben waren. Die Alexandriner ignorierten das Wort Gottes. Auf der

14 APRIL

Konferenz von Nicäa im Jahr 325 n. Chr. stellten sie die Lehre von der Dreifaltigkeit auf. Nicaea liegt in der heutigen Türkei und ist in der Bibel als Pergamon bekannt, wo sich der Sitz des Satans befindet.

Offenbarung 2:12-13 Und dem Engel der Gemeinde in Pergamon schreibe: Das sagt der, der ein scharfes, zweischneidiges Schwert hat: Ich kenne deine Werke und weiß, wo du wohnst, wo der Sitz des Satans ist:

Nicäa (entspricht dem biblischen Pergamon oder Pergamus oder Pergamos)

Im Jahr 325 n. Chr. wurde auf dem Konzil von Nizäa die Einheit Gottes durch Satan aufgehoben und die Dreieinigkeit hinzugefügt. Falsche Propheten und Lehrer des Satans spalteten sich in den einen Gott. Sie entfernten den Namen "Jesus" aus der Tauffformel und fügten den Vater, den Sohn und den Heiligen Geist hinzu.

Johannes 10:10 Der Dieb kommt nicht, sondern um zu stehlen, zu töten und zu verderben. Ich bin gekommen, damit sie das Leben haben und es in Fülle haben können.

Pergamon (später Nicaea genannt und heute Türkei) ist eine Stadt, die 1000' über dem Meeresspiegel liegt. Vier verschiedene Götter wurden an diesem Ort verehrt. Der Hauptgott war Asklepios, dessen Symbol eine Schlange war.

In der Offenbarung heißt es: 12:9 Und es wurde hinausgeworfen der große Drache, die alte Schlange, genannt der Teufel und Satan, der die ganze Welt verführt; er wurde hinausgeworfen auf die Erde, und seine Engel wurden mit ihm hinausgeworfen.

Offenbarung 20:2 Und er griff den Drachen, die alte Schlange, die der Teufel und der Satan ist, und band ihn tausend Jahre,

In diesem Tempel befanden sich viele Riesenschlangen; außerdem waren diese Gebiete von Tausenden von Schlangen umgeben. Die Menschen kamen auf der Suche nach Heilung in den Tempel von Pergamon. Asklepios wurde der Gott der Heilung genannt und war der Hauptgott unter den vier Göttern. An diesem Ort nannte man ihn den Gott der Heilung. Er führte Kräuter und Medikamente zur Heilung ein. Asklepios plant, die Striemen und den Namen Jesu zur Heilung zu entfernen. Er plant, den Platz von Jesus einzunehmen und Christus als Retter freizugeben. Asklepios behauptete auch von sich selbst, ein Retter zu sein. Die moderne medizinische Wissenschaft hat das Schlangensymbol von Asklepios übernommen (sein Symbol ist die Schlange). Seien Sie also vorsichtig mit der Bibelversion, die Sie lesen. Möge der Herr Sie mit der Wahrheit und nur mit der Wahrheit segnen. Mein Buch "I did it His Way" beschreibt dieses Thema ausführlich.

LASST UNS BETEN

Lord, in deinem herrlichen Namen, gib uns eine Offenbarung deines Wortes. Gib uns die Offenbarung, wer Jesus ist. Wir wissen, dass Satan deinen Platz einnehmen will. Er will Verwirrung stiften, aber Gott, du bist nicht der Urheber von Verwirrung. Herr, gib uns deine Offenbarung. Lass deinen Geist der Wahrheit lehren, führen und leiten. Herr, dein Wort ist wahr und hat die Macht, zu befreien, zu heilen und die Gefangenen zu befreien. Wir glauben an den einen Gott, der sich im Fleisch Jesu Christi offenbart hat, um uns zu erlösen. Wir danken dir für die Bibel, unser Lebenshandbuch. Lehre uns, Herr, in Jesu Namen. Amen! Gott segne Sie!

15 APRIL
ÄNDERN SIE IHRE LEBENSGESCHICHTE!

Jeder von uns träumt davon, wie jemand anderes zu sein als er selbst. Sie wünschen sich, jemand anderes zu sein. Ja, das kann man. Ein Alkoholiker kann seine Lebensgeschichte ändern. A Ein Mörder kann seine Lebensgeschichte ändern. Ein Sklave, ein Armer, ein Drogenabhängiger, ein Ehebrecher, ein Lügner, und wer auch immer Sie da draußen sind, Ihre Lebensgeschichte kann sich ändern, wenn Sie die Glaubensdimension anzapfen. Es braucht den Mut, sich selbst, seine Vorstellungen, seine Situation, seine Behinderung, seine Umgebung und seine Gefühle mit Anhaftung loszulassen. Ihr Leben in der Hand Gottes und von Gott gelenkt wird Ihre Geschichte neu schreiben. Einst wurde ich ermordet, aber jetzt bin ich gerettet. Einst war ich ein Fischer, aber jetzt bin ich ein Apostel. Einst war ich ein Lügner, aber jetzt diene ich wahrheitsgemäß. Ich war ein Zöllner, aber jetzt bin ich ein Jünger Gottes. Ich bin mit dem Blut gewaschen, indem ich mich auf den Namen Jesu taufen lasse und für das Reich Gottes arbeite. Paulus sagte, ich sei ein Mörder, aber Gott hat meine Lebensgeschichte geändert. Ich habe gepredigt, wogegen ich war. Eine Prostituierte, die zu Gott kam, tat Buße und wurde von ihrem bösen Lebensstil gereinigt. Jetzt ist sie das wertvollste Gut des Königreichs. Die Supermacht Gottes trifft das Leben, und er dreht es um. Das ist das Werk des Herrn. Es ist die uns von Gott geschenkte Kraft, das zu tun, was der natürliche Mensch nicht kann. Du kannst in Ordnung bringen, was für den Menschen unlösbar ist. Eine Überraschung, eine Überraschung!

Lukas 7:39 Als aber der Pharisäer, der ihn eingeladen hatte, es sah, sprach er bei sich selbst: Wenn dieser Mensch ein Prophet wäre, so wüsste er, wer und was für eine Frau das ist, die ihn berührt; denn sie ist eine Sünderin.

Jesus zeigte den Pharisäern, dass sich ihre Lebensgeschichte ändern würde.

Lukas 7:47 Darum sage ich dir: Ihre vielen Sünden sind vergeben; denn sie hat viel geliebt. Wem aber wenig vergeben wird, der liebt auch wenig. 48 Und er sprach zu ihr: Deine Sünden sind vergeben. 50 Und er sprach zu dem Weibe: Dein Glaube hat dich gerettet; gehe hin in Frieden.

Die Lebensgeschichte einer Ehebrecherin oder einer Prostituierten änderte sich von diesem Moment an. Von da an war sie für das Reich Gottes von Nutzen.

Matthäus 17:15 Herr, erbarme dich meines Sohnes; denn er ist wahnsinnig und sehr geplagt; denn er fällt oft ins Feuer und oft ins Wasser. 18 Und Jesus bedrohte den Teufel, und er fuhr von ihm aus; und das Kind war von derselben Stunde an geheilt.

15 APRIL

Ein Verrückter wurde vom Teufel befreit und geheilt. Ihr neues Kapitel beginnt, wenn Sie dem Herrn begegnen. Was Sie brauchen nicht die Kirche, den Arzt oder andere Hilfsmittel, sondern den Herrn. Begegnen Sie Jesus und lassen Sie Ihr Leben neu schreiben. Ein Blinder begegnet dem Licht dieser Welt und empfängt Licht in seinen Augen. Ein Blinder erhält das Augenlicht, und seine ganze Welt öffnet sich.

Johannes 9:1 Und als Jesus vorüberging, sah er einen Menschen, der von Geburt an blind war. 6 Als er das gesagt hatte, spuckte er auf die Erde und machte aus dem Speichel Ton und salbte die Augen des Blinden mit dem Ton 7 und sprach zu ihm: Geh hin und wasche dich im Teich Siloam (das ist nach der Auslegung: gesandt).

Der Blinde tat genau das, was Jesus von ihm verlangte. Gehorsam ist der Schlüssel zum Erhalt von Verheißungen. Sagen Sie nicht warum, was, wann und wie. Tun Sie es einfach. Es braucht verrückte Aktionen, aber es lohnt sich. Geben ist ein Schlüssel, um den Segen der Vermehrung zu erhalten. Wo und wem geben Sie Bedeutung? Wenn Sie es den Propheten, den Arbeitern des Herrn, geben, werden Sie einen unbegrenzten Segen haben. Vermehrung wird mit Ihrem Geben verbunden sein. Du kannst ein Milliardär werden, wenn du viele ernährst.

Johannes 6:9 Es ist ein Junge hier, der hat fünf Gerstenbrote und zwei kleine Fische:

Es hat fast fünftausend Menschen satt gemacht. Die Geschichte Ihres Lebens ist eine Geschichte des Hungerns, des Hungers und des Verlangens, satt zu werden und übrig zu bleiben. Die Geschichte ändert sich, wenn Sie in das Reich Gottes investieren.

Johannes 6:13 Da versammelten sie sie und füllten zwölf Körbe mit den Brocken der fünf Gerstenbrote, die über die hinausgingen, die gegessen hatten.

Gehorsam ist der Schlüssel, um das Kapitel des Lebens umzuschlagen. Der Herr hat gesagt, dass er deinen Zweig verändern wird; vertraue ihm und tu, was er verlangt, und deine Geschichte wird neu geschrieben werden. Aussätzige müssen sich in dem ausgewiesenen Bereich von Menschen fernhalten. Sie dürfen keine Menschen berühren. Es ist die traurigste und schlimmste Geschichte im Leben eines Mannes. Ein Albtraum!

Lukas 17:1 Und als er in ein bestimmtes Dorf kam, begegneten ihm zehn aussätzige Männer, die von weitem standen: 3 Und sie hoben ihre Stimme auf und sprachen: Jesus, Meister, erbarme dich unser! 14 Und als er sie sah, sprach er zu ihnen: Gehet hin und zeiget euch den Priestern. Und es geschah, als sie hingingen, da wurden sie gereinigt. 15 Und da einer von ihnen sah, daß er geheilt war, kehrte er um und pries Gott mit lauter Stimme 16 und fiel auf sein Angesicht zu seinen Füßen und dankte ihm; und er war ein Samariter. 17 Jesus aber antwortete und sprach: Waren es nicht zehn, die gereinigt wurden? Wo aber sind die neun?

Das hat die Lebensgeschichten aller zehn verändert. Aber ein bemerkenswertes Wunder, das geschah, war die Danksagung an Jesus. Er profitierte davon, dass er die Ganzheit erhielt. Seine Lebensgeschichte veränderte sich mehr, als er erwartet hatte. Sein Körper, seine Seele und sein Geist wurden vollständig und vollkommen. In einem Augenblick erbte er den größten Segen der Welt, die Vollkommenheit. Ich erinnerte mich, dass ich bei der Arbeit Zeuge dieses alkoholkranken Mannes war. Eines Tages fuhren wir über den Freeway in Los Angeles.

Angeles. Er sah zu Boden und sagte: "Schwester Elizabeth, ich war in all diesen Kirchen in Los Angeles! Er sagte: "Bis jetzt ist noch nichts passiert. Ich bin drogen- und alkoholabhängig, und mein Leben ist immer noch ein Chaos. Ich sagte ihm: "Aber wenn du der Wahrheit des Herrn gehorchst, wirst du den Unterschied sehen. Später ließ er sich auf den Namen Jesu taufen und wurde vollständig von Drogen, Alkohol und allem Schlamassel befreit. Er heiratete seine Freundin und wurde Prediger. Eines Tages begegnete er Jesus und die Wahrheit machte ihn frei. Sie brauchen keine falschen Lehren. Seine Lebensgeschichte änderte sich danach. Ich weiß, dass niemand derselbe bleiben kann, wenn er Jesus begegnet. Alle wurden verwandelt, geheilt, befreit und verändert. Ihre Lebensgeschichte hängt von Ihrem Gehorsam gegenüber dem Wort Gottes ab. Der Besuch der Kirche, der Beitritt zu einer Organisation oder der Wechsel der Religion wird Ihre Lebensgeschichte nicht verändern. Aber an dem Tag, an dem du dem Herrn begegnest, wird er dich in sein Buch als einen freien Menschen eintragen, befreit, befreit. Man war lahm und kann jetzt gehen, man war arm und ist jetzt reich, und vieles mehr. Sie müssen dem Schöpfer und Segner von allem, was Sie sich wünschen, begegnen. Wie wunderbar ist das! Viele Pastoren, Kirchenbesucher, Prediger, Bischöfe, Theologen und Gelehrte müssen Jesus kennen lernen. Ihre Lebensgeschichte wird sich verändern, und andere durch ihr Zeugnis. Unterwerfen Sie sich Jesus und gehorchen Sie ihm. Ihre Lebensgeschichte wird sich verändern.

Gott ist derjenige, der es kann und will, wenn ich seiner Stimme gehorche. Also Herr, hilf mir, ermutige mich, mutig aufzustehen und meine Geschichte zu ändern. Es ist ein neues Leben, das ich mir wünsche. Du, Herr, bist es, mit dem ich in Kontakt kommen muss. Herr, hilf mir, die Dimension zu erschließen, in der ich göttliche Heilung, Befreiung und Erlösung erfahren kann. Ich wünsche mir, dass meine Lebensgeschichte in Jesu Namen verändert wird. Amen! Gott segne Sie!

LASST UNS BETEN

Namen von Jesus brauchen wir eine göttliche Begegnung mit dem Herrn. Ich weiß, dass das Leben viele Prüfungen und Probleme hat, aber wenn ich den Schlüssel zum Reichtum, zur Heilung, zur Orientierung finde, und alles, was ich brauche, kann auch meine Lebensgeschichte verändert werden.

16 APRIL

SYSTEM DES KÖNIGREICHS!

Tas Himmelreich hat ein System, um auf der Erde zu herrschen. Es ist die besondere Strategie, die Gott anwendet, um auf der Erde zu wirken. Wir können nicht mit unserer arbeiten, sondern durch Gottes Entwurf. Alle Kirchenorganisationen haben ihr eigenes System. Verschiedene Nationen, Staaten, Landkreise und Städte haben Pläne, wie ihre Regierung funktioniert. Wenn das System großartig ist und der Herrscher, der in ihm arbeitet, gut ist, wird es erfolgreich sein. Aber wenn Ihr System und die Menschen, die darin arbeiten, korrupt sind, wird es nicht funktionieren, sondern Zerstörung bringen. Gott hat eine Strategie für sein Reich, die er verfolgen muss. Gott sagte, wenn ihr euch mir zuwendet, um zu arbeiten, müsst ihr wiedergeboren werden. Der erste Schritt ist also, wiedergeboren zu werden, das heißt, von oben geboren zu werden. In dem Wort Wiedergeboren bedeutet Wieder anōthen, also von oben. Der erste Schritt muss also sein von oben geboren. Jesus sagte zu Nikodemus, einem Lehrer der der Jude, dass man nur in das Reich Gottes eingehen kann, wenn man von oben geboren ist. Jesu Erklärung der Wiedergeburt an Nikodemus lautete: geboren aus Wasser und geboren des Geistes. Petrus, dem der Herr einen Schlüssel gab, um das Reich Gottes zu öffnen, sagte in

Apostelgeschichte 2,38: "Da sprach Petrus zu ihnen: Tut Buße und lasst euch taufen (aus dem Wasser geboren), einen jeglichen von euch, auf den Namen Jesu Christi, zur Vergebung der Sünden, so werdet ihr die Gabe des Heiligen Geistes empfangen. (geboren aus dem Geist.)

Wenn Sie diese Lehre Jesu befolgen, die Petrus und andere Jünger befolgt haben, werden Sie in Gottes Reich geboren. Jetzt können Sie nur dann für Kranke beten und Dämonen austreiben, wenn Sie weiterhin beten, fasten und ein rechtschaffenes und heiliges Leben führen. Zweitens hat Gott neun Gaben des Geistes versprochen. Gottes Geist wird kommen und durch Sie ein einzigartiges Werk tun. Sie sind nur ein Gefäß mit Öl, Mehl oder Reis. Das Gefäß ist ein Behälter zum Aufbewahren. Ihr Körper wird zu einem Behälter oder Gefäß für alle oder einige der neun Geistesgaben. Du bist nur ein Behälter oder Gefäß, um Gottes Geist zu speichern. Dein Körper, in dem der Geist Gottes wohnt, erfüllt die entsprechenden Aufgaben. Die Bibel sagt, dass man diese Gaben begehren kann.

1 Korinther 12:31 Die besten Gaben aber sollt ihr ernstlich begehren: Diese neun Gaben sind das Wort der Erkenntnis, die Weisheit,

Glaube, Wunder, Heilung, Unterscheidung des Geistes, Prophetie, Zunge und Umgang mit der Zunge. Wenn jemand eine dieser neun Gaben hat, kann er sie für das besondere Amt einsetzen. Wenn Sie diese Gaben haben, können Sie für das Königreich arbeiten, um Gott die Ehre zu geben. Gott hat sie für die Verbesserung der Kirche gegeben. Durch die geistlichen Gaben werden die Menschen glauben an Gott und wenden sich dem einen wahren Gott, dem Vater und dem Schöpfer zu. Viele haben die Gaben nicht, behaupten aber, sie hätten sie. Geh zu dem, der die Gaben des Geistes hat, um den Unterschied zu verstehen.

Nur Gott hat uns ermächtigt, die mächtige, übernatürliche Wirkung der Gaben des Geistes auszuüben. Denken Sie daran, dass der Geist Gottes wirkt und nicht die Person. Das können wir nicht; der Geist des Herrn Jesus wird in Einzelpersonen nur dann übernatürlich wirken, wenn sie die Gaben haben, die Charisma genannt werden. Das Reich des Satans hat dasselbe System. Einige haben Gaben des Teufels. Satan hat sie zu Hexenmeistern, Magiern, Zauberern, Wahrsagern, Handlesern oder Astrologen ausgebildet. Nicht alle sind Magier, Zauberer oder Hexenmeister oder Hellseher. Dasselbe System funktioniert bei Gott, wenn der Geist Gottes lebt, um es zu tun; ansonsten können sie es nicht. Bitte besuchen Sie nicht jede Kirche. Stellen Sie sicher, dass sie gemäß der Lehre der Apostelgeschichte wiedergeboren sind und die Taten mit dem Geist Gottes fortsetzen.

Die Irrlehre hat viele zu diesem Thema verwirrt. Wenn Sie Reis brauchen, öffnen Sie dann irgendwelche Behälter? Der gesunde Menschenverstand sagt nein. Du öffnest nur den Behälter, der mit Reis gefüllt ist. Wenn Sie das Wort der Weisung brauchen, suchen Sie denjenigen, der die Gabe der Prophetie hat. Wort der Erkenntnis und Wort der Weisheit wirken zusammen. Diese Gabe des Geistes Gottes gibt Informationen über den Namen, das Geburtsdatum, die Adresse und Probleme mit einer Lösung. Wenn Sie ein Wunder brauchen, gehen Sie zu jemandem, der diese Gabe von Gott hat. Ich hatte ein Wirbelsäulenproblem und suchte nach einem Menschen mit der Gabe der Wunder und der Heilung. Wenn wir tanken wollen, gehen wir zur Tankstelle; wenn wir Geld brauchen, gehen wir zur Bank; wenn wir Lebensmittel einkaufen wollen, gehen wir zum Supermarkt. Ich suche nach einem Propheten, nicht nach jemandem, der seine Gedanken oder Gefühle erzählen kann. Ich glaube nicht jedem, der behauptet, Gaben zu haben, sondern nur einem, der sie beweist. Sie könnten mir Gift statt Wasser geben. Achten Sie darauf, dass Sie zu demjenigen gehen, der die Gaben des Geistes von Jesus Christus hat. In der Bibel heißt es, dass erst 12, dann 70 die Macht erhielten; Lukas 9:1 Dann rief er seine zwölf Jünger zusammen, und gab ihnen Macht und Gewalt über alle Teufel und dass sie Krankheiten heilen.

Lukas 10:1a Danach setzte der Herr noch weitere siebzig ein.

Nicht jedermanns Schatten kann wirken, sondern derjenige, der eine Salbung des Geistes hat. Geht nicht zu allen, die meinen, sie könnten es, sondern geht zu denen, die die Geistesgaben haben. Gott gibt die Gabe des Geistes denen, die er beruft, und wenn sie es wünschen. Haben sie viele verführt, in Kirchen zu gehen? Verweigern sie das Wirken der Gaben des Geistes? Viele streiten darüber, ob sie den Heiligen Geist genau so empfangen, wie es in der Bibel steht.

Hosea 4:6a: Mein Volk wird aus Mangel an Erkenntnis vernichtet; weil du die Erkenntnis verworfen hast, werde auch ich dich verwerfen,

Hiob 36:12 Wenn sie aber nicht gehorchen, werden sie durch das Schwert umkommen, / sie werden ohne Wissen sterben.

Sprüche 5:23 Ohne Belehrung wird er sterben, und in der Größe seiner Torheit wird er in die Irre gehen.

16 APRIL

Lassen Sie sich nicht von dem Titel täuschen. Viele Antichristen sind in der Welt tätig. Achten Sie immer auf ihre Früchte, ihre Arbeit und ihre geistlichen Gaben, die sie einsetzen. Wenn das nicht der Fall ist, dann verschwinden Sie von dort. Betrachten Sie das Wirken der Gaben niemals in der Schublade von Organisationen, Konfessionen und Kirchen. Da Gott keine Organisationen gegeben hat, sind Konfessionen oder Kirchen nicht zu suchen. Er hat denen, die die geistlichen Gaben begehren, die Gabe gegeben, das Königreich zu erbauen. Die Gaben werden beweisen, dass Gott Wunder, Heilungen, Prophetie usw. tut.

Apg 19:11-12 Und Gott tat besondere Wunder durch die Hände des Paulus, dass von seinem Leib Tücher oder Schürzen zu den Kranken gebracht wurden und die Krankheiten von ihnen wichen und die bösen Geister von ihnen ausfuhren.

Gott tat ein Wunder, aber er benutzte Paulus, weil Gott ihn berufen hatte, das Evangelium zu predigen. Wenn Sie Herz-, Augen-, Blut- oder Knochenprobleme haben, suchen Sie einen Arzt auf, der sich auf diesen Fachbereich spezialisiert hat. Man geht nicht auf eine Kunsthochschule, um Arzt zu werden; man geht auf eine medizinische Hochschule, um Arzt zu werden. Die Menschen werden vom Antichristen, falschen Lehrern und Propheten in die Irre geführt. Ich gehe zu demjenigen, der durch den Geist Gottes wirkt.

Ich bin wiedergeboren, im Wasser auf den Namen Jesu getauft und aus dem Heiligen Geist geboren, indem ich in meiner Zunge rede. Gott hat mir einige Gaben des Geistes gegeben, wie Heilung, Prophetie, Glaube, Zunge, Zungenauslegung und Unterscheidung des Geistes. Ich kann in diesen Ämtern arbeiten, oder Wir sagen, dass Gott mich in diesem Fachbereich gebrauchen kann. Ich bekomme viele Anrufe für Heilung und Befreiung von dämonischer Unterdrückung. Wenn ich für sie bete, werden sie geheilt und befreit. Bitten Sie Gott, dass er Sie als Arbeiter für sein Reich einsetzt. Er gebrauchte 12 Jünger, 70 Jünger und dann 120. Er füllte nicht ganz Jerusalem mit dem Heiligen Geist, sondern 120 und alle, die es begehrten. Kurz gesagt, das Königreichssystem hat eine bestimmte Ordnung. Befolgen Sie die Anweisungen, und Sie werden nichts falsch machen.

LASST UNS BETEN

Im Namen Jesu, Herr, brauchen wir das Wissen um dein Reich. Lass uns nicht den Wolf täuschen, der sich als Engel des Lichts ausgegeben hat. Beschütze uns vor antichristlichen Lehrern und Propheten. Führe uns zu den echten Propheten, Lehrern und denjenigen, die die Gaben der Geister haben. Wir danken dir, dass du dem Geist ungewöhnliche Gaben gegeben hast, um die eine Kirche zu erbauen. Wir begehren diese Gaben des Geistes, um deinen herrlichen Namen und dein Reich zu verherrlichen in In Jesu Namen. Amen! Gott segne Sie!

17 APRIL

WAHR ODER FALSCH!

Jesus gegen Teufel! Der Teufel ist kein Gegner von Jesus. Jesus ist die oberste Partei, nicht der Teufel. In vielen Spielen sehen wir die beiden gegensätzlichen Spieler spielen im Spiel und versuchen, sich gegenseitig zu blockieren, oder einer hält an, um den Punkt zu bekommen. Genauso verhält es sich im Spiel des Lebens: Einer versucht, das Richtige zu tun, und ein anderer verleitet ihn dazu, das Falsche zu tun. Paulus schrieb den Brief an Rom.

Röm 7:21 Ich finde also ein Gesetz, dass, wenn ich das Gute tun will, das Böse bei mir ist. 23 Ich sehe aber ein anderes Gesetz in meinen Gliedern, das mit dem Gesetz meines Verstandes kämpft und mich dem Gesetz der Sünde, das in meinen Gliedern ist, gefangen hält.

Lernen Sie, dass in uns ein Krieg stattfindet. Zwei Naturen in uns haben zwei verschiedene Ideen, die für zwei fremde Führer arbeiten. Wer auch immer gewinnt, wird der Champion sein, egal welche Trophäe man im Himmel oder in der Hölle bekommt, für die man spielt. Satan hat in der Hölle eine Trophäe für den Kopf von Jesus, Paulus, Peter, und viele andere. Hundertprozentig der Partei gewidmet, kümmert sich nicht um das Leben oder den Kopf. Leben verlieren ist Leben gewinnen; der eine gewinnt.

Paulus sagt in Philipper 1:21: "Denn leben ist für mich Christus, und sterben ist Gewinn. Wenn ihr einmal die Überzeugung von der Wahrheit habt, dann spielt euer Gewinn oder Verlust von Leben oder Tod keine Rolle mehr. Es geht nur noch um den, dem du bis zum Tod dienst. Wenn Sie die Gesinnung Christi haben, spielt das keine Rolle mehr.

Eine erfundene Gesinnung ist der Schlüssel zum Erfolg für denjenigen, für den du die Rolle spielst.

Galater 2:20 Ich bin mit Christus gekreuzigt; dennoch lebe ich, doch nicht ich, sondern Christus lebt in mir; und das Leben, das ich jetzt im Fleisch lebe, lebe ich durch den Glauben an den Sohn Gottes, der mich geliebt und sich selbst für mich hingegeben hat.

Paulus sagt, dass man, wenn man sich für die Party angemeldet hat, den Glauben an Jesus behalten soll. Viele Arbeiter des Satans haben die gleiche Einstellung, für den Teufel zu spielen. Es spielt keine Rolle, was dabei herauskommt, nur totale Hingabe. Der Teufel bietet allen auf Erden, die für ihn arbeiten. Viele werden sich beklagen und auf diese schlechten, ungerechten Menschen schauen; ihnen passiert nichts. Beschweren sich Christen darüber, warum wir all unsere Probleme haben? Nun! Arbeitest du gegen den Teufel oder gegen Jesus? Welche Wahl habt ihr getroffen? Es würde helfen, wenn du eine Gedankenkorrektur hättest. Dein

17 APRIL

Denken braucht Hilfe. Der Teufel spielt mit dem Verstand, Jesus mit dem Herzen. Die Wahrheit muss also in Ihrem Herzen beginnen. Falsch ist das Spiel des Verstandes, das auf dem Fleisch reitet. Satan ist der Meister und Vater der Lüge. Der Betrüger wird jede Taktik, jeden Plan und jedes Spiel finden, um den Gegner zu besiegen. Alle seine Siege, Medaillen und Trophäen sind nur vorübergehend und von Dauer. Das Seelengewinnungsspiel des Teufels ist wertlos. Jesus hat eine ewige Sicherheit, eine immerwährende und wertvolle Krone für uns. Sei einfach treu, bis das Spiel zu Ende ist. Der Teufel besitzt nichts, sondern lockt nur für Verbotenes, wie er es bei Eva tat. Die Herrlichkeit dieser Welt gehört Jesus. Er zeigt verschiedene Dinge und spielt mit der Lust des Verstandes, der Lust des Fleisches und dem Stolz des Lebens. Er will, dass du dein Talent, dein Geld und deine Kraft opferst. Jesus schreibt nicht die Geschickten ein, sondern er qualifiziert die, die er beruft.

Wähle die richtige Partei zum Spielen. Dein Leben ist ein Spiel. Die Partei, die du wählst, ist diejenige, der du für die Ewigkeit dienen wirst. Am Ende ist es die Hölle oder der Himmel, wo du hingehst. Es gab ein Kriegsspiel zwischen den Philistern und den Israeliten. Die Philister hatten einen Riesen auf ihrer Seite. Die Israeliten sahen Riesen und waren eingeschüchtert. Gott verbarg die Wahrheit vor den Israeliten, weil sie den falschen Anführer hatten. Aber David hatte die Tatsache und spielte für die Israeliten. Es spielt keine Rolle, wie stark, groß oder geschickt man ist. Wenn du im Namen der Wahrheit spielst, wirst du gewinnen.

1 Samuel 17:45 Da sprach David zu dem Philister: Du kommst zu mir mit Schwert, Spieß und Schild; ich aber komme zu dir im Namen des HERRN der Heerscharen, des Gottes der Heere Israels, den du herausgefordert hast. 49 Da griff David in seinen Beutel und nahm einen Stein und schleuderte ihn und schlug den Philister an seine Stirn, daß der Stein in seine Stirn sank und er auf sein Angesicht zur Erde fiel.

David spielte für die Partei, in der die Wahrheit vorherrschte. Es ist es wert, ein Spiel auf der richtigen Seite zu spielen. Der Teufel hat eine große Klappe, falsche Versprechungen und eine brennende Hölle, um dich zu vernichten. Er hat keinen Schutz oder Sieg. Wer für Jesus arbeitet, arbeitet für die Wahrheit, und wer für den Teufel arbeitet, arbeitet für die Lüge. Für Jesus zu arbeiten bedeutet, für den schönen Himmel zu arbeiten, und für den Teufel zu arbeiten bedeutet, heißer zu schreien, als du jemals einen Ort erlebt hast. Wählen Sie die Mannschaft. Der Spieler muss von der Seite, für die er spielt, überzeugt sein. Viele sind sich des Teufels sicher. Der Teufel bietet Gold, Ruhm, Geld, Position und Macht, die endet, wenn man die Erde verlässt. Die Verheißungen Jesu sind nicht greifbar, aber sie können greifbar werden, wenn Sie daran glauben. Jesus geht, wenn du gehst, um die Rolle an seiner Seite zu spielen. Er verlässt Sie nie und lässt Sie nie im Stich. Er ist da, um Sie zu beschützen. Seine Wahrheit ist Ihr Glaube.

2 Chronik 32:8a Bei ihm ist ein fleischlicher Arm, bei uns aber ist der Herr, unser Gott, der uns hilft und unsere Kämpfe führt.

Jesus trainiert, wie wir im Krieg spielen. Der Teufel befiehlt uns, getötet und zerstört zu werden.

2 Samuel 22:35 Er lehrt meine Hände das Kriegshandwerk, so dass ein stählerner Bogen von meinen Armen zerbrochen wird.

David spielte mit der Wahrheit Gottes, und er gewann das Königtum Israels. Sie können auch Ihr Bestes geben, wenn Sie Jesus erlauben. Der Krieg wird ein Sieg sein, wenn du auf der richtigen Seite spielst.

Psalmen 144:1 Ein Psalm Davids. Gelobt sei der HERR, meine Stärke, der meine Hände lehrt, zu streiten, und meine Finger, zu kämpfen:

Wähle die Seite, auf der du die Trophäe gewinnst, und die Wahrheit setzt sich gegen die Falschen durch. Falsch ist die Fälschung des Teufels, der in die Hölle kommt, um ewig zu brennen. Das ist das Schicksal des Satans. Gott hat es für den Teufel und seine Engel geschaffen. Der Teufel spielt mit Lüge und Täuschung. Der Teufel hat falsche Versprechen. Nichts funktioniert. Seine Partei leidet unter Gewalt, Dunkelheit, Angst, Sorgen, Krankheit, Unterdrückung, Besessenheit und Hunger, aber er verspricht die große Krone. Wenn zwei Parteien eng beieinander liegen, scheint es, als würde die Wahrheit verlieren, aber vergiss nicht, dass sie falsch ist, wenn du den Glauben bewahrst. Spielt mit ganzem Herzen und vertraut auf Gott. Das Ende wird ein Krieg zum Sieg, Schönheit für Asche, Frieden, ruhige Zuversicht und vieles mehr sein. Daniel spielte um die Wahrheit. Das Spiel endete mit einer großen Überraschung.

Daniel 6:2 und über diese drei Vorsteher, von denen Daniel der erste war, damit die Fürsten ihnen Rechenschaft ablegen konnten und der König keinen Schaden erlitt.

Spielen Sie die Rolle der Wahrheitsseite. Sie werden die Spitze sein, zuerst, und höher. Das wird Sie insgesamt begünstigen. Die Spiele des Lebens sind real. Glaube nie, dass die Partei der Falschheit gewinnt. Wenn du auf der Seite der Partei stehst, die man Wahrheit nennt, wirst du Erfolg haben. Die Wahrheit setzt sich durch.

Sprichwort 12:19 Die Lippe der Wahrheit bleibt ewiglich, eine lügende Zunge ist nur für einen Augenblick.

Wer die Partei wählt, wählt auch das Ziel. Sei also weise. Wählen Sie die Wahrheit und nicht die falsche. Der Teufel ist der Anführer der falschen Partei. Wähle das Spiel, dessen Anführer Jesus ist, und du wirst gewinnen.

LASST UNS BETEN

Herr, wir danken dir; du bist wahrhaftig, und deine Verheißungen sind wahr. Wir bitten dich, gib uns deine Weisheit, das zu wählen, was echt ist, und nicht das, was richtig aussieht. Wir Wandelt im Glauben und nicht im Schauen. Der Schauplatz mag furchtbar aussehen. Wir sehen Löwen, Feuer und Tod, aber wenn wir die Rolle der Partei wählen und spielen, die Wahrheit heißt und deren Anführer Jesus ist, dann werden wir am Ende gewinnen. Egal was passiert, wir werden den Sieg erringen. Wir werden die Krone der Rechtschaffenheit erhalten. Wir werden die Spitze sein, das Haupt, das Oberste, und hochbegünstigt, in Jesu Namen. Amen! Gott segne Sie!

18 APRIL

NIMM DIE LAMPE UND ZÜNDE SIE AN!

Tie Bibel sagt in Psalm 119:105 Dein Wort ist eine Leuchte für meine Füße und ein Licht für meinen Weg.130 Der Eingang deiner Worte gibt Licht; es gibt Verständnis für die einfachen Menschen. Dunkelheit ist die Abwesenheit von Licht. Wir werden zum Licht in der dunklen Welt, wenn wir Gott folgen und seinem Wort gehorchen. Wir brauchen Licht, wenn es keines gibt. Wenn man nachts im Dunkeln geht, weiß man nicht, woran man stößt. Die Frau lebte seit Jahren in demselben Haus, wollte im Dunkeln aufstehen, stolperte und brach sich die Hüfte. Obwohl sie jahrelang in dem Haus gelebt hatte, verwirrte sie kein Licht. Wenn Sie das Wort Gottes in Ihrem Leben zulassen, werden Sie auch nicht in eine Falle oder ein Hindernis des Satans stolpern. Das Ziel des Teufels ist es, dich zu zerstören. Wenn du einmal hineingefallen bist, kannst du nicht mehr herauskommen. Dies ist die Zeit, in der wir die Dunkelheit erkennen müssen. Wenn man lange genug in der Dunkelheit lebt, wird sie zur Gewohnheit. Lassen Sie es nicht zur Gewohnheit werden. Suchen Sie nach der Lampe und dem Licht, denn die Bibel ist immer noch verfügbar.

Das ältere Ehepaar war Zeuge, dass wir früher ununterbrochen in der Bibel gelesen haben. Es gab eine Zeit zum Bibellesen für 24 Stunden oder bis sie die Bibel zu Ende gelesen hatten. Sie sagte, dass sie das früher gemacht hat, was bedeutet, dass es nicht mehr so ist. Nachdem die Kirchen verhext sind, lesen sie nicht mehr in der Bibel. Was war geschehen? Der Teufel hat gestohlen, als sie eingeschlafen sind. Die Dunkelheit ist so weit verbreitet, dass die Menschen gerne in ihr leben. Ein Pastor sagte, um die Kirche zu gründen, brauche man eine Lizenz. Die Voraussetzung für eine Genehmigung ist, dass man die Bibel einmal zu Ende liest. Das hat mich schockiert. So einen Menschen möchte ich nicht als Pastor haben. Ich weiß, dass es in der natürlichen Welt Satan, gefallene Engel und Dämonen gibt. Sie lieben unwissende Prediger und Lehrer auf der Kanzel. Wenn ich das Wort Gottes nicht als Licht und Lampe auf meinem Weg habe, werde ich stolpern, fallen und getötet werden. Wollen Sie blinde Führer? Ich will sie nicht.

Versuchen Sie, im Dunkeln zu fahren. Sehen Sie, was passiert. Ich erinnere mich, dass ich die wahre Geschichte einer fremden Nation gelesen habe. Die Menschen benutzen die aufgeschlagene Bibel, um das Licht durchscheinen zu lassen. Aber wer begrenzt diesen unbegrenzten Gott? Wer interpretiert diesen Gott auf seiner Ebene? Sie verhindern, dass Gott in der Familie durchscheint. Wir sehen, dass die Dunkelheit Scheidungen, Drogen, Alkohol, Selbstmord, Tötung und so weiter bringt. Kein Wort von Gott, kein Licht! Unser Gott ist das Licht. Die Menschen lernen 85% durch ihren Lebensstil. Sie können Licht bringen, wenn Sie das Wort richtig tun.

Jesaja 60:19-20 Die Sonne wird nicht mehr dein Licht am Tage sein, und der Mond wird dir nicht mehr leuchten, sondern der HERR wird dir ein ewiges Licht sein und dein Gott deine Herrlichkeit. Deine Sonne wird nicht mehr untergehen, und dein Mond wird sich nicht mehr zurückziehen; denn der HERR wird dein ewiges Licht sein, und die Tage deines Jammers werden ein Ende haben.

Wahnsinn! Kein Wunder, dass Gott ein Wort ist, und das geschriebene Wort Gottes steht in der Bibel. Die Arbeit des Teufels hört im Licht auf, also werden Sie die Bibel los. Die Bibel ist das Licht in deinem Leben. Sie arbeiten, um für Ihre schöne Familie zu sorgen. Du begehrst alle guten Dinge. Arbeite, arbeite, arbeite und halte dich auf Trab. Und was passiert am Ende? Satan sieht kein Licht, kein Wort von Gott. Die Bibel verstaubt. Wahnsinn! Satan kommt und vernichtet. Mutter und Vater trennen sich, trinken, Ehebruch, Alkohol, Depressionen, Lügen und Stehlen. Du öffnest Gefängnis und Gefängnistüren für deine Kinder. Die Familie wird begraben und das Geld geht an den Anwalt. Verstehen Sie, dass ein Leben ohne das Wort Gottes wie Autofahren im Dunkeln ist? Du fährst dein Leben im Dunkeln; deine Passagiere sind deine Familie. Sie bauen schwere Unfälle und werden dann getötet, gestohlen und zerstört.

Der Leiter der USA hat das Licht in der Schule entfernt. Kein Bibellesen in der Schule! Gut gemacht, Teufel! Ich fragte mich: Sind Daniel, David, Schadrach, Meschach und Abednego im Land? Was war geschehen? Falsche Lehrer lehrten sie, ihnen als ihrer Autorität zu gehorchen und nicht Gott. Wisst ihr, dass ihr verhext seid? Glaubt nicht, dass irgendeine Autorität euch sagt, ihr sollt gehorchen dem Regierung und ignorieren die Regierung Gottes. Ein falscher Lehrer und Propheten werden Sie durch das Wort Gottes etablieren. Erlauben Sie nur dem Heiligen Geist und seinem Wort, Sie zu leiten, zu führen und zu lehren. Wenn sie Gottes Wort gehorchen, werden sie dich nicht falsch lehren. Sie gehorchen der Regierung, solange sie Ihnen und Gott nicht im Wege steht. Siehe, was Jesus sagte.

Johannes 8:12 Da sprach Jesus erneut zu ihnen: Ich bin das Licht der Welt; wer mir nachfolgt, wird nicht in der Finsternis wandeln, sondern wird das Licht des Lebens haben.

Folgen Sie Jesus, nicht falschen Kirchen, Organisationen, Pastoren, Lehrern oder Propheten. Da das Bibellesen nicht erlaubt war, gerieten die Menschen in die Finsternis. Die religiöse Autorität legte den Menschen kritische Tests über Gott in den Mund. Jetzt treiben die Menschen in der Finsternis und fragen sich, was, warum und wie sie wieder herauskommen können. Sicher, der Führer wird Priester oder Pastor genannt, und Hohepriester, Bischöfe oder Superintendenten sind bereit, Jesus zu töten. Sie führen die Menschen, die ihnen folgen, in die Irre. Überlegen Sie es sich zweimal, gehen Sie nicht in irgendwelche Kirchen, denn sie haben einen guten Chor, ein Kreuz, Hebräisch-Gelehrte und Leiter, die einen seitenlangen Abschluss in Theologie haben. Das Licht Jesu ist abwesend. Es ist voller Finsternis. Fangen Sie an, das Wort Gottes Tag und Nacht zu lesen. Die Worte werden sich in deinem Leben manifestieren, wenn du glaubst und gehorchst. Du wirst sehen, dass Vorübergehende geheilt werden, dass sie befreit werden, dass Blinde sehen werden, dass gebrochene Herzen geheilt werden. Erlaube niemandem, dein Leben in die falsche Richtung zu lenken. Falsche Lehrer und Propheten kann dich in tiefere Dunkelheit führen. Schlagen Sie die Bibel auf und lassen Sie das Wort Gottes Ihr Leben erhellen. Ich liebe diese Bibelstelle und habe sie auswendig gelernt.

Johannes 3:20 Denn jeder, der Böses tut, hasst das Licht und kommt nicht ans Licht, damit seine Taten nicht aufgedeckt werden. 21 Wer aber die Wahrheit tut, der kommt ans Licht, damit seine Taten offenbar werden, dass sie in Gott gewirkt sind.

18 APRIL

Das Licht kommt, wenn ich diese Schrift spreche, und der Teufel läuft davon. Es ist wie die Sonne, die an diesem Ort scheint. Probiere es aus; der Teufel wird vor dir fliehen. Der Teufel wird Kopfschmerzen, Migräne und Verwirrung bekommen. Satan wird versuchen, dich davon zu überzeugen, dass du verrückt bist, dass nicht ich es bin, sondern du. Denken Sie daran, dass das Wort Gottes ein Schwert, ein Licht und eine Lampe ist. Licht bedeutet hell; klar; nicht dunkel oder undeutlich; wie der Morgen hell ist;

Sprüche 6:23 Denn das Gebot ist eine Leuchte, und das Gesetz ist ein Licht, und die Ermahnung ist der Weg des Lebens:

Schaffen Sie die Gebote und Gesetze Gottes ab und sehen Sie, was Sie im Fernsehen sehen. Es scheint, dass keiner die Antwort hat. Alle haben sich in der Finsternis verirrt, nicht wahr? Die Medien, das Fernsehen und die Führer, die keine Wahrheit haben, bringen mehr Chaos und Dunkelheit. Ihr und eure Nation driftet immer tiefer in die Dunkelheit. Das Leben ist wie das Malen eines Lebensbildes. Malen Sie jeden Tag Stück für Stück. Versuchen Sie, Ihr Leben im Licht des Wortes Gottes zu malen. Es wird durchscheinen. Ihre Lebensbilder werden Licht in diese Welt bringen. Welche Porträts wollen Sie malen, ein Bild ohne Wort oder mit dem Licht des Wortes? Das Bild wird in allen Teilen erleuchten.

Psalmen 97:11a Licht wird gesät für die Gerechten.

Gott wird dein Licht sein, wenn du in der Dunkelheit gehst. Selbst in der schwersten Prüfung wird er dich durchtragen. Denken Sie daran, dass sogar Gott zu Beginn der Schöpfung zwei Lichter gemacht hat.

Mose 1:16 Und Gott machte zwei große Lichter: das große Licht, das den Tag beherrschte, und das kleine Licht, das die Nacht beherrschte; auch die Sterne machte er.

Am Anfang der Schöpfung schuf Gott zwei Lichter Erstens.

Genesis 1:2 Und die Erde war wüst und leer, und es war finster auf dem Grunde der Erde. Und der Geist Gottes bewegte sich auf dem Wasser.3 Und Gott sprach: Es werde Licht, und es ward Licht.4 Und Gott sah das Licht, dass es gut war, und Gott schied das Licht von der Finsternis.5 Und Gott nannte das Licht Tag und die Finsternis Nacht. Und der Abend und der Morgen waren die ersten Tage.

LASST UNS BETEN

Herr, gib Hunger und Durst nach deinem Wort. Dein Wort ist nicht nur Nahrung, Schwert, Licht und Leuchte. Ohne es können wir in die Hölle stolpern. Herr, erleuchte unser Verstand mit dem Licht deines Wortes. Du bist das Licht des Wortes. Hilf uns, dir leidenschaftlich zu folgen, um den Ort zu erreichen, an dem du lebst. Wir wollen unsere Ewigkeit im Himmel verbringen, wo Jesus das Licht ist. Herr, wir folgen deinem Wort. Wir wollen Licht für viele sein, so segne uns mit dem Wort, um es zu leben, in Jesu Namen. Amen! Gott segne Sie!

19 APRIL

RELIGION IST VERWIRREND!

Yenn man etwas zum Original hinzufügt oder von ihm abzieht, ist es nicht rein und wird als Ehebruch bezeichnet. Deshalb sagte Jesus: "Folgt mir nach! Sie können an einem Treffen teilnehmen oder die Gemeinschaft mit anderen, aber das Wichtigste ist, dass Sie Gott suchen und sicherstellen, dass Sie sich an seinem Wort orientieren. Alle Gebäude, an denen Kreuze hängen und Menschen, die die Bibel bei sich tragen, sind nicht christlich. Die Einführung verschiedener Religionen, die die Bibel auslegen, bringt Verwirrung. Sie schaffen damit ein Problem, anstatt es zu lösen. Wenn Sie sich auf den Grund konzentrieren, warum Jesus auf die Erde gekommen ist, wird sich Ihr Denken ändern. Gott hat mich angewiesen, die Kirche über das Internet zu beobachten. Wenn der Heilige Geist den Gottesdienst leitet, dann sollte die Entfernung kein Problem sein. Vor ein paar Monaten sagte ich: Herr, ich möchte in die Kirche gehen. Ich bete für eine großartige Kirche. In dieser Nacht schenkte mir Gott einen Traum. Gott schenkte mir den Traum von einem Kirchengebäude, und ich war drin. Ich spürte den Geist in dem Gebäude, das ich besuchte, als ich zog nach Texas. Aber es war nicht derselbe Geist. Jemand sagte mir, ich solle das in den Dienst nehmen, und ich suchte nach Dingen. Ich merkte, dass ich meine Handtasche verloren hatte. Ich dachte, ich würde ein Portemonnaie finden, da ich hier war. Der Gottesdienst begann jeden Moment im Traum, und im Bruchteil einer Sekunde war er beendet. So ging es bis zum Abend weiter. Ich konnte die Handtasche immer noch nicht finden. Später fragte ich eine Dame, ob sie mich nach Wylie fahren könnte. Sie sah mich an und antwortete nicht. Ich konnte nicht herausfinden, ob sie die Sprache nicht beherrschte oder nicht verstand, was ich sagte. Aber den ganzen Tag über kamen Menschen aller Nationalitäten und Hautfarben in dieses Gebäude, und im nächsten Moment waren sie wieder verschwunden. Mir wurde klar, dass ich nicht nach Hause gehen konnte, da ich weder einen Auto- noch einen Hausschlüssel hatte, um das Haus zu öffnen. Mein Traum war vorbei. Ich dachte darüber nach, die Bedeutung des Traums zu verstehen. In dieser Woche versuchte ich zu verstehen, was dieser Traum bedeutete. Gott gab mir zu verstehen, dass mein Geldbeutel meine Identität ist. Wenn ich zu den heutigen Kirchen gehe, werde ich meine Identität verlieren. Ich verstand, dass ich Katholik, Baptist, Zeuge Jehovas, Mormone, Pfingstler oder welche Kirche auch immer ich besuchen würde, aber ein Christ. Christen folgen Jesus nach. Gott hat gesagt, dass es deine Aufgabe ist, Dämonen auszutreiben, Kranke zu heilen und das lebendige Evangelium zu predigen. Das gebrochene Herz zu heilen, blinde Augen zu öffnen, Lahme gehen zu lassen und Taube zu hören. Wenn du jetzt eine solche Kirche besuchst, wirst du deine Identität verlieren.

Viele Kirchen möchten Sie kontrollieren und dem Heiligen Geist niemals erlauben, sein Werk zu vollenden. Und mancherorts haben sie mich daran gehindert, das zu tun, was Gott von mir verlangt hat. Gott hat gesagt, dass ihr eure Identität verlieren würdet, wenn ihr in die heutigen Kirchen geht. Es geht nicht um Gebäude oder Figuren, die auf der Kanzel stehen. Ich muss bei der Kirche bleiben, die ich im Internet besuche. Gott

19 APRIL

hat mich eines Morgens geweckt und mir diese Kirche auf mein Telefon gelegt. Er tat es zweimal. Er hat mich um 2 Uhr morgens geweckt, um diese Kirche zu besuchen. Der Pastor hat mir aus der Ferne gedient, weil er dem Geist Gottes erlaubt, die Arbeit zu tun. Der Geist hat keine Entfernung, und der Geist weiß alles. Ich erkannte, dass Gott sich um das Wohlergehen der Seele sorgte.

Jetzt weiß ich, wie die Menschen ihre Identität verloren haben, indem sie verschiedene Marken-Kirchen besuchten, die von der falschen Lehre gegründet wurden. Bis jetzt sprechen alle von Jesus, aber ihre Lehre unterscheidet sich von der Jesu. Verwenden Sie dieselbe Bibel und fügen Sie den Teil hinzu, den sie mögen oder nicht mögen. In der Religion herrscht so viel Verwirrung, dass heutzutage mehr Verbrechen in der religiösen Welt von religiösen Führern begangen werden. Denken Sie daran, dass die religiösen Autoritäten, denen Jesus gegenüberstand, Kriminelle waren. Sie bildeten Menschen aus, um den Gott des Himmels zu zerstören. Gott muss aus dem Tempel herauskommen, indem er den Vorhang zerreißt. Sogenannte Heilige und kirchliche Autoritäten sind gefährlich. Folgen Sie dem Herrn Jesus! Kirchen zu haben und die Abwesenheit Seiner Gegenwart wird die Menschen verwirren. Die Menschen werden die Hoffnung und den Glauben an den Herrn verlieren. Die Menschen sind in der Kirche mehr verletzt als in der säkularen Welt. Die religiösen, konfessionellen und so genannten christlichen Gruppen werfen die Menschen aus ihrem Glauben an Jesus heraus.

Gott sagte, wir sollten uns nicht von den heutigen satanischen Formeln der Errettung täuschen lassen. Sie haben falsche Versprechen. Wenn du das Gebäude besuchst, das sich Kirche nennt, hast du keine andere Wahl, als ihnen zu folgen, oder sie werden sich gegen dich verbünden. Der Herr sagte, tu, was ich sage. Folge mir nach. Die Menschen werden erkennen, dass du mein Nachfolger bist, weil deine Identität in der Bibel steht.

Markus 16:17 Und diese Zeichen werden denen folgen, die glauben: In meinem Namen werden sie Teufel austreiben; sie werden mit neuen Zungen reden; 18 sie werden Schlangen aufheben; und wenn sie etwas Tödliches trinken, wird es ihnen nicht schaden; sie werden den Kranken die Hände auflegen, und sie werden gesund werden. 20 Und sie zogen aus und predigten überall, und der Herr wirkte mit ihnen und bestätigte das Wort durch nachfolgende Zeichen. Amen.

Lukas 10:9 Und heilt die Kranken, die darin sind, und sprecht zu ihnen: Das Reich Gottes ist nahe zu euch gekommen. 16 Wer euch hört, der hört mich; und wer euch verachtet, der verachtet mich; und wer mich verachtet, der verachtet den, der mich gesandt hat.19 Siehe, ich gebe euch Macht, zu treten auf Schlangen und Skorpione und über alle Gewalt des Feindes; und nichts wird euch schaden.17 Und die Siebzig kehrten wieder um mit Freuden und sprachen: Herr, auch die Teufel sind uns untertan durch deinen Namen.

Gott wollte, dass ich mich konzentriere und nicht nach dem Gebäude suche, in dem nichts passiert. Wunder, Heilung und Befreiung geschehen außerhalb des Gebäudes. Wir müssen die Kranken, die Besessenen, die Menschen mit gebrochenem Herzen, die Waisen, die Armen, die Witwen und die Bedürftigen erreichen. Sie werden das Evangelium annehmen. Wenn man das Gebäude besucht, von dem der Herr Jesus sagte, dass es leer ist, wird man die Identität des Jüngers verlieren. Ich bin froh, dass Gott mich im Traum belehrt hat. Christen sollten auffällig sein. Als Petrus und Johannes den Lahmen heilten, war das ein offensichtliches Wunder. Der Priester und der Hohepriester wollten nicht, dass sie den Namen Jesus aussprechen. Die Menschen erkannten die Identität der Jünger von Jesus:

Apg 4:13 Als sie aber die Kühnheit des Petrus und des Johannes sahen und merkten, dass sie ungelehrte und unwissende Männer waren, verwunderten sie sich und erkannten, dass sie mit Jesus zusammen gewesen waren. Unsere Identität ist unser übernatürliches Werk. Unsere Identität wird vom Teufel gestohlen, der verschiedene Kirchen, Konfessionen und Organisationen mit einem bestimmten Namen gegründet hat. Ihre Aufgabe ist es, dich und mich zu kontrollieren. Sie fischen uns und setzen uns in ihre Markenställe. Seien Sie auf der Hut vor Dieben. Manchmal beobachte ich Gerichtsverfahren und stelle fest, wie religiöse Führer Menschen mit einem perversen Geist festhalten. Einige Prediger haben die Wohlstandslehre. Das ist das Schlimmste von allen. Die Wohlstandspredigt hat die Führer reich gemacht. Sie verhalten sich wie ein König und eine Königin.

Röm 16:18 Denn solche Leute dienen nicht unserem Herrn Jesus Christus, sondern ihrem eigenen Bauch, und sie verführen mit guten Worten und schönen Reden die Herzen der einfachen Leute.

Überall um uns herum sind Menschen depressiv, alkoholabhängig, besessen, verwirrt, ein Krankenhaus voller Kranker, Kinder, die ihre Eltern töten, Eltern, die ihre Kinder belästigen, die ihre Frauen und Kinder töten, und unterdrückt. Und warum? Der Besuch von religiösen Kirchen hat sie beschäftigt. Die Menschen arbeiten für die kirchliche Agenda, um die Kassen zu füllen. ihre Kirchenbank und nicht das Reich Gottes. Das Reich Gottes hat den Geist Gottes, der durch uns wirkt. Es hat neun Gaben. Diese außergewöhnlichen geistlichen Gaben, die oft als "charismatische Gaben" bezeichnet werden, sind das Wort der Weisheit, das Wort der Erkenntnis, der erweiterte Glaube, die Gaben der Heilung, die Gabe der Wunder, die Prophetie, die Unterscheidung der Geister, verschiedene Arten von Zungen und die Auslegung von Zungen. (wikipedia.org)

1 Korinther 14:12 So auch ihr, die ihr nach geistlichen Gaben eifert, trachtet danach, dass ihr zur Erbauung der Gemeinde übertrefft.

Gott hat das Wort mit seinem Geist gegeben. Es ist nicht dazu da, unserem Bauch und unserer Tasche zu dienen. Er hatte Kranke, Verletzte, Arme, Bedrängte und Bedürftige im Sinn. Der Vater liebte seine Kinder; er raubte in fleischlichen Kleidern, um uns zu helfen. Führen Sie das uns aufgetragene Werk weiter, wie er es tat. Bitte folgen Sie nicht verwirrten so genannten Marken-Kirchen, Organisationen und Konfessionen. Lesen Sie die Bibel. In dieser Dispensation müssen Sie und ich den Armen, Witwen, Nackten und Waisen geben und für die Arbeiter sorgen, so wie es der Herr getan hat. Dein Segen wird sich entfalten, wenn du dich um diese Menschen kümmerst und nicht Diebe zu Millionären machst, indem du verschiedene Höhlen besuchst. Bitte schulen Sie auch Menschen in der Nachfolge Jesu!
Gott segne Sie!

LASST UNS BETEN

Herr, du hast uns ausgewählt, für dich zu arbeiten. Wir wollen dein Werk in der Welt fortsetzen. Viele sind verloren und fahren zur Hölle. Gib uns viele Arbeiter, um deinen Willen tun. Hilf uns, deine Last zu tragen. Hilf uns, damit wir an Orte gehen, um das Evangelium zu predigen und die Hölle zu leeren. Es ist ein Auftrag von dir, Herr. Gib uns Kühnheit, Mut und ein gehorsames Herz, um dein Werk fortzuführen. Herr, lass die religiöse Verwirrung in Jesu Namen verschwinden. Amen! Gott segne Sie!

20 APRIL

DAS FENSTER DES HIMMELS!

Der Himmel hat ein Fenster. An vielen Stellen in der Bibel ist vom Fenster des Himmels die Rede. Gott öffnet das Fenster, um uns etwas zu schicken. Zu Hause oder In Gebäuden ist das Fenster die Öffnung in der Wand, durch die Licht ein- und ausströmt. Lassen Sie uns einige Beispiele für das Fenster des Himmels betrachten.

Mose 7:11 Im sechshundertsten Lebensjahr Noahs, im zweiten Monat, am siebzehnten Tag des Monats, an diesem Tag brachen alle Brunnen der großen Tiefe auf, und die Fenster des Himmels wurden geöffnet.

Indem er das Fenster schloss, stoppte Gott den Regen. Siehe in.

Mose 8:2 Auch die Quellen der Tiefe und die Fenster des Himmels wurden verstopft, und der Regen vom Himmel wurde zurückgehalten;

Gott ließ es tagelang regnen, indem er die Fenster öffnete. Gott tut mächtige, übernatürliche Arbeit, indem er das Fenster öffnet des Himmels. Als die Erde durch die Sünde verdorben wurde, schickte Gott unaufhörlich Regen und zerstörte die Erde und alles auf ihr. Jetzt verstehen Sie, dass der Regen eine übernatürliche Macht des allmächtigen Gottes war. Ihr habt die Sintflut von Noah nie gesehen und würdet sie auch nie wieder sehen. Gott öffnet das Fenster, um auf der Erde etwas zu tun.

2 Kön 7:2 Da antwortete der Herr, auf dessen Hand sich der König stützte, dem Mann Gottes und sprach: Wenn der Herr am Himmel Fenster machen würde, könnte das geschehen? Er antwortete: "Du sollst es mit deinen Augen sehen, aber nicht davon essen.

Der Bibel zufolge sieht der Prophet oder Seher die Botschaft Gottes und gibt sie weiter. Ein Prophet ist ein Mann, der von Gott auserwählt wurde, um zwischen der Menschheit und Gott zu vermitteln. Gott zeigt einem Propheten seinen Plan, und seine Aufgabe ist es, ihn uns mitzuteilen. Wie großartig! Wie der Prophet sagte, traten sie den Mann mit Füßen, weil er dem Propheten nicht glaubte. Wie traurig! Wenn er dem Propheten geglaubt hätte, wäre es ihm besser ergangen. Wenn du tust, worum der Herr dich gebeten hat, wird sich das Fenster des Himmels öffnen, um dich zu segnen.

Maleachi 3:10 Bringt den ganzen Zehnten in die Vorratskammer, damit in meinem Haus etwas zu essen ist, und prüft mich hiermit, spricht der Herr der Heerscharen, ob ich euch nicht die Fenster des Himmels öffne und einen Segen über euch ausschütte, dass man nicht genug Platz hat, ihn aufzunehmen.

Der Segen Gottes kommt durch das Fenster. Der Schlüssel zum Öffnen des Fensters liegt in deiner Hand. Viele denken: Warum den Arbeitern Gottes Geld geben? Für die Spende, die wir leben, geben wir dem Arbeiter, der dem Herrn Jesus folgt. Lassen Sie mich Ihnen sagen, warum. Möchten Sie einen Segen in Hülle und Fülle erhalten, bei dem viel mehr übrig bleibt als das, was Sie gegeben haben? Würden Sie gerne sehen, dass 10 % so viel erhalten, dass es keinen Platz mehr dafür gibt? Sie haben den Schlüssel, um das Fenster zu öffnen, indem Sie nach dem Wort der Prophezeiung handeln. Sie halten den Schlüssel in der Hand. Nicht nur Gott hält den Zerstörer von Ihrem Garten, Ihrer Bank, Ihrem Hof, Ihren Kindern und allem, was Ihnen gehört, fern.

Maleachi 3:11 Und ich will den Fresser um euretwillen züchtigen, und er soll die Früchte eures Bodens nicht verderben, und euer Weinstock soll seine Frucht nicht vor der Zeit auf dem Felde abwerfen, spricht der HERR Zebaoth. 12 Und alle Völker sollen euch gesegnet nennen; denn ihr sollt ein herrliches Land sein, spricht der HERR Zebaoth.

Macht es Ihnen etwas aus, kostenlos geschützt zu werden, oder ist es Ihnen egal? Der Schlüssel liegt in Ihrem Handeln, um das Fenster des Himmels für Segnungen zu öffnen. Ich möchte im Überfluss leben und es soll mir nie an etwas fehlen. Es geht nur darum, zu gehorchen und zu glauben. Denken Sie daran, wessen Bericht Sie glauben. Du wirst viel mehr haben, wenn du dem Wort folgst. Halten Sie Ihr Fenster nicht geschlossen. Ich würde gerne sehen, wie Gott das Übernatürliche tut, indem er das Fenster offen hält. Ich möchte, dass das Fenster die ganze Zeit offen bleibt. Ja, Herr, du hast das Fenster für den Regen vierzig Tage und Nächte lang offen gehalten. Immer wenn ich bete, öffnet Gott das Fenster, damit die Engel herauskommen und mir Segen bringen können. Das ist die Art zu leben, indem man glaubt, gehorcht und das Wort in die Tat umsetzt. Es ist nicht Gottes Idee, das Fenster geschlossen zu halten, aber es ist unsere. Gott hat uns gezeigt, dass er alles hat, was du willst, begehrst und magst, aber du hast den Schlüssel. Benutze den Schlüssel, um das Fenster zu öffnen. Jesus kann das Fenster öffnen und Ihnen die gute Nachricht übermitteln. Bitten Sie Gott, viele Visionen und Träume zu vermitteln. Es liegt alles in Ihrer Hand, denn Gott lebt in Ihnen. Es ist der Himmel auf Erden, wenn Sie gehorchen.

Jakobus 1:17 Jede gute Gabe und jede vollkommene Gabe kommt von oben herab, vom Vater der Lichter, bei dem es keine Schwankungen und keinen Schatten der Veränderung gibt.

Willst du, dass das Fenster des Himmels für Geschenke offen steht?

Jakobus 1:22 Seid aber Täter des Wortes und nicht Hörer, die sich selbst betrügen. 23 Denn wer das Wort hört und nicht tut, der gleicht einem Menschen, der sein eigenes Gesicht im Glas betrachtet: 24 Er sieht sich selbst und geht seines Weges und vergisst alsbald, was für ein Mensch er war.

Seien Sie ein Macher und kein Prediger oder Pastor. Sie täuschen sich selbst. Denken Sie daran: Gott hat kein Alzheimer. Er weiß bereits, wer und was Sie sind, aber Sie wissen es nicht. Tut mir leid, wenn Sie lügen oder betrügen, schaden Sie sich selbst und niemandem sonst. Gott ist ein großer Gott und sieht, weiß und tut alles. Eines Tages wird er das Fenster öffnen, und dann kommt das Gericht wie zur Zeit Noahs. Gott öffnete das Fenster am Tag des Gerichts und schickte Regen, um alle Betrüger, Lügner und Bösen zu erledigen. Das

Wasser begrub sie und ihre Kinder. Wer hat das Unheil verursacht? Die Menschen, die sich weigern zu gehorchen, und niemand sonst! Sie können Ihr Urteil in einen Segen verwandeln, bevor er das Fenster öffnet. Bereue und sage: Herr, ich möchte Frieden schließen, bevor ich diese Erde verlasse. Wenn Sie versucht haben, eine andere Frau in den Arm zu nehmen, sagen Sie, dass es Ihnen leid tut, Herr. Du sagst vielleicht, dass niemand in das Auto geschaut hat, aber der Herr hat es gesehen. Sind Sie so blind? Wenn Ihre Frau auf Reisen oder außer Haus ist, versuchen Sie, die Frau auszunutzen, die unter demselben Dach lebt. Kommen Sie mit Gott ins Reine. Deine Position wird dir nicht helfen, denn jeder, den du betrügst und belügst, ist genau wie du. Sie können getäuscht werden, aber nicht Gott. Der Herr sah und erinnerte sich noch. Hoffen Sie, bevor das Gericht Sie erwischt, dass Sie mit Gott ins Reine kommen. Wundert euch nicht an dem Tag, an dem ihr zertreten werdet und Flut oder Feuer über euch kommt. Du wirst um Hilfe schreien, aber keine Hilfe finden. Suchen Sie nicht Schutz oder verstecken Sie sich unter dem Titel des Pastors, dem Ring an Ihrem Finger, Ihrer Frau, dem Titel eines Evangelisten oder eines Heiligen. Stellen Sie sich den Tatsachen und bringen Sie es mit dem Schöpfer in Ordnung. Die Hölle ist heiß, und es gibt keinen Ausweg. Gott ist barmherzig, weil er sein Blut vergossen und den Geist der Buße gegeben hat.

Gott hat das Fenster des Himmels für umkehrende Gläubige und Täter des Wortes geöffnet. Der Herr hat Engel, um zu helfen, eine Arche, um zu retten, um euch vor Schaden und Gefahr zu bewahren. Möge der Herr das Fenster des Himmels für die Rechtschaffenheit öffnen, um uns vor Armut, Unterdrückung, Depression und Gericht zu bewahren. Gott segne Sie!

LASST UNS BETEN

Herr vom Himmel herab, erhöre unser Gebet und mache uns zu einem Fensteröffner für den Segen. Wir danken dir, dass du uns den Schlüssel zu deinem Wort gegeben hast. Alle Verheißungen können befreit werden, wenn wir dein Wort halten. Bitte hilf uns, das Wort zu tun und nicht nur zu hören. Herr, bitte öffne dein Fenster, sieh unsere Situation und sende deine übernatürliche Hilfe, Heilung, Befreiung und deinen Schutz von oben, in Jesu Namen. Amen! Gott segne Sie!

21 APRIL

SÜNDIGE NICHT MEHR!

Sie Bibel spricht von den Folgen der Sünden. Die Sünde ist der tödlichste, zerstörerische Feind, den wir haben. Jesus heilte den Mann und sagte: "Sündige nicht mehr, sonst kann das Schlimmste über dich kommen. Heute will sich niemand mehr damit auseinandersetzen, dass seine Sünde ihm das Schlimmste beschert hat. Die medizinische Wissenschaft konnte sie nicht heilen. Jesus sagte: Deine Sünde verursacht deine Krankheiten. Jesus ist dein Heilmittel; ich kann dir vergeben, wenn du bekennst und bereust. Ich habe mein Blut; es wird deine Sünden abwaschen, wenn du in meinem Namen ins Wasser gehst. Ich bete für viele Menschen. Einige von ihnen werden geheilt. Andere sind so krank und sehen nie die Notwendigkeit zur Umkehr. Sie glauben, sie seien Heilige, weil sie in die Kirche gehen. Ich habe gesehen, wie viele Menschen unter Wasser gingen, um sich in Jesu Namen taufen zu lassen, von Krankheiten geheilt und von Drogen, Alkohol, Zigaretten, Ehebruch usw. befreit wurden. Die Bibel sagt in seinem Wort,

Johannes 8:11 Sie sagte: Niemand, Herr. Jesus aber sprach zu ihr: Ich verdamme dich auch nicht; gehe hin und sündige nicht mehr.

Gott rettete sie vor Gegnern, die sie töten wollten. Anstatt sie zu verurteilen, sagte Jesus, sie solle nicht mehr sündigen.

Johannes 5:5 Es war aber ein Mensch da, der hatte ein Gebrechen achtunddreißig Jahre lang. 6 Als Jesus ihn liegen sah und wußte, daß er schon lange Zeit in dieser Lage war, sprach er zu ihm: Willst du gesund werden? 7 Der Ohnmächtige antwortete ihm: Herr, ich habe niemanden, der mich in den Teich setzt, wenn das Wasser trübe ist; sondern während ich komme, steigt ein anderer vor mir her. 8 Jesus spricht zu ihm: Steh auf, nimm dein Bett und wandle! 9 Und alsbald wurde der Mensch gesund und stand auf und wandelte; und es war Sabbat.

Der Herr heilte einen Mann, der seit 38 Jahren krank war. Der Herr Jesus warnte ihn. 14 Darnach fand ihn Jesus im Tempel und sprach zu ihm: Siehe, du bist gesund geworden; sündige hinfort nicht mehr, auf daß dir nicht noch Schlimmeres widerfahre. Jesus sagt dem Mann und uns: "Sündigt nicht", denn ich habe euch gesund gemacht. Jesus erklärt, dass die Ursache der Krankheit eine Sünde war. Viele Christen unterstützen die Medizin und loben das Wissen der Ärzte. Das beweist den Mangel an Wahrheit. Ist es schwer zu sagen: Herr, ich bin ein Lügner, Betrüger, Ehebrecher? Bekenne, dass in meiner Gegenwart alles zusammenbricht. Ich bin der große Schwätzer, der Böse, der Alkoholiker, der Selbstgerechte, der Prostituierte, der Gierige, und was weiß ich noch alles. Bitte vergib mir und hilf mir, mich zu befreien. Ich bin meiner Krankheiten

21 APRIL

überdrüssig.

Lukas 7:48 Und er sagte zu ihr: Deine Sünden sind dir vergeben. 50 Und er sprach zu dem Weibe: Dein Glaube hat dich gerettet; gehe hin in Frieden!

Die Sünde brachte ihr Kummer, Qualen und Unruhe, aber der Herr vergab ihr und gab ihr Frieden. Denken Sie daran, dass die Sünde sich mit Satan verbindet. Seine Aufgabe ist es, gegen deine Seele, deinen Körper und deinen Geist zu arbeiten. Gott sei gelobt, dass wir das Heilmittel für unsere Sünden haben. Adam und Eva starben ohne Heilmittel. Gott warnte sie an dem Tag, an dem sie aßen, und meinte damit: "Wenn ihr nicht gehorcht, werdet ihr sterben. Er meinte den ewigen Tod in der Hölle, denn sie lebten noch lange, nachdem sie gesündigt hatten.

Jakobus 5:14 Ist jemand krank unter euch? So rufe er die Ältesten der Gemeinde, und sie sollen über ihm beten und ihn mit Öl salben im Namen des Herrn. 15 Und das Gebet des Glaubens wird den Kranken retten, und der Herr wird ihn aufrichten; und wenn er Sünden begangen hat, so werden sie ihm vergeben. 16 Bekennt einander eure Fehler und betet füreinander, damit ihr geheilt werdet. Das wirksame, eifrige Gebet e i n e s Gerechten bewirkt viel.

Der barmherzige Gott weiß, wie furchtbar die Sünde ist. Sünde ist ekelhaft und schrecklich! Sünder, tut euch einen Gefallen, tut Buße und sagt: Herr, ich bin ein Sünder, vergib mir meine Sünde. Deine Zunge kann dir helfen, die Wahrheit zu sagen. Bestreiche deine lügende und betrügerische Zunge mit heiligem Öl. Als ich einmal mit jemandem sprach, gestand er, dass ich sie nicht erreichen kann. Sie sind böse. Ihre Zunge ist hinterlistig und streitsüchtig. Lügner, seid vorsichtig, ihr seid gefährlich für euch selbst. Niemandem außer dir selbst! Von der Sünde bekommt man Diabetes, hohes Blutdruck, Krebs und viele körperliche, geistige und seelische Krankheiten und Leiden. Ein demütiger Wille bereut und bekennt, aber nicht der Stolz

Psalmen 25:18 Sieh an meinen Kummer und mein Leid und vergib mir alle meine Sünden.

Manche sind professionelle Lügner und Betrüger. Sie sind ständig krank, gehen aber jeden Sonntag in die Kirche. Was passiert, wenn sie ernst werden und sagen: Herr, bitte befreie mich von meinem Betrug, meinen Lügen und Sünden? Ich wünsche mir, gesund und heil zu sein. Wenn Sie Ihre Sünden bereuen, wird Jesus Ihnen versichern, dass er Ihnen vergibt und Ihnen Frieden schenken wird. Bitte entscheiden Sie sich, Ihre Sünden zu bereuen. Stattdessen fahren Sie fort, böse Lügner zu sein, zu vertuschen und in Sünde zu leben. Es gibt kein Heilmittel für euch. Sie täuschen alle um sich herum und sich selbst, indem Sie in die Kirche gehen und eine Position einnehmen.

2 Petrus 2:20 Denn wenn sie, nachdem sie den Verunreinigungen der Welt durch die Erkenntnis des Herrn und Heilandes Jesus Christus entronnen sind, wieder darin verstrickt und überwunden werden, so ist das letzte Ende bei ihnen schlimmer als der Anfang. 21 Denn es wäre besser für sie, daß sie den Weg der Gerechtigkeit nicht erkannt hätten, als daß sie, nachdem sie ihn erkannt haben, sich von dem heiligen Gebot, das ihnen gegeben ist, abwenden. 22 Aber es ergeht ihnen nach dem wahren Sprichwort: "Der Hund kehrt sich wieder zu seinem Erbrochenen, und die gewaschene Sau wälzt sich im Schlamm.

Hören Sie auf Gott und tun Sie Buße. Eines seiner vielen Versprechen ist Heilung. Wie leicht ist es, niederzuknien und um Vergebung zu bitten. Wenn du Vergebung empfängst, wirst du dich leichter fühlen. Du wirst aufstehen und in Ruhe leben. Und nun sündige nicht mehr! Kämpft nicht gegen die Wahrheit, sondern für die Wahrheit. Wenn du das tust, wirst du viele zum Kreuz und viele zum Altar der Umkehr bringen. Wenn sie die Veränderung an dir sehen, werden sie an Gott glauben. Die Menschen werden sehen, wie stark, gesund und verändert Sie geworden sind. Ich lebe in der Endzeit und habe festgestellt, dass immer weniger über Sünde gepredigt wird. Alle haben gesündigt, Buße getan und sich taufen lassen, um ihre Sünden abzuwaschen.

Psalm 107:20 Er sandte sein Wort und heilte sie und erlöste sie von ihrem Verderben. Sündige nicht mehr! Gott hat in seinem Lebenshandbuch, der Bibel, Anweisungen gegeben, was zu tun und zu lassen ist. Schlagen Sie sie auf und lesen Sie.

Psalm 103:3 Er vergibt dir alle deine Sünden und heilt alle deine Krankheiten.

LASST UNS BETEN

Herr, wir danken dir, dass du so wunderbar bist. Wir wissen, dass wir Sünder sind, die durch deine Gnade gerettet wurden. Du hast uns gerettet, indem du dein Blut vergossen hast, das Leben hat, und indem du dich selbst zu uns. Er hat meine Sünden im Wasser im Namen Jesu abgewaschen. Ich bin immer dankbar für die Vergebung der Sünden und die Heilung von Krankheiten, die durch Sünden verursacht wurden. Herr, es hat so viel gekostet, den Preis zu zahlen. Du hast für jede Krankheit, die durch Sünden verursacht wurde, 39 Striemen genommen. Ich werde immer wieder geheilt, wenn ich meine Sünden bekenne und Buße tue. Herr, segne mich, dass ich demütig bleibe und Buße tue in Jesu Namen. Amen! Gott segne Sie!

22 APRIL

DER DIENST IST DA DRAUSSEN!

Seit ich den Heiligen Geist empfangen habe, haben sich bedeutende sind in mein Leben getreten.

Apg 1:8 Ihr aber werdet Kraft empfangen, nachdem der Heilige Geist auf euch gekommen ist; und ihr werdet meine Zeugen sein in Jerusalem und in Judäa und in Samarien und bis an das Ende der Erde.

Bei meiner Arbeit diente ich den Mitarbeitern. Nachdem ich für sie bezahlt hatte und sie Heilung oder Befreiung erfahren hatten, sprach ich mit ihnen über das Evangelium. Das Evangelium ist der Tod, das Begräbnis und die Auferstehung von Jesus. Das bedeutet, dass wir für alle Sünden Buße tun müssen, um unser Denken durch Handeln zu ändern. Der zweite Schritt ist die Wassertaufe in Jesu Namen, um den Erlass oder die Vergebung unserer Sünden zu empfangen. Wir kommen aus dem Wasser und sprechen in neuen Zungen, weil wir seinen Geist empfangen haben. Das wird die Taufe des Geistes oder des Heiligen Geistes genannt. Ich hatte eine gute Freundin namens Lena bei der Arbeit. Im Jahr 2000 war ich sehr krank. Eines Tages rief mich meine Freundin an und sagte, sie sei auch krank und habe sich einer Operation unterzogen. Im ersten Jahr unserer Freundschaft lehnte sie das Evangelium ab und sagte mir: "Ich will weder deine Bibel noch deine Gebete; ich habe meinen Gott." Das verletzte mich nicht, aber wann immer sie über Krankheit klagte, bot ich ihr an zu beten. Sie sagte immer: "Nein."

Aber eines Tages hatte sie unerträgliche Schmerzen im Rücken, und plötzlich hatte sie Schmerzen in ihrem Knie. Die Schmerzen waren stärker als im Rücken. Sie beklagte sich, und ich fragte, ob ich für sie beten könne. Sie sagte: "Tu alles, was nötig ist." Ich nutzte die Gelegenheit, um sie zu lehren, wie man diesen Schmerz im Namen des Herrn Jesus vertreibt. Ihre Schmerzen waren unerträglich, und so begann sie, die Schmerzen im Namen Jesu zurechtzuweisen. Die Schmerzen verschwanden augenblicklich. Diese Heilung änderte jedoch nicht ihr Herz. Gott benutzt Trübsal und Probleme, um unsere Herzen zu erweichen. Das ist die Rute der Korrektur, die er für seine Kinder einsetzt. Eines Tages im Jahr 2000 rief mich Lena weinend an, weil sie eine große Wunde am Hals hatte, die sehr schmerzhaft war. Sie flehte mich an, zu beten. Ich war mehr als glücklich, für meine gute Freundin zu beten. Sie rief mich stündlich an, um mich zu trösten, und fragte: "Kannst du zu mir nach Hause kommen und beten?" An diesem Nachmittag erhielt sie einen Anruf, in dem man ihr mitteilte, dass man bei ihr Schilddrüsenkrebs diagnostiziert hatte. Sie weinte sehr, und als ihre Mutter hörte, dass ihre Tochter Krebs hatte, brach sie einfach zusammen. Linda war geschieden und hatte einen kleinen Sohn.

Sie bestand darauf, dass ich komme und für sie bete. Als ich diesen Bericht hörte, war auch ich verletzt. Ich suchte jemanden, der mich nach ihr Haus, um über sie zu beten. Gott sei gelobt, wo ein Wille ist, da ist auch ein Weg. Meine Gebetspartnerin kam von der Arbeit und brachte mich zu ihrem Haus. Lena, ihre Mutter und ihr Sohn saßen da und weinten. Wir haben gebetet. Als ich das erste Mal betete, spürte ich eine kleine Bewegung des Geistes, aber ich glaubte, dass Gott etwas tun würde. Ich bot ihr an, noch einmal zu beten. Sie sagte: "Ja, bete die ganze Nacht; es wird mir nichts ausmachen. Während ich zum zweiten Mal betete, sah ich ein strahlendes Licht aus der Tür kommen, obwohl die Tür geschlossen war und meine Augen geschlossen waren. Ich sah Jesus durch diese Tür kommen und wollte meine Augen öffnen, aber der Herr sagte: "Bete weiter." Als wir mit dem Gebet fertig waren, lächelte Linda. Ich konnte mir nicht erklären, warum sich ihre Miene so verändert hatte. Ich fragte sie: "Was ist passiert?" Sie sagte: "Liz, Jesus ist der wahre Gott." Ich sagte: "Ja, das sage ich dir schon seit zehn Jahren, aber ich möchte wissen, was passiert ist." Sie sagte: "Meine Schmerzen sind völlig verschwunden. Bitte geben Sie mir die Adresse der Kirche. Ich möchte mich taufen lassen." Lena willigte ein, mit mir ein Bibelstudium zu machen. Später ließ sie sich taufen. Jesus benutzte dieses Leiden, um ihre Aufmerksamkeit zu erregen. Gelobt sei Gott! Bitte geben Sie Ihren geliebten Menschen nicht auf. Beten Sie weiter Tag und Nacht. Eines Tages wird Jesus antworten, wenn wir nicht schwach werden.

Galater 6:9 Und lasst uns nicht müde werden, Gutes zu tun; denn wir werden zur rechten Zeit ernten, wenn wir nicht verzagen.

Lena rief mich am Sterbebett ihrer Mutter an, um ihre Mutter im Krankenhaus zu besuchen. Sie schob meinen Rollstuhl in die ihr Krankenhauszimmer. Als wir uns um ihre Mutter kümmerten, tat sie Buße und flehte den Herrn Jesus um Vergebung an. Am nächsten Tag war ihre Stimme völlig weg, und am dritten Tag starb sie. Jetzt ist meine Freundin Linda eine gute Christin. Gelobt sei der Herr! Eine Mitarbeiterin, Jenny aus Vietnam, war eine nette Dame. Sie hatte immer einen wunderbaren Geist. Eines Tages war sie krank, und ich fragte, ob ich für sie beten könnte. Sie nahm mein Angebot sofort an. Ich betete für sie, und sie wurde geheilt. Am nächsten Tag sagte sie: "Wenn es nicht zu viel Mühe macht, beten Sie für meinen Vater". Ihr Vater war in den letzten Monaten ständig krank gewesen. Ich sagte ihr, dass ich sehr gerne für ihren Vater beten würde. In seiner Barmherzigkeit berührte Jesus ihn und heilte ihn. Ein paar Wochen später sah ich Jenny, und sie war krank. Ich bot ihr an, wieder zu beten. Sie sagte: "Mach dir nicht die Mühe, für mich zu beten"; aber ihr Freund, der als Mechaniker in einer anderen Schicht arbeitet, braucht Gebet. Er konnte weder Tag noch Nacht schlafen; diese Krankheit wird Fatal Insomnia genannt. Sie gab mir weitere Informationen und war sehr besorgt über diesen Herrn. Der Arzt hatte ihm hohe Dosen von Medikamenten gegeben, aber nichts half. Ich sagte: "Ich bin gerne bereit, zu beten".

Jeden Abend nach der Arbeit betete ich fast eineinhalb Stunden lang für alle Gebetsanliegen und für mich selbst. Während ich für diesen Mann betete, bemerkte ich, dass ich nicht ruhig schlief. Ich hörte plötzlich ein Klatschen in meinem Ohr oder ein lautes Geräusch, das mich aufweckte. Das geschah fast jede Nacht, seit ich für ihn gebetet hatte. Ein paar Tage später, als ich gefastet hatte, kam ich von der Kirche nach Hause und lag in meinem Bett. Dann kam plötzlich zu meiner Überraschung etwas durch die Wand über meinem Kopf und ging in mein Zimmer. Gott sei Dank für den Heiligen Geist. Sofort sprach der Heilige Geist durch meinen Mund: "Ich binde dich im Namen von Jesus." Ich wusste im Geiste, dass ich etwas gefunden hatte, und ich brach die Macht im Namen Jesu.

Matthäus 18:18 Wahrlich, ich sage euch: Was ihr auf Erden binden werdet, das wird im Himmel gebunden sein; und was ihr auf Erden lösen werdet, das wird im Himmel gelöst sein.

Ich wusste nicht, was es war, aber später, während der Arbeit, begann der Heilige Geist zu offenbaren, was geschehen war. Da wusste ich, dass Dämonen diesen Mechaniker kontrollierten und ihn nicht schlafen ließen. Ich bat meine Freundin, sich über den Schlafzustand ihres Freundes zu erkundigen. Später kam Jenny mit dem Mechaniker zurück an meinen Arbeitsplatz. Er sagte mir, er schlafe gut und wollte sich bei mir bedanken. Ich sagte: "Bitte danken Sie Jesus. Er ist derjenige, der dich erlöst hat." Später gab ich ihm eine chinesisch-englische Parallelbibel und bat ihn, sie täglich zu lesen und zu beten. Es gab viele Menschen, die sich bei meiner Arbeit zu Jesus bekehrten. Es war eine großartige Zeit für mich, verschiedene Nationalitäten zu erleben.

Psalm 35:18 Ich will dir danken in der großen Versammlung: Ich will dich loben unter vielen Menschen.

LASST UNS BETEN

Himmlischer Vater, unser Herr und Erlöser, wir kommen im Gebet zu dir. Bitte salbe uns mit dem Heiligen Geist und deiner Kraft. Wir möchten, dass du uns zu dem bedürftige, gebrochene, kranke, geplagte und deprimierte Menschen, um ihnen zu helfen. Lass unseren Plan dein Plan sein, viele zum Kreuz zu führen. Unser Gott ist ein wahrer Gott und hat viele wunderbare Werke, und wir können das auch, wenn wir ihm folgen. Segne unsere Arbeit und gebrauche uns, um dir alle Ehre und Herrlichkeit zu geben in Jesu Namen. Amen! Gott segne Sie!

23 APRIL

SEELENHANDEL!

Mas ist Menschenhandel? Unter Menschenhandel versteht man den Handel, das Geschäft und den Handel zwischen verschiedenen Ländern oder Orten. Der Teufel handelt mit deiner Seele, denn seine Aufgabe ist es, zu töten, zu stehlen und zu zerstören. Der Teufel wird ein Lügner und der Vater der Lüge genannt. Die Lüge beeinflusst jedes seiner Produkte.

Johannes 8:44 Ihr seid von eurem Vater, dem Teufel, und die Begierden eures Vaters werdet ihr tun. Er war ein Mörder von Anfang an und blieb nicht in der Wahrheit; denn es ist keine Wahrheit in ihm. Wenn er eine Lüge redet, so redet er von sich selbst; denn er ist ein Lügner und der Vater derselben.

Ihr müsst den Teufel kennen und lernen; er ist sehr ehrgeizig. Der Teufel will die Braut Gottes zerstören. Wir haben Buße getan, sind auf den Namen Jesu mit Wasser getauft und mit seinem Geist erfüllt worden. Das Sprechen des Namens Jesu in der Wassertaufe bringt das Blut des Lammes, um unsere Sünden zu widerrufen. Der Teufel lebte früher im Himmel. Der Himmel war die frühere Adresse des Satans. Aber er hat sich mit der Lüge verdorben. Gott stieß ihn aus. Der Teufel weiß, was da oben im Himmel ist.

Die Bibel sagt. Jakobus 2:19 Du glaubst, dass es einen Gott gibt; du tust gut daran; auch die Teufel glauben und zittern.

Die Wahrheit macht den Teufel nervös. Dem Teufel macht es nichts aus, wenn Sie alle Wunder, Heilungen und Geistesgaben vollbringen, aber nicht über die Wahrheit sprechen.

Johannes 8:31 Da sprach Jesus zu den Juden, die an ihn glaubten: Wenn ihr in meinem Wort bleibt, so seid ihr wirklich meine Jünger; 32 und ihr werdet die Wahrheit erkennen, und die Wahrheit wird euch frei machen.

Der Pfeil Satans zielt auf die Wahrheit. Der Teufel will euch verwirren, um die Wahrheit ins Visier zu nehmen. Er verführt jedoch Gottes Braut, indem er sie in die Irre führt und lügt. Denken Sie immer daran, sich auf den Heiligen Geist zu verlassen. Wenn Sie die Wahrheit kennen, lassen Sie sich von niemandem etwas anderes einreden. Denken Sie daran, dass Jesus, Johannes, der Täufer, Petrus und viele andere für die Wahrheit gestorben sind. Hätten sie Kompromisse gemacht, wären sie Multimillionäre oder Milliardäre geworden, während der Teufel Jesus den ganzen Ruhm zeigte und versprach, ihn zu geben. Die Rechtschaffenheit erlaubte es dem Teufel nicht, die Seele zu verhökern. Satan war im Himmel; er war ein gesalbter Cherub.

23 APRIL

Jesaja 14:12 Wie bist du vom Himmel gefallen, Luzifer, du Sohn des Morgens! Wie bist du zu Boden gestürzt, der du die Völker geschwächt hast! 13 Denn du hast in deinem Herzen gesagt: "Ich will in den Himmel hinaufsteigen, ich will meinen Thron über die Sterne Gottes erheben: Und ich will sitzen auf dem Berge der Versammlung, an den Seiten des Himmels.

Norden:14 Ich will hinaufsteigen über die Höhen der Wolken, ich will sein wie der Allerhöchste. 15 Doch du wirst in die Hölle hinabgestürzt werden, an den Rand der Grube.

Stern bedeutet in der Bibel Engel. Der Teufel hat es auf deine Seele abgesehen, er will dich entführen. Er hat diesen Job seit Ewigkeiten gemacht, er ist also ein Experte. Suchen Sie selbst nach der Wahrheit. Alle Worte Gottes bedürfen der Offenbarung. Sie erhalten Offenbarung nur durch den Geist Gottes und nicht durch Fleisch und Blut. Sie müssen kein Theologe sein, um die Wahrheit zu erkennen, sondern lassen Sie sich vom Geist Gottes lehren. Der Heilige Geist hat das Wort Gottes geschrieben. Es gibt nur einen Geist, und Gott ist dieser

Geist.1 Johannes 2:20 Ihr aber habt eine Salbung von dem Heiligen und wisst alles.27 Die Salbung aber, die ihr von ihm empfangen habt, bleibt in euch, und ihr habt es nicht nötig, dass euch jemand lehrt; sondern wie die Salbung euch alles lehrt und Wahrheit ist und keine Lüge, und wie sie euch gelehrt hat, so werdet ihr in ihm bleiben.

Als ich sehr krank war, konnte ich nicht viel tun, außer zu fasten und zu beten. Einmal sah ich mich selbst in der Hölle wandeln, und die Hölle zitterte, als ich in ihr wandelte. Satan fürchtet die Wahrheit! Der Schlüssel ist zu wissen, wer Jesus ist. Der Teufel zittert, denn die Hölle kann sich nicht gegen die Offenbarung von Jehova Gott im Fleisch von Jesus durchsetzen. Wenn Sie eine Offenbarung von Jesus haben, können Sie Ihre Kirche auf den Felsen bauen. Der Felsen ist eine Offenbarung der Identität Jesu. Ich habe diesen Schlüssel. Seine Idee wirkte gegen Adam und Eva und brachte den Fluch über die Menschheit. Der Teufel verhinderte den Zugang zum Blut, da es das Heilmittel für Sünden ist. Was war Satans heimtückischer Plan, um die Vergebung der Sünden nicht zu erhalten? Der Teufel änderte die Taufe auf den Namen Jesus und änderte den Titel in Vater, Sohn und Heiliger Geist. Das Blut wurde unter dem Namen Jesus versteckt. Wie hinterhältig ist der Teufel? Als er Jesus in Versuchung führte, zitierte der Teufel alle Bibelstellen. Der Teufel ist ein Experte im Drehen und Wenden.

1 Johannes 4:1 Ihr Lieben, glaubt nicht jedem Geist, sondern prüft die Geister, ob sie von Gott sind; denn es sind viele falsche Propheten in die Welt hinausgegangen.

Nachdem er die Identität Jesu offenbart hatte, benutzte der Herr Paulus und Petrus. Ihr müsst nicht wissen, wer Jesus als religiöse Autorität oder Führer ist.

1 Petrus 5:8 Seid nüchtern, seid wachsam; denn euer Widersacher, der Teufel, geht umher wie ein brüllender Löwe und sucht, wen er verschlingen kann:

Satan ist wie eine brüllende Leine, aber Jesus ist ein Löwe. Einmal sah ich, wie ein großer Löwe in meinen Garten kam und sich am Halloween-Tag auf das Gras setzte. Der Herr beschützte Daniel vor den Löwen, und das tut er auch heute noch. Denken Sie daran: Jesus ist derselbe gestern, heute und in Ewigkeit. Sie werden sorgenfrei sein, wenn Sie sich auf die Wahrheit verlassen. Er ist eine mächtige Hilfe in Zeiten der Not; er wird Sie niemals verlassen. Unser Leib ist die Kirche 24/7 und ist das von Gott geschaffene Gebäude. Wir haben unsere Rechte verloren, weil wir Gott nicht gehorchten. Jehova, der sich in der Gestalt Jesu manifestiert hat, hat unsere Rechte erkauft, indem er sein sündloses Blut vergossen hat. Denken Sie niemals, dass Sie dem Teufel gehören. Werden Sie gewalttätig gegen Satan und holen Sie sich Ihre Seele, Ihre Kinder, Ihre Stadt, Ihr Land und Ihre Regierung zurück. Nehmen Sie alles zurück, was er tötet, stiehlt und zerstört. Predigt die Wahrheit, denn der Teufel hat viele theologische Hochschulen, um falsche Lehrer und Propheten auszubilden. Auch der Teufel bereitet seine Armee vor! Ich habe ein paar Mal versucht, eine theologische Hochschule zu besuchen, aber jedes Mal hat mich der Herr davon abgehalten. Schlagen Sie einfach die Bibel auf und studieren Sie sie. Der Heilige Geist wird dich die Wahrheit lehren. Suchen Sie nach dem Schlüssel, den die falschen Lehrer und Propheten stehlen. Ich habe mit einem mächtigen Mann Gottes gearbeitet. Ich sah, wie er ein großes Wunder vollbrachte, Heilung und Befreiung. Er sagte mir: "Schwester, vergiss nicht, es gibt nur einen Gott, und Erkenntnis kommt nur durch Offenbarung. Ich hatte bereits eine Offenbarung von Jehova in Jesus. Fleisch und Blut oder eine theologische Hochschule können nicht lehren, wer Jesus ist. Die Wahrheit ist nicht offensichtlich, sondern verborgen. Suchen Sie die Wahrheit, um Ihre Seele vor dem Teufel zu schützen.

Matthäus 25:41 Dann wird er auch zu denen zur Linken sagen: Gehet hin von mir, ihr Verfluchten, in das ewige Feuer, das bereitet ist dem Teufel und seinen Engeln: Die neue Adresse des Satans wird die Hölle sein.

Sucht, bittet und klopft an, betet und fastet, um diese Wahrheit zu finden. Niemand kann Offenbarung geben als der Geist Gottes. Es gibt nur einen Geist Gottes; erlaubt dem Geist der Wahrheit, euch zu lehren und zu führen. Ich bin an der Wahrheit interessiert, nicht an Kirchen, Positionen oder Abschlüssen. Ich liebe die Wahrheit und will nichts als die Wahrheit. Mein Auftrag von Jesus ist es, Kranke zu heilen, Dämonen auszutreiben und das gebrochene Herz zu heilen. Wenn ich die Wahrheit habe, dann wird Jesus den Rest erledigen. Jesus wird Dämonen austreiben, Lahme zum Gehen und Blinde zum Sehen bringen und durch Sie ein größeres Wunder vollbringen als das, was er getan hat. Der Teufel wird mit Ihrer Begierde nach Augen, Fleisch und Geist spielen. Stolz. Satan wird euch mit eurer Zustimmung hinauswerfen. Er ist ein Experte und hat über Generationen hinweg gute Arbeit geleistet. Als er einen Dämon austrieb, sagte er, sie würden im Chor singen. Hören Sie sich die Botschaft von 23 Minuten in der Hölle auf YouTube an. Der Teufel verhöhnt falsche Lehrer und Propheten in der Hölle. Er hat viele Kreuze zu hängen, die für ihn gearbeitet haben. Die Hölle ist real. Nur die Wahrheit hat die Kraft, dich zu befreien. Lesen Sie weiter im Buch der Apostelgeschichte. Mach den Himmel zu deiner ewigen Bestimmung, indem du die Wahrheit liebst, lehrst und predigst. Lassen Sie nicht zu, dass die Betrüger des Teufels Ihre Seele verführen. Sie sind Gottes Braut, erkauft durch sein Blut und versiegelt durch seinen kostbaren Heiligen Geist. Gott segne Sie!

LASST UNS BETEN

Allmächtiger Gott, der König aller Könige und Herr aller Herren, wir danken dir für dein Wort. Wir danken dir für die Hilfe deines Geistes. Hilf in diesen Tage und Zeiten. Mach uns wachsam und nüchtern, damit wir dem Teufel entkommen, der mit vielen Seelen Handel treibt. Keines der Produkte des Teufels ist gut. Er stiehlt, tötet und zerstört, wofür Gott einen Plan hat. Nur die Wahrheit kann uns frei machen. Segne uns mit der Wahrheit. Wir sind nur auf der Durchreise. Unser vorübergehender Aufenthaltsort auf der Erde wird bald verbrennen. Gib uns also Weisheit, Wissen und Wahrheit, um unsere Seelen zu schützen, in Jesu Namen.

Amen! Gott segne Sie!

24 APRIL

NICHT DER ÄUSSERE, SONDERN DER INNERE ANGRIFF WIRD ZERSTÖREN!

Sie können vor Angriffen von außen davonlaufen, aber die Menschen, von denen Sie glauben, dass sie Ihnen gehören, können Sie angreifen und zerstören. Denken Sie daran, dass Judas kein Außenseiter war. Judas war ein Jünger und wurde vom Herrn ausgebildet. Er verriet den Herrn! Ihr Körper kann den äußeren Angriff abwehren, aber die innere Krankheit kann Sie schwächen. Der innere Angriff ist tödlich. Die Familie wird zerstört werden, wenn sie nicht in Harmonie und Einheit lebt.

Der Teufel interpretiert die Formel der Bibel falsch, um sie zu verderben. Der Teufel addiert und subtrahiert im Wort. Hüten Sie sich vor falschen Lehrern und Propheten und verfälschten Bibelversionen. Mit dem Teufel ist nicht zu spaßen. Warum hat Jesus gebetet? Um uns ein Beispiel zu geben, wie man das Fleisch überwinden kann.

Johannes 13:15 Denn ich habe euch ein Beispiel gegeben, damit ihr so handelt, wie ich an euch gehandelt habe.

1 Petrus 2:21 Denn auch dazu seid ihr berufen; denn auch Christus hat für uns gelitten und uns ein Beispiel hinterlassen, damit ihr seinen Schritten folgt:

Gott kam leibhaftig, um ein Beispiel zu hinterlassen. Wie wunderbar! Wir haben ein Beispiel, dem wir folgen können, also überwinden wir es. Tut, was der Herr gesagt hat, und hört auf, Konfessionen und Nicht-Konfessionen zu folgen. Die Aufgabe des Teufels ist es, zu spalten, zu stehlen, zu töten und das Werk des Herrn zu zerstören. Er ist gegen Gott und seine Pläne. Der Teufel weiß, dass seine Zeit nahe ist.

Offenbarung 12:12 Darum freuet euch, ihr Himmel und die ihr darin wohnt. Weh den Bewohnern der Erde und des Meeres! Denn der Teufel ist zu euch herabgestiegen und hat einen großen Zorn; denn er weiß, daß er nur noch eine kurze Zeit hat.

Satan kam mit seiner Mannschaft von 1/3 Engeln herab. Erzengel Gabriel hat 1/3, Michael hat 1/3, und Luzifers 1/3 Engel arbeiten unter jedem der Erzengel. Als der Teufel in die Sünde fiel, korrumpierte er die Engel, die unter ihm arbeiteten. Gott sei Dank, dass Gott die höchste Macht hat, den Teufel zu vertreiben.

Offenbarung 12:4a Und sein Schwanz zog den dritten Teil der Sterne (Sterne=Engel) des Himmels und warf sie auf die Erde. 9 Und es wurde hinausgeworfen der große Drache, die alte Schlange, genannt der Teufel und Satan, der den ganzen Erdkreis verführt; und er wurde hinausgeworfen auf die Erde, und seine Engel wurden mit ihm hinausgeworfen.

Einige Familienmitglieder können besiegt werden, wenn es einen Verräter in der Familie gibt. Sie können zerstört werden, wenn es einen Sünder in der Familie gibt. Du kannst ruiniert werden, wenn du ein törichtes Familienmitglied wie Eva hast. Gottes Macht und Wirken kann von einem der Mitglieder zerstört werden. Folgen Sie Jesus und nicht jedem. Es wäre schön, wenn Sie ein Familienmitglied wie Maria oder Elisabeth hätten, die Gott gehört und geglaubt haben. Nicht danach zu fragen, was gut aussieht, gut schmeckt oder dem Stolz des Lebens folgt. Sein Stolz zerstörte Eli. Der Priester Eli konnte seine Kinder nicht disziplinieren. Die Zerstörung setzte sich in Elis Blutlinie fort. Heutzutage gibt der Teufel der Krankheit ein Etikett und sagt, dass sie in deiner Familie liegt. Aber ich sage im Namen Jesu, dass meine Blutlinie im Namen Jesu gereinigt und aufgeräumt wurde. Innere Veränderung manifestiert äußere Veränderung. Wenn Sie Buße tun und sich mit dem Blut waschen, wird das auch Heilung bringen. Keine Hexerei, kein Zauber, kein Fluch, keine durch Sünde verursachte Krankheit und keine Blutlinie wird fortbestehen. Das Wissen um die Wahrheit ist am mächtigsten. Finden Sie die Ursache aller Probleme heraus und verfolgen Sie den Teufel und peitschen Sie ihn aus. Jagen Sie ihn aus. Bereue die Generations-Sünden in deiner Blutlinie. Innerer Ärger ist sehr schädlich. Jedes rebellische Kind oder jede rebellische Person in der Familie wird die Familie zerstören. Wir alle wissen, dass es in unserer Familie ein schwarzes Schaf gibt, das falsche Entscheidungen trifft. Aber wenn Sie gebetet und fürsorglich gehandelt haben, werden Eltern einen mächtigen Kampf mit Satan und seiner Strategie führen. Wenn es sich bei den Irreführern um Ihre Ehepartner, Freunde oder Familienangehörigen handelt, die ein schmutziges Spiel spielen, werden sie Sie zu Fall bringen. Sogar Ihre Familie, Freunde und Verwandten haben ein schlechtes Motiv, Sie zu Fall zu bringen. Viele denken, Familie ist Familie, alles ist gut. Seien Sie vorsichtig! Bleiben Sie mit dem Herrn im Einklang. Seien Sie nicht wie Eli, König Saul oder Eva. Es ist immer eine Gefahr, wenn Sie die Erde betreten, die von einer unvorsichtigen Frau namens Eva übergeben wurde. Es wäre gefährlich, wenn einer Ihrer Familie, Vorfahren oder Freunde Sie dem Satan ausliefern würde. Ich werde sagen: Lauft. Laufen mit Gott, er ist erstaunlich! Lernen Sie, mit dem Teufel durch die Kraft des Heiligen Geistes und die Autorität im Namen Jesu zu kämpfen. Werden Sie nicht gewalttätig gegenüber einer Person, die Hexerei in der Familie betreibt, sondern gegenüber Satan. Satan benutzt diese Person. Kehren Sie zu den Absendern zurück.

Im Garten Eden gab es keinen Menschen, der Teufel ging zur Schlange und erlaubte ihren Körper. Wir haben so viele Menschen, dass jeder seine schmutzige Arbeit tun wird, indem er seinen Körper gegen seine Familie oder Freunde einsetzt. Die besten Orte sind die Kanzel, die Kirche, religiöse Menschen, Propheten und Lehrer. Seien Sie vorsichtig, gehen Sie nur dorthin, wo Gott Ihnen erlaubt, hinzugehen. Jeder Ort, an dem Sie das Kreuz oder die Aufschrift Kirche sehen, bedeutet nichts. Der Teufel hat falsche Lehrer, Theologen, christliche Hochschulen, falsche Propheten und sogenannte Heilige in viele Kirchen gebracht. Wenn jemand sagt, er sei ein Pastor, die Frau eines Pastors oder Dickens, werde ich besonders vorsichtig. Es ist die Endzeit, die vertrauenswürdigsten Menschen werden uns besiegen. Ich erinnere mich an diese besondere Begebenheit. In der Kirche, die ich besuchte, standen viele Göttinnen auf der Kanzel. Ich fragte die Freundin, ob es hier eine Hindu-Gemeinde gäbe. Sie sagte, ja, die gibt es überall um diese Kirche herum. Ich habe nie wieder mit dieser Kirche gesprochen. Die Kirche war eine Pfingstkirche. Der Name oder Titel hat nichts damit zu tun. Position und Titel bedeuteten nichts.

Die Dame, die die Kirche besucht, erzählte mir, dass die Frau des Pastors, seine Töchter und seine

Schwiegermutter diese Kirche leiten. Der Pastor wohnt in der Garage. Sehen Sie, diese Damen werden Göttinnen, indem sie diesem Dämon erlauben, durch sie zu wirken. Wenn der falsche Geist in Ihrer Familie wirkt, halten Sie sich von den fehlgeleiteten Familienmitgliedern fern. Es ist nicht die Familie, sondern der Teufel hinter ihnen. Es ist keine Schlange, sondern ein Teufel, der sich als Familienmitglied verkleidet hat. Sie wissen, wie man sich gut verhält. Jehova Gott ging mit Eva und Adam von Angesicht zu Angesicht miteinander um. Trotzdem haben sie den schönen Plan Gottes zu Fall gebracht. Es ist nicht der äußere, sondern der innere Angriff, der dich zerstören wird. Kümmere dich um die Angelegenheiten Gottes. Sorgen Sie sich nicht um andere. Die Liebe zum Geld ist die Wurzel allen Übels. Judas konnte sein Geld nicht ausgeben; eine Prostituierte konnte ihr Geld nicht benutzen. Jedes Angebot des Teufels hat einen geheimen Plan der Zerstörung.

Wer fällt darauf herein? Menschen, die die Lust an den Augen, den Stolz auf das Leben und die Lust am Fleisch haben. Finde Gott und sein Gebot.

1 Könige 12:26 Da sprach Jerobeam in seinem Herzen: Nun wird das Königreich wieder zum Hause Davids zurückkehren. 27 Wenn diese Leute hinaufziehen, um im Hause des Herrn zu Jerusalem zu opfern, so wird sich das Herz dieses Volkes wieder zu ihrem Herrn, nämlich zu Rehabeam, dem König von Juda, bekehren, und sie werden mich töten und wieder zu Rehabeam, dem König von Juda, gehen. 28 Da beriet sich der König und machte zwei goldene Kälber und sprach zu ihnen: Es ist zu viel Es ist dir zu viel, nach Jerusalem hinaufzuziehen. Siehe, Israel, deine Götter, die dich aus Ägyptenland heraufgeführt haben! 29 Und er setzte den einen nach Bethel und den andern nach Dan.30 Und das wurde ihm zur Sünde; denn das Volk ging hin, anzubeten vor dem einen bis nach Dan.31 Und er machte ein Haus der Höhen und setzte Priester ein aus den Geringsten des Volkes, die nicht von den Kindern Levi waren.

Der Herr vernichtete Israel im Jahr 722 v. Chr. Nördliche Könige brachten Gott und die Menschen zu Fall. Gute Menschen wie Eltern, Ehefrauen, Ehemänner, Geschwister, Schwiegereltern, Pastoren, Propheten, Lehrer und Gemeindeleiter werden dich aufbauen. Gott will Sie nur dann segnen und zum Erfolg führen, wenn Sie tun, was er von Ihnen verlangt. Wenn nicht, werden Sie Gott und sich selbst zu Fall bringen. Ungehorsam ist gefährlich für das eigene Selbst. Gehorche dem Herrn und bringe Segen. Sie sind der Herr über Ihre Zerstörung und Ihren Aufbau.

LASST UNS BETEN

Lord, wir bringen uns selbst als lebendiges Opfer dar. Lasst uns alles zu opfern, was unseren Weg mit dem Herrn Jesus behindert. Du hast uns das Wort Gottes zum Lesen gegeben, also hilf uns zu studieren und im Licht der Wahrheit zu gehorchen. Wir wissen, dass viele das Christentum zu Fall bringen, also hilf uns, Herr. Herr, gib uns die Liebe zu uns selbst und halte uns an dich und dein Wort. Alles um uns herum verändert sich, aber du bist derselbe für alle Zeiten. Deine Wahrheit bleibt für immer bestehen. Gib dein Blut mit dem Tropfen des Heiligen Geistes in unsere Augen, Ohren, Münder und Nasenlöcher, damit wir sehen und hören. Hilf uns, das zu sein, was du für uns vorgesehen hast, in Jesu Namen. Amen! Gott segne Sie!

25 APRIL

SUCHE NACH DEM GRÖSSEREN!

Tn der Bibel ist die Rede von den zwei größeren Fischen, die der Herr zu Tausenden vervielfältigt. Petrus fischte in der von Gott gegebenen Richtung, in Hülle und Fülle gefangen. Er konnte die Fülle des Fangs nicht bewältigen. Gott sagte: "Stellt euch die größeren Dinge vor. Das ganze Neue Testament ist die Rache des Herrn an dem Feind, dem Teufel, der gelogen, gestohlen, getötet und zerstört hat. Die neutestamentliche Weisung Gottes ist die Rückgabe des Überflusses, der uns genommen wurde. Es kann etwas Großartiges passieren. Es liegt dir auf der Zunge. Keine Waffe kann Erfolg haben. Es ist die Kraft des Heiligen Geistes. Die Kraft Gottes, die in einem gewöhnlichen Mann und einer gewöhnlichen Frau wie dir und mir lebt. Wie großartig! Er sagte: Ich werde in dir wohnen, und du kannst mich um alles bitten, und ich werde es tun.

Wir leben in einer Zeit, die Gnade oder Gottes Dispensation genannt wird. Er ist aus dem von Menschen errichteten Tempel herausgekommen, um mit uns zu leben. Wir sind der Tempel oder das Haus Gottes. Gott hat die korrupte Tempelautorität hinausgeworfen. Er will uns nicht wenig, sondern reichlich geben. Wissen ist der Schlüssel. Die ganze nächtliche Anstrengung konnte Petrus nicht helfen. Aber der Stimme Jesu gehorchend, fing er die Menschenmenge auf. Halleluja! Wir müssen unsere Mentalität ändern. Suchen Sie Gott nach Mangel, Angst, Sorgen und Zweifeln, die unser Leben aufhalten, blockieren und auffressen.

Ich bin erstaunt, wie groß unser Gott ist und warum wir uns mit weniger zufrieden geben. Das Erlernen fortschrittlicher Computertechnologie kann begrenztes Denken verändern. Dasselbe gilt für das Lesen des Wortes Gottes, das uns von begrenzt zu unbegrenzt führt. Die Bibel lässt uns wissen, dass ich noch Unglaubliches für dich habe. Du kannst Bedeutsameres tun, als ich getan habe.

Johannes 14:12a Wahrlich, wahrlich, ich sage euch: Wer an mich glaubt, der wird die Werke, die ich tue, auch tun; und noch größere als diese wird er tun;

Gott hat den Kampf gewonnen und alles, was im Garten Eden gestohlen wurde, zurückgenommen. Er gab uns auch Macht über die unsichtbare Macht der Finsternis; Satans unsichtbares Reich täuscht und herrscht über uns. Der Teufel kann nur über die Unwissenden herrschen. Er will, dass Sie unschuldig sind; ich weigere mich, unwissend zu sein. Ich glaube blind, was der Herr sagt. Wenn ich bete, glaube ich daran, dass ich fordere und ständig empfange. Legen Sie die Hand auf das, was Sie sich wünschen, und beten Sie. Ich sehe mächtige Wunder, Befreiung und Heilung. Ich bete verrückte Gebete, um zu sehen, dass Gott sich in diese Richtung bewegt.

Jesaja 35:1 Die Wüste und die Einöde werden sich über sie freuen, und die Wüste wird sich freuen und blühen wie eine Rose. 2 Sie soll üppig blühen und sich freuen Die Herrlichkeit des Libanon wird ihm gegeben werden, die Herrlichkeit des Karmel und Scharon, sie werden die Herrlichkeit des Herrn und die Herrlichkeit unseres Gottes sehen. 3 Stärkt die schwachen Hände, und stärkt die schwachen Kniee. 4 Sprich zu denen, die ein ängstliches Herz haben: Seid getrost, fürchtet euch nicht; denn siehe, euer Gott wird kommen mit Rache, Gott mit Vergeltung; er wird kommen und euch helfen. 5 Dann werden die Augen der Blinden aufgetan und die Ohren der Tauben verstopft werden. 6 Dann wird der Lahme springen wie ein Hirsch, und die Zunge des Stummen wird singen; denn in der Wüste werden Wasser hervorbrechen und Bäche in der Wüste.

Jesaja prophezeite, dass Jehova in Gestalt von Jesus im Fleisch kommen würde. Er hat alles zurückgenommen und uns wiederhergestellt. Wenn ein Baby gezeugt wird, ist der Teufel da, um das Baby zu besitzen, krank zu machen, verrückt zu machen und so weiter. Gott hat gesagt, dass die Ära des Teufels vorbei ist, nachdem er den Preis am Kreuz bezahlt hat. Sie werden keinen kleinen, aber bedeutenden Sieg sehen. Glauben Sie einfach.

Markus 6:56 Und überall, wo er hinkam, in Dörfer oder Städte oder auf das Land, legten sie die Kranken auf die Straße und baten ihn, dass sie nur den Saum seines Gewandes berühren dürften; und so viele ihn berührten, wurden gesund.

Sie wurden nicht nur körperlich wiederhergestellt; Körper, Seele und Geist wurden vollkommen. Geben Sie sich nicht mit weniger zufrieden. Suchen Sie nach etwas Außergewöhnlichem, etwas Neuem und Großem, etwas Unerhörtem! Wenn die Menschen es sehen, können Sie bezeugen: Wow! Erstaunlich! Wunderbar! Wenn du das Übernatürliche siehst, ist das, was kein Mensch tun kann, erstaunlich. Der Arzt versucht eine Menge Medizin, um ein Experiment zu heilen. Gott experimentiert nicht, sondern weiß genau, worauf wir achten müssen. Der Teufel ist wütend und so sehr damit beschäftigt, alle Produkte, Computer, Technologien und medizinischen Forschungen zu entwickeln, um die Menschen zu verblüffen. Wenn ihr aber wisst, was

Sacharja 4:6 sagt: "Nicht durch Macht und Kraft, sondern durch meinen Geist, spricht der Herr der Heerscharen.

Wenn Sie die Wahrheit kennen, dann gehören Sünde, Krankheit, Geisteskrankheit, Depression, Entmutigung und Tod in der Hölle der Vergangenheit an. Jesus kam auf die Erde, um unsere Rechte zurückzukaufen.

Jesaja 61:1 Der Geist Gottes, des Herrn, ruht auf mir; denn der Herr hat mich gesalbt, den Sanftmütigen eine frohe Botschaft zu verkündigen; er hat mich gesandt, zu verbinden, die zerbrochenen Herzens sind, den Gefangenen die Freiheit zu verkündigen und den Gebundenen die Öffnung des Gefängnisses; 2 zu verkündigen das gute Jahr des Herrn und den Tag der Rache unseres Gottes; zu trösten alle, die da Leid tragen;3 denen, die da Leid tragen in Zion, Schmuck zu geben für die Asche, Freudenöl für die Trauer, ein Kleid des Lobes für den Geist der Traurigkeit, dass sie Bäume der Gerechtigkeit genannt werden, die der Herr gepflanzt hat, dass er verherrlicht werde.

Als der Herr Jesus auf dieser Erde wandelte, verkündete er die Freiheit, indem er Gefangene von Krankheiten befreite und sie von allen Krankheiten heilte. Er trieb die Dämonen aus und zerstörte das Werk eines Feindes. Tag und Nacht arbeitete er und bildete seine Jünger aus, das Gleiche zu tun.

25 APRIL

Lukas 9:1 Dann rief er seine zwölf Jünger zusammen, und gab ihnen Macht und Gewalt über alle Teufel und dass sie Krankheiten heilen.

Lukas 10:1 Danach bestellte der Herr noch weitere siebzig und sandte sie je zwei und zwei vor seinem Angesicht in alle Städte und Orte, in die er kommen wollte.

Dann sagte Jesus: Bleibt in Jerusalem, bis ihr den Geist Gottes empfangt:

Lukas 24:49 Und siehe, ich sende die Verheißung meines Vaters auf euch; ihr aber bleibt in der Stadt Jerusalem, bis ihr mit Kraft aus der Höhe ausgestattet werdet.

Dies ist für Sie und mich, um die Arbeit durch die Kraft des Heiligen Geistes fortzusetzen. Wir können Dämonen austreiben, Kranke heilen, Tote auferwecken und noch mehr im Namen Jesu tun. Das Problem ist, dass wir keine Zeit für Jesus haben. Es braucht Zeit, Mühe und Engagement, um ein Arbeiter zu sein. Ein Arbeiter braucht totale Hingabe. Wir brauchen wahre Lehrer und Propheten, die uns schulen. Das lebendige Evangelium kann das Reich Gottes auf die Erde bringen, wenn wir uns nach der Lehre Jesu richten. Die Apostel und Propheten taten genau das und erhielten ein bedeutendes Ergebnis. Ich habe gesehen, wie viele Menschen mächtige Arbeit geleistet haben. Sie ist verfügbar. Folgen Sie der Lehre Jesu und folgen Sie den Wegen des Herrn.

Jeremia 33:3 Ruf mich an, und ich werde dir antworten und dir große und mächtige Dinge zeigen, die du nicht kennst.

Stellen Sie sich einfach vor, wie groß und mächtig wir sind, wenn wir Gott anrufen. Er wird es tun. Werde wild in deiner Vorstellung, nicht auf dem Bildschirm oder Computer, sondern in der Realität, und Jesus wird es für dich tun.

LASST UNS BETEN

My Herr, wir wissen, dass all diese Menschen ohne Gliedmaßen gehen; wir rufen und bitten, sende die Gliedmaßen und mache sie gesund. Ich empfehle den neuen Geist zu kommen, damit die mentalen Probleme gelöst werden. Wir bitten den mächtigen Geist der Wunder, auf den Klang unserer Stimme einzuwirken. Kranke geheilt und gesund. Mach das taube Ohr frei. Lass die Augen der Blinden offen sein in Jesu Namen. Herr, annulliere allen unreifen Tod. Lass Gott unser Gott sein. Lass unsere Beziehung so sein wie die Beziehung im Garten Eden. Wir wollen mit dir reden und mit dir gehen, oh Herr! Möge diese Beziehung nie wieder zerbrechen, in Jesu Namen. Amen! Gott segne Sie!

26 APRIL

WIE KANN MAN WIEDER BETROGEN WERDEN?

Ter Herr hat alles zurückgekauft, nachdem er den Preis für unsere Sünden an den Teufel bezahlt hat. Er gab das Leben, das im Blut ist.

Leviticus 17:11 Denn das Leben des Fleisches ist im Blut, und ich habe es euch auf den Altar gegeben, um eure Seelen zu versöhnen; denn es ist das Blut, das die Seele versöhnt.

Jehova Gott zog Fleisch an und vergoss sein Blut. Er nahm die Striemen für alle Krankheiten auf sich, damit wir Heilung empfangen, befreit und erlöst werden können. Jesus hat sein Blut an heiliger Stelle im Tempel Gottes im Himmel geopfert. Er beendete die Aufgabe, den Preis für unsere Sünden zu zahlen. Danach stieg er herab, um den Gefangenen zu holen, der ohne Blut im Herrn gestorben war, und nahm dem Satan den Schlüssel zur Hölle und zum Tod ab. Wie wunderbar! Satan hatte den Schlüssel zur Hölle und zum Tod verloren; jetzt hat ihn Jesus.

Epheser 4:8 Darum sagt er: "Als er in die Höhe fuhr, führte er Gefangene in die Gefangenschaft und gab den Menschen Geschenke. 9 Da er nun hinaufgestiegen ist, was ist es anderes, als daß er auch zuerst hinabgestiegen ist in die unteren Gefilde der Erde? 10 Der hinabgestiegen ist, ist derselbe, der auch hinaufgestiegen ist weit über alle Himmel, auf daß er alles erfülle.) 11 Und er hat etliche zu Aposteln gesetzt, etliche zu Propheten, etliche zu Evangelisten, etliche zu Hirten und Lehrern, 12 zur Vervollkommnung der Heiligen, zum Werk des Dienstes, zur Erbauung des Leibes Christi:

Die Hölle steht nicht unter der Kontrolle Satans, sondern unter der Kontrolle Gottes. Es ging nicht darum, die verbotene Frucht im Garten Eden zu essen, sondern auch darum, das ewige Leben zu verlieren und in die Gefangenschaft Satans zu geraten. Sie denken vielleicht, Sie hätten eine kleine Sünde begangen. Die Sünde hat einen größeren geheimnisvollen Plan. Die Ideen Satans sind immer schlecht und haben einen trügerischen, tödlichen Plan! Wenn der Teufel dich erst einmal in die Falle der Sünde gelockt hat, nimmt er dich, deine Kinder, deine Familie und deine Blutlinie. Du sagst vielleicht: "Nur ein kleines Vergnügen". Sünde sollte kein Vergnügen sein; nur ein Narr kennt die Realität nicht. Die unwissenden Sünder wissen nichts von ihrem Schöpfer.

Offenbarung 1:18 Ich bin der Lebendige, der tot war; und siehe, ich bin lebendig von Ewigkeit zu Ewigkeit, Amen, und habe die Schlüssel der Hölle und des Todes.

26 APRIL

Beteiligen Sie sich nicht an trügerischen kirchlichen Aktivitäten, lesen Sie so viel wie möglich in der Bibel und beten Sie, damit Gott zu Ihnen sprechen kann. Das Gebet ist die mächtigste Waffe. Die Erkenntnis Gottes ist der Schlüssel zum Sieg. Menschen gehen zugrunde, weil sie keine Offenbarung von Jesus haben. Das Wort Gottes ist eine Offenbarung. In der Apostelgeschichte hat Gott für jeden Schritt eine Anleitung gegeben. Die Der erste Schritt ist die Reue. Ja, kein Fleisch wird entschuldigen. Bereue alle Sünden wie Ehebruch, Unzucht, Unreinheit, Lüsternheit, Götzendienst, Hexerei, Hass, Zwietracht, Eifersucht, Zorn, Streit, Aufruhr, Irrlehren, Neid, Mord, Trunkenheit, Offenbarungen.

Danach wasche und reinige dich im Blut des Lammes, indem du im Namen Jesu ins Wasser gehst. Sie werden Vergebung der Sünden und ein neues Gewissen erhalten. Sie werden die Kraft des Heiligen Geistes empfangen, um zu wirken. Der Heilige Geist ist der größte Führer, Lehrer und Leiter der Wahrheit. Ich kann nicht ohne den Heiligen Geist leben; er ist mein Führer. Er wird sprechen, lehren, warnen, erinnern, befähigen und vieles mehr. Ich bin so froh über das Paket, das wir vom Herrn erhalten. Jetzt werden Sie mit dem Teufel gewalttätig, um alles zurückzunehmen, was er gestohlen, getötet und zerstört hat. Du hast die Autorität, den Teufel aus dem Körper anderer zu vertreiben, Kranke zu heilen und das Evangelium mit Zeichen und Wundern zu verkünden. Der Teufel will nicht, dass du die Wahrheit kennst, also wird er dich in die Irre führen, lügen, täuschen und manipulieren. Lassen Sie mich Ihnen sagen, dass Sie das Wort Gottes benutzen können, um diesen Feind aus der Ferne zu vernichten. Was geschah, als Jesus gebetet hat? Ein Engel kam und stärkte ihn.

Leute Gottes, bleibt nicht unwissend. Einmal hatte mein Magen einen Anfall. Ich bekam eine Magenverstimmung und einen üblen Geruch. Es wurde immer schlimmer. Eines Abends kam ich sehr krank von der Arbeit und konnte nicht beten. Ich legte mich ins Bett und sagte: "Herr, ich liebe dich von ganzem Herzen, mit ganzem Verstand, ganzer Seele und ganzer Kraft. Als ich aufwachte, war ich geheilt. Der Herr sagte, ich habe deine Schlacht geschlagen; du musst nicht mehr leiden. Aber der hartnäckige Teufel griff mich immer wieder an. mit denselben Krankheiten. Ich weiß, dass der Herr nicht lügen kann. Also habe ich Gott gefragt, warum das so ist. Der Herr sagte, bete mich einfach an und preise mich. Das tat ich dann auch. Es ging weg. Von Zeit zu Zeit hatte ich das gleiche Problem. Der Lobpreis funktionierte nicht, also begann ich, eine aufgeschlagene Bibel auf meinen Bauch zu legen, und es funktionierte. Halleluja! Glauben Sie, der Teufel gibt auf? Nein, lernen Sie vom Teufel, geben Sie nicht auf. Finde die richtigen Waffen, die funktionieren, verfolge den Teufel und peitsche ihn.

Petrus wäre getötet worden, wenn die Leute geschlafen hätten und gesagt hätten, der Herr würde schon aufpassen. Nein, die Menschen wissen, was es braucht. Sehen Sie, Wissen ist notwendig für Ihre Hilfe; sie beteten rund um die Uhr, bis Hilfe vom Himmel kam. Was ist unser Problem? Wir werden zu Kirchgängern, verlorenen, fehlgeleiteten, irregeführten und unwissenden Menschen Gottes. Es erfordert Anstrengung, Hingabe, Entschlossenheit und Kenntnis der Wahrheit, um einen Feind zu bekämpfen. Die Kirchen der Antike lehrten Jesus und seine Jünger weiter. In unserem Fall finden wir die Kirche dort, wo unser Fleisch hingehört. Wir stellen fest, dass die Kirche sich nicht um unsere Seele kümmert und die Wahrheit nicht kennt. Sie wollen kontrollieren. Wenn du von ihrer Agenda abweichst, wirst du gegen sie predigen und verfolgt werden. Wenn jemand der Wahrheit folgt, flüstern sie und bringen ihre Anhänger gegen dich auf. Aber mit dem gleichen Zeichen in ihren Bedürfnissen, werden sie dich anrufen. Ich frage mich, warum sie nicht zu den Leuten gehen, die sie in die Irre führen. Ich vermute, sie wissen, dass sie es nicht können.

Es gibt keine Hilfe außer falscher Sympathie. Lernen Sie den richtigen Weg, indem Sie sich Jesus, Petrus, Paulus und die alte Kirchengeschichte zu Gemüte führen, und lassen Sie sich nicht länger davon täuschen, dass Sie verlorenen Führern folgen. Du zahlst auch für ihren luxuriösen Lebensstil. Satans Das Geschäft der Konfession, der Nicht-Konfession und der Organisation läuft über Ihr Geld. Der Teufel hat das Kreuz auf das Gebäude gesetzt und Sie davon überzeugt, dass dies eine Kirche ist; zahlen Sie Ihr Geld. Denken Sie daran, dass Sie in dieser Dispensation die Kirche sind. Gebt den Arbeitern, den Armen, den Witwen, den Nackten, den Hungrigen und den Waisen Geld, und ihr werdet gesegnet werden. Heilung, Befreiung, Erlösung, Frieden und Freude sind möglich. Machen Sie einfach einen Schritt des Glaubens. Stehen Sie zur Wahrheit, indem Sie gehorchen und sich unterordnen. Die Wahrheit ändert sich nicht, sie ist im Wort Gottes verankert. Ich liebe die Wahrheit und nichts anderes. Sie ist besser als Depression, Entmutigung, das Geld dieser Welt, Macht, Stellung, Augenlust, Lebensstolz und die Lust des Fleisches. Ich will alles tun, was nötig ist, um dem Teufel zu befehlen, mich meinen Segen, meine Verheißungen, meine Familie, Fieber, Blutkrankheiten, Krankheiten, dämonische Unterdrückung und geistige und geistliche Unterdrückung verlieren zu lassen. Ich habe die Macht und Autorität; ich weiß, wie man reist und früh aufsteht, um Gott zu treffen. Ich weiß, wie ich den Teufel und seine Strategie im Namen Jesu zerstören kann. Der Heilige Geist trainiert und lehrt mich. Ich prüfe meine Umgebung mit geistlichen Augen. Dem Teufel wird im Namen Jesu befohlen, zu gehen, zu verlieren und zu verschwinden. Der Teufel muss die Kinder in Ruhe lassen. Ich trete gegen alle Pläne des Unfalls, des unreifen Todes, des Herzinfarkts, des Schlaganfalls, der Schießerei, des Mordes und des Angriffs auf meine Familie in Jesu Namen an. Der Teufel hat einen Plan gegen die Christen in vielen Nationen, und ich komme dagegen an. Es hat dem Herrn gefallen, sie einzufrieren und zu vernichten. Sie sollen rückwärts gehen, sie sollen fallen und niemals aufstehen. Der Herr schickt den heilenden Geist in jedes Krankenhaus. Einen Wundergeist zu all jenen, die ein Wunder brauchen.

Ich bete für die, die nichts von ihrem Schöpfer wissen, dass der Herr sie besucht. Möge der Herr die Blindheit der Augen und die Taubheit der Ohren entfernen. Möge der Herr neuen Mut und neue Kraft geben und die Macht täglich vergrößern. Ich erinnerte mich, dass jemand seine von einem Dämon besessene Schwester zu mir nach Hause brachte. Der Dämon warnte sie, dass sie ihre Kinder töten würde. Als ich begann, den Dämon auszutreiben, wurden ihre Augen groß. Ihre Augen waren bereits riesig und wurden noch größer. Als ich begann, die Macht des Dämons im Namen Jesu zu binden und zu brechen, wurde sie wie ein armes Hündchen. Sie begann zu betteln und zu flehen. Ich sagte: "Verschwinde, du betrügerischer Teufel, im Namen von Jesus. Im Handumdrehen war sie frei. Lernen Sie, sich nicht vom Teufel und seiner Agenda täuschen zu lassen. Hüten Sie sich vor dem Wirken Satans durch religiöse Kirchen, durch seinen Agenten, der wie auch immer genannt wird. Sie haben die Macht, sie zu nutzen. Machen Sie sich keine Sorgen über Ablehnung.

LASST UNS BETEN

Herr, wir treten vor deinen Altar; wir wissen, dass du alles getan und alle Vollmacht gegeben hast, die Schlange und den Skorpion zu zertreten. Herr, hilf uns, die Macht zu übernehmen und mit Ihnen ins Reine kommen. Wir glauben und behaupten, dass wir das tun, was dort steht. Wir sind vom Weg abgekommen, indem wir der Lüge der religiösen Kirchen und Organisationen gefolgt sind. Aber heute kommen wir vor dich, um uns zu nehmen, was der Teufel uns gestohlen hat. Wir widmen unser Leben neu und fangen neu an, indem wir deinem Wort der Wahrheit folgen und gehorchen. Wir werden zurückgewinnen, was uns gehört, und einen glorreichen Sieg erringen, im Namen Jesu. Amen! Gott segne Sie!

27 APRIL

WAS IST MEINE AUFGABE?

Ist es meine Aufgabe, einen Film zu sehen, eine Party zu feiern, einen Club zu besuchen, zu trinken, zu spielen, in die Kirche zu gehen oder das zu tun, was ich für wichtig halte? Jeder sagt, ich werde es tun, wenn Gott mir sagt, dass ich etwas tun soll. Ihre Stellenbeschreibung steht in dem Buch, das die Bibel heißt. Lasst uns lesen, was darin steht; Jesus sagte in seinem Gleichnis: Sagt anderen, dass es einen Raum in meinem Reich gibt. Tun Sie etwas für das Reich Gottes. Seien Sie nicht zu beschäftigt, wenn Sie keine Zeit für mich haben.

Lukas 14:23 Und der Herr sprach zu dem Knecht: Geh hinaus auf die Landstraßen und Hecken und nötige sie, hereinzukommen, damit mein Haus voll werde.

Wiederum gab Jesus nach seiner Auferstehung Arbeitsanweisungen. Bleiben Sie dran, lassen Sie sich nicht von falschen Lehrern und Pastoren, Organisationen und Kirchen täuschen, und lassen Sie Gott nicht im Stich. Sie sind nicht dazu berufen, unter dem Namen der Organisation, der Kirche, der Konfessionen oder der Nicht-Konfessionen Geschäfte zu unterstützen. Folgen Sie Jesus, wie er es durch sein Leben vorgelebt hat.

Markus 16:15 Und er sprach zu ihnen: Gehet hin in alle Welt und predigt das Evangelium aller Kreatur. 16 Wer da glaubt und getauft wird, der wird selig werden; wer aber nicht glaubt, der wird verdammt werden.

Nach der Auferstehung ging er in den Himmel und gab sein Blut an heiliger Stätte im Tabernakel für unsere Sünden. Er kam zurück und begann zu lehren. Er rüstete seine Jünger gut aus, um herumzugehen.

Apg 1:8 Ihr aber werdet Kraft empfangen, nachdem der Heilige Geist auf euch gekommen ist; und ihr werdet meine Zeugen sein in Jerusalem und in ganz Judäa und Samarien und bis an das Ende der Erde.

Haben Sie das gelesen? Er sagte, wir sollen in Einklang und Harmonie bleiben und mit der Lehre des Herrn übereinstimmen. Unterstreichen Sie Ihre Pflicht in Ihrer Bibel. Studieren Sie und bereiten Sie sich vor.

1 Thessalonicher 4:11 Und ihr sollt lernen, still zu sein und eure eigenen Geschäfte zu machen und mit euren eigenen Händen zu arbeiten, wie wir euch geboten haben;

Ich liebe die Bibel sehr. Ich lerne jeden Tag etwas Neues aus seinem Wort. Sie ist mein Lehrbuch. Ich möchte nicht, dass mich jemand in die Irre führt. Ich erinnere mich, dass ich einmal an einem Zelttreffen teilnahm.

Der Prediger sagte, ich hätte eine Vision gehabt, und in meiner Vision sah ich einen Teich mit Säure. Ein Mann schwamm herum, zog Menschen an den Haaren hoch und ließ sie fallen. Jemand fragte: "Nach wem suchen Sie? Der Mann sagte: Ich suche diesen Lehrer, der mich falsch gelehrt hat. Wegen dieses falschen Lehrers verbrenne ich hier. Der Mann sagte, dass der falsche Lehrer dort sein müsse. Jetzt ist es zu spät. Lassen Sie sich von niemandem in die Irre führen. Suchen Sie Gott, damit Ihre Seele ewige Ruhe findet. Es ist meine Aufgabe, das Wort zu studieren.

2 Timotheus 2:14 Daran erinnere sie und ermahne sie vor dem Herrn, dass sie nicht um Worte ringen, die nichts nützen, sondern die Hörer verderben. 15 Bemühe dich, dich selbst vor Gott als einen untadeligen Arbeiter zu erweisen, der das Wort der Wahrheit recht teilt. Finden Sie die Wahrheit, lehren Sie die Wahrheit.

Gott sagte: Studiert mein Wort. Der Heilige Geist wird dich lehren. Es ist meine Aufgabe, das Wort zu studieren. Dieses Buch sollte nicht aus deinem Mund verschwinden.

Josua 1:8 Dieses Buch des Gesetzes soll nicht von deinem Munde weichen, sondern du sollst Tag und Nacht darüber nachsinnen, damit du darauf achtest, alles zu tun, was darin geschrieben steht; denn dann wird dein Weg gelingen, und du wirst Erfolg haben. 9 Habe ich dir nicht befohlen? Sei getrost und unverzagt; fürchte dich nicht und erschrecke nicht; denn der HERR, dein Gott, ist mit dir, wohin du auch gehst.

Seit ich die Wahrheit gefunden habe, bleibe ich im Glauben und predige die Wahrheit. Ich stelle mich gegen alle Widerstände. Ich bin nicht beeindruckt von Abschlüssen, Titeln, Wundern oder was auch immer. Ein Feuersee ist ein realer Ort; ich muss mich selbst lieben, um ihm zu entkommen. Ich konzentriere mich auf das Werk Gottes. Wir lernen die Bibel durch Tun und nicht nur durch Zuhören. Nichts hat Bisher hat mich nichts mehr beeindruckt als die Erfahrung der Wahrheit durch Gehorsam. Ich kann nicht erklären, wie großartig die Erfahrungen sind; gehorchen Sie einfach und sehen Sie, wovon ich spreche. Jetzt kann ich lehren und predigen, wovon der Herr spricht. Ich kann weder die Menschen noch den Herrn enttäuschen. Er ist so real, und sein Wort ist erstaunlich.

Der Herr will, dass wir beten. Ich wache um 3:50 Uhr auf und bete. Manchmal wache ich um 1 oder 2 Uhr auf und fange an zu beten. Jede Woche zu fasten ist ein Muss für uns. Jeden Monat fasten wir eine Woche lang. Es gibt ein Nachtgebet, das wir abhalten. Alle kommen von überall her ans Telefon und beten die ganze Nacht. Ich möchte meine Arbeit so tun, wie Gott sie mir aufgetragen hat.

1 Timotheus 2:1 So ermahne ich nun, dass vor allen Dingen Bitten, Gebete, Fürbitten und Danksagungen für alle Menschen vorgebracht werden, 2 für Könige und alle, die in der Gewalt sind, damit wir ein ruhiges und friedliches Leben führen in aller Frömmigkeit und Redlichkeit. 3 Denn das ist gut und wohlgefällig vor Gott, unserem Heiland, 4 der will, dass alle Menschen gerettet werden und zur Erkenntnis der Wahrheit kommen.

Ich bete für die Menschen am Telefon, wenn sie anrufen, eine SMS oder eine E-Mail schreiben. Es ist meine Aufgabe zu beten, die Seele aus dem Maul des Löwen, Tigers und Alligators zu holen. Es gibt viele Skorpione, Schlangen und Irreführer in diesem furchterregenden Dschungel. Nicht nur ich, meine Familie, sondern auch der Herr ist auf mein Gebet für andere angewiesen. Er schaut auf mich herab und fragt: Gibt es jemanden, der weiß, dass es mich gibt, damit ich helfen kann? Gibt es jemanden, der weiß, dass ich für ihn gestorben und gestreift worden bin? Gibt es jemanden, der weiß, dass er anrufen kann und ich mich um seine Not kümmern kann? Ich bin bereit und willens zu helfen.

27 APRIL

Psalm 46:1 Gott ist unsere Zuflucht und Stärke, eine sehr gegenwärtige Hilfe in der Not.

Rufen Sie den Herrn an. Er hat viele Arten von Engeln geschaffen, die sich um unsere Bedürfnisse kümmern. Unsere Aufgabe ist es, nach dem Engel zu fragen.

Hebräer 1:13 Zu welchem der Engel aber hat er jemals gesagt: Setze dich zu meiner Rechten, bis ich deine Feinde zum Schemel deiner Füße mache? 14 Sind sie nicht alle dienstbare Geister, ausgesandt, um denen zu dienen, die Erben des Heils sein werden?

Schwerhörige Menschen verursachen alle Schwierigkeiten und Probleme. Beten Sie zuerst und warten Sie dann, bis Sie eine Antwort erhalten, oder beten Sie weiter, bis Sie eine Bewegung von Gott sehen. Wir müssen arbeiten. In die Kirche zu gehen ist keine Arbeit. Im Chor zu singen ist keine Arbeit. Gott hat niemanden für den Chor, die Musik oder die Kanzelarbeit ausgebildet.

Lukas 10:2 Da sprach er zu ihnen: Die Ernte ist groß, aber der Arbeiter sind wenige; darum bittet den Herrn der Ernte, dass er Arbeiter in seine Ernte sende.

Gott wird alles tun, worum du ihn bittest, wenn du den Geist in die Richtung lenkst, in die Gott dich führen will. Er möchte Sie, Ihr Land und viele geistige, körperliche und spirituelle Krankheiten und Leiden heilen. Aber wir sind zu beschäftigt und haben uns wieder einmal selbst ruiniert. Der Allmächtige wird alles kontrollieren, wenn wir zu ihm beten.

2 Chronik 7:14 Wenn mein Volk, das nach meinem Namen gerufen ist, sich demütigt und betet und mein Angesicht sucht und sich von seinen bösen Wegen abwendet, dann will ich vom Himmel her hören und ihre Sünde vergeben und ihr Land heilen.

LASST UNS BETEN

In Jesu Namen kommen wir vor deinen Altar. Bitte vergib uns unsere Sünden. Wir bitten dich, uns deine Last zu geben. Bitte gib uns den Wunsch, für dich zu arbeiten. Salbe uns mit deinem Geist. Wir wollen deine Arbeiter sein und auf deinem Feld arbeiten. Wir brauchen Führung von dir. Gib uns Offenbarung von dir und deinem Wort. Wir wollen ein Lehrer der Wahrheit sein. Lass dein Reich auf Erden durch deinen wahren Lehrer, Propheten und Arbeiter errichtet werden. Mache uns aufrichtig und fleißig für Ihr Werk in Jesu Namen. Amen! Gott segne Sie!

28 APRIL

GOTTES WERKE UND PLÄNE SIND IN ORDNUNG!

Gott ist der Urheber der Ordnung. Studiere die Schöpfung Gottes. Sie geschah in einer Ordnung, in der es keine Verwirrung oder Konflikte gab. Wir bewundern den Meisterplan Gottes, wie Er ihn abschloss. Gottes System ist wunderschön, was der menschliche Verstand nicht erfassen kann. Solch eine göttliche Ordnung und Schöpfungskraft. Er sah immer, was er tat, und sagte, dass es gut war. Gott ist gut, und Er tut Gutes., und sagte, es sei gut. Gott ist gut, und er tut Gutes.

Mose 1:31a Und Gott sah alles, was er gemacht hatte, und siehe da, es war sehr gut.

Gott zeigte Mose die Vorlage für das Anbetungszentrum. Mose hat sich genau an Gottes Plan gehalten. Gott ist ein Gott der Planung. Er arbeitet mit Planung. Er schuf und schafft weiter mit dem Superhirn. Planen Sie nicht ohne seine Zustimmung. Ein Plan, der über dem Plan Gottes steht, heißt Verwirrung. Du kannst wie Abraham und Isaak im Plan Gottes sein. Abraham hat zwischen dem Plan Ismael genannt und den Schaden angerichtet.

Mose 25:9 Und du sollst die Hütte nach dem Muster aufbauen, das dir auf dem Berg gezeigt worden ist. 40 und sieh zu, daß du sie nach dem Muster machst, das dir auf dem Berg gezeigt worden ist.

Exodus 26:30 Du sollst die Hütte nach dem Muster aufbauen, das dir auf dem Berg gezeigt worden ist.

Gottes Superhirn hat das alles mit einer bedeutenden Grund dafür. Gelobt sei Gott! Im Jahr 2004 bat Gott mich, von Kalifornien nach Texas zu ziehen. Ich dachte daran, ein Haus zu kaufen und irgendwo in Texas zu leben. Also begann ich zu suchen und war frustriert, weil ich von Gott keine Zustimmung bekam. Als es dann auf den Abend zuging, hörte ich Gottes Stimme: Ich habe ein wunderschönes Haus für dich, das du nicht kennst. Also sprach ich mit dem Makler, und sie waren geduldig und verständnisvoll. Sie waren einverstanden. Ich kam zurück nach Kalifornien und verkaufte mein Haus. Nachdem ich mein Haus in Kalifornien verkauft hatte, kehrte ich nach Texas zurück und begann mit der Suche nach einem Haus. Ich sah mich ein paar Tage lang um, konnte aber keins finden. Als ich mich dem letzten Tag näherte, fand ich das Haus und bekam vom Herrn die Bestätigung, dass es mir gehörte. Ich unterschrieb die Papiere und reiste nach Kalifornien. Der Herr hat sich Gedanken über die Stadt, den Ort und den Plan des Hauses gemacht. Ich habe 16 Jahre lang in Texas gelebt (ich bin 2005 umgezogen). Denken Sie immer daran, dass die Pläne all dieser Menschen über Gottes Plan stehen, wie Eva und Adam, König Saul, Priester Eli und König Jerobeam, um Sie und Ihre Familie zu zerstören und Verwüstung über das Land zu bringen. Scheidungen, Gefängnisaufenthalte, psychische Erkrankungen, Selbstmord und viele andere Probleme zeigen, dass der Plan von jemandem über dem von Gott steht. Er wird scheitern. Denn Gott sagt in

Epheser 2:10 Denn wir sind sein Werk, geschaffen in Christus Jesus zu guten Werken, die Gott vorherbestimmt hat, dass wir in ihnen wandeln sollen.

Viele von uns hatten das geplant, aber wenn wir Jesus finden, findet er uns aus dem Chaos heraus. Ist das nicht großartig? Ich liebe es zu sehen, wie Alkoholiker, Besessene, Prostituierte, Böse und Sünder sich Gott zuwenden und wie der Herr Geist, Körper und Saul in Ordnung bringt, repariert und wiederherstellt. Erinnert euch an den Mann mit den Legionen; der Herr machte ihn gesund. Der Herr erweckte Lazarus nach vier Tagen. Wir können uns nicht vorstellen, wie er arbeitet und plant, um seine Schöpfung in seinem vollkommenen Willen zu erhalten. Ist irgendetwas zu schwer für den Herrn? Es ist weise, sich an Gott zu wenden und auf ihn zu warten. Er kann die Führung übernehmen und dich wieder in seinen Plan einfügen.

Jona war auf der Flucht, aber Gott schuf einen großen Fisch, der ihn drei Tage und Nächte lang am Leben hielt. Es ist das Werk und der Plan Gottes, der alles in Ordnung bringen wird. Haben Sie schon einmal ein Land gesehen, in dem es viele Götter und keine Ordnung gibt? Alles ist Chaos, Unordnung und Durcheinander. Ein treuer Gott ist ein Urheber der Ordnung und achtet auf jedes Detail. Deshalb sehen wir, wenn wir uns an Jesus wenden, die Kraft des Wiederaufbaus und der Wiederherstellung des Lebens, des Landes oder des persönlichen Lebens. Sein Werk wird Sie in Erstaunen versetzen. Ich habe den Garten Eden nie gesehen, aber ich glaube, dass er der schönste Ort auf Erden sein muss. Sie sehen den Plan Gottes, wie er die Hebräer aus dem Land der Sklaverei herausgeführt hat. Er zerstörte das Land Ägypten und den Masterplan für den Weg in das verheißene Land. Das ist erstaunlich. Die Durchquerung des Schilfmeeres diente nicht nur dazu, Israel die Macht Gottes erkennen zu lassen, sondern auch dazu, den Feind und die Streitwagen der Feinde zu vernichten. Warum sein Werk in Frage stellen? Oder einen Plan über seinen Plan stellen? Gottes Plan auf Erden ist es, Ihnen einen friedlichen, vorübergehenden Aufenthalt zu ermöglichen.

Jeremia 29:11 Denn ich weiß, was ich für Gedanken über euch habe, spricht der HERR, Gedanken des Friedens und nicht des Unheils, um euch ein gutes Ende zu bereiten.12 Dann werdet ihr mich anrufen und zu mir gehen und zu mir beten, und ich werde euch erhören.13 Und ihr werdet mich suchen und finden, wenn ihr von ganzem Herzen nach mir sucht.14 Und ich will mich von euch finden lassen, spricht der HERR, und will eure Gefangenschaft wenden und will euch sammeln aus allen Völkern und von allen Orten, dahin ich euch vertrieben habe, spricht der HERR, und will euch wieder in das Haus bringen, dahin ich euch habe führen lassen, daß ihr gefangen seid.

Glauben Sie, dass Sie es besser wissen als Gott? Wer Gottes Plan ignoriert, lädt unreifen Tod, Krankheiten, Flüche und Verwirrung ein. Gott hat die Hebräer zur rechten Zeit aus Ägypten herausgeführt.

Mose 3:17 Und ich habe gesagt: Ich will euch aus der Bedrängnis Ägyptens in das Land der Kanaaniter, Hetiter, Amoriter, Perisiter und die Hiwiter und die Jebusiter, in ein Land, in dem es wimmelt Milch und Honig.

Psalm 139:14 Ich will dich loben; denn ich bin furchtbar und wunderbar gemacht; wunderbar sind deine

Werke, und das weiß meine Seele sehr wohl.

Psalm 118:23 Das ist das Werk des HERRN; es ist wunderbar in unseren Augen.

Psalm 40:5 Vielfältig, Herr, mein Gott, sind deine wunderbaren Werke, die du getan hast, und deine Gedanken, die zu uns gerichtet sind; man kann sie nicht aufzählen, um sie dir zuzuordnen.

Psalmen 92:5 HERR, wie groß sind deine Werke! Und deine Gedanken sind sehr tief.

Alle in der Bibel erwähnten Werke Gottes sind Beweise für seine Größe. Sie haben die Wissenschaft eines Besseren belehrt, wenn sie anderer Meinung waren. Wir staunen und bewundern Gottes Wissen und sprechen das Lob und die Größe Gottes aus. Ich weiß lieber nichts und vertraue und respektiere trotzdem sein Werk. Wer kennt die Gedanken Gottes? Keiner! Gott hat uns die Jahreszeiten, Tag und Nacht, gegeben, damit wir unser Leben ordnen können. Wir folgen seinem Werk und lernen seine tiefen Gedanken dahinter kennen. Folgen Sie Gott trotzdem, ob wir es verstehen oder nicht. Du würdest es nicht bereuen. Amen! Du wirst Schutz finden, denn unser begrenzter Verstand hat keine Ahnung von dem wunderbaren Werk Gottes.

LASST UNS BETEN

In Jesu Namen kommen wir vor deinen Altar. Lass dein Werk unser Leben segnen. Wir verherrlichen das Werk des Herrn, indem wir sein Gebot tun und ihm gehorchen. Wir haben Gott, dessen Plan es ist, zu erschaffen, zu segnen und zu zeigen, dass er wunderbar ist. Herr, wir sind das Werk des großen Gottes. Hilf uns, anderen den Gott Abrahams, Isaaks und Israels zu zeigen. Gottes Werk und Plan geben uns Kenntnis von dem großen Gott und seinem Werk. Hilf uns, oh Herr, in Jesu Namen. Amen! Gott segne Sie!

29 APRIL

WIR MÜSSEN WISSEN, WAS ES GIBT.

Macht und Autorität stehen im Namen von Jesus zur Verfügung. Du kannst sagen, ich herrsche, denn Jesus hat meinen Preis bezahlt. Ja, die Macht wird dem Teufel über die Menschen genommen. Jesus hat Satan auf Golgatha besiegt. Wenn Sie wissen, was Sie besitzen, dann können Sie den Feind beanspruchen und besiegen. Setzen Sie die gegebene Macht und Autorität gegen den Teufel ein. Bringen Sie den Teufel ins Gefängnis, indem Sie ihn binden und dann sein Gebiet zerstören, um überall zu gewinnen. Sie werden frei sein, und der Teufel wird im Gefängnis sitzen.

Matthäus 18:18 Wahrlich, ich sage euch: Was ihr auf Erden binden werdet, das wird im Himmel gebunden sein; und was ihr auf Erden lösen werdet, das wird im Himmel gelöst sein.

Paulus erhielt die Vollmacht, zu binden:

Apg 9:14 Und hier hat er von den Hohenpriestern Vollmacht erhalten, alle zu binden, die deinen Namen anrufen.

Finden Sie denjenigen, der Ihnen die Vollmacht geben kann. Lass mich Ich sage Ihnen, dass nur Jesus Sie mit Autorität ausstatten und Sie auch ermächtigen kann. Wer im Reich Gottes geboren sind, hat Autorität. Ich brauche die Kraft, um mit dem Teufel in den Kampf zu ziehen; er hat meine Gesundheit, meine Kinder, meine Ehepartner, meine Geschäfte usw. gestohlen. Satan nutzt Hungersnöte oder Überschwemmungen, um eure Häuser und Ernten wegzuspülen. Stellen Sie sich in jede Richtung und sagen Sie: "Teufel, der Fürst der Lüfte, ich binde dich und zerstöre deine Macht." Befehlen Sie den Drogenhändlern, Gangs, Hexen, Zauberern und dem Ouija-Brett namens "Fun-Spiel", im Namen Jesu herauszugehen. Binden Sie die Arbeit von schwarzer, grauer und weißer Magie, Handlesern, Herrschern an hohen Orten und das korrupte System der Nation, um im Namen Jesu zerstört zu werden. Ich befehle allen Mächten der Dunkelheit, herauszugehen und das Licht zu verlieren. Wir binden alle Systeme und Macht über uns und brechen sie im Namen Jesu. Ich lasse die Engel, den Heiligen Geist, das Feuer des Heiligen Geistes, Weisheit, Wissen, Reichtum, Verständnis, Schutz und alle Segnungen los, die mir, meiner Familie und meiner Nation gehören. Verlasse Satan und kehre niemals zurück. Bitte gehen Sie durch die Stadt, die Schule, den Markt und die Innenstadt und spielen Sie das Schofar-Horn am Telefon, setzen Sie sich ins Auto oder gehen Sie spazieren. Ich reiße alle Mauern der Verwirrung, der Einschränkung von Drogen, der Unwissenheit und der Dunkelheit nieder, im Namen Jesu. Heutzutage sind religiöse Dämonen in Aktion. Sie geben sich als Geist des Lichts aus. Der Teufel kommt nicht dorthin, wo ich Engel sende, um zu heilen, zu befreien und die Gefangenen zu befreien. Ich peitsche Satan und seine Armee, denn ich habe die Autorität im Namen Jesu. Halleluja! Du gewinnst nur, wenn du dir deiner Rechte, deiner Autorität und deiner Macht bewusst bist. Was ist Ihr Problem? Was hält

Sie zurück? Was hält Sie zurück, stagniert, ist niedergeschlagen und deprimiert? Ihr Schlüssel wurde wieder gestohlen.

Lukas 11:52 Weh euch, ihr Schriftgelehrten! Denn ihr habt den Schlüssel der Erkenntnis weggenommen; ihr selbst seid nicht hineingegangen, und die hineingehen wollten, habt ihr gehindert. 46:Und er sagte: Wehe euch, ihr Schriftgelehrten! Denn ihr legt den Menschen schwere Lasten auf, und ihr selbst rührt die Lasten nicht mit einem eurer Finger an.

Ich betrete kein Gebiet, ohne zu fasten, zu beten, den Feind zu binden und die Macht Gottes mit allen Engeln zu verlieren. Ich bedecke immer alles mit dem Blut Jesu. Ich gehe mit dem Schwert des Herrn, dem Wort Gottes, hinein. Ich nehme meinen Schild des Glaubens mit; vergiss niemals diese wichtige Waffe. Wenn Jesus den Schlüssel gegeben hat, warum geht die Menschheit dann unter? Der Schlüssel zur Wahrheit wird von dem religiösen Dämon gestohlen, wenn der Schatten des Jüngers Heilung bringt. Warum geschieht das heute nicht? Treten Sie aus Ihrer Religion, Organisation, Konfession und Konfessionslosigkeit heraus.

2 Timotheus 3:5 die eine Form der Frömmigkeit haben, aber ihre Kraft verleugnen; von solchen wendet euch ab. 6 Denn von dieser Art sind die, die sich in die Häuser einschleichen und törichte, sündenbeladene Frauen gefangen nehmen, die von mancherlei Begierden verführt werden, 7 die immerfort lernen und niemals zur Erkenntnis der Wahrheit kommen können.

Gott ist da draußen auf der Suche, auf der Suche nach den wahren Lehrern und wahren Propheten, die den Schlüssel haben. Glaubt nicht allen, sondern prüft ihre Früchte. Falsche Propheten und Lehrer verwandeln sich nicht, da sie nie in eine Beziehung zu Gott gekommen sind, wie Paulus, Abraham und Jakob, die zu Israel wurden. Der Herr diszipliniert die Armee für sein Reich. Lassen Sie mich Ihnen zeigen, wie Sie die Schlacht gewinnen können. Wissen ist der Schlüssel, die mächtigste Waffe. Viele religiöse Kirchen sind nicht mächtig, weil der feindliche Teufel den Schlüssel gestohlen hat. Ihre Anhänger fragen nie, wo mein Schlüssel ist. Warum gewinnt Satan gegen die Kirche und setzt sich durch? Sie haben nicht die Offenbarung Jesu; er ist Jehova in Fleisch und Blut. Die Bibel sagt,

Matthäus 16:15 Er spricht zu ihnen: Aber ihr, für wen haltet ihr mich? 16 Simon Petrus antwortete und sprach: Du bist Christus, der Sohn des lebendigen Gottes. 17 Und Jesus antwortete und sprach zu ihm: Selig bist du, Simon Barjona; denn Fleisch und Blut hat dir das nicht offenbart, sondern mein Vater im Himmel. 18 Und ich sage dir auch: Du bist Petrus, und auf diesen Felsen will ich meine Kirche bauen, und die Pforten der Hölle sollen sie nicht überwältigen. 19 Und ich will dir die Schlüssel des Himmelreichs geben; und alles, was du auf Erden binden wirst, soll auch im Himmel gebunden sein, und alles, was du auf Erden lösen wirst, soll auch im Himmel gelöst sein. 20 Dann gebot er den Jüngern, dass sie niemandem sagen sollten, dass er Jesus, der Christus, sei.

Lassen Sie sich nicht vom Teufel und seinen Leuten beeinflussen und monopolisieren. Erringe einen Sieg über den Feind, nennen Sie die Lüge und suchen Sie genaues Wissen. Sie dienen einem König namens Jesus. Religiöse Führer werden Sie beherrschen, indem sie falsche Lehren durch ein paar Verse lehren. Ihr Ziel ist es, die Kontrolle über Sie zu haben. Die Macht der Befreiung liegt in der Wahrheit. Erlaubt die Wahrheit; liebt die Wahrheit; sie wird euch frei machen. Das geschieht nur, wenn ihr der Wahrheit gehorcht. Unwissenheit ist dein Feind. Was ist Wissen? Es bedeutet Verstehen, Schulung, Weisheit, Information, Intelligenz, Bildung, Begreifen und Beherrschen.

Mein Herr hilft uns, jeden Schlüssel zu finden, um den Teufel zu vernichten, der lügt, stiehlt, tötet und vernichtet. Salben Sie sich weiterhin mit Öl. Ich gehe umher und salbe Schulen, Märkte, Patienten in Krankenhäusern, Bäume, Parks und Häuser. Ich habe immer Öl in meinem Auto und meiner Handtasche. Um die Macht des Satans zu brechen, benutze ich Öl. Es bricht die Kette, das Territorium und das Joch. Ich gebe gesalbtes Öl in mein Wasser, mein Essen und meine Kleidung. Es wirkt Wunder. Der Herr sagte, ich habe dir Macht gegeben.

Lukas 10:19 Siehe, ich gebe euch Macht, auf Schlangen und Skorpione zu treten und über alle Gewalt des Feindes; und nichts wird euch schaden.

Suchen Sie nach dem Schlüssel, der im Neuen Testament, der Apostelgeschichte, verwendet wird. Studieren Sie das Fundament der Kirche, das von Petrus und Paulus, dem Schlüsselhalter des Reiches, errichtet wurde. Alle, die Jesus nachgefolgt sind, haben den Schlüssel, die Offenbarung von Jesus. Sie können den Teufel nur dann zum Schreien bringen, ihn binden, zerstören und zum Schweigen bringen, wenn Sie wissen, wo die Macht und die Autorität liegen. Wie können Sie Ihre Rechte und Ihre Souveränität nutzen? Sie sind schwach, behindert, liegen im Sterben und verlieren den Kampf, weil Ihnen das Wissen fehlt. Sie sind unwissend. Die falschen Irrlehrer und Propheten haben Ihren Schlüssel gestohlen. Schlagen Sie die KJV Bibel auf und fangen Sie an, sie zu lesen, zu studieren, zu meditieren, zu fordern, zu suchen, zu bitten, anzuklopfen und mit ihr zu leben, in Jesu Namen.

LASST UNS BETEN

Herr, wir wissen, dass du der Gott der Wahrheit bist. Du meinst, was du sagst. Gib uns ein gläubiges Herz, um an dich zu glauben. Wir müssen uns auf das konzentrieren, was du uns zur Verfügung stellst. Lass unsere Schritte in deinen Wegen, deiner Wahrheit und deiner Lehre geordnet sein. Wir werden deine Macht erfahren, und andere auch, wenn wir dir folgen und gehorchen. Du hast uns wahre Lehrer und Propheten gegeben. Wir danken dir, dass du den Feind besiegt hast und uns nicht nur das zurückgegeben hast, was wir im Garten Eden verloren haben, sondern dass du uns auch Macht über den feindlichen Teufel und seine Armee gegeben hast. Im Namen Jesu wir dir, dass du uns so sehr liebst. Amen! Gott segne dich!

30 APRIL

ÄNDERN, UM DAS GELOBTE LAND ZU BETRETEN!

Das ist richtig, Betrüger, Lügner, Ehebrecher, Mörder, Hurer, müssen korrigiert werden, bevor sie das verheißene Land betreten.

Offenbarung 22:15 Denn draußen sind die Hunde und die Zauberer und die Hurer und die Mörder und die Götzendiener und alle, die die Lüge lieben und tun.

Die Bibel hat eine Liste der fleischlichen Sünden. Vor dem Eintritt in die Um in das gelobte Land zu gelangen, müssen Sie umkehren und sich Jesus zuwenden. All dies abtöten

1 Korinther 6:9 Wisst ihr nicht, dass die Ungerechten das Reich Gottes nicht erben werden? Irret euch nicht: Weder Hurer noch Götzendiener, noch Ehebrecher, noch Verweichlichte, noch Schänder, noch Diebe, noch Habsüchtige, noch Trunkenbolde, noch Lästerer, noch Wucherer werden das Reich Gottes erben.

Eine weitere Liste mit fleischlichen Sünden findet sich im Buch der Der Galaterbrief im Neuen Testament.

Galater 5:19 Es sind aber die Werke des Fleisches offenbar: Ehebruch, Unzucht, Unreinheit, Lüsternheit, 20 Götzendienst, Hexerei, Haß, Zwietracht, Hader, Zorn, Streit, Aufruhr, Häresie, 21 Neid, Mord, Trunkenheit, Schwelgerei und dergleichen; davon sage ich euch zuvor, wie ich euch auch vorhin gesagt habe, daß, wer solches tut, das Reich Gottes nicht erben wird.

Wir alle wünschen uns, in das verheißene Reich des Königs und Herrn Jesus Christus einzutreten. In seinem Reich wird niemand Böses tun. Der Bösewicht hat einen Ort, der Hölle und Feuersee heißt. Es ist ein tatsächlicher Ort, wenn man sich entscheidet, nicht zu bereuen, das Richtige zu tun.

Lukas 13:28 Es wird ein Weinen und Zähneknirschen sein, wenn ihr Abraham und Isaak und Jakob und alle Propheten im Reich Gottes sehen werdet, und ihr werdet hinausgestoßen werden. 29 Und sie werden kommen vom Osten und vom Westen, vom Norden und vom Süden und werden sich in das Reich Gottes setzen.

Sie haben die Chance, sich zu ändern und in das gelobte Land einzuziehen, dessen Herrscher Jesus, der König, ist und sein wird.

30 APRIL

Daniel 2:44 - Und in den Tagen dieser Könige wird der Gott des Himmels ein Reich aufrichten, das niemals zerstört werden wird; und das Reich wird nicht anderen Völkern überlassen werden, sondern es wird zerbrechen und alle diese Königreiche verzehren, und es wird für immer bestehen.

Jesus bereitet diesen Ort für dich und mich vor. Wir müssen uns ändern und uns vorbereiten, um dieses Reich zu betreten. Niemand betritt das gelobte Land, wenn er nicht vorher die Bedingungen erfüllt.

Johannes 14:2 In meines Vaters Haus sind viele Wohnungen; wenn es nicht so wäre, hätte ich es euch gesagt. Ich gehe hin, euch eine Stätte zu bereiten. 3 Und wenn ich hingehe und euch eine Stätte bereite, so will ich wiederkommen und euch zu mir nehmen, auf daß, wo ich bin, da seid auch ihr. 4 Und wo ich hingehe, das wisst ihr, und den Weg kennt ihr.

Jakob kann das verheißene Land nicht als Verleumder oder Betrüger betreten. Der Engel muss das Böse bekämpfen, indem er die ganze Nacht mit ihm ringt. Er hindert Jakob daran, das verheißene Land zu betreten, das Abraham und seinen Nachkommen gegeben wurde. In dieser Nacht verwandelte er Jakob durch die Gnade des Allmächtigen in Israel. Ein Betrüger zum Fürsten bei Gott! Gott muss den Namen ändern, denn er ist der gerechte und heilige Gott. Gott änderte Abrams "hohen Vaternamen" in "Abraham", "Vater einer großen Schar", und den Namen seiner Frau von "Sarai", "meine Prinzessin", in "Sarah", "Mutter von Völkern". Sehen Sie die innere Persönlichkeit, die mit Ihrem physischen Ort und Namen verbunden ist. Wenn wir uns verändern, verändert Gott uns von innen heraus mit unserem Namen. Sie können das verheißene Land nur dann betreten, wenn sich die fleischliche Natur und der damit verbundene Name ändern.

Ich habe mit vielen Neubekehrten gesprochen. Die Annahme ihrer Namen bringt Kampf und die Anwesenheit von bösen Geistern mit sich. Auf der Suche nach Gott habe ich herausgefunden, dass ihr Name eine Verbindung zu den Göttern oder Göttinnen hat. Ich rate ihnen, ihren Namen zu ändern. Sie hindern sich selbst daran, das gelobte Land zu betreten. Der Name Saulus wurde in Paulus geändert. Paulus bedeutet "klein"; "Saul" bedeutet "begehrt". Er gibt den Namen auf, der Gunst und Ehre verheißt, und nimmt einen Namen an, der ein Bekenntnis der Demut in sich trägt. (aus Bible Hub) Sie können das verheißene Land, das Reich Gottes, nicht betreten, wenn Sie sich nicht in seinen Zustand versetzen. Im Neuen Testament haben Lügner, Alkoholiker, Ehebrecher, Eifersüchtige, Frevler und Ungerechte keinen Platz im Himmel. Vorsicht! Ändern Sie Ihren Namen in nüchtern, liebevoll, freudig, wunderbar, treu, friedensstiftend, wahrheitsliebend, usw.

Der Engel Gottes wird dich an der Pforte des Himmels aufhalten. Es ist wahr, der Himmel ist für seine Schöpfung, die bereit ist, zu gehorchen und sich zu unterwerfen. Wir müssen uns ändern, bevor wir die Verheißung empfangen können. Lernen Sie den lebendigen Gott kennen; er kann Ihnen helfen, sich zu ändern, bevor Sie eintreten. Herr sagte,

Markus 10:15 Wahrlich, ich sage euch: Wer das Reich Gottes nicht annimmt wie ein kleines Kind, der wird nicht hineinkommen.

Diener Gottes müssen Buße tun und das Fleisch, das sie verunreinigt, abtöten. Und sie müssen gut, rechtschaffen und dem Herrn treu werden.

Matthäus 25:21 Sein Herr sprach zu ihm: Gut gemacht, du guter und treuer Knecht; du bist über weniges treu gewesen, ich will dich über vieles herrschen lassen; gehe ein in die Freude deines Herrn.

ELIZABETH DAS

Wir müssen Buße tun, unsere Sünden in Jesu Namen abwaschen und den Geist Gottes empfangen, um wiedergeboren zu warden, wie der Herr sagte. Die Operation unseres Bewusstseins und das Erwachen im neuen Leben finden nur unter Wasser im Namen Jesu statt. Du wirst die Veränderung sehen. Du musst die Veränderung innerlich erleben, sonst kannst du nicht in das verheißene Land des Reiches Gottes eintreten., sonst können Sie das gelobte Land des Reiches Gottes nicht betreten.

Kolosser 1:13 Er hat uns von der Macht der Finsternis befreit und in das Reich seines lieben Sohnes versetzt

Es geht nicht um die Änderung der Religion, sondern um die Beziehung. Nun bist du mit Gott verbunden und auf dem Weg zum verheißenen Land. Deine Reise beginnt in Richtung des Landes, das das Himmelreich genannt wird.

Hebräer 11:5 Durch den Glauben wurde Henoch entrückt, damit er den Tod nicht sehe, und wurde nicht gefunden, weil Gott ihn entrückt hatte; ar vor seiner Entrückung hatte er dieses Zeugnis, dass er Gott gefiel.

Übersetzt heißt das: Übertragung. Wie kam Henoch in das gelobte Land?

Mose 5:24 Und Henoch wandelte mit Gott; und er war nicht, ar Gott nahm ihn zu sich.

Eine Lektion zum Lernen: Versprechen über mehr als fünftausend können nur eingelöst werden, wenn du deine inneren Stopps, Blockaden und hemmenden Eigenschaften änderst. Du sprichst: Es ist Gottes Wille, dass ich gesund, reich und wohlhabend bin. Ja, Sie können das verheißene Land der Gesundheit und des Wohlstands betreten, wenn Sie tun, was erforderlich ist. Sie müssen einen Schritt tun, indem Sie sich Ihrer fleischlichen Natur stellen. Jakob gestand dem Engel: Ich bin Jakob, das heißt, ich bin ein Verleumder und ein Betrüger. Und als er das gestand, änderte Gott seinen Namen in Israel, was bedeutet: Möge Gott siegen. Sie bekennen auch. Gott sagt in 1. Johannes 1,9: Wenn wir unsere Sünden bekennen, ist er treu und gerecht, dass er uns die Sünden vergibt und uns reinigt von aller Ungerechtigkeit.

LASST UNS BETEN

Herr, wir sind dankbar, dass nur du uns verändern kannst. Wir danken dir für das verheißene Land. Hilf uns, Herr, jeden Tag zu ändern und Kinder des Lichts statt Kinder der Dunkelheit zu werden. Sünder zu Heiligen, Kranke zu Heilenden, Unterdrückte zu Befreiten,, Besessene zu Freien. Wir waren arm, aber du hast uns reich gemacht. Wir waren auf dem Irrweg, aber wir haben unsere Bestimmung gefunden. Niemand außer dem Herrn hat uns verändert und uns Ruhe und Seelenfrieden geschenkt. Wir danken dir, Herr, für das verheißene Land, das Himmelreich. Wir sehnen uns nach dem Ort, den du für uns vorbereitet hast. Bewahre uns vor allem Bösen in Jesu Namen. Amen! Gott segne Sie!

ÜBER DEN AUTOR

Hallo, ich bin Elizabeth Das, Autorin des Buches Daily Spiritual Diet - eine Andacht für jeden Tag - und ich habe es auf seine Art gemacht. Wie ich bereits erwähnt habe, bin ich nicht der Autor, aber ich habe der Stimme des Herrn gehorcht und geschrieben.

Daily Spiritual Diet ist eine Serie von 12 Monaten in Englisch, Hindi und Gujarati. Meine Bücher werden in verschiedenen Sprachen veröffentlicht. Der englische Name lautet: I did it 'His Way'.

Der französische Name ist : Je l'ai fait à "sa manière" Der spanische Name ist 'Lo hice a " a Su manera "

Der Gujarati-Name lautet 'me te temni rite karyu'.... '□□□ □□

□□□□□ □□□□ □□□□□□'

Der Hindi-Name ist 'Maine uske tarike se kiya'...'□□□□□

□□□□ □□□□□ □□ □□□□'

Sie wird auch in verschiedenen Sprachen erzählt. Beten, um zu sehen

Sie retten und vor allem finden Sie Hoffnung.

Möge Gott Sie segnen.

ELIZABETH DAS
nimmidas@gmail.com, nimmidas1952@gmail.com